KB210529

자유의 윤리 1

지은이	자끄 엘륄
옮긴이	김치수
초판발행	2018년 7월 13일

펴낸이	배용하
책임편집	배용하
등록	제364-2008-000013호
펴낸곳	도서출판 대장간
	www.daejanggan.org
등록한곳	충남 논산시 매죽헌로 1176번길 8-54, 101
편집/영업부	전화 (041)742-1424전송 (041) 742-1424

분류	자유	윤리	기독교 세계관
ISBN	978-89-7071-434-9 03230
	978-89-7071-435-6 (세트) 04230
CIP제어번호	CIP2018003116

 값 25,000원

자끄 엘륄

자유의 윤리 1

김치수 옮김

차례,

제3부 자유의 수용

역자 서문

자끄 엘륄이 저술한 60여 권에 달하는 책들은 두 부류로 명백하게 구분된다. 하나는 대표적으로 『기술체계』에서 보듯이 현실세계에 대한 냉철한 관찰과 분석을 통해서 그 실상을 밝혀주는 것이다. 거기서 그는 인간역사는 필연적으로 파멸과 죽음을 향할 뿐이라고 결론짓는다. 다른 하나는 '계시된 진리'에 대한 묵상과 성찰을 통해서 인간의 실존과 사회현실에 대한 신학적 의미를 규명하는 것이다. 두 부류의 저서들을 통해서 엘륄은 현실세계의 분석과 그 신학적인 해석을 변증법적으로 전개한다. 그리고 독자들을 향해 실존적인 차원에서 필요한 선택을 제언한다.

저자 자신이 선택한 실존적 대안이라고도 할 수 있는 이 『자유의 윤리』는 특별히 그리스도인의 자유와 그 구체적인 삶의 방식이 무엇인지 밝히고 있다. 여기서 '윤리'는 사회규범적인 것이 아니라, 하나의 존재양식을 말한다. 이 새로운 존재양식은 그리스도인의 종말론적 소망 속에서 절대화한 세상 권세들과 현실이 상대화되면서 가능해진다. 그러면서 비로소 인간 존재와 사회에 새로운 의미와 가치가 부여된다. 이 존재양식은 곧 그리스도인이 진정한 자유의 삶을 사는 방식이다. 이 '자유의 삶'은 엘륄의 모든 저술에서 핵심적인 주제이며 그의 삶의 여정을 따라 더욱 심화되어간다. 그 여정을 짧게나마 돌아보는 것은 이 책의 내용에 접근하는 데 도움이 될 것이다.

1912년 프랑스 서남부지방의 보르도에서 태어난 엘륄은 어릴 적부터 성서를 개인적으로 읽곤 했다. 십대 후반에 그는 성서를 읽던 중에 깊은 영적인 체험을 하게 된다. 이성적으로 납득할 수 없지만 너무도 분명한 하나님의 임재 앞에서 그는 그 자리에서 도망가듯이 자전거를 타고 멀리 갔다. 자신의 자유를 잃을 것 같은 두려움에 수년간 일종의 도피생활을 계속하다가, 결국 그는 그리스도 안에서 진정한 자유를 발견하게 되었다.

그런 과정을 겪는 가운데 1930년대의 세계사적 격변기에 청년 엘륄은 '인격주의 운동'에 가담한다. 동료와 함께 작성한 인격주의 강령 제1조에서 엘륄은 "세상의 구조는 우리와 상관없이 성립되었다"고 선포한다. 이것은 정교한 기술수단과 함께 확대되는 국가주의체제와 거대한 익명 사회 속에서 살아가는 개인의 무력감과 좌절감, 곧 인간의 소외현상을 지적하는 것이다. 거기서 엘륄은 계급투쟁이나 도덕적 이상이 아닌 인간의 자유를 위한 투쟁을 목적으로 하는 인격주의 혁명을 주장한다. 이 혁명은 인간이 아닌 제도와 구조에 맞서는 것으로 다른 정치적 성격의 혁명들과는 구분되고, 무엇보다 개인적인 차원에서 실제적으로 사고방식과 삶의 양식을 바꾸는 것이다.

전쟁을 치르면서 나치 독일이 시작한 총력전으로 국가가 총동원되면서 국가권력은 절대화하고 기술전문가들이 지배하는 구조의 전체주의적 사회체제가 확고하게 자리 잡으면서, 개인의 자유는 더더욱 크게 제한되고 사회적 소외현상은 더 광범위하게 퍼져갔다. 즉, 권력집중과 기술수단으로 국가는 거대화하고, 수단인 기술 자체가 목적이 되면서, 인간의 존엄성과 존재 의미는 심각한 위협을 받았다. 이런 상황 속에서 세계대전을 경험한 엘륄은 인간적인 혁명으로 세상을 근본적으로 바꾸는 것은 불가능하다는 인식을 더욱 분명히 하게 된다. 그런 엘륄의 인식은 전후에 본격적인 그의 저술활동을 통해서 표출된다.

이제 엘륄은 그리스도의 자유에서 나오는 참된 자유의 삶이 인간역사의 필연성에 구속된 세상을 향한 그리스도인의 소명이 된다고 천명한다. 1948년에 출간된 『세상 속의 그리스도인』에서 거론된 이 주제는 1964년의 『원함과 행함』에서 더 깊이 다루어진다. 그리고 내용적으로 본론에 해당하는 『자유의 윤리』는 이미 1960년부터 집필되기 시작했지만 그 방대한 분량 탓에 출간이 미루어지다가 1973년과 1974년에 1권과 2권으로 나뉘어 출판된다. 그리고 1984년에는 『자유의 투쟁』이 나온다. 이후로도 거의 말년에 이르기까지 '그리스도의 자유'에 대한 저자의 깊은 묵상과 성찰은 계속되어 1991년에 출간된 『네가 하나님의 아들이라면』으로 결실을 보게 된다.

『자유의 윤리』에서, 엘륄은 먼저 현대에 소외 현상의 결정적인 요인은 더 이상 마르크스가 분석한 경제적 계급적 요인이 아니고, 인격화된 기술들의 복합적인 총체인 기술체계라고 지적한다. 인간은 아무도 통제할 수 없는 그 체계에 갇혀서, 소외와 인간성의 상실을 겪는다. 저자는 바로 이 현대사회의 소외현상에 대해서 인간의 자유에 관한 문제를 제기한다. 인격주의 강령에서 그는 '인간의 자유를 위한 투쟁'으로 인격주의 운동을 규정한 바 있다. 이제 그는 이 세상의 소외현상과 역사적 필연성 가운데 그리스도 안에서의 자유를 역설한다. 그것은 철학적 이론적인 주장이 아니라 실존적인 차원에서 그리스도인의 윤리, 즉 삶의 방식을 제시하는 것이다.

  엘륄은 이 그리스도인의 자유를 적용할 구체적인 대상들을 적시한다. 먼저 자아로부터 시작해서 정치, 종교, 구조, 체계 등의 권세들, 그리고 성서에 대해서도 자유가 적용되어야 한다고 그는 강변한다. 여기서 자유는 달성할 목표나 이루어야 할 목적이 아니다. 진정한 목적은 늘 하나님 사랑과 이웃 사랑과 하나님의 영광이며, 자유는 그 목적을 위해 갖추어야할 기본여건이라고 할 수 있다. 또한 저자는 진정한 자유의 삶에서 두 가지 사실을 자각할 필요가 있다고 언명한다. 하나는 그리스도인이 자신에게 주어진 그리스도의 자유를 자각하는 것이고, 다른 하나는 세상의 필연성과 숙명성에 묶여있는 인간의 소외와 죄의 문제를 자각하는 것이다. 그와 같은 자각을 통해서, 그리스도인은 그리스도와 연합하는 믿음과 함께 재림의 종말론적 소망 속에서 세상과 죄의 모든 예속과 인간역사의 필연성에서 벗어나 그리스도의 자유를 가진다. 그 자유를 실현하는 것은 그리스도인에게 맡겨진 역사적 책임이며 소명이다.

  한 대담에서, 엘륄은 같은 어원을 가진 '반사'réflexe와 '성찰'réflexion의 차이를 들면서, '반사적인 행동'을 경계하며 '성찰'의 중요성을 언급한다. 그리고 자신이 맡은 역할이 '성찰'하는 일임을 표명하면서, 지식인들의 책임을 거론한다. 그런 탓인지 그의 저술에서는 마치 동시대의 지식인들과 대화를 나누는성싶은 대화체가 많이 등장한다. 이것은 또한 책을 읽는 독자들에게도 자각과 성찰을 일깨우는 효과를 불러일으킨다. 번역자이기에 앞서 먼저 독자로서, 역자는 시대를 앞선 예언자라고도 불리는 엘륄의 책을 접하면서 성찰의 의미를 깊이 되새기기도 했다. 성찰하고 분별하지 않으면, 부지불식간에 구약의 이스라엘 백성이 주변의 열강에 의해 노예적 예속상태로 전락하듯이, 현대인은 발달한 현대문명의 기술체계 속에서 더 깊은 소외상태에 빠질 뿐이다. 엘륄은 우리로 하여금 자각하고 성찰함으로써, 현재의 삶에서 그리스도의 자유를 실현하는 길로 나아가도록 초대한다. 물론 그 초대에 응하는 것은 우리 각자의 선택에 맡겨진다.

끝으로 외로운 작업일 수밖에 없는 번역과정에서 촌철살인의 영감어린 지적과 따뜻한 격려로 함께 해준 사랑하는 아내와 큰 힘이 되는 조언과 응원을 아끼지 않은 도서출판 대장간 배용하 대표에게 고마운 마음을 전한다.

김 치 수

일러두기[1]

이 책은 1960년과 1966년 사이에 집필한 것이긴 하지만, 지금 출판하기에는 좀 이른 감이 있다. 왜냐하면 윤리에 대한 '서론'[2]의 2부가 아직 완성되지 않았기 때문이다. 1부에서는 선善에 관한 문제와 기독교 신앙과 기독교 도덕 그리고 다른 영역의 도덕과의 관계를 다루었다. 2부에서는 한편으로는 기독교 윤리가 충족시키는 조건들과 그 특징들을 조감하고, 다른 한편으로는 사회 윤리 문제를 검토할 것이다. 많은 항목들이 이미 작성되긴 했지만, 내 생각에 그것보다 더 긴급한 것은 이 책을 내는 것이었다.

총론과 각론이라는 통상적인 구도를 따르지 않겠다고 나는 이미 천명한 바 있다. 윤리가 국가와 결혼과 같은 제도, 문화, 인간본성 등에 의해 제기된 구체적인 일련의 현안들에 대한 대응방안이라는 견해는, 나에게

---

1) [역주] 이 일러두기는 저자 자끄 엘륄이 1970년에 쓴 것이다. 이후 적잖은 수정과 변경을 거쳐서 이 책이 실제로 출간된 것은 1973년이다. 그럼에도 이 일러두기는 이 책의 저술에 관한 저자의 구상과 원래의 의도를 파악하는 데 중요한 시사점을 제공한다.

2) [역주] 저자 엘륄은 그리스도인의 윤리에 관한 저술을 일종의 시리즈로 구상하여 전체적으로 한 권의 책으로 보았다. 그 서론의 1부에 해당하는 책은 1964년에 출간된 『원함과 행함 Le vouloir et le faire』이다(2부는 결국 완성되지 않음). 엘륄은 이것을 'introduction'(서문)이라는 단어와 구별하여, 대문자를 써서 'Introduction'으로 표기하거나 '제1권'으로 명시했다. 이 책에서 '서론'이나 '제1권'은 『원함과 행함』을 가리키는 것이다. 참고로 엘륄은 윤리에 대한 자신의 구상을 따라 집필과 출간을 계속하여, 1964년의 『원함과 행함』, 1973, 1974년의 『자유의 윤리 L'Ethique de la liberté』 1, 2권, 1984년의 『자유의 투쟁 Les Combats de la liberté』을 낸다. 그리고 완성되지 않은 채 유고로 남아 발간될 예정으로 있는 『거룩의 윤리 L'Ethique de la Sainteté』가 있고, 구상 단계에서 미처 집필하지 못한 '사랑의 윤리 L'Ethique de l'Amour'가 있다.

는 신학적으로도 정당하지 않고 논리적으로도 타당성을 견지하기 힘든 것으로 보였다. 왜냐하면 예수 그리스도와의 관계는 그 관계에서 비롯된 행위로 구성되는 삶과 일체를 이루기 때문이다. 오히려 윤리는 그리스도와의 관계에서 비롯되어야 한다는 판단이 들었다.

이에 대해서는 깊은 성찰이 필요했다. 깊은 성찰을 얻고 난 뒤에 나는 하나님을 향한 세 가지 덕목인 '믿음, 소망, 사랑'을 통해서 서론의 끝부분에서 그 내용을 심도 있게 설명하고자 했다. 사실 이 세 가지 덕목에 그리스도인의 삶의 한 분야가 상응하는 것으로 나타났고 또 전체적인 관점에서 하나하나가 새롭게 검토되어야 했다. 그런데 이 세 가지 덕목은 어떤 한 가지 유형의 행위양식으로 발현되었다. 나는 '자유의 윤리'는 '소망'에 상응하고, '거룩의 윤리'는 '믿음'에 상응하며, '관계의 윤리'는 '사랑'에 상응한다는 사실을 깨닫게 되었다.

'소망'이 첫 번째 덕은 아니지만, 나는 1960년에 '자유의 윤리'에 대해 쓰려고 결심했다. 왜냐하면 '자유'는 기독교 윤리가 펼쳐지는 마당이요 여건이자 바탕이고, 자유에 근거할 때 비로소 '거룩의 윤리'와 '관계의 윤리'가 성립될 수 있다는 사실이 점점 더 내게 확실해졌기 때문이다. 이 두 개의 다른 윤리 영역들은 서로서로 연관되어있다. '거룩'은 하나님을 위해 따로 구별하고 섬기고 증언하는 것과 함께 믿음의 투쟁으로서 기독교의 성육신의 특성을 나타내는 것이었다. 그러나 따로 구별하는 것은 파송을 위한 것일 수밖에 없다. 구별하는 가운데 먼저 하나의 관계가 단절되지만, 또 다른 형태의 관계 안에서 세상과 사회와 이웃을 다시 찾게 된다. 그런데 따로 구별하는 '거룩'으로는 충분하지 않고, '관계'가 필요하다. 이것이 이 '자유의 윤리'의 구도로서, 나는 이에 대해 서문에서 훨씬 더 깊은 적절한 설명을 제시하려고 한다.

물론 내가 문제들을 접근하는 방식은 전통적이지 않지만, 성서를 해석하는 방식은 대부분 전통을 따를 것이다. 나는 현대의 신학, 주석학, 해석학 등에서 진행되는 큼직한 연구과제들에 대해 조금 알고 있다. 그러나 거기서 제기된 문제를 진지하게 경청하며, 그 연구물들을 심도 있게 검토하고 나서, 나는 그것들이 별로 큰 성과를 내지 못할 것이라는 생각이 들었다. 제시된 대부분의 문제들이 외적으로는 치밀한 지성과 명확성을 보여줬지만, 핵심을 잘못 짚은 것들이었다. 그 방법들은 언어의 유희로 귀결되고 말았다. 이는 진정한 연구라기보다는 일시적인 열정에 더 가깝다. 그런 열정은 대부분 바르트 이후에 뭔가 다른 걸 시도해봐야 했기 때문에 나온 것으로 이해된다. 따라서 나는 그런 방향의 연구를 아예 무시하는 건 아니지만 어쩌다가 한 번씩 부차적으로 다룰 것이다.

어떤 시각에서 보면 저술이라기보다는 시론에 해당하는 이 『자유의 윤리』는 고전적으로 보일 수 있다. 이 책은 어떤 면에서 칼 바르트의 신학에서 영감 받은 것이다. 나는 그 점을 부정하지 않는다. 그러나 나는 결코 무조건적으로 바르트의 신학을 추종한 적은 없다. 그럼에도 불구하고 '신신학'이 부각시킨 대부분의 문제들은 이미 바르트의 『교의학』에서 다루어지고 있으며, 완전한 분석을 거친 것도 있다는 사실을 주목할 필요가 있다. 많은 불트만 계통의 학자들을 포함하는 현대 신학자들과 해석학자들은 그 사실을 아예 망각해버린 것 같다. 내 방식으로 계시를 규명하려는 것이 아니라, 계시를 준거로 삼아 비판하기 위해서, 나는 30년 전부터 계속해서 나 자신의 이데올로기적이고 철학적인 선입견들을 명확히 밝히고 점검해왔다. 이와 같은 것이 이 책의 기본방향이라 할 수 있다.

서 문

I

여기서 우리는 먼저 그리스도인을 위한 윤리의 모순성이라는 문제에 직면하게 된다. 그리스도 안에서 우리가 얻게 된 것은 자유이다. 그런데 어떻게 윤리를 거론할 수 있을까? 자유로운 인간은 자유롭다. 그 이외에 다른 걸 찾을 필요가 없다. 어떻게 자유로운 인간에게 행동 규범이나 삶의 가치를 정해주겠는가? 그것은 자유로운 인간의 자유를 침해하는 것이 된다. 자유와 윤리의 모순은 분명하다. 그 모순은 설명할 수도 없고 해결할 수도 없는 그리스도인의 역설적인 삶을 나타낸다. 그것은 '이미'와 '그러나 아직' 사이에서, 또 '너희는 이미 부활했다'와 '우리는 확고한 소망으로 부활을 기다린다' 사이에서 살아가는 긴장을 말한다. 또한 그것은 '너희는 은총으로 구원받았다'와 '두려움과 떨림으로 너희 구원을 이루라' 사이에서 살아가는 긴장을 뜻한다. 물론 우리는 그것을 설명할 수 있고, 규정할 수 있고, 체계화할 수 있다. 그러나 그건 진을 빼는 일이다. 왜냐하면 우리가 은총에 의해 그와 같은 삶을 살려고 했을 때 그 모순은 우리의 논리에 있지 우리의 삶에는 없기 때문이다. 논리적 설명은 삶의 활력을 앗아갈 뿐이다. 여기서도 마찬가지이다.

자유로운 인간은 자유롭다. 자유에 대한 모든 담론은 자유를 약화시킬 뿐이다. 자유로운 인간은 하나님이 자유롭게 한 까닭에 자유롭다. 그래서 자유로운 인간은 하나님의 뜻을 따른다. 모든 신학적인 담론은 이 직접적인 관계를 부당하게 중재하려는 것이다. 자유로운 인간은 자유로운 인간으로 살도록 부름 받은 것이다. 그러므로 자유로운 인간은 스스로 선택해야 한다. 모든 윤리적인 담론은 인간의 자유에서 자유 자체 혹은 자유의 책임을 분리시키고 만다. 이 책을 쓰면서 나는 내가 무슨 일을 하는지 알고 있다. 그러나 정말 진지한 그리스도인들에게서도 이 자유가 결여된 것을 너무나 자주 아주 오랫동안 보아왔기에 나는 우리의 정체성을 다시 환기시키기 위한 노력을 계속하려고 한다.

단번에 자유에 대한 정의를 내리는 것은 불가능하다. 그것은 우리의 목적이 아니다. 우리는 그리스도를 만나야만 이 자유를 알게 된다. 우리는 자유에 관한 수많은 이론들과 정의들을 다 돌아보지 않고, 단지 두 가지 견해만을 상기할 것이다. 하나는 루소Rousseau의 견해이다. "나의 자유는 내가 원하는 것은 나에게 적합한 것일 뿐이라는 데에 있다." 그래서 중요한 것은 "나 이외의 것은 나를 결정할 수 없다."라는 것이다. 거기서 '사보이 보좌신부'Vicaire Savoyard의 결론이 나온다. "나는 내 마음대로 나와 다른 존재가 될 수 없기 때문에 내가 나의 주인이 될 수 없다는 결론이 나오지 않는가?" 다른 하나는 베르그송Bergson의 견해이다. "우리의 행위가 우리의 온전한 인격을 구현할 때, 우리의 행위가 우리의 인격을 표현할 때, 우리의 행위가 우리의 인격과 함께, 예술작품과 예술가에게서 발견하게 되는 것과 비슷한, 무어라 규정할 수 없는 유사성을 가질 때, 우리는 자유롭다… 이 자유는 행위의 특색이나 미묘한 차이를 통해서, 선택한 결정의 특성을 통해서 발견된다.…"1) 그러므로 자유로운 행위는 창조적인 것이다. 그러나 물론 자유를 말하기에는 이것으로 충분하지

---

1) ▲Henri Bergson, *Essai sur les données immédiates de la conscience*. [역주: 여기서 '▲'라는 기호는 본문에 있는 것을 역자가 각주로 옮긴 것을 표시한다.]

않다. 우리는 이런 식의 말을 끝없이 인용할 수 있을 것이다. 아바나노 Abbagnano의 『철학사전*Dizionario di filosofia*』에 설명된 내용으로 결론을 삼자.

"이 단어는 다음과 같이 세 가지로 특징지을 수 있다.

첫째로, 자율적인 결정이나 자율적인 인과관계를 자유의 개념으로 보는 것이다. 이때 자유는 조건과 한계가 없는 것이다.

둘째로, 첫째의 경우와 같은 개념에 기초한 것으로서, 인간이 속하는 세계, 실체, 국가 등에 대한 자율적인 결정에 근거를 두는 자유의 개념으로 자유를 필연적인 것으로 본다.

셋째로, 자유의 개념을 선택할 수 있는 가능성으로 규정하는 것이다. 이 개념에 따르면 자유는 제한적이다. 즉, 한계가 있다."

정확히 보자면, 그리스도 안에서의 자유는 이들 중의 어떤 범주에도 들어가지 않는다. 여기서 자유는 개진되어감에 따라 점차적으로 그 개념이 정의될 것이다. 그러나 우리는 두 가지 개념들이 전통적으로 대립[2]하고 있음을 인정할 수 있다. 그 중의 하나는 자유로운 선택이라는 개념으로 정의되는 자유로서 정태적인 개념에 기초한다. 그것은 자유롭게 선택하도록 선을 선택하도록 명백하게 구분된 본성과 선과 악의 존재에 의거한다. 다른 하나는 무궁무진한 선으로부터 창의적으로 세상에 새로운 것을 산출하는 것으로 정의되는 자유이다. 그러나 이 새로운 자유의 개념이 데카르트에게서 나온 것으로 보는 것은 너무 지나쳐 보인다. 이 개념은 구약에 아주 명백히 나타나 있고, 고대 유대인의 사유의 중심이라 할 수 있다.[3]

---

2) 이점은 레미(P. Remy)의 「자유의 신학과 그 진화 Théologie de la liberté, son evolution」 (in Mazerat, 『복음적 자유 *La Liberté évangélique*』)에서 잘 분석되어 있다.

3) 여기서 나는 아주 훌륭한 책인, 마나랑쉬(André Manaranche)의 『자유의 길*Un chemin de liberté*』(1971)을 별로 인용하지 않을 것이다. 왜냐하면 나에게는 이 책이 너무 고답적이기 때문이다. 이 책은 영성에 관한 탁월한 작품이다. 거의 신비적인 영성을 다루고 있다고 말할 수 있다. 이 자유의 길은 현대에 예수 그리스도를 닮아가는 것이라고 할 수 있다. 그러나 구체적인 문제들에 관해서 전혀 연구되어 있지 않다. 나는 이 책에서 전하는 대부분

이 서문에서 교회가 자유에 대해 얼마나 적대적이었는지 되돌아보는 것이 유익하다고 할 수 있을까?[4] 그건 정말 믿기 어려운 일이다. 그러나 신학과 교회제도 속에서 자유보다 더 생소해 보이는 것은 없었다. 그리스도 안에서 얻은 자유나 그리스도인들이 모든 사람에게 전하는 자유나, 그리스도인이 다른 사람을 위해 요구해야 하는 자유나 다 그렇다. 사실 교회가 권력을 행사하자마자 교회는 자유를 적으로 삼게 되었다. 여기서 우리는 권력과 자유의 양립불가능성이라는 흔한 주제를 발견한다.

II

자유는 소망의 윤리적인 양상이다.[5] 자유의 윤리는 소망에 기반을 둘수밖에 없고, 소망을 표명할 수밖에 없다. 그런데 예를 들어 사랑의 윤리는 상대적으로 쉽게 쓰여서 종종 발견되는데 반해, 소망의 윤리를 접하는 경우는 아주 드물다. 사람들은 절망하지 말아야 한다거나 하나님과

의 방식들에 전적으로 동감했다. 즉, 인간에게 있는 하나님에 대한 두려움과 열망의 변증법, 기독교의 특수성, 기도와 자유의 관계, 세상과 선을 긋는 자유, 비판적인 과정, 자아상실 속에서 얻는 자유, 그리고 십자가(시험이나 실패를 넘어서는 십자가), 십자가 관상, 십자가에서 죽은 그리스도의 동료의 자유에 관한 아주 훌륭한 묵상에 나는 전적으로 동감했다. 분명히 몇 가지 의견을 달리하는 점들이 존재한다. 애석하게도 나는 인간의 갈망이 인간을 어떤 방식으로든 예수 그리스도라는 결정적인 존재에게로 인도한다고 믿지 않는다. 그리고 나는 그리스도의 부름을 듣기 위해서 개개인의 자아 안에 계속 머무를 필요성이 있다고 믿지 않는다. 그것은 그리스도의 부름은 영혼의 고귀함이 결여되어 있으면 들을 수 없다는 식이다. 자연신학의 통상적인 개념들도 믿지 않는다. 그러나 그런 점을 제외하고는, 이 책은 자유의 윤리를 탐구하는데 필요한 훌륭한 묵상을 제공한다.

4) 자유에 반대하는 교회의 입장들에 대한 역사적인 연구와 분석에 대해서는 탁월한 견해를 제시하는 코스트(R. Coste)의 『종교적 자유의 신학*Théologie de la liberté religieuse*』(1970)을 참조하라.

5) 1960년 이 작업을 시작할 무렵에 이 부분을 쓰고난 뒤 나는 1967년에 출간된 몰트만(Moltmann)의 『희망의 신학*Theologie der Hoffnung*』과 이어서 나온 폴 리쾨르(Ricoeur)의 글들을 접하게 되는 감격을 누렸다. 폴 리쾨르의 글들은 「종교적 자유의 개념에 관한 철학적 접근 Approche philosophique du concept de liberté religieuse」(in *Herméneutique de la liberté*, 1968)과 「소망에 따른 자유La liberté selon l'Espérance」(in *Le conflit des Interprétations*, 1969)이다. 나는 예전에 썼던 글들을 하나도 수정하고 싶지 않았다. 리쾨르가 '소망에 기인한 자유에 관한 철학적 추론'이라고 한 철학적 해석은 명백히 이 책의 연구 범위와 저자의 능력을 훨쩍 넘어서는 것이다.

그 예지를 신뢰해야 한다는 등의 막연한 충고에 그치거나, 자살에 관한 소소한 조언으로 만족하고 만다. 이와 같은 소망의 결여는 소망과 자유의 관계에 대한 총체적인 망각에서 비롯된다. 그 망각이란 다시 말해서, 자유는 소망을 나타내고 소망을 가진 사람은 자유인으로 살아간다는 사실을 잊어버리는 것이다.

소망은 내일이면 다 잘 될 거라는 가능성에 기대는 식의 막연한 희망이 아니라는 사실을 다시 언급할 필요가 있을까. 이것은 쉴리 프뤼돔므가 예찬하는 "언니들, 다시 시작하면 잘 될 거예요"[6)와 같은 어리석은 고집이 아니다. 이것은 이번 시련도 극복하고 말 거라는 식의 흔하디흔한 인간 본성에 대한 신뢰도 아니고, 하나의 역사 철학에서 비롯된 확신도 아니다. 소망은 이런 것들과는 전혀 상관이 없다.

소망은 인간이나 객관적인 메커니즘에 기대지 않고, 인간을 위한 하나님의 역사役事에 대해 인간이 응답하는 것이다. 소망은 오직 그런 차원과 수준에서 비로소 자유로 발현된다. 그러나 자유는 또한 필연적인 결과로 당연히 따라오는 소망에서 나오는 것이 아니다. 소망을 가지기 때문에 그리스도인이 자유로운 존재가 되는 것이 아니다. 하나님은 우리 안에 '원함과 행함'을 불러일으킨다. 하나님은 인간을 위해 인간 안에 자유를 창조한다. 소망이 하나님의 사랑과 은총에 대한 인간의 응답이라면, 자유는 인간의 소망에 대한 하나님의 응답이다. 하나님은 조건이나 감정에 상관없이 인간에게 구체적이고 실제적이고 일상적으로 소망의 삶을 살아갈 수 있는 능력을 부여한다.

---

6) [역주] 쉴리 프뤼돔므(Sully Prudhomme, 1839-1907), 최초로 노벨문학상을 수상한 프랑스의 시인. 그리스 신화에서 남편을 죽인 죄로 밑 빠진 통에 물 붓는 형벌에 처해진 아르고스 왕 다나오스(Danaos)의 50명의 딸들을 소재로 한 그의 시, "다나오스의 딸들 Les Danaïdes"에서 다나오스의 딸들이 끝없이 물을 붓는데 지쳐 있을 때 '소망(Espérance)'이라는 이름의 막내딸이 "언니들, 다시 시작하면 잘 될 거예요"라고 희망(espoir)을 불어넣는 구절이 나온다.

소망과 자유는 아주 밀접하게 서로 연관되어 있다. 하나님은 사랑하고, 인간은 소망하고, 하나님은 자유를 준다. 또한 하나님이 자유를 주는 해방자라는 데서 인간은 소망을 가질 수 있게 되며 소망의 삶을 살 수 있게 된다. 자유를 얻는 해방을 경험했기에, 인간은 이제 자신의 소망이 헛되지 않다는 걸 안다. 자유로운 인간만이 소망을 가질 수 있다. 왜냐하면 자신의 노예적 예속상태와 결별하는 것은 다른 모든 가능성을 확보하는 것이기 때문이다. 인간이 노예로 있는 한 인간에게는 아무런 소망도 없다. 왜냐하면 외부의 세력이 개입해야만 하는데, 해방을 위한 그런 세력이 그에게 다가갈 수 있게 하는 존재가 주위에 없기 때문이다. 그러나 역으로 소망은 '하나님을 향한 3가지 덕목'의 하나로서 자유는 거기서 그 의미를 찾아내어 발현하게 한다. 먼저 마음에 소망이 없다면, 자유는 전혀 가능하지 않다.

그런데 그리스도 안의 자유는 오직 인간의 '자각'prise de conscience에서 비롯되는 자유와는 전적으로 차이가 있다. 오직 인간의 자각에 기인한 자유는 그 자체로는 절망적이 될 수밖에 없다. 그리스도 안의 자유는 하나님이 부여한 자유이기 때문에 과거에 의존하지도 않고, 객관적인 조건들에 얽매이지도 않는다. 하나님이 부과하는 조건들조차도 그 자유를 구속할 수가 없다. 왜냐하면 하나님은 진정한 자유를 주기 때문이다. 그래서 하나님은 비유와 표지와 상징들에 의한 것과는 차원이 다른 소망을 가질 수 있게 한다.

소망과 자유의 관계를 우리에게 보여주는 첫 번째 행위는 인간이 하나님과 투쟁하는 것이다. 야곱의 투쟁, 욥의 투쟁, 아브라함의 투쟁을 보라. 인간이 무엇인가를 얻어내기 위해서 하나님을 붙잡는다는 것은 하나님이 인간으로 하여금 붙잡고 호소하고 이의를 제기할 수 있을 정도로 자유를 주었기 때문이다. 동시에 이러한 인간의 투쟁은, 힘으로는 당할 수 없는 대결을 통해서 인간이 하나님을 이기고 하나님의 뜻을 굽혀서 자신의 뜻을 관철시킬 수 있다는 확신을 가지도록, 인간의 마음에 굳건한 소망이 뿌리내리고 있어야 가능한 것이다. 그런 용기를 통해서 니체 Nietzsche의 극단적인 주장보다 훨씬 더 극단적인 수준까지 자유를 밀고나가기 위해서는 굳건한 소망을 가져야 한다.

우리는 자유의 중심축들 중의 하나가 하나님의 영광이라는 사실을 밝혀야 할 것이다. 우리를 앞으로 나아가게 하는 힘은 하나님의 영광을 향한 소망이다. 우리 안에서 이 영광의 소망은 바로 우리 안에 거하는 그리스도이다. 이어서 이 소망은 우리를 자유로 인도한다. "우리는 하나님의 영광을 바라는 소망 가운데 기뻐한다."롬5:2 물론 이것은 우리가 흔히 말하는 인간적인 의미에서 기뻐한다는 말이 아니고, 우리의 자유를 통해서 하나님의 영광의 진리를 명백하게 표명하여, 그 진리가 온전히 드러나게 된다는 뜻이다. 우리의 자유는 소망을 품지 않는다면 아무 의미가 없다.

사도 바울이 "영광의 소망인 여러분 안의 그리스도"를 언급한 것은 우리의 자유를 통해서 우리 안의 그리스도가 계시될 수 있다는 사실을 상기시킨 것이다. 자유를 주는 존재가 우리를 자유롭게 할 때 우리는 그 존재가 우리 안의 그리스도라는 사실을 알게 된다. 그러나 그리스도는 또한 우리에게 소망을 풍성하게 한다. 그 소망은 근거 없는 불확실한 것이 아니고, 영광의 소망이다. 왜냐하면 우리는 그 영광을 향한 굳건한 소망이 있고 우리의 자유는 그 영광을 향하는 것이기 때문이다. 그러나 그 영광은 부활을 통해서만 나타난다. 우리의 소망이 예수 그리스도의 승리에 기초한다는 것은 분명하다. 그리스도가 죽음을 이기고 승리했기에 우리는 소망을 가지게 된다.롬5:4 바로 이 '죽음에 대한 승리' 덕분에 우리는 살아계신 하나님에게 소망을 둘 수 있는 것이다.딤전4:10

이 소망은 일시적인 감정이나 인간의 상상과는 차원이 다르다. 왜냐하면 이 소망은 하나님 안에서 죽어 없어지지 않는 생명, 즉 그리스도 안에서 승리한 생명과 연관되기 때문이다.^{벧전1:21} 그러나 이 소망은 자유와 연관이 있다. 왜냐하면 이 소망은 예수 그리스도의 승리로서 모든 것이 이미 다 완성된 것이 아니라는 사실을 우리에게 밝혀주기 때문이다.

그리스도의 승리는 자유를 가능하게 한다. 거기에는 유념해야 할 세 가지 사항들이 있다. 첫째로 예수 그리스도의 역사役事로 숙명적인 것이 제거되었다. 즉 이제 더 이상 불가피한 필연성은 존재하지 않는다. 과학이 우리에게 결정적인 사실로 전하는 것은 언제나 결정적인 사실임에 틀림없다. 그러나 그것은 숙명이 아니고, 조건들이 모인 것으로서 결정적인 조건들에 불과한 것이지 그 이상은 아니다. 권세들의 권세를 패하게 함으로써, 예수는 하나님이 창조했던 대로 피조물은 단지 피조물에 지나지 않는 세계를 회복시켰다. 죽음에 대해 승리함으로써, 예수는 가장 결정적인 숙명을 제거했다. 이제 자유는 예수 그리스도의 임재를 나타내는 행위가 될 수 있다. 그러나 운명의 불가피한 필연성이라는 말은 아무 미래가 없는 상황을 뜻한다. 수학방정식을 전개하는 데서 역사나 미래가 나오지 않는다. 이와 반대로, 숙명이 제거될 때, 우리는 완전한 자유는 아니지만 일종의 선택 가능한 상황에 처하게 된다. 상황은 더 유동적이 되어서 미래의 가능성을 지니게 되고, 그 상황 속에 처한 인간은 선택의 가능성을 가지고 어떤 역사를 이루어나갈 수 있게 된다. 그래서 이제 인간에게 하나의 소망이 존재하게 된다. 왜냐하면 소망은 이미 끝나지 않은 일에 관련된 것이기 때문이다. 예수 그리스도 안에서 이와 같이 소망과 자유의 일체가 된다.

둘째로, 신학자들이 기술하는 바와 같이 구약의 하나님을 전지전능한 존재로 본다 하더라도,[7] 예수 그리스도는 만유의 주로서 신적인 전제적 권위가 아니라 자유를 구현하는 모습으로 우리에게 나타난다. 예수 그리스도 안에서 하나님의 뜻은 자유이다.[8] 성부는 성자에게 완전한 자유를 부여한다. 예수 그리스도 안에서 다른 신은 없고, 성부에게서 성자에게로 주권이 주어졌기 때문에, 세계를 이끌어가는 것은 모든 것을 관장하는 결정권자 하나님의 불가항력적인 뜻이 아니라, "내 멍에는 쉽고 내 짐은 가벼움이라"라고 말씀하는 그리스도의 완전한 자유이다. 이 말은 우리를 향한 하나님의 뜻이 더 이상 존재하지 않는다는 것이 아니라, 우리를 강제하거나 결정하지 않는 것이 하나님의 뜻이라는 말이다. 그러므로 예수 안에서 자유는 우리를 위한 것이다. 그러나 그것이 우리에게 의미를 가지는 것은 우리가 예수를 소망하고, 인간의 소망이 하나님을 지향하는 때이며,렘14:8 또한 소망이 영원한 하나님 안에 있고, 지금 가능한 미래를 하나님에게 소망하는 때이다.시27:14,사8:17 이와 같이 예수의 자유를 통해서 우리의 소망이 탄생함과 동시에 우리의 자유가 확보되는 것이다.

셋째로, 권위주의적 독선이 다시 출현하지 않도록 예수 그리스도의 승리에 '사효적 효력'[9]을 부여하지 말아야 한다. 성육신과 십자가와 대속을 통해서, 인간 세계의 급격한 반전이 일어나지 않는다. 예전에는 반역했던 인간 세계가 이제 객관적으로 순종하는 세계가 되지 않는다. 예전에는 타락했던 인간 세계가 이제 객관적으로 본래의 아름다움을 회복하는 세계가 되지 않는다. 예전에는 악했던 인간 세계가 이제 객관적으

---

7) 그런 견해는 내가 보기에는 틀린 것이다. 『하나님의 정치와 인간의 정치*Politique de Dieu, politiques de l'homme*』(대장간 역간, 2012)를 참조하라.

8) ▲ 예수 자신이 하나님을 향해 온전한 순종과 온전한 자유를 표한다.

9) [역주] 기독교 교리사에서, 사효성(事效性)은 라틴어로는 'opus operantum'으로 성례의 집행 자체에 성례의 효력이 있다는 것이다. 이와 반대로 인효성(人效性)은 라틴어로는 'ex opere operantis'로서 성례의 집례자에 따라 성례의 효력이 달라진다는 것이다. 이 경우 집례자의 도덕성과 죄과에 따라서 성례의 효력이 소멸되기도 한다.

로 선한 세계가 되지 않는다. 예전에는 노예였던 인간 세계가 이제 자유로운 세계가 되지 않는다. 모든 인간의 행위를 하나님이 이제 다 용납하고, 악마들과 죄가 객관적으로 다 사라지게 되는 객관적인 반전은 일어나지 않는다. 아직까지도 그렇게 된다는 주장을 하는 것은 '영광의 신학'으로서 자유를 부정하는 것이다.

이미 모든 것이 다 끝났는데 그리스도의 역사를 이루어간다는 것이 무슨 의미를 가지겠는가? 왜냐하면 메시아의 임무를 그런 의미로 받아들이게 되면 예수는 그리스도가 아니라는 유대인들의 주장이 맞게 되기 때문이다. 그러나 예수가 인간을 구원함으로써 인간이 자유를 향해 나아가게 되기 때문에 '사효적 효력'은 맞지 않는다. 예수는 인간으로 하여금 진리 안에서 성부의 뜻에 참여하게 하여서, 진정한 자유를 누릴 수 있는 상황을 맞이하게 한다. 이것은 그리스도의 역사가 세상에서 아직 다 끝마친 것이 아님을 뜻한다.

예수가 행한 모든 일은 충분하고 완전하다. 모든 일이 정말 성취되었다. 그러나 그것은 건물이 다 완성되어 문들이 다 닫힌 것과 같이 끝난 일이 아니다. 그와 반대로 예수는 천국을 우리의 자유에 맡긴다. 이제부터 천국을 일궈나가는 데 이 자유만이 역사한다. 그것은 모든 것을 주관하는 하늘의 기적이 아니라, 우리의 자유로운 행위들을 통해 일어나는 기적이다. 그러나 그것은, 우리의 자유가 발휘되지 않는다면, 다시 말해서 우리가 그리스도인으로서 자유인으로 행동하고 살지 않는다면, 필연적이고 숙명적인 차원으로 다시 떨어지고 만다는 걸 의미한다. 세상은 다시 완전히 반역과 악과 죄가 판치는 세상이 되어 그 이외의 것은 더 이상 존재하지 않게 된다. 권세들이 다시 맹위를 떨칠 것이다.

그리스도의 승리는 아우스터리츠 전투[10]의 승리와 같이 과거에 이미

---

10) [역주] 1805년 12월 2일 나폴레옹의 프랑스 군대가 아우스터리츠(Austerlitz)에서 오스트

다 쟁취하고 끝난 것이 아니다. 그리스도의 승리는 '우리의 자유를 위한 승리'이다. 따라서 나에게 자유가 결여되어 있다면 이 승리는 오늘날 아예 말소되는 것은 아니라 할지라도 효력이 없게 된다. 우리의 자유를 매개로 해서 그리스도의 역사가 나날이 이루어진다. 따라서 그리스도의 역사를 저해할 가능성이 우리에게 있다. 그리스도의 승리가 있는 그대로 발현되는 것을 가로막을 가능성이 우리에게 있다. 이것이 그리스도의 주권을 박탈하는가? 전혀 그렇지 않다. 그러나 그것은 사람들이 그리스도의 주권을 경험하지 못하도록 가로막는다. 그것이 이미 쟁취한 그리스도의 승리를 소멸시키는가? 그렇지 않다. 그리스도의 승리는 언제나 확고하다. 그러나 활용하거나 적용하지 않음으로써 그리스도의 승리가 마치 없었던 것과 같이 되어버리는 것이다. 그리스도의 승리를 실제로 늘 기억하고 있으면, 언제나 새롭게 자유를 펼쳐나갈 수 있는 일이 생겨난다. 그러나 그리스도 안에서 자유롭게 된 우리는 패배한 권세들과 지배세력들에게 힘과 권세를 다시 부여할 수 있는 가능성도 지니고 있다.

소망은 존재한다. 소망 가운데 우리는 구원을 받았고 그 사실은 명백하며, 분명한 현실이다. 그러나 '소망 가운데'라 함은 우리의 자유로 구원의 삶을 살아야 한다는 걸 뜻하고, 우리가 삶에서 그렇게 살지 않으면 구원의 생명을 저해할 수 있다는 걸 의미한다. 소망 가운데 우리는 죽음에서 생명으로 옮아가고, 소망 가운데 세상은 변화된다. 단지 예수 그리스도가 세상의 구주이기에 모든 것이 변화된다고 치부하고 만다면, 우리는 자유와 소망을 단번에 무력화시켜버린다. 그러나 세상이 변화되지 않았으니 예수는 메시아가 아니라는 말은 언어도단이다. 세상은 소멸될

리아와 러시아의 연합군을 격퇴한 전투를 말한다. 나폴레옹은 이 전투의 승리로 유럽을 당분간 자신의 천하로 공고히 한다.

수밖에 없던 것이 소멸을 뛰어넘어 천상의 예루살렘에 들어가게 된다는 의미에서 변화되었다. 숙명에 굴복했던 것이 소망을 품게 된다. 단지 사건의 연속에 지나지 않아서 역사라고 할 수 없는 것이 자유 안에서 소망을 통하여 역사가 될 수 있다. 단지 만드는 행위와 사고 작용들의 축적에 지나지 않아서 업적이라고 할 수 없는 것이 우리의 자유 안에서 소망을 통하여 업적이 될 수 있다.

흔히들 그리스도인의 행위는 세상 가운데 하나님 나라의 표지들을 드러내야 한다고 말한다. 이것은 분명코 맞는 말이다. 그러나 그것으로 만족해서는 안 된다. 우리에게 주어진 자유를 실천하는 것은 천국의 표지들을 드러내는 것보다 훨씬 더 나아가는 것이다. 그것은 세상에 의해 주어지는 소망을 현실화하는 것이다. 왜냐하면 이 소망은, 필수적인 것으로 과소평가해서는 안 되는 우리의 구원과 개인적인 부활에 대한 소망에 그치는 것이 아니고, 이 세계의 진정한 역사를 이룰 수 있다는 소망을 세상에 심어주기 때문이다. 이 진정한 역사를 향한 소망은 수학적이거나 변증법적으로 계속 일어나는 차원을 뛰어넘는 미래의 가능성을 향한 것이다. 그것은 세상이 천상의 예루살렘에 도달하는 소망이다. 나는 소망이 구현된다는 말은 하지 않는데, 그 이유는 소망의 구현은 오직 하나님의 은혜로운 결정에 달린 것이기 때문이다. 그런데 이 소망은 실제로 그리스도인들에게 주어진 자유에 따른 행위에만 존재한다. 엄밀히 말해서 그 이외에 달리 소망은 존재하지 않는다. 우리는 세상의 참된 역사를 향한 소망의 문을 열거나 닫아버릴 수가 있다. 이것이 자유의 힘이다.

그런데 소망은 하나의 감정이 아니다. 소망은 점점 희미하게 되는 어떤 느낌도 아니고, 미래에는 더 나아질 거라는 막연한 희망도 아니다. 자유와 연관되어, 지금 여기서 경험하는 자유 안에서 출현하기 때문에, 소망은 현존하는 구체적이고 현실적인 실재라고 할 수 있다. 소망은 이미 여기 임한 천국으로 들어가는 것이다. 이것은 우리가 누리는 자유에 의해 드러난다. 소망은 미래에 예정된 생명과 영광에 실제로 참여하는 것이다. 우리는 이미 천국의 상속자들이다. 그러나 이 상속받은 천국에 참여하는 방법은 소망이다.딛3:7 그런데 이것은 성서적으로 인간적인 상속에 대해 사람들이 기대하는 통상적인 의미의 소망과는 반대가 된다. 성서적인 의미의 소망이 더 낫다. 왜냐하면 인간적은 상속은 유언자가 죽기 전에는 아무 것도 얻지 못하기 때문이다. 이와 반대로 예수 그리스도는 우리에게 이미 모든 것을 주었다. 그러나 그 모든 것을 삶으로 누리는 방법은 소망이다. 왜냐하면 소망은 삶을 경험하는 하나의 방법이지, 낙원을 꿈꾸는 것이 아니기 때문이다.

우리 안에 있는 소망의 존재는 지금 우리의 행위와 주변 사람들을 변화시키는 하나의 실재이다. 왜 사랑이 남들과 우리의 관계를 변화시키는 유일한 것이겠는가? 소망도 또한 남들과의 관계를 변화시킨다. 현실의 인간은 사랑만큼이나 소망을 필요로 한다. 인간은 소망 가운데 살아가는 사람들과 함께 살아갈 필요가 있다. 왜냐하면 소망은 우리 자신을 변화시키기 때문이다. 소망은 마지막 종말의 사건들과 관계가 있다. 그런데 마지막 종말의 사건들은 우리를 향해 다가오기 때문에 하나님의 나라는 우리에게 다가왔다 이미 현실적으로 지금 우리에게 효력을 미치고 있다.

소망 가운데 사는 것은 우리의 삶에 종말론적인 차원을 도입하는 것이다. 그것은 한편으로 우리의 행위 하나하나를 다가오는 천국에 맞추어 가는 것이다. 이것은 현재의 기다림의 행위가 다가올 미래에 의해 규명되는 것과 같다. 그러나 다른 한편으로 우리의 행위 하나하나는 우리 가운데 다가올 천국을 현재화하고 현실화하는 것이기도 하다. 그것은 분명코 지상에 천국을 건설한다거나 기독교 공장이나 기독교 철학을 세우려고 하는 것이 아니다. 그것은 어떤 면에서 우리가 천국의 구현을 소망하는 현실세계를 무너뜨리거나 변화시키는 것이다. 그럼에도 불구하고 그것은 소망하는 것이다. 그러므로 그것은 선포된 것을 적극적으로 기다리는 것이다. 왜냐하면 소망은 우리와 천국 사이에 존재하는 거리를 아주 정확히 나타내는 표징이기 때문이다. 소망은 그 거리를 규정함과 동시에 그 근접성을 확신하는 것이다.

이것은 다양한 방식으로 나타난다. 예를 들어 소망은 지혜와 정의와 경건으로 정화되는 삶을 살게 한다고 사도 바울딛2:12과 사도 요한요일3:3은 말한다. 이것은 바로 소망 속에서 우리에게 다가오는 천상의 예루살렘의 도래를 고대하는 것이다. 정화의 의지는 구현되어가는 우리의 소망이 구체적으로 나타난 표지이다. 왜냐하면 우리는 생명과 부활을 향하여 나아감으로써 거룩하고 흠 없도록 우리를 정화시켜야 한다는 점을 알고 있기 때문이다. 물론 이 정화는 전례적인 것이나 도덕적인 것이 아니다. 그것은 세상의 오염에 대한 정화이다. 이것은 세상사에 대한 우리의 자유를 통해서 나타날 것이다. 그래서 성서의 본문들 속에서 소망과 자유가 그토록 밀접하게 연결되어 있는 것이다.

우리로 하여금 온전하고 실재하는 관계로 부활의 그리스도와 연합하게 하는 소망은 세상의 모든 권세들의 정당성을 인정하지 않게 한다. 이것은 그 권세들에 대하여 우리가 가지는 자유를 통해서 구체적으로 드러난다. 왜냐하면 우리의 소망이 그리스도를 향한 것이라면, 그 소망은 다른 것을 향할 수 없다는 것이 분명한 사실이기 때문이다. 두 주인을 섬길 수 없는 것처럼 우리는 세상의 물질적인 부를 더 이상 소망할 수 없다.딤전6:17 그리스도를 향한 소망과 세상을 향한 소망은 철두철미하게 양립할 수 없다. 여기서 중요한 것은 바로 세상으로부터 해방된 자유이지, 세상 일들에 대해 우리가 가질 수 있는 두려움이 결코 아니다.

사도 바울도 소망은 우리로 하여금 성령의 역사에 함께하게 하고, 영광에 참예하게 하면서, 영원한 것을 지키면서 전통과 율법에 대해 자유롭게 한다고 말한다. "잠시 있다 사라져 버릴 것도 영광스러웠다면 영원한 것은 더욱 영광 가운데 있을 것이다. 우리가 이러한 소망을 가지고 있으므로 더욱 담대하게 말한다."고후3:11-12 이 구절들은 영원과 소망과 자유라는 세 가지 요소들을 분명하게 연결시키고 있다는 면에서 아주 주목할 만하다. 알다시피 이것은 모세를 통한 계시와 율법의 역사를 훨씬 능가하는 그리스도 안에 성취된 계시와 성령의 역사를 말한다. 그런데 사람들이 흔히 생각하는 바와는 반대로 이 점은 앞에서 언급한 것을 설명해준다 영원성을 지니는 것은 성령의 역사와 관계되는 계시이다. 즉, 계시는 사건들을 뛰어넘어 늘 동일하게 지속되는 것이다.

소망은 이 영원한 계시와 연관된다. 우리가 이 영원성에 대한 소망이 있기 때문에 우리는 자유롭게 행동할 수 있다. 바꾸어 말해서, 하나님의 계시가 온전하고 완전할수록 우리는 더욱더 자유롭다. 그러나 본문이 아주 분명하게 언급하는 바와 같이, 이 자유는 또한 계시의 인간적인 수단들과 율법에 영향을 미친다. 우리는 돌판에다 글자를 새길 필요도 없고, 이 계시를 베일로 가릴 필요도 없다. 마음을 돌이키고 회개하여 그리스도와 직접적이고 개인적인 관계를 맺음으로써, 하나님의 계시를 가리는, 모세가 벗을 수 없었던 인간의 베일이 거두어진다. 돌이켜서 주께로 나아가면 우리는 자유를 얻는다. 이와 같이 영원성은 형식화되고 화석화되는 것을 멈추고, 다가갈 수 있는 것이 된다. 소망은 이 자유의 발휘에 의해 현실화된다. 그러나 이 본문의 핵심은 이러한 삶의 양식들이 분리될 수 없는 것임을 우리에게 상기시키는 것이다.

소망은 우리에게 미래가 있다는 사실을 증명한다. 소망은 운명은 피할 수 있는 것이며, 우리 앞에 삶의 행로가 열려있다는 사실을 증언한다. 그리스도의 생명이 죽음을 이겼으며, 아주 사악하고 빗나간 사람도 이미 볼 장 다 본 게 아니고, 미리 예정된 것이란 있을 수 없다. 그런데 바로 그런 사실이 우리에게 자유를 향한 길을 열어준다. 소망이 우리로 하여금 미래의 가능성을 펼쳐갈 수 있게 하는 까닭에, 우리는 역사를 창조적으로 이루어가는 자유를 누린다. 이 역사는 사회적 조건들과 개인적인 결정론적 요인들에 의해 끌려가는 역사나, 아무 관련 없는 사건들이 계속 이어지는 역사가 아니고, 우리가 선택하고 원하여 건설해가는 역사이다.

나는 미리 결정된 것은 아무 것도 없으며, 인간이 하는 어떤 일도 이미 결정되어 다 끝나버린 것은 없다고 주장해왔다. 이와 반대로, 또한 내가 '그리스도의 죽음과 부활 사건'에 대해서 모든 것이 미리 정해진 것이라고 말할 수 있는 것은, 거기서 정해진 것이 우리가 살아갈 수 있는 삶의 가능성이지 불가능성이 아니기 때문이다. 그러므로 거기서 우리에게 정해진 것은 자유이다. 자유는 그 누구도 혹은 그 어떤 것도 가능성을 지니게 한다.

소망은 나로 하여금 최악의 인간11)조차도 그리스도 안에 있다는 믿음을 가지게 한다. 죄에 사로잡힌 인간은 죄에 사로잡히도록 지음을 받은 것이 아니며, 또 이미 다 끝난 존재도 아니다. 따라서 나는 그런 인간을 대하고 또 그런 인간을 위하는 데 있어서 자유를 가진다. 나는 그의 과거에 구속받지 않고, 열린 자세로 새롭게 그를 대할 수 있다. 그에 대한 그런 소망이 없다면, 내 편에서도 그에 대하여 자유로울 수 없을 것이다. 내가 그를 자유롭게 대한다면, 그의 삶에 소망이 나타나기 시작할 것이

---

11) ▲ 나에게 이 최악의 인간은 창녀, 야만인, 바보만을 의미하지 않는다. 그건 너무 단순하다. 광신적인 히틀러주의자, 미국의 백만장자, 살인자, 마약 판매자 등도 최악의 인간에 포함된다.

다. 소망이 그와 같은 타인들에게 주어지고, 나 자신이 그들에 대해 자유롭게 되는 사실을 고려할 때, 확실히 지옥은 타인들에게서 비롯된 것이 아니다.

나는 자유롭게 우리의 관계에 새로운 의미를 부여한다. 뒤에 가서 다시 살펴보겠지만, 자유는 의미를 부여하는 것으로 표출된다. 그러나 이것은 소망이 있어야만 가능한 일이다. 이것은 결국 나의 행위와 삶과 환경이 의미를 지녀야만 가능하다. 그렇다고 아무 근거 없이 이론상으로 외적으로 주어지는 식으로 그 의미를 그냥 부과할 수는 없는 일이다. 그와 같이 좀 허황되고 단절된 행위를 통해서 나의 자유가 나타나는 것이라면 그것은 전적으로 기만적인 것이다. 이와 반대로, 소망을 따라서 나의 자유가 발현되는 것이라면, 그것은 정말 강력한 것이 된다. 그 소망은 제도, 장치, 사람, 사건 등에 대해 하나님이 부여한 의미를 깨닫게 해준다. 소망은 모든 예상과 모든 사실이 명백하게 다 부정하는데도 불구하고 바라는 것이다.

소망은 명백한 사실을 부인하는 '팔복'을 믿는 것이다. "지금 우는 자는 복이 있나니"라는 말은 정말 어처구니없다. 우는 사람은 불행하다. 거기에다가 하늘의 위로의 언약을 덧붙이는 것은 악의적인 농담일 것이다. 그런데 예수는 우리에게 분명히 "복이 있다"고, 바로 지금 있다고 말한다. 지금 우는 자는 복이 있다는 것이다. 우는 자가 복이 있다는 말이 진리가 되는 것은 우는 자에 대한 하나님의 말씀이 그렇기 때문이다. 이와 같이 소망은 우리로 하여금 하나님으로부터 들은 말씀을 진리로 받아들이게 하며, 또 확실한 증거로서 명백한 것도 거짓으로 보게 한다. 이것은 에덴동산에서 이브가 뱀이 자신에게 보여준 선악과라는 확실한 증거에 굴복한 것과는 정반대의 태도이다. 이것은 확실하고 명백한 것을 부인하는 것이다. 이것은 인간이 근본적이고 절대적인 것으로 여기는 현실을 부정하는 것이다. 소망은 믿음으로 확실히 깨닫게 된 것들이 또 다른 현실이 되어서 현실만큼 강력하게 현존하고 훨씬 더 큰 영향을 미치게 한다. 소망은 믿음에 의해서 인지하게 된 보이지 않는 것들을 확고하고 강력한 실재로 간주한다.

소망은 하나님이 인간과 세계 안에 심어놓은 기호들의 의미를 해독한다. 그 기호들은 소망을 통해서, 또 소망에 근거해서 알 수 있게 된다. 소망은 개방적인 상황을 조성하고 폐쇄적인 상황을 제거한다. 소망은 제약과 속박을 벗어나게 한다. 소망은 임박한 즉각적인 일들의 의미를 파악하여 현재의 존재양식을 정립한다. 한마디로 소망은 세상과 성서에 관한 유일한 참된 해석학적 도구라고 요약할 수 있다. 다른 모든 것은 수학적이고 이론적인 것에 불과하다. 그러나 소망이 현재에 하나의 존재양식을 이와 같이 가능하게 한다면, 그 존재양식은 자유일 수밖에 없다. 왜냐하면 소망은 소망으로 바라보는 가운데 모든 세력들과 권세들을 그들 본래의 상대적 위치로 되돌려놓는 인식의 차원을 우리에게 열어주기 때문이다.

소망은 아주 잘 확립된 행위양식들 속에 영향을 미쳐서, 확실한 것과 외적으로 명백한 현실을 그대로 인정할 수 없게 한다. 그래서 소망은 거기에 자유의 행위양식을 끌어들인다. 특히 소망은 권력 수단들이 자유를 지향하게 한다. 권력과 지배와 경직성은 독재체제의 경직된 경제계획을 보라! 소망과 반대되는 것이다. 소망이 살아있는 곳에서는, 국가든 과학이든 교회든 경제든 심리든 간에, 모든 권력적 수단들은 신뢰성을 상실한다. 자유의 행로가 펼쳐진다. 그 행로는 권력의 수단들이 발전되자마자 억제되고 부정되고 제한된다. 이와 같이 계시와 일체성을 이루는 가운데, 소망의 선물은 자유의 삶에 대한 응답으로 주어진다. 그렇게 해서 자유의 윤리는 그 불확실성과 모순을 보여주기도 하면서 점점 윤곽을 드러낸

다.12),13)

---

12) 리쾨르(Ricoeur)는 소망과 함께하는 자유에 관해 아주 강력하게 주장한다. 그것은 "부활의 빛으로 보는, 즉 우리가 그리스도의 부활의 미래라고 불렀던 변화에 따른 내 존재의 의미이다. 그런 의미에서 신앙적 자유는 언약과 소망에 따른 부활의 의미에 부합하는 자유로 해석되는 것이다."

13) 전체적인 참고문헌으로서, 본문에서 인용된 문헌들 이외에, 나는 자유의 윤리의 연구에 필요한 필수적인 문헌들을 키텔(Kittel) 사전에 나온 대로 제시하고자 한다. L'article de M. Schlier, Elurtheoros, 1935. P. Bonnard, *L'Epître de St. Paul aux Galates*, 1953. C. Spicq, *Théologie morale du Nouveau Testament*, t. 2(그 주제에 관한 훌륭한 참고문헌 목록이 나와있음), 1965. K. Niederwimmer, *Der Begriff der Freiheit im Neuen Testament*, 1966. Mazerat et autres, *La Liberté Evangélique - Principes et pratiques*, 1965. Castelli et autres, *L'Herméneutique de la liberté religieuse*, 1968. Vernard Eller, *The Promise, Ethics in the Kingdom of God*, 1970. Bonhoeffer, "Ethique" et "le Prix de la Grâce". Niebuhr, *An Interpretation of Christian Ethics*. H. Gollwitzer, *Forderungen der Freiheit*, 1964(거의 다 정치적인 내용). Rudolf Schnackenburg, *L'existence chrétienne selon le Nouveau Testament*, 1971(사도 바울과 요한의 경우 그리스도인의 자유와 성숙에 관한 연구서인 제2권을 참조하라. 아주 신학적이고 영적인 책으로서, 윤리에 관한 책일 뿐만 아니라 자유의 윤리에 관한 훌륭한 입문서이기도 하다). Emmanuel Levinas, *Difficile liberté, Essais sur le Judasísme*, 1963(이 난해한 책은 유대인의 신앙과 사상의 자유를 분석한 것이다. 자유는 개성을 보존하는 것이고, 동화되는 것을 거부하는 것이고, 자기 자신으로 존재하려는 의지를 가지는 것이고, 하나님을 향해서가 아니라 세상을 향해서 "목이 곧은" 사람으로 살아가는 것이다. 이것은 모든 종류의 편의적인 느슨한 포용주의에 대한 훌륭한 경고가 된다). *La liberté de l'ordre social*, Rencontres Internationales de Genève, 1963(다양한 관점에서 바라본 자유의 문제에 관한 6개의 컨퍼런스를 가진 바, 자유에 대한 기본적인 성찰에 유익하다). H. U. Jager, *Ethik und Eschatoligie bei Loenhard Ragaz*, 1971(Ragaz는 이 책의 한 장에서 자유를 주제로 훌륭하게 기술하고 있는데, 약간의 내용은 명백히 정치적인 것이다). G. Gusdorf, *Signification humaine de la liberté*, 1962(자유의 윤리를 성찰하는데 있어서 필수적인 입문서이다. 특히 자유의 문제는 신학적 철학적인 성찰로서 해결할 수 없고, 기계적 규칙성들만을 알 수 있을 뿐인 과학으로는 더더욱 풀 수 없다는 사실을 입증하고 있다. 그 문제는 실존적인 문제로서, 먼저 개인적인 앙가주망의 문제이다). E. Käsemann, *Der Ruf der Freiheit*, 1968(신약성서를 통해 자유의 문제를 탁월하게 고찰하고 있다).

제1부

소외된 인간과 그리스도 안의 자유

1장 · 소외와 필연성

1. 소외

"성서는 인간의 노예적 예속상태에 관해 자주 언급한다.""성서는 우리에게 이집트와 바빌론에서 이스라엘 민족이 노예로 살았던 역사를 전한다.""성서는 우리에게 인간의 노예화와 노예제도의 수립에 대해 말한다.""성서는 우리에게 타락과 '세상 논리'[14]에 얽매인 노예적 예속상태를 언급한다.""성서는 우리 모두가 날 때부터 노예적 예속상태에 있다고 한다." 이와 같은 말들은 현대인에게는 그다지 큰 의미가 없다. 아무튼 이런 말들은 더 이상 우리 마음에 다가오지 않고 깊은 사색을 유발하지 않는다. 이제 죄의 노예라는 말은 비유나 이미지로 사용할 수 있을 뿐이다. 물론 성서 시대에는 이와 같지 않았다. 지중해 지역에서 약간의 변수가 존재했다 할지라도 노예제도는 아주 명백한 사회적 조건이었다. 성서의 기록자들이 죄와 타락과 '세상 논리'에 관한 인간의 실상을 묘사하는 데서 이 사회적 법률적 용어를 사용한 것은 유려한 수사법에 의한 단순한 비유적 표현을 위한 것이 아니었다. 그것은 아주 가혹하고 잔혹한 인간 조건을 나타내는 것이었다. 이 용어를 선택한 것은 근본적인 인

---

14) [역주] 갈라디아서 4장 3절에 나오는 '스토이케이아'(stoikéia)를 개역개정판에서는 이 세상의 '초등학문'으로, 표준새번역본에서는 세상의 '유치한 교훈'으로 번역하고 있다. 그리스어 원어로는 '기초'나 '원리'를 뜻한다. 여기서는 이 단어가 쓰인 맥락에서 엿보이는 부정적인 뉘앙스를 살리고자 '세상 논리'로 번역한다.

간의 실상과 하나님 앞에서의 상황을 이해시키고 또 가능한 한 정확하게 알리기 위한 것이었다.

공식적인 노예제도의 소멸은 그 단어의 뜻을 부드럽게 유화시켰다. 그러나 인간의 실상은 동일한 상태로 지속되었다. 우리는 현대 사회의 소외현상에서 노예적 예속상태와 동일한 것을 발견할 수 있다. 여기서 중요한 것은 더 쉽게 이해할 수 있게 어휘를 현대화하여 단어 하나를 바꾸는 것이 아니고, 현대를 사는 인간의 구체적인 상황을 전하는 것이다. 이것은 선지자들과 사도 바울이 자신들의 시대에 대한 구체적인 실상을 언급한 것과 똑같은 것이다. 왜냐하면 문제의 노예적 예속상태는 사회적 차원과 영적인 차원으로 따로따로 구분되는 것이 아니었기 때문이다. 그러한 구분은 없었다.

값을 치른 주인에게 노예의 몸과 영혼이 예속되었다는 사실을 기억해야 한다. 노예인 까닭에 그는 더 이상 인간이 아니다. 바빌론은 인간의 몸과 영혼을 매매 대상으로 삼았기 때문에 정죄 당한다. 죄의 노예적 예속상태는 곧 존재 전체가 죄에 사로잡힌 상태를 말한다. 또한 이와 같이 존재 전체가 관여된다는 면에서, 한 주인의 노예가 된 인간의 경우도 마찬가지이다. 나는 이 경우가 우선적이라고 말하고 싶다. 왜냐하면 이스라엘이 이집트와 바빌론에서 물질적으로 노예적 예속상태에 놓였던 사실은 완전히 영적인 의미를 띠고, 이스라엘과 하나님의 관계에 대한 역사와 연관되기 때문이다.

성서가 말하는 것은 죄의 노예가 된 인간 전체를 말한다. 그러나 그런 인간의 전형과 모델과 의미와 형상은 사회적으로 결정지어진 노예로서, 그 노예가 바로 인간이다. 이제 현대의 소외된 인간에 대해서 마르크스가 수립한 소외 개념에 기초해서 그와 동일한 방식으로 접근해 보자. 그 소외 개념은 최초라고 할 수는 없지만 가장 확고한 것이다. 그런데 마르크스에게 소외는 국한적인 현상이 아니라는 사실을 유념해야 한다. 소외는 자본주의 세계에서 프롤레타리아의 특성만이 아니다. 소외는 경제적인 조건만도 아니고, 역사의 한 시대에만 한정되는 것이 아니다. 소외는 총체적인 인간 조건이고, 원시공동체를 떠난 인간이 노동을 분배하고 다른 인간을 착취하기 시작한 시점에서부터 발생한 것이다. 소외는 한 인간이 다른 한 인간에게 굴복하고 착취당하는 현상이 아니다. 소외는 거기서 훨씬 더 나아간 것이다.

소외의 개념은 언제나 두 가지 뜻을 지닌다. 하나는 소외는 외적으로 다른 인간에게 소유당하고 착취당하는 것을 말한다. 그런데 다른 하나는 자기 자신에게서 소외되는 것으로, 스스로가 자신 이외의 다른 존재가 되어, 다른 사람으로 전환되는 것을 말한다. 마르크스가 이 문제를 파악한 것은 바로 이 두 가지 측면에서다. 그렇기 때문에 마르크스는 노동에서의 소외를 말한다. 그것은 노동자가 노동하는 가운데 인간으로서의 삶을 살아갈 수 있는 시간을 박탈당하는 현상이다. "시간이 없는 인간은 삶 전체가 노동에 매몰됨으로써 소나 말과 같은 짐승보다 못하다. 인간은 육체적으로 무너지고, 정신적으로 바보가 된다."

활동하는 노동력에 불과하게 된 인간은 상실과 소외를 겪는다. 더군다나 자본주의체제는 인간의 생명 자체인 이 노동력을 상품과 같은 대상으로 축소시킨다. 노동력은 팔려나가는 상품이 되어서 하나의 단순한 제품이 되어버린다. 이 상품은 노동자의 삶의 일부분을 담고 있다. 노동자는 자본주의체제의 노동구조에 의해 수탈당한다. 이 노동자는 모든 분야에서 팔려나가고, 상품처럼 취급되는 노동력뿐만 아니라 노동 생산품으로도 팔린다. 본래의 상태로 되돌릴 수 없고, 총체적인 체계에 기인한 이 상황을 어떻게도 벗어날 수 없기 때문에 노동자는 소외된다. 그런데 노동하는 모든 사람은 다 이와 같다.

그러나 돈에 의한 소외는 더더욱 심각한 것이다. 돈에 의한 소외는 돈을 가진 사람들이나 돈이 없는 사람들에게 다 나타난다고 마르크스는 말한다. 그것은 경제적 소외의 이면이다. 우리가 알고 있듯이, 마르크스는 자본주의세계에서 돈이 실제적으로 유일한 필요성을 지닌다는 사실을 입증한다. "돈의 양은 인간에게 필수적인 유일한 삶의 질이 된다." 그러나 경제체제의 작용에 의해서 일정한 양의 돈이 가지는 구매력은 끊임없이 줄어든다. 그리고 인간은 이 치명적인 결함을 채우기 위해 끊임없이 돈을 버는 기계로 전락한다. "돈은 인간을 추상적인 존재로 축소시킨다. 인간은 양적인 단위로 전락한다." 인간은 가지고 있는 돈에 의해서만 평가될 수 있다. "오늘날 아무 것도 소유하지 않은 인간은 아무 존재도 아니다." 이것이 아무 것도 가진 것이 없는 무소유의 상황이 인간 존재 자체를 사로잡아버리는 문제이다.

　돈이 세계에서 유일한 능동적인 주체가 되고, 세상의 모든 존재들 간의 유일한 조정자이자 중재자가 되고, 유일한 척도가 되며, 인간과 세계를 연결시켜주는 유일한 매개체가 된다면, 돈이 없는 인간은 완전히 현실세계와 단절되고 실존세계에서 분리된다. 바꾸어 말해서, 그는 자신의 존재가 비현실이 되는 상황에 이르게 된다. 현실 속에서 그는 인간이 아닌 것이다. 이와 같이 돈의 결핍은 "인간으로 하여금 모든 반인간적인 것과 반자연적인 것에 의해 사로잡히게 한다." 그러나 돈이 있고 또 돈을 버는데 열중하는 인간의 상황도 썩 나은 것은 아니다. 왜냐하면 돈의 소유는 존재의 결여를 나타내는 표지가 되기 때문이다. "돈을 덜 쓸수록 덜 존재하게 된다. 덜 존재하면 더 돈을 소유하게 된다. 왜냐하면 경비를 절약하면 재산을 불리게 되기 때문이다. 삶을 많이 포기하면 포기할수록 인간의 소외는 더욱더 커진다. 돈이 인간을 대신하여 인간이 할 수 없는 것을 할 수 있게 된다. 돈은 인간의 실체 자체를 자양분으로 삼는 현실적인 권력이 된다."

돈을 소유하는 인간은 소유하는 가운데 완전히 소외된다. "자본가는 인간이 된 자본에 불과하다." 그는 자기 자신으로는 더 이상 존재하지 않는다. 그러나 소외는 경제적인 현상으로 완성된 것이 아니다. 소외는 이데올로기적인, 특히 종교적인 것으로 보완된다. 인간은 소외당한다. 왜냐하면 인간이 착취에 가담하여, 자신의 활동이 더 이상 정의롭지 않게 될 때부터 인간은 모든 것을 왜곡되게 인식하고, 자신의 상황을 감추기 위해서 이데올로기를 만들어내기 때문이다.

종교는 가장 완벽하고 기만적인 이데올로기이다. 이것은 인간으로 하여금 자기 자신을 총체적으로 상실하게 한다. 포이어바흐에 따르면 그 이유는 인간이 허구적인 최상의 존재에게 자신의 가장 좋은 점들과 의롭고 선한 훌륭한 점들을 덧입혀서 절대자로 세우고 신성에 투사함으로써, 그 모든 것을 스스로 다 박탈당하기 때문이다. 더욱이 인간은 자기 자신보다 다른 존재에게서 자신의 해방을 구하기 때문이다. 종교는 "인민의 아편"이다. 왜냐하면 종교는 인간으로 하여금 자신의 모든 잠재적인 능력을 다른 존재에게 넘겨주고, 거짓 소망으로 살아가며, 자신의 운명을 스스로 책임지는 것을 회피하게 함으로써, 인간이 스스로 행동을 취하며 살아가는 길을 가로막기 때문이다.

물론 종교는 인간이 가장 고결한 것으로 만든 것이다. 이것은 다음과 같은 훌륭한 글귀를 읽으면서 우리가 감지할 수 있는 것이기도 하다. "종교는 이 세계에 대한 총체적인 이론이며, 대중적인 형식의 논리이고, 영성의 가장 높은 영예이며, 열정이요 도덕적 제재이자 그 엄숙한 보완이며, 위안과 정의의 보편적인 근거이다. 종교는 인간의 에너지가 경이롭게 구현된 것이다. 종교적인 가난은 한편으로 현실적인 가난을 나타내는 것이고 다른 한편으로 현실적인 가난에 대한 항의이기도 하다. 종교는 짓눌린 피조물의 탄식이자, 사랑이 없는 세계의 사랑이고, 영혼이 없는 시대의 영혼이다." 그러나 우리는 속지 않는다. 바로 그렇기 때문에 종교는 최악의 것이고, 인간의 깊은 소외를 불러온다.

마르크스가 쓴 앞의 글은 종교에 대해 긍정적이지 않다. 이 글은 종교에 대해 철저하게 비판적이다. 종교는 이 세계에 대한, 즉 인간에 의해 인간이 착취당하는 체계인 소외 구조에 대한, 성대한 보완물이며 도덕적 제재이자 정당화이다. 종교는 인간의 에너지가 경이롭게 구현된 것이다. 그러나 그것은 게르만적 의미에서 그렇다는 것이지 "경이적이고 기적적인 의미"에서 그렇다는 것이 아니다. 그것은 주마등처럼 스쳐지나가는 환상이다. 인간은 스스로에 대해 답을 찾기 위해 엄청난 노력을 하면서, 종교의 환상적인 세계에 다다랐다. 마르크스가 우리에게 종교는 '사랑이 없는 세계의 사랑'이고 '영혼이 없는 세상의 영혼'이라고 한 말의 의미는 종교가 최대의 총체적인 기만이라는 것이다. 왜냐하면 사랑이 없고 영혼이 없는 세계에서 종교는 인간에게 사랑과 영혼의 환상을 불러오기 때문이다. 이것은 인간으로 하여금 세상의 비인간적인 현실을 보지 못하게 가로막고, 환상을 통한 위안 탓에 실제 상황을 알아차리지 못하게 가로막는다.

프롤레타리아는 이 모든 소외 현상들을 겪는다. 왜냐하면 소외의 근원과 출발점이 프롤레타리아의 객관적인 경제적 상황에 있다고 할지라도, 프롤레타리아의 소외 상황은 경제적인 조건을 훌쩍 뛰어넘기 때문이다. 프롤레타리아는 스스로에게서 배제되어 '기계의 부속품'이 되고, 대도시의 익명성 속에 매몰되고, 문화의 모든 혜택으로부터 배제되고, 가족과 조국을 박탈당한 채로 끝없이 종속적인 존재가 된다. 프롤레타리아에게 삶은 자기 자신과는 전혀 상관없는 것이 되기 때문에 프롤레타리아는 끝없이 종속적인 존재가 되는 것이다. 프롤레타리아의 유일한 재산은 자신의 노동력이다. 그는 자신의 노동력을 팔 수 있을 때만 생존할 수 있다. 그런데 그것은 자기 자신에게 달린 것이 아니라 노동력을 사는 사람에게 달려있다. 노동력의 구매자가 있어야 하는데, 구매자는 이익이 있어야 구매한다. 이익은 시장의 전반적인 조건이 유리할 때만 나타난다.

이런 분석을 통해서 마르크스는 현대인의 소외에 관한 아주 중요한 측면을 포착했다. 곧 현대인의 운명은 객관적인 전반적 현실 상황에 전적으로 좌우된다. 현대인은 거기에 전혀 개입할 수도 없고, 자신의 위치에 상관없이 아무 것도 할 수 없다. 마르크스가 우리에게 전한 인간 소외에 관한 이론은 부분적으로 약간의 반론의 여지가 있다고 볼 수 있다. 예를 들어 경제적인 분석에 있어서, 현대의 서구사회에서 노동자는 그런 철저한 종속성과 완전한 박탈과 같은 상황에 처해 있지 않다고 말할 수 있다. 소외의 원인들이 마르크스가 지적한 것들과 동일하지 않다거나 소외현상의 어떤 측면은 이미 사라져버렸다는 것과 같은 비판으로는 현대인에 관한 마르크스의 정확한 통찰을 전혀 바꿀 수 없다. 우리는 그의 지적이 명료할 뿐만 아니라 예언적임을 받아들여야 한다. 우리는 그것을 받아들일 뿐만 아니라 확장시키고 발전시켜야 한다.

여전히 지금도 얘기되는 가난과 불평등과 같은 소외의 전통적인 현상들은 이미 상당 부분 사라졌다. 소외현상은 오늘날 더 이상 가난이나 열등한 사회적 상황에 국한되지 않는다. 소외는 더 깊고 더 총체적인 의미를 가지게 되었다. "소외는 삶의 경제적 측면들을 넘어선다. 더욱이 소외는 심리적이거나 정신적인 문제이다. 그래서 소외는 어떤 개인들에게 한정되는 것이 아니고, 사회적 계층들을 다 포함한다. 소외는 넓은 의미에서 정치적인 것이다. 우리는 착취가 사라졌는데도 소외가 없어지지 않는 사회를 떠올릴 수 있다. 유고슬라비아, 중국, 쿠바, 알제리 등이 그런 경우라고 할 수 있다."[15]

"개개의 노동자에게 있어서, 20세기의 직업적인 삶은 대체적으로 흥미 없는 것이고, 사회적 삶은 존재하지 않고, 노동조합활동은 아무 의미도 없으며, 각자의 가정생활과 개인적 지위만이 실존을 받쳐주는 요소들이라는 말을 한다. 이 말은 예전에는 부유한 계급들에게 한정되었던 문제들이 이제 프롤레타리아에게 전이된 것을 뜻하는 것이 아닐까?" 그러나 이 말은 그리 쉽게 받아들여질 수 없다. "노동자들과 대부분의 노동운동가들은 착취에서 벗어나는 이슈들을 다루려고 하지 않는다. 그러나 착취와는 무관한 것으로서 배고픔도 거주문제도 없는 국가들의 경우 생산의 점차적 증대는 무의미한 것이다. 착취와는 무관한 것으로서 아무 유용성도 없는 싸구려 상품들의 생산 증대는 아무 소용도 없고 무의미한 것이다. 착취와는 무관한 것으로서 아무런 결정권도 없이 로봇처럼 일하는 것은 무의미한 것이다. 착취와는 무관한 것으로서 우리를 에워싸고 있는 모든 것에 아무 영향력도 미치지 못하는 것은 무의미한 것이다. 착취와는 무관한 것으로서 자신과 상관없고 자신이 제어할 수 없는 세력들에게 자신의 존재 전체가 지배당하는 것은 무의미한 것이다."

이와 같이 모테Mothé 는 소외에 대해 탁월하게 기술하고 있다. 이것은 마르크스 사상에서 포착한 소외현상이 깊이를 더해가고 범위를 넓혀가서, 현대인조차도 소외된 존재임을 언급하기에 이르렀다는 사실을 우리에게 보여준다. 이런 말은 아주 정확하게 폴 리쾨르의 더 폭넓은 성찰과 일치한다. 그의 성찰은 우리가 위에서 요약한 내용에 대한 직접적인 후속편처럼 다가온다.[16]

---

15) 이 주제에 관해서는 1965년에 출간된 모테(Mothé)의 『르노자동차회사의 노동운동가 *Militant chez Renault*』를 참조하라.

16) 오늘날 이런 상황을 인간의 '사물화'(réification)라는 용어로 설명하는 경향이 있다. 인간의 '사물화'는 한편으로 인간의 삶이 사물들인 대상들에 사로잡혀 그 대상들에게서 벗어날 수가 없고, 인간은 점점 더 종속되어가는 것이다. 다른 한편으로 그것은 기술체계가

가장 발달된 현대사회에서 인간은 본질적으로 소외되어 있다. 사회주의로의 전환도 그 사실을 결코 바꿀 수 없다. 왜냐하면 이 소외현상이 새로운 규모로 전개되었기 때문이다. 그것은 사회구조들의 복잡성과 점증하는 엄밀성과 완전무결한 합리성에 의한 소외현상이다. 인간은 점점 더 추상적이고 통제 불가능해지는 현상들에 사로잡혀서 자기 자신을 상실하게 된다.

소외의 중요한 현상이 이제 더 이상 인간에 의한 인간의 착취가 아니다. 물론 그런 착취 현상은 제3세계 국가들에 언제나 상존하고 부분적으로 서구사회에도 존재한다. 그러나 그것은 이제 더 이상 확고한 결정적인 요소가 아니다. 인간의 적은 다른 계급에 속하는 인간이 아니고, 그 계급에 상대적으로 유리하게 된 구조도 아니다. 인간의 적은 이름 없는 복합성을 지닌 일체의 메커니즘들이다. 그것은 '기술-선전-국가-행정-계획화-이데올로기-도시화-인격화'의 기술들이다. 인간은 아무도 통제할 수 없는 그런 집합체들 속에 끼어있다. 그 속에서 작용하는 인간의 기능이 인간의 지위와 미래와 자유 영역과 순응성과 적응성을 정확하게 규정한다.

인간은 점점 더 자신의 삶의 주인이 되지 못한다. 물론 인간은 결코 자신의 삶의 주인인 적이 없었다고 쉽게 말할 수 있다. 권위적인 집단들에 예속되고 전통적인 가정에 묶여서 인간은 자유롭지 않았다는 것이다. 여기서 나는 이미 수없이 했던 말대로 똑같이 대답하련다. 나의 관심은 다른 문명사회들 속의 소외현상이 아니고 오늘 우리사회의 소외현상에 있다. 나는 과거의 인간이 자유를 더 누렸는지 덜 누렸는지 평가하지 않는다. 또 한편으로 이 소외현상은 잘 계산된 추상적인 체계들에서 비롯

인간을 하나의 기술적인 요소로 만들고, 인간은 거기에 순응할 수밖에 없으며, 결국 내면도 사로잡혀서 인간은 실제로 자신이 그렇게 되기를 바라고, 사물들 속의 사물이 되기를 원하게 되는 것이다.

되기 때문에 더 힘든 것이다. 우연적인 것은 줄어들고 미리 예측한 것은 늘어난다. 왜냐하면 과학적으로 인간의 깊은 내면으로 침투하여 그 마음을 수정하려고 시도하기 때문이다. 그러므로 마르크스가 설정한 지표를 따라 오늘날의 인간조건을 성찰해야 한다고 나는 확고하게 믿는다. 그리고 그것은 소외된 인간에 관한 것이다. 1900년에서 현재에 이르기까지 오늘날의 인간이 초기 산업사회 때보다 훨씬 더 깊은 소외상태에 있다고 우리는 평가할 수 있다.

자유의 문제가 제기되는 것은 바로 이 소외된 인간에 대한 것이다. 이것은 현대사회의 상황 속에서 자유의 윤리를 성찰하는 것이다. 이것은 예언자들과 사도들이 노예적 예속상태를 비판한 것은 그들이 살던 사회의 상황에 대한 것이었던 점과 같은 맥락이다. 오늘날 우리는 '소외된 인간'이라는 말을 '노예'라는 말과 겹쳐서 쓸 수는 없다. 왜냐하면 '소외된 인간'이라는 말은 '노예'라는 말과 결코 동일하지 않은 깊은 내용과 뜻을 지니고 있기 때문이다. 그러므로 소외와 관련지어서 그리스도 안에서 자유의 의미를 성찰하고 취할 행동이 무엇인지 탐구해야 한다. 이에 대해서 리쾨르는 소외를 세 가지 주제들로 분석한다.[17] 인간은 자신이 가진 수단들을 의식한다. 그래서 행동을 취할 수 있는 가능성을 가지는 덕분에 인간은 자신의 독립성을 의식하게 된다. 그런데 인간은 그것을 진보나 자유가 아니라, 부담이나 의무 혹은 일종의 정죄로 받아들인다. 인간은 자신의 안락을 확보하는 수단들을 가지고 있다. 그런데 그런 수단들의 소유가 실질적인 안락과 소비의 절제와 정당한 분배로 이어지지 않는다. 그것은 최상의 안락을 향한 경쟁과 필수품의 비현실적인 증가와 한없는 무분별한 욕구로 이어지고, 증대된 창조적 능력의 성과들을 파

---

17) 폴 리쾨르(Paul Ricoeur), "Notre responsabilité dans la société moderne", *Bulletin du C.P.O.*, juillet 1965.

괴시키는 힘으로 작용하고, 상황에 대한 어떤 작은 해결책도 가져오지 못한다.

인간은 권력의 수단들을 소유하고 있다. 이것은 거의 절대적인 지배를 가능하게 하여 인간으로 하여금 모든 것을 조종하려는 욕구를 가지게 한다. "우리는 인간 조건을 변화하고 시공간의 분리를 없애기 원하여, 죽음이 없도록 인간의 생명을 무한하게 연장시키며 탄생과 죽음을 통제하려고 한다. 우리는 기술적인 모델에서 빌려온 유형의 행위양식을 우리의 모든 행위 가운데 확산시키려고 한다. 우리는 모든 존재들을 조종 가능한 도구의 차원에 두려고 한다." 그런데 이 세 가지 측면에서의 발전은 결국 모두 다 소외가 증대되는 상황을 불러온다. 이것은 그 발전 자체 때문이 아니라, 그 모든 것의 중심에서 해결되지 않는 문제가 '궁극적인 의미'[18]의 문제이기 때문이다. 우리는 여기서 리쾨르에게 소중한 '의미'와 '무의미'라는 주제를 발견한다. 그것은 리쾨르에게는 핵심적인 것으로 다시 살펴보게 될 것이다. 실제로 현대를 평가할 때 단순히 합리성이 증가한 측면만 보면 커다란 착각을 불러온다. 현대를 평가할 때 부조리가 증가한 측면도 또한 감안해야 한다.

현대의 기술적 진보에 대한 증언들이, 저항과 부조리에 대한 문학과 예술의 증언들과 분리되어서는 안 된다. 동일한 한 인간이 기술적 경제적 합리성과 함께 의미의 해체라는 변화를 동시에 겪고 있는 것이다. 의미가 사라지게 된 뿌리 깊은 이유는 단순히 최대 소비를 목표로 하는 집단적인 계획이나, 달의 정복과 같이 단순한 도구적인 지배 계획이 지니는 무의미성을 우리가 깨닫고 있다는 데 있다.

기술과 경제의 영역에서 우리는 정보처리 수단들을 개발한다. 그 점

---

18) [역주] 저자는 의미라는 뜻의 'sens'를 여기서는 대문자로 시작하여 'Sens'로 표기하고 있다. 이렇게 'sens'와 'Sens'를 구분하여 쓰는 저자의 의도를 따라서, 각각 '의미'와 '궁극적인 의미'로 번역하고자 한다.

에서 우리는 진보를 말할 수 있다. 그러나 우리는 또한 거기서 목적들이 사라지는 것을 보게 된다. 현재 우리가 겪는 고통은 산업, 기술 등의 세계를 지배하는 수단들을 더 많이 얻으면 얻을수록 그 모든 것의 존재 이유는 더 줄어든다는 사실에 있다. 수단의 합리성을 증대시키는 사회에서 그 목적이 점차 사라지게 되는 것이 사회적 불만의 깊은 원천이다. 음식과 주거와 여가생활의 기본적인 욕구들이 만족됨에 따라서, 우리는 변덕과 독단과 '무의미한 행위'의 세계에 빠져든다. 우리는 일과 쾌락과 성애의 무의미함을 본다. 우리는 이와 같이 우리의 행위와 사회적 생산의 의미를 상실하게 됨으로써 아주 좋은 수단들을 가진 탓에 인간은 소외되고 마는 상황에 처하게 된다. 자신의 행동과 삶에 부여할 수 있는 의미가 그 수단들에 필적하지 못할 때, 실제로 인간은 자신이 가진 수단들에 의해, 자신의 능력에 의해 소외된다.

우리는 물론 마르크스의 사상과 함께, 그의 사상을 따라 객관성을 띠지만 부정확하고, 정확하지만 객관화에 치우친 식으로 기술한 모든 저술을 탓할 수 있다. 소외 상황을 총체적인 상황으로 묘사하는 것은 아주 추상적이라고 지적할 수 있다. 그렇게 기술한 것은 현실을 묘사한 것이 아니고, 상상 속의 현실이자, "총체적으로 소외된 사회로 보는" 이데올로기에 의해 해석된 현실을 묘사한 것이다. 실제로 인간은 결코 전체적인 현상들이나 소외의 메커니즘들을 인식할 수 없다. 소외를 일으키는 일들이나 조직들은 존재하지 않는다. 다른 집단에 비해서 집단 전체가 소외된 상황에 있는 경우는 존재하지 않는다. 만약 그런 경우가 존재한다고 상정한다면, 정확하게 소외를 파악하는 것은 불가능하다. 명확한 분석을 하고자 한다면, 인간이 겪은 소외의 경험에서부터 출발해야 한다. 그런데 이 경험은 어떤 것인가? 여기서 이 경험은 네 가지로 분류될

수 있다.[19)]

첫째, 우리가 살아가고 있지만, 변화시킬 수도 도피할 수도 없는 사회인 세상과 마주쳐서 우리 개개인이 가질 수 있는 무력감의 경험이다.

둘째, 부조리의 경험으로서, 우리가 겪어야 되는 사건들이 아무런 의미와 가치를 지니지 않고 우리는 거기서 갈피를 잡을 수 없게 된다. 이것은 뒤르켕Durkheim의 아노미anomie 개념과 일치한다.

셋째, 버림받음의 경험으로서, 이것은 어떤 도움도 바랄 수 없고, 타인이나 사회로부터 어떤 원조도 받을 없는 경우이다. 버림받음은 실존주의에서 소중히 여기는 개념이다.

넷째, 마지막으로 자신에 대한 무관심으로 치닫는 소외의 경험이다.

이런 경험 속에서 인간은 자기 자신을 잃어버릴 정도가 되어서 자신의 운명에 아무런 관심도 없게 되고 어떤 열정이나 어떤 삶의 취향도 가질 수 없게 된다. 주관적으로 겪는 이런 소외 상황의 경험은 소외 상황의 요인들을 밝혀낼 수 있게 한다. 그 중 세 가지 요인들을 보자. 첫 번째 요인은 자신이 처한 상황이나 거기서 나타나는 자신의 고유한 반응들에 대한 통제력을 상실하는 것이다. 두 번째 요인은 동기의 결핍으로서, 인간은 일이 왜 그렇게 되는지 모르는 채로 하는 일을 하고, 그 모든 것이 무얼 뜻하는지 알지 못한다. 세 번째 요인은 정보의 부재로서, 개인이 소외를 느끼는 것은 환경과 개인 사이에 정보의 흐름이 단절되는 데서 비롯된다. 요컨대 개인의 '적응 기능'이 사회, 집단, 동료 등의 물리적인 세계에 대해서 정상적으로 작용하지 않는 것이다. 그래서 완전한 소외 상황은 없다. 완전히 소외로부터 벗어난 상황은 더더욱 있을 수 없다. 다만 각기 다른 수준들의 소외가 존재할 뿐이다. 하지만 엄밀한 소외의 조건들이란 존재하지 않는다 할지라도, 심각한 통제력의 상실과 같은 소외의 가

---

19) Bourricaud, *L'aliénation*, Conférence de Faculté de Droit, Bordeaux, 1966.

능성에 개인을 어느 정도 노출시키는 상황들은 존재한다.

예를 들어, 정보 수준이 아주 낮은 상황이 있는가 하면, 이와 반대로 정보가 과다하여서 개개인이 적합한 정보에 접할 수 없는 상황이 존재한다. 마찬가지로 개개인이 전체 사회에서 가치 있다거나 혹은 무가치하다고 평가되는 그룹에 속하는 상황이 존재한다. 거기서 어떤 개인이 속한 그룹이 사회 전체의 여론에 의해 무가치하다고 평가되는 경우라면, 그룹에 강하게 결속되어 있는 그 개인은 스스로 별 의미 없는 세계에 살고 있다는 느낌을 받게 될 것이다.

그 개인은 자신이 속한 집단 탓에 사회에서도 최소한의 참여에 그칠 수 있다. 또는 행동하고픈 야심과 행동 수단들의 결핍이라는 모순적인 상황에 처할 수 있다. 혹은 자신에게 가능한 행동 범위가 아주 축소된 상황에 직면해 있을 수 있다. 바꾸어 말해서, 소외는 한 개인이 자신의 행동 환경과의 관계에서 감수하는 통제의 메커니즘에 이상이 생긴 현상이다. 소외를 이해하기 위해서는 사회 통제라는 명확한 개념을 파악하고 그것을 변화시키는 변수들을 검토해야 한다. 사회학자의 역할은 주어진 상황 속에서 이런 통제력의 상실에 처한 사회적 그룹들과 반대로 통제력을 과도하게 많이 가지고 있는 사회적 그룹들을 분간해내는 것이다.

이와 같은 분석은 내게는 아주 중요하게 보이며, 마르크스의 일반적인 해석에 아주 정확한 해석을 더해준다. 이 분석은 우리로 하여금 결정적으로 소외의 주관적인 측면을 파악하게 한다. 소외는 사회학적 개념이나 심리학적 개념에 귀착될 수 없다. 그렇게 귀착시킨다면 소외에 관한 많은 양상들을 놓치게 된다. 물론 소외에서 정확한 사회학적 분석에 필수불가결한 하나의 작업 개념을 찾아낼 수 있다. 그러나 이 소외라는 주제는 또한 감정적인 의미를 담고 있다. 그 의미는 오늘날 지배적인 것으로서 마르크스의 너무나 보편적인 사상에서 나온 것이다. 그런데 나는 소외에서 이 감정적인 특성을 제외할 수 없다고 본다. 이 특성은 소외의 개념 전체를 구성하는 한 부분이다. 물론 우리는 소외에 대해 명확한 이미지를 그려볼 수 있다. 그러나 그 이미지는 필연코 빈약하고 생기 없는 것이 될 것이다. 선명한 이미지가 될 것이지만, 그 따뜻한 열기를 잃어서는 같은 것일 수가 없다. 왜냐하면 소외라는 개념에서 감성적인 면을 제거해버리면 소외라는 실재의 한 부분을 제거해버리는 결과를 초래하기 때문이다.

그렇게 해서 우리는 조정하고 활용할 수 있는 형태를 얻을 수 있다. 그러나 그 형태는 소외된 인간의 소외에 상응하지 않는다. 사실 소외는 사회학적이거나 심리학적인 것보다 훨씬 더 정신적인 범주에 속한다고 나는 생각한다. 그러나 정신적인 범주에 속한 것으로서의 소외가 인간의 현실을 밝혀줄 것인지 아닌지 잘 모른다. 그것이 문제이다. 그런데 이런 상황은 하나의 '경험'이나 하나의 상황으로 나타날 수 있다. 우리가 '경험'의 측면을 취할 때, 우리는 그 자체로는 소외적인 상황이 존재하지 않는다고 말할 수 있다. 실제로 자신의 상황을 소외 상황으로 경험할 수 있는 사람도 있지만, 동일한 상황 속에서 그와 같이 경험하지 않는 사람도 있는 것이다. 대량생산라인에서 일하는 노동자들의 경우 그 점이 잘 드러난다. 어떤 노동자들은 그 상황에 완전히 적응되어서 그 일에서 위축감이나 소외감을 전혀 느끼지 않는다.[20] 공통된 상황을 전혀 다르게 경험하고 주관적으로 해석하는 경우이다. 마찬가지로 1830년의 노동자의 상황보다 천배는 더 나을성싶은 1960년의 프랑스 노동자의 상황이 일반적으로 더 소외를 자아내기도 한다. 그러나 또한 소외를 외적으로 파악할 수 있는 상황으로도 보아야 한다. 다만 소외에 대한 최종적인 판단은 결국 어떤 한 인간 유형에 의해 결정된다. 그런 까닭에 우리는 소외가 하

---

20) G. Friedmann, *Problème humains du machinisme industriel*.

나의 정신적인 범주에 속한다고 말하는 것이다. 정해진 인간 유형을 그 상황에 투사할 때에 비로소 우리는 그 인간이 소외되어 있는지 말할 수 있다.

마르크스 사상은 어떤 의미에서 논쟁적이다. 내가 제시한 바 그 연장선상에서 나는 이 논쟁적인 부분을 유지해왔다. 이 다른 측면의 마르크스 사상은 인간과학21)의 틀에서 비非마르크스주의자들에게는 비과학적인 것으로 평가될 것이다.

이 사상은 인간 존재와 상황에 관한 전체적인 시각을 보여준다. 그러나 상황을 올바르게 평가하기 위해서 우리는 또한 다른 관점들을 참조해야 한다. 특히 오늘날 사회학과 사회심리학의 관점을 보충해야 한다. 그것은 전혀 다른 것으로 최대한 과학적으로 사실을 확인하는 것이며, 총체적인 시각이 아니라 세부적인 사항들에 관한 것이어서 논쟁적인 성격이 전혀 없다. 그런데 그들이 우리에게 확인시켜 주는 것은 무엇인가? 철학적인, 혹은 여러 가지 종교적인 관점들을 가진 저자들이 저술한, 이 분야에 관한 모든 과학적인 저작들이 모두 다 동일한 인상을 준다고 나는 말할 수 있다. 즉, 인간은 완전히 이미 결정지어진 존재라는 것이다.

이 저작들이 제시하는 것이 하나의 형이상학적인 관점이나 하나의 추론이 아니라는 점에 유의하자. 그것은 인간의 행위양식들과 상황과 태도들과 의견들에 관한 최대한의 과학적인 연구의 결과물이다. 또 다른 한편으로 이 저작들은 인간 결정론을 보편적인 결론으로 삼지 않는다. 저자들은 전문가들이기에 그런 결론을 내리는 것을 삼갔을 것이다. 그

---

21) [역주] 인간과학(Science de l'homme)이라는 용어는 영어권에는 없지만 프랑스어권에서는 학명으로 많이 사용된다. 넓게는 인간과 사회와 역사에 관한 모든 학문을 뜻하기도 하고, 사회과학과 구별하여 선사학, 고고학, 역사학, 인류학, 언어학, 철학 등을 총칭하기도 한다.

들은 형이상학적으로 비치는 총체적인 결론을 내리려고 하지 않는다. 그렇기 때문에 나는 위에서 사람들이 그런 '인상'을 받는다고 했다. 더욱이 과학적인 이 저자들 중에 많은 사람들은 자유주의자들로서 개인의 개별성과 특성과 자유를 주장한다. 그렇기 때문에 누군가 우연히 결론을 내리기라도 하면, 책의 본문과 결론 사이에 일종의 모순이 생긴다.

이 사실은 귀르비치Gurvitch가 도덕에 관한 사회학을 개진할 때 명확히 밝힌 바 있다. 그는 내용과 구조가 얼마나 외적인 요인들에 의해 좌우되는지 보여준다. 실제로 모든 것이 사회 조직이나 동일한 사회집단들에 의해 결정된다. 도덕은 아주 변수가 많고 불확실하다. 그러나 하나의 가치체계와 인간의 자유를 보전하기 위해서, 귀르비치는 우리에게 그것은 사회학자가 맡아야 하는 일이며 형이상학자의 일과 뒤섞이지 말아야 한다고 주장한다. 형이상학자는 정당하고 선한 가치들이 무엇인지 결정하고 선택해야 한다는 것이다. 그 이유는 사회학적 상대주의는 철학적 상대주의와는 전혀 다르다는 사실에 있다고 한다. 철학자는 이 다양한 것들을 보편적으로 합당한 하나의 전체체계로 통합할 수 있는 가능성을 찾아야한다는 것이다. 그러나 어떻게 그렇게 양분할 수 있을까?

철학자는 하나의 환경과 하나의 주어진 문화에 속하여, 사회학자가 입증하듯이 그 환경과 문화에 의해 결정지어진 존재이다. 철학자는 독립적인 조물주가 아니다. 윤리 사상은 그 사상이 형성되는 사회구조들의 영향을 받는다. 철학자는 사회구조를 선택할 수 있는 자유를 가질 수 없다. 그 사회구조들이 없으면 사회학적 분석도 또한 무익한 것이 된다. 전체적으로 하나로 종합할 수 있는 현실적 가능성은 존재하지 않는다. 왜냐하면 각각의 도덕적 체계는 사회적 환경의 영향을 받으며 거기서 분리될 수 없기 때문이다. 전체적인 종합은 이 사회적 환경이 존재하지 않는 것을 전제한다.

우리는 여론에 관한 스토에첼[22]의 훌륭한 저서에서 자유를 보전하기 위한 이런 노력의 또 다른 예를 볼 수 있다. 그는 아주 설득력 있게 사회 공동체와 외적인 결정 요인들에 의해 여론이 얼마만큼 결정되는지 밝혀 주었다. 외적인 결정 요인들은 사실 개인이 처해있는 상황을 가리키는 것이다. 여러 요인들과 여론들의 상호관계성에 대한 분석은 그런 결정 요인들이 개인의 행위가 아니라 개인의 사고 전체에 영향을 미치고 있음을 보여준다. 그러나 스토에첼은 자신이 한 분석에 대한 결론으로 사람들이 심리학적인 자동인형이 된다는 점을 받아들일 수가 없었다. 여론을 인간이 만들 수는 없는 것인가?

우리는 그 과정을 뒤집어 보려고 한다. "개인이 인격적인 성숙에 이를 수 있고, 최소한의 자유를 누리게 된다 할지라도, 개인과 개인이 가지는 여론들의 관계가 설명되기에는 아직 부족하다. 그 여론들이 잘못된 것이라거나 무익하다는 것이 아니다…. 그 설명이 개개인들과 그 여론들의 개별적인 역사를 고려하고, 특히 그 여론들을 부분적으로 예측하게 한다면, 그 설명은 여론들에 관한 하나의 이론이 된다. 하지만 그 설명은 도표에 빈자리 하나를 남기게 된다." 거기서부터 사람들은 파악이 불가능한 개인적 인격의 신비를 인식하기 시작한다.[23]

인식도, 분석도, 설명도 불가능한 하나의 현상이 인간 존재의 중심에 존재한다. 그것은 바로 개인의 인격이다. 그러나 여론들의 형성에 관한 정확한 연구는 그런 결론을 기대하지 않는다는 점을 분명히 언급해야 한다. 엄밀한 과학적인 분석에서 나오는 모든 것은 반대로 우리에게 실제

---

22) [역주] 스토에첼(Jean Stoetzel), 1910-1987, 프랑스 사회학자, 여론조사방법론 도입, IFOP 창설.

23) 1966년에 나온 *La liberté et l'homme du XXe siècle*(자유와 20세기의 인간)에서 자유에 대한 저자들의 정의('우리가 되어야 할 존재가 될 수 있다'는 것은 자유와 필연성의 대립에 대한 잘못된 해결방안이고… 도덕적 기준을 도입하는 것이다)를 완전히 부정하면서, 나는 그들의 중심 사상은 받아들인다. 그들은 자유를 향한 욕망이나 느낌과 비(非)자유에 관한 과학적인 증거가 서로 모순된 것을 지적한다.

로 접근가능한 모든 것을 설명하는 정확한 메커니즘들의 전체 체계를 보여주었다. 우리는 그런 주장을 하게 된 저자들의 세심한 고찰을 충분히 이해한다. 그러나 거기에 완전히 이질적인 두 개의 차원들이 있음을 고려해야 한다. 한편에는 인지할 수 있는 대상에 관한 과학적인 확증이 있다면, 다른 한편에는 하나의 형이상학을 통한 비약이 존재한다. 그런데 오늘날의 인문학적 학문들이 우리에게 가르치는 것에 우리가 안주하면, 경험과 지식이 진척되면 될수록, 우리는 '결정론적 요소들'[24]의 목록이 더 많아지게 된다는 사실을 발견하게 된다. 여기서 소외의 영역과는 전혀 다른 영역이 나타난다. 이것은 억압하는 세력이나 혹은 타인들에 의한 인간 상실을 뜻하는 것이 아니다. 이것은 단지 인간의 모든 심리-사회학적인 행위들을 조건지우는 다양한 '결정론적 요소들'을 확인하는 것이다.

아주 간략하게 몇 가지 요점을 본다면 다음과 같다. 미국 사회학자들이 말하는 문화에 의한 인간의 결정은 개개인이 처한 문화 환경이 인간에게 삶의 양식과 행위양식과 도덕을 부여하여서 자신의 역할을 담당하게 하는 것이고, 또한 개인의 지적인 삶의 도구들과 감성적인 삶의 구조들을 제공하는 것이다. 인간에게 언어를 제공하는 것은 사회 환경이다. 거기서 얻은 이미지들과 고정관념들과 해석의 틀들을 통해서 인간은 현상들 전체를 인지하게 된다. 개개인은 구체적인 사실들을 직접 접하지 않고, 문화에 의해 애초에 개인에게 주어진 지적인 도구를 통해서 접한다. 그러므로 그 영역에서 인간에게 주어진 자유는 존재하지 않는다. 왜

---

24) [역주] 저자 엘륄은 타락 이후의 인간 세계를 '결정(détermination)'과 '필연성(nécessité)'이라는 두 단어로 요약한다. 다시 말해서 엘륄은 하나님과 관계가 단절된 인간 사회와 역사를 '결정론'(déterminisme)에서 말하는 내적 외적 결정적 요소들(déterminations)과 '필연성'을 지닌 내적 외적 필연적(nécessaire) 요소들에 의해 이미 결정지어지고 운명(destin)지어진 것으로 본다. 이러한 점을 감안하고 이해의 편의를 고려하여, 역자는 'déterminations(결정들)'을 '결정론적 요소들'로 번역했다.

냐하면 거기서 자유는 문화에 의해 설정된 영역에서만 실현될 수 있기 때문이다. 그 자유는 개인에게 부여된 도구들 전체를 매개로 하는 것으로, 개인은 그 상황을 피할 수 없다. 예를 들어 언어에 의한 조건화를 깨닫는 자각과 그 상황에서 벗어나고자 하는 의지는 필사적인 시도들로 이어진다. 우리가 오늘날 목도하는 언어의 파괴나 '메타언어'의 수립이 그런 예들이다. 그런 시도들을 통해 자유를 되찾았다는 느낌을 받게 되는 것은 소통할 수 있는 하나의 가능성을 희생한 결과이다. 또 다른 측면에서 그것은 자유의 완전한 상실을 뜻한다.

그런데 그런 '결정론적 요소들'이 지성적인 영역에서만 확연한 것이 아니다. 감성적인 영역에서도, 정서적인 표현들과 상황들에 관한 문화적 변수들이 점점 더 많이 파악되고 있다. 사랑이나 애도의 감정 표현과 같이 우리의 본능적인 감성의 표현으로 여겨지는 것이 사실은 하나의 주어진 문화적 요소에 의해 틀지어지고 결정되어진 것이다. 기억의 경우와 같이 감성에도 하나의 '구조화'가 존재하는 것이다. 모든 '결정론적 요소들'은 하나의 사회적인 학습에서 비롯된다. 그것을 우리는 결코 그렇게 여기지 않지만 불가피한 것이다. 그것은 하나의 문화로서 말 그대로 우리의 '인간본성'을 형성한다.

문화의 이런 결정론적인 요소를 기점으로, 우리는 가장 심오한 것에서부터 가장 외적인 것에 이르기까지 아주 잘 알려진 결정적인 요소들을 나열할 수 있다. 그 가운데 동기들로 구성되는 결정론적인 요소들이 있다. 이것은 자유롭고 독립적인 존재로서 행동하려는 우리의 의도와는 달리 현실에서 우리의 행위양식과 결정과 선택을 규정하는 동기들을 말한다. 동기들을 분석해 보면, 우리가 자유라고 주장하는 의지적인 행위들이 우리의 내면에 존재하는 원인들에 기인한다는 사실이 점점 더 잘 파악된다. 그 원인들은 우리 내면의 가장 깊은 곳에서 나오지만, 우리는 전혀 알아차리지 못한다. 그래서 그 원인들은 조정과 통제를 받지 않는 충동들에 의해 지배되는 행위를 거짓으로 포장하는 구실 같아 보인다. 우리는 그 충동들을 알 수도 없고 알고 싶어 하지도 않는다. 역설적으로 말해서, 우리는 가장 자유로워 보이는 것이 실제로는 가장 결정지어진 것이라고 말할 수 있다.[25]

나는 또 소속 집단을 결정론적인 요소로 제시할 수 있다. 그것은 문화의 문제와는 또 다른 현상이다. 우리의 행위양식들은 집단 내의 개별적인 상호작용들로부터 영향을 받은 결과이며, 또한 집단이 개인에게 미칠 수 있는 영향력의 산물이다. 집단의 역동적 기술들은 우리로 하여금 집단 내에서 우리의 행위양식을 형성하는 체계를 더욱더 잘 파악할 수 있게 한다. 여기서도 우리는 결코 우리 스스로 주장하는 바와 같은 독립적인 자유로운 존재가 아니다. 우리는 집단 속에서 안전과 통제와 같은 절박한 욕구들이 충족되는 것을 본다. 그래서 우리는 집단에서 살아갈 수 있는 행위양식의 채택을 수용하는 것이다.

끝으로 인간을 조건 짓는 요소들을 밝혀주는 여러 연구결과들을 기억해야 한다. 그 요소들은 도시 환경, 조직 기술의 발달, 대중과 개인의 심

---

25) 많은 사람들 가운데 프리드만은 이렇게 강조한다(G. Friedmann, *7 Etudes sur l'homme et la Technique*, 1967). "실상은 노동자의 세계에서 소비의 매력은 노동의 강압과 피로에 대한 반감을 압도한다." 그는 "자유 시간의 와해"까지 얘기한다. 또 앙케트조사를 해보면 노동자가 자유 시간을 얻기보다는 돈을 더 버는 것을 선호한다는 점이 아주 뚜렷이 나타난다(이미 상당한 월급을 받고 있는 경우에도). 자유 시간을 얻는 대로 곧 노동자는 더 많이 벌기 위해서 그 시간을 일하는데 사용한다. 현대 사회의 가장 위대한 법은 소비는 자유보다 더 중요하다는 것이다.

또한 소외의 다양한 측면들에 대해서 새롭고 심오한 르페브르의 말을 여기서 덧붙여야 할 것이다(H. Lefebvre, *Le langage et la société*, p. 374). "소외는 언어나 말이 아니고, 말의 오해와 오용에서 비롯된다. 담화에 의해서 또한 담화 가운데 인간은 실무와 생산과 제작 내의 근본적인 관계들에서 소외되고 배제된다. 이 '의식'의 보편적인 소외는 사회적인 '무의식'을 낳는다. 그것은 개개인의 의식의 내부에 늘 존재한다. 담화의 합리성과 기술과 조작된 행위들에 의해 야기되는 비합리성의 고조를 달리 어떻게 설명할 수 있겠는가? 무의미, 의미의 실패 혹은 몰이해는 확실히 존재한다." 그리고 그는 인간의 자유를 공리로 내세우는 철학자들의 실패를 강변한다.

리학적 기술 적용, 국가 기구의 발달, 총체적이고 통일적인 이데올로기들의 확산 등이다. 현대 사회의 인간은 자신을 향한 다양한 세력들의 영향을 받고 있다. 이것은 의심의 여지없이 개인의 생활수준의 향상을 위한 것이지만, 또한 결정론적인 요소들의 복합적인 확대를 불러오는 것이다. 이 결정론적인 요소들은 인간이 예전에 자연과의 관계에서 경험했던 것들과는 다른 유형에 속한다. 그것들은 기술적이고 의도적이고, 예측적인 예상치 못한 효과들은 예외로 하고 것이다. 그래서 우리는 인간이 그것들을 통제하고 인지할 수 있다는 느낌을 받는다. 그러나 경험상으로는 정반대로 인간은 그럴 능력이 없다는 사실이 밝혀지고 있다. 인간은 현재의 기술적인 결정론적인 요소들을 다른 인간들에게 적용하고 있다. 그러나 인간은 그 요인들을 결정적인 차원이 아니라 절차적인 수준에서만 통제하고 있다.

요약하자면, 우리는 이 인간 조건에 영향을 미치는 요인들 가운데 세가지 양상들을 볼 수 있다. 첫 번째 양상은 마르크스가 기술한 것으로 언제나 적절한 소외현상이고, 두 번째는 인간과학에 의해서 환경에서 비롯된 결정론적인 요소들을 발견한 것이며, 세 번째는 인위적인 '결정론적 요소들'이 기술적으로 확산되는 것이다. 이런 조건 속에서 인간이 자유로운 존재라고 말하는 것은 불가능하다.[26]

우리는 여기서 주목할 만한 사실을 하나 발견하게 된다. 그것은 인간에게 자유가 없다는 것이 아주 엄밀하고 정확하게 구체적으로 밝혀질 때

---

26) 칼 야스퍼스(K. Jaspers)는 아마도 우리 시대에 자유라는 문제에 대해 분명하게 통찰한 유일한 철학자일 것이다(La situation spirituelle de notre temps, 프랑스어 역간. 1952). 그는 행동의 과잉과 수단들의 확대와 인간의 단순한 기능적인 역할 수용 등에 의해서 어떻게 '자유의 왜곡'이 일어나는지를 파악했다. 그는 결국 '자유의 왜곡'이라는 상황 속에서 인간이 자유에 반대하는 것을 확인했다(그는 거대한 독재체제들이 나타나기 이전인 1930년에 이 책을 썼다). "인간은 메커니즘의 폭력에 의해 자유를 무력화하기 위해서 기존의 조직을 이용한다."

자유에 관한 철학들이 만개하게 된다는 사실이다. 수세기 동안 우리는 '자유 의지'에 관해 형이상학적인 논쟁을 이어왔다. 물론 그 문제에 대해서는 정답이나 해답이 있을 수 없었다. 1850년경부터 현재까지 인간과 사회에 관한 과학적 지식이 향상되어 인간의 자유란 거의 존재하지 않는다는 결론에 이르게 되었다. 형이상학적 차원에서는 사정이 그렇지 않다는 것은 분명하다. 이전의 논쟁에서 '노예 의지'의 주창자들은 여기서 루터를 말하는 건 아니다 육체적 욕구들을 예로 들면서 인간에 대해서 물질적 결정론을 내세웠다. 그 사실을 부정할 수 없기 때문에 사람들은 육체와 영혼을 엄격하게 분리시켰다.

이 책에서 다룰 수는 없지만, 영혼과 육체로 양분한 이론 속에서 '노예로서의 인간'과 '자유인으로서의 인간'의 논쟁이 어떤 역할을 했는지 심층적으로 검토할 필요가 있다. 인간의 육체는 노예이다. 우리는 그 사실을 너무도 잘 알고 있다. 그 사실에 대한 보상작용으로 인간의 영혼은 자유롭다. 그런데 오늘날 심리학적인 연구결과들은 한량없는 깊이를 가진 인간의 영혼도 역시 노예라는 점을 밝혀주고 있다. 측정 도구들과 명료한 분석을 거쳐서 우리가 파악할 수 있는 모든 측면을 고려해 보면 인간은 결정되어 있는 존재다. 더욱이 우리는 사람들이 주장하는 만큼 인간이 결코 자유를 열망하지 않는다는 점을 분명히 말할 수 있다.

자유는 사람이 날 때부터 가지는 본성적인 욕구가 아니다. 안전, 안락, 적응, 행복, 편리성 등을 추구하는 욕구들은 훨씬 더 지속적이고 뿌리 깊다. 인간은 자신의 욕구 충족을 위해서라면 자유를 희생할 태세를 갖추고 있다. 자유라는 단어는 분명히 깊은 울림을 주는 것이고,[27] 선전

____

27) 자유의 요구가 과거뿐만 아니라 오늘날의 현상이라는 것은 언제나 "당신의" 자유에 호소하는 광고를 보는 것만으로 충분히 알 수 있다. 한 대형 컴퓨터 회사의 광고의 중심 메시지는 "우리는 당신의 자유를 위한 선택이다"라는 것이다. 한편 젊은이들은 이상한 차림들을 하고는 스스로 자유롭다고 믿는다. 그 이유는 자신들이 인디언으로 변장하고 마리화나를 피우기 때문이라는 것이다. 사실 현대인에게는 자유에 대한 불안감이 존재한다.

propagande이 쉽게 다룰 수 있는 주제를 제공하며, 오늘날 전반적으로 개인의 자유와 국가의 독립에 대한 혼동을 불러일으키기도 한다.

그러나 자유는 언제나 주목할 만한 양상을 띤다. 인간은 직접적인 압제, 즉 자신보다 우위에 있는 사람에게 복종하는 것을 감내할 수 없고, 감옥에 갇혀있거나 묶여있는 것과 같은 원시적인 상태의 물리적인 구속을 견딜 수 없다. 인간은 활동의 자유에 대한 생물학적인 욕구가 있다. 이것은 파블로프Pavlov가 발견한 '반사적인 반응'으로서의 '자유의 본능'에 해당한다. 그러나 우위에 있는 사람의 지배에 반란을 일으키는 것은 자유의 문제라기보다는 권력 의지와 자기주장과 우위의 본능 등과 같은 문제이다. 독재적인 통치를 받고 명령을 받는 것은, 자유인이라서가 아니라 나 자신이 명령하기 원하고 남들에게 나의 권위를 나타내기 원하기 때문에, 용인될 수 없는 것이다. 이에 대한 수많은 예들 중에서 정치적인 영역에서 볼 수 있는 것은 자유를 명분으로 삼은 혁명 운동에 의해 수립된 정부는 혁명 이전의 정부보다 더 독재적이라는 사실이다. 인간의 자유를 향한 이 본능적 충동들을 확인할 때, 우리는 자유가 더 부족한 현실을 목도한다기보다 본질적으로 또 다른 현상을 마주하게 된다. 진정한 개인적 자유의 문제가 대두될 때, 우리는 인간이 실제적으로는 자유보다 다른 많은 욕망과 욕구들을 더 앞세운다는 사실을 발견한다. 인간은 자유를 원한다기보다는 자유를 두려워한다.

과학적인 실험 결과에 따르면, 이와 같이 모든 영역에서 인간은 자유의 가능성보다는 '결정론적 요소들'에 둘러싸여 있다. 여기서 놀라운 것은 오늘날 인간의 자유를 주장하는 철학은 이 사실에 동의하지 않는다는 점이다.[28] 점점 더 의지주의의 경향을 띠는 현대 마르크스 사상의 변질

현대인은 이 사회에서 자신이 정말 자유롭지 않다고 느끼기 때문에 잃어버린 낙원을 바라듯이 자유를 바라면서, 자유를 원하는 동시에 두려워한다.

28) 이를 입증하기 위해 몇 가지 예를 제시하고자 한다. 먼저 의례히 그렇듯이 리쾨르(P.

Ricoeur)의 의지의 철학에 대해서 내 의견은 갈라져 있다. 나는 거기서 결정, 행동, 동의 등과 같은 의지의 행위들에 대한 훌륭한 분석과, 자유의 구현에 관한 아주 심도 있는 개념을 발견한다. 그러나 거기에는 언제나 동일한 난제가 함께한다. 그런 '자유에 대한 인간 조건'은 인간 본성이라고 지칭하는 것과 일치된 상태를 말하는가? 그것은 그리스도에 의한 만인의 구원을 근거로 하는 상황인가? 그것은 그리스도를 믿는 사람들에게 주어진 영광의 선물인가? 나는 그걸 알 수 없다. 그러나 이 자유를 '인간이 가질 수 있는 가장 기본적인 가능성들이라는 중립적인 영역'으로 규정하는 것은 첫 번째 해석을 따르는 것으로 보인다. 반면에 유한성과 죄의식의 관점에서 우리는 인간의 자유는 예속된 자유라는 점을 아주 명확하게 볼 수 있다.

반면에 카르도넬(Cardonnel, *Dieu est mort en Jésus Christ*, 1967)은 자유에 대한 이상주의를 잘 반영한다. 그는 선언한다. "죽음을 포함해서 인간이 체념하는 것만이 숙명적인 것이 된다. 나는 기질적 숙명이나 본성적 숙명과 같은 것은 인간의 태만에 대한 알리바이일 뿐이라고 생각한다." 이런 주장은 파국적인 것이다. 왜냐하면 실재하는 결정론적 요소에 대한 전적인 무지에서 비롯된 그런 주장은 우리로 하여금 영웅, 반신(半神)적 우상, 힘센 복서, 마라톤 경주자 등이 자유인이라고 믿게 하기 때문이다.

그런 입장만을 견지하는 철학자들은 모두 다 기술에 의한 인간의 자유를 옹호한다. "하이데거가 말하는 인간본성의 촉발은 세계의 외적인 형식을 무너뜨려서 세계를 궁극적으로 인간이 결정하고 주권적으로 행동하고 자유를 구가하는 곳으로 만든다. 그것은 인간으로 하여금 인간본성의 심연을 알고 새로운 세계를 창조하게 한다. 인간의 주권은 이제 수사적인 말에 그치지 않고, 구체적인 현실이 된다. 인간의 자유는 하나님으로부터의 구원에 기초한다."(S. Cotta, *Herméneutique de la liberté religieuse*, 1968). 이것은 기술이 초래하는 노예적 예속을 보지 못하는 아주 기이한 해석이다. 기술의 역량은 확실히 증대되었지만, 그와 정반대로 자유는 상실되었다. 그러나 거기서 아주 명확한 점은 기술의 역량이 하나님에게서 벗어나려는 의지와 연관된다는 사실이다.

나는 불트만(Bultmann, *Glaunben und Verstehen II*, p. 274-276)이 '자유의 관념'에 부여하는 중요성에 대해서 당연히 동의할 수 없다. 그는 이 '자유의 관념'은 가장 귀중한 서구 전통의 유산이라면서 정신의 자유와 정치적 사회적 자유는 인류가 쟁취한 가장 소중한 것들이라고 한다. 그러나 그의 오류는 특히 이 자유를 일종의 형이상학으로 만들어버린 데 있다. 그는 자유를 일종의 개념으로 규정하여 자유의 잘못된 측면을 본다. 그는 역사적으로 통용되는 자유의 관념을 받아들인다. 그럼에도 불구하고 그는 현대 사회에서 자유는 기술과 공리주의와 허무주의에 따라서 악화되었음을 인지하고 있다. 또한 그것이 주관주의의 거짓된 자유에 따른 것이라는 그의 지적은 훌륭한 것이다. 그러나 그가 간과했던 것은 인간의 소외 상황은 지속적인 역사적 상황이며, 자유의 관념을 가장 강력하게 천명했던 때는 오히려 자유가 가장 부정되고 억압되고 굴복된 때라는 사실이다. 그는 자연적인 자유의 가능성이 존재한다고 믿고 싶어 한다. 그 점에서 나는 그와 의견이 갈린다. 우리는 몰트만(Moltmann, *L'espérance en Action*, 1973)에게서 동일한 통념을 발견하지만 몰트만은 훨씬 더 진부하다. 단지 인간의 자유를 주장할 뿐인 많은 역사 신학 이론들도 다 마찬가지이다. 예를 들자면 틸리히(Tillich, *The Interpretation of History*)는 인간 존재는 하나의 의미를 만들어냄으로써 스스로 자기 자신으로부터 자유로울 수 있고 본성이라는 결정론적 요소로부터 벗어날 수 있다고 확신하는 듯하다. 그런데 이것은 "역사의 현장에서 어디서나 발생할 수 있는 새로운 사건이 의미를 표출한다."는 말이 없었다면 수용될 수도 있었을 것이다. 어디서나 새로운 것은 인간이 스스로 자유를 얻을 수 있다는 점을 "증거한다"는 것이다. "자유는 역사가 순수한 실재의 영역을 뛰어넘어 의미를 창조하는 도약대가 된다"는 주장은 현대에 과학적으로 입증된 모든 사이라든지, 인간조건을 무력화할 수 있는 실존주의라든지, 인간을 자유로운 존재로 규정하는 현상학이라든지, 테야르 드샤르댕[29]의 철학이라든지 간에, 오늘날 인간에 관한 더 정확한 지식을 제시하는 과학적 결과를 고려하는 단 하나의 철학도 찾아볼 수 없다. 우리는 여기서 이에 관련된 스테판 뤼파스코의 연구결과를 보고자 한다.[30]

뤼파스코는 "현대 철학이 이론들과 독트린들을 수립하는데 있어서, 과학적인 검토와 조명 아래 그 개념들이 수정될 수 있다는 사실을 고려하지 않은 채로, 몇몇 키워드들을 이용하는 이러한 차분하고도 혼잡스러운 안이한 태도"를 더 폭넓게 지적한다. 철학이 과학에서 벗어나서, 혹은 과학에 반해서 발전해 가기를 소망하고 원하게 된 것은 20세기 후반에 이르러서이다. 형이상학과 같이 철학은 모두 다 현대에 이르기까지 당대의 과학적인 사실이라고 평가되는 것에 기반을 두어왔다. 다시 말해서 철학은 세계에 대한 지식을 습득하기 위해 발휘된 정신적인 기능들의

실들에 어긋난다. 그 주장은 그리스도가 모든 인류를 기적적으로 변화시켰다는 기본적인 전제 위에서만 성립될 수 있다. 그것이 아마도 실제로 틸리히가 그의 애매모호한 주장들 속에서 수립한 사상일 수 있다. 그는 역사와 구속사를 동일시하면서 역사는 기독론이라고 선언한다. 기독론이 역사라는 주장은 완전히 중세와 비잔틴 시대에 속하는 것으로 모든 사람의 자유롭고 창조적인 행위와 하나님의 선물인 믿음을 동일시한다(이것은 중세의 암묵적 신앙으로 돌아가는 것이다). 그것은 모든 인간에게 사건들의 의미는 영원을 향한 지향성에 있다는 것이다. 그것은 하나의 완전한 이상주의적 견해이다. 이 것은 그리스도인이라면 모든 것을 다 종합해서 받아들일 수 있는 주장이지만, 비그리스도인이라면 절대적으로 용납할 수 없는 것이다. 물론 역사를 이해하기 위해서, 틸리히의 무조건적 궁극적 존재(하나님이라는 단어를 사용하지 않기 위한 말)를 준거로 삼아야한다. 그러나 그의 말이 애매모호한 것은 어느 누구라도 다 궁극적 존재를 준거로 삼는 것이 사실인지 아닌지를 분간할 수 없다는 데에 있다. 그것이 사실이라면, 어느 누구라도 다 자유로운 결정을 이행할 수 있는 실존적인 능력이 있는 존재로서 자유롭게 스스로 궁극적인 존재를 받아들이는데 참여하는 존재가 된다. 바꾸어 말해서 인간은 자유로운 존재라는 말이다.

29) [역주] Teilhard de Chardin, 1881~1955. 프랑스의 가톨릭 신학자로서 고생물 지질학을 연구하며 과학을 신학에 접목시키고자 했다. 그는 실증과학을 통하여 물질과 정신, 육체와 영혼, 자연과 초자연 등의 통일적 우주관을 제시하면서 모든 우주의 역사가 그리스도로 통합, 수렴된다는 '오메가 포인트'를 주장하였다.

30) Stéphane Lupasco, *Qu'est-ce qu'une structure?*, Médecine de France, 1963.

활동에서 나온 성과에 기반을 두었다는 것이다. 이런 주장을 보면서 우리는 사르트르의 명령적인 요구를 기억하지 않을 수 없다. 그는 물질 구성에 관해 얘기하는 한 물리학자에게 침묵할 것을 요구한다. 그 이유는 "우리 철학자들이 물질이 무엇인지에 관해서 물리학자들보다 훨씬 더 잘 알기 때문"이라는 것이다.

자유의 현상은 이런 대립을 특징으로 한다. 철학자들은 사회학과 정치학과 경제학과 사회심리학이 인간에 관해 알려주는 모든 지식을 의도적으로 무시한다. 그래서 철학적인 저술 작품의 독서는 백일몽과 같은 들쑥날쑥하고 근거 없는 세계로 우리를 끌어들인다. 물론 말로는 무슨 말이든 다 할 수 있다. 그러나 우리는 그 말의 차원을 넘어설 수 없다. 인간과학에 의해 자유의 계속적인 쇠퇴가 확인되고, 구체적인 사실에 의해 밝혀지는 바에 따라 나는 현대 사회에서 인간은 전혀 자유로운 존재가 아니라는 결론을 내리려고 한다. 그 이유는 오늘날 철학이나 윤리에 관한 모든 책이 인간은 자유로운 존재라는 선언으로 시작하기 때문이 아니다. 우리는 철학자들이 하나의 신념을 천명하고 의식적으로 입장을 정하여 하나의 선택을 한 사실을 목도하고 있다. 물론 인간에 관한 그런 결정은 나에게 인간은 자유로운 존재이다 존중할 만하다.[31] 그러나 나에게 그 선택

31) 그러나 인간의 소외와 필연성에 대해서 종합해본 지금, 나는 어떻게 인간을 자유로운 존재로 묘사할 수 있는지 아직 모른다는 점을 고백한다. 이것은 실존주의 전체의 통념이기도 하다. 인간을 '가능한 존재'(pouvoir être)라고 말하는 것은 인간은 현존하지 않는 존재인 동시에, 현존하는 존재가 아닌 존재라는 말이다(Sartre). 타인의 심의에 맡기고 자아를 완전히 포기하여 자신이 아닌 존재가 되라(자기정체성은 잃지 않은 채로)는 외부의 요구를 수용함으로써, 인간이 스스로 개방하고 탈출하게 되는 것을 어떤 점에서, 피상적으로라도, 자유라고 부를 수 있는지 나는 전혀 이해하지 못하겠다. 이것은 끊임없이 구체적인 입장을 채택하여 결정을 내리는 것을 상정한다는 말도 나에게 아무런 설득력이 없다. 나는 이와 같은 일종의 자기 부재가 어떻게 자유가 된다는 것인지 알 수 없다. 인간이 존재론적인 차원에서는 자유로운 존재이지만 존재적인 차원에서는 그렇지 않다는 식의 구분에 대해서, 나는 말장난으로 문제를 회피하려는 철학의 술책이라는 느낌을 받는다. 그것은 죽음을 향한 자유라고 하면서 죽음은 절대적으로 고유하고 무연관적이고 뛰어넘을 수 없는 가능성(?)으로 나타난다고 한 하이데거(Heidegger)의 말이 훨씬 더 수긍이 간다. 죽음의 현존은 나로 하여금 사물이나 물질로 구성된 존재가 아니라 역사와

이 정확한 것인지 확인해줄 수 있는 것은 아무 것도 없다. 나는 과학적인 지식과 철학적인 이론의 반목을 확인한다. 나로서는 과학적인 지식의 관점을 분명히 선택한다. 물론 나는 과학 자체도 세계와 인간에 관한 하나의 해석 체계에 불과하며 철학과 마찬가지로 자의적이라는 철학자들의 비판을 잘 알고 있지만 말이다. 나는 너무도 안이하게 회피하는 그 태도에 도전한다. 왜냐하면 그런 철학자들이, 역사와 사회 분야의 일부분에 대해서 그렇듯이 내가 아주 조금 알고 있는, 과학적인 분야에 대해 언급한 예들 속에서 너무나 커다란 오류와 무지를 발견한 까닭에 나는 과학적 지식에 대한 그들의 판단을 진지한 것으로 받아들일 수 없기 때문이다.[32]

자유를 지닌 존재가 되게 한다는 말은 나에게는 관념론적이자 이론적인 것으로 보인다. 그렇게 되려면 죽음은 나의 운명이지만 극복된 운명이어야 한다. 그렇지 않다면 죽음의 현존은 나를 짓누르는 결정론적 요소들의 작용에 불과한 것이다. 나의 삶에서 죽음의 현존이 나를 홀로 두고 분리하여 나 자신을 고유한 존재로 보게 하는 것은 자유로운 상황이 아니라 절망적인 상황을 불러오는 것이다. 죽음을 의식하고 살아가는 사람은 세상의 다른 계획들의 노예가 되지 않는다고 말한다. 그렇다 치자. 그러나 그러고 나서 인간은 훨씬 더한 것, 즉 아무것도 아닌 무(無)는 결국 아무것도 아닌 무라는 신념의 노예가 될 뿐이다. 물론 그는 우연적으로 부딪치는 가능성들에 의한 파멸로부터 자유로워지지만, 그러고 나서 유일하고 절대적인 궁극적인 가능성에 의한 파멸로 떨어질 뿐이다. 그 모든 것에 대체 자유는 어디 존재한다는 것인가? 그것은 완전한 관념론에 불과하다. 더더욱 죽음은 곧 자유라는 이러한 논리는 궁극적으로는 자유로운 인간은 언제나 '존재적으로' 참여한다는 필연성에 대한 동일한 저자들의 설명과 모순된다. 그러나 이 자유가 인간적 본성에서 비롯되는 것이 아니고(나는 이점에 대해 전적으로 동의한다), 자신의 정체성을 유지한 채로 새로운 요청에 끊임없이 부응하면서 다른 존재가 될 수 있는 항구적인 능력에서 비롯된다고 주장하는 사람들을 보면서, 나는 아무 이론에나 왔다 갔다 하는 시시한 사람들이나, 주는 대로 이랬다 저랬다 하는 어린아이들을 떠올리게 될 뿐이다. 사실 그것은 자유를 논하는 그런 철학자들이 줏대 없이 입장을 번복하는 것이고, 사르트르가 전혀 진실함이 없이 말을 뒤바꾸는 것이다. 물론 하이데거는 1933년 히틀러라는 '전적인 타자'의 부름을 받아들이는 것으로 자신의 자유를 표현했다. 인간이 자유로운 존재라고 주장하는 이 모든 이론들은(본성에 의한 것은 아니라는 식의 그런 논리들을 나는 잘 알고 있다) 나로서는 아무리 정독해도 전혀 이해할 수 없는 철학에 속한다. 물론 나는 지적으로는 이해(?)한다. 그러나 그것은 경험한 현실, 과학적으로 확인된 사실과 너무나 동떨어져서 나는 그 모든 것을 단지 말뿐인 것으로 여길 수밖에 없다. 나는 그와 같은 것을 기독교 지성인들이 어떻게 평가하여, 하나님의 부름에 대해서 응답 가능한 대안을 제시하는 철학이라고 보는지 전혀 이해할 수 없다. 아무튼 거기서는 자유에 관해서 아무것도 얻을 것이 없다.

32) 수많은 예들 중에서 한 예를 보자면, 시몬 드 보부아르가 *Le deuxième sexe*(제2의 성)에서

과학적 사실을 부인하려는 이런 의도가, 과학적 사실이 아주 불편하고 당혹스럽고 사고 범위를 축소시키는 데 기인한다고 볼 수 있다. 더 나아가 그런 의도는 과학적 지식의 계속적인 엄청난 증가가 체계의 수립과 하나의 보편적인 이론 정립을 불가능하게 한다는 데서 비롯된다고 말할 수도 있다. 하지만 한편으로 심층적으로 분석할 필요도 있을성싶다. 과학적인 사실이 인간에게 결정적인 다양한 메커니즘들을 밝혀내는 시점에서 왜 철학은 자유를 선언하고 나서는가? 그것은 일종의 보상적인 역할이나 회피할 구실이나 무의식적인 거부가 아닐까? 과학이 정말 맞는다면 결과는 너무 끔찍할 것이다. 우리는 이 굴레를 피해야 한다. 재미있는 현상은 자유를 선언하는 철학은 부조리와 불안과 모호성의 철학이라는 사실이다. 그 이유는 지식인에게 있어서 결정론적 세계에 접근하기보다는 차라리 부조리하거나 비극적인 실존을 주장하는 것이 더 나을 것이기 때문이다.

부조리의 참담함은 필연성의 가혹함 앞에서는 차라리 위안이 된다. 정치참여와 에로티즘, 의미의 부재와 모호성은 그런 자유에 대한 예측을 합리화 하는 것이다. 다른 어떤 것이라도 이 '결정론적 요소들'이 존재하는 명백한 현실보다는 나은 것이다. 그 현실이 두려우면 두려울수록 인간은 더더욱 자신에게 자유가 있다고 생각할 것이다. 이것은 마르크스가 이데올로기라고 부르는 것과 같다. 이런 현대 철학들이 허위의식의 산물인 것은 의심의 여지가 없다. 철학이 인간의 현실을 직면하기를 거부하는 것이다. 그러므로 나는 여기서 마르크스주의와 사회학이 기술한 인간의 상황을 평가하기 위한 목적으로는 이런 철학들을 조금도 참고하지 않을 것이다.

여성의 역사적 상황에 관해 쓴 모든 내용은 오류와 착각으로 점철된 것이다.

2. 필연성

인간에게 '결정론적 요소들'을 거론하면서, 그것들을 전체적으로 조망하려면, 우리는 인간이 필연성nécessité의 세계에서 살고 있다는 점을 고려해야 한다. 그러나 처음부터 이 필연성과 숙명성fatalité은 구분되어야 할 듯하다. 피할 수 없는 운명이라는 의미에서 숙명성은 인간이 어떤 노력을 기울이든 이루어지고 마는 것이고, 인간을 초월하는 것이고, 필연적으로 인간에게 닥치는 것이고, 결국 인간의 사고와 행위를 결정짓는 것이다. 그것은 하나의 형이상학적인 문제이기에 나로서는 더 할 말이 없다. 나는 숙명성을 알지 못한다. 앞에서 우리가 비판한 철학자들이 자유를 만들어낸 것과 같이, 숙명성은 인간의 정신이 만들어낸 것일 수 있다. 마찬가지로 '결정론적 요소들'을 거론할 때 나는 결정론의 보편적인 개념을 상정할 수 없다. 내가 인간의 언행은 전적으로 결정된다고 결론을 내릴 수 있는 것은 인간의 사고나 행위를 야기하고 조장하는 많은 '결정론적 요소들'이 존재하기 때문이 아니다. 내가 이 결정론을 불가피하고 강력한 직접적인 인과관계적인 현상과 같이 단순하게 보는 것은 더더욱 아니다. 우리는 이 결정론의 문제에서 우연의 현상이 얼마나 복잡하고 게임 이론 덕분에 얼마나 수정되는지 알고 있다. 나는 내 능력을 훨씬 벗어나는 그런 논의에는 참여하지 않을 것이다. 그러나 필연성과 숙명성의 경계를 아는 것은 무의미한 일이 아니다.

한편으로 우리는 생명과 자연의 개념과, 부인할 수 없는 구조를 본다. 다른 한편으로 우리는 인간에게 작용하는 여러 세력들이 실제로 존재하는 것을 확인한다. 그 세력들이 인간세계의 전부를 나타내는 것이라거나, 인간이 행하거나 경험할 수 있는 모든 것을 직접적으로 즉각적으로 통제한다고 우리는 말할 수 없다. 그러나 반면에 나는 "아무 것도 미리 결정되어 있지 않다. 모든 것은 끝없이 새롭게 결정할 수 있는 것이다"는 뒤프릴Dupreel의 주장33)이나, 그 주장에 대한 메홀Mehl의 다음과 같은 논평을 받아들일 수 없다. "기존에 확립된 어떤 결정도 그것으로 충분하다고 인정될 수 없으니, 나중에 그것은 미결정의 한 양상으로 우리에게 나타나게 된다." 사실 완전하고 절대적이고 배타적인 결정들이란 존재하지 않는다. 그러나 기존의 결정들은 사건 발생 이전에는 미결정의 양상이라는 말은 나에게 하나의 역설로 들린다. 만약 그 말이 모든 것은 결정지어진 것이 아니고 인간의 삶과 사회의 역사에는 미결정된 부분이 존재한다는 걸 뜻하는 말이라면, 나는 거기에 기꺼이 동의한다. 나는 인간이나 사회를 기계론적인 시각으로 보지 않는다. 그러나 나는 인간으로서 피할 수 없는 필연적인 것들의 존재를 인정하지 않을 수 없다. 우리가 거론했던 것들을 제외하고도, 나는 또다시 '내적인 필연성'이라 부르는 것을 그 예로 들 것이다.

　우리가 한 사회의 구조와, 세계의 구성요소들을 평가하고, 그 변화와 발전과 쇠퇴를 이해하고자 할 때, 우리는 모든 것이 마치 그 요소들이 절박하고 사실상 불가피한 필연성에 복종하는 것처럼 진행된다는 사실을 확인하게 된다. 왜냐하면 동일한 변화들이 결국 동일한 경향들을 나타내면서 재현되며, 거기에 최소한 경향성이라고 부를 수 있는 규칙성이 존재하기 때문이다. 정치권력에 있어서, 형태나 수준에 상관없이, 그 불가피한 성향은 권력을 증대시키고 중앙집권화를 초래한다는 것이다. 어떤 정치권력도 스스로 해체할 수 없고, 지방분권화를 수립할 수 없다. 무한한 정치권력의 확대 법칙이 존재한다. 허용된 유일한 한계는 현실적인 한계이다. 사실 권력은 가능한 한 광범위하게 지리적으로 법적으로 확장되는 것이다. 권력이 멈추는 것은 자신보다 더 강력한 장애물을 접

---

33) 메홀(Roger Mehl), *De l'autorité des Valeurs*, p. 191에서 재인용.

할 때이다. 바꾸어 말해서 권력의 필연성은 절대적이고 전제적인 권력이 되는 것이다. 권력은 권력을 행사하는 사람들이나 이데올로기나 상황들에 좌우되지 않는다. 만약 그렇게 된다면 정치권력은 더 이상 정치권력이 아니다.

돈도 마찬가지이다. 돈이 있는 곳은 어디나 사고파는 매매가 자리 잡는다. 그것은 어처구니없는 분명한 사실이다. 그러나 돈에 의해 보편화되면서부터 매매는 개개인의 일반적인 관계 유형이 되어가고, 모든 일에 필요불가결한 것이 된다. 돈의 내적인 필연성은 모든 것에 적용되어 보편화되는 것이다. 화폐제도가 증대되는 사회에서는 궁극적으로 돈으로 살 수 없는 것이 하나도 없게 된다. 사랑, 종교, 일, 조국 등이 돈과 연관성을 가지게 된다. 그래서 돈은 강제적인 매개자가 된다. 모든 관계는 돈으로 계산될 뿐만 아니라 돈을 통해서만 가능해지는 것이다. 마르크스의 분석은 아주 정확하다. 그러나 여기서도 돈이 있는 사람들이나 상황이 돈을 좌우하지 않는다. 돈의 실상과 실재가 지닌 일정한 규칙성이 모든 것을 좌우한다.

나는 이 책에서 기술 현상의 내적인 필연성들에 관한 문제를 개진하지 않을 것이다. 그 문제에 관해서는 내 기존의 연구서를 참고하도록 권한다. 다만 나는 이 부분에서도 기술 현상이 자신의 고유한 법칙을 따라 발전해가며 그 진행방향을 아무도 변경시킬 수 없다는 사실을 환기시키고자 한다. 연구를 더 심화시켜서 우리는 도시 안에 나타나고 도시를 통해 드러나는 필연성을 검토할 수도 있을 것이다. 도시가 생겨나자마자, 곧바로 도시는 자체의 고유한 규범들과 의미를 가지게 된다. 그러나 우리는 여기서 순수한 사회학적인 문제는 차치하고, 또 다른 차원으로 문제에 접근할 것이다. 도시는 성서적으로 인간이 자기 자신을 위해 만든 세계로 우리에게 등장한다. 인간은 하나님이 인간을 위해 창조한 것을 거부하고, 하나님을 거부한다. 도시는 인간이 원하는 세계로서 하나님이 없는 세계이다. 도시는 하나님을 배제하는 폐쇄적인 곳으로서 완전히 배타적으로 인간에 의한 세계를 세우려는 노력의 산물이다.

나의 이러한 주장들이 느닷없고 충격적일 수 있다는 점을 나는 잘 알고 있다. 그러나 여기서 이 문제를 계속 개진할 수는 없는 노릇이다.[34] 나는 다만 그런 필연성들이 꼭 사회학적이고 이성적인 것만이 아니며, 거기에는 영적이거나 종교적인 차원이 존재한다는 걸 지적하고 싶다. 인간은 도시가 인간의 배타적인 세계가 되기를 원했고, 실제로 그렇게 되었다. 그에 따라 모든 것들이 수반되었고 심지어 지적이고 종교적인 차원에 이르는 일까지 따라왔다. 거기서 인간은 자기 자신에게까지 폐쇄적이 되는 요구까지 감수한다. 이것은 이상주의적이고 추상적인 영성주의spiritualisme에 대해 개방적이 되는 것으로 보상된다.

동일한 차원에서 결국 종교도 역시 그 내재적인 필연성들을 따르게 된다. 종교의 기원이나 내용이 어찌됐든 간에 우리는 인간이 종교적인 일을 주관하는 것을 본다. 종교는 인간의 활동분야이고 필요한 욕구들을 충족시키고 결핍된 것들을 보상하는 수단이다. 종교는 언제나 두 갈래의 방향으로 전개된다. 하나는 지적인 작업으로 교리를 만들어 무미건조하게 하는 것으로 일정한 집단 속에서 모든 사상에 대한 이론적인 틀을 제공하는 것이다. 다른 하나는 도덕, 태도, 의무 등에 관한 하나의 체계를 만드는 것이다. 어떤 종교든지 이 두 가지 일을 다 행한다. 우리는 그걸 필연성이라 말할 수 있을 것이다.

우리는 종교와는 정반대인 계시를 대할 때 그 사실을 확인할 수 있다.

---

34) 나는 장래에 출간될 *La Théologie de la ville*(도시의 신학)을 독자들이 읽고 어느 정도 위안을 받을 수 있기를 희망한다. [역주: 실제로 2년 후인 1975년에 엘륄은 *Sans feu ni lieu: Signification biblique de la Grande ville* 라는 저서를 출간한다. 이 책은 2013년에 『머리 둘 곳 없던 예수-대도시의 성서적 의미』라는 제목으로 대장간에서 역간되었다.]

사람들은 예수 그리스도를 통한 하나님의 계시를 끊임없이 조정해서 종교와 교리와 교조와 도덕으로 전락시킨다. 그리스도인들이 그 사실을 자각하여, 투쟁을 벌일 때도, 그들이 계시의 새로움과 선명성을 수호하려고 할 때조차도, 그런 일이 진행되는 것이다. 종교적 필연성의 강력한 법칙이 결국에 가서 언제나 압도한다.

물론 내 주장을 하나하나 입증하기 위해서는 논의를 더 길게 펼쳐가야 할 것이다. 하지만 이와 같은 다양한 예들이 독자들에게, 인간의 소외와 결정론에 이어서, 내적인 필연성이라는 말로 내가 설명하려는 바를 전달해 줄 수 있을 것이다. 그러나 이 필연성에는 주목할 필요가 있는 두 가지 측면들이 있다.

첫 번째 측면을 보자. 인간의 사회적 틀을 구성하는 모든 세력과 구조는 전체를 아우르게 되기까지 불가피하게 최대한 확장해 가려는 경향이 있다. 법이든, 경제적 생산이든, 종교이든 간에 모든 사회적 요소는 보편성을 지향하는 경향이 있다. 그 경향은 전체를 요구하는 다른 요소와 충돌할 때에야 비로소 중단된다. 여기서 우리는 인간이 접하게 되는 확장 현상을 다루고 있다. 법률, 언론, 공장 등과 같은 것을 인간이 만든다 하더라도, 인간은 이 확장 현상의 주인이 되지 못한다. 인간은 자신이 창조한 것에서 소외된다. 인간이 창조한 것은 언제나 인간에 대해 독립성을 유지하는 것이다.

이것은 우리로 하여금 필연성의 두 번째 측면을 보게 한다. 전체를 요구하며 전체주의적이 되어가는 모든 사회적 세력은 반드시 하나의 의미와 영적인 가치를 택한다. 그것은 단순히 그냥 존재하는 것이 아니다. 그것은 하나의 가치를 가져야 하고, 권위와 정의를 부여받아야 하고, 무의미의 세계에서 의미를 대표해야 한다. 그것은 자기 자신보다 더 나은 존재가 되기 위하여, 즉 영적인 의미를 얻기 위하여 존재하지 않는다면, 보편성을 주장할 수 없다.

국가는 행정적·정치적 메커니즘일 뿐만 아니라 이 땅 위의 하나님을 대표해야 한다. 기술은 효율적인 결과를 산출하기 위한 수단일 뿐만 아니라 인간의 창조적 사명을 특별히 발현하는 것이 되어야 한다. 돈은 값을 매기는 유용한 도구일 뿐만 아니라 인간의 모든 욕구들을 충족시키는 우상인 맘몬Mamon이 되어야 한다. 우리는 이러한 변환이 전혀 부수적이고 부차적인 것이 아니고, 아주 정상적이고 일반적인 것이라는 사실을 확인한다. 그래서 우리는 일종의 내적인 필연성을 말할 수 있는 것이다.

그러나 우리는 이제 필연성들에 대한 개략적인 이러한 분석을 통해서 필연성들이 모두 다 동일한 위력과 준엄성을 띠지 않는다는 사실을 밝혀야 한다. 이것은 '결정론이냐 아니냐', '필연성이냐 자유이냐'로 단순화되는 딜레마를 피하기 위해 우리가 입증하려는 것을 보완한다. 문제를 그런 방식으로 제기하는 것은 전적으로 이론적인 차원에 불과한 것으로 보인다. 그래서 나는 경험과 사실의 차원에서 상황을 이해하려고 한다. 그런데 그런 차원에서 억압과 필연성은 제각기 다른 위력과 비중을 가지는 것이 사실이다.

나치 게슈타포의 억압은 루이14세 시대의 치안경찰의 억압과는 비중이 달랐다. 가족 집단의 심리적인 억압은 전체주의적인 정당이 행사하는 심리적인 억압과는 다른 비중을 지닌다. 이와 같이 동일한 현상도 시대가 달라짐에 따라 비중이 달라진다. 가족에 의한 통제는 오늘날보다 13세기와 14세기에는 엄청나게 더 큰 비중을 차지했다는 점에 모두 다 동의한다. 원시 집단인 씨족, 부족, 마을은 개인에게 막강한 압력을 행사했다가 점차적으로 약화되어간다. 반면에 전체 사회는 18세기까지는 개인과의 관계에서 아주 애매하고 모호했지만 점차적으로 구속력을 가지게 되면서, 인간이 당면한 가장 복합적인 필연성들 중의 하나가 된다.

그러나 우리가 일반적으로 지적할 수 있는 것은 하나의 주어진 현상이 인간에게 필연성을 띠는 것은 그 현상이 전면적으로 발현되어 그 목적을 온전히 구현해감에 따라서 확대된다는 것이다. 바꾸어 말해서, 본래의 형태와 기원을 살펴보면 종교, 정치권력, 기술, 선전 등과 같은 하나의 사회적 현상은 인간이 만들고 개발한 것이다. 그래서 인간이 그 현상을 주관하고 조정한다. 하지만 그 현상이 그 방법과 수단을 확보하고 적용 범위를 확대해가면서, 이제 하나의 영적인 의미를 띠게 된다. 그렇게 되면 인간은 거기에 간여하고 수정할 권한을 점점 상실하게 된다. 역전이 일어나서, 그 대상을 설계하는 것은 이제 더 이상 인간이 아니다. 그것은 이제 자신의 특성을 가지면서 자신의 고유한 필요에 따라서 하나의 실제 유기체처럼 발전한다. 발전하면 발전할수록, 그것은 인간에게 더 강력하게 작용하여, 더욱더 필연성을 띠게 된다.

내가 보는 바로는, 이와 같은 일이 기술의 경우에 특히 명백히 나타난다. 18세기까지 인간이 기술적인 일을 통제했다는 것은 분명하다. 그러나 일정한 완성도와 수준을 갖추기 시작하고, '기술적 현상'이 일어나면서부터, 기술은 인간의 통제에서 완전히 벗어나서, 어떤 의미에서 인간의 '운명'이나 '숙명'이 된다. 그러나 이런 변화가 일어나기 위해서 기술 자체의 내재적인 메커니즘은 물론이고, 동시에 인간의 합의가 존재한다는 사실을 유념해야 한다. 인간은 통제력을 다 박탈당한 것은 아니다. 인간의 뜻을 배제하건 반대하건 간에 기술적 현상의 전개에는 언제나 두 가지 측면이 존재한다. 하나는 자체의 고유한 추진력에 따른 확장 현상이고, 다른 하나는 인간의 심리적 영적 태도에 따른 것이다. 그 태도는 완전한 무지, 단순한 수동성, 합리적인 동의, 신화적인 소망, 광적인 열정 등과 같이 아주 다양하다.

확장하는 사회적 체제에 편입된 인간은 사실상 그 체제를 지지하는 것이다. 그는 그 체제가 실현하는 일을 받아들이고, 그 체제가 이루어가는 미래를 소망한다. 아주 쉽게들 기존 질서를 타도한다고 주장하고 또 변혁이 일어나는 것은 인간이 원했기 때문이라고 선언하기도 하지만, 사실 이와 같은 적응 현상은 언제나 있는 일이다. 국가 성장, 기술 발전, 사회심리학적 방법들의 응용 등과 같은 정확한 사례들의 경우를 본다면, 우리는 엄밀하게 사건들의 배열과 순서를 분석할 수 있다. 먼저 대다수의 사람들은 체제에 적대적이다. 그러나 소수의 사람들이 체제를 조직하고, 거기에 구조와 이론을 제공한다. 거기서부터 그 체제는 자체의 고유한 발전법칙을 따른다. 그 후에 다수의 사람들이 경탄하고 열광하며 동의하게 된다.

사실 사람들의 동의가 있을 때에만 그 체제의 필연성은 확고해진다. 그런 까닭에 인간을 자유로운 존재로 간주하면서, 우리는 곧바로 다시 용기를 얻는다. 하지만 안타깝게도, 경험적인 사실에 따르면, 사람들의 동의는 의지적인 선택과 성찰에 기인하지 않고, 인간에게 유익한 점이 있다는 사실에 감정적으로 기울어서 충동적으로 나온다. 예를 들자면, 여가생활과 대중문화와 위생과 생활수준의 향상과 경제성장은 기술 현상의 전개를 정당화하며 사람들의 동의를 촉진시킨다. 인간이 이렇게 동의하게 되면 인간의 자유를 향한 소망의 여지는 거의 없다. 왜냐하면 인간이 스스로 자신을 필연성에 가두었기 때문이다. 인간은 이제 필연성 자체에 동의한 것이다. 거의 모든 경우 이와 같이 된다.

그런데 내가 『정치적 착각』에서 밝히려고 했던 바와 같이, 문명이 복잡해지고 세련될수록 '결정론적 요소들'은 내재화되어간다. 이 요소들은 외적으로 점점 덜 나타나며, 구속적이고 충격적인 양상이 점점 덜해진다. 그래서 보이지 않고 내재화되고 관대해지고 은밀해진다. 이 요소들은 협력을 구하고 이성에 호소하며, 행복과 복지를 내세운다. 이 요소들은 점점 더 필연적인 것보다 명백한 사실로 받아들여진다. 이 요소들은 이제 우리를 압박하는 것이 아니라, 내재화되어 부드럽게 인도하고, 야만적이 아닌 이성적인 방식으로 스스로 정당화한다. 인간의 소외는, 고통스럽지 않은 동시에 점점 더 타당한 것으로 여겨져서, 관대하게 용인된다. 그렇게 되면, 자유의 부재라는 형이상학적인 문제는 '결정론적 요소들'에 의한 구체적인 상황이 된다. 그러나 이것은 최고의 결정론적 인간 유형을 창조하는 복합적 기술의 발전에 기인한 것이다.[35]

이러한 결정론적 복합 체계 속에서, '자유로운 사고'를 주장하는 것은 완전한 착각이다. 이것은 '자유로운 사고'의 장애물은 종교 체계나 법의 강제성이라고 믿는 신념에 따라 아주 단순화하여 속단하는 것에 불과하다. 조금만 더 진지하게 문제를 바라본다면 얼마나 우리의 사고가 자유롭지 않은지 깨닫게 될 것이다. 교육과 환경에 의해, 또 우리의 문화에 의해, 그리고 광고, 정보, 선전과 같은 임의의 압력 수단들에 의해 결정론적으로 정해져서, 소위 '자유로운 사고'라고 하는 것은 언뜻 보이는 것보다 더 치밀하게 조작된 것에 지나지 않는다. 이 '자유로운 사고'가 하나의 종교적 체계를 부정하는 것은 심대한 '결정론적 요소들'에 대항하는 것이 아니라 완전한 무지 가운데 그 '결정론적 요소들'에 굴복하는 것이 된다. 그리하여 순진무구하게도 이 '자유로운 사고'는 종교적인 체계에 대한 반명제와 반작용으로 구성되어 있기에 종교적인 체계만큼이나 편협한 하나의 사상 체계에 합류하고 만다.

그렇지만 이러한 조건들 가운데 필연성을 피할 수 있는 가능성이 있

---

35) 다양한 인간 유형들을 연구한 리스먼(Riesman)의 저서 *La foule solitaire*(고독한 대중, 1964)를 참조하라. 이 책은 마루쿠제(Marcuse)의 *L'Homme unidimensionnel*(단일한 차원의 인간)보다 훨씬 더 유용한 분석을 제시하고 있다.

다고 말할 수 있다. 우리는 실제로 현존하는 필연성을 포착해야 한다. 그러고 거기서 우선적으로 집단적인 차원과 개별적인 차원을 구별할 필요가 있다. 집단적인 차원에서는 인간이 필연성을 피할 수 있는 가능성은 없는 것 같다. 사회 발전의 커다란 방향들에 대해서 우리가 실제로 능동적인 행동을 취할 수 있을까? 그럴 수 없을 것 같다. 물론 행동을 취할 수는 있다. 그러나 사실상 집단적인 행동은 언제나 아주 심오하고 엄밀한 필연성들이 작용하는 방향으로 나아간다. 또한 필연성의 차원에서 여러 가지 유형들이 존재할 수 있다. 그것들이 작용하여 다양한 행위양식들을 결정짓는다. 이 경우에 인간은 그와 같은 것들 중에서 하나를 선택할 수 있다. 예컨대 우리는 상대적으로 피상적이고 가시적이고 지각되는 현실의 '결정론적 요소'를 현실화된 심층적인 '결정론적 요소'와 대립시킬 수 있다. 실제로 일정 기간 압력이 주어지면, 하나의 제도나 사회학적인 현상은 그 활력을 잃고 쇠퇴하여 필연성을 상실한다. 우리는 사회주의나 자본주의의 도덕에 관한 연속적인 양상들을 그런 시각에서 분석해볼 수 있다. 거기서 우리는 시대에 따라 그것들이 어떻게 일련의 필연적인 요인들에 순응하는지 검토할 수 있다. 그 요인들은 계속 잔존하면서 일정 기간 동안 외적으로는 필연성을 유지한다. 그러나 사실 그 요인들은 필연성을 상실하고 예전의 그 잔재만 지니고 있다. 그래서 하나의 필연성이었던 부르주아 자본주의의 전통적인 구조 앞에, 기술 발전에 따른 성장에 기반을 둔 새로운 경제를 추구하는 동향이 나타난다. 이와 같은 새로운 경제를 주창하는 사람들은 그것을 자유의 발현으로 느낄 수 있지만, 사실 그들은 가장 심대하고 의미심장한 현실의 필연성을 단순히 선택한 것이다. 그들은 단지 이 필연성의 무게에 대해서 남들보다 더 민감한 것뿐이다.[36]

---

36) 사회학적인 분석에 관해서는 가장 최근의 연구인 배쉴레르(Jean Baechler)의 연구를 참조하는 것이 좋겠다("Trois définitions de la liberté" in *Contrepoint*, 1971). 그는 놀라운 통

이것은 식민주의에서 탈식민주의로 넘어가는 데서도 동일하다. 그런 것을 하나의 선善이라고 말하는 것은 정말 무의미하다. 필연성을 선택하는 선은 존재하지 않는다. 칼 마르크스가 가장 개연성 있는 역사적 결정 요소를 선택하는 문제를 제기한 점은 전적으로 타당하다. 현대인의 모든 문제는 바로 그것이다.37) 그래서 선, 정의, 진리 등과 같은 가치적 개념들을 결정 요인에서 다 배제했다는 점에서 마르크스는 많은 그의 계승 자들과는 반대로 일관성을 가진다. 그러나 마르크스가 가장 큰 개연성에 따른 선택을 인간의 의식적인 행위로 제시한 반면에, 경험적인 사실은 인간이 부지불식간에 그와 같은 선택을 한다는 점을 보여준다. 인간은 대세의 흐름을 따라간다. 그러나 오로지 필연성을 따르는 것을 용납할 수 없으므로, 인간은 필연성을 따라가면서도 선과 정의를 실현한다고 자부하면서 합리화한다.

우리 사회에서 인간에게 부과되는 복합적인 '결정론적 요소들'에 대해 가지는 가장 위험한 환상들 중의 하나는 자유를 반독재 투쟁과 혼동하는 것이다. 물론 독재는 소외를 불러일으킨다. 또 마땅히 투쟁의 대상이 되어야 한다. 그러나 오늘날 진정으로 심각한 소외는 심리적, 사회적, 기술적 조건들이 미로와 같이 엮여있다는 데 기인한다. 반독재 투쟁은 그런 상황에 어떤 해결의 실마리도 전해주지 않는다. 반독재 투쟁이 독재의 잔혹성과 공안통치 탓에 열정을 불러일으킨다면, '결정론적 요소들'에 저항하는 투쟁은 그 요소들을 명확하게 볼 수 없기 때문에 아무런

찰력으로 자유의 부정을 모든 자유 의지가 가지는 정상적인 과정이라는 점을 보여준다. "자유는 아름답고, 그 누구도 피할 수 없는 사랑의 묘약을 퍼뜨린다. 그런데 그 묘약은 치명적이다."

37) 실제로 인간의 소외를 더 크게 야기하는 우리 사회의 각각의 요인이 이상적이고 관념적인 면에서 자유의 도구가 될 수 있다는 점은 명백하다. 많은 학자들이 밝히려는 것이 바로 그 점이다. 라 로쉬푸코(La Rochefoucauld)의 *L'homme dans la ville à la conquête de sa liberté*(1971)도 한 예이다. 일종의 이상한 운명과도 같이 안타깝게도 정작 실현되는 것은 이 자유가 아니라 그 정반대의 것이다.

관심거리도 되지 않는다. 그 요소들을 간파하는 사람은 '지식인'이라는 비난을 받는다.

그런가 하면 독재에 대한 비판은 우파만을 겨냥한다. 현재 대다수의 사람들의 눈에는 좌파 권위주의 정부와 독재체제는 서로 다른 것이다. 사람들은 일반적으로 좌파 권위주의 정부는 국민을 대변하며 더 높은 생활수준을 가져다준다고 주장하면서 권위주의 정부를 정당화한다. 그러면서 사람들은 모든 독재체제가 다 공동체 전체의 문제들을 적극적으로 해결한다고 주장했다는 사실을 망각한다. 히틀러는 실제로 독일 국민의 전체 상황을 눈에 띌 만큼 향상시켰었다. 국민을 대표한다는 주장에 대해서는, 이미 레닌 시절에 나온 공산당 독재에 대한 트로츠키의 비판을 참조하기 바란다. 사실 레닌의 주장은 좌파 독재는 우파 독재와 같다는 것이다. 자유의 박탈은 그 어느 경우에도 의미와 정당성이 없는 것이다. 우리의 경제와 정치의 복합적 메커니즘은 일정한 조건들이 갖춰지면 독재가 문제 해결의 유일한 수단이 되고, 독재에 저항하는 투쟁은 또 다른 독재를 부를 수밖에 없다고 본다. 사하라 이남의 아프리카에서도 군사 독재는 유익하고 유용한 것으로 여겨진다. 그 사실은 교회와 사회에 관한 에큐메니컬 회의에서 선포된 바 있다.

그럼에도 불구하고 이 문제는 또한 순전히 개인적인 차원에서도 검토될 수 있다. 사람들은 모두 다 이 필연성의 영향을 받고 있다고 할 수 있다. 의심의 여지없이 모든 사람들은 여하간 우리가 간략하게 요약한 집단적인 태도를 취한다. 모두가 다 그렇게 한다. 그러나 개개인들 간에는 차별화된 것들이 존재한다. 이것은 우리가 앞에서 지적한 바와 같이 '결정론적 요소들' 사이에 차별화된 것들이 존재하는 것과 마찬가지이다. 내게 있어서, 이 '결정론적 요소들'은 전혀 추상적이거나 이론적이거나 철학적인 것이 아니고, 분석이 가능한 것이고 이 사회와 이 시대에 속한 것이다. 그래서 무화[38] 작용과 같은 이론적인 작업을 통해서 인간이 그 '결정론적 요소들'에 대해 자유롭게 될 수 없다. 이 부분에 대한 메흘의 비판은 내 생각에는 아주 적확한 것이다.

"순전한 무화의 대상이 될 수 있는 하나의 의식이 어떻게 하나의 윤리적인 임무를 이행할 수 있단 말인가? 그 자체가 무無인 덧없는 하나의 자유가 어떻게 우리에게 직접 임무를 맡길 수 있단 말인가?" 그러나 나는 "주체는 자신을 추적하고 결정하는 세계로부터 벗어날 수 있다"[39]는 메흘의 낙관주의에 동의할 수 없다. "세계의 결정론적 요소들과의 분리는 이 세계를 내가 해야 할 임무가 있는 곳으로서 나의 현존을 천명하고 가치를 부여하는 영역으로 바라보는 나의 선택에 의해 이루어진다." 그러나 사실상 그것은 '결정론적 요소들'과 분리되는 것이 아니다. 그 문제를 구체적으로 관찰해보면, 전부가 다 우리가 기술한 과정에 정확히 귀착된다. 왜냐하면 세계를 성취해야 할 임무로 정하는 것은 성취 가능한 것의 한계를 규정하는 것이기 때문이다. 그런데 그 한계들은 '결정론적 요소들'의 비중에 의해 우리에게 정확히 제시된다.

더 큰 가치가 부여되는 영역과 선택은 필연적으로 성취될 것들 중에서 가장 개연성 있는 것을 채택할 때에 비로소 주어진다. 필연적인 첫 단계는 둘째 단계가 가능한지 여부는 나중에 가야 알 수 있다 필연성을 파악하고 자각하는 것이다. 바꾸어 말해서, 나는 사회적 정치적 경제적인 결정적 요소들과의 분리가 구체적으로 가능하다고는 전혀 믿지 않는다. 인간이 자유롭게 행할 수 있는 유일한 것은 그 요소들을 간파하고 자신이 그것들에 의해 결정지어진 존재임을 인정하는 것이다. 자유의 첫 번째 행위는 필연

---

38) [역주] Néantisation(무화). 철학 용어. 존재와 존재자를 구별하여, 존재자는 인간의 오감으로 지각하여 접근할 수 있는 것이라면, 존재는 존재자가 아닌 것이므로 '무'(無)가 된다. 존재는 스스로 '무화'(無化)한다. '무화'는 '무'의 본질적 기능이라고 한다.
39) Roger Mehl, 앞의 책, p. 90.

성을 인정하는 것이다. 그것은 이론이 아니라, 자기 자신에 대하여 그 필연성을 파악하고 방향과 의미를 발견하고 인정하는 것이다. 이 필연성을 앞에 두고서 나는 벌써 내 안에서 그 영향을 받고 있음을 인정한다. 내가 필연성을 따라가는 것을 알고 그 결과들을 파악하는 이 자각이 나의 자유의 행위이다. 그러나 이것은 의식적인 현상이기에 개인적인 결정 사항일 수밖에 없다.

우리는 소외에 대한 이러한 자각을 ^{마르크스나 사르트르는 자유의 길로 제시한} 다 뒤에 가서 다시 살펴볼 것이다. 그것은 실제로 인간이 인간으로 존재하고자 하는 첫 번째 행위이다. 그러나 이 자각은 긍정적인 것만은 아니고, 바로 문제를 해결해주는 것도 아니다. 역으로 이것은 극단적인 소외를 불러올 수 있다. 이 자각은 인간에게 커다란 혼란을 야기한다. 인간은 역사와 사회에 둘러싸여서 자신이 아무런 존재도 아니며 상황을 바꿀 수 있는 능력이 없다는 사실을 깨닫는다. 인간이 자유를 원할 수 있는 자유도 없고 자유를 향한 요구나 호소 자체가 제약되어 있다는 사실을 알게 될 때, 소외에 대한 자각은 가장 파괴적인 힘으로 작용할 수 있다. 이것은, '결정론적 요소들'의 발견에 의한 가장 구체적이고 물질적인 차원에서부터, 신화에서 자신의 존재 가치를 끌어낼 수 없는 인간의 무능에 의한 영적인 차원에 이르기까지, 모든 차원에서 다 일어날 수 있다. 자유의 불가능성에 대한 자각은 인간에게 한없는 불안을 야기한다. 자유의 반대인 불안은 키르케고르가 말하는 '자유의 가사假死상태'에 해당하는 것으로서 인간이 자신이 '세계 속에 존재하는' 걸 발견할 때 인간 조건에 대해 느끼는 진정한 감정이다. 동시에 불안은, 자신이 죽을 수밖에 없는 존재가 아니라 하이데거의 '죽어가는 존재'이고 이 사실을 자각한다고 해도 운명은 바꿀 수 없고 불가피한 것으로 항상 복종할 수밖에 없다는 사실을 깨달을 때, 인간이 필연성에 최종적으로 항복을 표하는 것이다.

이 필연성을 인식하고 이미 결정지어진 것을 수용하며 그 사실을 인정하는 것은 내가 수용할 수밖에 없는 불가피한 그 결정이 정당하고 선한 것이라고 인정하고 동의한다는 걸 뜻하는 것이 결코 아니다. 나는 거대한 사회적 메커니즘의 속박 속에서 살아간다. 나는 그 사실을 깨닫지만 그것이 좋다고 말할 수는 없다. 나 자신이 나의 삶에서 필연성을 직면하고 판단하는 순간부터, 실제로 영적인 문제가 제기되기 시작한다. 그러나 이 필연성에 대해 판단하는 것은 동시에 나 자신에 대해 판단하는 것일 수밖에 없다. 왜냐하면 나 자신이 그 필연성에 별 도리 없이 따를 수밖에 없기 때문이다. 나는 이미 결정지어진 대상들을 바깥에서 관찰하는 신과 같은 심판관이 아니다. 나는 그것들의 작용에 이끌려가고 따라가지만, 그것들을 의식한다. 그런 의식이 없다면 어떤 일도 시작할 수 없다.

그런데 우리가 몇 가지 사례로 보았던 필연적 요소들은 강제수용소나 결정적 악과 같은 것에 속하지 않는다는 사실을 유념해야 한다. 이 필연적 요소들은 인간으로 하여금 사회에서 말하는 선, 정의, 미를 향해 나아갈 수 있게 한다. 선과 정의는 자유의 산물이자 발현이라는 주장은 정말 잘못된 것이다. 자유를 향한 노력도 또한 모순, 파괴, 무기력, 증오, 에로티즘, 무익성 등을 수반하기도 한다. 사회적인 필연성은 대부분의 경우 사람들이 선이라 부르는 것을 하도록 나에게 요구한다. 사회적인 필연성은 생활수준을 향상시키고 수명을 연장시키고 기아를 위해 싸워나가고 인간의 정신을 분석한다. 필연성은 결코 자유의 산물이 아니다. 따라서 선의 견지에서 필연성을 거부하지 말아야 한다. 그것은 무의미하다. 선은 필연성 자체를 발현하는 것이다. 바로 이것이 함정으로서 인간이 이 필연성을 알아보고 자신이 결정지어진 존재임을 자각하는 것을 방해한다. 왜냐하면 선을 필연성의 산물로 규정하면, 인간이 선에 고착되어 필연성을 인지하지 못하게 되기 때문이다.

인간은 아이 같은 교만한 마음으로 자신이 선한 일을 하는 존재라고 믿고서, 선을 행하기 때문에 자신에게 당연히 자유가 있다고 본다. 모든 기술전문가들이 그렇게 판단하고, 또한 억압받는 사람들을 해방시키는 운동에 참여하는 사람들도 그렇다.[40] 내가 사회적인 '결정론적 요소'를 인식하고 나서 실제로 그것이 사회가 선이라고 보는 결과를 산출할 수 있기 때문에 그 요소를 정당화하고 선과 동일시할 때, 거기에 순응하면서 내가 정당화하는 것은 바로 나 자신이라는 점에 유의해야 한다. 그렇게 함으로써 나는 자유의 첫걸음을 포기하는 것이다. 영적으로 가장 파괴적이고 가장 거짓된 것은 필연성을 미덕으로 삼는 것이다. '결정론적 요소들'에 순응하는 것은 설사 역사적으로 실현가능한 제일 좋은 기회의 선택이나, 우리 사회가 규정한 선을 산출한다 해도 결코 미덕이 될 수 없다.

그렇다고 내가 필연성을 모두 다 부정한다는 것은 아니다. 더군다나 그것은 불가능하기도 하다. 내 말은 인간이 독립과 행복, 자유와 역사의 의미, 자율성과 능률 등을 동시에 다 가질 수도 없고 성취할 수도 없다는 것이다. 정반대로 필연성에 순응하는 것이 아주 당연하다는 사실을 인정해야 한다. 필연성에 순응하는 인간이나 집단이나 국가를 정죄할 수 없다. 한 국가가 경찰과 군대를 보유하는 것은 필연적이다. 우리와 같은 사회가 석유를 탐색하고 텔레비전 문화를 만들어가는 것은 필연적이다. 다만 우리는 우리의 행위가 숭고하지 않고 우리의 국가 지도자들도 마찬가지라는 사실을 인정할 수는 있다. 그 모든 것은 정상적이다. 그러나 그렇다고 해서 그것이 선한 것이고 자유를 얻는 것이라는 의미는 아니다. 우리가 '결정론적 요소들'을 파악하고 내가 살고 있는 사회와 나 자신의

---

40) 여기서 또 다시 나는 억압받는 사람들의 해방에 전혀 반대하지 않는다는 점을 명시하고 자 한다. 오히려 정반대다. 그러나 해방이 인간의 결단에 의한 것이 아니고 역사적 필연 의 산물일 때 인간은 어떤 자유도 얻지 못한다.

삶의 방향을 고정시키는 필연성을 자각하기 시작하는 순간부터, 나는 필연성에 순응하는 것이 자유라면서 그것을 부정하거나, 혹은 역사의 방향을 따라 가는 것은 선한 것이라면서 그것을 정당화함으로써 그런 인식을 부인할 수 있다.

그러나 또한 나는 자연인이 가진 자유로서 이 필연성을 관찰하며, 파악하고 분석하여 그 의미와 영향들을 알아볼 수 있다. 필연성에 순응해야 하는 사회에서 그게 무슨 의미가 있을까? 예를 들어 국가가 전쟁을 치를 수밖에 없다는 사실이 명백할 때, 국가를 이런 상황으로 몰고 간 사회의 결정론적인 요소들에 대해서 내가 무슨 말을 할 수 있을까? 왜냐하면 형이상학적인 필연성이 문제가 아니라 사회학적인 필연성이 문제이기 때문이다. 혁명가들이 폭력과 살인과 혼란을 조성하면서 "자신들이 시작한 것이 아니라 남들이 먼저 시작했다"고 스스로의 정당성을 주장한다는 사실을 확인하고 나서, 나는 자유에 대한 혁명의 타당성에 관해 스스로 자문하게 된다. 하지만 나는 혁명의 필연성, 즉 혁명이 필연성에 따른 것임을 부인하는 것은 아니다.

'결정론적 요소들'의 존재는 중립적이지도, 무의미하지도, 객관적이지도, 과학적이지도 않다. 그것은 이 사회의 인간을 위해 인간에 관한 의미를 부여하는 기능을 담당한다. 하나의 사회에 대해 내릴 수 있는 가장 심오한 평가는 그 사회가 어떤 필연성에 순응하는지 고찰하는 데 있다. 왜냐하면 그 사회 자체가 그 필연성 속에 자리하고 있기 때문이다. 그러한 시각으로, 사회적이면서 개인적인 '결정론적 요소들'과 이 작업으로 결코 내가 벗어날 수 없는 거리를 두면서, 그 요소들에 순응하는 것이 당연하다는 판단 하에, 내가 필연성과 차별화되는 선이 존재한다고 주장한다면, 나는 과연 어디에서 그걸 입증할 근거를 찾을 것인가?

그 질문은 열려 있다. 하나의 가치를 주장하는 마르크스주의적인 분석은 미리 앞선 사전 비판으로서 적절하다. 그러나 내가 그 비판에도 불구하고 계속 질문을 고수한다면, 그것은 내가 속한 사회의 필연성을 문제 삼는 것이다. 거기에는 내가 악이라고 판정하는 '결정론적 요소들'과 사람들이 선이라고 판정한 '결정론적 요소들'이 다 포함된다. 내가 국가 권력 확대의 필연성을 문제 삼는 것이라면, 그것은 전쟁만이 아니라 사회보장도 관련되는 것이다. 내가 기술 진보의 가속화의 필연성을 문제 삼는 것이라면, 그것은 수소폭탄만이 아니라 생산성도 관련되는 것이다. 왜냐하면 두 가지 경우 모두가 필연성의 산물이기 때문이다.

　필연성이 용인되고 정당화되는 순간부터 나는 두 가지를 다 받아들여야 한다. 왜냐하면 '결정론적 요소들'의 체계 내에서, 인간은 한 부분을 선택하고 다른 부분을 내어버릴 자유도 없고, 결정하고 선별하는 자유도 없기 때문이다. 그 자유의 존재는 현대 사회에서 최악의 착각이다. 현대사회는 사회현상들의 총체성과 촘촘하게 뒤얽힌 복잡성을 인식하지 못하고, 우리가 받는 '결정론적 요소들'의 긍정적 효과들과 부정적 효과들을 분리시킬 수 없다는 사실을 파악하지 못한다. 인간은 자유를 보전하고 있다고 주장한다. 그러나 자유는 어디에도 존재하지 않는다. 취사선택할 수 있는 자유가 있다는 그런 주장은 인간이 환경에 의해 좌우된다는 사실을 잘 입증해준다. 예컨대 기술의 긍정적이고 부정적인 효과들을 분리시킬 수 있다고 판단하는 사람은 바로 그 판단을 통해서 자신이 기술적인 '결정론적 요소들' 안에 완전히 갇혀 있음을 보여주는 것이다. 그래서 그는 자신이 아직 자유의 첫걸음을 떼지 않았다는 사실을 드러낸다. 여기서 자유의 첫걸음은 인간이 '좋을 때나 나쁠 때나' 늘 함께하는 결혼관계와 같이 기술에 결합되어 있는 상태를 확인하면서 그 사실을 인정하는 것이다. 그 사실을 인정하지 않는다는 것은 환상 속으로의 도피나 순전한 관념론에 빠진 것을 말해준다.

3. 죄의 결과 [41]

이 책은 그리스도인들을 위한 윤리에 관해 쓰는 것이라고 이미 언급한 바 있다. 여기서 죄라는 단어를 도입하여 어떤 설명이나 요점을 제시하려는 의도는 나에게 전혀 없다. 그렇지만 한편에서 철학자들은 인간과학의 성과들을 무시하면서 인간에게 자유가 있다고 주장할 수 있는데 반해서, 그리스도인이 인간의 죄성을 주장하는 것은 왜 용납될 수 없다는 것인가? 여기서 우리는 선택과 결단에 직면한다. 그리스도를 향한 믿음의 결단은 성서에 준거한다. 그런데 성서 속에서 현실의 인간은 타락한 상태로 태어나서 자신이 원하는 선을 행할 수 없는 존재로 그려질 뿐이다. 이것은 선한 본성에 부가되는 일종의 외적인 조건의 문제가 아니고, 인간 실존과 존재 전체에 관계되는 것이다. 죄의 본성을 거론하고 싶지 않다면, 성서에 있는 대로 최소한 죄에 매인 상태로 인간의 삶이 이미 결정지어져 있다는 사실은 인정하고 넘어가자. 일종의 유전처럼 세대에서 세대로 전해지는 원죄를 거론하고 싶지 않다면, 성서에 있는 대로 최소한 하나님 앞에서 아담은 최초에 일회적으로 인류 전체로서 존재한다는 사실은 인정하고 넘어가자. 하나님에 대한 죄가 _{하나님과의 관계단절} 단 한 번 범해졌다 할지라도 죄는 불가분리하게 모든 인간에게 실재한다. 인간에게 있어서 이와 같은 죄 이외의 다른 상태와 태도는 존재하지 않는다.

여기서 우리는 단 하나의 측면만을 볼 것이다. 그것은 죄인인 인간의

---

41) 나는 리쾨르가 오랫동안 전개해온 논의를 여기서 다루지 않을 것이다. 그 논의는 피조물인 인간의 '자유'가 악이 세상에 들어온 후에도 존재하지만 그 자유는 '노예화된 자유'로 변질된 것인지, 또한 '자유의지'도 존재하지만 그 자유의지는 '예속된 자유의지'로 변질된 것인지에 대한 것이다. 나는 그렇게 설명할 수도 있다는 점에 동의한다. 하지만 내가 보기에 그 예속성이 너무나 완전하고 철저하게 인간 조건을 구성하고 있기에 인간의 자유가 어디에 조금이라도 남아있는지 나는 알 수 없다. 인간에게서는 단지 견딜 수 없는 노예적 예속성과 독립에 대한 광적인 열망만이 보일 뿐이다.

상태는 노예적 예속상태로 표현된다는 점이다.[42] 인간은 죄의 노예이며 결국 그 이외의 다른 아무 존재도 아니다.[43] 우리는 서두에서 이것은 단순한 비유가 아니라 실재이며, 인간성 전체와 관계된다고 언급한 바 있다. 죄인인 인간의 상태를 기술하기 위해 노예라는 단어를 사용한 것은 죄가 내적인 양상뿐만 아니라 모든 외적인 양상들을 가진다는 사실을 나타내기 위함이다. 죄는 영적인 삶만이 아니라 사회적, 직업적인 삶과도 관련된다. 노예적 예속이라는 개념은 인간을 둘로, 즉 죄와 마주하는 영적인 실체와, 또 다른 세력과 현실이 작용하는 육체적인 실체로 분리하는 것을 거부한다는 뜻을 내포한다.

물론 인간의 유한성이라는 측면과 죄성이라는 측면을 구분해야 한다. 인간이 육체를 가짐으로써 공간적인 한계와 함께, 음식의 섭취와 같은 일정한 행위들을 해야만 하는 제약을 받는 것은 인간의 유한성에 속한다. 또한 인간이 자연 속에서 일해야 하는 것도 피조물이라는 인간 조건에 기인한 것이다. 그러나 육체가 정욕으로 화하고 음식이 탐욕거리가 되며, 재물에 대한 욕망이 끝이 없게 되고, 인간이 그걸 행복이라고 여기게 되면, 인간은 자신의 육신에 집착해서 육신의 욕망을 충족시킬 수 있는 대상에게 사로잡히고 만다. 그래서 피조물의 속성으로서 유한성을 나타내는 단순한 징표였던 것이 이제 하나님과의 관계단절에서 비롯

---

42) '죄의 타락'은, 본회퍼에 따르면, 하나님이 인간에게 부여한 자유를 누리는 것을 인간이 거부하는 데 있다. 인간은 창조세계의 자유 속에서 어떤 외적인 제한도 없이 살았다. 인간은 타자와의 관계와 자신의 자유 가운데 단 하나의 유일한 제한을 받았다. 그 제한은 은총이었다. 인간의 죄는 타자에게 이 자유를 거부하는 데 있었다. 이 죄는 그 제한을 혐오하는 장애물로 만들고, 타자를 공격의 대상으로 삼게 해서, "자유의 관계적인 구조가 흐려지게 되었다." 인간은 자신의 자유를 거부함으로써 "하나님이 부여한 실재를 파괴" 시켰다. (André Dumas, *Une théologie de la réalité: Bonhoeffer*, 1968.)

43) 그래서 인간을 복권시키고 인간의 행위의 타당성을 입증하려는 '신신학'은 죄인이라는 개념을 부적절하다고 주장한다. 그러나 신신학은 그 자체가 모순적이다. 왜냐하면 그 신학자들은 또한 인간의 자유의 정치적 필요성을 높이 내세우는 사람들이기 때문이다. 그렇다면 몇몇 사람들의 그 사악한 의지는 어디서 나오고, 인간을 노예 상태로 몰고 가는 악한 체계는 어디서 비롯되는가. 물론 역사의 단순한 우연들이라고 하겠지!

된 노예적 예속상태를 나타낸다. 마찬가지로 노동이 타인들을 지배하는 도구이자 속박이요 법이 되며 피지배자의 가혹한 의무가 되고, 우상들을 만들어내는 행위이자 광적인 욕구의 대상이 되면, 노동이라는 그 즐거운 행위는 하나님과의 관계단절에서 비롯된 노예적인 행위가 되고 만다.

그 모든 것이 하나님과의 관계단절에서 비롯된다는 것은 확실하다. 왜냐하면 하나님과 함께하는 한, 인간은 다른 신을 세울 수 없고, 다른 집착이나 덧없는 근심에 사로잡힐 수 없기 때문이다. 이와 같이 죄는 당연한 유한성에 속하는 것조차 왜곡시킨다. 하나님과의 관계가 단절된 결과, 인간은 언제나 또 다른 신을 찾아 의지하려고 한다. 모든 피조물이 인간에 의해 하나님과의 관계가 단절된 상태에 들어갔기에, 인간은 맹위를 떨치며 자신을 구속하고 압제하는 세력들에게 굴복하게 된다. 반전이 일어나서, 피조물의 영장인 인간은 이제 어떤 상황이나 경우를 막론하고 노예로서 예속된 존재가 되어버린 것이다.

질서의 세계였던 창조세계는 힘으로 경쟁하는 패권 쟁탈의 장이 된다. 그런데 어느 누구도 완전한 패권을 행사할 수는 없다. 그렇게 되면 그는 하나님이 될 것이다. 그러나 권력의 향방과 권력 행사의 수준과 권력 투쟁의 옵션이 수도 없이 많고 복합적이어서, 결국 어떤 범위 내에서 인간은 언제나 지배자이자 피지배자라고 말할 수도 있다.

마르크스의 공적들 중 하나는 소외의 보편적인 특성을 밝혀주었다는 점이다. 하나님과의 관계를 단절하기 원하는 이 세상에서, 소외가 보여주는 인간의 죄의 상황은 자유를 구하고 얻으려는 인간의 독립적인 의지가 인간으로 하여금 더 가혹한 노예적 예속상태에 빠지게 한다는 사실이다.[44] 아담은 하나님이 정한 한계들로부터 벗어나려고 한다. 바로 그것

---

44) 카르도넬(Cardonnel)은 독립성과 자유 사이에 혼란이 존재하는 것을 통찰한다. "우리는

때문에 아담은 힘으로 경쟁하는 세계로 빠져들고 죄에 굴복하고 만다. 구약 전체는 이스라엘이 자유를 구하는 것을 내내 보여준다. 이스라엘이 더 깊이 노예적 예속상태로 전락할 때마다 다른 이방인 국가들과 동등하게 되도록 왕정을 요구한 탓에 이스라엘은 정치권력의 모든 강제적 속박에 굴복하게 된다. 안전보장을 위해 이집트나 시리아와 동맹을 맺을 때 죄 가운데서 이스라엘은 자신의 유일한 안전보장이 하나님을 향한 신뢰에 있다는 걸 받아들일 수 없기 때문에 이스라엘은 아시리아에게 유린당했다. 하나님과의 관계단절이라는 죄의 법은 인간의 의도와 행위가 그와 같이 정반대의 결과를 초래한다는 사실을 내포한다. 이것은 마르크스가 소외에 관해 기술한 것을 뛰어넘는다. "지식을 더하는 자는 고통을 더하느니라"라는 전도서의 구절에서 우리는 이에 대해 또 달리 기술한 것을 볼 수 있다. 내 생각에 그 고통은 궁극적으로는 하나님으로부터 멀어져 무력하게 되고 결국은 노예적 예속상태로 전락하는 것을 뜻한다고 본다.45)

인간이 독립성을 더 가질수록 그만큼 더 자기 자신이 된다고 생각한다." "인간이 자기 자신을 표명함으로써 근본적인 소외에서 해방된다는 주장은 가상의 신에게 빼앗겼던 독립성을 인간이 다시 쟁취한다는 말이 된다." 이것은 아주 훌륭한 통찰이다. 그렇지만 이러한 태도를 자유에 대한 부르주아적 자본가적 관념으로 규정하는 것은 정말 이상하다. 그는 하나님과의 관계가 단절된 아담의 태도와 행위와 판단을 이것과 똑같이 보지 않는 것 같다. 이에 대해서는 에베소서 4장 17-24절에 대한 주석을 통해서 그 점을 탁월하게 분석한 보봉(Bovon)의 저서를 참조하라(François Bovon, *Vivre dans la liberté selon le Nouveau Testament*, 1971). "스스로 자유롭다고 믿지만 실제로는 악의 노예이다." 이방인들은 하나님과 동행하는 삶과는 거리가 멀기 때문에 노예들이다. 하나님의 현존에서 벗어난 탓에, 그들은 스스로는 자유롭다고 믿지만 소외되어 있다. 그들의 소외는 과도한 소유욕과 우울한 의기소침으로 나타난다.

45) 한 부류의 가톨릭 신학과 현대 개신교 자유주의 계열의 신학은, 하나님과의 관계단절이 하나의 신화에 지나지 않거나, 혹은 은총에 의한 관계회복이 보편적이고 총체적이라고 보는 까닭에, 자신을 억압하는 존재에 대한 인간의 반역은 인간의 존엄성을 표명하는 행위라고 본다. 자신의 의지나 희망을 실현시키려는 인간은 자유로운 존재이다. 투쟁하는 인간은 자유롭다. 세계 건설의 책임을 받아들이는 인간은 자유롭다. 자기 자신을 찾아가는 인간은 자유를 행하는 것이다. 요컨대 인간은 어디서나 자신의 자유를 주장한다는 것이다. 그리고 그것은 경탄할 만한 것이라고 한다. 루이 페브르는 이에 대한 모든 흔한 통념들의 전체 목록을 작성했다(Louis Fèvre, *La liberté des chrétiens*, 1969). 그는 이 문제에 대한 현대의 모든 통념들을 아주 건전한 상식과 정직성과 선의를 가지고 채택했다.

이러한 인간의 상황이 삶 전체에 작용하고 노예적 예속이라는 사회적 법적인 용어가 이 사실을 말한다고 하면, 죄인이라는 개념은 사회심리학적인 지식에 의해 알게 된 인간의 소외현상과 '결정론적 요소들'에 부합한다는 장점이 있다. 그래서 우리는 소외를 오늘날 죄에 의해 결정지어진 인간에 관한 가장 적합한 표현으로 인정한다. 그렇기 때문에 자유의 윤리는 소외의 모든 양상들과 결부되어야 한다. 다시 말해서, 자유의 윤리는 단지 내면의 문제에 그칠 수 없다. 한 측면에 치중하느라 다른 측면을 포기해서는 안 된다. 사실 교회에서는 오랫동안 내면적이고 영적인 측면에 치중해왔다. 죄는 순전히 개인적인 품행으로 나타나는 개인적인 문제가 되었다. 그 문제는 전체적인 맥락에는 포함되지 않는 개인적인 차원에서 다루어져야 했다. 노예적 예속상태는 내면적인 문제로서 인간이 영혼 안에서 악마에게 눌려서 하나님과 영적으로 멀어진 것이었다.

현대에 와서는 사람들이 반대쪽으로 기운 것 같다. 이제 중요한 것은 물질적이고 사회적인 영역이고, 정치나 노동조합에 관한 태도이다. 개인적인 영적인 여정은 아무런 가치도 소용도 없다. 죄의 노예적 예속이라는 말은 조금 웃음을 자아낼 뿐이다. 남들에게 돈 문제에서 정직해야 한다는 것이나 성적 순결을 지켜야 한다는 것은 자본주의와 사회주의의 대립이나 피임과 같은 사회전체적인 문제들 앞에서 사소한 문제에 지나지 않는다. 사회적 표현이라는 집단적인 차원에 이르러서야 비로소 사람들은 인간의 삶의 문제를 제기한다. 중요한 것은 죄에 대한 내면의 자유가 아니다. 반식민투쟁이나 착취에 대한 저항이나 인종차별에 반하는 투쟁이나 정치적 자유와 같은 것이 중요한 것이다. 으레 그렇듯이 하나의 극단에서 또 다른 극단으로 넘어간 것이다. 내가 보기에 두 가지 측면은 반드시 다 수용되어야 한다. 그리고 그 둘이 서로 계속적으로 연관된다는 사실을 유념해야 한다.

소외현상과 결정론적 요인들은 하나님을 향한 인간의 태도, 즉 죄인인 인간의 상황이 발현된 것이라는 사실을 인정해야 한다. 타인들에 대한 억압은, 한 인간에 대한 아주 개인적인 행위이건, 한 사회 전체에 대한 억압적 행위이건 간에, 동일한 것이다. 실제로 그 사회의 형태나 구조가 어찌됐든 간에 억압은 인간의 내면적인 상황에 따라 언제나 재현된다. 그러나 역으로 하나님 앞에서 죄인인 인간의 상황은 내면적이고 개인적인 문제가 아니다. 그것은 필연코 집단적인 행위로서 사회와 경제와 정치의 모든 구조와 세력 형성에 개입되는 것이다. 내면의 죄는 반드시 집단적인 반향을 불러일으킨다. 인간의 죄가 개입되지 않은 사회 현상은 존재하지 않는다. 따라서 자유의 윤리라는 문제는 둘을 다 포함하여 인간 실존의 두 가지 양상들로 구분되지 않는 단일한 기재로 파악해야 한다.

자유의 복음의 선포는 공동의 문제들에 대한 하나의 태도로 나타나야 한다. 소외현상이 언제나 다시 재현되고, 인간은 계속 노예로 예속된다고 앞에서 한 말은 '지금, 여기서' 이 소외현상과 싸우지 말아야 한다는 뜻이 아니다. 또한 그것은 언제나 자유의 실현을 시도하지 말아야 한다는 뜻이 아니다. 내면적인 차원에서와 같이, 내일 죄를 다시 범한다는 사실을 알고 있음에도 불구하고 나는 낙심한 채로 나 자신을 그냥 그대로 포기할 수는 없다. 그리스도에 의해 자유를 얻게 된 나는 나를 자유롭게 해야 하고 나 자신과 남들을 위해 이 싸움을 계속 해야 한다. 이 싸움의 상대성을 알면서도 나는 거기에 가장 큰 중요성을 둔다. 그 상대성은 나에게 주어진 나의 삶의 영역 전체에 해당한다. 이 상대성에 대해 하나님에게 감사를 표해야 한다. 우리의 행위가 상대적이지 않다면 우리의 삶과 사회는 어떻게 되겠는가? 그것은 우리에게는 정말 행복한 한계로서,

우리가 살고 있는 곳이 지옥이 아니라는 사실을 우리에게 늘 환기시켜준다.

소외가 전통적으로 죄라고 불리던 것을 나타낸다는 사실은 우리에게 놀라운 것이 아니다. 왜냐하면 죄는 그 자체가 소외이기 때문이다. 그것은 '하나님으로부터 소외된' 존재의 상황이라고 셰이크 칸은 말한다.[46] 하나님과 관계가 단절된 자는 하나님으로부터 소외된 자로서 동시에 자기 자신으로부터도 소외된다. 하나님과 아무런 관계가 없는 사람은 하나님이 아무런 도움도 줄 수 없는 존재가 된다. 하나님의 결정이 아니라 자기 자신의 결정으로 인간은 결국 자신의 존재를 하나님과 단절된 것으로 설정했다. 인간은 자신의 존재의 기원을 자기 자신에게 두고, 독립적으로 자신의 법을 세우고, 스스로 주체적으로 활동하고, 자기 자신을 모든 것의 척도로 삼았다. 인간은 자신이 행하고 싶은 것을 선으로 규정하고 자신이 부여하는 대로 의미를 수립했다. 인간은 바로 그런 존재이다. 본래의 진정한 모습은 아닐지라도 현재 인간의 실상은 그렇다. 하나님으로부터 소외된 인간은 이제 총체적으로 완전히 소외된 것이다.

결국 믿음 안에서 우리는 오직 예수 그리스도를 통해서 우리에게 자유가 없음을 확인할 수 있다. 예수 그리스도는 인간의 노예적 예속상태를 확증한다. "내 말이 너희 안에 있을 곳이 없으므로 나를 죽이려 하는도다."요8:37 인간의 자유는 말씀 자체에 있는 자유로부터 나오는 것으로서 인간은 말씀에 의해서 자유를 얻게 된다는 사실을 설명할 필요가 있다. 말씀이 "너희 안에 있을 곳이 없다"는 말은 너희에게 근본적으로 자유가 없다는 뜻이다. 인간에게 자유가 없다는 사실에 대한 명백한 증거는 "나를 죽이려 하는" 것이다. 예수에 대한 그런 태도가 곧 우리에게 자유가 없다는 사실을 말해주는 것이다. 죄에 사로잡힌 인간은 하나님을 죄에

---

46) ▲Cheikh Hamidou Kane, *L'aventure ambiguë*, 1961.

사로잡힌 존재로 만들어서, 하나님을 자기 자신을 위해 이용한다. 인간이 죄에 매인 상태는 하나님이 죄에 매인 상태로 전환되고, 더 나아가서 하나님의 죽음으로 이어진다. 이제 끝이 났다. 예수는 죽음에 처해졌다. 당시의 유대인들만이 아니라 우리 모두의 십자가에 대한 책임은 인간의 결정론을 밝혀주고 자유를 받아들일 수 없는 인간의 무력함을 보여준다. 동시에 그것은 우리의 운명을 확증한다. 예수가 십자가의 죽음에 처해졌기에 인간은 결정적으로 자유를 상실한다. 예수 자신이 의미를 정해준 그 객관적인 행위는 참고적으로나마 역사와 사회학을 통해서 파악하고 알게 된 과거와 현재의 상황을 명백하게 밝혀준다. 이제 우리는 더 이상 착각에 빠질 수 없다. 인간의 자유에 대한 가능성은 그와 같은 십자가의 의미와 함께 끝나버렸다.

2장 · 그리스도의 자유와 인간 해방 [47]

1. 그리스도의 자유 [48]

여기서 하나님의 자유에 관한 신학적인 성찰은 하지 않을 것이다. 왜

---

47) 그리스도인의 자유에 관한 전반적인 연구서로 두 권의 탁월한 책들을 소개한다. W. Brandt, *Freiheit im Neuen Testament*, 1932. H. Schlier, *Von Freiheit der Kinder Gottes*, 1947. 여기에 두 권의 책들을 덧붙일 수 있다. L. Lochet, *L'Evangile de la liberté*, 1968. H. Küng, *Liberté du chrétien*, 1967.

48) 그러나 내가 그리스도의 자유에 관해 말할 때, 겉으로는 그렇게 보이지 않을지라도, 나는 판 뷔렌(Van Buren)의 신학과는 정반대의 입장에 서 있다. 나는 그의 책, *Secular Meaning of the Gospel*(1968)을 읽었다. 그것은 흥미롭고 유익했다. 물론 모든 인간 역사에서 완전한 자유가 나타난 것은 유일하게 예수 그리스도라고 주장하는 그의 말은 전적으로 맞는 말이다. 완전한 자유는 전통, 두려움, 사회의 압력, 종교 등등에서 자유롭다. 이 자유를 가지고 예수가 자신의 권위를 행사했다는 그의 주장은 맞다. 그러나 처음부터 의심스러운 것은 예수가 자유의 체현이자 화신이라는 그의 주장이다. 바꾸어 말해서, 세상에 자유를 창조하고 도입한 것은 예수가 아니고, 이전에 먼저 자유의 여신과 같은 자유 자체가 존재했고, 예수는 그 자유를 드러냈고 체화했다는 것이다. 그리고 판 뷔렌(Van Buren)은 역사 속에서 자유를 얻었던 모든 사람들과 예수를 비교했다. 그런데 예수는 다른 모든 사람들보다 훨씬 더 뛰어났다. 예수가 죽음에 처해졌던 것은 소외된 사람들이 자유로운 존재인 예수를 용납할 수 없었기 때문이라는 주장은 아주 낭만적이고 미국적인 사고로 보이며, 좀 미흡한 것이다. 제자들이 예수가 죽은 후에 예수가 본을 보인 그 자유에 사로잡혔고 이어서 자유가 '전염'되었다는 주장은 그리스도 개인의 인격에 치중한 것이다. 이것은 정확히 말해서 자유라는 하나의 이데올로기가 된다. 모든 기독교 원리는 자유의 메시지, 즉 예수가 가진 자유의 영원하고 절대적인 가치를 표명하는 것이며, 거기서 하나님의 현존은 자유를 방해하고 부정하는 것이 되므로 '유신론'은 위장된 논리에 불과하다는 것이다. 그는 그런 논리를 내세우며 예수의 자유는 유신론의 폐기를 뜻한다고 주장한다. 이것은 사도들이 여러 가지 측면에서 증언했던 사건을 하나의 역사학적인 형이상학적 시각으로 해석하는 것이다. 마지막으로, 내 생각에 그의 이론에는 아주 취약한 부분이 하나 있는 듯싶다. 예수는 끊임없이 자신의 자유를 성부를 향한 순종으로 돌린다. 이것은 예수 자신의 실제 조건으로서 예수는 순종하기 때문에 자유로운 존재가 아니지만, 성부 하나님은 자유를 주는 존재라는 것이다. 혹은 이것은 예수 자신이 자신의 자유를 해석한 의미라는 것이다. 그렇지만 예수가 성부 하나님에 대해 잘못 알고 있었다면, 그것은 예수가 자유롭지 않고 그 시대의 문화의 포로였다는 걸 뜻한다는

냐하면 하나님의 자유에 관해 논의하는 것은 우리로서는 불가능하기 때문이다. "하나님은 자유이다"라고 내가 말한다면 그것은 나의 순전한 상상에 지나지 않을 것이다. 하나님은 우리에게 "하나님이 사랑이다"라고 말한 반면에, 하나님이 자유라고 말하지는 않았다. 그러나 하나님의 의지를 가로막는 것은 있을 수 없기에, 또한 나는 하나님이 자유롭지 않다고 말할 수 없다. 그럼에도 불구하고 하나님은 스스로를 자유를 주는 해방자로 계시한다. 이것은 전혀 다른 문제로 뒤에 다시 살펴볼 것이다. 그런데 우리가 하나님의 형상으로 알고 있는 유일한 존재는 예수 그리스도이다. 그런데 예수 그리스도는 스스로를 자유로운 존재로 계시한다. 오직 이 사실에 근거해서 나는 하나님의 자유를 확실하게 말할 수 있다.

복음서들은 그리스도만이 유일하게 자유로운 존재라고 우리에게 분명하게 전하고 있다. 자유로운 존재로서 그리스도는 율법을 완성하기로 선택했다. 자유로운 존재로서 그리스도는 하나님의 뜻을 따라 살기로 선택했다. 자유로운 존재로서 그는 성육신하기로 선택했다. 자유로운 존재로서 그는 죽기로 선택했다. 나는 계속해서 선택이라는 단어를 사용한다. 왜냐하면 인간의 자유를 가장 분명하게 지각할 수 있는 것은 곧 선택하는 것이기 때문이다. 선택한다는 것은 곧 예수는 아담과 같은 상황에 처해 있지 않다는 걸 뜻한다. 창조주 하나님과 함께하는 교제가 아직 깨어지기 전에 아담에게 해야 할 선택은 존재하지 않았다. 오직 하나님과의 관계만이 존재했고, 행위는 곧 그 관계를 나타내는 것이었다. 물론 아담은 이 관계를 끊을 수 있었다. 하지만 이것은 대안이 있어서 내린 선택의 결과가 아니었다. 이것은 아담 자신에게 제시된 선과 악 사이에

것이다. 혹은 이것은 제자들이 예수의 자유에 대해 내린 해석이라는 것이다. 하지만 제자들은 자유롭지 않았기에 유신론에 머물렀다는 것이다. 그렇다면 예수의 자유는 전염성을 띠지 않았다. 제자들은 그 자유에 관해서 아무 것도 이해할 수 없었다. 그래서 예수는 자유의 가설에 따른 하나의 이데올로기적 모델이 될 뿐이라는 것이다.

서 결정을 내리는 선택이 아니었다. 거기에는 하나님과 함께하는 관계가 존재했다.

그것이 전부이다. 그리고 이 관계를 깨뜨리는 유혹이 일어났다. 그러나 두 가지 방안들 중에서 하나를 고르는 선택이란 존재하지 않았다. 예수는 모든 점에서 우리와 같았다. 그는 인간의 삶에 점철된 대안들 앞에서 선택을 해야 하는 상황에 놓인다. 예수는 하나님의 주권적인 자유를 가지지 않았다. 그 까닭은 예수는 유한성을 가질 뿐만 아니라 자신의 자유가 근본적으로 소외된 상황 가운데 있었기 때문이다. 물론 예수의 소외된 상황이란 죄에 빠진 인간의 상황이 아니라 죄악의 세상 구조와 죄인들 가운데 놓인 인간의 상황을 뜻하는 것이다. 그리스도의 상황과 선택은 유혹을 통해서 비극적이면서 궁극적으로 승리하는 것으로 나타났다. 공생애의 시작과 끝에서 그 유혹의 표지들이 우리에게 알려진다. 그 유혹은 실제로 예수의 삶 가운데 매일 등장했을 것이고 인자가 내린 선택에 언제나 따라다녔을 것이다. 예수가 자유로운 존재라는 것은 "모든 면에서 우리와 동일하게 시험을 당하셨다"히4:15는 점에 있다. 세세한 유혹 가운데 우리는 그리스도 안에서 자유를 얻은 사람의 자유가 어떤 것인지 알아볼 수 있다. 그런 까닭에 수많은 주석들이 존재함에도 불구하고 우리는 예수의 유혹에 관해서 감히 덧붙일 수 있는 것이다.

예수는 사막에 갔다. 사막은 무엇보다 먼저 인간의 도움이나 사회와 문화의 원조가 전혀 없는 곳이다. 예수는 자신의 환경과 전통으로부터 더 이상 보호받을 수 없다. 그는 아무런 보호도 없이 일대일로 대면해야 한다. 그것은 하나님과 일대일로 대면하는 것일 수도 있다. 또한 악마와 대면하는 것일 수도 있다. 왜냐하면 유대인들에게 전통적으로 사막은 영들이 나타나는 곳이기 때문이다. 예수는 40일을 머물렀다. '40'이라는 숫자는 총체적인 시험 기간을 나타내는 숫자로 유명하다. 그것은 노아의 여정을 정확히 재현하는 것이다. 예수가 겪는 '홍수'는 새로운 창조를 위한 파괴와 소멸로 나아가는 것이다. 왜냐하면 이 시험에 예수가 굴복한다면, 인간에게는 아무런 가능성도 남아있지 않게 될 것이기 때문이다.

예수는 성령에 인도되어 이 유혹을 받는다. 이 유혹을 결정한 것은 성령이다. 하나님이 하나님의 아들을 시험에 놓이게 했다는 말로는 부족하다. 그 말로는 너무나 부족하다. 이것이 하나님의 아들을 정화하기 위한 시험이라고 생각할 수는 없다. 그러나 하나님은 모든 것을 잃게 될 위험을 감수했다. 예수가 유혹을 받지 않는다면, 인간은 아무 것도 얻지 못한다. 왜냐하면 그 시험은 진성성이 없는 것이 되고, 사단은 언제나 세상의 임금으로 군림하게 되기 때문이다. 인간은 완전히 소외되어 사단에게 속하게 된다. 하나님은 하나님의 아들을 완전히 잃을 위험을 감수했다. 그것은 아들의 죽음만이 아니다. 그것은 아들이 성부의 영광을 찬탈함으로써 아담의 경우를 끝도 없이 반복할 수 있는 유혹까지 포함한다. 그 유혹은 성자 하나님이 성부 하나님을 배반하는 것을 의미한다.

이 유혹은 세례를 받고 난 즉시 다가온다. 예수는 하나님의 사랑하는 아들로 인정되고 선포된다. 내 생각에 이것은 바로 그 시각부터 예수를 창조하지 않고 낳은 영원한 아들인 성자 하나님으로 선포한다는 뜻이 아니다. 정반대로 이것은 하나님이 예수를 완전한 인간으로, 진정한 아담으로 인정한다는 걸 의미한다. 하나님은 아담을 사랑하듯이 완전한 사랑으로 예수를 사랑한다. 신성의 표지가 존재한다면 그것은 "나의 모든 사랑을 쏟아 부은 자"[49]라는 말에 있다. 하나님은 사랑이다. 하나님의 모든 사랑이 하나님에 의해 인간 예수 안에 들어가 있다. 그렇다면 예수는

---

49) [역주] 이 구절은 한글 개역개정 성경에는 "내 기뻐하는 자"(마3:17)로 나와 있는데, 불어로는 "en qui j'ai mis tout amour(나의 모든 사랑을 쏟아 부은)"으로 되어있다. 문맥에 맞추기 위해서 여기서는 불어 구절을 직역했다.

하나님이다. 그러나 아들이라는 점에서 예수는 완전한 인성을 갖는다. 유혹을 받는 것은 바로 이 완전한 인성이다. 인간 예수는 거짓의 아비, 분열시키는 자, 고소하는 자를 대면해야 한다.

1) 세 가지 유혹

세 가지 유혹들은 인간이 접할 수 있는 모든 유혹들을 요약한다. 거기서 예수는 인간에게 가능한 모든 유혹들을 다 겪는다. 이후에 따라오는 유혹들은 이 세 가지 유혹들이 다양한 형태로 재현되는 것에 불과하다.

첫 번째 유혹은 가장 즉각적이고 긴급하며 가장 구체적이고 낮은 차원으로서 배고픔의 필연성이라는 유혹이다. 40일이 지난 뒤 예수는 굶주렸다. 사단은 예수에게 돌을 빵으로 만들라는 제안을 했다. 그것은 육체, 본능, 욕구 등의 생리적인 요구들을 다 포함한다. 여기서 관건은 배고픔의 필연적인 요구, 경제적인 요구가 최우선적인 것으로 모든 것을 구속하는가의 문제이다. 인간에게 최우선적인 것이 "먹는 것이 먼저"라면, 여타의 나머지 것들은 부가적인 것들이다. 이것은 동시성이나 연속성의 문제가 아니다. 이것은 이것이냐 저것이냐의 선택이다. 배고픈 사람은 배고프기 때문에 모든 권리가 있고 모든 것이 허용된다. 그렇다면 하나님을 경배하고 계명에 순종하는 것은 아주 좋은 것이지만, 배가 부른 뒤에야 비로소 할 만한 가치가 있다. 그렇다면 굶주린 힌두교도들에게 복음을 선포하는 것은 적절하지 않다고 누군가 말할 수 있다. 또 누군가는 정신적인 문제는 필요한 욕구들이 채워지고 나서부터 제기되어야 한다고도 말할 수 있다.[50]

---

50) 이 유혹의 중요성은 오늘날 기독교 청년들에게 특별히 크다. 우리는 그것을 자유와 직접적으로 연관시켜 볼 수 있다. 언젠가 아주 진실한 그리스도인(이점에서 그녀의 증언은 의미심장하다)인 한 소녀가 나에게 이렇게 말했다. "기아의 문제를 극복하고 저개발 국가들의 경제를 발전시키기 위해서는 독재가 필요해요. 독재체제가 어디나 수립되도록 놔둬야 해요." 이 말은 오늘날 아주 널리 퍼져있는 신념을 단편적으로 증언한 것이다. 이

여기서 제기된 유혹은 개인이 가장 원시적인 욕구에 시달릴 때 비로소 도덕적인 문제가 진정성을 띠게 된다는 사실을 우리에게 경고해주고 있다. 그렇지 않을 경우에 그것은 지적인 말장난이자 부르주아의 유희거리에 지나지 않는다. 이 유혹은 우리에게 하나님의 말씀이 먼저 선포되어야 한다는 점을 밝혀주는 것이다. 이것은 제일 중요한 참된 양식이 무엇인가를 결정적으로 알려주는 것이다. 여타의 물질적인 양식은 부수적으로 따라오는 것이다. 이 유혹은 음식섭취의 필요성과 성적 욕구와 같은 인간의 모든 필수적 욕구를 다 포함하는 것이다 우리에게 사단의 방식을 보여준다. 먼저 이성적으로 먹음직하고 타당하게 보이는 명백한 것을 제시한다. 우선적으로 먹는 빵을 구하는 것으로 시작하는 것이다. 그런 다음에 우리는 하나님의 말씀에 순종할 수 있을 것이다.

신념에 따르면 중요한 문제는 식량과 생활수준의 향상이다. 자유는 관심 밖이다.

나는 젊은 청년의 이와 같은 자발적인 견해를 완전히 수용한다. 그러나 나는 배고프면 먹을 수 있을 때에야 비로소 자유가 존재한다는 식의 통념을 따르는 나이 든 그리스도인들의 입장을 수용하기는 쉽지 않다(라 퐁텐느는 그 문제를 훨씬 더 훌륭하게 제시했다). 한 사회 속에서 자유는 부자들만 누린다. 아주 충격적이고도 어리석은 말을 빌리자면, 나머지 다른 사람들은 굶주려서 죽는 자유밖에 없다. 오늘날까지 인류는 결코 자유를 경험하지 못했다는 것이다. 또 그리스도인들은 굶주림으로 죽어가는 사람들에게 복음을 선포할 권리가 없다는 것이다.

이 모든 통념들은 상품판매에 집중하는 생산제일주의의 현대사회를 정당화하는 것으로서 역사적인 증거와 인류학적인 경험과는 대립되는 것이다. 북아메리카 인디언 부족들과 베르베르인들은 먹을 것이 많지 않더라도 우리의 생산제일주의 학자들이 알고 있는 것보다 자유에 관해 더 많이 알고 있었다. 굶주린 사람들에게 복음을 전하는 데 대해서는 예수가 그 충분한 모범을 보여주었다고 나는 믿는다.

그렇지만 이런 말들이 또한 다른 사람들의 비참한 상태에 대한 무관심을 정당화하는 구실로 사용되지 말아야 한다. 하지만 문제는 자유와 배부름을 동시에 가져야 한다거나 생활수준 덕분에 자유를 가지게 된다는 주장이다. 그 주장에는 기만이 담겨 있다. 선택의 기로에서는 사람들은 자유를 희생하고 배부름을 취한다. 이것은 인간이 자유를 그다지 중요하게 생각하지 않는다는 충격적인 주장을 확인시켜 준다. 인간은 자유를 위해 무엇이든 별로 희생할 자세가 되어 있지 않다. 이데올로기로서의 자유는 서구적인 개념이다. 그러나 서구인은 자유를 어떻게 활용해야 하는지 알지 못했다. 그는 안정과 음식을 위해서라면 자유를 기꺼이 처분할 용의가 있다. "우리에게 높은 생활수준을 보장하기만 한다면, 독재도 좋다." 우리는 예수에게 제시된 것과 똑같은 유혹의 중심에 놓여 있다. 왜냐하면 예수의 자유는 사단의 지시와 기만적인 명령을 따르는 것보다는 차라리 계속 굶주리기를 선택하는 데 있기 때문이다.

물론 우리가 하나님의 말씀에 견주어서 인간의 육체적 욕구의 충족은 부수적인 것임을 분명히 천명할 때, 우리는 다음의 두 가지 사항들을 유념하며 다시 강조해야 할 것이다. 첫째로, 이것은 전혀 그리스도에 대한 무지 속에서 먼저 자신들의 욕구를 채우려는 사람들을 향한 경고가 아니라는 점이다. 이것은 그와 같은 그리스도인들을 향한 경고이다. 둘째로, 이것은 우리가 남들에게 적용할 수 있는 계명이 아니다. 특히 이것은 노동자들의 물질적인 삶을 소홀히 하는 자본가나, 제일 중요한 것은 영적인 것이라는 구실로서 저개발 국가 국민들에게 관심을 두지 않는 선진국 국민들을 감싸주는 명분이 아니다. 이것은 우리 각자에게 제기되는 유혹이다. 우리 각자는 스스로 이 유혹에 대응해야 한다.

그리스도가 받은 유혹은 나의 유혹이다. 그리스도가 증언하는 자유는 그리스도가 나에게 촉구하는 자유이다. 거기서는 다른 사람이 나를 대신할 수 없다. '그리스도인 자본가'나 우리가 시사한 '선진국' 국민들의 태도는 실제로 타인들을 향한 사단의 태도가 된다. 그러나 그리스도인에게 이 유혹은 필수적인 욕구들에 대한 첫 번째 해결책을 기술적이거나 경제적인 발전 안에서 찾을 수 없다는 사실을 보여준다. 이 유혹은 끊임없이 되풀이된다. 왜냐하면 맘몬은 돈만이 아니고 돈으로 상징화된 경제적인 모든 권력이기 때문이다. 실제로 개개의 그리스도인에게 제시되는 최우선적인 선택이 존재한다. 그 선택은 빵의 필요성을 부정하거나 거부하는 것이 아니다.

굶주린 예수는 자신이 굶주린 사실을 부정하지 않는다. 예수는 "인간이 빵으로 살 수 없다"라고 말하지 않는다. 그는 그 말에 "빵만으로"를 덧붙인다. 기술적 경제적 생산에 인간의 전부를 다 쏟고 다 바치라는 것은 유혹이다. "빵만으로 살 수 없다"는 말을 "먼저 빵으로 살 수 있다"거나 "기본적으로 빵으로 살 수 있다"라는 말로 바꾸어, 그에 따라 하나님의 능력을 사용하라는 것이 유혹이다. 제빵업자가 빵을 굽고 그 빵을 예수가 먹는 것은 좋은 일이다. 그러나 거기에 하나님의 능력을 개입시키는 것은 아니다. 그래서 인간이 일하고 생산하는 것은 합당한 일이다. 그러나 거기에는 단서가 붙는다. 즉, 그것은 부수적이고 상대적인 일이며 전혀 하나님의 권능이나 영광이 개입되지 않는 것이다. 인간이 그 일을 하는 것 자체가 아담의 소명을 다하는 것이 아니라는 사실을 우리는 늘 유념해야 한다.

예컨대 시편 8편을 기술적인 일에 적용하는 것이 그런 유혹에 빠지는 것이라고 나는 믿는다. 먼저 하나님의 나라를 구하는 것이 우선이고 그 나머지 물질적, 성적인 것과 같은 욕구들에 응답하는 것은 부가적인 것이라는 사실을 분별하는 것이 중요하다. 하나님을 향한 인간의 태도가 하나님의 말씀을 우선적으로 구하면서 나머지도 함께 바라는 기대와 기도와 소망과 간구에 있는지 분별하는 것이 중요하다. 또한 인간이 정복하고 장악하고 스스로 성취하려는 태도를 취하는 것이 아닌지 식별하는 것이 중요하다. 하나님이 인간에게 금한 나무의 열매에 손을 대는 아담처럼 처신을 하고 있는지 분별해야 한다. 다시 말해서 인간이 마르크스의 말대로 하나님에게 의지하지 않고 스스로 창조하면서 자신이 하는 것으로 충분하다고 하고 있는 것은 아닌지 살펴보아야 한다. 현대의 기술만능주의와 섹스만능주의는 돌로 떡을 만드는 행위이다. 이것은 하나님과의 관계에서 사람들이 독립적인 태도로 취하는 일반적인 입장이라는 점에 우리는 동의한다. 그러나 예수는 우리에게 이것과 다른 입장, 즉 자유의 입장을 제시했다. 그렇기 때문에 우리는 인간이 내린 선택은 인간 자신의 소외를 향한 것이며, 그 결과는 마르크스주의적인 전망과는 정반대가 되리라는 결론을 얻을 수밖에 없다.

우리가 고려할 두 번째 유혹은 _{누가복음에서는 두 번째, 마태복음에서는 세 번째} 권력의 유혹이다. 먼저 이 유혹은 세상의 모든 왕국들을 정복하고 지배하려는 것이다. 나는 그 의미를 아주 폭넓게 보아야 한다고 생각한다. 이것은 정치적 지배와 군사적 승리만이 아니고, 세상에서 행해지는 모든 형태의 지배를 뜻하는 것이다. 거기에는 선생과 _{"나를 선생이라 부르지 말라!"} 주인과 성직자와 기관과 부모 등에 의한 지배도 다 포함된다. 이것은 남들에게 행사하는 모든 권력을 말한다. 이것은 우리가 남들 위에 서고자 하는 권력이다. 돈, 개인적 권위, 사회적 신분, 경제구조, 군대, 정치, 기만술책, 감정적 물질적 위협, 유혹, 영적 능력 등 그 권력 수단들이 무엇이든 간에, 사단이 제시한 것은 모든 형태의 권력이다. 사단이 예수에게 세상 왕국들을 준다는 말은 거짓말이 아니다. 사단은 그렇게 할 수 있다.

사단은 세상의 왕이다. 모든 권력의 발현은 _{모든 권위가 하나님으로부터 오는 것임에도 불구하고} 다 사단의 권력이 나타난 것이다. "너희가 아는 대로, 이방 민족들의 통치자들은 백성을 마구 누르고, 고관들은 백성에게 세도를 부린다."_{마20:25} 이것은 사실이다. 예수는 그들을 비난하지도 않고, 비판하지도 않는다. 그것이 세상이다. 이것은 이스라엘 백성이 왕을 요구했을 때, 하나님이 사무엘에게 전한 왕국의 모습이다. 하나님과의 관계가 단절되었기에 그렇게 될 수밖에 별 다른 도리가 없다. 선한 군주도, 물론 주권재민의 주권자인 선한 국민도, 선한 프롤레타리아도, 선한 선생도 존재하지 않는다. 그러나 그것은 놀랄 일도 충격 받을 일도 아니다.

사단은 권력을 가지고 분배하여 사람들이 서로서로 굴종하게 한다. 이 권력의 분배는 '바알세불'을 향한 경배를 전제로 한다. 그 경배는 명시적이기도 하지만 대부분 암묵적이고 암시적이다. 반면에 예수는 우리에게 자신이 권력을 행사하러 온 것이 아니고 섬기러 왔다고 한다. 권위는 성서적으로는 언제나 섬김의 권위이다. 칼뱅은 말한다. "그것은 왕국의 권위가 아니라 공동체의 권위이다. 왜냐하면 남편이 아내의 머리가 되는 것은 아내를 억압하기 위한 목적이 아니며, 남편이 그런 의도를 가지지 않는다는 점은 의문의 여지가 없기 때문이다."[51] 이것은 모든 형태의 권위들에 대해 다 적용될 수 있다.

이렇게 권력과 왕국을 평가절하 하고서, 예수는 이 세상의 왕인 사단에게 권력의 정향과 행사를 제시하고 있다. "너희끼리는 그렇게 해서는 안 된다." "너희 가운데는 부자도 많지 않고 권력자도 많지 않고 지식인도 많지 않다는 사실을 생각하라." 그런데 반대로 우리는 교회가 수많은 지식인들과 권력자들로 구성되어 있는 우울한 현실을 마주한다. 그렇지만 그들이 사회에서 권력을 행사한다 할지라도 문제를 불러일으키겠지만! 아무튼 예수는 엄숙하게 말한다. "너희 가운데서[52] 크게 되고자 하는 사람은 누구든지 너희를 섬기는 사람이 되어야 한다." 이것은 믿음을 가지는 순간부터 권력의 행사는 없게 된다는 말이다. 그러나 성서의 서신서들은 계속해서 우리에게 종들, 주인들, 자녀들, 부모들이 존재함을 보여주고 있다. 서신서에서는 그런 위계질서나 지배관계를 비판하지 않는다. 그러나 핵심적인 것은 이 말씀들이 뜻하는 바가 권력은 복종이 존재함으로 나오는 것이고, 사회적인 우월적 지위는 상대방의 복종적 태도에 연유한다는 것이다. 바꾸어 말해서, 그리스도 안에서 인간의 우월적 지위는 열등한 지위에서 지배를 당하는 사람이 섬기려고 하는 의지를 표현해야만 용납될 수 있다는 것이다. 실제로 믿음의 세계에서는, 노동자, 어린이, 서민과 같이 열등한 지위에 있는 사람들은 이 섬김의 상황을 그리스도인의 조건으로 받아들여야 한다. 그는 자신에게 부과된 예속관계를

---

51) ▲ 칼뱅의 『에베소서강해』, p. 39.
52) ▲이 말도 또한 유혹이 그리스도인에게 주는 의미가 있음을 보여준다.

그리스도를 섬기는 것으로 바꾸어야 한다.

　이와 같은 말은 오늘날 대부분의 사람들에게는 어처구니없는 말이라는 사실을 나는 잘 알고 있다. 사람들이 받아들일 수 있는 유일한 대안은 예속관계를 아예 없애버리는 것이다. 그러나 그리스도인들이 어떻게 이 독립이라는 함정에 빠질 수 있겠는가? 현실의 역사적·정치적·사회적 경험은 어떤 상황이나 영역에서도 독립을 지향한 모든 변혁운동들이 예외 없이 하나의 예속관계를 더 강력한 또 다른 예속관계로 대체하는데 불과했다는 사실을 보여준다. 또한 나는 우월한 지위에 있는 사람이 영적인 이유로 예속관계를 수용하도록 열등한 지위에 있는 사람에게 위협과 압박을 가한다는 사실을 알고 있다. 그 사람이 그리스도인이 아니라면, 그건 흔히 있는 일일 뿐이다. 그건 "큰 자가 작은 자들을 노예로 부리는" 현실의 일부분에 지나지 않는다. 그러나 그 사람이 그리스도인이라면 그건 부끄러운 일이 된다. 그는 자신이 섬김을 받기 위해서 하나님의 말씀을 이용한 것이다.

　19세기의 부르주아지가 바로 그런 경우이다. 종교를 인민의 아편이라고 비난했던 마르크스의 주장은 일리가 있었다. 왜냐하면 하나님의 말씀을 그렇게 활용하는 것은 악마적인 것이며, 큰 사람은 반드시 섬기는 사람이 되어야한다고 성서에 명시되어 있기 때문이다. 남편, 아버지, 교수, 정치인, 사장, 목사 등과 같은 위치에 있는 사람은 자신이 맡고 있는 사람들을 섬기는 자가 되어야 한다. 자신의 이익을 위해서나 상황을 정당화하기 위해서 결코 외적인 권위 수단을 사용하거나 우월적 지위를 이용해서는 안 된다. 그리스도 안에서 큰 자와 작은 자의 관계는 이 섬김에 이중적으로 기반을 두고 있다. 여기에는 다른 어떤 반론도 있을 수 없다. 또한 이런 섬김의 상황을 벗어날 수 있다고 믿는 것은 망상에 지나지 않는다. 핵심은 섬기는 데 있다. 문제는 누구를 섬기느냐에 달려 있다.

예수에게 제시된 유혹은 분명하다. 지배와 권력과 권위의 수단들을 사용하고, 남들을 압제하고 착취하는 사람은 압제자이든 피압제자이든, 예전의 주인을 억압하는 반역자는 세상의 원리에 따라 권력을 사용하는 또 다른 주인이 될 뿐이다. 사단을 섬기는 것이다.

물론 교회 안에서도 동일한 관계를 발견할 수 있다. 거기서도 남들을 굴종시키는 권력자들이 존재한다. 하지만 그것은 다만 인간적인 차원의 잘못이다. 교회 안에 존재하는 정당한 권위는 차원이 다르다. 그러나 인간이 죄인인 까닭에 교회 안의 권위가 세상의 권위와 같은 차원에 머물수도 있다. 죄인인 인간은 교회 안에 자신의 가식적 자유와 권력 의지를 유입시킨다. 그렇게 될 때 인간은 남들을 억압하고 섬김을 받기 위해서 말씀과 진리를 이용하게 된다. 그러나 그런 일은 인간이 빚어내는 일이지, 제도로서의 교회라 할지라도, 교회 자체에서 비롯되는 일은 아니다.

권력이 출현하는 세상에서 권력을 얻으려면 인간은 사단에게 엎드려 경배해야 했다. 그 자체로 정당한 권력은 존재하지 않는다. 이 세상에서 권력을 획득하는 일은 세상의 왕을 섬기는 일과 연관된다. 외적인 형태야 어찌됐든 간에, 권력을 획득하는 일은 결코 사람들을 섬기는 일이나 하나님을 섬기는 일과는 상관이 없다.

예수가 군병들에게 체포되었을 때 검을 사용한 베드로는 하나님의 뜻을 지킨 것이 아니고, 사단을 섬긴 것이다. 예수는 열두 영도 더 되는 천군천사들을 부릴 권력을 가지고 있었지만, 권력의 수단을 사용하지 않았다. 예수는 권력의 포기non-puissance를 선택했다.[53] 바꾸어 말해서 권력

---

53) 공생애 초기에 예수는 왕이 될 수 있는 가능성과 제안을 직시하고 십자가를 천명하여 그걸 거부할 필요가 있었다고 설파한 키르케고르의 주장은 정말 맞는 말이다. "만일 처음부터 그렇게 하지 않았다면, 예수는 사실 왕이 되길 원했고, 그래서 왕이 되려고 시도했

의 행사와 강제적 수단의 사용은 자유가 없다는 사실을 드러내는 표지가 된다. 왜냐하면 스스로도 묶여 있는 존재인 사단을 섬기는 것은 자유가 없다는 사실을 명백하게 나타내는 것이기 때문이다. 반대로 권력의 수단들을 포기하고 의지적으로 하나님에게 순종하며 경배하는 것은 예수 그리스도가 주는 자유의 표지가 된다. 스스로 권력을 포기할 때에 예수 그리스도는 완전한 자유 가운데 있다.

세 번째 유혹은 영적인 것이다. 겉으로는 그렇게 보이지 않을지라도 이것은 물질이나 권력의 유혹만큼이나 보편적이고 일상적인 유혹이다. 문제의 핵심은 사단이 구하는 것은 예수 자신이 하나님의 아들임을 입증하는 것이다. 시험의 장소는 바로 성전이다. 지존자의 거처인 성전 위에 예수를 세움으로써, 비유적으로 사단은 예수를 성부보다 높은 위치에 서게 했다고 볼 수 있다. 이것은 스스로를 내세우며 하나님에게서 독립을 원하고 자신이 피조물임을 부인하는 모든 인간이 받게 되는 유혹이다. 인간은 자신의 능력으로 스스로 인간의 소임을 다할 수 있다고 주장한다. 인간은, 자신의 삶 안에서, 자신이 만든 우주 안에서, 자신이 창조한 신들 안에서 삶과 역사의 해답과 의미를 스스로 찾을 수 있다고 주장한다. 단, 인간은 예수 그리스도의 하나님 안에서 의미를 찾는 것은 배제한다. 이것은 전형적으로 지식인, 학자, 종교인, 예술가 등이 받는 유혹이다. 어떤 수단을 통해 창조하건 간에, 인간은 스스로 창조자로 자처하면서 창조자의 지위를 차지하려고 한다. 이것은 '신신학'이 요청하는 인간관이다. 신신학은 아담을 정당화하면서 인간을 정당화한다. 선악에 대한 결정을 맡은 것은 하나님을 대신하는 아담의 몫이다. 종교는 의심

는데 불운하게도 왕이 되는 대신에 십자가형에 처해진 것일 수도 있다는 의문이 끊임없이 제기되었을 것이다."(*Journal*, ad NRF, t.V, p.60)

할 바 없이 가장 유혹적인 것이다. 종교는 겉으로는 신에게 복종하는 것으로 보인다. 실상은 종교는 인간이 만든 것으로 인간의 종교적인 욕구들을 충족시키는 수단이다. 도덕도 마찬가지이다.

그 모든 것은 바로 "너 스스로 네가 하나님의 아들임을 증명하라."는 유혹이다. 왜냐하면 피조물로서 우리는 모두 다 하나님의 자녀인 바, 우리 또한 그 사실을 입증하려는 유혹을 끊임없이 받기 때문이다. 그 사실이 중요한 만큼 그 유혹도 크다는 점에 유의해야 한다. 그 유혹은 예수에게는 총체적인 것이었다. 그러나 우리에게 그 유혹의 정도는 그보다는 덜하다. 그 유혹은 현대인에게 아담의 경우보다는 덜한 것이다. 왜냐하면 그 유혹의 대상이 사실과는 거리가 더 멀어 보이기 때문이다.

현대인이 받는 유혹들 중에서 순수 과학이나 예술의 유혹은 종교의 유혹보다는 정도가 덜하다. 또 종교의 유혹은 기독교의 유혹보다는 덜하다. 왜냐하면 사단은 인간을 유혹하기 위해서 하나님의 진리의 말씀 자체도 이용하기 때문이다. 사단은 성서를 이용한다. 사단은 예수에게 성서의 한 구절을 함정으로 내민다. 그 구절은 예수가 실제로 성취해야 하는 예언의 말씀이기도 하다. 성서의 말씀이 말씀의 영감을 준 하나님과의 관계를 멀리하게 하고 하나님으로부터 독립하게 하는 목적으로 쓰일 수 있다는 점에서, 성서의 문자에 복종하는 것이 사단에게 복종하는 것이 될 수도 있다. 성서의 말씀은 하나님 앞에서 진리의 말씀과 하나님의 뜻을 맡은 존재로서 우리 자신을 확증하는 수단이 될 수 있다. 성서의 말씀과 그 말씀에 대한 순종이 결코 하나의 보장이 될 수 없다. 왜냐하면 그 말씀이 곧 하나님이 하는 말씀을 경청하는 것을 가로막는 가장 좋은 수단이 될 수 있기 때문이다. 이런 식의 단정이 당혹스러울 수 있다. 그러나 우리는 항상 경건과 선행을 많이 쌓고 성서를 충실히 지키며 진실한 믿음을 가진 바리새인들의 문제를 기억해야 한다.

사실 모든 것은 성서 텍스트를 받아들이는 태도에 달려 있다. 내가 성서를 독점하여 나를 위한 목적으로 이용하고 나의 유익을 위해 사용하고 활용한다면, 그 유익함이 무엇이든 상관없이 나는 성서의 말씀을 구실로 삼아 사단에게 복종하는 것이다. 그 유익이라는 것이 나의 신학적 이론을 뒷받침하는 증거가 되는 것이든, 하나님 앞에 공적을 쌓는 것이든, 내가 옳다는 걸 입증하는 것이든, 하나님이 부여한 나의 소명을 잘 성취하는 것이든 아무런 상관이 없다. 그 모든 것은 곧 예수 그리스도와 십자가의 죽음과 부활을 회피하면서, 나의 태도가 설령 세리와 같은 태도일지라도 하나님의 뜻을 충족시키고 있다고 증명하려는 것이다. 우리는 대부분 이와 같이 성서를 이용한다. 이것은, 근본적인 인간의 죄의 타락과 총체적인 하나님과의 관계단절을 인정하려고 하지 않을 때, 그리스도인이 스스로 취하는 정당화의 논리이다.

이것은 인간이 성서를 근거로 해서 자신이 아직도 존재 가치가 있고 예수 그리스도를 떠나서 여전히 하나님과 관계를 맺고 있다는 것을 자기 자신에게 스스로 입증하려는 것이다. 인간에게는 예수 그리스도 안에서 하나님과의 관계가 있는가 하면, 관계단절이 없는 피조물로서의 하나님과의 관계가 있다. 여기서 최악의 것은 예수 그리스도를 이용하여 자신의 존재에 다시 가치를 부여하면서, 믿는 신자로서가 아니라 한 인간으로서 나의 행위를 정당화하는 것이다. 왜냐하면 그리스도중심적인 신학을 통해서 내가 최초의 상태로 인간성을 지금 다시 회복하는 것은 사실 나 자신을 위한 것이 되기 때문이다. 곧 인간이 만든 종교는 그리스도 안에서의 계시에 근접한 것이요, 인간이 예수 그리스도의 하나님에게 나아가게 하는 매개체이자 손짓이라고 주장하는 것도 나 자신을 위한 것이 된다. 또한 기술이 그리스도 안에서 하나님이 인간에 준 소명을 실현하는 것으로서 땅을 관리하고 에덴동산을 경작하며 창조세계의 풍요로움을 증명하고 완성하는 것이라고 주장하는 것도 나 자신을 위한 것이 된다.

　이 모든 것은 사단이 던진 유혹에 그리스도인들이 넘어가는 방식들이다. 그렇게 해서 그리스도인들이 사단의 대리인이 되고 마는 것이다. 분리시키는 존재인 사단이 시편 91편의 구절을 이용한 것은 주목할 만한 사실이다. 사단은, 말도 안 되지만, 예수가 하나님의 아들임을 증명하라고 요구한다. 사단은 그 사실을 부정하지 않는다. 예수가 하나님의 아들이라는 사실을 인정하면서, 사단은 다만 성서의 예언의 말씀을 실제로 입증하라는 것이다. 거기서 사단은 시편의 한 구절을 조롱하듯이 인용하는 것이다. 그 구절은 하나님이 보호하는 하나님의 아들의 특성이 곧 사랑이요 순종이요, 스스로 권능을 주장하지 않는 것임을 보여주는 구절들시91:14-16에서 떼어낸 것이다. 이 91편의 예언의 성취에서 눈여겨 볼 점이 있다. 곧 사단이 원용한 10-13절들과 문제의 14-16절들 사이에는 유혹이 존재하고, 여기서 성부 하나님을 향한 예수의 순종과 자신의 권능을 주장하지 않는 예수의 겸손이 이 시편의 말씀을 성취시킨다는 점이다. 10-13절들에 근거하여 스스로 약속을 실현시키려는 예수의 노력으로 그 예언의 말씀이 성취되는 것이 아니다. 인간이, 하나님의 아들이라 할지라도, 실현하기로 결정해서가 아니라, 하나님이 결정함으로써 말씀이 성취되는 것이다. 여기서 예수가 스스로 하나님이 결정한 대로 할 것을 거부한다면 정말 중대한 위험에 처하게 된다.

　사실 성부 하나님의 보호를 받고 있는 예수는 성전 높은 곳에서 뛰어내려도 육체적으로 아무런 위험도 무릅쓸 것이 없다. 만약에 예수가 거기서 뛰어내렸더라면 천사들이 도움을 주었을 것이다. 그러나 그렇게 되면 예수는 더 이상 하나님의 아들이 될 수가 없었을 것이다. 예수는, 성부 하나님의 보호를 받기 때문에, 자신은 아무런 위험도 무릅쓸 것이 없었다. 그러나 자신이 하나님의 아들이라는 사실에 대해서 아무런 입증도 하지 않기로 결정함으로써, 예수는 스스로 위험을 자초했다. 예수는, 하나님의 권능을 입을 것을 공개적으로 거부함으로써 위험을 불렀다. 예수가 십자가에 매달려 있을 때, 사단의 역할을 대행한 사람들이 예수에게 던진 것도 동일한 유혹이었다. "네 자신을 구하라. 그러면 우리가 너를 믿을 것이다."[54] 네가 분명하고 명백한 구원의 능력을 입증하는 기적을 일으킨다면 너를 구원자로 인정할 것이다. 이것이 자신의 권능을 거부함으로써 예수가 무릅쓴 위험이다. 모든 것이 분명하지 않고 명백하지 않고 근거가 없다. 바로 그것이 예수가 감당한 가장 큰 위험이었다.

인간의 모든 유혹은 예수의 이 세 가지 유혹들과 유사하다고 볼 때, 우리는 그 세 가지 유혹들이 비교가 불가능할 만큼 훨씬 더 총체적이고 근본적이고 철저하다는 사실을 먼저 유념해야 한다. 왜냐하면 실제로 그유혹들은 우리의 정체성보다 예수의 정체성에 상응하는 것이기 때문이다. 사실 예수는 돌들을 빵으로 바꾸는 기적을 바로 일으킬 수 있었다. 그런데 우리는 기적을 일으키지 못한다. 예컨대 우리는 다만 중간매개체를 다 동원하는 우회적 수단을 통해서 석유를 캐러멜로 바꿀 수 있을 뿐이다. 정말로 예수는 진정 하나님의 아들이기 때문에 그 사실을 증명할 수 있었다. 그런데 우리는 그 사실과 직접적인 연관성을 띠지 않는 우리의 삶의 역사에 하나의 의미를 발견하기 위해서 오랫동안의 성찰과 지속적인 노력을 기울여야 한다. 사실 예수는 세상을 다스리는 주인이 되

---

54) 이것은 세 가지 유혹들이 예수가 마주쳤던 모든 유혹들을 상징하고 구현하고 종합한다는 사실을 상기시켜준다. 예컨대 첫 번째 유혹은 감람나무 동산에서 겪은 죽음에 대한 공포의 유혹과 – 혹은 치유만을 취한 치유의 유혹이나 – 베드로가 한 유혹에 상응한다. 두 번째 유혹은 예루살렘에 왕으로 입성하려는 유혹과, 붙잡힐 때 무력을 사용하려는 유혹에 상응한다.

어 인간 세상에 하나님의 왕국을 세우기 위해 왔다. 그런데 우리는 가진 능력이 늘 미약하고 불안정하다. 그와 같은 우리의 존재 목적을 확신했다면, 우리는 거기에 그 많은 열정과 노력을 들이지 않았을 것이다.

사단이 예수에게 제시하는 것은 하나님이 예수에게 부여한 정체성과 소명과 동일한 것이다. 창조세계를 다스리고 하나님의 아들로서 존재하며 세상의 주인이 되는 것은 하나님의 뜻이다. 그러나 사단에게 이용될 때 그 뜻이 유혹이 되는 것이다. 거짓의 아비인 사단이 우리에게도 하나님의 뜻을 빙자하지만, 우리에게는 피조물로서의 양면성이 있기에 거기에는 무한한 차이가 있다. 우리의 능력에 따라서, 유혹은 더 약화되어 총체성은 덜하지만, 더 양면성을 띠게 된다. 그렇지만 유혹이라는 면에서 근본적으로 동일하다.

첫 번째 유혹은 예수가 자신이 행할 수 있는 기적에 집착하여 하나님이 행하도록 기다려야 할 것을 스스로 행하는 것이다. 실제로 하나님은 유혹을 넘긴 예수에게 먹을 것을 공급한다. 두 번째 유혹은 예수가 섬김과 희생이 아니라 힘으로 세상을 지배하고, 하나님이 스스로를 낮춘 예수를 높이기까지 기다리는 대신에, 자신에게 속한 것을 취하는 것이다. 세 번째 유혹은 하나님이 원하는 것은 오직 우리가 믿는 것이라는 사실을 밝혀서 입증하라는 것이다. 이것은 믿음을 예수 자신이 주도하는 것으로 대체하는 것이다.

2) 말씀의 자유

만약에 예수가 유혹에 굴복했더라면,[55] 외적으로 그는 이 땅에 와서 해야 할 일을 정확히 완수한 것이다. 그러나 동시에 인류의 구원을 위한

---

55) 우리는 예수가 유혹에 굴복할 수도 있었을 가능성의 문제는 다루지 않을 것이다. 그것은 이 책의 영역을 넘어서는 신학적인 문제이다. 나는 한마디로 예수의 죽음이 실제 죽음이었듯이, 유혹도 실제 유혹이었다는 사실을 지적하고자 한다.

하나님의 역사 전체는 끝이 나고 말았을 것이다. 나중에 십자가에서 내려오라는 시험으로 이어지는 이 유혹에다가, 하나님은 자신의 아들과 창조세계 전부를 다 걸었다. 결론적으로 하나님은 자기 자신을 걸었다. 그런데 그 유혹 앞에서 예수가 지닌 것은 극히 미약한 것이었다. 예수는 오직 계시된 말씀을 가지고 있었다. 그런 까닭에 유혹을 받을 때마다 예수는 독자적으로 대응하지 않았다. 그는 적절한 말을 지어내거나 개인적인 변호를 하지 않았다. 그는 오직 구약의 '기록된 말씀'을 준거로 삼는다. 그 말씀은 완전하고 하나님의 뜻에 일치하기 때문에 예수 자신은 그 말씀 뒤로 비켜선다.56)

예수는 사단을 대적하기 위해서 스스로의 힘을 사용하지 않는다. 그는 힘이나 권한을 쟁점으로 삼지 않고, 단 하나의 문제, 즉 하나님의 뜻에 순종하느냐 아니면 자기주장을 따르느냐에 초점을 두었다. 예수는 순종의 태도를 취하여 하나님의 기적조차 요청하지 않았다. 하나님의 기적은 사단으로 하여금 그에게서 물러나게 했을 것이고, 하나님의 권능은 유혹을 없애고 종결시켰을 것이다. 그러나 예수는 성서에 기록된 말씀이 진리라는 사실을 알았다. 그는 '기록된 말씀'과 하나님이 계시한 진리를 분리시키지 않았다. 예수가 기록된 말씀을 다시 언명한 까닭에 그 말씀은 완전한 하나님의 뜻이 된다.

예수가 오직 말씀을 의지하며 다른 여타의 것을 취하지 않았다는 사실은 기록된 말씀 자체가 하나님이 인간에게 다가와서 스스로를 계시한 유일한 사건이라는 점을 입증한다. 그것은 이미 끝나서 사라져버린 지나간 사건이 아니다. 예수는 성서에 있는 말씀이 사단을 제압하고 사단의 거짓말을 규명하는 데에 아주 적합하다는 사실을 알았다. 왜냐하면 언

---

56) 하나의 쟁점으로 덧붙이자면, 여기에 나타난 예수의 태도가 불트만이 말하는 것과 정말 다르다는 점을 지적할 수 있다.

제나 그 말씀은 오직 말씀을 한 당사자인 영원한 성부 하나님과 연결되기 때문이다. 성서의 말씀은 각각의 유혹에 대응할 답변을 제공하여 유혹의 예봉을 꺾어버린다. 그러나 동시에 성서의 말씀은 유혹에 수긍하면서 사단의 유혹을 합당하고 명백하고 당연한 것으로 여기게 하는 인간의 필연적인 욕구를 다 충족시켜준다. 하나님으로부터 온 말씀은 모든 필연적인 인간의 욕구들에 대한 응답이다.

예수는 자신에게는 또 다른 양식이 있다고 말함으로써 그 말씀을 새롭게 한다. 그 양식은 성부의 뜻을 행하는 것이며, 이것은 또한 육적인 양식의 필요성과도 연결되는 것이다. 인간은 하나님의 말씀의 양식을 취해야 하며, 이것은 인간에게 부과된 필연성에 대한 응답이다. 마찬가지로 권력의 유혹에 대응할 유일한 답변은 오직 하나님을 경배하는 것이다. 이것은 권력들을 제자리에 돌려놓고 피조물에 불과한 인간의 권력의 한계를 명시하는 것이다. 세 번째의 영적인 요구에 대응할 답변은 그 요구에 하나님을 향한 유혹도 담겨있다는 것이다. 예수가 자신이 하나님이라고 말하는 것처럼 보이지 않고, 사단이 예수를 유혹하면서 하나님을 유혹하는 것 같지도 않다. 그와 반대로 예수는 영적인 주도권을 입증하려는 인간의 의지는 하나님에게 유혹이 된다고 말하려는 것 같다. 그 유혹은 하나님이 인간을 버리고 더 이상 사랑하지 않으며 떠나버리는 것이다.

예수 그리스도는 자신이 이 땅에 와서 행할 모든 것을 전부 다 하나님에게 결부시킨다. 예수는 전적으로 순종한다. 그런데 바로 거기서 예수의 자유가 나타난다. 매어있는 관계를 인정하고 이 땅에 온 목적이 오직 선지자들이 선포한 말씀을 성취하기 위한 것임을 받아들이면서, 예수는 스스로 아무 것도 내세우지 않으며 자신만의 독립적인 뜻은 하나도 구하지 않을 것을 수용한다. 그렇게 함으로써, 예수는 정말 완전한 자유에 도달한다. 예수의 자유가, 육적인 욕구, 삶의 필연성, 권력, 지나친 과욕, 유혹 등에 대해서, 발현된다. 그는 죄의 노예가 아니다.

예수의 자유는 쟁점을 자유롭게 주도적으로 선택하는 데서 나타난다. 각각의 유혹에 대응하는 예수의 답변은 앞에서 본 바와 같이 정말 적절한 것이었다. 그런데 그 답변은 또한 중심을 비켜간 것으로 보인다. 다시 말해서 예수의 답변은 사단이 설정한 것과는 다른 차원으로 문제의 중심을 이동시킨 것이다. 예수는 사단이 설정한 딜레마와 관점을 거부함으로써, 사단과 세상에 대하여 자신의 자율성과 독립성을 나타낸다.

그와 마찬가지로 예수는 자신이 사용할 수 있는 정당한 능력들을 사용하지 않기로 선택하고 결정함으로써, 자신의 자유를 드러낸다. "아무도 나에게서 생명을 빼앗을 수 없다. 내 생명을 내려놓는 것은 바로 나 자신이다." 예수는 거부할 수도 있었고 유보할 수도 있었고 간직할 수도 있었지만 내려놓은 것이다. 우리는 그 사실을 유념해야 한다. 왜냐하면, 예수가 완전한 인간이고 또 인간으로서 자유로운 존재라면, 그 사실은 인간에게 있어서 예수의 자유는 또 하나의 더 큰 권력을 사용하는 것이나, 자신이 할 수 있는 모든 것을 다 행하는 것이 아니라는 뜻을 내포하기 때문이다. 그와 반대로 그 사실은 예수의 자유는 가능한 것들을 포기하고, 권력을 사용하기를 거부하고, 가진 능력을 제어하는 것이라는 뜻을 내포한다.

예수의 자유는 하나님의 권능을 통해 도피하지 않고 하나님을 구실로 삼아 회피하지 않는 자유로운 선택과 결정에서 나타난다. 왜냐하면 예수의 순종은 스스로의 존재를 포기하는 것이 아니기 때문이다. 그는 예수로서 존재한다. 그는 주 하나님을 기계적으로 그냥 단순히 반영하는 존재가 아니다. 자유로운 인격체로서 예수는 하나님을 향한 순종을 선택한 것이다. 그러나 그 책임을 온전히 맡는 것도 예수 자신으로, 그는 그 문제와 그 대응책을 하나님에게 전가하지 않는다. 그래서 예수는 "당신이 내게 준 여자 때문"이라는 아담과는 반대의 태도를 취한다. 그리스도인의 순종을 이해할 때 그 점에 유의해야 한다.

자유는 "하나님이 일하기까지 기다리면서 아무 일도 하지 않는 것"이 아니다. 자유는 하나님의 뜻을 알고 그 뜻을 성취하는 것이다. 하나님은 '작용인'tertium movens도 '데우스엑스마키나'도 아니다. 예수는 하나님의 자유를 존중한다. 그는 사단의 문제를 하나님에게 돌리지 않음으로써 자신의 사랑과 순종을 보여준다. 그는 진실로 자유롭다. 사단을 향해서 자유롭고, 하나님 앞에서도 자유롭다. 왜냐하면 죄와 육체와 세상에 대한 복종은 노예적 예속과 소외를 불러오지만, 하나님의 뜻에 대한 복종은 자유를 불러올 수밖에 없기 때문이다.

하나님의 뜻을 종교나 율법으로 변환시키는 것은 늘 참담한 기만이었다. 즉, 그것은 인간을 속박하여 또다시 소외시키는 것이다. 또한 하나님을 향한 순종이 굴종이라는 것도 참담한 기만이었다. 이것은 정말 사단이 인간의 영혼에 가장 효과적으로 행한 작업이다. 그러나 하나님이 자유로운 존재라면, 노예들이 복종하는 것을 어떻게 견딜 수 있겠는가? 하나님은 먼저 자유롭게 자발적으로 하라고 하지 않겠는가? 하나님이 사랑이라면, 자유로운 의지가 아닌 두려움과 굴종으로 사랑하는 걸 어떻게 견딜 수 있겠는가? 사랑은 자유를 전제로 한다. 하나님은 인간을 노예화할 수 없다. 그렇지 않다면 하나님이 사단과 혼동될 수 있다. 그렇기 때문에 하나님의 뜻에 대한 순종은 그 자체가 자유이다. 순종함으로써, 예수가 행사하는 것은 하나님의 자유이다. 예수를 통하여, 우리는 하나님의 자유를 부여받는다. 하나님의 뜻에 따라 성서의 말씀을 성취함으로써, 예수는 유혹 가운데서 자신의 자유를 증언한다. 우리 자신은 성서 속에서 하나님의 뜻을 찾아 그 뜻에 순종함으로써 자유로운 인간이 된다.

그러므로 그리스도 안에서 우리도 그 자유를 누릴 수 있다면, 그것은 하나님의 말씀 때문이다. 완전하고 절대적이고 근본적인 진정한 자유는 오직 하나님의 말씀의 자유이다. 예수의 경우처럼 하나님의 말씀은 우리의 자유의 근거이자 이유이다. 그러나 우리는 또한 하나님의 말씀의 자유가 무엇인지 그 내용을 알고 있어야 한다. 여기서 우리는 칼 바르트의 탁월한 분석을 따르고자 한다.[57] 중요한 것은 이 말씀의 자유는 그 밖의 다른 자유들과 다른 특별한 능력을 지닌다는 사실을 인식하는 것이다. 바르트는 강력하게 하나님의 말씀의 능력을 인간의 종교적 영향력들과 차별화한다. 그는 하나님의 말씀의 자유는 곧 능력이라는 사실을 상기시킨다. 이것은 자유로운 인간으로서 그리스도인에게 요구되는 능력에 대해 우리가 언급한 내용과 일치한다.

이 말씀의 자유는 모든 주체들의 고유한 능력에 대해 의문을 제기한다.[58] 그러나 말씀의 자유인 이 능력이 있다고 해서, 이 말씀의 절대적인 주권에 대한 반대세력이 아예 존재하지 않는 것처럼 살아야 한다는 뜻은 아니다. 우리의 자유를 불러오는 이 말씀의 자유가 존재하는 이 세상은 언제나 새로운 유혹과 위험과 저항과 적의를 담고 있다. 주의 승리를 선포하는 복음의 능력은 이 승리가 현실의 세계 한가운데에 선포되게 하는 능력이다. 이 세계는 언제나 반역적이고, 모든 것은 상대적이다. 그러나 말씀이 역사하고 우리의 자유가 요구되는 곳이 또한 바로 이 세계인 것이

---

57) K. Barth, *Dogmatique V*, pp. 221-230.

58) 카르도넬(Cardonnel)이 말한 바와 같이 예수 그리스도가 반(反)운명론자라는 말은 예수 그리스도의 사역에 대해 내릴 수 있는 가장 근접한 평가가 될 것은 틀림없는 일이다. 단, 예수와 자기 자신을 혼동하는 식으로 전개해간 카르도넬의 논리에서 벗어난다는 것을 전제하고 말이다. 운명이 세상을 결정짓는 것이 아니라는 카르도넬의 주장은 물론 일리가 있다. 그러나 "세상을 변화시키는 것은 바로 나야"라며, 인간에게 결정권을 넘겨주는 그의 논리를 어떻게 받아들일 수 있겠는가? 이것은 예수 그리스도는 이미 다 끝난 하나의 주어진 사실이 되고, 나라는 인간이 그 사실로부터 운명을 변화시킬 수 있다는 얘기와 같다.

다. 우리의 자유는 그리스도에 의해 주어지는 것으로서 가능하지만, 또한 이 세계 속에서 가능한 것이다. 이 자유는 "이 세계에서의 자유"이다. 왜냐하면 "밤은 이 세계의 영역이고, 그래서 이 세계는 그리스도의 십자가의 무대가 되기 때문이다.[59] 그러나 이 세계는 또한 부활의 영광 가운데 있다. 그렇기 때문에 세계는 언제나 그대로의 세계인 동시에 더 이상 그대로의 세계가 아니다. 그 세계는 있는 그대로이지만, 하나님의 말씀으로 세계를 다스리는 존재를 받아들였기에 세계는 자신의 정체성을 상실한다." 이 세계의 이와 같은 이중적인 특성은 자유의 법에 나타나 있다. 이 자유의 법은 이 세계에서 우리가 가지는 자유를 설명하는 데서 언급했던 것이다. 이 세계에서 하나님의 말씀의 자유는 네 가지 능력들로 특징지어진다고 바르트는 말한다.

첫 번째로, "하나님의 말씀은, 세상에서 그 말씀을 대상으로 공개적이고 은밀하며, 직접적이고 간접적인 모든 공격들이 퍼부어짐에도 불구하고 존속할 수 있다는 점에서, 말씀 자체가 지니는 자유를 입증하고 있다." 하나님의 말씀이 그 자체의 고유한 능력으로 스스로 존속한다는 점은 확실하다. 그러나 우리의 자유는 경우가 다르다. 우리의 자유가 하나님의 말씀의 자유를 통해 존재하고 존속한다는 말은 신학적으로는 타당한 주장이다. 그러나 그 주장이 사실이려면, 우리의 자유는 말씀의 자유와 같은 성질을 지니는 동시에, 구분되는 차이를 가져야 한다. 그렇지 않을 경우, 우리의 자유는 단순한 모사에 그치고 조건에 제약되는 것으로서, 자유라고 할 수 없게 된다. 그런 면에서 그 주장은 의미가 없는 것이다. 따라서 세상에서 공격을 받으면서도 우리의 자유가 존속하는 것은 또한 우리의 책임에 달려있다. 에베소서 6장에서 사도 바울이 말하듯이

---

59) 예수의 대속 사역은 십자가에 있다고 본다는 점에서 나는 근본적으로 케제만(Käsemann)과 같은 의견이다.

우리를 지키는 것은 우리 자신이다. 이것이 우리의 자유를 빼앗기지 말라는 사도 바울의 훈계에 대한 성찰을 통해서 우리가 상기하고자 하는 점이다. 그러나 우리가 거기에 이르는 길은 자유의 법에 의해 열린다.

"두 번째로, 하나님의 말씀은, 세상이 뒤섞으려는 이질적인 요소들을 구별하고 제거할 수 있다는 점에서, 그 우월성과 자유를 입증한다." 이제 우리의 자유에 의해 우리에게 부과된 새로운 임무가 있다. 이것은 하나님의 말씀의 자유를 지키는 것이 우리에게 달려있다는 의미에서가 아니라, 우리가 하나님의 말씀의 자유의 역사에 함께한다는 의미에서다. 여기서 우리의 구체적인 삶을 통해서 발현되어야 하는 것은 무엇보다 세상 세력들이 우리의 자유를 이용하려는 모든 행태들로부터 우리가 벗어나고 거부하는 것이다. 또한 세속화된 기독교의 자유를 이용하는 것이 궁극적으로 야기하는 파괴적인 측면을 성찰해야 할 필요가 있을 것이다. 이것은 자유를 주는 말씀과의 직접적이고 절대적인 관계를 배제하여, 자유에 하나님의 사랑과 영광이라는 의미를 부여하는 것을 가로막는다. 왜냐하면 세속화된 기독교의 자유를 이용하는 가운데 대속의 유일한 행위를 통해서 하나님이 부여한 자유가 부인될 뿐만 아니라 변질되고 왜곡되어서 결국 인간을 부정하게 되기 때문이다. 여기에 우리의 개인적인 책임이 달려 있다. 이 문제를 감당할 사람은 오직 그리스도인밖에 없다. 그리스도인으로서 이 문제를 경건하게 하나님의 손에 다시 올려놓을 수는 없는 노릇이다.

"셋째로, 하나님의 말씀은, 이질적인 요소들에 대항하면서도 그 요소들을 소화하고 활용할 수 있다는 점에서, 그 우월성과 자유를 입증한다." 이제 자유의 용도라는 측면에서 우리는 사회참여 문제와 마주치게 된다. 더욱이 바르트가 말한 소화나 활용의 의미는 텅 빈 허공이나 순수한 영적 영역 안에서 우리의 자유가 행사된다는 뜻이 아니다. 그것은 이 사회 안에서, 사회를 구성하고 있는 제도들과 더불어서, 이 사회가 산출하는 가치들, 도덕적·지적 부문들, 정치적 세력들, 기술적인 대상들의 한가운데에서 우리의 자유가 행사된다는 뜻이다. 그와 같은 것들은 확실히 우리에게 이질적인 요소들이다. 그 본질에서가 아니라, 선택에 의해서 이질적이 된 것이다. 이 점은 뒤에 가서 다시 살펴볼 것이다. 우리의 자유가 대상으로 하는 것은 바로 이 이질적인 요소들이다.

이 자유는 능력이다. 다시 말해 우리는 그 요소들을 제압하여 그 요소들이 가진 원래의 용도와 다른 용도로 이용할 수 있는 또 다른 힘을 가진다. 우리의 자유에는 그런 소명이 있다. 이 세상에 있는 것들을 하나님의 영광으로 돌리는 데 있어서 그리스도인의 행동의 중요성을 고찰하면서 우리는 이 이외의 다른 말을 할 수 없다. 그러나 착각하지 말아야 한다. 이것은 저절로 그렇게 되는 것도 아니고 그냥 주어지는 것도 아니고, 이미 확보된 것도 아니다. 이것은 우리가 해야 하는 일이다. 이 일은 세상이 우리에게 허용한 요소들을 통해서 이루어질 수 있고, 또한 하나님이 설정한 기반 위에서만 성립될 수 있다. 그러나 수많은 대상들 가운데서 선택하고 그 요소들을 구성하는 것은 우리의 자유에 달려 있다. 따라서 우리의 자유는 세상이 이미 상정한 것과는 다른 목적과 의미에서 세상의 자원들을 활용하는 아주 어려운 일을 포함하고 있다. 이것은 바로 불충실한 재산관리인의 문제와 같은 것이다. 이와 마찬가지로 우리는 세상에는 불충실하고 하나님에게 충실하도록 세상의 자원들을 이용해야 한다. 그 때 그 자원들은 그 진정한 가치와 의미와 고유성을 획득하게 된다.

"넷째로, 하나님의 말씀은, 상황에 따라 새로운 방식을 취하여 그 시대에 맞도록 새롭게 효과적으로 대처할 수 있다는 점에서, 그 자유와 우월성을 입증한다." 물론 여기서 말하는 하나님의 말씀이란 본질적으로 하나님이 말하는 말씀으로 확증될 수 있는 것으로 이해해야 한다. 그러나 이것은 우리의 책임이 아니다. 단지 우리는 그렇게 될 수 있다는 사실에 완전히 만족할 수는 없다. 우리에게 자유가 있기에, 우리는 마치 하나님의 말씀이 오직 우리의 존재와 행위를 통해서 발현될 수 있는 것처럼 행동해야 하는 책임감을 가지게 된다. 우리는 상황에 따라 새로운 방식으로 하나님의 말씀을 맡으라는 요청을 받는다. 이것은 지혜를 요구하는 일이다. 그러나 우리는 지금 새로운 문제와 마주친다. 이것은 시대적 맥락과 복음전도의 독립성이라는 문제로서 적응이 아닌 창의성의 문제이다. 이것은 오늘날 가장 뜨거운 문제들 중의 하나로서 뒤에 가서 다시 살펴볼 것이다. 양식과 방법의 선택은 우리의 자유의 영역에 속한다. 이것은 자유의 모든 위험을 다시 불러오는 것이다. 왜냐하면 우리가 새로운 양식들을 개발해내지 않으면, 우리는 말씀의 불모성이라는 가책을 받게 되기 때문이다. 그러나 우리가 개발한 양식들이 진정 개인적인 창작에 그친다면, 우리는 말씀의 배신이라는 가책을 받게 된다. 자유의 법이 제시하는 길은 바로 이 두 가지 부정적인 경우들 사이로 난 길이다.

우리에게 하나님의 역사를 나타내기 위해 성서에 사용된 상징으로서 '말씀'의 상징은 이 '자유와 해방'을 내포한다. 인간이 마주하는 실재들 중에서 유일하게 '말씀'만이 자유의 상징이 될 수 있다. '파롤'과 '랑그'[60]로 양분하는, 언어에 대한 현대의 구조주의적인 분석들은 그 사실을 확증시켜줄 뿐이다. 그러나 우리의 자유가 하나님의 말씀에서 나오는 것이라면, 말씀은 우리의 자유가 간접적이고 매개적인 것이라는 사

---

60) [역주] 구조주의 언어학을 창시한 소쉬르(Ferdinand de Saussure)는 언어를 '랑그(langue)' 와 '파롤(parole)'로 구분하였다. '랑그'는 사회 구성원들 간에 공통적으로 수립된 문법이나 구조로서의 언어체계라고 할 수 있다. 반면에 '파롤'은 개별적인 상황 속에서 개인적이고 구체적인 발화로 나타나는 언어를 말한다. 이 책에서 '랑그'라는 말은 여기서 단 한 번 나올 뿐이어서 여기서만 예외적으로 '파롤'과 '랑그'를 구분하여 한글로 표기했다. 이 경우 말고는 '파롤'은 다 '말씀'으로 통일했다.

실을 보여준다. 자유는 결코 우리의 타고난 본성으로 직접 얻게 되는 것이 아니다. 자유는 우리가 어떻게 말하든 상대적인 것이다. 자유는 결코 우리의 삶에 절대적인 것이 아니다. 우리는 결코 자유를 절대적인 것으로 취하지 않는다. 자유는 외래적인 것으로 외부에서 우리에게 주어지는 것이다. 자유는 하나님이 우리에게 새로운 상황을 부여하듯이 임한다.

그러나 자유를 인증하는 것은 바로 하나님의 말씀이다. 이 말씀이 존재하기 때문에 우리의 자유가 환상이 아니라는 사실을 알 수 있다. 또한 말씀은 우리의 자유를 한정한다. 왜냐하면 주어지고 받아들여지는 이 말씀을 떠나서 자유는 존재하지 않기 때문이다. 또다시 말해서, 이것은 형이상학적인 자유의 문제를 배제시킨다. 단지 말씀이 자유이고 또 자유를 야기하는 까닭에, 말씀이 들리고 받아들여질 때에 인간의 자유는 생겨날 수 있다. 다른 길은 없다. 그러므로 예수의 경우와 같이 말씀에 순종할 때 자유가 있다. 사람들이 말씀을 믿고 받아들이고 증언할 때, 그들은 오직 하나의 순종의 행위를 하는 것이다. 그들은 육화된 성육신의 말씀의 자유에 함께하는 것이다. 예수와 같이 그들은 복종과 순종을 통해서 이 자유에 함께하는 것이다.

칼 바르트가 밝혀주는 바와 같이 이 말씀의 자유는 사람들 사이에 실제로 나타난다.61) 이 자유는 세상의 유혹 속에서 예수가 누린 자유에서 비롯된 것만이 아니다. 이 자유는 먼저 "성서는, 예수 그리스도 안에서 하나님의 계시의 직접적인 증거로서, 교회와 세상의 모든 다른 요소들에 비해서, 완전히 독자적인 특별한 기록이라는 사실에 기인한다. 성서는 다른 모든 주체들과 구분되고 그것들을 제어하는 주체가 된다." 우리와 함께하는 이 말씀의 자유는 교회와 세상 가운데 존재하고 나타나는 모

---

61) *Dogmatique V*, p. 208 및 그 이하.

든 대상들과 우리가 구분되게 한다. 그리고 우리가 주체로서 역사에 등장한다는 것을 의미한다. 엄밀하게 말해서 이것이 자유인 것이다. 또한 이것은 거룩함이다. 그러나 이것은 자유를 지향하고 또 거스르는 모든 인간적 노력이 자율을 원하여 독립으로 나아가는 것도 포함해서 이 말씀의 배타적인 자유에 의해 모두 다 완전히 부정된다거나 무력화된다는 것을 뜻하는 것은 아니다.

하나님은 자신의 뜻에 따라 인간이 만든 역사를 이용할 수 있다는 사실을 또다시 상기할 필요가 있다. 하나님은 역사 속에 스스로 숨기도 하고 나타나기도 한다. 거기서 하나님은 자신의 축복과 저주를 계시한다. 인간이 행한 모든 일들에 있어서, 말씀은 소외되거나 소외시키는 인간의 독립성을 심판하고 부정하고 무력화한다. 이와 동시에, 말씀은 인간의 독립을 수용해서 변모시키기도 한다. 이것은 인간의 자유가 가치 있기 때문이 아니라 하나님이 죽기까지 사랑하는 인간의 소원이자 노력이고 행위이기 때문이다. 하나님이 이것을 떠맡는다는 것은 이것을 인정한다는 뜻은 아니다. 하나님은 이것을 떠맡아서 자신의 방식으로 인간이 선택한 방식이 아니라 최종적으로 완료한다. 그리고 이것을 변모시킨다. 즉, 인간 자신이 기대할 수 있었던 것보다 훨씬 더 나은 것을 인간에게 가져다준다. 이것은 정말 객관적이고도 주관적인 기적이다. 객관적이라는 것은 하나님이 인간의 자유를 향한 모든 의지를 반역까지도 포함하여 떠맡았다는 점에서 그렇다. 주관적이라는 것은 인간이 말씀의 요구에 순종하고 말씀의 역사에 스스로를 맡기고 말씀의 자유에 함께할 때 인간이 자유로운 존재가 되기 때문이다. 인간이 성서의 증언을 받아들이고 수용할 때, 인간의 능력과 자유가 생겨나서 인간의 뜻을 실현한다. 인간의 능력과 자유는 하나님의 말씀의 능력과 자유에 상응한다.

2. 대속

개신교 사상이나 용어로서 '현대화'[62]에 대한 현대의 연구 가운데, 최근에 "대속[63]의 교리와 용어를 더 이상 가르치거나 사용할 수 없다"는 주장이 제기되었다. 이 신학적 표현은 더 이상 적절하지 않고, 그 표현이 가리키는 대상은 아무런 연관성을 가지지 못하는 것 같다. 현실과 상관없는 단순한 신학적인 용어가 되어버렸다는 점에서 '대속'은 현대인에게는 아무 의미가 없다. 그러나 이것은 초대교회의 수세기 동안 예수 그리스도의 사역을 대속사건으로 설명했던 이론이 부정확하여 폐기되어야 한다는 주장과는 거리가 멀다. 그 이론은 아주 적절한 것으로 보인다.

'대속'은 기원전 4세기 이전부터 있었던 법률행위였다. 적에게 포로로 붙잡힌 로마 시민은 아주 옛날에는 먼저 사망자나 행방불명자로 간주되었다. 그 가족은 적에게 그의 몸값을 치를 의무가 있었다. 그래서 포로였던 사람이 풀려나게 되면, 그는 로마의 가족에게로 돌아와서 자신의 권리를 완전하게 되찾았다. 그는 자신의 몸값으로 지불되었던 돈을 갚을 의무가 없었다. 이후로 공화정 말기에 가족의 유대는 덜 긴밀해져서, 모든 시민들에게 대속의 의무를 부담하게 하려는 경향이 나타났다. 그러나 또한 법학자들은 적에 의해 포로가 된 시민은 사실상 노예가 된다는 점을 인정했다. 포로가 된 시민은 노예가 되는 것이다. 그때부터 몸값이 치러졌을 때, 시민으로서의 지위가 함께 회복되지 않았다. 그는 자신의

---

62) [역주] 'Aggiornamento(쇄신, 현대화)'는 가톨릭에서 제2차 바티칸 공의회의 중심 모토에 해당한다. 이것은 신앙은 변함없이 동일한 것이지만, 영성 생활이나 전례나 사회 문제에 있어서 시대의 변화에 맞는 변화의 필요성을 인정하며 개혁을 추구하는 것이다.

63) 이 대속(rédemption)이라는 용어가 노예적 예속에 가까운 상황에서 세속적이고 정치적인 의미로 사용되는 경우가 있다는 점이 참 신기하다. 예컨대 가나의 독재자 엔크루마(Nkrumah)는 공식적으로 대속자라는 의미를 지닌 호칭을 쓴다. 따라서 이 용어는 그 자체로 의미나 가치가 없는 것은 아니지만, 노예적 예속과 대속의 문제가 구체적이고 임박한 목전의 문제로 모두에게 알려져 있는 사회에 대해서 의미를 가진다.

몸값을 치른 사람의 노예가 되는 것이다. 거기에는 두 가지 해결책이 있었다. 하나는 풀려난 포로가 스스로 자신의 몸값을 치른 사람에게 그 값을 갚아서, 자유를 얻는 것이다. 다른 하나는 몸값을 치른 사람이 그 값을 면제해주는 것이다. 그렇게 해서 다시 자유인이 된 사람은 해방된 노예와 지위가 달랐다. 왜냐하면 해방 노예는 해방된 자로 남아있었기에, 아직 옛 주인에게 얼마간 의존하고 복종해야 했기 때문이다. 반대로 몸값을 치러서 자유인이 된 사람은 완전히 자유로운 존재가 된다. 그는 태생적인 자유인으로 인정되어 아무에게도 예속되지 않는다. 또한 그는 온전한 시민권을 회복한다.

초대교회 교부들은 대속 제도가 이와 같이 규정되어 있는 상황에서 이 '대속'이라는 용어를 채택한 것이다. 대속 제도는 5세기경에 가서야 황제들에 의해 수정되었다. 그럼에도 그 의미나 내용은 별로 변경되지 않았다. 내가 보기에, 신학자들이 이 용어를 사용한 것은 정말 적절한 것이었고, 그리스도의 사역에 현재적인 의미를 부여하는 것이었다. 신학자들이 일반적인 노예 해방affranchissement이 아니라 '대속'이라는 용어를 채택한 점은 정말 중요한 것이다. 실제로 '대속'이라는 단어는 인간이 원래 자유로운 존재로서 '하늘나라의 시민'이었다는 뜻을 내포한다. 그런 인간이 적국인 외부세력의 손에 포로가 되어 모든 인간의 권리를 다 빼앗기고 외국의 노예가 되었다. 그런데 누군가가 인간의 생명과 자유의 값을 대신 치러서 인간은 풀려났다. 그는 자신의 몸값을 대신 치른 대속자에게 그만한 빚을 진다. 그러나 대속자가 자신이 갚아야 할 빚을 값없이 은혜로 다 면제해주어서, 그는 다시 완전한 자유인이 될 뿐만 아니라, 하늘나라의 시민이 된다. 해방된 노예는 결코 완전한 자유인이 되지 못하는 반면에, 그는 예전의 신분을 완전히 회복한다. 내 생각에, 이 모든 분석은 인간을 위한 그리스도의 사역의 실재에 아주 정확히 맞아떨어진다.

그러나 신학자들이 이 대속 제도의 용어를 채택했던 까닭은 이 용어가 로마 제국에 널리 알려져 있었기 때문이었다. 이 용어는 그 이전보다 주후 3, 4세기에 훨씬 더 많이 사용되었고, 당시에 통용되던 말이었다. 그래서 이 말은 사람들로 하여금 다들 알고 있는 상황을 떠올리게 해서, 사회·정치적 현실과 관련지어서 그리스도의 영적인 사역을 이해할 수 있게 했다. 그래서 누구나 다 쉽게 알아들을 수 있었다.

　물론 오늘날 이 대속이라는 용어를 계속 쓰는 것은 역으로 모호성과 몰이해를 자아낸다. 그러므로 동일한 목적 하에서, 우리는 현대 사회에서 동일하게 관련지을 수 있는 제도와 사회 정치적 현실을 찾아낼 필요가 있을 것이다. 내가 보기에, '해방'libération이라는 용어는 더 애매하고 약해서 '대속'이라는 용어가 가진 풍부한 뜻을 내포할 수 없는 것 같다. 또한 '탈소외'脫疎外,dés-aliénation라는 용어는 대중적이지도 단순하지도 않아서 흔히 통용될 수 있는 강한 의미를 지닐 수 없을 것 같다. 노예적 예속을 대체할 수 있는 용어로 '소외'를 제시할 수 있을 것 같은데, 대속을 대체할 수 있는 용어는 인간사회를 반영하는 형태들 가운데 찾아낼 수가 없다. 그러나 아무튼 소외라는 개념에 기초한다면, 대속은 더 이상 아무 의미 없는 몸값 지불rachat도, 되갚음도, 무상의 면제도, 해방 노예와 석방된 포로의 차이도 포함될 수 없다. 바꾸어 말해서, 그것은 그 법적인 메커니즘을 내포할 수 없다. 그래도 거기서 언제나 고려해야 할 점은 소외는 타자에 의한 인간의 소유로서 자기 자신의 완전한 상실을 말한다는 것이다. 또 그것은 예수 그리스도 안에서 하나님의 역사의 값없는 은혜와, 스스로를 자유롭게 해방할 수도 없고 자신의 해방자와 소유자 간에 주고받는 거래에 참여할 수 없는 포로나 노예의 무력함을 내포한다는 것이다.

　끝으로 그것은 자유의 완전한 회복을 불러온다. 그러나 그와 같은 것들을 설명하기 위해서, 다른 사회경제적 상황을 활용하여 또 다른 메커니즘을 밝혀야 한다. 소외된 사람은 역사의 방향에 따른 혁명에 의해 해방된다는 아주 잘 알려진 마르크스의 이론은 여러 가지 주제들에 적합한 것으로 보인다. 하지만 그 이론은 자기 자신에 의한 해방을 주장하기 때문에 전체적으로 다 활용될 수는 없을 것이다. 반면에 프롤레타리아를 위한 중재자의 역할을 공산당에게 부여하는 레닌의 이론은 현실을 더 잘 파악하고 있다. 프롤레타리아의 소외에 대한 공산당의 과업은 비유적으로 말해서 인간의 소외에 대한 예수 그리스도의 사역에 비길 수 있다. 프롤레타리아는, 반항심과 본능적인 반발심과 더불어, 스스로를 구원할 능력이 없기 때문에, "위로부터" 역사가 이루어져야 한다. 그러나 또한 프롤레타리아가 이미 잠재적으로 소외된 현실을 자각하기에 이르렀을 때는 프롤레타리아가 그 역사에 함께 개입할 수 있다.

예수 그리스도가 행한 사역은 혁명적인 행동이자 이것은 또한 소외시키는 세력에 대해 예수 그리스도가 행했던 행위와 일치한다 마르크스가 아니라 하나님이 설정한 "역사의 의미에 따른" 행동이다. 인간의 해방은 그런 의미로 진행되어 에덴에서 지상의 예루살렘으로 펼쳐지는 변화에 따라 전개된다. 이것은 인간 역사를 모두 다 총괄하는 것이다. 마르크스의 영향을 지대하게 받은 현대의 서구인에게 예수 그리스도의 사역을 알아듣게 할 수 있는 가장 좋은 방식이 이와 같은 설명인 것 같다.

헛된 환상을 품지 말아야 한다. 진정한 유일한 혁명은 공산주의혁명이 아니고 예수 그리스도 안에서 성취된 혁명이고, 인간을 소외에서 해방하는 유일한 존재는 공산당이 아니고 예수 그리스도이고, '탈소외'는 부르주아 세계만큼이나 소외를 야기하는 공산주의세계가 아니라 하늘나라가 목적이다. 그런데 우리가 이와 같이 말할 때 우리는 서로 동의할 수 있다. 그러나 우리가 피하려고 애쓰는 공산주의자들과의 대립은 훨씬 더 강력하고 명백하게 될 것이다. 결국 공산주의가 현대세계에서 실제적인 권력을 형성한다는 점에서, 그 대립은 유일한 주권자는 황제가 아니고 예수 그리스도라고 단언함으로써 초대교회의 그리스도인들이 겪었던 로마제국과의 대립과 같은 것이다.

우리가 진정으로 기독교 용어와 함께 그리스도 안에서 하나님의 역사를 설명하는 방식들을 현대에 맞게 고친다면, 세상 세력들과의 대립은 또다시 불붙듯이 크게 확신될 것이라는 점을 명심해야 한다. 왜냐하면 이것은 일반적으로 통용되는 개념들을 사용하면서 처음 근본적인 신학이 일으켰던 바와 같은 동일한 사태를 유발하게 될 것이기 때문이다. 거기에 따르면 사회나 정치에서 행하는 일들은 기만적이고 대속된 인간은 진정으로 자유롭지 않고, 진정한 유일한 대속자는 예수 그리스도이다 하나님의 행위만이 참되다는 것이다. 그것은 세상 역사에 대한 정죄를 담고 있고, 예수 그리스도의 주권을 위해 그 의미를 박탈하고 있다.

우리가 제시하는 작업은 불트만이 제시한 것과 전적으로 다른 것이다. 거꾸로 그는 실증적인 지식으로 인정된 과학, 역사와 같은 세상 지식에 근거하여 성서가 우리에게 전하는 지식의 핵심적인 내용을 설명하는 방식들과 더불어서 비판한다. 불트만 식으로 성서를 철저하게 분석하고 나면, 최종적으로 남는 것은 내가 만들어 존재하게 한 신과 관계를 맺는 나 자신이다.

이것은 다른 여러 가지 것들을 시도하고 나서 문화와 계시 간에 합의와 일치의 영역을 찾는 틸리히의 이론에도 반한다. 물론 이 모든 것은 "이것이냐 저것이냐"를 찾는다는 점에서는 성서적 관점에 부합한다. 이것은 그리스도인들이 시대마다 새로운 방식으로 다시 시작하는 종합과 절충의 시도는 아니다. 그런 시도는 언제나 역사적인 실패로 귀결되어 위안과 관용을 갈구하는 사람들을 진정시키지 못한다.

전통적으로 대속이라고 정의한 그리스도의 사역이 실제로 포로의 노예 신분에서 예수 그리스도의 자유를 함께 누리는 자유인의 신분으로 완전히 변화시키는 것이라면, 그것은 행위와 같은 윤리적인 문제가 아니라 존재의 변화를 뜻하는 것이다. 이것은 이 책이 다루는 중심적인 주제들 중의 하나다. 이것은 단순한 외적인 조건의 문제가 아니다. 오늘날의 포로라는 이미지만 본다면, 우리는 이것이 단순한 조건의 문제라고 생각할 수 있을 것이다. 즉, 이것은 철망이 둘러쳐진 곳에 갇혀있는 포로에게 누군가 문을 열어준 것에 해당한다. 그러나 그 철망 안에 있으나 그 바깥에 있으나, 그는 동일한 존재로 머물러 있다. 그런 까닭에 이 포로의 이미지는 무의미하다. 로마법에서는 포로의 노예 신분은 동일하지 않았기 때문에, 존재 자체가 변화되었다. 포로에게는 가족의 존재도 없게 되고, 결혼도 무효가 되어서 포로의 아내는 재혼할 수 있었다. 포로는 사망한 것으로 간주되어서, 재산은 상속자들에게 분배되었다. 포로는 시민권을 상실하고 시민 명부에서 삭제되었다. 그렇기 때문에 대속이란 진정한 생명의 회복을 뜻하는 것이었다.

소외의 이미지는 현대의 맥락에서 볼 때 어느 정도 맞는다. 왜냐하면 소외는 존재를 침해하는 개념을 내포하기 때문이다. 소외된 인간은 착취당할 뿐만 아니라, 전 존재의 변화를 겪게 된다. 타인들과의 관계는 가로막히고, 자연과의 관계는 변질되며, 자기 분열을 겪어 인간다운 모든 것을 상실한다. 탈소외는, 감옥에서 석방되는 것을 넘어서, 완전한 인간의 회복을 뜻한다.[64] 새로운 존재 방식으로 등장하는 그리스도 안의 자유도 마찬가지이다. 예수 그리스도는 인간이 스스로 알고 얻을 수 있는 것과는 전혀 다른 존재의 가능성을 부여한다. 이 변화는 우리가 인간에

---

64) 앞에서 언급한 리쾨르의 책에서 이 점은 잘 표현되어 있다. "소망에 따른 자유는 가능성을 향한 자유일 뿐만 아니라, 근본적으로 죽음의 부정을 향한 자유이다. 그것은 죽음과는 정반대인 부활의 표지들을 해독해내는 자유이다."

대해 가질 수 있는 가장 총체적이고 심오한 비전일 것이다. 왜냐하면 인간은 이제 더 이상 '죽음을 향한 존재'로 규정될 수 없기 때문이다.

사실 인간이 인간적인 차원 안에 한정되어 소외되어 있는 한, 인간은 죽음을 향한 존재이다. 그는 모든 '결정론적 요소들'에 예속되어서, 하나의 요소에서 다른 요소로 옮겨갈 수 있을 뿐이다. 도피와 소멸의 경우를 제하고는 그는 결코 자기 자신을 알지 못하게 된다. 그는 자기 자신을 과거에 존재했던 것으로만 인식하고, 자신의 투기投企를 자신의 소멸로서만 경험한다. 그는 환상을 선호하고 자신의 활동에 몰두할 수 있다. 그는 결코 붙잡을 수 없다고 생각하는 미래에 전념할 수 있다. 그러나 그것은 또 다른 형태의 자기 소멸에 지나지 않는다. 인간은 언제나 더 좁혀질 뿐인 순환 구조 속에서 하나의 결정론적 요소에서 또 하나의 결정론적인 요소로 옮겨간다. 왜냐하면 삶의 여정이 진행됨에 따라서, 필연적인 것들은 더 많아지면서, 불가피한 양상을 띠기 때문이다. 나날이 가능한 것들은 줄어든다. 어제 할 수 있었던 것을 오늘은 할 수 없게 된다. 인간의 자유는 독재자의 뜻이 아니라 불가피한 상황에 의해 줄어든다. 덧붙여서 말하자면, 이 불가피한 상황은 개인에게 작용할 뿐만 아니라, 집단과 공동체에서도 작용한다. 집단과 공동체도 점차적으로 경로들이 점점 줄어들고 좁혀지는 것을 보게 된다. 가능성들의 감소는 축소와 경직과 긴축과 결핍의 긴 과정을 끝내는 필연적인 결말에 다다르기까지 계속된다. 죽음은 생명의 단절이나 반대가 아니고, 삶에서 '결정론적 요소들'이 늘어감에 따라 도달하게 되는 당연한 결말이다. 돌같이 단단한 경직성은 이미 오래 전의 우리의 정체성이 외적으로 나타난 이미지이다.

우리가 인간에 대해 죽음을 향한 존재라고 적절한 정의를 내릴 때, 사실 그 의미는 인간에게 어떤 자유의 원천도 없고 자유로운 존재가 될 수 있는 어떤 가능성도 존재하지 않는다는 것임을 유념해야 한다. 인간이 죽음을 향한 존재라고 말하고 나서, 인간에게 자유의 속성이나 자유를 획득할 가능성을 부여하는 것은 전적인 모순이다. 그것은 근거 없는 주장으로 의미도 현실성도 결여된 것이다. 인간은 자신의 자유를 향해 나아갈 수 없고, 죽음을 향하는 것 말고는 미래를 위한 어떤 투기도 할 수 없고, 자유를 얻기 위해 자신의 인간조건을 없앨 수 없다. 왜냐하면 인간에게 선택의 여지가 없기 때문이다. "자유냐 죽음이냐"라는 식의 선택은 결코 주어지지 않는다. "죽음과 자유"로 끝나는 승리의 길도 존재하지 않는다. 오직 자유가 없는 죽음만이 존재할 뿐이다. 인간이 내세울 수 있는 모든 주장은, 특히 사르트르의 경우에, 결국 죽음에 대한 굴복으로 끝날 뿐이다. 인간은 본질적으로 죽음을 향한 존재이고, 그 말이 지식인들이 가지는 철학적인 한담에 진정성이 결여되어 있기에 아무렇게나 말할 수 있는 그치는 것이 아니라면, 죽음은 인간이 결코 벗어날 수 없는 엄숙한 운명을 뜻한다.

정치적·경제적 상황이 바뀐다고 별로 큰 변화가 올 수 없다. 달에 갈 수 있다고 해서 인간이 조금이라도 더 자유를 얻을 수는 없는 일이다. 공동체를 형성한다고 해서 인간이 육체적으로 개인으로서는 도달할 수 없던 것을 얻을 수 없다. 흔히 언급되는 "자유를 위한 폭력"이라는 방식에 대해 말하자면, 나는 폭력으로 하나의 정치체제를 무너뜨릴 수 있다는 데에 동의한다. 그러나 그것은 하나의 정치체제를 다른 하나의 정치체제로 바꾸는 것으로 바뀐 정치체제도 역시 강압적일 것이다. 나는 개인적인 폭력의 사용이 신경을 완화하고 진정시킬 수 있다는 데에 동의한다. 그러나 그 점을 제외하고는, 그 방식은 유치한 감정 표현에 그칠 뿐이다. 그런 수준에서 감정을 해소하는 방법은 다양하다. 알코올과 환각제는 가장 효과적인 방법들이다.

인간의 모든 경험은, 이 방법 저 방법으로 인간이 스스로 획득하고 누린다고 주장하는 자유가 더 커다란 예속과 더 엄격하게 결정지어지는 상태로 끝난다는 사실을 우리에게 보여준다. 루이16세의 전제정치를 철폐하자 국민공회의 독재정치가 뒤따랐다. 역사적으로 과거에 러시아 자본의 제국주의적 착취가 있었는데, 이제 소련이라는 공산주의 국가에 의한 흡혈귀적 착취가 뒤를 잇고 있다. 스스로를 자유로운 존재라고 선언할 때, 인간은 전적으로 자신이 "숭배하는 사슬들"에 속박되어 있다. 인간의 자유의 수단들은 가장 확실하게 자신이 노예가 되는 수단들이다. 이것은 현대의 엄청난 기술체계의 역사에서 드러난다.[65]

가설이 아니라 사실을 고려하고, 꿈과 욕망에 휩쓸리지 않는다면, 우리는 경험을 통해서 인간이 자신을 결정하는 요인들로부터 벗어날 수 없다는 사실을 받아들이게 된다. 인간이 할 수 있는 최선의 일이란 결국 하나의 결정적 요소를 제거하여 또 다른 결정적 요소에 얽매이는 변화를 불러일으키는 것뿐이다. 가장 큰 유혹은, 철학자들의 예에서 보듯이, 암울한 현실에 눈을 감고, 자유의 꿈들이 부엉이의 조용한 비상 속에 피어나도록 이성의 잠을 누리는 것이다. 그리고 명료하게 반복해서 말하지는 않지만, 꿈을 꾸면서 속삭인다. "나는 폐위된 왕이지만, 환상의 왕국은 내 것이다."

포로의 경우와 마찬가지로, 자유는 인간의 외부에서 와야 한다.[66] 외

---

65) [역주] 저자 자끄 엘륄은 *Le système technicien*(1977), (『기술체계』, 대장간 역간, 2013)에서 기술의 문제를 자세히 분석하며 그 영적인 의미를 제시하고 있다.

66) 여기서 우리는 가톨릭 신학의 큰 줄기와 대립한다. 최근에 몇몇 개신교 신학자들은 그 신학을 이어받았다. 예컨대 루이 페브르(Louis Fèvre)는 1969년에 출간한 *La liberté des chrétiens*(그리스도인의 자유)에서 하나님은 인간을 신뢰하고, 제2차 바티간 공의회에서 교회는 인간과 그 창조성과 경험과 자유를 신뢰한다고 선언한다. 교회가 "인간의 자유를 인정하고 강화하게" 된 것이다. 자유는 인간 개개인에게서 비롯될 수밖에 없고, 인간 안에서 솟아 나와야 하는 것이므로, 그리스도인의 자유는 인간의 자유에 대해 그 온전한 의미를 전달하는 것에 그친다. 그러므로 개개인이 스스로 만들어야 한다. 이런 식의 낭만적인 주장은 아주 커다란 위안이 될 수도 있다. 그러나 그것은 성서와는 아무런 상관

부적인 요소의 개입이 있어야 한다. 포로가 된 인간을 석방하는 결정을 내리고, 가능한 법적인 조치를 취하며 감옥의 문을 열어주는, 중간에 개입하는 누군가가 존재해야 한다. 다시 말하자면, 감옥과 포로 사이에, 기계와 자원 사이에, 주인과 노예 사이에, 욕구와 충족 사이에, 죽음과 죽는 인간 사이에 개입하는 누군가가 존재해야 한다. 죽음을 뛰어넘는 해방자가 존재하지 않는다면, '죽음을 향한 인간'에게 자유란 상상할 수도 없는 것이다. 외부의 중재자가 없다면 자유는 있을 수 없다.

그것은 자연계의 질서에서도 같다. 모든 영역에서 인간의 두 번째 자유를 현실적으로 가능하게 하는 조건은 바로 중재자의 존재이다. 말하는 데 있어서 입으로부터의 해방은 글 쓰는 손의 중재를 통해서 얻을 수 있고, 원시인 상태로부터의 해방은 도구의 중재를 통해서 얻을 수 있고, 자연으로부터의 해방은 문화의 중재를 통해 얻을 수 있다. 독재로부터의 해방은 법의 중재를 통해 얻을 수 있다. 나는 인간이 그런 해방을 얻을 수 있는 능력이 있다고 결코 주장하지 않았다. 그런 해방은 인간이 필요로 하는 자유에 근접한 것이다. 그러나 각각의 해방은 새로운 소외를 불러온다. 이것은 하나의 중재에 의해서 새로운 상황이 개입되는 것이다.

그러나 자유를 위해서는 인간적인 상황에 얽매이지 않는 중재자를 필요로 한다. 왜냐하면 이것은 인간 조건을 벗어나는 것이기 때문이다. 이 중재는, 자신의 구체적인 현실을 벗어나서 인간이기를 멈출 수 있는 인간 존재는 있을 수 없기 때문에, 인간에 의한 것일 수 없다. 또한 이 중재는 마르크스가 역사의 진전이라고 한 것과 같은 추상적인 힘에 의한 것일 수 없다. 왜냐하면 역사에는 필연성의 법칙만이 존재하기 때문이다. 필연적인 메커니즘은 자유에 도달할 수 없다. 더욱이 마르크스 이래로 우리는 공산주의세계를 가능하게 하는 것은 역사적 변증법이 아니라는 사

이 없는 주장이다.

실을 익히 알게 되었다. 거기에는 인간의 의지적인 개입이 있어야 했다. 동유럽이 공산화된 것은 역사에서 비롯된 것이 아니라, 소련군의 점령에 의한 것이다. 히틀러의 독일군에 대한 소련군의 승리는 변증법이나 절대적인 법칙의 결과가 아니고, 우연한 사건들의 조합과 군사력의 대립에 의한 것이다. 그것은 생산력 관계나 사회적 관계와는 상관이 없는 것이다.

필연성의 축적은 결코 새로운 이질적인 상황을 초래하지 않는다. 그것은 다른 필연성을 낳을 뿐이다. 자유가 가능하기 위해서는 전적인 타자의 개입이 있어야 한다. 그 전적인 타자는 인간 조건을 공유하지 않고, 어떤 필연성에도 매어있지 않다. 반면에 인간이 자유라는 새로운 존재 양식을 얻게 된다면, 인간은 죽음을 향한 존재이기를 그치고, 생명을 향한 존재가 된다. 왜냐하면 그 두 가지 경우는 상호간에 엄격한 질서를 유지하기 때문이다. 그렇다고 해서 거기에 어떤 자동적인 이행이 있다는 것은 아니다. 우리는 뒤에 가서 이것이 인류 전체에 다 유효한지에 대해 깊은 문제 제기를 해볼 것이다.

이 중재자는 죽음을 초월한 세계에서 와서 인간 조건에 갇혀 있지 않다. 그는 인간 조건을 짊어지고 결정적 요소들과 인간 조건 안으로 들어온다. 이 해방자에 의해, 또 이 해방자 안에 자유가 존재한다. 하나님의 아들 예수 그리스도 안에서 하나님은 이 해방자를 우리에게 주었다. 그는 다른 존재가 될 수 없다. 만약 그가 다른 존재가 된다면, 자유를 위한 소망은 존재할 수 없다. 예수 그리스도는 실존적으로 죽음을 향한 존재를 생명을 향한 존재로 만든다. 거기에 깊은 뿌리가 있다. 이제 그리스도 안에서는, 자연적인 관찰과 생물학적인 검토와 철학적인 분석에 의해 밝혀진 대로 인간을 평가할 수 없게 된다. 우리의 지각과 이성으로는 알 수 없는 차원에서 인간이 다른 존재가 되었다는 사실을 우리는 인정할 수밖에 없다. 이 변화는 인간 조건과 인간 역사 안에 전적인 타자를 개입시킨 하나님의 역사이다. 거기서부터 불에 의해 물이 수증기로 변화되듯이, 인간 역사와 인간 조건이 변화되었다. 수증기는 같은 것이면서 완전히 다른 것이다. 생명을 향한 존재는 자유를 얻을 수 있다.[67] 그러나 문제는 해방된 인간으로서 인간은 본질상 그 기원이 자유로운 인간은 아니라는 점이다. 인간은 새로운 상황에 놓여 있다. 그러나 이 상황은 인간에 대한 하나님의 뜻과 계명을 부정하는 것이 아니다. 정반대로, 인간이 이런 상황에 있는 까닭에 이제 하나님의 계명은 진정한 의미를 가지게 되는 것이다.

이것은 유추를 통해서 상황의 변화가 성서에 계시된 하나님의 뜻을 변경시키지 않는다는 사실을 상기시킨다. 바꾸어 말해서, "민족적인 전통 사회에서 세계적인 산업사회로의 변화에 따라 수반되는 가치들의 변화는 도덕이 근본적으로 변화된다는 인상을 준다. 계명들은 이미 다 지나가버린 성서의 족장시대나 봉건시대나 부르주아시대의 사회 유형들에나 맞는 것이다. 현대사회에 적합한 유일한 것은 무조건적인 사랑으로의 초대이다. 또한 사랑은 상황에 따라 다양한 모습을 띤다. 물론 신약성서에서도 무조건적인 사랑에 의한 유일무이한 예수 그리스도의 자기양도의 신비는, 아주 다양한 개별적인 경우에 따라, 다른 여러 사회적 상황에 따라 다른 형태를 띤다. 그러나 예수는 자신을 내어놓음으로써 율법과 예언들을 완성한다. 계명들이 없어지는 것이 아니라 실현되는 것이다. 상황은 규범을 대체하는 것이 아니라, 규범이 구현되는 자리를 마련하는 것이다. 마르크스주의자들과 프로이드적인 정신분석학자들은 계명을 지배계급의 이익이나, 본능을 통제하는 초자아와 동일시하기도 한

---

67) 보봉(Bovon)은 이 자유를 기독론적으로, 종말론적으로, 성령론적으로, 훌륭하게 규정했다. 여기서 나는 이 점에 대한 그의 분석을 참조할 것을 권고하는 것으로 만족한다.

다. 그렇다면 사랑에 의해 부정되지 않고 완성되는 율법의 내용은 과연 어떤 것인가?"[68]

이 모든 것은 예수 그리스도 안에서 얻은 자유와 이 자유의 윤리가 밀접하게 연관되어 발전된 것이다. 인간이 해방자의 개입에 의해 자유를 얻게 된 사실과 더불어서, 이 변화는 자유의 여정에서 인간이 주도적인 역할을 담당하는 뜻을 내포한다. 자유로운 존재는 자신의 자유에 대해 책임을 지게 된다. 그러므로 이제 우리는 존재에서 삶으로, 자신에게 주어진 새로운 신분에서 그 신분에 맞는 구체적인 삶의 발현으로 나아간다. 바꾸어 말해서, 이것은 우리가 그리스도의 인간해방에서 자유 가운데 살아가는 삶으로 나아가는 것을 말한다. 이것은 그리스도의 인도나 계명을 통해 이루어질 수 있는 것이 아니다.

그러나 그리스도인에게 있어서 대속과 해방이 곧 자유로운 삶으로의 진입을 뜻하는 것이 아니라는 점을 분명히 해야 한다. 해방은 자유로운 실존적 삶이나 존재를 위한 출발점이나 근거나 원칙이 되지 않는다. 성서가 기술하는 것은 정말 복합적이다. 우리를 해방하는 그리스도의 결정과 지속적인 갱신은 그리스도인의 삶에서 개입과 참여를 통해 늘 새롭게 자유를 표현하면서 계속 이어진다. 또한 거기에 종말론이 개입된다. 즉, 우리에게 자유를 유발하는 저항의 힘은 종말의 "마지막 때"로부터 온다. 이들 중 어느 하나도 따로 떼어놓을 수 없다.

대속은 항구적인 자유의 상태로 들어가는 것이 아니다. 그것은 하나의 덕목이 아니고 하나의 행위이다. "자유는 하나의 신분이 아니고 매순간 경험하는 사건일 수밖에 없다"는데 대해 우리는 말레와 불트만 그리

---

68) Colloque ERF – Eglise Monde, 1965, p. 7.

고 키르케고르와 전적으로 의견을 같이한다. 자유는 자유의 행위 속에 있다. 자유에 대해서 스토아주의적인 개념과 기독교적 개념을 대립시키는 말레의 이론은 정말 설득력 있게 보인다.[69]

자유의 윤리로 시작하는 것이 중요하다. 왜냐하면 여타의 모든 것이 그 안에 다 포함되고 또 거기서 나오기 때문이다. 그리스도 안에서 자유로운 존재가 나온다. 이것은 실제 살아가는 삶으로 나타난다. 자유를 얻는 것이 개입과 중재라는 해방자의 행위에서 나온 결과라고 할지라도, 일단 해방된 뒤에는 해방자가 인간의 행위를 후견자로서 감독하고 지도하는 것은 불가능하게 된다.[70] 이것은 과거에 제국주의 국가들에 의해 제기된 문제와 인간적인 차원에서 동일한 문제이다. 아프리카의 피식민지 국가들에게 자유를 주면서, 제국주의 국가들은 자유를 잘 이행할 수 있게 한다는 취지로서 피식민지 국가들의 후견자가 될 것을 자처했다. 이것은 인간적인 논리로서는 충분히 이해할 수 있다. 그러나 이것은 자유가 아니다. 그러므로 그리스도가 인간을 자유롭게 한 시점부터, 자유의 윤리의 문제는 자유롭게 된 인간이 내릴 수 있는 선택과 정향을 찾아

---

69) 말레(André Malet), *Mythos et Logos: La pensée de Rudolf Bultmann*, 1962, pp. 26-27, 221. "은혜로 구원받은 인간은 일이 아닌 행위로서의 순종에 대해 자유로운 존재가 된다. 은혜는 신에 대해 인간을 자기 자신으로부터 해방한다. 그렇기 때문에 인간은 루터의 말과 같이 '그것이 일어날 때까지'(donec factum fuerit) 하나님의 행동을 알 수 없고, 자유와 은혜의 관계를 예상할 수 없다. 하나님이 인간을 만날 때만 인간은 자유로운 존재가 될 수 있다. 왜냐하면 바로 그 만남을 통해서만 인간은 자유롭게 되기 때문이다. 그 만남을 통해서 인간은 하나님을 향한 불순종과 순종을 선택할 자유가 주어진다. 따라서 은혜가 임할 때만 자유는 존재할 수 있다."
　　나는 이 글의 근거인 예정설에 대한 논의는 하지 않을 것이지만, 이 훌륭한 글을 그대로 인용한다. 왜냐하면 이 글은 자유에 함축된 적지 않은 윤리적 의미들을 제시하고 있기 때문이다. 순종, 행위, 구원, 결정 등을 우리는 계속에서 살펴볼 것이다.
70) 이 개념은 하나의 진리에 동조함으로써 자유의 상실이라는 문제를 회피한다. 자유로운 행위가 하나의 진리에 동조하는 것이라면, 주체의 앙가주망에서의 주관적인 것과 신앙에서의 진리가 양립할 수 없는 것이 아닌가? 물론 그 진리가 과학적인 진리로 인지될 경우에 한해서 이런 문제가 제기될 수 있다. 그러나 믿음의 대상이 해방자일 경우 그 문제는 소멸되고 만다.

내는 것이다. 그것은 하나의 모범이나 교리나 행동규범이 아니어야 한다. 왜냐하면 그런 것을 통해서 윤리는 자유를 부정할 것이기 때문이다.

이제 마지막으로 지적할 점이 있다. 우리가 앞에서 소외된 인간의 조건과 결정론적인 요소들의 엄정성을 거론했을 때, 독자들이 과학적인 지식에 의해 우리로서는 점차 인정할 수밖에 없는 것들을 부인할 수 있다는 점을 나는 잘 알고 있다. 그러나 나는 여기서 그리스도인들을 대상으로 말하고자 한다. 인간이 가지는 거의 운명적인 필연성의 무게와 노예적 예속의 심연을 가장 근본적으로 입증하는 사실은 인간의 자유를 위해서는 하나님 자신의 죽음을 필요로 했다는 것이다. 성부는 성자를 잃어야 했다. 성자는 스스로를 비워서 인간이 되고 종이 되어 죽어야 했다. 성부와 성자의 자기희생이 있어야 했다. 겟세마네가 있어야 했다. 인간의 해방을 위해서 이 모든 것이 행해져야 했다. 해방자인 하나님이 행한 사역의 크기는 인간이 얽매어 있는 노예적 예속의 깊이를 명확히 밝혀준다.

만약에 그것이 인간 조건과 삶에서 부수적인 것에 지나지 않았더라면, 만약에 인간을 자유롭게 할 수 있는 다른 방법이 존재했더라면, 만약에 인간이 극복할 수 있을 정도로 미약한 결정론적인 요소들만이 있었더라면, 만약에 인간해방을 위해 작용되는 어떤 내재적인 메커니즘이 인류에게 존재했더라면, 자기 자신을 다 내어놓는 하나님의 주권적인 희생이 필요하지 않았을 것이다. 그렇다면 고통을 느낄 수 없는 존재인 하나님의 고뇌와 번민이 필요하지 않았을 것이다. 그렇다면 살아있는 하나님이 죽음에 뛰어들 필요가 없었을 것이다.

예수 그리스도의 십자가에 입각해서 또한 복음서가 묘사되어 있는, 그런 결말을 향해 예수가 나아갈 수밖에 없는 치밀하게 얽혀있는 상황들에 입각해서 우리는 인간에게 부과된 필연성의 무게를 파악해 나가야 한다. 우리는 그 무게를 하나도 덜어낼 수 없다. 더욱이 십자가에 입각할 때, 우리는 완전히 자유로운 존재인 예수가 구름 속을 떠다니고 물위를 걷는 것처럼 항상 그 자유를 행사하지 않았다는 사실을 알게 된다. 예수는 자신이 떠맡은 필연성의 세계에서 제한적으로 그 자유를 행사했다. 그는 배고픔을 겪었고 피곤함을 느꼈다. 그는 자신에게서 힘이 빠져나가는 걸 경험했고, 겟세마네에서 성부 하나님의 뜻을 강제적인 속박으로 느꼈다. 그는 사회적 환경에서 비롯된 강제적인 속박을 겪었다.

그렇다면 우리가 그리스도에 의해 해방된 존재로서 그리스도의 자유에 입각할 때, 이 해방은 필연적이고 결정적인 요소들이 하나도 제거되지 않은 상태임을 나타낸다. 우리는 우리 자신이 질병과 죽음에 예속되어 있다는 사실을 잘 안다. 우리는 흔히 이 사실을 난처한 것으로 여기고, 그리스도의 사역이나 우리의 신앙에서 하나의 결함으로 간주한다. 그러나 자유의 선포와 함께, 예수는 제자들이 세상으로부터 가장 격렬한 미움을 받는 대상이 될 것이라고 경고했다. "그들은 나를 박해한 것처럼 너희를 박해할 것이다. 너희가 세상에 속하였더라면, 세상은 너희를 인정하고, 세상에 속한 자들을 사랑할 것이다. 그러나 너희가 세상에 속하지 않기 때문에 세상은 너희를 미워할 것이다." 이것은 가장 큰 탄압이 일어나고 필연적이고 결정적인 요소들이 증대되는 걸 뜻한다. 이 요소들은 인간이 그리스도 안에서 구원을 받았을 때부터 필연적으로 크게 증대된다. 또한 그리스도 안에서 죽음이 극복되고, 부활이 실재가 된 까닭에 우리는 더 이상 죽음에 속아 넘어가지 않고 그것을 단순한 자연적인 종말이나 혹은 친구, 종결, 수면과 같이 여기는 것이다. 죽음은 공포의 왕이고, 창조세계의 위협이다. 그것이 부활의 승리 때문에 더 엄정해진다. 예수 그리스도의 십자가가 있기에, 우리는 더 이상 환상을 품거나 꾸

며낼 수 없다.

이와 같이 우리가 누리는 자유는 결코 필연성의 배제를 뜻하지 않는다. 우리는 결정적 요소들이 존재하는 가운데 그 요소들의 작용에 대해서 자유를 경험하게 되는 것이다. 필연성의 세계에서, 자유는 은혜로 유입되어, 자유로운 지역이나 특별한 권한을 형성하는 것이 아니고 세계를 상대로 긴장관계와 쟁의를 유발한다. 사람들은 명백한 확신을 보이면서 "결정론이나 자유나, 둘 중 하나가 존재할 뿐이다"라고 말한다. 이것은 정말 커다란 착각이다. 자유는 실재하는 필연성에 대응하여 작용한다는 점에서 의미를 가지는 것이다. 자유는 운명에 대해 승리하는 것이고 장애를 극복하는 것이고 한계를 넘어서는 것이고 신성시 된 것을 타파하는 것이고 반역한 인간을 제압하는 것이다.[71]

자유는 너무나 규칙적인 메커니즘에 하나의 작은 틈을 집어넣는 것이다. 자유는 인간이 강압적인 것들 가운데 숨을 쉴 수 있는 아주 작은 공간이다. 자유는 정치적 억압을 뒤로 물러나게 하는 것이고 인간에게 부과된 고통과 죽음을 넘어서게 하는 것이다. 그리스도인의 자유는 구체적인 자유로서 인간의 현실에서 경험하는 것이지, 영적인 신비주의 세계에서 경험하는 것이 아니다. 이 자유는 현실을 회피하는 것이 아니고 자각하는 것이다. 이 자유는 기적이나 교회의 품으로 도피하는 것이 아니고, 인간 전체를 파악하여서 존재의 새로운 차원으로 들어가게 하는 것이다. 이것이 적어도 윤리에 있어서 대속의 궁극적인 산물이다.[72]

---

71) 여기서 우리는 리쾨르가 지적한 변화를 본다. 리쾨르는 그 변화를 "…에도 불구하고"와 "더더욱"으로 표현하면서, 그것은 "…로부터의 자유"와 "…를 위한 자유"라는 루터의 표현에 상응하는 것이라고 한다. 죽음과 모든 필연들로부터 자유롭다는 것은 "…로부터의 자유"가 된다. 더더욱 풍성한 부활과 은혜 속에서 자유롭다는 것은 "…를 위한 자유"가 된다. 우리가 전개하려는 모든 논의는 이 구분에 따라 설정된 것이다. 리쾨르는 정확히 그 점을 명시한다. 자유는 소망에 따라 경험되는 것이다. "소망이 자유와 연관되는 것은 무엇인가? 모든 소망은 죽음을 향한 것과 죽음을 부정하는 것 사이의 불연속성을 나타내는 표지가 된다."(*Herméneutique de la liberté religieuse*, 1968)

72) 불트만은(예컨대 그의 저서 *Christianisme primitif*에서) 자유와 자율(혹은 독립)을 계속 혼

동하고 있다. 그는 특히 자유를 그리스와 헬레니즘의 유산으로 보면서, 자유는 구약에 없는 개념이라고 주장한다. 그는 스토아주의적인 현인의 자유와, 사도 바울이 말하는 그리스도인의 자유 사이에 '놀라운 유사성'을 발견한다고 한다. 나는 거기에 근본적인 모순이 존재하는 것으로 본다. 그리스 철학자들에게는 모든 것이 인간에 귀착된다. 그러나 불트만이 설정한 관계는 그가 "미래를 향해 완전히 열려있는" 그리스도인의 자유에 대해 가진 독특한 개념에 의거한다. 그리스도인의 자유(인간이 은총에 자신을 맡기며, 모든 만남에 열려있는)와 스토아주의적인 자유(스토아주의 철학자는 모든 만남에 닫혀있으면서 무시간적인 로고스 안에서 산다)를 구분하여 차이를 둘 때에도, 불트만은 그리스 철학의 자유의 개념을 수용하고, 그것을 관념적인 문제로 만들면서, 유대인의 해방의 모든 실상에 대해서 눈을 감아버린다. 그러면서 상당한 의미 변동이 일어난다. 자유는 영적인 선물에서 비롯되지만, "인간의 고유한 능력"이며 또 미래를 향해 열려있다는 것이다. 즉, 자유가 출현할 때마다 하나님이 역사한다는 주장을 받아들이는 것이다. 불트만의 주장이 혼란을 불러일으키는 것은 바로 이점으로서, 내가 그의 해석을 수용할 수 없는 이유가 된다.

3장 · 자유의 보편성

우리는 여기서 핵심적으로 중요한 선결 문제를 다룬다. 인간의 자유는 예수 그리스도의 희생과 부활에 기인한 것이고, 예수 그리스도가 온 것은 이 땅의 모든 인간들을 위한 것이고, 자유는 예수 그리스도의 주권에 따른 것이고, 예수 그리스도는 역사와 인류 전체의 주가 된다. 이와 같은 사실을 다 인정한다면, 현재 모든 인간들에게 이 자유가 존재하며 또 모두 다 자유를 누릴 수 있다는 걸 부정할 수 없을 것이다.[73] 인간은 노예였다. 이제 인간은 자유로운 존재이다. "인간은 모두가 다 창백하고 생기가 없는 모습으로 억눌려있었다. 그 소식이 전파되자, 모든 인간들이 다시 일어섰다." 이것은 비니가 『운명』[74]에서 훌륭하게 묘사한 구절이다. 인간조건 자체가 변화된다는 것이다. 그러나 이것은 우리가 제1장에서 기술한 내용과 명백하게 모순된다. 제1장에서 우리는 소외의 존재

---

73) 기독교 도덕을 위한 자유를 거론하는 로빈슨(J.A.T. Robinson)의 아주 피상적인 견해에 내가 동의할 수 없음은 명백하다. 그는 기독교 도덕의 내용이 장소와 시간에 따라 변천했다는 사실에 입각해서 자유를 규정했다. 정말 난처한 것은 그가 기독교 윤리와 상황 윤리를 혼동시킨다는 점이다. 그는 하나님의 명령의 항구성을 고려하지 않은 채 자유를 그 명령 위에 정초했다. 그와 반대로 기독교 윤리는 고정된 독트린이 아니다. 그러나 그는 자신의 저서(*Morale chrétienne auhourd'hui*)에서 돌이킬 수 없는 혼란상을 보인다. 예컨대 그가 "언제나 악한" 행위들(도둑질, 살인)은 "인간관계를 파괴하기" 때문에 악한 것이라고 주장할 때, 그는 인간관계와 '아가페'를 혼동하고 있다. 완고한 원칙주의에 반해서 자유를 옹호하고, 율법에 반해서 사랑을 옹호하는 그의 의도는 아주 존경할만하고 그리스도인으로서 합당한 것이다. 그러나 그의 논리가 너무나 단순하고도 피상적이기에 별로 얻을 것이 없다.

74) [역주] 비니(Alfred de Vigny), *Les Destinées*, 1864. 인용된 구절의 '그 소식'은 운명의 여신들에게 짓눌려 있는 인간 세상에 구원자가 와서 인류를 위해 십자가를 짐으로써 인류를 운명의 손아귀로부터 구원한다는 내용이다.

와 함께, 더 잘 알려져 있으며 또 더 많이 존재하는 '결정론적 요소들'에 관해 기술했다. 그렇지만 자유가 그리스도인들만의 전유물이라고 우리는 주장할 수 있을까? 그것은 용납할 수 없는 특권에 해당하지 않는가? 경험상으로는 그 반대가 맞지 않는가?

1. 형이상학적 자유와 자유의 윤리

그리스도 안의 자유를 인간 보편성의 문제로 제기하는 것은 내가 좀 경멸적으로 부르는 형이상학적인 관점에서 그 문제를 바라보는 것이다.[75] 그것은 또한 운명과 관련을 짓는 것이다. 그러나 우리는 소외를 하

---

[75] 물론 우리는 여기서 노예의지와 자유의지의 논쟁이나 예정설의 문제를 다루지 않을 것이다. 그러나 오늘날 16세기와는 전혀 다른 철학적인 견지에서 그 문제들이 제기되고 있다고 할지라도, 루터의 노예의지론은 나에게는 언제나 타당하게 여겨진다는 점을 분명히 하고 싶다. 그리스도인의 자유에 관한 이론도 마찬가지이다.

그럼에도 불구하고 루터가 은총으로 주어진 삶의 자유, 기독교 신앙을 실천해야 하는 자유의 의무, 종교의 자유에 대한 시민의 권리, 교회 안의 그리스도인의 자유를 구분하지 않아서 생긴 혼란은 분명하게 인식되어야 한다. 루터의 『바빌론 유수기 *La captivité de Babylone*』는 기독교 세계 내에서 기독교 세계와 관련하여 기록되었다. "교황이나 주교나 상관없이 그 누구도 그리스도인인 인간을 그의 동의가 없는 한 어떤 법에도 복종시킬 권한이 없다. 자발적인 동의가 없는 한, 어떤 인간이나 천사도 그리스도인에게 그 어느 법이라도 합당하게 부과할 수 없다." 이것은 사회의 모든 인간들이 그리스도인이고 권력기관은 그리스도 안에 주어진 자유를 인정한다는 것을 전제로 한다. 그런데 변화된 것은 상황만이 아니다. 우리는 여기서 실제로 인간과 사회의 관계에 관한 잘못된 해석과 더불어서 그리스도 안의 자유에 관한 잘못된 이해를 접한다.

자유에 대한 루터의 이해는 이원론적이고 유심론적인 특징을 강하게 가지고 있다는 점을 유념해야 한다. (육체가 독립적인 것이 영혼에 어떤 영향을 미치는가? 육체는 노예이지만 영혼은 노예가 아니다… 유일한 문제는 영적인 자유의 문제이다…. '모두가 당신의 것이다'라는 말은 영적인 지배를 말하는 것이고 영적인 부언이다. 그리스도인의 자유는 하나님을 사랑하고 하나님의 계명들에 순종하고 하나님의 사제가 되는데 있다. 자유의 행위는 금식하고 철야하고 하나님을 위해 봉사하는 것이다. 그리스도인의 영적인 자유는 신앙에 기인하고, 자유의 행위는 사랑에 연유하는 것이다.) 그것은 루터로 하여금 그리스도인의 자유는 남들로부터 독립하는 데 있지 않고 남들에게 봉사하는 데 있다는 사실을 천명하게 했다. (타인의 필요를 채워주는 것 이외의 일은 주장하지 말아야 한다.) 그러나 루터에게 있어서 자유의 문제는 거기서 연유하는 것이 아니다. "너희는 하늘이 열리고, 천사가 인자 위에 오르락내리락 하는 것을 보게 될 것이다." 바로 이 말씀에서 모든 죄와 율법과 계명으로부터 마음을 자유롭게 하는 진정한 영적인 자유가 나온다. 하늘이 땅 위에 드리워지듯이, 이 자유는 다른 모든 자유들 위에 드리워진다…"

나의 운명으로, 다시 말해서 하나의 불가피한 보편적인 힘으로 기술하지 않으려고 경계했다. 인간은 그런 힘을 가지는 운명에 대해서 아무런 영향력도 없고, 간여도 못한다. 그것은 어떤 간섭이나 거부도 용납하지 않고 인간의 삶 전부를 엄격하게 통제한다. 이것이 우리가 보려는 문제가 아니다. 인간이 톱니바퀴들로 잘 구성된 기계에 지나지 않으며 아주 준엄하고 세부적인 법칙을 준수해야 하는 존재에 불과하다는 사실을 알아내는 것이 우리의 의도가 아니다. 이 운명에 대해서는 단호한 문제 제기가 필요할 것이다.

하나의 가설은 예수 그리스도가 인류 전체를 위한 사명을 완수하여 운명에 승리를 거두었다는 것이다. 이제 운명은 더 이상 운명일 수 없다. 마치 기계장치에 아주 작은 틈이 생긴 것처럼 운명에 약간의 차질이 생긴다면, 운명은 기필코 목적을 달성하지는 못한다. 한 인간이 운명을 벗어난다면, 운명은 더 이상 운명이 아니다. 이제 운명은 불안정하고 불확실한 힘이다. 이제 운명은 사람들에게 모두 다 여지없이 작용할 수 없다. 하나의 우주적인 기적이 일어났다. 과거의 사람들에게는 신들조차도 복종해야만 했던 하나의 힘이 이제 아무 것도 아니게 된 것이다. 자유의 문제가 그런 것이라면, 모든 사람들은 운명에서 벗어남으로써 이제 자유로운 존재가 된다.

다른 하나의 가설은 예수 그리스도의 사역은 그를 하나님의 아들이자 구주로 믿는 사람들에게만 적용된다는 것이다. 그렇다면 무슨 의미가 되는가? 모든 사람들에게 운명은 운명으로 유지되어 변경시킬 수도 없고 변화될 수도 없다. 다만 믿음으로 예수 그리스도와 결합하여 운명의 굴레에서 벗어날 때, 인간은 운명을 이기고 극복해서 거기서 벗어날 가능성과 잠재성을 가지게 된다.[76]

---

76) 내가 보기에 운명의 문제를 다시 부각시킨 것은 레오폴드 손디였다(Léopold Szondi,

앞의 두 가설들은 모두 다 부정확하게 보인다. 첫째 가설의 경우에 내가 받아들일 수 없는 것은 그리스도의 사역의 마법적인 요소이다. 인간은 완전히 수동적인 대상이고, 예수 그리스도의 사역은 일종의 '사효적 효력'을 지니는 것 같다. 인간을 배제하여, 인간은 아무 것도 모르는 상태에서 전혀 참가하지 않은 채로, 모든 일이 진행된다. 요술 막대기처럼, 인간이 모르는 은밀한 일이 수행됨으로서, 인간이 변화되는 것이다. 그 일이 벌어지는 곳은 하늘이든 지옥이든 인간과는 아무 상관이 없는 곳이다. 예수 그리스도의 승리는 성부 하나님과 성자 하나님 간의 일이다. 여기서 물론 인간의 해방을 위한 몸값을 흥정하느라고 하나님과 사단 사이에 어두운 뒷거래가 있었다는 가설을 펼치는 몇몇 교부들의 주장은 논외로 한다. 인간은 노예였는데, 이제 자유로운 존재이다. 거기에 대해 인간이 아는 것은 아무 것도 없다. 그리스도가 전해졌든 아니든, 세례를 받았든 아니든 상관없이 인간은 자유로운 존재가 된다. 그는 그 사실을 알지 못한 채, 이제 운명에서 해방된 인간으로서 책임을 가지고 삶을 영위한다. 그러므로 역사에는 두 범주의 인간들이 존재하게 된다. 즉, 운명 속에서 수만 년 동안 살았던 인간들이 하나의 범주를 이룬다면, 성육신 사건 이후로 자유로운 존재로 살아가는 인간들이 또 다른 범주를 형성한다.

이 모든 주장을 나는 받아들일 수 없다. 그것은 성서가 예수 그리스도에 관해 증언하는 것과 일치하지 않는다. 그리스도는 성육신하였고, 그리스도의 사역은, 우주적인 차원의 사역이지만, 이 땅위에서 성취되었다. 이 사실은 인간을 배제한 채로 세상 밖에서 역사하는 것을 원하지 않

Introduction à l'analyse du destin I, 1971). 그는 구체적인 결정론적 관점에서 문제를 보기 위해서 형이상학을 완전히 배제했다. 그의 책은 유전학과 심층심리학에 관한 흥미진진한 논집이었다. 거기서 운명이라는 개념이 구조, 기능, 본능 등의 모든 측면에서 파악된다.

는 하나님의 뜻을 보여준다. 만약에 하나님이 인간을 배제하고 세상 밖에서 역사하는 것이라면 성육신할 필요가 없었다. 하나님이 간단하게 운명을 제거해버리면 그만이었다. 일정한 시간과 공간에 성육신한다는 것은 예수가 단편적인 사역을 했다는 걸 의미한다. 그 사역은 시작과 표적들을 보여줄 뿐이다. 더욱이 성서 전체는 우리에게 하나님은 창조할 때부터 인간과 함께하지 않은 채로는 행동을 취하지 않는다는 사실을 말해준다.

하나님은 인간을 사랑한다. 그래서 하나님은 인간을 하나의 대상으로 삼지 않는다. 하나님은 인간을 존중한다. 그래서 하나님은 인간에 대한 역사를 밖에서 행하지 않는다. 하나님은 마법사가 아니다. 하나님은 인간의 사랑과 참여와 협조를 묵과하지 않는다. 예수의 치유 사역에는 인간의 협조가 있어야 했다. 인간의 협조는 기도와 신앙의 고백이었다. 하나님은 알리지 않은 채로 이해할 수 없는 활동을 펼치지 않는다. 왜냐하면 하나님의 계시는 그 불가해성 속에서도 인간에게 동역자가 누구인지 알려주는 것이기 때문이다. 이 모든 것은 예수 그리스도의 사역이 사효적인 효력을 가진다고 말할 수 없다는 점을 밝혀준다. 만일 사효적인 효력을 가진다면, 그것은 인간 존재와 본질을 예수 그리스도와는 무관한 독립적인 것으로 바꾸어버리는 것이다.

그러나 운명에 대한 승리가 인간의 신앙에 달려있다는 주장도 역시 받아들일 수 없다. 그것은 신앙과 인간을 극단적으로 과대평가하는 것이다. 그리스도의 사역은, 인간이 인식하여 결단과 신앙으로 활성화시킬 때까지, 수동적이고 잠재적인 상태로 남아있게 되는 것이다. 그리고 모든 것이 신앙에 달려있기에, 그것은 완전히 개인적인 것이 된다. 그러나 그리스도의 사역을, 닫혀있는 서랍의 알약 상자에서 서랍을 열고 알약을 취해서 삼키기 이전까지는 아무 효력이 없는 것과 같이 보는 것은 다른 하나의 가설만큼이나 계시와는 완전히 반대되는 것이다. 이것은 신앙이 인간을 자유로운 존재로 만든다는 뜻일 뿐만 아니라, 신앙을 공표하는 사람에게만 그리스도의 사역은 효과와 능력이 있다는 뜻이다. 자유의 영역에서는 믿음이 없어서 운명에 굴복하는 인간들과 믿음으로 자유로운 존재가 된 인간들로 구분되는 두 범주가 존재하지 않는다.

그 문제가 해결불가능한 점은 사람이 가진 형이상학적인 비전에 있는 것 같다. 노예의지냐 자유의지냐의 대논쟁은 논점이 잘못 제기된 것으로 보인다. 적어도 성서적으로는 자유는 그런 차원에 속하지 않는다.

은총 밖에 있는 인간이 스스로 자유로운 존재가 될 수 있는지 묻는 것은 성서에서 자유에 대해 말하고 있는 바가 아니다. 하나님이 인간에게 스스로를 계시할 때, 인간이 응답 여부를 선택할 자유가 있는지, 계시에 참여하는 것이 인간의 선택 사항인지 묻는 것은 잘못된 질문이다. 인간에게 어떤 의미를 결정해주는 운명이란 존재하지 않는다. 불가피한 운명도 신적인 운명도 존재하지 않는다. 인간과 하나님을 구분하는 것은 운명이 아니라 죄이다. 인간을 필연성과 결정론의 세계에 들어가게 하는 죄는 운명이 아니다. 자유의 문제는 인간이 하나님의 은총 앞에서 결정을 내리는 순간에, 영적인 운명을 선택하도록 요청받은 순간에 반드시 임한다는 법은 없다. 믿을지 안 믿을지 인간이 선택하는 것인가? 성서는 이 질문에 답하지 않지만, 그런 질문을 제기하지도 않는다. 사실 이 질문은 제기되지 않는다. 왜냐하면 죄가 넘을 수도 없고 극복할 수도 없는 장벽이고, 인간은 스스로는 결코 하나님에게 다가갈 수 없다는 점을 인정한다고 해도, 그리스도의 사역은 이 상황을 총체적으로 변경시키지는 않았다 하나님이 인간에게 스스로를 계시할 때, 모든 간극이 사라지고, 모든 방벽이 다 무너지기 때문이다. 선택할 것이 존재하지 않는다. 왜냐하면 이것은 이 길이냐 저 길이냐의 문제가 아니고, 서로 결정을 내릴 수 있는 가운데 형성되는 교제관계이기 때문이다. 인간에게 전해진 하나님의 말씀은 그 자체로 인간으로 하여금 이 말씀을 _{말씀은 인간의 귀와 눈을 연다} 경청하는 상황으로 인도하고, 하나님의 일에 함께하고, 하나님과의 교제 가운데 들어가게 한다.[77]

사람들은 유감스럽게도 사단의 행위와 운명을 혼동하고, 죄의 행위와 노예의지를 혼동했다. 이것은 우리로 하여금 '이미, 그러나 아직'을 다시 찾게 한다. '이미, 그러나 아직'은 나에게는 논의의 여지가 없이 명백한 것으로 보인다. 천국은 이미 우리 가운데 임했다. 그러나 주는 마지막 때에 다시 올 것이다. 주에 의해 우리는 구원을 받았지만, 그러나 두려움과 떨림으로 우리의 구원을 이루어가야 한다. 그 진행은 논리적으로는 실제로 도저히 설명이 불가능한 것이다. 왜냐하면 예컨대 천국은 현재는 잠재적으로만 있고, 나중에 가서 실현되고 완성될 것이라고 꼭 말할 수는 없기 때문이다. 아니, 그리스도의 사역은 이미 충분히 완전하며, 단순히 잠재적인 것이 아니다.

그리스도의 사역은 이미 모두가 현실적으로 성취되었다. 그러나 사람들이 그걸 볼 수 있고 만질 수 있는 정도는 아니다. 그렇다고 원리들이 먼저 제시되고 나중에 그 후속 절차가 이어질 것이라고 할 수 없다. 또 구원이 내적으로는 실현되었지만 실제로 볼 수 있는 것은 마지막 때에 가야만 한다고는 더더욱 말할 수 없다. 논리적으로 연결되는 어떤 설명도 충분하지 않다. 모순적인 두 개의 진리를 그대로 함께 유지해야만 한다.

하나님과의 단절이라는 죄에 대해서 보면 _{연관되는 여러 다양한 형태의 악행}

---

77) 카스텔리(Castelli)는 1968년 출간된 *L'herméneutique de la liberté religieuse*(종교적 자유의 해석학)에서 이 점을 아주 강력하게 말하고 있다. "자유는 비본래적인 것에 속하지 본래적인 것에 속하지 않는다. 우리는 '2+2=4'를 믿지 않을 자유가 없다. 그러나 비본래적인 것은 우리의 계시에 대한 믿음을 인증해준다."

들뿐만 아니라 그리스도 안에서 그 죄는 제거되었다고 말할 수 있다. 왜냐하면 그리스도 안에서 하나님과 인간의 연합이 일어났고, 더 이상 단절이 없고, 그리스도를 통해서 하나님과 인간 사이에 화해가 완전히 성취되었기 때문이다. 그리스도 안에서 이루어진 이 완전한 화해 때문에 인류 전체가 하나님과 화해하게 되었다. 하나님이 인간과의 화해를 정립했다고도 말할 수 있다. 하나님이 인류 전체와 자신을 화해시켰다. 거기에 아무도 예외가 없다는 건 확실한 사실이다.

그러나 모든 인간들이 이렇게 얻은 화해의 삶을 살고 있고, 또 화해한 사람같이 처신하고 있다고는 말할 수 없다. 또 화해가 이제 인간에게서 하나님에게로 향하고 있다고도 말할 수 없다. 둘 사이의 간극은 채워지고, 단절은 더 이상 존재하지 않는다. 그러나 인간은 그 어느 때보다도 더 하나님과의 간극이 무한하게 먼 것처럼, 더더욱 근본적인 단절이 있는 것처럼 행동한다. 인간의 태도는 이 간극을 더 부각시키려는 것처럼 보이기도 한다. 이상하게도, 명백한 관계단절이 있었을 때는, 인간이 종교, 서원, 희생제사, 신전, 기도, 마법 등과 같은 모든 수단들을 다 동원해서 부재하는 하나님에게 다가가려고 했다. 그러나 하나님이 현존하고 또 인간과 화해한 지금, 인간은 하나님과 만나고 함께할 길을 다 철저하게 부정하고, 하나님을 하늘이나 허무 속으로 보내버리려고 한다. 그래서 더 이상 존재하지 않는 관계단절을 절대화하려고 한다.

이런 사실과 함께 기독교가 있는 곳에서는 어디나 진리가 인간의 반역성을 최고로 극대화시키고 있다는 점을 확인하게 된다. 그 반역성은 가장 철저하고도 공격적이다. 그리스도의 사역은 보편적이지만, 동시에 그 혜택을 받은 인간들에게 의해 중단되고 부인되고 훼손되고 있다고 말할 수 있다. 거기서 죄의 발현뿐만 아니라, 반역하는 세력의 역사, 즉 고소자 사단의 역사를 찾아볼 수 있다는 건 분명하다. 왜냐하면 그것이 사단이 하는 일이라는 것을 우리는 확인했기 때문이다. 물론 우리는 사단과 그 권세들이 십자가에서 예수 그리스도의 죽음으로 패배했다는 사실을 알고 있다.

그러므로 사단은 먼저 하나님 앞에서 고소자로서의 권리를 다 상실했다. 그는 하늘로부터 내던져졌다. 예전에는 하나님 앞에서 끊임없이 인간을 비난하여 최고의 형을 받게 하려는 고소자가 있었던 반면에, 이제는 반대로 하나님 우편에서 끊임없이 인간을 변호하고 중보하고 사면의 은총을 받게 하려는 그리스도가 있다. 자기 자신이 죄인이 받아야 할 벌을 대신 받았기 때문에 그리스도는 그렇게 할 수 있다. 이런 전통적인 이미지는 물론 이미지로만 보아야 하는데, 그것을 구체적인 실재로 혼동하는 것은 정말 어리석은 일이다 훌륭하게 보이고, 상황을 잘 고려한 듯하다.

그래서 사단은 자신의 최후의 능력까지 다 상실했다. 거짓의 아비이자 살인자인 사단은 승리할 가능성이 하나도 없게 되었다. 왜냐하면 절대의 진리가 성육신하여 우리 가운데 살았기 때문이다. 죽음은 죽은 자를 풀어주어야 했기 때문에, 나의 부활이 실제로 일어났다. 죽은 자는 죽음에서 벗어난다. 영적인 차원이나 사도들의 신앙 속에 그치지 않고, 요한복음이 전한 가장 구체적인 차원에서, 죽음으로부터 벗어난 것이다. 사단에 대한 승리는 그 성과가 점차적으로 진행되고 그 효과를 나중에 발견하게 되는 잠재성으로 그치지 않는다. 그 승리는 지금 현재 확보한 것으로 철회될 수도 없고 되돌릴 수도 없는 것이다. 사단은 사단으로서 고발되었다. 거기에는 어떤 혼동도 있을 수 없다. 에덴의 역사를 다시 시작하는 것은 불가능하다.

한편, 사단이 그리스도에 의해 아주 긴 천년 동안 갇혀 있는가 하면, 또 잠깐 동안 사단이 풀려난다고 요한계시록은 전한다. 여기서 그 시간의 차이만이 아니라 그 정도의 차이가 대비되는 것 같다. 그것은 사단이 아주 짧은 기간 동안 활동할 수 있는 가능성을 뜻할 뿐만 아니라, 사단의 절대적인 능력은 소멸되었다 하더라도 상대적이고 미미한 능력은 남아 있다는 뜻이다.

그것은 출애굽기의 십계명에 관한 본문 중에 "천대까지… 삼 사대까지"[78]라는 하나님의 용서에 관한 구절에서 대비되는 것과 동일하다. 사단은 이 세상의 왕이다. 세상은 사단에게 속한다는 사실은 이미 언급했다. 사단은 세상의 능력과 영광과 함께 세상의 진보와 역사를 소유하고 있다. 사단은 자본주의체제들과 제국주의체제들을 창설하고, 국가들을 세우고, 혁명을 일으키고, 도덕을 수립하며 반도덕적인 행위들을 유발하고, 진보의 구조를 세우고는 거기에 악영향을 미친다. 세상에서 일어나는 사건들은 사단의 행위가 불러온 결과물이다. 그 모든 사건들은 역사를 구성하고 하나님은 그 역사를 이용하여 하나님의 나라를 세운다.

그럼에도 불구하고 "예수 그리스도 이후로 역사는 인간과 결합한 하나님의 역사이고, 하나님의 역사와 세속의 역사 사이에 이제 더 이상 차이가 없다"라고 말할 만큼 사정이 그리 단순한 것이 아니다.[79] 이것은 맞는 말이면서도 틀린 말이다. 왜냐하면 역사의 구성요소들은 예수 그리스도 이래로 요한계시록에 묘사된 것과 같기 때문이다. 그 요소들은 전쟁과 정치권력, 기근과 경제권력, 질병과 인구학적인 모든 상황, 그리고 네 번째로 앞의 세 요소들과 함께 등장하는 진정한 승리자인 하나님의 말씀이다.

---

78) [역주] "인자를 천대까지 베풀며 악과 과실과 죄를 용서하리라. 그러나 벌을 면제하지는 아니하고 아버지의 악행을 자손 삼사 대까지 보응하리라."(출 3:9)

79) 여기서 "이미-그러나 아직"의 변증법적인 논리를 펼치는 대신에, *Un discours de circonstance*(시사적인 담론)에 담긴 키르케고르의 주목할 만한 표현을 다시 언급해볼 수 있다. "사도 바울이 '나는 로마시민이다'라고 할 때, 그는 감옥에 갇힐 수 없는 존재이기에, 자유로운 상태로 억류되었다. 누군가 '나는 영원한 세계의 자유로운 시민이다'라고 할 때, 필연의 세계는 그를 포로로 붙잡을 수 없고, 자유로운 상태로 억류할 수 있을 뿐이다."

역사는 '거짓의 아비'에 의해 언제나 만들어진다. 거짓의 아비인 사단은 인간의 모든 행위와 소망에 대해 예기치 않은 성과들을 끊임없이 제공한다. '속이는 자'인 사단은 인간이 기대할 수 있는 모든 합당한 것들에 대해 인간으로 하여금 끝없이 절망하게 한다. '분열시키는 자'인 사단은 국가적인 차원에서와 같이 개인적인 차원에서도 존재 안에 이미 형성된 일체성들을 무너뜨린다. 사단은 더 이상 승리를 바랄 수 없고, 인간을 파멸시킬 힘도 없지만, 역사가 흘러가는 방향을 끊임없이 교란시키고, 하나님이 개인에게 맡긴 사역을 좌절시키고, 인간을 서로 적대하게 하며, 언제나 더 가혹한 필연성의 무게로 인간을 짓누르고, 빠져 나올 수 없는 모순성 속에 살아가게 한다.

이와 같은 것이 마태복음 24장에 기록된 '마지막 때'의 특징이다. 우리가 살아가는 구체적인 역사의 보이는 현실을 부정하는 것은 유치한 일이다. 또한 본질적인 것이라고 여기는 것에 예컨대 '죄가 많은 곳에 은혜가 넘친다'는 것에 기초해 수립한 교리를 구실로 해서 모든 묵시론적인 사상을 "하찮은 유대 묵시록들"로 치부하며 경멸적으로 거부하면서, 성서를 부정하는 것도 유치한 일이다. 물론 인간은 이제 '마지막 때'에 들어갔다. 물론 예수의 역사적인 강림 이래로 시간은 바뀌었다. 서기 1년 이후로 역사는 그 이전과는 더 이상 동일한 역사가 아니다. 질적인 변화가 일어났고 시간의 질서에 단절이 생겼다. 너무나 이해할 수 없고 불합리해 보이고, 역사가로서 받아들일 수 없게 여겨진다 하더라도, 우리는 1960년의 역사를 50만 년 전의 역사와 같이 이해할 수는 없는 일이다. 영적이고 신적인 단절만이 아니라, 역사의 구체적인 내용과 의미가 실제로 변화한 것이다.

그러나 이것이 인간이 "새로운 시대"에 들어섰다는 의미는 아니라는 데에 모든 신학자들이 동의한다. 새로운 창조세계는 거기에 존재하지 않을 뿐더러, 인간이 이룬 역사적 업적이나 문명의 차원에서 아직 시작되지도 않았다. 그 세계는 모든 것에 감추어져 있고, 내포되어 있으며, 은폐되어 있고, 흩어져 있으며, 보이지 않고, 측량될 수 없다. 천국인 그 세계는 밀가루와 다르지만 거기 섞여서 궁극적으로 밀가루를 변화시키는 '누룩'이자, 흙과 다른 것으로 흙과도 씨앗 자체와도 다른 산물을 낳는 '흙 속의 씨앗'이자, 인간이 이용하기 전에는 존재한다 하더라도 감춰져있고 무용한 '밭 속의 보물'이다. 그 세계의 존재 때문에 모든 것이 바뀌었는데, 그럼에도 불구하고 아무 것도 바뀌지 않았다.

역사가는 주후 이천년의 역사를 이전 시대의 역사와 동일한 방식으로 기술할 수 있다. 이것은 우리가 그리스도의 사역을 오직 영적인 것으로만 이해하기 천국이 '이미' 왔다는 사실이 제일 중요한 사람들에게는 커다란 유혹이다 원하지 않는다 하더라도, 현재의 실현된 예수 그리스도의 주권이 발현되어서 인간과 인간의 행위와 사회와 역사를 변화시킨다는 점을 결코 인정하지 않는다는 증거가 된다. '마지막 때'에 우리가 예수 그리스도의 주권 하에 있다는 사실이, 천국이 우리의 노력에 의해 실현되고 과학과 기술의 발전이 어찌됐든 천국의 도래를 준비하게 한다는 걸 뜻하는 것은 아니다. 우리는 아직 모두 다 거기에 못 미친다. 그리스도에 의해 넘어섰다 할지라도 언제나 완벽하게 현존하는 그 장벽 안쪽에 우리는 아직 머물러 있다. 인간은 전혀 '새로운 아담'이 되지 못했다. 그리스도의 주권 하에 있다는 사실이 인간이 이루어가는 역사의 왜곡된 특성을 변화시킬 수 없다.

그러나 우리는 그것을 구원의 문제와는 신중하게 구분해야 한다. 교리적인 진리로서 전수할 수는 없지만, 나는 모든 인간들이 하나도 예외 없이 그리스도 안에서 구원받는다는 사실을 인정한다. 구원의 보편성은 그리스도에게 모든 죄가 전가되었다는 사실과 연관된다고 본다. 예수는 하나님이었기에, 예수가 짊어졌던 것이 죄의 일부분일 수도 없었고, 죄를 지은 인류의 일부분일 수도 없었다. 예수의 신성 그 자체가 예수가 인류의 모든 죄를 다 짊어졌다는 사실을 뜻한다. 그러므로 그리스도 안에서 다시는 정죄가 없다. 이것은 믿지 않는 사람도 포함한 모든 시대의 모든 인류에게 사랑인 하나님에 의해 은총으로 주어진 것이리라. 이것은 내가 믿는 바로서, 거기에 수반되는 신학적, 성서적 난제를 숨길 생각은 없다.

그러나 구원의 보편성을 믿는다고 해서 내가 인간의 행위와 구원의 연관성을 인정하는 것은 아니다. 예수 그리스도의 주권은 인간이 이룩한 것이 아니다. 인간은 자신의 행위와 상관없이 구원을 받는다. 인간의 행위가 구원의 보편성에 의해 반드시 타당성이 주어지는 것은 아니다. 인간은 자신이 이룬 역사에도 불구하고 예수 그리스도의 주권 하에 있다. 인간이 스스로 이루어가는 인간의 역사는 그리스도의 주권에 의해 반드시 인준되어 유효하게 되는 것은 아니다. 그리스도의 주권과 구원의 보편성이 인간에게 보편적으로 주어진 자유를 불러오는 것은 아니다. 이 자유는, 알던 모르던, 원하던 원하지 않던 간에, 인간에게 주어지는 자유가 아니다. 인간에게 아담의 최초의 자유가 회복된 것이 아니다. 인간에게 본성의 자유가 예컨대 이것은 하나님이 원하여 창조한 인간에 관한 모든 말씀과 역사가 인간 전체에 보편적으로 다 적용될 수 있게 한다 주어지는 것이 아니다.

인간은 언제나 믿음을 떠나서는 하나님과의 화해를 이미 화해가 이루어졌음에도 불구하고 거부하는 존재이다. 인간은 언제나 믿음을 떠나서는 예수 그리스도가 받은 세 가지 유혹들에 굴복하고 마는 존재이다. 이 세 가지 유혹들을 통해서 비로소 우리가 예수 그리스도의 자유의 실체를 알게 되었지만, 현재 실존하는 인간이 가고 있는 길이 그 유혹들을 따르는 길이라면, 우리는 그 인간이 전혀 자유롭지 않다는 사실을 인정할 수밖에 없다. 구원을 받은 인간은 노예적 예속상태에 있다 하더라도 구원받은 존재이다. 그러나 구원이 필연적으로 자유를 불러오는 것은 아니다. 모든 인간이 예수 그리스도의 사역으로 천국에 속하게 되는 구원의 사실이 자유를 통해 발현되는 것은 아니다. 우리 이전에 있던 모든 것은 아주 확실하며 성서적으로도 정확한 것으로 보인다. 인간의 행위와 역사에 대한 논의와 함께, 예수의 현재적이고 보편적인 주권에 대해 매우 강한 논란이 존재하지 않았다면, 우리는 이 문제들을 이렇게 강조하지는 않았을 것이다.

이제 우리는 예수 그리스도에 의해서 인간이 얻은 자유의 의미가 어떤 것인지 명확히 해야 할 필요가 있다. 이것은 예수 그리스도의 주권의 보편성이라는 문제와 연결된다. 보편적이라고 하지만, 이 주권은 감추어져 있다. 근본적이라고 하지만, 이 주권은 표명되지 않는다. 제정된 것이라고 하지만, 이 주권은 제도화되어 있지 않다. 군주적이라고 하지만, 이 주권은 중재적이다.[80]

총체적이라고 하지만, 이 주권은 유보적인 것이다. 이것은 내게는 쉽게 설명될 수 있는 것으로 보인다. 사실 여기서 말하는 것은 섬기는 종의 주권이다. 성부에 의해 모든 권능과 모든 이름 위에 높이 세워졌다는 사

---

80) 예수 그리스도 안에서 집단적인 해방이란 존재하지 않고, 자유는 개인적인 행위로 개인에게만 관련된다고 또다시 반복해야 하는가. 키르케고르는 말했다. "그리스도는 인간들을 향하여 개별적으로 '너는 구원받기를 원하느냐?'고 물으면서 초대한다. 그런데 오늘날은 이와 반대로 사람들이 그리스도는 인류라는 종(種)을 구원했다는 무의미한 교리를 만들었다. 그것은 허튼 소리이다. 설사 그리스도가 그러기를 원했다 해도 그리스도는 그렇게 할 수 없을 것이다. 왜냐하면 종이란 소멸되는 범주에 속하는 것이고 구원이란 바로 그 종에서 벗어나는 것이기 때문이다."(Journal, ad NRF. t.V, p. 69) "비교하며 살라"에 관한 훌륭한 글에서, 그는 반기독교적인 표현인 "남들처럼 살려는" 생각을 규탄한다. 키르케고르는 인간혐오자도, 자기중심주의자도, 심기증 환자도 아니라는 사실을 유념하자. 그는 덧붙인다. "그러나 그 말을 해야만 하는 나는 인간 집단을 그렇게도 사랑하는 존재이고, 또 이 인간 집단은 나로 하여금 하나님의 섭리에 따라 이 준엄하고 단호한 태도를 취하게 한다는 사실은 얼마나 애석한 일인가."

실 때문에 그리스도가 섬기는 종이기를 그만둘 수는 없다. 간단하게 말하자면, 말씀이 하나님인 단계가 따로 있고, 그 다음에 낮아져서 섬기는 종이 되는 단계가 따로 있고, 이어서 예수가 주권자로 높임을 받는 단계가 따로 있는 것이 아니다. 겸손히 섬기는 종인 예수는 동시에 가시관을 쓴 구주이다. 부활의 영광의 그리스도인 예수는 동시에 고통당하는 섬기는 종으로서 하나님 앞에 희생제물로 바쳐진 어린양이다. 그렇다면 예수의 주권은 왕이 지배하는 왕권이 아니다.

이 예수의 주권은 인간이 행사하는 정치권력인 세상 국가들의 주권과 대립된다. 예수의 주권은 사랑의 주권으로서 어떤 강압도 없이 오직 상호적인 사랑의 관계에서 행사되는 것이다. 그래서 결코 권위적인 지배 형태를 띠지 않는다. 구주 예수는 언제나 문 앞에서 문을 두드리며 문이 열리기를 기다린다. 그렇게 할 수 없기 때문이 아니라 그리스도는 자신의 권한을 받아들이는 사람의 허락이 없이는 자신의 권한 행사를 원하지 않기 때문이다. 그리스도의 주권에는 사랑 이외에 다른 어떤 것도 없기에, 그리스도는 오직 상호적인 사랑을 기초로 한 권한만을 가질 수 있다. 하나님이 인간을 사랑하는 사랑은 언제나 인간이 거부할 수 있고, 무시할 수 있다. 그렇게 되면 거기에 어떤 권한이나 주권도 존재할 수 없게 된다. 모든 것이 이 상호적인 사랑에 달려있는 것이다.

한걸음 더 나아가자. 이런 조건들 속에서 예수 그리스도의 주권은 직접적으로 행사하는 주권이 될 수 없다.[81] 그리스도는 인간과 역사를 통

---

81) 여기서 또다시 불신자들이 늘 오해하고 있는 대상을 언급할 필요가 있다. 바쿠닌(Bakounine)은 누구보다도 그것을 잘 표현했다. "하나님이 전능하다면, 인간은 자유롭지 않다." 이것이 인간이 상상한 하나님에 관한 말이라면 정확한 것이다. 그러나 이것은 예수 그리스도 안에 숨어있는 하나님과는 아무 상관이 없다. 고타(S. Gotta)는 1968년에 출간된 *L'herméneutique de la liberté religieuse*(종교적 자유의 해석학)에서 이점을 잘 밝혀주고 있다. "하나님이 숨어있지 않다면, 나는 하나님의 계시를 해석할 자유가 없다. 하나님은 번개처럼 환하게 나를 비추고 구속할 것이다. 하나님이 스스로 계시하지 않는다면, 나는 하나님을 찾아나서는 자유를 가지지 못할 것이다. 그런 가능성조차 없을 것이다. 이것은 나의 자유가 제한된 인간적인 틀 안에 완전히 갇혀 제약된다는 것을 뜻한다.

치하는 주권자로 스스로를 계시하지 않는다. 구약과 요한계시록에서 하나님이 영원한 주권자로 계시되는 것도 인간을 위한 것으로 인간을 대상으로 한 것이다. 즉, 하나님의 주권은 인간의 응답을 필요로 한다는 것이다. 명확하게 말하자면, 권위적으로 통치하지 않기 위해서 하나님은 "스스로 있는 자"라고 자신을 계시한 것이다.

인간의 관계단절과 타락에도 불구하고, 하나님은 에덴동산에서 아담에게 부여했던 중간관리자의 지위를 유지시키기로 결정한다. 하나님은 창조세계를 스스로 관리하지 않았다. 하나님은 아담에게 그 관리를 맡겼다. 관계단절에 의해서 인간은 더 이상 하나님을 위한 창조세계의 관리자가 아니다. 인간은 이 창조세계의 주인이 되기를 원했고, 또 그렇게 된다. 그러나 인간은 하나님이 설정했던 조건들과 다르게 창조세계를 착취한다. 인간은 예수가 말하는 포도원의 소작인이다. 인간은 생산물과 소유권을 다 가지려고 한다. 인간은 창조세계를 변질시키고 극도로 착취하여 어떤 휴식도 주지 않으며 자신의 잔인한 탐욕으로 지배한다. 반면에 이 창조세계는 인간에게 더 이상 우호적이지 않고, 인간에게 가시와 엉겅퀴를 생산한다. 창조세계는 위험과 거부와 적의를 드러낸다. 인간과 창조세계의 관계는 하나님이 원하던 바와는 더 이상 아무런 연관도 없게 되었다. 하나님은 인간을 향한 인내심과 존중으로 있는 그대로 그냥 내버려둔다.

그럼에도 불구하고 하나님은 주권자이다. 그러나 하나님은 더 이상 직접적인 통치를 원하지 않는다. 그것은 하나님이 아담에게 원했던 인

자유는 두 가지의 광기들, 즉 존재를 무너뜨리는 무질서와 자유를 무너뜨리는 압제에 굴복하고 말 것이다. 그러므로 숨어있는 하나님의 현존은 나의 자유를 수호한다." 그러나 그리스도인들에 의해 야기된 다음과 같은 엄청난 착각 앞에서 사람들은 혼란을 겪고 있다. 창세기 첫 장부터 성서 전체가 인간의 자유와 독립을 존중하고 보장하기 위해서 끊임없이 하나님이 스스로를 제한하고 있다는 걸 보여주는데, 어떻게 예수 그리스도의 하나님을 절대적인 결정권을 가진 하나님으로 말할 수 있단 말인가?

간의 동역을 배제시키는 것이다. 하지만 모든 인간들이 주 하나님과 창조세계를 중재할 수 있는 능력을 회복하는 것은 불가능한 일이다. 그것은 하나님의 주권을 인정하는 자에게만 가능하다. 그렇지 않다면, 그것은 전혀 무의미하게 될 것이다. 또한 그것은 하나님의 인내와 사랑이 아니라, 하나님의 포기와 소멸을 뜻하게 될 것이다. 인간이 예수 그리스도의 주권을 인정하지 않은 채로 중재적인 역할을 다시 맡게 된다면, 한편으로 그것은 하나님이 인간에게 창조세계의 관리권이 아니라 완전한 소유권을 부여했다는 뜻이 되고, 다른 한편으로 그러므로 에덴동산의 사단의 계획이 결국 성공했다는 뜻이 된다.

하나님이 인간에게 중재적인 역할을 맡긴 것은 인간이 영원한 하나님에 대한 신앙을 고백하면서 자신의 권력을 하나님을 위해 행사하게 하려는 것이다. 하나님이 부여한 이 권력이 예수 그리스도의 주권과 같은 형태와 모습을 띨 때 사실 이것이 하나님의 주권적 권능에 대해 우리가 알 수 있는 유일한 형태요 모습이다 이 주권은 오직 인간의 중재를 통해서 행사되는 것임을 뜻한다. 물론 모든 인간이 다 중재할 수 있다는 것은 아니다. 예수 그리스도를 알지도 인정하지도 않는 인간이 이 주권의 중재자가 될 수 있다는 주장은 정확히 말해서 누구나 다 예수 그리스도라는 말이 되고, 섬기는 종인 예수와 하나님 사이에 아무 관계도 없다는 말이 된다.

주 예수 그리스도에 대한 신앙고백을 하는 사람만이 하나님에 의해 이 주권의 대리자가 될 수 있다. 이 대리자가 되기 위해서 인간은 곧 자유로운 존재가 되어야 한다. 자유로운 존재로서 피조물인 인간은 하나님의 권능의 중재자가 된다. 자유가 회복되어야 인간은 그리스도의 주권을 행사할 수 있다. 여기서 두 가지 사항을 유념해야 한다. "이 주권은 인간의 중재를 통해서만 행사된다." "중재자가 되기 위해서 인간은 자유로운 존재여야 한다." 자유로운 존재로서 인간은 대리자요 왕 같은 제사장이다. 벧전2:9 이와 같은 인간의 자유에는 바로 이런 의미 이외에 다른 이유나 의미가 존재하지 않는다.[82]

자유의 모든 정향과 결정은 이 중재적인 역할에서 나온다. 자유의 모든 한계도 또한 마찬가지이다. 이 자유의 부름을 받은 모든 개인들도 또한 마찬가지이다. 이 자유는 채워야 하는 일종의 공백도, 용도가 불명확한 어떤 힘도, 활용해야 하는 가능성의 영역도, 아무렇게나 해도 될 일도 아니다. 이 자유는 대리자로서의 인간의 역할을 나타내는 기표이다. 또한 그 역도 성립한다. 앞에서 우리는 예수 그리스도의 주권은 현재 작용하는 동시에 은밀히 진행되고, 총체적이면서 유보적인 것이라고 했다. 그 모든 것은 그 주권이 인간에 의해 중재된다는 사실을 통해 나타난다.

예수 그리스도는 주권을 가진 왕이다. 그러나 현재 왕은 부재중이다. 많은 비유들이 그걸 말해준다. 왕의 주권적인 권능에 대한 기억과 언약만이 현재 존재한다. 예수 그리스도는 물론 구원자, 위로자, 하나님의 어린양으로서 세상이 끝날 때까지 교회와 더불어 교회 안에서 우리와 함께한다. 그러나 그리스도는 자신의 권능을 자신을 섬기는 사람들에게 위임했다. 이 임무를 위해 자유롭게 된 사람들에 의해 그리스도의 주권은 현재 역사하고 있다. 자유가 그리스도의 주권을 집행하며 표명하도록 부름 받은 인간의 조건이라는 것이 사실이라면, 자유에 대해서 형이상학적인 문제는 존재하지 않고, 윤리적인 문제만 존재하게 된다.[83] 왜

---

82) 이점에서 나는 틸리히에 전적으로 동의한다(Tillich, *Systematic Theology 1*). 틸리히는 칭의에 의해서 인간은 새로운 존재가 되어 자유를 찾게 된다고 단언한다. "구속과 두려움은 사라졌고, 복종은 복종이기를 멈추면서 자유로운 동의가 된다. 자아와 초자아는 일치한다. 이것은 율법에서 해방된 하나님의 자녀들의 자유이다. 정죄와 절망에서 벗어난 자유이다." 새로운 존재는 계명에서 벗어나고, 자유는 사랑에 기초한 새로운 도덕을 낳는다. 내 생각에 사랑과 자유의 관계에 대한 틸리히의 심오한 분석은 정말 명확하다. 우리는 다른 맥락에서 틸리히의 주장에 함께한다. 그러나 그 분석은 틸리히의 역사철학과는 정반대이다. (Tillich, *L'être nouveau*, trad. fr., 1970)

83) 몰트만은 소망에서 비롯되는 윤리를 파송의 윤리(선교에 주어지는 언약)로 규정했다(리쾨르는 이에 동조함). 이것은 아주 흥미로운 말이다. "파송을 통해서, 현재 맡게 된 사명

냐하면 인간이 집행하는 이 그리스도의 주권은 영광과 권능의 주권이 아니기 때문이다.

이 주권은 전능한 그리스도의 주권이 아니다. 이 중간 시대에, 이 은밀한 그리스도의 주권은 기적과 권능이 아니라 사랑과 말씀과 자유를 통해서 나타난다. 사단에게 구주가 되는 것을 거부할 때에도 예수 그리스도는 여전히 구주이듯이, 그리스도를 위해 그 권위를 행사하는 인간도 마찬가지이다. 인간은 빚을 탕감 받은 하인의 비유에서 나오듯이 동료들을 때리고 착취할 수 없다. 즉, 인간은 세상의 방식으로 그 권위를 사용할 수 없는 것이다. 그 권위는 희생된 어린양의 권위이다. 그렇지만 이 그리스도의 주권은 또한 사회와 사람들과 이 세상 속에서 나타나는 것이다. 바꾸어 말해서, 그리스도가 이 주권을 위탁한 인간의 어떤 행위를 통해서 나타난다. 인간은 자신의 행위와 삶과 결단과 선택에 따라 부름을 받아서 이 주권을 표명하는 것이다. 이 주권은 먼저 자기 자신에 관한 것으로 시작하지만, 자기 자신을 뛰어넘어 널리 표명되어야 한다. 이제 예수 그리스도가 구주라는 사실을 아는 사람만이 이 주권에 따라 살아갈 수 있다. 그래서 예수 그리스도가 참 하나님이고 참 인간이며, 모든 인류를 구원하기 위해서 십자가에 달려 죽고 또 부활했다는 사실을 믿고 고백하는 사람만이 하나님에 의해 예수 그리스도의 주권이 가지는 의미를 전달하는 역할을 담당할 수 있는 것이다.

이와 같이 하나님의 말씀의 역사는 맹목적이고 필연적인 사회적·정치적·경제적 세력들의 역사와는 다르다. 말씀의 역사는 언제나 선택이

은 언약에서 나오고 미래를 펼치게 한다." 이 파송의 윤리는 공동체적이고 정치적인 의미를 지니고, 주관성이나 개인적인 진정성에 초점을 맞추지 않으며, 모든 만유와 만물을 총괄하는 화해를 요청한다는 점을 유념해야 한다(Ricoeur, *Herméneutique de la liberté religieuse*). 물론 이 모든 말은 맞는 말이다. 그렇지만 파송이 소망의 윤리적인 모든 의미를 고갈시키는 것으로는 보이지 않는다. 진정한 윤리 문제는 자유의 문제이지 일부분에 불과한 파송의 문제가 아니다.

다. 말씀의 역사는 결코 일반화하고 전체화하지 않는다. 하나님이 모든 것 안에서 모든 것이 되기 전까지, 말씀은 일반적인 법이 되지 않고, 말씀이 적용되는 영역은 현실 세상 전체가 아니다. 그리스도인의 자유를 낳는 말씀의 자유는 한 인간이나 한 특별한 장소가 선택되었다는 사실을 보여준다. 선택받은 인간이나 장소는 창조세계의 질서에 따라 택함을 받은 것이 아니고, 말씀이 스스로 선택하고 정한 것이다.

"하나님의 나라는 진정 하나님의 나라이다." 이 말은 인간은 결코 하나님의 나라를 세울 수 없다는 뜻이다. 어떤 선교 열정도, 세상 속 어떤 행위도 신앙과 불신 사이에, 순종과 불순종 사이에 존재하는 경계를 결코 무너뜨릴 수 없다. 그 경계는 하나님의 주권의 영역과, 아직 하나님과 화해하지 않은 세상의 영역을 구분 짓는다. 사실 복음을 위해 봉사하는 사람들과 복음을 경멸하는 사람들이 구별되고, 복음을 존중하는 사람들과 복음을 해치는 사람들이 구별되는 것을 막을 길은 결코 없다. 이것은 교회와 세상을 구분하는 경계선이다.[84] 이것은 또한 예수 그리스도를 구주로 믿어 입술과 마음으로 신앙고백을 하는 사람에게만 자유가 존재한다는 사실을 밝혀준다. 자유를 얻은 인간에게 성화가 이루어져, 하나님에게 속한 것이 구현되기 위해서, 인간은 하나님의 계명이 자신을 심판한다는 사실을 인정해야 한다. 인간은 하나님의 심판 가운데 자신이 사형을 받아야 하는 죄인이라는 사실을 받아들여야 한다. 그 사실을 인정함으로서 비로소 인간은 자유로운 존재가 될 수 있기 때문이다. 이 이외에 다른 어떤 길도 없고 다른 어떤 가능성도 없다.

이것은 그리스도인의 진정한 겸손에서 영향을 받은 현대의 큰 사조에 반한다는 사실을 나는 잘 알고 있다. 그 사조에 따르면 그리스도인들은 다른 사람들과 전혀 다르지 않고, 그리스도의 사역은 실제로 모든 사람

---

84) Karl Barth, *Dogm. V*, p. 233.

들에게 전부 다 유효한 것이다. 우리는 이미 앞에서 부분적으로 그런 사조를 수용하고 있다는 점을 확인했다. 그러나 이것은 대리자와 중재자로서 그리스도인이 그리스도의 주권을 행사하는 부분은 예외로 한 것이다. 내 생각에 그리스도를 아는 사람과 모르는 사람을 구분하는 것은 불가피하다. 그리스도에 관한 지식은 단순히 가상적이고 이론적이고 지적인 것이 아니고, 성서적으로 보면 인격 전체가 연관되는 것이고, 삶 전체가 개입되는 것이다.

우리가 흔히 듣게 되는 말이 있다. "그리스도인과 비그리스도인의 유일한 차이는 그리스도인은 예수 그리스도가 누군지 안다는 데 있다." 나는 이 말에 동의한다. 단, 그리스도에게 삶 전체를 헌신하고 그리스도를 삶을 영위하는 지혜로 삼아 모든 삶의 중심과 방향으로 확정함으로써 그리스도를 아는 지식의 성서적 의미를 구현한다는 걸 전제로 한다. 그럴 때 이 지식은 보완적인 것이 아니라 결정적인 것이 된다.

이미 언급한 바와 같이 예수 그리스도의 주권의 대리자이자 중재자가 되기 위해서, 인간은 자유로운 존재가 되어야 한다. 이 두 가지 중대한 사항은 서로 결합되어 있다. 하나님이 부여한 자유는 오직 대리자이자 중재자의 사역을 위한 것이다. 역으로 자유로운 존재가 될 때만 인간은 주권의 중재자가 될 수 있다. 그렇다면 예수 그리스도가 자신의 주권자임을 아는 사람은 자유로운 존재이다.[85] 왜냐하면 한편으로 그가 자유롭

---

85) 이에 대해서 현대의 신학자들 중에서 바하니안(Vahanian)은 아주 단호하다. "신앙을 벗어나서는, 자유는 과거에 대해서만 누릴 수 있게 되고, 절대화된 할례나 무할례(율법주의의 한 형태)를 통해서 상실될 수밖에 없다." 그러면서 그는 그리스도인의 자유를 정확히 밝히면 밝힐수록, "기독교를 현재의 세상과 분리시키는 골이 더 깊어지는데, 그 이유는 오늘날 이 자유의 개념은 절대자의 자유로서만 의미를 가지기 때문이다"라고 적절한 주장을 펼친다. 신학적인 면에서 바하니안은 내가 말하려는 바를 다른 말로 전하고 있다. 그는 이어서 말한다. 하나님을 필요로 하는 마음이 "현대인에게는 낯선 것이라는 사실을 우리가 알고, 세상이라는 개념을 다시 복원시킬 때(그렇지 않으면 자유는 영혼의 내적인 성향의 문제에 그치게 된다), 우리는 자유의 문제가 종말론적인 해석학의 영역에 어떻게 편입되었는지 이해하게 된다. 그 해석학적 원칙은 신앙으로 자유의 성상파괴를

게 된 것은 중재자로 봉사하는 일을 위한 것이고, 다른 한편으로 자유로운 존재라는 것은 예수 그리스도가 유혹에 승리하고 하나님에게 순종한 사실과 연관되기 때문이다. 사단을 대적할 때, 예수 그리스도는 본능적인 반응과 같은 무의식적인 태도로 그런 것이 아니다. 예수가 순종하기로 선택하고 성부 하나님에게 순종하는 것은 단순히 자발적인 것이 아니다. 예수는 알고 있었다. 예수는 성서를 알고 성서의 말씀에 순종한 것이다.

마찬가지로 그리스도 안의 자유는 모든 사람들에게 다 주어진 것이 아니고, 자유롭게 된 모든 사람들을 자동적으로 변화시키는 것이 아니다. 그리스도 안의 자유는 하나님의 대리자의 일을 맡은 사람들에게 주어지는 새로운 삶의 조건이다. 오직 그런 사람들에게 그리스도 안의 자유는 의미가 있을 뿐만 아니라 실재하는 현실이 된다. 이것은 그리스도를 아는 지식에 그치지 않는다. 이것은 성서의 지식과 자신의 삶의 절제와 ^{갈라}디아서에서 사도 바울이 말하는 '스스로 절제하는 삶' 함께, 늘 분명하고 확실한 것만은 아닌 길들 중에서 선택하는 것을 포함한다.

예수 그리스도가 자신의 구주임을 믿고 고백하는 사람만이 자유로운 존재가 된다. 다른 모든 사람들은 수천 년 전부터 이어지는 것과 동일한 일반적인 윤리적 상황에 계속 머물러 있다. 그런 사람들이 하는 일들은 필연성의 산물이다. 그들의 삶도 마찬가지이다. 그들의 행위는 인간이 수용하고 용납하는 일체의 조건들과 원인들에 의해 정해진다. 그들은 하나님의 나라에서 그리스도 안의 자유를 알게 될 것이다. 그들은 아직 그 자유를 가지지 못한다. 그렇다면 그리스도인들은 당연히 자유로운 존재가 되어서, 다른 사람들과 다른 본성을 가지게 된다는 것인가? 그 말은 또다시 우리가 결코 언급하지 않은 형이상학적인 변화가 존재한다는

행하여 자유가 성취된다는 것이다."(Heméneutique de la liberté religieuse)

뜻이 된다.

우리가 그리스도인의 자유를 거론할 때 중요한 것은 단지 윤리적인 것이다. 이것은 그리스도인들도 다른 모든 사람들과 같이 억압과 유혹과 결정적 요소들과 필연성들에 예속된다는 것을 의미한다. 그리스도인도 여느 사람이나 마찬가지로 배고픔을 느끼고, 아주 배고플 때에는 유혹을 겪을 수밖에 없다는 것은 자명한 사실이다. 그러나 그리스도인에게 특별히 주어진 특권은 그리스도의 은밀한 주권에 참여하는 것이다. 이것은 그리스도인으로 하여금 동일한 조건들 속에서 다른 모든 사람들과는 다른 응답을 하게 한다. 또한 이것은 그리스도인으로 하여금 무거운 강압적인 요소들을 제거하는 지렛대로서 자유라는 수단을 도입하게 한다. 그리스도 안에서 단번에 필연성의 세력들이 패배했기에 그리스도인만이 그 일을 할 수 있고, 또 그 일을 위해서는 꼭 그리스도의 사역에 연결되어 있어야 한다고 우리는 주장한다. 물론 이것은 그리스도인은 자동적으로 언제나 그 일을 하고, 언제나 자유의 길을 여는 자유로운 존재가 될 것이라는 의미는 아니다. 만약 그런 의미라면, 그리스도인 자신이 예수 그리스도가 되는 것이다. 그 의미는 그리스도인이 그 일을 할 수 있고 또 그 일을 할 사명을 가지고 있다는 것이다. 그리스도인은 자유의 길을 여는 일 말고는 다른 일을 할 여지가 없다. 왜냐하면 그것이 예수 그리스도의 현존과 주권을 현실 속에서 나타내는 길이기 때문이다. 이것은 삶의 방식이고 행위이고 아주 겸손한 구체적인 결단이다. 이것은 그리스도의 주권만큼이나 감추어진 것이기도 하다. 그리스도 안의 자유가 그리스도인들을 위한 윤리의 핵심이지만, 다른 모든 사람들에게는 아무 의미가 없는 까닭이 바로 여기에 있다.[86]

---

86) 케제만(Käsemann)은 예수의 제자의 개인적인 삶을 결정하는 것은 예수 그리스도의 십자가를 알고 얻은 자유, 곧 하나님의 자녀들의 자유라는 사실을 훌륭하게 밝히고 있다. 이것은 교회 교리의 근거이면서 교회의 탄생과 능력을 불러온다.

2. 특권과 책임

　여기서 그리스도인들의 우월성이라는 잘 알려진 문제가 제기된다. "어떻게 당신은 그리스도인들에게 배타적인 자유라는 특권을 부여하는가? 진리, 구원, 복 등과 같은 수많은 특권들이 그리스도인들에게 주어졌다고 주장하고 나서, 이제는 명백하게 사실이 아닌데도 그리스도인들이 자유를 독점한다고 주장할 참인가." 명백하게 사실이 아닌데도! 왜냐하면 이 그리스도인들은 다른 사람들보다 자신들이 더 자유롭다는 것을 자신들의 삶에서 하나도 보여주지 못하고 있기 때문이다. 역사를 보면, 그리스도인들은 많은 경우 자유의 일꾼들이기보다는 압제의 일꾼들이었다. 그리스도인들은 로마제국에서 공인되자마자 독재체제를 만드는 데 공헌하고, 로마인들이 이전에 누렸던 자유들을 점차 제거해갔다. 마찬가지로 기독교세계가 수립된 이후로 교회는 영적이고 육적인 면에서 권위주의의 입장을 채택했다. 교회는 가장 광범위한 권력의 기반이 되었다. 한편으로 교회는 제국의 권력에 관한 근거가 되는 교리를 확립하고, 다른 한편으로 스스로 그 제국의 권력을 지배한다고 주장한다. 자유의 개혁운동이 기독교세계에 경제적인 관점이나 사회적 혁명으로 나타나자, 교회는 그런 자유의 투쟁에 적대적이 되었다.

　개신교의 주장과는 반대로, 16세기 종교개혁자들의 입장은 자유를 향한 것이 전혀 아니었다. 이것은 농민들에 대한 루터의 태도와 제네바의 칼뱅에게서도 마찬가지다. 이러한 사실과 함께 재세례파들에 대한 루터와 칼뱅의 대응 방식은 종교개혁이 자유의 승리와 수립을 지향하지 않았다는 것을 보여준다. 17세기에 교회는 독재적인 군주권력을 물질적으로 지원하고 교리적으로 정당화했다. 유럽의 군주제 국가들이 그렇게 될 수 있었던 것은 교회가 진리, 국가, 영적인 문제 등에 관해 권위적으로 개념을 수립한 덕분이다. 이것은 또한 교회가 모든 정의와 진리를 독점해온 덕분이기도 하다. 교회는 은총의 보관자이자 분배자이다. 교회는 천국과 동일시되면서 구원의 장소가 되었다.

유구한 교회사 속에서 자유는 아주 미약한 비중을 차지할 뿐이라는 사실을 유념해야 한다. 그리스도인의 자유는 더 이상 교회의 가르침과 활동의 중심적인 위치에 있지 않다. 교부시대 이후로, 구원은 교리화 되어 명백한 인격적이고 사회적인 성격을 상실했다. 자유에 대한 토론은 '신학의 장'locus theologicus이 되었다. 사람들은 자유에 대해 토론할 수 있었고, 윤리는 엄격해진 가운데 아주 정확한 신학 이론을 구축할 수 있었다. 설교는 강압적인 개종을 얻어내려고 지옥의 공포에 집중되었다. 신조信條는 이단들에게는 화형을 초래할 수 있었다. 그렇게 하여 사람들이 구원을 받는다는 것이었다. 마찬가지로 형이상학적인 교리로 수립된 자유는 영혼과 육체에 대한 억압을 초래할 수 있었다. "우리는 사람들을 강제하여 자유로운 존재가 되게 할 것이다"라는 오늘날의 말은 그런 교회의 태도를 정확히 규명해주는 것이다. 19세기에 정치권력과 교권의 연합은 교회가 자유를 부정한다는 사실을 확인시켜준다.

물론 이 모든 말에는 도식화된 부분이 있다. 나는 기독교가 기여한 자유의 발자취들을 모르지 않는다. 기독교의 영향 아래, 정반대로 주장하는 잘못된 교리들에도 불구하고, 노예제는 점차적으로 폐지되었다. 기독교진영의 비공식적인 분파들은 끊임없이 자유의 정신을 드러냈다. 그들은 신학적으로는 이단이었다. 그러나 사실 이단은 언제나 자유에 대한 긍정적인 증언을 전한다. 종교개혁은 미신과 우상으로부터의 해방을 불러일으켰다. 세상은 비신성화되었고, 소위 말하는 자유로운 연구의 원칙에 따라, 과학과 기술과 경제력을 행사하는 데 있어서 인간에게 자유가 허용되었다. 교회는 권위주의에 항의했고, 15세기부터 식민주의 정책에 대해 반기를 들기 시작해서 19세기까지 계속했다.

노동자의 건강상태 조사들과 함께 사회적인 현실적 조치들과 법 개정에 있어서 노동자의 비참한 상황을 처음으로 배려한 것은 그리스도인들이었다는 사실도 잊지 말아야 한다. 그리스도인들은 그러한 면에서 일반적인 통념과는 달리 사회주의자들과 마르크스를 크게 앞서고 있었다. 예컨대 비에르메[87]의 노동자 건강상태 보고서와, 오베를랭[88]의 실질적 사회 개혁 조치들, 부녀자와 미성년자에 대한 1841년의 법 제정 등은 오직 개신교인들의 활동으로 이루어졌던 것이다. 또한 초대교회 때부터 교회는 모든 혁명운동에 관여했고 때로는 혁명운동을 일으키기도 했다는 사실을 잊지 말아야 한다. 그리고 아프리카 선교활동들은 마술로부터, 악마에 대한 공포로부터, 또한 부족장들의 권력으로부터 원주민 흑인들을 다소나마 해방시켰다.

그러나 바로 이러한 사실들이 우리의 문제를 적시해준다. 이와 같은 일들 때문에 사람들이 무의미한 도덕주의에 짓눌림을 당하고 식민지경영에 이용되고 사회구조가 해체되는 값을 치르지 않았는가. 기독교로 개종한 흑인들은 새로운 영적인 세계로 들어왔지만, 이 세계는 또 다른 측면에서 그들에게 이전보다 더 가혹한 것이 아니었을까. 그래서 그 모든 일들은 그리스도인들도 세상에서 자유를 진작시켰고 교회사는 인간 해방의 역사로 기록될 수 있다는 사실을 명백하게 보여주고 있지만, 우리는 이것이 완전한 양면성을 가진다는 점을 지적하지 않을 수 없다. 더욱이 반박할 여지가 없는 지배적인 기조는 권위주의이고, 자유를 부정

---

87) [역주] 루이 르네 비에르메(Louis René Villermé), 1783-1863, 프랑스의 의사이자 사회개혁가. 그는 1840년에 당시 노동자들의 건강 상태를 조사하여 의회에 보고하고, 프랑스 의회는 그 보고서에 의거하여 1841년 미성년자들의 노동시간을 단축하는 법령을 제정한다.

88) [역주] 장-프레데릭 오베를랭(Jean-Frédéric Oberlin), 1740-1826, 프랑스의 개신교 목사. 조합은행 설립, 농업품종개선, 도로건설 등과 같은 당시 사회의 실질적 개혁 조치들을 취한다.

하는 것이었다. 자유를 위한 행동은 소수에 불과했고, 또 대부분의 경우 숨어서 하는 은밀한 것이었다.

그 반면에, 많은 경우 자유를 향한 인류의 노력은, 지성적이건 정치적이건 사회적이건 간에, 교회 바깥에서 나타났다. 자치 운동과 로마제국에 항거한 갈리아 농민무장집단 운동, 자크리 농민저항운동과 과학적 항의, 계몽운동과 공화주의운동, 사회주의운동 등등 그 모든 운동들의 주체는 시민들이었고 때로는 기독교에 반대하는 사람들이었다. 그와 같은 운동들의 기점과 단초와 영감이 많은 경우 기독교와 무관한 것이었다는 점은 분명하다.

자유는 그리스도 안에서 예수 그리스도를 구주로 고백하는 그리스도인들에게 존재한다는 말을 어떻게 할 수 있을까? 역사적인 경험에도 불구하는 나는 그 말을 계속 할 것이다. 오직 그리스도 안에서, 그리스도인들에 의해, 진정하고 온전한 자유가 이 세상에 들어와서 구체화되고 펼쳐질 수 있었다. 그러나 동시에 기독교와 교회의 역사는 얼마나 엄청난 일탈을 드러내고 있는가. 나는 우리 이전의 그리스도인들은 틀렸고 우리는 그들보다 더 낫고 더 잘 안다는 말을 좋아하지도 않고 또 그 사실을 글로 쓰기도 했다.

교회는 시간 속에서 일체성을 가진다. 우리는 중세의 교회나 개혁기의 교회나 19세기의 교회와 분리될 수 없다. 이 모든 교회는 예수 그리스도의 교회였고, 진정한 그리스도의 증언자였고, 사람들을 위한 진리의 담지자였다. 그러나 윤리적인 사명의 측면에서, 더 정확히 말하자면 예수 그리스도의 주권을 이 땅 위에 나타내야 하는 임무에 있어서, 우리는 크게 실패한 것을 인정할 수밖에 없다. 그것은 인류 전체에 대해 정말 큰 재앙이었다. 이것은 교회가 예수 그리스도의 교회로 계속 남아있을 수 있는 것이 얼마나 큰 은총인지 돌아보게 한다.

교회의 잘못은 예수 그리스도의 주권을 권위주의적인 방식으로 나타내려고 한 것이었다. 모든 영예는 주께 돌려야 하는 것이기에, 모든 영예는 교회에 돌려야 하는 것이 정상이라고 사람들은 인지했다. 주 예수 그리스도는 진정 세계의 주권자이기에, 그리스도의 대리자는 인간에게 행사할 수 있도록 권위를 부여받았다고 사람들은 생각했다. 그러나 교회를 단순히 사람들을 섬기는 곳으로만 보았던 것도 역시 잘못이었다.[89] 이것은 오늘날만 그런 것이 아니었다. 처음부터 지금까지 교회의 역사를 통해서 이웃 사랑은 그리스도인들과 교회로 하여금 가난하고 비천하고 불우한 자들을 섬기는 데 헌신하도록 인도했다. 그러나 그런 섬김은 권위에 대한 일종의 반대급부이자 그리스도의 사랑의 증언으로서의 섬김이었다. 이 섬김은 가장 중요한 것인 여기서 갑자기 최상급을 쓴 이유는 뒤에 가서 밝힐 것이다 자유를 드러내는 것은 아니다. 초대교회시대부터 지금까지 교회의 잘못은 개개인의 그리스도인이 그리스도의 주권을 대표하고, 그 유일한 표현이 자유임을 깨닫지 못한 것이었다. 다만 이 잘못에 대한 대응책은 단순히 교회를 부정하는 데 있지 않고, 또 모든 사람들에게 그리스도의 자유를 부여하여 누리게 하는 사역을 교회가 담당하지도 못할뿐더러 방해한다고 간주하는 데 있지 않다. 그건 정말 독이 든 선물이다. 이미 앞에서 언급한 바와 같이, 나는 그것은 신학적으로 불가능하고 성서의 교훈을 완전히 망각한 것이라고 믿는다.

그리스도인의 특권 문제를 다시 살펴보자. 다른 사람들은 필연성의 질서에 계속 갇혀있는 상태에서 홀로 자유롭게 된다는 것이 유리하고 우월한 것인가? 앞에서 언급한 것과 같이, 교회가 이 자유의 구현에서 근본

---

89) 자유와 사랑의 불가분리의 관계(우리는 뒤에 가서 그 점을 더 살펴볼 것이다)에도 불구하고, 오늘날 사람들이 너무나 쉽게 그러듯이, 그 관계를 섬김이라는 개념으로만 해석할 수는 없다. 그 변화는 보봉(Bovon)의 앞의 책에서 잘 드러난다.

적으로 실패한 것이 정확한 사실이라면, 자유에서 어떤 특권을 찾아볼 수 있을까? 교회가 그리스도의 자유를 담지할 수 있다는 사실이 특권의 형태로 역사적으로 구체적으로 나타났는가? 한편으로 교회는 결코 이 자유를 완전하게 담지할 수 없었다. 교회는 자신의 역할을 저버렸다. 그렇다면 이것이 그리 쉬운 일이 아니었고 자유 가운데 산다는 것은 특별히 좋은 선물이 아니었다고 받아들여야 한다. 다른 한편으로 교회가 그 임무에 실패한 것은 대다수의 사람들이 오늘날과 같이 그리스도인들을 비난하게 하는 계기를 조성했다.

그런 비난은 자유 이외에도 다른 많은 문제들을 겨냥하는 것이라고 주장할 수도 있을 것이다. 그러나 깊숙이 들여다 볼 때 그 모든 비난의 뿌리는 하나다. 타인들을 향한 존중의 결여, 권위적인 권력의 행사, 부의 독점, 권력자들의 비호, 가난한 사람들의 포기 등등 그 모든 비난은 곧 교회가 사람들을 위하여 사람들 가운데 담지하고 있어야 할 이 자유가 없다는 사실을 지적하는 것이다. 왜냐하면 사람들은 이론적으로는 모르고 있지만, 존재론적으로는 자신들이 교회에 대해 무엇을 기대하였는지 아주 잘 알고 있기 때문이다. 그들이 기대한 것은 바로 이 자유에 대한 증언이었고, 교회가 모든 사람들을 이 자유 속으로 인도하는 것이었다.

물론 그리스도인이 자유로운 존재가 되었다는 것은 그리스도인이 우월하고 특혜를 누린다는 뜻이 아니다. 자유의 선물은 정말 어려운 것이다. 자유를 특혜라고 보는 것은 엉터리 이데올로기에 굴복하고 마는 것이다. 이 이데올로기에 따르면 인간은 본성적으로 자유로운 존재이며 자유를 위해 지음을 받았다는 것이고 인간이 온전히 자유로운 존재가 되는 데에는 경제적·정치적 제약과 같은 사소한 장애가 있을 뿐이라는 것이다. 그러나 자유의 첫걸음을 뗄 때마다, 인간은 자유에 대한 두려움을 가지며 회피하고 거부하면서, 자신의 운명을 다시 누군가의 손에 맡길 수 있게 될 때 비로소 커다란 안도의 한숨을 내쉰다는 사실을 어떻게 괘념치 않고 그냥 넘어갈 수 있을까?

　자유는 아주 무거운 부담으로서 인간을 힘들게 할 수 있다. 허풍과 허세 속에서 인간은 자유로운 존재가 되기를 원한다고 주장한다. 또한 본능적으로 인간에게는 갇혀서 꼼짝 못하는 노예가 되는 데 대한 두려움이 존재한다. 인간이 자유를 향한 사랑이라 부르는 것은 다만 갇혀있기를 거부하는 것에 지나지 않는다. 그것은 인간이 감내할 수 없는 노예적 예속의 또 다른 은어에 불과하다. 그러나 아주 적은 자유가 주어지자마자, 인간은 채워야 할 공허와, 부여해야 할 의미와, 이행해야 할 책임 앞에서 두려움을 느끼면서 뒤로 물러난다. 그리고 인간은 본래대로 되돌아와서 같은 무리에 들어가서 작고 안전한 행복을 되찾은 행복감에 젖는다.

　이것이 출애굽기가 우리에게 전하는 역사이다. 이스라엘 백성은 이집트에서 정말 가혹한 압제의 노예적 예속상태에서 해방되어 홍해를 건너는 영웅적인 믿음의 위대한 행적을 마치자마자 곧 자유를 향한 첫걸음과 혁명을 찬양하며 자유의 광야에 발을 디뎠다. 아무런 보장도, 아무런 계획도, 아무런 과거의 기억도 없는 그 위험하고 단조로운 지대에서 행진을 하게 되자마자, 이스라엘 백성은 불평하기 시작하고 "고깃국과 빵을 실컷 먹었던" 시절의 이집트를 아쉬워하면서 노예로서 안전하게 살던 그 땅으로 되돌아가고 싶어 했다. 이 이야기는 전형적인 예로서 언제나 누구에게나 의미가 있다. 왜냐하면 자유를 원하고 사랑한다고 주장할 때, 인간은 착각을 하기 때문이다. 사실 인간은 자유가 무엇인지 모른다. 코르타자르Julio Cortazar는 그의 희곡『왕들 Les rois』에서 이 점을 훌륭하게 묘사한다. "자유를 향한 사랑은 다른 상황에 대한 두려움과 싸워야하는 것임을 인간은 전혀 모른다. 그 다른 상황은 즉각적이지도, 가능하지도, 허용되지도 않은 것이다."

여기서 중요한 것은 실제로 다른 상황 속으로 진입하는 것이다. 인간은 다른 데 대한 두려움을 가진다. 이것은, 자유와 함께, 즉각적이지 않고 미리 주어지지 않은 상황 속으로 들어가는 것이고, 정말 불가능하고 허용되지 않은 길을 따라 모험하는 것이다. 자유는 그런 것인데, 인간은 가능하고 즉각적이고 합리적인 길을 벗어나는 것을 두려워한다. 자유는 우월한 것인가? 인간을 향한 하나님의 뜻이 자유라는 것을 알지 못한다는 것은 인간의 가장 중대한 죄가 될 것이다. 우리는 분명하게 이 길로 나아가야 한다. 하나님의 뜻으로서 자유는 인간적인 차원에서 우리가 언급한 모든 것을 다 포함할 뿐만 아니라, 또한 반드시 책임을 수반한다.

자유로운 인간은 이제 영원한 하나님 앞에서 자신이 결정한 것들을 하나하나 책임지고 응답할 요청을 받는다. 자유롭지 않은 인간, 즉 결정적 요소들과 필연성의 속박을 받는 인간은 책임이 없다. 아무튼 하나님은 냉혹하고 가혹한 주인이 아니어서 죄에 짓눌려 있는 인간에게 책임을 묻지 않는다. 하나님은 그런 인간에게 와서 그의 짐을 지고 그를 구원한다. 하나님은 인간이 가지지 않은 것을 인간에게 묻지 않는다. 반면에 하나님이 자유롭게 한 인간은 이제 문제가 무엇인지 안다. 우리가 접하는 수백 개의 해설들보다 바로 이것이 예수가 바리새인들과 죄인들에게 각기 태도를 달리하는 이유이다.

서기관들과 바리새인들은 하나님을 믿기 때문에 자신들을 위해 하나님이 행한 일이 무엇인지 알고 있다. 그래서 그들은 자유롭다. 예수는 그들에게 그들이 가지는 자유에 대한 책임을 지라고 요구한다. 이번에도 또다시 그 결과는 만족스럽지 않다. 반면에 가난한 사람들, 병자들, 갈릴리 사람들, 무지한 부역자들, 무지하고 부패한 부자들에게 예수는 단지 치유와 용서를 전파한다. 자유에 대해 책임을 지고 구주 예수 앞에 응답하기 위해서는 먼저 우리를 위해 구주 예수가 행한 일을 아는 지식이 있어야 한다.

책임을 초래하는 자유가 무엇보다 활용, 실천, 운용, 생활 등을 통해 구현되는 것이라면, 우리는 예수 그리스도가 누구인지 아는 사람만이 자유로운 존재가 된다는 사실을 다시 확인하게 된다. 왜냐하면 그런 사람만이 책임을 질 수 있기 때문이다. 구주를 입술로 고백하고 마음으로 믿는 사람만이 자유롭다는 사실은 또한, 이상하게 들릴 수 있지만, 우리에게 선포된 최후의 심판은 교회에서부터 시작한다는 사실을 설명해 준다. 교회가 제일 먼저 심판의 불을 거칠 것이다. 그러므로 그리스도인에게 주어질 것이라는 특혜와 우월성과 존엄성은 조금도 없고, 가장 위험하고 불편하고 힘들면서 동시에 가장 불확실한 상황만이 존재한다. 왜냐하면 우리는 '본성에 반하는' 상황에 놓여 있기 때문이다.

사람들은 그 사실을 너무나 자주 망각한다. 앞에서 언급된 결정적 요소들은 현대과학에 따라 인간의 참된 본성이 되었는데, 우리는 예수 그리스도 안에서 바로 그 본성을 극복하고 무너뜨리도록 부름을 받은 것이다. 거기에 때로는 가장 기초적인 결정적 요소들도 있다. 왜냐하면 예수는 우리에게 스스로 배고픔을 극복하는 모습을 보여주기 때문이다. 예수는 사형집행인들을 위해 십자가 위에서 뜻대로 자유로이 기도하는 가운데 두려움을 극복했다. 그것은 본성에 정확히 반하는 것이다.

사실상 자유는 우리를 향하여 끊임없이 인간의 본성처럼 보이는 것들로부터 벗어나라고 요구한다. 자유는 우리에게 순응주의에서 벗어나고, 문화의 틀에서 벗어나라고 한다. 자유는 우리에게 성향과 기질을 극복하라고 하고, 애착하고 집착하는 것을 끊으라고 "나보다 자신의 부모를 더 사랑하는 자는…" 요구한다. 때로는 우리 자신이 지니는 일관성조차도 무너뜨리라고 한다. 예수는 한편으로 부자들을 공격하는가 하면, 다른 한편으로 레위와 같이 잔치를 차려주는 아주 부유한 세리들의 집에 서슴지 않고 출입하기도 한다.

그리스도 안에서 자유는 우리로 하여금 인간의 본성에 반하는 상황에 이르게 한다는 말은 두 가지의 전통적인 주장들을 반박하는 것이다. 그 중 하나는 그리스도의 역사는 인간의 본성을 보완하고 확장하고 완전하게 한다는 것이다. 다른 하나는 죄에 의해 왜곡된 본성을 단순히 회복시킨다는 것이다. 그리스도가 아담이 알 수 있었던 것보다 엄청나게 더 커다란 진리를 인간에게 알리고 "천사들조차도 알고 싶어 하는 그 비밀을…" 하나님의 아들의 희생으로 아담이 경험했던 교제를 완전히 뛰어넘는 하나님과의 교제를 인간에게 누리게 하고, 아담의 존귀함을 완전히 뛰어넘는 존귀함을 인간에게 부여한다면 "너희도 함께 인자 옆에서 보좌에 앉고, 천사들조차도 심판하게 될 것이다" 회복되고 개선되는 것은 단순히 본성에 그치지 않으리라는 사실을 깨달아야 한다. 자유의 조건은 인간 본성과 일치를 이루지 않고 오히려 정반대가 된다.

인간이 "자신의 본능을 따를" 뿐인 데서는 자유가 존재하지 않는다는 것은 확실하다. 동물의 삶은 자유로운 삶이 아니다. 동물은 동물일 뿐이다. 동물은 자기 자신과 거리를 둘 수 없다. 동물은 차별화될 수 없다. 인간이 동물이 될 가능성은 없다. 인간이 자신의 본능을 따른다는 구실로 성적으로 방탕하게 행동하거나 타인을 괴롭히는 것은 기만이다. 동물은 성적인 방탕을 알지 못하고 다른 동물을 고문하지 않는다. 인간은 인간으로 존재하기를 선택하거나 아예 인간이 동물과 다르다는 사실을 부정하거나 해야 한다. 그러나 인간으로 존재하는 것이 곧 인간 자신의 성향에 따르는 것은 아니다. 왜냐하면 성향이 단순히 본성적인 것은 아니기 때문이다.

실제로 인간은 "하나님의 영에 감화된 영혼"과 함께 자신의 육신적인 삶을 영위해야 한다. 즉, 자유로운 결정과 자유로운 행동이 있어야 한다. 이것은 인간이 본능에서 해방되는 것을 전제로 한다. 육체는 적절하고 건전하게 반응할 수 있다. 그러나 자유로운 인간은 자신의 육체가 하는 대로 그냥 내버려 둘 수 없다. 그는 육체를 부양하고 경시하지 않는 것과 함께, 육신의 법에 따라 환경에 대해 방어적이고 경제적이고 억압적으로 대응[90]하는 방식을 뛰어넘어야 한다. 나중에 다시 보겠지만, 이것은 은총에 의한 구원과 같은 것은 아니라는 점을 다시 상기하자.

그러나 자유로운 인간은 애석하게도 책임이 있다. 그는 은총에 맞게 살아가지 않았다는 점에서 자기 자신에 대해 책임을 져야 하고, 또한 자유의 담지자가 되지 않아서 노예적 예속과 소외현상을 악화시켰다는 점에서 타인들에 대해 책임을 져야 한다. 왜냐하면 그리스도가 세상에 가져온 자유는, 인간이 수용하지 않고 구현하지 않으면, 없어질 뿐만 아니라 치명적인 독이 되기 때문이다. 이 점은 뒤에 가서 다시 살펴볼 것이다. 자유로운 인간은 예수 그리스도의 주권을 고갈시켜서 헛되게 하는 것에 대해 책임을 져야 한다. 왜냐하면 우리가 주장하고자 했던 것이 사실이라면, 다시 말해서 예수 그리스도의 주권이 언제나 중간매개자를 통해 구현되며, 사람들을 통하여 실행되고, 또 오직 자유로운 인간들을 통해서 발현되고, 세상 속에서 실현된 자유만이 예수 그리스도의 주권의 현존과 역사와 효력을 나타내는 표지가 되는 것이라면, 이 자유를 상실하여 구현하지 않는 것은 예수 그리스도의 주권의 실제 사역을 불가능하게 만들기 때문이다. 그것은 또다시 세상을 예수 그리스도가 주권자가 아닌 것과 같은 상태로 밀어 넣는 것이다. 그리스도인 각자의 궁극적인 책임이 바로 이것이다. 섬기는 자란 곧 그런 의미를 가지는 것이다.

---

90) 육체적인 대응의 정당성과 개인적인 차원에서 그것을 통제하고 뛰어넘어야 하는 필요성에 대해서는 드 루즈몽(de Rougemont) 교수의 아주 훌륭한 강연을 참조하라(Congrès Médico-Social, Cannes, 1966).

3. 계시의 기본여건[91]

우리는 논지를 전개하면서 대부분의 경우 사도 바울이 기록한 서신서에 나오는 구절들이나 사례들을 참조할 것이다. 예수의 죽음 이후의 세대 가운데서 사도 바울은 제일 먼저 '그리스도의 복음'이라고 하면서 우리를 위한 그리스도의 사역을 '원수로부터의 대속'과 '해방'으로 제시한 것 같다. 이와 마찬가지로 사도 바울은 그리스도인의 삶을 포로였다가 해방된 사람의 삶으로 제시한다. 때로는 이것을 '죄의 종'에서 '그리스도의 종'이 된 것으로 표현하기도 한다.

그러나 소외된 존재로서의 인간의 조건 혹은 인간의 본성은, 서두에서 말한 것처럼, 어쩌면 이전보다 더 비참한 양상으로 계속 남아있다. 그러므로 이것은 자유가 인간에게 완전히 회복되는 것을 뜻하지 않고, 모든 사람들이 본성적인 자유를 성취하는 것을 뜻하지 않는다. 오직 믿음만이 실제로 그리스도의 사역에 연합하게 한다. 그러나 예수 그리스도를 입으로 고백하고 마음으로 믿는 사람에게 믿지 않는 이방인보다 더 많은 사효적인 효력이 생기는 것은 아니다. 즉, 그리스도인은 저절로 자유로운 존재가 되는 것이 아니다. 행한 일로 해서 그리스도인이 자유로운 존재가 되는 것이 아니다. 이방인은 노예이고 그리스도인은 자유로운 존재라는 식의 구분에 의해서 그리스도인이 자유로운 존재가 되는 것이 아니다. 왜냐하면, 교회에 대해서 이미 충분히 언급했지만 개개의 그리스도인에 대해서도 다시 언급해야 필요가 있는 바, 이 자유는 행사하지 않으면 존재하지 않는 것이고, 아무 것도 아닌 것이 되기 때문이다. 자유가 삶의 양식과 선택으로 이행되지 않고, 윤리로 설정되지 않는다면, 그

---

91) 보봉(Bovon)이 앞의 책에서 강조한 바와 같이 '자유롭게 하다', '자유', '자유로운'이라는 단어들이 공관복음서에서는 드물게 나온다는 사실은 별로 중요하지 않다. 그리스도의 자유의 기원은 나사렛 예수라는 인격 그 자체에 있기 때문이다.

리스도인은 스스로 주장하는 수많은 논리에도 불구하고 어떤 면에서도 자유롭지 않다.

그리스도인은 계속해서 이 자유를 상실할 수 있다. 앞에서 언급한 바와 같이 포로가 자신을 대속한 사람의 노예가 되는 방식으로 자유를 잃을 수 있다. 그러나 대부분의 경우 사도 바울은 자유를 얻게 된 인간의 삶으로 그리스도인의 삶을 말한다. 그렇게 말하면서, 사도 바울이 이해를 돕기 위해서 순전히 문화적이고 신화적인 용어의 단순한 이미지나 비유를 활용한 것은 아니었다. 그는 그리스도 안에서 인간을 위해서 행한 하나님의 역사의 실재를 교회에 분명하게 전달하고자 했다. 비신화화를 해야 마땅한 것은 비유적 표현이 아니라, 실제 현실 속에서 분명하게 지속되는 그리스도에 의한 인간의 변화와 인간의 조건이다.

사도 바울은 그리스도의 사역을 우리에게 전하면서 그 사역과 무관한 말을 하지 않았다. 우리 자신이 거기에 상관없는 불분명한 애매한 말을 집어넣어서, 기록된 말씀을 철두철미한 사명감으로 받아들이지 못하게 하는 일이 없도록 유의하자. 신약에서 이 자유의 가르침을 가장 많이 펼친 사람이 사도 바울이라는 사실은 작은 통계치 하나로도 드러난다. 인간의 상황을 노예적 예속으로 표현하고 그리스도의 사역을 해방이라 말하고 그리스도인의 삶을 자유의 삶이라 규정하는 구절들이 바울 서신서에서는 대략 60회 나오고, 신약성서의 나머지 다른 책들에서는 25회 정도 나온다. 여기서 반드시 제기되는 의문이 하나 있다. 이 자유는 사도 바울이 창작한 것이 아닐까? 아니면, 기껏해야 사도 바울의 개인적인 해석으로서 예수 그리스도에 관한 신학적인 상부구조에 불과한 것인가? 그래서 자유를 과대하게 평가하는 것은 사도 바울의 논리를 따르는 주장일 뿐이며, 사도 바울의 관점 대신에 사도 요한의 관점을 택한다면, 그리스도 안에서 하나님의 역사를 완전히 다른 방식으로 볼 수 있다는 것이다. 그렇다면 자유는 신학적인 해석의 또 다른 형태에 지나지 않으며 필수적이고 핵심적인 것이 아니다. 그래서 우리는 사도 바울의 개인적인 정향과 어느 정도 거리를 둘 수도 있을 것이다.

물론 이러한 태도는 성서를 하나의 전체로 보는 사람에게는 아무 의미가 없다. 그런 사람에게 성서의 각 부분은 다른 부분들과 일치를 이루고 어떤 부분도 그 자체로 충족할 수 없고 각각의 부분이 다 중요하고, 문화와 기질의 차이에서 연유한 바울적인 관점과 요한적인 관점이 따로 독립적으로 존재할 수 없다. 성서의 모든 부분들은 수렴적이고 상호보완적으로 작용하여 계시 전체의 진리에 더 가까이 접근할 수 있게 한다. 어떤 성서본문도 그 자체로 충분하지 않다. 우리가 성서본문들을 하나의 전체로 보고, 각각의 본문은 특수성을 띠면서 다른 본문들과 서로 진리의 경중을 다투지 않고 각기 보완적이고 대체불가능한 중요한 역할을 수행한다고 볼 때, 우리는 참된 진리에 더 가까이 접근할 수 있을 것이다. 성서본문들을 조각조각 분리하고, 사도 바울을 자의적인 신학자로 배제하는 식의 신학적인 경향이 현재 존재하지 않는다면, 우리는 그런 사실을 주장할 필요가 없을 것이다. 더욱이 우리가 다시 확인하게 되는 점은, 성서의 나머지 다른 책들에 비해 복음서를 계시의 유일한 매개체로 중시하여 문제를 피해가려는 아주 오래된 시도가 계속 진행되고 있다는 사실이다.

중요한 것은 사도 바울이 개인주의적이고 체계적인 신학자라서 자유의 교리를 수립한 것인지, 아니면 그리스도인의 삶의 중심에 자유의 교리를 설정한 사도 바울의 주장이 타당한 것이지 알아보는 것이다. 사도 바울이 전혀 자신만의 개별적인 사상들에 의존하는 것이 아니라는 사실을 확인하는 것은 쉬운 일이다. 그는 유대 민족의 전통적인 사상 전체에 기반을 둔다. 보다 정확하게 말하자면, 사도 바울은 성서가 전하는, 유대 민족을 향한 하나님의 역사 전체에 토대를 둔다.[92] 아무튼 모세오경과 예언서들과 역사서들은 다 무얼 말하고 있는가. 사실 구약성서는 단 하나의 이야기를 전하고 있다. 즉, 그 이야기는 많은 민족들 중에서 하나님의 자유를 담지하도록 택함을 받아 언약을 소유한 한 민족이 끊임없이 반복적으로 노예적 예속상태로 전락하고, 하나님은 끊임없이 반복적으로 그 민족을 구원하는 이야기이다. 이스라엘의 역사는 그런 구원의 사건들로 점철되어 있다. 이스라엘은 해방될 때 한 민족으로 성립되었다.

우리는 출애굽기에서 세 가지 사실들을 발견한다. 즉, 하나님은 이스라엘 민족에게 이스라엘의 하나님으로 스스로를 계시하면서 그 민족을 하나님의 신비의 역사에 들어가게 한다. 또한 하나님은 압제와 우상숭

---

[92] 또한 사도 바울은 스토아주의에도 의거하지 않는다. 스토아주의 현자의 자유와 그리스도인의 자유 사이에 '충격적인 유사점'이 존재한다는 불트만의 주장은 이상한 것이다 (Rudolf Bultmann, *Le christianisme primitif*, 프랑스어 역간., 1950). 실제로 불트만 자신이 몇 페이지 뒤에 가서 근본적인 반(反)명제가 존재한다고 밝히고 있다. 스토아주의에서는 인간이 합리적인 생각을 가지고 스스로 처신할 수 있기 때문에 인간은 자유롭다. 사도 바울에게는 인간의 의지가 부패했기 때문에 인간은 결코 자유로울 수가 없다.
　스토아주의에서는 자기 자신의 자아에 한정하는 것이 존재의 확실성을 얻는 것이고 그것이 자유이다. 사도 바울에게는, 자기 자신이 스스로 응답해야 한다는 사실이 인간으로 하여금 절망에 빠지게 하고, 인간이 자기 자신으로부터 해방이 될 경우에만 인간은 자유를 얻을 수 있다. 스토아주의에서는, 인간은 시간성을 폐기할 수 있고, 시간으로부터 분리될 수 있으며 미래 전체를 부정한다. 인간의 그런 결정은 인간을 관념적으로 만들어서 자유롭게 한다. 사도 바울에게는, 시간성은 인간의 본성에 내재한다. 언제나 새롭게 다가오는 미래를 향해 인간은 새로운 결정들을 내려야 한다. 인간은 과거에 의해 결정지어졌지만 또 미래를 직면해야 한다. 그러나 인간은 그렇게 할 수 없다. 왜냐하면 인간은 자신의 과거의 산물인 탓에 자유가 없기 때문이다. "그래서 자유는 은총의 선물로서만 얻을 수 있다." 마지막으로 스토아주의에서 인간은 이성에 의해 해방된다. 그는 이성에 집중하여 모든 관계와 욕구로부터 떨어져 나온다. 그렇게 함으로써 인간은 미래로부터 해방되고 존재의 시간성에서 벗어나며 모든 관계로부터 은폐되어 무시간적인 로고스 속에서 살아간다. 그와는 반대로, 사도 바울에 따르면, 그리스도인은 하나님의 은총에 의해 해방된다. 인간이 은총에 자신을 맡기면서 자신의 과거에 대한 용서를 받고 현재 그를 속박하고 있는 제약으로부터 해방된다. 그는 미래에 대해 자유롭고, 모든 관계에 열려있으며 구체적인 미래를 향하여 살아간다. 이 모든 말은 내가 불트만 자신이 기술한 반대논리들을 정확히 요약한 것이다. 불트만이 일괄적으로 두 차례에 걸쳐서 스토아주의 현자와 사도 바울 사이에 커다란 유사점이 있다고 단언한 것은 더더욱 이해하기가 어렵다. 또한 불트만은 유대 사상은 자유에 관해서 완전히 무지하다고 기술하기도 한다. 이것은 정말 이상한 모순이 아닐 수 없다.

배와 같은 다양한 굴레들로부터 이스라엘을 해방시킨다. 그리고 하나님은 율법을 주어서 이스라엘 민족을 세운다. 그 율법은 노예로 속박하는 법이 아니고 자유를 주는 법이다. 그렇다면 처음부터 자유는 인간이 타인들 속에서 계시의 담지자로 살아가는데 필수적인 조건이자 상황이 되는 셈이다. 하나님의 계시는 세상의 권력과 구조에 대해 자유를 초래하고 유발하고 촉진시킨다. 이스라엘 민족은 자유를 통해서 이방민족들 가운데 하나님의 주권과 계시와 율법의 담지자가 된다. 이스라엘 민족은 하나님에 의해 유일하게 해방된 민족이라는 점에서 하나님의 주권을 가지는 유일한 민족이다. 이런 사실들이 뒤얽힘으로써, 자유는 이 민족의 역사의 중심에 놓여 있게 된다.

퓌리는 강조한다. "하나님은 노예들로 구성된 민족의 하나님이길 원치 않는다. 하나님은 민족에게 자유를 주는 해방자이다. 그렇지 않다면 하나님은 그 민족의 하나님이 아니다."[93] 여기서 아주 정확한 딜레마가 절묘하게 성립한다. 하나님은 우리를 자유롭게 해방하는 하나님이다. 하나님은 우리의 해방자이며, 우리는 하나님이 우리의 하나님인 것을 인정한다. 이것은 우리의 자유가 하나님의 현존 그 자체라는 뜻을 내포한다. 즉, 우리가 자유롭기 위해서는 하나님은 우리의 주가 되어야 한다는 말이다. 이스라엘의 하나님이 이스라엘의 완전한 주가 될 때 이스라엘은 자유롭다.

"하나님의 주권을 조금이라도 문제 삼는 것은 그대로 이스라엘의 자유에 문제를 일으키는 것이다." 이것은 교회나 우리 자신의 경우도 마찬가지다. 그때부터 끊임없이 문제가 발생한다. 이스라엘이 계속해서 노예적 예속상태에 다시 빠지는 것은 하나님이 전능하고 영원한 주라고 계시된 사실에 대해 끊임없이 회의에 빠지기 때문이다. 이스라엘의 신앙

---

93) Roland de Pury, *Le Libérateur: Notes sur l'Exode*, 1942, p. 38.

과 이스라엘의 자유가 밀접하게 연관되어 있다는 사실은, 신앙을 부인하면 노예적 예속상태에 빠지는 이스라엘의 역사를 통해서, 언제나 명확히 입증된다. 이 사실은 우리가 그리스도인의 자유라는 주제에 관해 논한 바를 재확인시켜준다.

이스라엘은 야훼 하나님만을 주로 인정해야 한다. 그럴 때 이스라엘은 자유롭다. 그러나 이스라엘은 끊임없이 다시 노예적 예속상태에 빠진다. 바빌론 포로기에서 이스라엘은 정치적으로 노예적 예속상태를 겪는다. 그 역사는 또다시 하나님이 이스라엘의 해방자라는 사실을 크게 선포하는 계기가 된다. 이스라엘이 자신들의 영적인 정향을 바꾸는 거짓 신들인 우상들에게 얽매이는 노예적 예속상태를 겪는다. 그러면 또다시 하나님은 이스라엘의 해방자로 스스로를 계시한다. 이것은 바알숭배에 관한 모든 문제의 요점이다. 이스라엘은 국가권력인 왕권에 지배되는 노예적 예속을 겪는다. 그때 이미 그 사실을 경고했던 하나님은 다윗을 통해 그리스도의 구원을 예언할 다른 왕조로 바꿈으로써, 또다시 이스라엘을 해방시킨다. 이스라엘은 결국 토라 율법에 얽매이는 노예적 예속상태에 빠진다. 마침내 예수에 의한 원대한 해방이 일어난다.

이와 같이 이스라엘은 아주 다양한 형태로 자유를 상실하고, 야훼 하나님은 여러 가지 방식으로 이스라엘에게 자유를 되찾아준다. 그러나 하나님이 이스라엘의 해방자일지라도, 하나님을 지칭하기 위해 사용된 단어들은 깊은 의미들을 함축하고 있다는 사실을 상기해야 한다. 한편으로 흔히 신중하게 사용되는 '고엘'이라는 단어는 해방자라는 개념을 가질 뿐만 아니라 남의 빚이나 죄를 대신 갚아주는 사람을 의미하기도 한다. 그는 언제나 해방시켜줄 목적으로 노예의 값이나 죄수의 몸값을 지불하고 대속하는 사람이라는 것은 아주 정확한 사실이다. 그는 피의 복수를 치러야 하는 친족이기도 하고, 동시에 노예가 된 친족을 해방시켜야 하는 사람이다. 그 단어는 사회적으로 구원하거나 악에서 구하거나 할 때 쓰이는 단어와 동일하다. '고엘'은 대속의 권리와 함께 복수의 의무를 가진다.

흔히 사용되는 또 다른 단어인 '미프라트'는 보호하고 안전하게 지킨다는 개념을 가지고 있지만 언제나 자유의 개념을 지닌다. 이것은 자유롭게 해방되는 것과 함께 안전하게 보호를 받는다는 사실을 이스라엘 백성이 알고 있어야 한다는 것을 전제한다. 대부분의 경우 시편은 하나님을 "영원한 나의 바위요 나의 요새요 나의 해방자"라고 부른다. 거기서 여러 개념들이 복합된 것은 오직 하나님만이 이스라엘을 지키고 보호한다는 뜻을 담은 것이다. 하나님은 이스라엘의 해방자이다.

자유롭다는 걸 수용한다는 것은 오직 하나님의 보호를 받고 있다는 사실을 인정하는 것이다. 역으로 하나님의 권위와 보호 하에 들어가는 것은 자유롭게 되는 것이다. 반대로 다른 데서 보호를 구하는 것은 하나님을 대적하는 것이며 자유에서 벗어나는 것이다. 이스라엘은 언제나 다른 데서 보호를 구하곤 했다. 자신의 군대나 자신이 세운 요새나 동맹군이나 국가의 보호를 구했다. 그럴 때마다 이스라엘은 노예적 예속상태에 다시 빠져버렸다. 하나님이 이스라엘을 해방시킬 때에만 이스라엘은 자유롭게 되었다. 이것은 이스라엘과 하나님의 배타적인 관계를 뜻한다. 그래서 해방자인 하나님은 이스라엘 백성의 안전을 지키는 유일한 존재이다.

여기서 우리가 연구하는 그 밖의 다른 모든 것을 밝혀주는 하나의 경계가 우리에게 드러난다. 이것은 그리스도 안에서 주어진 자유는 사회구조와 기술력과 정치력이라는 인간적인 관점에서 보면 근본적으로 불안전하다는 것이다. 왜냐하면 우리의 안전을 보장하는 유일한 존재는 그리스도이기 때문이다. 역으로 국가, 돈, 보험, 사회주의, 폭력, 혁명,

정의 등과 같은 다른 모든 데서 보호와 안전을 구하고 받아들인다면, 그리스도 안에서의 안전을 거부하는 것이고, 우리의 자유를 잃어버리는 것이다. 거기에 절충이란 있을 수 없다. 이것은 그리스도 안에서의 자유를 얻기 위해서 신앙의 명백한 고백이 있어야 한다는 우리의 말을 확증하는 것이다. 구약성서 전체가 자유는 가장 불안전한 것이면서 동시에 진정으로 안전을 보장하는 유일한 것이라는 사실을 우리에게 전하고 있다.

유대인들은 하나님이 자신들을 해방시킨 사건들을 볼 때 그 거대한 역사의 흐름이 단순한 역사적 사건들에 국한될 수 없음을 잘 알고 있었다. 하나님이 선택한 백성에게 일어난 것이기에 그 사건들은 전반적이고 예언적인 영적 의미가 있다. 유대인들은 그 사실을 인정한다. 그들에게 이집트에서의 해방이라는 첫 번째 해방의 역사는 이후의 모든 다른 해방의 역사들을 보장하고 약속하기 때문이다. 하나님이 그들을 해방했기에 하나님은 해방자가 된다. 이후로 하나님은 다른 존재가 될 수 없다. 하나님이 이스라엘과 맺은 언약은 하나님은 언제나 이스라엘의 '고엘'이 되리라는 것이다. 이집트에서의 해방도 역시 유대인들에게는 영적인 의미를 갖는다. 이것은 정치적일 뿐만 아니라 악의 왕국으로부터의 해방이기도 하다. 이것은 완전한 해방을 뜻하는 해방이다.

이스라엘에게 이 첫 번째 해방의 역사는 이스라엘 백성이 고대하는 인간 역사의 완성을 불러오는 궁극적이고 결정적인 해방을 보장한다. 그래서 사도 바울이 예수 그리스도를 해방자로 표현하면서, 자유의 교리를 수립하는 것은 자신의 개인적인 일이 전혀 아니다. 사도 바울은 성서 사상 전체를 계승한 것이다. 우리는 그가 거의 구약성서 전체의 핵심을 짚고 있다고도 말할 수 있다. 사도 바울은 해방에 관한 계속된 예언들이 예수 그리스도에 의해 성취되었다는 사실을 밝혀준다. 거기에는 사도 바울 자신의 생각으로 지어낸 것은 전혀 없고, 단지 계속된 해방의 역사들이 완전히 총체적으로 완성된 것이 나타나 있다. 그럼에도 두 개의 의문들이 생긴다.

첫 번째 의문은 이와 같이 자유가 항구적인 역할을 담당하고, 성서 사상 전체의 핵심이라면, 왜 신약성서에서 자유를 강력하게 표명한 사람이 실제로는 사도 바울 한사람에 그치는가, 라는 의문이다. 왜 자유가 성서의 다른 책들에서는 부차적인 문제에 그치고 마는가? 그 의문에 대해서 나에게 먼저 분명하게 떠오르는 답변이 다른 답변들은 이 책의 제2부에서 다룰 것이다 하나 있다. 그것은 사도 바울은 이방인들을 위한 사도라는 사실이다.

그리스도 안에서 성취되는 예언의 역사는 유대계 그리스도인들에게는 잘 알려진 사실이다. 그들은 유대교에서 개종한 초대교회의 구성원들이다. 그들은 성서가 말하는 해방자, 구속자, 보증자, 보호자 등으로서의 하나님을 다 알고 있었다. 그래서 그들은 그 모든 것이 그리스도 안에서 다 이루어졌다는 사실을 알고 있었다. 그들에게 그 사실을 알릴 필요가 없었다. 신약성서 거의 전체가 유대인들을 수신자로 하기에, 그들에게 그리스도가 해방자임을 강조할 필요는 없었던 것이다. 그들이 알고 있는 것을 환기하는 뜻으로 자유에 관한 성서의 가르침 전체를 상기시키는 단어 하나 정도면 되었다.

이와 반대로 사도 바울은 그 사실을 전혀 모르는 이방인들을 대해야 했다. 이방인들은 하나님을 해방자로 알지 못했고, 자신들의 역사가 아닌 이스라엘의 그 긴 역사를 준거로 삼을 수 없었다. 그들은 신들과 정반대의 관계를 맺고 있었다. 그러므로 그들에게 그 모든 사실을 알려야 했다. 그들에게 하나님은 사랑일 뿐만 아니라 해방시키는 존재임을 알려주어야 했다. 그들에게 이 자유의 의미와 함께 그들의 삶에 이것이 어떤 뜻을 가지는지 가르쳐주어야 했다. 또한 이방인들의 사도인 까닭에 사도 바울은 이제 둘이 아니라 하나의 백성이어야 한다는 필요성에서 이방인들의 관점을 취하여서 유대인들에게 가서 하나님이 유대인들에게 허락한 자유의 새로운 차원을 가르쳐주어야 했다. 그것은 율법으로부터의 자유였다. 그것은 유대인들이 유일하게 새롭게 알아야 했던 점이었다. 그것을 유대인들에게 말할 수 있는 존재는 이방인들의 사도인 사도 바울일 수밖에 없었다. 내 생각에는 바로 이런 점이 사도 바울이 자유라는 핵심적인 주제에 집중한 충분한 이유가 된다.

두 번째 의문은 다음과 같다. 구약성서에 자유는 영적인 자유와 정치 사회적, 종교적 자유로 내적인 자유와 외적인 자유로 구별하거나 구분하지 않는다는 것은 아주 분명한 사실이다. 영적인 해방을 상징하고 보장하는 것은 이집트를 벗어나는 정치적 해방이다. 바빌론으로부터의 해방을 알리고 초래하는 것은 유배된 선지자들과 함께하는 영적인 해방이다. 사실 바빌론의 해방은 '율법의 재발견'으로 성취된다. 이스라엘 백성으로 남고자 하는 노예는 자유롭게 되는 것과 동시에 선택받은 백성에 속하게 된다. 이것은 이스라엘 백성의 사유 전체를 특징짓는 것이다. 이스라엘 백성에게는 영적인 현실과 또 다른 물질적인 현실이 따로 존재하는 것이 아니다. 반대로 물질적 현실은 영적인 현실을 보증하고 입증하고 상징하는 것이다.

그렇다면 자유의 교리에서 사도 바울이 그 문제를 영적인 것으로만 보았다고 할 수 있을까? 사도 바울은 사회적 노예제에 반대하지 않고, 여성의 자유를 주장하지 않는다. 그래서 그가 말하는 자유는 완전히 내면적인 것인가? 내 생각에는 사도 바울에게서 육체와 영혼을 분리시키고 외적인 상황과 내면적인 상황을 분리시키는 사고방식을 전혀 찾아볼 수 없다. 그는 스토아주의자와 같이 사회적이거나 육체적인 상황이 어찌됐든 간에 오직 내적인 자유만을 구하지 않는다. 그가 구약성서의 계시를 따른다는 점은 확실하다. 그는 그리스도 안에서 얻은 자유를 끊임없이 구체적인 행위와 책임으로 이행할 것을 언명한다. 이 사실은 뒤에 다시 살펴볼 것이다. 그러므로 우리는 사도 바울이 자신의 자유의 교리를 새롭게 만들지 않았다고 말할 수 있다. 그는 아브라함의 하나님이 처음에 정한 것을 그대로 따른다. 우리가 사도 바울을 자주 참조하는 것은 단지 그가 자유의 윤리를 강조했다는 점 때문이다.

사도 요한도 자유의 주제를 활발하게 혹은 사도 바울과 같이 많이 공들여서 언급하고 있다는 사실을 환기시킬 필요가 있을까? 영적 자유에 관한 사도 요한의 선언은 "영이 있는 곳에 자유가 있다"는 사도 바울의 말씀과 부합한다. 영은 임의로 가고오며 인간에게 자신의 자유를 부여한다. 또한 사도 요한은 "진리가 너희를 자유롭게 할 것이다"는 말씀으로 아주 주목할 만한 개념을 덧붙인다. 그 말씀은 예수와 유대인들의 기이한 대화에서 나온 것이다. 예수는 그들에게 "너희가 진리를 알게 될 것이며, 진리가 너희를 자유롭게 할 것이다"라고 말한다. 그러자 유대인들은 자신들이 아무에게도 종노릇한 일이 없다고 반박한다. 그때 예수는 대답한다. "죄를 짓는 사람은 다 죄의 종이다."요8:31-34

한편으로 여기서 진리에 대한 무지가 죄와 죄의 종과 함께 일치하는 것을 본다. 궁극적으로 죄에서 구원하는 것은 진리이다. 이와 같이 진리는 해방시키는 것이다. 그런데 사도 요한은 또 우리를 진리로 인도하는 것은 영이라고 명시한다. 그러므로 그리스도의 비밀을 드러나게 하는 영은 스스로 자유롭게 임의로 다니면서 진리를 전달함으로써 자유를 산출하는 것이다. 그렇다면 자유는 객관적으로는 그리스도의 구원의 사역과 연관되는 것이지만, 주관적으로는 영이 우리에게 임하여 그리스도에 관한 진리를 전해주는 것과 연관되는 것이다. 이런 말씀을 접하면서 우리는 잘못된 인식에서 비롯되는 소외에 관해 우리가 행한 분석을 떠올리게 된다. 그리스도의 사역에서 인간에 관한 비슷한 관점이 나타난다. 그러나 그것은 정반대로 긍정적인 것이다. 소외된 인간은 진리를 알 수 없다. 소외에서 벗어남으로써 현실의 인식으로 나아가는 길은 없고, 진리에서 출발하여 소외에서 벗어나는 길은 존재한다.

인간을 향한 하나님의 말씀은 소외 상태에 있는 인간을 불러서 이 모든 과정을 불러일으키고 하나님의 영을 부여하여 진리를 인식하고 받아들이게 한다. 하나님의 영은 인간을 새롭게 하여 새로운 자유의 상황에 들어가게 한다. 이와 같이 사도 바울은 이스라엘의 사상을 계승하고 사도 요한의 사상을 예비한다. 사도 바울은 자유의 주제를 지어내지 않았다. 자유는 사도 바울 이전에도 그 이후와 같이 언제나 중심적인 주제인 것이다.

여기서 기독교가 키르케고르의 "한 움큼의 공리들"이 되는 것을 가로막아준 것은 바로 이 자유의 현상이라는 사실을 다시 상기할 필요가 있다. 더 정확히 말하자면, 이 자유가 존재하지 않는다면, 기독교는 한 움큼의 공리들이 되고, 역으로 기독교가 정치적, 사회적인 것을 포함한 교리와 원리들에 그치게 된다면, 자유는 더 이상 존재하지 않는 것이다. 사실 기독교를 신앙, 정의, 진리 등의 공리들로 전환시킬 수 있지만 자유는 예외이다. 자유는 있는 그대로 삶으로 경험하는 것이다. 그렇지 않으면 자유는 더 이상 존재하지 않는다.

이 인간 해방의 연속성 안에서 비로소 불트만의 '결단'과 쿨만의 구속사의 모순이 화합을 이룬다고 볼 수 있다. 왜냐하면, 한편으로 하나님의 개입은 역사적인 근거가 있고 또 계속되며, 우리가 말하는 자유의 역사를 보여주는 것이 사실이기 때문이다. 사실 해방은 구속사와 연관되어 있고 그 일부분을 구성한다. 그러나 다른 한편으로 해방은 하나님의 행위로서 인간으로 하여금 끊임없이 전례도 없고 아무 조건도 없이 '지금, 여기서' 선택해야 하는 결단의 상황에 놓이게 한다. 인간에게 자유를 주는 것은 인간으로 하여금 자유로운 선택을 할 수 있게 하는 것이다. 인간은 자유로운 존재로서만 선택의 결단을 내릴 수 있다. 불트만이 그렇게도 집착한 결단의 행위가 자유의 전부를 다 말해주는 것이 아니다. 다만 이 결단 행위는 자유의 내용을 거의 정확하게 표현한다. 왜냐하면 자유로운 인간만이 결단을 내릴 수 있기 때문이다. 이미 확인한 바와 같이 실존적으로 자유로운 인간에 관해 수긍할 만한 연구결과는 없다. 인간은 해방이 되었기에 자유롭다. 그러나 이 해방은 하나님이 미리 결정한 것이다. 하나님은 인간과 함께하는 역사를 준거로 삼는다. 결단의 가치를 강조하는 것이 중요하다. 결단할 때 자유가 경험된다. 그런데 예수의 행위는 결단의 요청에 그치지 않는다. 인간의 구체적인 삶의 조건들 속에서 그 요청이 없다면 인간은 결코 그 결단을 내릴 수 없을 것이다. 예수의 행위는 인간 해방의 행위이다. 이것이 인간이 결단을 내리는 것을 가능하게 한다. 이와 같이 자유는 '계시'에서 하나의 근본적 여건이 된다.[94]

---

94) '구원하는 자유'는 '구원의 중심적인 주제'라고 하는 리쾨르의 주장에 나는 전적으로 동의한다. 그러나 나는 그것이 왜 직접적인 언어로 표현되지 않고 상징적으로 표현되어야 하는지는 이해할 수 없다.

제2부
자유의 대상과 인간의 의지

1장 · 자유의 정의

1. 덕과 자유

우리는 자유가 우리에게 주어진 상황이라는 사실을 이미 언급했다. 그리스도와 연합함으로써 자유롭게 해방되었기에 우리는 이 자유의 입지를 얻게 된다. 그러므로 자유는 확실히 의지를 관철하는 것도 아니고, 존재를 발현하는 것도 아니며, 인간본성을 구성하는 하나의 요소도 아니다. 더욱이 자유는 덕목이 아니다. 사도 바울이 자주 인용하는 성령의 열매들은 우리 안에서 하나님이 역사하는 것을 보여준다. 우리는 그 성령의 열매들 가운데서 자유를 찾을 수 없다. 자유는 어느 정도 의지적인 행위를 통해서 인간이 누리는 하나님의 역사의 산물이 아니다. "자비를 덧입으라." "순결하라." 은총의 선물은 우리에게 주어졌고, 우리는 어떻게든 그것을 구현해야 한다. 하나의 윤리와 같이 우리에게 주어지는 윤리적 정향이 있다. 그러나 자유는 하나의 윤리가 아니다. 자유는 하나의 덕목이 아니다. 사도 바울이 가장 좋은 은사들을 나열할 때, 거기에 믿음과 소망과 사랑은 있지만 자유는 없다. 이상한 것은, 한편으로 자유의 윤리가 그렇게 중요한 비중을 차지하며 우리에게 하나님의 역사 전체를 밝혀주는데, 다른 한편으로 자유는 계명에 포함되지 않고 행위규범에 속하지 않는다는 사실이다. 내가 보기에, 이것은 자유가 실제로 그리스도인의 삶의 부분적인 발현이 아니라는 점에서 해명될 듯하다. 자유는 기쁨과 인내와 신실과 절제 등과 같은 하나의 부분이 아니고, 하나의 전체적인 특성의 발현이다.

우선적으로 우리는 하나님의 선물인 자유는 능력이자 가능성이고 힘이라고 이해할 수 있다. 이것은 행동하고 복종하는 능력이다. 이것은 살아갈 수 있는 가능성이고 투쟁할 수 있는 힘이다. 이와 같은 점에서, 동일한 어휘를 쓴다 할지라도, 이것은 다른 능력과 힘과 전혀 혼동될 수 없다. 다른 능력과 힘은 결코 자유에서 나오는 것이 아니며 또 자유를 위해서 작용하지 않는다. 우리가 통상적인 단어들을 쓰는 것은 자유가 하나의 능력이라는 말에는 모두가 다 동의할 것이기에 이 단어들이 함축하는 의미의 반전을 더 강조하기 위한 것이다. 그리스도 안에서는 섬김이 없는 독립적인 능력이나 힘은 존재하지 않는다. 마찬가지로 그런 시각에서 보면 자유는 개인적이고 자발적인 행위이며, 대상들의 제약을 받지 않는 것이라고 볼 수 있다. 정확히 말해서 이것은 그리스도인의 자유에 해당하는 것이지만, 이 단어들의 통상적인 의미와는 반대되는 의미에서 그렇다. 왜냐하면 이 자유의 개인적이고 자발적인 행위가 인간의 책임 있는 행위를 뜻하는 것이라면, 거기서 말하는 자발성은 인간에게 주어지고 획득된 것이지 타고난 것이 아니기 때문이다. 이 자발성은 하나님의 영의 자발성과 연관된다. 제약을 받지 않는다는 것은 하나님의 뜻에 대한 순종을 뜻한다. 인간이 사물들에 관계하는 것은 하나님과 같이 인간이 창조세계를 다룰 수 있다는 것이 아니다. 이와는 정반대로 인간의 참된 자유는 창조세계에 대한 인간의 올바른 위치를 인정하는 데 있다. 그걸 인정하는 것은 먼저 인간이 자신을 독립적인 주체로 보지 않는다는 것이고, 창조세계가 인간의 자의성과 독립성과 권력의지에 따라 처분되는 대상이 아니라는 사실을 받아들이는 것이다. 인간이 하나님을 하나의 대상으로 보지 않고 인간을 자유롭게 해방하는 주체로 볼 때, 비로소 인간의 자유가 성립한다. 또한 해방됨으로써 얻게 된 인간의 자유에 의해, 인간을 둘러싼 세계는 인간 자신을 위해 이용되는 대상이 아니고 인간이 자유를 수용하며 순종하고 섬기는 곳이 된다.

자유는 그리스도의 삶을 구성하는 하나의 요소도 아니고 하나의 양식도 아니다. 자유는 상황과 경우에 따라 우연히 나타나는 것이 아니다. 어떤 경우에는 믿음의 역사는 절제가 된다. 또 다른 경우에는 그것이 신실함이 된다. 어떤 상황에서는 그것이 엄격한 정의가 되는데, 또 다른 상황에서는 아주 관대한 관용이 된다. 그런데 자유는 이와 같은 것이 아니다. 자유는 그리스도인의 삶의 일부분이 아니다. 자유는 삶의 부분적인 발현이 아니다. 자유는 그리스도의 삶이다.[95] 덕목이나 성령의 열매들에 비해서 자유는 그 기저에 위치한다. 자유는 다른 모든 것들을 세울 수 있는 토대가 된다. 자유는 모든 것이 펼쳐지고 발전되는 기반이 된다. 자유는 모든 행위들과 그 정향의 의미를 수립한다. 자유는 그리스도인의 삶의 조건이 된다.

이와 같이 자유는 그리스도인들에게 있어서 도덕과 윤리의 한 요소가 아니다. 자유가 없으면, 윤리도 없다. 자유 안에서 그리스도인의 삶이 가능하다. 더군다나 자유는 우리 뜻에 따라 취하거나 버릴 수 있는 하나의 태도가 아니다. 그리스도인으로서 자유를 거의 고려하지 않았기에 우리는 모든 것이 이 자유의 상황에 달려있다는 생각도 하지 않는다. 우리는 언제나 사랑이 부족하고 의롭지 못하다고 자책한다. 그런데 우리에게 자유가 없다는 문제는 결코 제기하지 않는다. 즉, 우리는 삶을 통틀어서 우리 자신이 자유를 발현하고 있는지 스스로 묻지 않는다. 그런데 우리가 신학자라면, 앞에서 언급한 바와 같이, 우리는 자유를 주어진 상

---

95) 나는 자유에 관한 케제만(Käsemann)의 견해에 전적으로 동의한다. 내가 보기에 그는 자유를 핵심적인 주제로 합당하게 평가한 유일한 현대의 신학자이다.

황으로 판단할 것이다. 자유롭게 해방되었기에 우리는 자유로운 존재이다. 이것은 획득된 것이고 주어진 것이다. 이와 같이 우리는 자유로운 존재가 된 것이다. 이것은 변경시킬 수 없는 사실이다.

이 자유는 이제 나의 삶을 구성하는 하나의 요소가 되다시피 한다. 그러니 걱정할 게 있는가. 당연히 나는 내가 얻게 된 이 새로운 본성을 잃을 수 없다. 왜냐하면 이것은 은총에 의해 나에게 계속 보장된 것이기 때문이다. 우리는 쉽게 자유를 '칭의'justification와 동일시한다. 예컨대 어떤 의미에서 하나님과 나 사이의 은밀한 관계에서, 나는 죄인이지만 의롭게 된 존재로서 언제나 종이자 언제나 해방된 자유로운 존재라고 할 수 있다.

'칭의'의 경우와 같이 자유는 영적인 문제이다. 하나님의 선물은 나로 하여금 하나님 앞에 서게 하고, 새로운 존재로서 하나님과 관계를 맺으며 새로운 역사를 시작하게 한다. 이것은 인간과 함께하는 하나님의 역사이다. 다만, 고전적인 구분에 따르자면, '칭의'는 '성화'를 통해서 나타나야 한다. 이 존재의 변화는 사도 바울이 나열한 덕의 목록을 통해서 어떤 삶의 양식으로 나타나야 한다. '성화'는 하나님과 우리 사이에 새로운 관계를 수립한다. 이것은 우리 입장에서 우리 안에서 행해지는 하나님의 역사를 알고 감사를 표하는 것이다. '성화'는 우리에게 주어진 은총의 발현으로 우리 이웃과 새로운 관계를 형성하게 한다.

그런데 우리는 이 새로운 관계에 결코 자유를 부과하지 않는다. 자유에 상응하는 것이 하나도 없다. 우리는 자유를 어디다 설정해야 할지 모른다. 물론 우리는 우리가 새로운 상황에 놓인 것은 알고 있다. 그러나 이것이 어떻게 구현되는 것인지는 모른다. 우리는 더 이상 종이 아니고 자유로운 존재이다. 그러나 이것을 어떻게 구현해야 하는가? 우리는 이 점에 대해 완전한 침묵을 지키고 있다. 존재의 변화가 삶에서 아무런 결과도 맺지 못한다. 기껏해야 율법에서 해방된 것이라고 할 수 있다. 그런데 그 사실에 대해서도 우리는 이상하게 의미를 왜곡하고 있다. 율법에서 종교의식과 같은 부분은 우리에게 아무런 의미나 유익도 주지 않는다고 보거나, 구약에 나오는 유대교 율법 전체가 폐기되어 우리와는 아무 상관이 없다고 풀이한다. 또는 우리는 자유로운 존재이기 때문에 어떤 도덕도 필요 없고, 하나님의 영에 인도됨으로서 우리는 어떤 지시도 필요 없다고 한다. 그러나 이 모든 것은 자유와는 아무 관계가 없다.

"우리는 더 이상 율법 아래 있지 않고 율법에서 해방되었다"는 사도 바울의 말은 이스라엘의 율법은 끝났다는 뜻이 전혀 아니다. 우리는 이 점에 대해서 뒤에서 다시 살펴볼 것이다. 더욱이 사도 바울에게 있어서 자유의 삶은 윤리를 배제하는 것이 전혀 아니다. 오히려 정반대임을 우리는 곧 확인하게 될 것이다. 아무튼 자유는 율법의 차원을 훌쩍 뛰어넘는다. 우리가 해방된 것은 율법뿐만 아니라 모든 소외현상도 다 포함된다. 그런데 이 사실에 대한 언명이 전혀 교회의 가르침에 들어 있지 않고 세례문답에서도 이에 대한 어떤 언급도 발견할 수 없다. 또한 우리는 자유에 기반을 둔 그리스도의 삶이 어떤 것인지 모색하지 않는다. 윤리 교과서에서는 자유를 전혀 문제 삼지 않거나, 혹은 덕목에 포함시키거나 앞에서 본 바와 같이 이것은 사도 바울의 말과 다르다 인간의 본성으로 묘사하거나 한다. 어디서도 우리의 행동 하나하나에서 발현되어야 하는 총체적인 조건으로서 자유를 거론하지 않는데, 이것을 당연한 것으로 보아야 할까! 어디서도 자유의 분명하고 구체적인 발현을 근본적인 출발점으로 삼지 않는다.

바르트는 물론 그의 교의학에서 자유의 구현에 관해서 많이 언급하고 있다. 그러나 그는 아주 남다르게 자유의 근거를 하나님에게 둔다. 자유는 하나님을 위한 자유로서 경배와 안식 등에서 발현된다. 우리는 나

중에 이 점을 다시 살펴볼 것이다. 이것은 명백히 타당한 말이다. 그러나 이 말로는 너무나 부족하다. 이런 맥락에서 자유가 교회의 일반신자에게 아무런 의미와 내용도 전달하지 못하고 아무 문제도 야기하지 않는다는 사실은 별로 놀라운 일이 아니다. 자유는 기독교의 지평에서 완전히 사라져버린 주제이다. 신자는 자신이 자유로운지 아닌지 알고자 하지 않는다. 자신이 자유를 어떻게 구현하고 있는지는 더더욱 알려고 하지 않는다.

내가 보기에, 바로 이와 같은 이유로 그리스도인의 삶이 무미건조하고 의미가 없고 오늘날의 사회에 영향을 주지 못한다. 자유가 없이는 사랑과 섬김의 봉사활동을 펼치고 신앙을 증언하는 등의 모든 일이 아무런 의미가 없다. 이 모든 것은 경건한 행위로서, 그리스도인들이 할 만한 일로서 잘 알려져 있다. 그리스도인들이 이 모든 행위를 하는 것은 당연시되어서, 아무도 이 같은 덕행들 때문에 놀라지 않는다. 고작해야 그리스도인들은 친절하고 유익하다는 평가와 함께 좀 어리석다는 평을 듣게 될 뿐이다.

그리스도인의 그 모든 봉사활동에서 빠진 것은 생명의 도약과 분명한 초점과 신비스러운 특성을 주는 자유이다. 오직 자유만이 행위에 의미를 부여하고 놀라움을 준다. 자유를 통해서 불신자는 놀랍고 예기치 않은 것을 얻을 수 있다. 거기서 불신자는 새 출발의 느낌을 받을 수 있고, 그리스도인은 덕행을 발휘하며 살아가는 기쁨을 누릴 수 있게 된다. 또한 그 기쁨을 즐기게 되기까지 한다.

자유는 하나의 덕목이 아니고, 모든 덕목들이 발현되는 토대가 된다. 자유는 근원적으로 순종할 수 있는 능력이고 하나님의 자유를 인정하는 것이기에, 하나님 안에서 하나님을 위해서 우리가 살아가는 모든 것이 펼쳐지는 토대가 되는 것이다. 자유는 부수적인 어떤 측면에 국한하지 않고 신자의 모든 삶에 관한 이해를 제공한다. 그런데 자유는 하나님의 말씀에 순종하는 자유이다. 자유가 중심적인 비중을 차지하는 까닭은 자유를 통해서 우리는 성서의 하나님의 말씀이 어떻게 자연적인 본성을 지닌 인간들에게 전달되는지 이해할 수 있게 되기 때문이다. "이 사건은 자유로운 순종이라는 형식과 틀 속에서 발생한다."[96] 그러므로 우리는 거기서 결정적이고 총체적인 현상을 접하게 되는 것이다. 이것은 모든 그리스도인의 삶에 의미를 부여한다.

행위와 순종에 특색과 정향과 특성을 부여하는 것은 자유이다. 이 자유가 없다면 그리스도인의 삶이란 아예 존재하지 않는다. 여기서 우리는 그리스도인들을 위한 하나의 윤리에 관한 결정적 요소를 접하게 된다. 우리는 정의와 인내와 겸손과 성결과 혁명과 가난한 사람들을 위한 투쟁을 이어나갈 수 있다. 그런데 자유가 없이 행해진다면, 이 모든 것들은 은총을 떠나서 행해지는 것임을 뜻한다. 왜냐하면 이것들은 예수 그리스도가 그리스도인들을 위해 수립한, 무상으로 주는 삶의 조건을 벗어난 것이기 때문이다. 물론 구약이나 바울서신에 기록된 것들과 정확히 일치함으로서, 이 모든 것들이 외적으로 동일하게 보일 수 있다. 그러나 자유 안에서 행해지지 않고 이행되지 않은 까닭에 이것들은 세상의 도덕과 다를 게 없다. 이것들은 인간의 선한 감정을 표현한 것으로서 바울서신의 말씀에 동의하며 그 말씀을 올바르고 유효한 것으로 인정한다고 볼 수 있다. 그렇게 해서, '기독교의 도덕'이 부르주아적이거나 반부르주아적인 사회의 도덕으로 성립하게 되는 것이다.

그리스도인의 행위가 자유에서 벗어나게 되면, 그리스도인은 필연성의 질서 속으로 다시 떨어지고 만다. 즉, 은총을 추상화하면서 도덕적인 삶을 영위하는 것이다. 하나님의 은총의 자유에 상응하는 것은 인간의

96) K. Barth, *Dogm. V*, p. 213.

순종의 자유이다. 이 두 가지 자유의 역사가 없으면, 그리스도인의 삶은 특별하거나 고유한 것이 하나도 없게 된다. 물론 그리스도인의 신앙은 그리스도인에게 주어진 구원의 확증이다. 그런데 이 신앙이 더 이상 세상에서 하나님의 일을 하는 것으로 발현될 수 없게 된다. 이제 하나님의 일은 강제성과 외재성을 띤 율법적인 것에 그친다. 더욱이 그 하나님의 일은 반드시 과거를 지향한다.

구약과 신약 간에 연속성이 존재한다는 사실을 상기하는 것이 중요하게 생각된다. 다시 말해서, 이미 밝힌 바와 같이, 자유는 혁신적인 것이 아니며, 하나님은 원래부터 자유를 주는 해방자이다. 그렇다 하더라도 예수 그리스도를 통한 단절이 존재한다는 사실을 상기하는 것이 중요하게 여겨진다. 상황은 더 이상 동일한 것이 아니다. 옛 언약에서 우리는 하나님이 이집트에서 해방시킨 과거의 사건에 귀속된다.

이집트에서의 해방 사건은 다른 해방을 보증한다. 그러나 그때까지 우리의 행위는 과거를 반영하는 것일 수밖에 없다. 우리의 행위는 오늘의 자유로운 행위가 아니다. 우리의 행위는 단지 역사의 한 시점에서 정해진 세대의 사람들에게 해방이 일어났던 사실을 증언하는 것일 뿐이다. 하나님은 그와 같이 자유를 주는 해방자로 스스로를 계시했다. 그러나 인간은 아직 해방되지 않았다. 인간은 단지 하나님이 예전에 노예적 예속상태에서 해방시켰던 존재이고 또 자신을 진정 해방시키는 존재임을 알고 있을 뿐이다. 그러나 현재 살아가는 시점에서 아직 인간은 자유롭게 살아가는 삶을 선택할 수 있을 만큼 자유롭지 않다. 인간은 율법 아래에 있다. 인간은 달리 어떻게 할 수 없다. 하나님이 자유롭게 해방시키는 존재일지라도, 인간을 향한 하나님의 뜻은 율법 속에 있다. 이 율법은 과거를 지향하는 것으로 반드시 강제성과 의무를 수반한다.

그와 정반대로 예수 그리스도 안에서 자유는 총체적이고, 매 순간 새롭고 생생하다. 그러므로 성육신과 십자가와 부활의 역사적 시간에 의거할지라도, 그 자유는 어떤 역사적 시대나 어떤 세대에 국한되지 않는다. 자유는 개별적인 노예적 예속상태를 초래하는 상황과 무관하다. 이 자유는 끊임없이 현실화된다. 이제 우리의 자유는 과거를 향하지 않고 장래를 향한다. 우리의 신앙은 율법적인 행위가 아니라 자유로운 행위로 발현된다. 그런데 전에 있는 것은 다 버리고 앞에 있는 것을 향해 우리의 삶을 이끌어가는 이 장래를 향한 투기投企는 자유의 특징이지만, 더더욱 이 자유의 현존은 삶의 변화를 가져온다. 우리 앞에 있는 것은 더 이상 단순한 하나의 미래가 아니기 때문이다. 그것은 조금 길어질 수도 있고 짧을 수 있지만 어쨌든 더 이상 연속적인 시간의 축적에 지나지 않아 별 큰 의미 없는 삶의 어떤 기간이 아니다.

그리스도 안에서 인간이 자유롭게 되는 순간부터 이 자유는 인간을 앞으로 투기한다. 이것은 인간이 장래를 가지게 된다는 뜻이다. 이것은 미래futur가 아니고 장래avenir이다. 이것은 앞이 꽉 막힌 벽이 아니다. 그렇게 되면 인간의 삶은 더 이상 무의미하지 않다. 무의미하고 무가치한 것에 틈이 생기고 출구가 보인다. 이것은 자동적으로 방향이 정해지는 길이 아니고 모든 가능성이 열리는 길이다. 이 길은 실재하는 길이며 어딘가로 인도하는 길이다. 이 길은 철로와 같이 고정된, 획일적이고 규정된 길이 아니고, 인간의 삶만큼이나 다양화된 길이다. 왜냐하면 인간의 삶 전체가 그리스도 안에 수용되고 그리스도 자신이 길이기 때문이다.

은총으로 주어진 자유 덕분에 인간이 다시 장래를 가지게 된다는 말은 인간이 이미 만들어진 미래를 가진다는 뜻이 아니다. 그런 미래는 무의미한 운명과 같은 것이리라. 반대로 미래로 열린 가능성은 인간의 자유가 작용하는 가능성이다. 여기서 인간은 스스로 자신의 행위를 결정하고 삶의 방향을 정하며 책임을 짐으로써 스스로 자신의 장래를 계속 펼쳐간다. 인간에게 장래를 열어주는 자유는 인간이 스스로 자신의 장래를 만들어가게 하는 것이다. 무의미를 일소하는 자유는 인간이 스스로 장래에 의미를 부여하게 한다.[97] 그런데 이 자유는 하나님의 자유에서 나와서 하나님의 자유로 들어간다. 다시 말해서 인간이 자유롭게 이루어가는 미래는 천상의 예루살렘을 만드는 하나님의 역사에 사용되는 것이다. 이것이 자유가 덕목과 행위에 의미와 토대와 특색을 부여한다는 말이 성립될 수 있는 이유이다.[98]

그렇다면 우리에게 다음과 같은 의문이 떠오를 수 있다. 자유가 그렇게 중요하다면, 왜 사도 바울은 자유의 이러한 연관관계를 명시하지 않았을까? 왜 사도 바울은 우리가 여기서 전개한 것과 같은 내용을 명백하게 말하지 않았을까? 사도 바울이 은총에 의해 주어진 자유를 중심으로 복음을 설파하면서부터 모든 그리스도인의 삶은 다양한 양상과 행위 속에서 이 자유에 근거하여 펼쳐진다. 이것으로도 충분할 텐데, 성서 본문들은 우리에게 더 자세한 연관관계를 보여주고 있는 듯하다. 서신서 전체를 분석해보면, 우리는 사도 바울에게서 자유에 대한 두 가지 표현을 분간해낼 수 있다. 다시 말해서, 그는 한편으로 자유는 모든 윤리의 토양

---

97) 여기서 내가 인간을 언급할 때 그 인간은 인류나 인간 전체를 뜻하는 것이 아니라는 점을 또다시 환기시켜야겠다. 그러므로 이것은 역사에 관한 총체적인 관점이 아니다.

98) 그리스도인의 삶과 사고에 있어서 계시 안의 자유가 가지는 중요성이 그렇게 엄청난데도, 현대에 우리는 자유를 잘 알지 못하고 무시하고 저버린다. 자유를 주제로 행한 나의 최근의 강연회(1972년 5월)에서 한 뛰어난 지식인이 "자유에 관한 이런 식의 장광설에 아주 신물이 났다"고 말하면서 나를 비난했다. 게다가 교회에서 거의 아무도 자유에 관해 말하지 않는다는 것은 더더욱 흥미로운 사실이다. 그런데 일반적으로 보면 사람들은 이 주제에 관해서 알아야 할 것은 다 알고 있다고 생각한다. 중요한 공식적인 문서들에는 더 이상 자유에 대한 언급이 나오지 않는다. 예컨대 '교회와 사회' 콘퍼런스의 문서들에는, 혁명 신학에 관한 언급을 빼놓고는, 자유에 관한 말은 하나도 없다. 제4차 웁살라에 큐메니칼 회의에서 채택된 문서들에는 자유에 대한 언급이 전혀 없다. 1971년의 프랑스 개신교연합회의 '교회와 권력'에 관한 문서에는 자유에 관한 말이 하나도 없다. 이와 같은 사실은 교회의 공식적인 사고의 방향을 보여주는 중요한 의미를 가진다.

이라고 보는가 하면, 다른 한편으로 자유는 '칭의'에서 '성화'로 가는 통로라고 한다.

일군의 서신서들에서, 사도 바울은 자유를 신학적 교훈과 도덕적 훈계를 이어주는 것으로서 간략하게 언급한다. 알다시피 로마서에서 이같이 이어지는 부분은 12장의 서두에 위치해 있다. "너희는 이 세대를 본받지 말라." 나중에 다시 살펴보겠지만 이것은 자유의 가장 중요한 표지들 중의 하나이다. 에베소서에서 그 부분은 3장 끝에서 4장 서두에 있다. 여기서 우리는 자유에 관한 두 가지 정보를 얻는다. 하나는 우리에게 하나님에게 다가가는 자유가 있다는 점이다. 다른 하나는 세상에 대한 자유는 우리가 주님의 포로가 된다는 사실을 뜻한다는 점이다. 이와 동일하면서 더 분명하게 골로새서골2:16-23에서, 십자가에서 그리스도가 모든 권세들을 이긴 것을 찬양하고 나서, 윤리적 교훈으로 이어지는 자유에 관한 말씀이 전개된다.

그러나 또 다른 일군의 서신서들에서 사도 바울은 그 내용 전개를 통해서 자유의 선언을 펼쳐가고 새로운 주제로 접근할 때마다 다시 언급한다. 이것은 고린도서와 갈라디아서에서 확인된다. 예컨대 고린도전서에서 사도 바울이 전개하는 모든 논리의 기저에는 이 자유의 주제가 존재한다. 하나님의 자유는 교회에 소명을 부여하는 데서도고전1:27-28, 우리가 취하는 행위에서도고전6:12,9:1,10:23,12:4 작용한다. 이것은 갈라디아서에서도 마찬가지로, 율법에 대한 자유갈3:25와 자녀됨갈4:7과 모든 훈계갈5:1,13에서도 그렇다. 이와 같이 간단하게 훑어보는 것으로도 자유에 관해서 사도 바울의 독자적인 체계적 교리가 존재하지 않는 데 대한 이유를 충분히 알 수 있다. 다시 말해서 그 이유는 사도 바울의 신학 전체가 자유를 그리스도인의 삶에 주어지는 능력으로 보기 때문이다.

우리는 자유가 윤리의 토양이고 덕을 자아낸다고 말했다.[99] 더 나아가서 자유는 그리스도인의 삶의 기본조건이다. 칼 바르트가 "하나님의 자유에 대한 자유로운 인간의 순종"[100]이라고 한 것과 같이 자유의 정의를 내린다면, 자유가 없다면 그리스도인의 삶도 없다. 자유는 신앙의 윤리적 표현의 전제조건이자 선결사항이다. 신앙을 통해 받은 은총은 행동으로 직접 연결되지 않는다. 행동이 가능하기 위해서는 자유가 있어야 한다. 자유는 덕이 발전할 수 있는 환경이자, 덕이 존재할 수 있게 하는 기본조건이다.

이것은 열매라는 개념으로 잘 표현될 수 있다고 본다. 율법은 행위를 낳는다. 율법은 일종의 강제성을 띠고 우리에게 부과되었다. 율법은 일종의 교사처럼 우리를 지도했고 우리의 행동을 미리 규정했다. 이것은 필요불가결한 것이었다. 마귀에게 사로잡힌 마음에서 비롯된 우리의 행동들을 외적으로 강제하고 중단시키고 억압하고 규제하고 객관적으로 발현시켜야 했기 때문이다. 율법은 악에 대항하는 투쟁에서 우리의 선한 의지에 도움이 되었다. 그러나 그러한 투쟁이 얼마나 미약하고 허망한 것이었던가.

사실 율법은 우리 자신의 눈과 하나님 앞에서 우리의 의지가 무력하고 우리의 행동은 아무리 통제한다 해도 결국 부패한 마음의 산물일 수밖에 없다는 사실을 명백히 드러나게 했다.마15:15-20 그러나 은총으로 마음이 변화되는 시점부터 우리의 삶의 내용이 율법에 연유하지 않는 행위와 언어와 사고를 통해서 표현된다. 이것들은 더 이상 율법의 영향을 받지 않아야 하는데, 율법의 영향을 받는다면 우리 마음의 근본이 변화되지 않

99) 루터는 『그리스도인의 자유』에서 자유는 그리스도인의 삶 전체의 조건이자 토양이라고 정확히 파악했다. 그래서 타인을 위한 일이나 봉사는 자유 가운데서만 의미를 가진다. 권위에 순복하는 것은 자유로운 결정일 때만 의미가 있다. 자유로운 봉사 가운데서만 사랑의 실현이 가능하다.
100) *Dogm.IX*, p. 54.

은 증거가 될 것이다. 나무의 뿌리가 변화되는 순간부터 나무가 맺는 열매가 바뀐다.

가시덤불에서 무화과열매를 얻을 수 없다. 아무리 가꾸며 가지치기를 한다 해도 가시덤불은 자신의 열매만을 맺을 것이다. 뿌리를 바꾸어야 한다. 일단 뿌리가 바뀌면 이것은 분명코 우리 스스로 할 수 없는 일이다 열매 역시 바뀐다. 복음서와 서신서에 나오는 이 성서적 교훈을 환기시키는 것은 자유가 어디에 있는지를 보여주기 위함이다. 인간의 중심이 변화하는 것은 노예적 예속에서 자유로 나아가는 것이다. 인간이 세상과 사단의 굴레 아래 있는 한, 하나님의 뜻은 율법의 강제성으로만 우리의 삶에 받아들여질 수 있다. 이 굴레에서 벗어나는 순간부터 하나님의 뜻은 자유 가운데 발현된다.

자유는 행위의 진정성을 위한 기본조건이 된다. 이것은 실제로 행위의 결과가 아닌 행위의 열매에 관한 것이다. 그런데 아주 흔히 쓰는 열매라는 단어는 정확히 자연발생적인 것을 뜻한다. 행위라는 개념이 목적을 향해 하나하나 세워가는 엄격한 의지를 말한다면, 열매라는 개념은 수액의 분출, 본성의 자유, 선물의 무상성 등을 나타내며, 스스로 무화과나무나 사과나무에 속해 있음을 무심코 드러내는 것이다. 내적인 변화가 자연스레 드러나듯이, 열매는 자유롭게 열려야 한다. 그렇지 않으면 그것은 더는 열매가 아니다. 이점을 분명히 해야 한다.

반드시 열매가 구체적이고 객관적으로 행위와는 달라야 한다는 것은 아니다. 다시 말해서, 율법은 그와 같은 것에 반하는 것이 아니라고 사도 바울이 말한 것처럼, 동일한 말씀과 동일한 행동과 동일한 참여활동과 동일한 절제가 열매가 되거나 행위가 될 수 있다. 우리는 이미 '서론'에서 그리스도인의 윤리와 스토아주의적인 윤리의 유사성을 언급했을 때 이 문제를 살펴보았다.

덕목들이 서로 유사해 보일 수 있고 행위들도 서로 동일하게 보일 수 있다. 그런데 어떤 경우에는 의무적인 일이 되고, 또 다른 경우에는 자유의 열매가 된다. 물론 객관적인 관찰자나, 태도를 분석하는 사회학자에게 그것은 동일한 것이다. 율법에 따른 것이든 신앙에 따른 것이든 간에, 주어진 선물의 수혜자는 탐욕과 쓰라린 투쟁을 벌이거나 샘솟는 기쁨을 나타내거나 한다. 그것은 동일한 것이다. 그는 자신이 살아가는 데 도움이 되는 10프랑[101]을 받은 것이다. 그러나 그것은 완전히 다른 것이고 또 달라지는 것이다. 이것은 하나님 앞에서나 우리 내면에서만 그런 것이 아니다. 행위의 동기가 다르면 의미도 또한 달라진다. 그러므로 행위 자체가 질적으로 달라지는 것이다. 물론 이것은 심리측정법이나 사회측정법으로 계측할 수 없다. 질적인 것은 간접적인 방법으로도 다룰 수 없다. 그러나 질적인 것은 양적인 것보다 훨씬 더 인간관계 형성에 기여한다.

이 자유를 자유로운 사람의 주변에서 살아가는 사람은 느낄 수도 있다. 자유는 어떤 삶의 양식으로 나타날 수 있다. 자유는 번갯불이 밤을 비추듯이 관계를 밝혀줄 수 있다. 그러나 자유는 통계상으로는 드러나지 않고 도표로도 분류되지 않는다. 만약 그렇다면 그것은 자유가 아니다. 우리는 삶의 총체적인 태도로서 자유의 태도를 말할 수 있을 것이다. 거기에는 긴박한 징후가 있는가 하면 오랜 인내가 존재한다. 그러나 자유로운 행동과 노예적인 행동이 따로따로 구분되어 존재하는 것이 아니다. 열매로서의 행동과 행위로서의 행동이 따로 존재하는 것이 아니다. 자유로운 행동의 목록이나 자유의 명백한 객관적인 표지의 목록은 작성될 수 없는 것이다.

사람을 외적으로 관찰하여 행위나 글로서 자유의 여부를 평가할 수 있

---

101) [역주] 10프랑은 프랑스에서 1960년대 당시의 일당에 해당하는 액수로서, 성서 시대의 일당인 '1데나리온(denarius)'에 비견할 만한 것이다.

다는 주장은 말도 안 된다. 정신분석학조차도 이같이 할 수 없다. 오직 개인적인 관계만이 그 비밀을 알 수 있게 한다. 그러므로 우리는 결코 한 민족이 자유롭다고 말할 수 없다. 그렇다고 그리스도인들이 자유로운 사람들이라고도 애석하게도! 할 수 없다.

우리는 윤리를 통해서 자유로운 인간이 될 수 있는 방법이나 자유로운 사람으로 구분되는 표지를 줄 수 없다. 성서에 나타난 하나님의 뜻에 따르는 행동의 자유는 결코 보장되는 것이 아니다. 자동제어와 원격조정으로 성취되는 '선한' 행동들이 있을 수 있을 것이다. 교육과 사회적 압력과 '문화적응'acculturation이 우리 안에서 소위 선이라고 하는 것에 걸맞은 행동을 끌어낼 수 있을 뿐만 아니라, 아주 정교하고 세련된 기독교 교육도 하나님이 계시한 '선'과 동일한 결과를 빚을 수 있다. 여기서 우리는 또한 바리새인이 진정으로 자신과 일체화한 율법과, 이그나티오스 로욜라의 『영신수련』과, 목회 현장에서 활용하는 현대 심리학의 기법들인 비지시적인 교육, 그룹 역학 등도 제시할 수 있다. 이 모든 것은 '선한' 행동규범을 세울 수 있다. 그러나 이것은 전혀 기독교와 상관없다. 왜냐하면 이것은 유발되는 것이지 자유를 발현하는 것이 아니기 때문이다.[102]

이것은 현대 심리학의 기법들에서 특별한 중요성을 가진다고 본다. 왜냐하면 과거의 다른 모든 통제방식들보다 훨씬 더 결정적으로 영향을 미치고 있음에도, 그 기법들이 주체의 자유를 존중하여 자유로운 행동에 이르게 한다고 주장하기 때문이다. 그런데 그리스도인의 윤리의 기

---

102) 키르케고르는 이점을 정확하게 설명한다. 진정으로 선을 원하는 사람만이 자유롭다. 그는 선에 의해서 자유롭게 된다. 그러나 단지 징벌이 무서워서 선을 원하는 사람은 진정으로 선을 원하는 게 아니다. 그래서 그는 선의 노예가 될 뿐이다(Un discours de circonstance, II). 동일한 사설에서 키르케고르는 여기서 말하는 선은 사람들이 선이라고 부르는 것과는 전혀 상관이 없음을 정확히 지적한다. 그것은 인간의 효용성에 의해 얻을 수 없는 것이고, 세상의 일을 통해서 성취되는 것이 아니다.

본조건으로서 자유의 이런 중요성은 자유의 현존이나 부재에 따라서 그리스도의 윤리의 존재 여부가 가려지게 한다. 그리스도인의 윤리의 특성을 확립하는 것은 바로 자유이다. 그리스도인의 윤리가 하나의 도덕에 그치지 않게 하는 것은 이 자유의 존재이다. 그러나 자유를 제거하자마자, 이제까지 교훈, 성령의 열매, 은총의 자유로운 발현, 마음의 중심과 말씀의 일치, 행위와 신앙의 통합, 기쁨의 발견 등으로 나타난 모든 것들이 도덕, 의무, 덕목, 행위목록, 십계명, 규제, 공로 등으로 다시 후퇴한다.

계명이 본래의 계명이 되게 하는 것은 자유이다. 다시 말해서 계명이 자유롭고 책임 있는 인간을 향한 자유로운 하나님의 말씀이 되는 것이다. 자유로운 가운데 명령한 말씀은 능력을 부여하는 것이자 허락하는 것이다. 자유로운 가운데 받아들인 그 말씀은 능력과 허락이 주어졌다는 소식이다. 자유로운 가운데 명령한 이 말씀은 '지금 이곳에서' 주어지는 하나님의 살아있는 말씀이다. 자유로운 가운데 받아들인 이 말씀은 복음의 실재이다. 그러나 계명을 받은 사람의 자유를 제거해버리면, 계명은 율법이 될 수밖에 없다. 즉, 불가피하고 미리 예정된 결말을 향하는, 이미 앞서 결정된 불변의 율법이 되고 만다.[103]

이와 같이 자유는 그리스도인의 윤리를, '제1권'[104]에서 이미 고찰한 바와 같이, 실재하면서도 실재하지 않는 어떤 것으로 만든다. 하여간 그것은 어떤 다른 도덕과도 비견할 수 없는 것이다. 왜냐하면 자유는 우리

---

103) 이 자유와 계명의 관계는 우리로 하여금 지금 여기서 하나님의 뜻이 무엇인지 끝없이 자문만 하지 않게 한다. 또한 하나님의 뜻이 어떻게 구현될 수 있는지 묻고만 있지 않게 한다. 우리가 받은 자유 덕분에 하나님은 결코 자신의 뜻을 구체적인 상황에서 적용해야 할 원칙으로 제시하지 않는다는 사실을 잘 이해해야 한다. 사실 하나님의 뜻은 우리의 자유와 연계되는 것이기에 언제나 구체적이다. 그렇지 않으면, 그것은 하나님의 뜻이 아니다. (Bonhoeffer, *Ethique*, p. 235)

104) [역주] 앞에서 언급한 바와 같이 여기서 '제1권'은 엘륄의 그리스도인의 윤리에 관한 저술에서 그 서론 격에 해당하는 책인 *Le vouloir et le faire*(원함과 행함)를 가리키는 것으로 보인다.

로 하여금 모든 도덕주의와 금욕주의와 고행을 버리게 하기 때문이다. 물론 무정부주의자들과 특정 신학자들이 주장하듯이 아무런 의무나 제재도 받지 않는 도덕도 존재한다. 그러나 이 도덕은 인간이 선하다고 맹목적으로 믿는 이상주의에 기인한다. 악을 불러일으키는 것은 의무라는 것이다. 그래서 경찰을 없애면 도둑도 없어진다는 것이다. 이와 같은 신념은 당연히 부정되어야 한다. 그러나 이런 신념의 부정에 근거해서 우리가 아무런 의무와 제재가 없는 도덕과 그리스도인의 윤리를 구분하는 것은 아니다. 그렇게 구분하는 것은 도덕과 자유와 인간본성이 일치하는 경우가 있고, 또 본질적으로 불일치하는 경우가 있다는 사실에 근거한다.

자유와 도덕은 불일치한다. 왜냐하면 우리가 말했듯이 곧 계명이 도덕이 되지 못하게 하는 것은 이 자유의 존재이기 때문이다. 자유와 본성은 불일치한다. 왜냐하면 우리가 밝혔듯이 곧 자유의 조건은 본성에 반하는 것이기 때문이다. 그러므로 자유가 있는 삶은 특히 자유와 사랑의 변증법적인 움직임으로 구성되는 것이라는 점에서 우리는 뒤에 가서 이 주제를 깊이 다룰 것이며 여기서는 단지 소개만 한다 아무 의무도 제재도 받지 않는 도덕과는 공통점이 하나도 없다. 왜냐하면 자유가 없이는 사랑이 존재하지 않고, 또한 그리스도에 따르면 사랑이 없이는 자유도 존재할 수 없기 때문이다. 자유 그 자체는 사랑을 배제하고, 섬기는 사랑은 자유를 배제하기 때문에, 자유와 사랑은 서로 모순적이면서도 서로를 끌어당긴다. 그럼에도 불구하고 그리스도인의 삶 전체는 둘의 변증법적인 발전을 통해서만 이어질 수 있고 전개될 수 있다. 바로 이것이 삶에 있어서 자유의 표지이자 발현이다.

이미 앞에서 언급된 것을 설명하자면, 어떤 개별적이고 고유한 행동이라도 확연히 발현된 자유의 표지로 명백하게 지칭될 수는 없지만, 그럼에도 자유는 단순히 영적이고 내면적인 것이 아니고, 이 삶의 활동 전체이자 삶의 정향 전체로서 밝혀진다는 것이다. 그러므로 자유로운 삶은 경험을 통해서 알아가야 한다. 조각내어 구분하고 사진으로 재현하고 거기서 명언을 발췌하려는 의도로 삶을 멈추지 말아야 한다. 그와 같은 것들은 아무 것도 말해주지 않고, 자유로운 행위를 분간할 수 없게 한다. 자유로운 인간을 분간하는 것은 더더욱 불가능하다. 이것은 어떤 영화에서 뽑아낸 단 하나의 장면이 우리에게 그 영화의 의미나 주인공을 밝혀줄 수 없는 것과 같다. 자유가 활동이라면 그 이외에 다른 것일 수 있을까? 자유는 한 인간의 삶의 활동 안에 발현된다. 그러나 어떤 관찰자도 삶을 총체적으로 파악할 수 없듯이 이 자유에 대해서 최종적으로 어떤 판단도 내릴 수 없다. 이것은 이 자유의 명백한 표지가 주어질 수 없는 것과 같다. 자유에 관한 모든 표지는 반드시 여러 애매모호한 의미를 띤다.

믿음과 소망과 사랑으로 예수 그리스도를 증언할 수 있다. 그러나 자유를 통해서는 그렇게 할 수 없다. 이 자유의 선물은 타인들을 성장하게 하는 것이다. 자유에서 사랑을 끌어낼 수 있다. 그러나 직접적으로는 그렇게 할 수 없다. 자유는 기표가 아니다. 자유는 자유로운 존재를 지칭하는 것이 아니다. 자유는 인간의 행동들을 밝혀주는 빛이 아니다. 그렇지 않으면, 자유가 말씀의 자리를 찬탈하는 것이 된다. 자유는 스스로를 증언하지 않는다.

자유는 대상들을 비추어서 형태와 구성과 색채를 드러내주는 빛과 같은 가치를 지닌다고 할 수 있다. 그러나 우리에게 중요한 것은 그 대상들이다. 우리는 빛이 아니라 대상들을 주시한다. 빛은 우리에게 너무도 자연스러운 것으로 당연한 것이다. 우리가 전혀 관심을 두지 않는 빛이 없다면, 우리의 시선을 끄는 개체들이 존재할 수 없다는 사실을 우리는 깨닫지 못한다. 자유의 경우도 이와 같다.

2. 선택과 자유

모든 윤리적인 상황은 의례적으로 선택의 상황으로 귀착된다. 개인이 선택의 상황에 놓이게 될 경우에 말 그대로 도덕의 문제가 발생하게 된다는 것이다. 이것은 잘못된 것으로 보인다고 서문에서 이미 밝힌 바 있다. 더욱이 이것은 아담이 하나님의 명령에 따라서 선택의 상황 앞에 놓여 있었기 때문에 이미 '타락 이전에' 도덕적인 상황에 처해 있었다는 반론의 가능성을 제거해버린다. 그럼에도 불구하고 자유를 그리스도인의 삶 전체의 토대이자 기본조건으로 보면서부터 우리는 선택의 문제를 다시 살펴보아야 한다. 왜냐하면 여기서 우리는 자유는 선택하는 것이라는 고정관념을 접하게 되기 때문이다. 우리 앞에 여러 가지 방안들과 여러 가지 대상들이 놓여있고 아무런 강요를 받지 않고 그 중에서 선택할 수 있다면 우리는 자유롭다고 한다. 이것은 자유에 관한 아주 형식적이고 단순화된 견해이다.

우리는 민주주의체제에서 자유롭다. 왜냐하면 우리는 여러 정치가들 중에서 투표를 통해 선택할 수 있고, 여러 정책들 중에서 여론을 통해 선택할 수 있기 때문이다. 여러 정보 출처들에 접근할 수 있고, 다른 경향을 띠는 여러 신문들 중에서 선택할 수 있으면, 우리는 정보가 자유롭다는 평가를 내린다. 이것은 사실 아주 피상적인 시각이다.

우리에게는 여러 가지 요인들에 의해 필연적으로 선출할 의원이 결정되어 있고 서명할 강령과 읽을 신문이 이미 정해져 있다. 우리는 언제나 필연성에 순복하는 '소외된 인간'으로서 선택하는 것이다. 따라서 그 선택은 전혀 자유의 행사일 수가 없다.[105] 왜냐하면 소외된 인간이 스스

---

105) 자유에서 선택의 중요성을 강조한다는 면에서 나는 분명히 키르케고르와 야스퍼스와 견해를 같이한다. 다음과 같은 키르케고르의 주장은 타당하다. 스스로 선택한다는 것은 자기 자신의 한계와 특성을 인정하고 자신의 기원으로 돌아가는 데 있다. 왜냐하면

로 그 선택을 하는 것이 아니기 때문이다. 문화환경, 교육, 주위사람들, 모든 종류의 심리조작 등에 의해 선택이 이루어진다. 이런 의미에서 형식적인 민주주의에 대한 마르크스의 비판보다 훨씬 더 깊이 들어가야 한다. 이것은 비단 계급투쟁의 자본주의적인 맥락에 해당되는 것만이 아니다. 부르주아 민주주의는 단지 '국민을 착취할 사람을 선택하는 자유'

우리가 내리는 선택은 하나님이 우리 자신에 대해 내린 선택이기 때문이다. 따라서 선택한다는 것은 하나님을 선택하는 것이다. 다음에 이어지는 야스퍼스의 주장도 또한 타당하다. "결정을 내리는 가운데 나는 자유를 경험한다. 자유 안에서 나는 다른 어떤 것이 아니라 바로 나 자신으로부터 결정을 내린다. 선택은 나와 분리될 수 없다. 나 자신이 이 선택을 내린 자유 자체이다. 자유는 내 안의 내가 내린 선택이다." 그러나 내 생각에 여기서 왜곡된 것으로 보이는 점은 이 선택이 하나의 주어진 자유를 전제한다는 사실이다. 그리스도의 자유 안에 자유가 존재한다. 그러나 이것은 일반화할 수 없는 것이다. 내가 보기에 불가능한 것은 계시의 신학이 보편적인 철학으로 연결되는 것이다. 이 어려운 장벽 때문에 일방적인 철학에 호도되어 불트만(Bultmann)이 일탈을 범한 것 같다. 그는 인간을 끊임없이 결정을 내리도록 요청을 받는 존재로 묘사하고 그 상황을 자유의 조건으로 삼았던 것이다. 실제로 그의 철학이 인간조건을 고려한 것이라고 주장한다면 그것은 완전히 관념론적인 관점이다. 만약 그의 철학이 그리스도 안에서의 자유를 표명한 것이라면 그것은 비성서적인 이론이 된다(불트만의 사상의 불명확성이 이점에서 그가 무얼 말하는 건지 알 수 없게 하기 때문이다). 아무튼 '끊임없이' 내리는 결정은 그리스도 안의 자유가 발현된 것일 수 없는 모순성을 내포한다. 무엇에 관해 줄곧 결정을 다시 내려야만 하는 것인가? 그 점에 대해서도 우리는 아는 바가 전혀 없다. 그것은 선택하고 결정을 내려야만 하기에 내리는 결정을 위한 결정이다. 그런 것이 자유라는 것인가. 하이데거 추종자들에 따른다면, "나는 결정되어진다. 그런데 그 이유는 나도 모른다." 이 결정론의 이데올로기는 자유에 관한 성서적 가르침과 정반대이다. 성서적인 자유는 하나님이 거기에 부여한 의미내용을 기반으로 하는 결정을 함축한다. 나는 훨씬 더 정확한 쿨만(Cullmann)의 이론을 믿는다. 쿨만에 따르면 인간은 하나님의 계획에 포함되어 있기에 결정되어진다(O. Cullmann, *Le salut dans l'Histoire*, 1966). 결정은 오직 해방자인 그리스도의 인격에 근거할 수밖에 없다는 쿨만의 말은 타당하다. 그리스도 안에서 주어진 자유를 통해서 우리가 참여하게 되는 구속사 내에서만 결정의 자유가 존재한다. 결정이 구체적이고, 또한 삶과 삶의 양식과, 그리고 새로운 상황들을 창출하는 행위와 연관되기 때문에 중요한 의미를 가지게 된다. 반대로 실존적이고 늘 갱신되는 불트만의 모호한 결정은 겉으로는 심오해 보이지만, 단지 형이상학에 그치고 정말 애매하고 불확실한 것이다. 왜냐하면 '탈속화(démondanisation)'와 '사용 불가능한 것'과 같은 선택사항은 내용이 없는 것으로서 자유의 불가능성과 무의미함을 감추고 있는 말에 지나지 않는다.

또 다른 관점에서 자유와 연관된 선택의 부재는 네헤르에 의해서 예언자의 기본조건으로 훌륭하게 묘사되어 있다(Neher, *L'essence du prophétisme*). 자유의 표현으로서의 선택이란 전혀 존재하지 않는다. 거기엔 소명의 거부만이 존재할 뿐이다. 하나님이 말씀을 건넨 사람은 선택이 불가한 '부담'을 가지게 된다. 그러나 바로 그것이 그 사람을 예언자로 세우는 것이다. 그는 하나님의 영과 같이 자유롭게 된다.

를 부여하는 까닭에 결정론적 요인이 외적이고 권위주의적인 데에 그치지 않고 우리 내면으로 침투하여 홍보, 선전, 심리기술, 인간관계 등이 점점 더 치밀하게 우리의 선택을 결정짓는다. 정보 출처의 다양성은 객관적으로 존재한다 할지라도 단순한 환상에 지나지 않는다. 왜냐하면 그 다양성은 '특정인을 위한 다양성'이기 때문이다. 서로 일치하지 않는 정보지만 나름대로 의미 있고 일면 타당하다고 인정하면서, '오로르'106) 와 '위마니테'107)를 평정심을 가지고 읽을 수 있을 만큼 충분한 정신과 사상의 자유를 누리면서 사회적으로 개입되어 있지 않은 사람이 과연 존재하겠는가? 그러나 그런 사람을 발견한다 할지라도 우리는 곧 그가 자유롭지 않다고 말할 것이다. 왜냐하면 순전한 무관심은 자유가 아니기 때문이다. 우리는 이 주제를 뒤에 가서 다시 살펴볼 것이다.

그러나 정치와 정보에서 비현실적인 것이라 할지라도 선택의 가능성이 존재하지 않는다면, 우리는 스스로 비참할 정도로 구박받는 노예가 되어 자유는 사라졌다고 확실히 인정하게 될 것이다. 이와 같은 견해의 타당성 여부를 판단하기 위해서는 인위적인 선택은 자유가 아니라는 사실을 인지하는 데서부터 시작해야 할 것이다. 그러나 또한 그런 선택의 가능성이 없다는 것이 자유가 될 수 있을까? 물론 아니지만, 거기에는 정직한 인식의 장점이 있다. 그런 선택의 가능성이 없으면 현실을 현실 그대로 보기에 인간이 자유의 환상과 권력의 허황된 꿈 가운데 살아가지 않는다. 여기서 독자들이 잘못 추론하여서, 민주적이지 않은 권위주의체제와 일방적인 정보 출처에 내가 찬성한다는 결론을 내리지 않기 바란다. 내가 주장하는 것은 그게 아니다. 내 입장은 다만 첫째로 자유의 객

---

106) [역주] 오로르(L'Aurore)는 프랑스에서 1897년에서 1914년까지 간행된 일간지로서 급진적이고 진보적인 논조를 폈다. 특히 1898년 드레퓌스 사건에 관한 에밀 졸라의 글을 실은 것으로 유명하다.
107) [역주] 위마니테(L'Humanité)는 프랑스에서 1904년 발간된 일간지로서 1920년까지는 사회주의적인 기조를 띠었으나, 1920년부터 공산주의 진영의 주장을 대변하고 있다.

관적인 조건들이 규합되었다 할지라도 인간은 자유를 행사하지 않을 것이라는 사실과 둘째로 선택의 상황은 전형적인 윤리적 상황이 아니라는 사실을 밝히는 것이다. 왜냐하면 현실적으로 선택은 환상이고 속임수에 그치기 때문이다.

그렇다면 그리스도 안에서 자유가 회복되는 것이라면, 적어도 그리스도인은, 우리가 언급한 바와 같은 자유로운 존재가 되었기에, 합당한 선택을 할 수 있지 않을까? 문제는 그렇게 단순하지 않다. 그리스도인은 '초인'이 되지 않는다고 이미 언급한 바 있다. 그리스도인은 세상의 속박과 필연성으로부터 자유롭지 않다. 그리스도인은 에덴동산의 아담의 상황으로 회복되는 것이 아니다. 그리스도인은 예수 그리스도가 아니다.[108] 다시 말해서 당면한 삶의 조건들에 따라서 실제로 인간이 할 수 있는 선택들이 주어진다. 아담이나 예수 그리스도를 특징짓는 것은 그들의 상황이 우리의 경우에 비견할 수 있는 선택의 상황이 아니었다는 것이다. 그것은 하나님과 함께하는 가운데 선택하는 것이었다. 에덴동산에서 아담은 하나님의 명령에 순종하거나 뱀의 말을 따르는 식의 선택 앞에 놓인 것이 아니다. 아담에게는 단 하나의 가능성만이 있다. 그것은 하나님이 그에게 아담으로 살아가고 존재하도록 부여한 가능성이다. 단 하나의 가능성이지, 둘 중 하나를 선택하는 것이 아니다.

이 상황은 아담이 선한 것을 지칭하거나 규정하도록 부름 받은 것이 아니라는 사실에 기인한다. 더군다나 아담은 하나가 다른 하나를 배격

---

108) 본회퍼는 아주 정확하게 말한다(Bonhoeffer, *Ethique*, p. 234). "신의 명령 앞에서 인간은 악덕과 미덕 사이를 오고가는 헤라클레스가 아니다. 그는 정당한 결정을 위해서 계속 투쟁하고, 의무를 지키기 위해 갖은 애를 다 쓰는 존재가 아니다... 인간은 교차로에서 서 있기보다는 앞으로 나아갈 수 있다(인간은 하나님으로부터 가능성을 부여받았다). 인간은 선택과 결정 앞에서 계속 머물러 있기보다는 그것들을 뒤로 하고 앞으로 나아갈 수 있다. 신의 명령은 단지 말씀과 표지와 하찮은 일상의 도움 등의 형태를 통해서 삶의 유일한 방향을 제시할 수 있다.." 이와 같은 이유 때문에 그리스도 안에서의 자유는 선택의 자유로 규정될 수 없는 것이다.

하는 두 개의 대상들 앞에 놓여 있지 않다. 창조세계의 일체성 가운데 감춰진 비밀들도 없고 또 선택할 것도 존재하지 않는다. 거기에는 일체성이 존재한다. 다시 말해서 참으로 모든 것이 질서 있는 전체에 속하는 것이다. 각 부분들 사이에 흠결이나 서로를 배척할 가능성이 존재하지 않는다. 이 타락한 세상에서 시편기자와 선지자들이 하나님의 솜씨를 반영한 흔적을 알아볼 수 있도록 우리로 하여금 별의 움직임과 같은 것을 통해서 창조세계를 바라보게 할 때, 그들이 보여주려는 것이 바로 이 일체성이자 질서이다.

사실 순수한 별들의 움직임은 원래의 창조세계의 조화로운 전체를 떠올리게 한다. 그러나 그것은 동시에 선택할 것이 없음을 밝혀준다. 질서 가운데는 불일치는 존재하지 않는다. 오직 불일치만이 선택을 초래한다. 그러나 별들의 움직임은 기만적이다. 왜냐하면 그것은 아주 엄밀한 하나의 기계를 연상시키기 때문이다. 그런데 원래의 창조세계는 하나님의 자유를 구현한 것이고, 그 자유 안에서 그 자유를 통해 존재한다. 선택이 존재하지 않는다는 말은 계산을 통해서 선택의 여지를 없앤 기계와 같은 것을 뜻하지 않는다. 그 말은 하나님과 함께하는 관계 안에서 그렇다는 뜻이다. 아담은 영원한 하나님과 함께하는 가운데 그 관계를 통해 살아가는 아담은 자유롭다. 그러나 아담의 자유는 그렇게 하나님과의 관계 안에서 살아가는 것과 하나님과의 관계 밖에서 살아가는 것 사이에 선택하는 것이 아니다. 왜냐하면 하나님과의 관계 밖에서 살아가는 것이 실제의 현실이나 알려진 대상이나 주어진 가능성이 아니기 때문이다. 하나님과 함께하는 관계는 선택을 전제로 하지 않는다. 아담에게 자유란 이 관계를 통해서, 또한 서로 어긋나는 분리된 부분들이나 조각들이 없기에 선택할 것이 없는 창조세계 전체의 깨지지 않은 일체성 속에서, 하나님의 자유로 살아가는 것이다.

그러나 분명히 나타난 하나님의 뜻이 존재했다면 거기에 불순종의 가능성도 있었을 것이라는 주장도 그만큼 확실하다고 볼 수 있다. 실제 그런 상황과 뱀의 제안이 있었고, 둘 중 하나를 선택해야 했다. 그러나 그것은 '타락 이후의' 상황이었으며 정말 그와 같이 되었다. 그런데 하나님과 아담이 함께하는 가운데 선택의 상황이란 존재하지 않았다. 단절이 없는 삶이 지속되었다. 하나님의 뜻은 동전의 양면과 같이 그 감춰진 이면이 불순종인 것이 아니었다. 하나님의 뜻은 생명이었다. 선택의 대상으로서 죽음은 존재하지 않았다. 뱀의 제안은 아담의 상황을 달리 하는 것이 아니었다. 거기에는 아직도 여기에 간교한 뱀의 사악한 의도가 있다 생명의 약속이 있었고 겉으로는 일체성도 유지되고 있었다. 뱀의 제안은 심지어 더 큰 일체성과 연합과 일치의 관계를 맺게 된다는 약속이었다. 그러나 아담이 자유로운 의지로서 하나님이 택한 상황과는 다른 상황으로 나아가는 순간부터, 모든 것이 붕괴되었다. 거울은 더 이상 하나님의 형상을 반영하지 않게 된다. 왜냐하면 거울이 산산조각 났기 때문이다. 함께 하나가 되는 관계는 더 이상 존재하지 않는다. 창조세계의 일체성은 조각조각 부서져버렸다. 자유는 하나님으로부터 독립하는 것이 되고, 독립은 서로 적대적이고 배척하는 모순적인 것들 가운데서 선택하는 것으로 표현된다.

예수 그리스도는 하나님 아버지와 함께 일치를 이루는 삶을 살았지만, 창조세계는 일체성을 다시 찾지 못했고 온전성을 회복하지 못했다. 창조세계는 깨어진 상태로 계속 남아 있다. 창조세계는 계속 고대한다. 그러므로 이 창조세계에 속해 있는 우리는 언제나 독립적인 상황, 그런 선택의 상황에 처해 있다. 그러나 선택을 자유의 표현으로 보는 것은 우리가 계속 타락과 분열과 소통부재의 상황에 있다는 것을 말하는 것이다. 여기서 선택은 창조세계를 구성하는 요소들의 단절과 우리의 삶의 단절을 뜻한다. 선택은 오직 모순적인 사실들이나 태도들 가운데서 이루어진다. 사람들이 자유를 이런 선택의 가능성으로 보게 되는 이유는 그런 상황 속에서 자유는 다만 독립이나 아무에게도 복종하지 않는 상태나 아무에게도 결정해서 응답할 필요가 없는 상태 등으로밖에 달리 인식될 수 없기 때문이다. 또한 이 분열과 소통부재의 상황 속에서 사람들은 하나님과의 단절에 기인한 필연성에 얽매어 있기 때문이다. 따라서 독립에 관한 인간의 교만한 주장과 상관없이 우리는 이미 결정된 선택사항들 가운데 놓여 있다. 독립을 주장하면 할수록, 선택사항들의 결정의 엄밀성은 더더욱 확고해진다. 왜냐하면 우리는 유일한 해방자인 하나님과 한층 더 분리되어 가기 때문이다. 이런 신학적인 내용의 재연으로부터 시작해서, 우리는 선택을 구성하는 결정 요소들을 사회학적으로 확인하게 된다.

우리는 앞에서, 우리에 대한 그리스도의 주권과 그리스도를 믿는 우리의 신앙이 우리를 아담의 온전한 상태로 회복시켜 주지 않는다는 말을 했다. 설령 그 이유가 우리 안의 본성이 언제나 허망한 것을 향하기 때문일지라도 말이다. 그러나 확실하게 파기된 것은 독립에 관한 우리의 주장이다. 참된 자유가 어디에 있는지, 그 자유의 본질이 무엇인지, 또 누가 그 자유를 주는지 등을 우리가 알게 되었기 때문에 우리는 이제 독립과 자유를 혼동하지 않는다. 그러나 한편으로 이 세상에서 우리는 선택의 필연성에 따라야 하기 때문에, 그 선택은 인간이 독립적인 존재인 까닭이 아니라 분열된 세상에서 취사선택 이외에 달리 어쩔 도리가 없기 때문에 하는 선택이 된다. 그 선택은 자유의 발로가 아니고, 정반대로 미리 결정된 이 세상에 귀속된 인간조건에 기인한 것이고, 인간의 유한성에서 비롯된 것이다.

인간에게 세계와의 일체성이 회복된 것이 아니다. 화해가 이루어졌을지라도, 창조주와 피조물의 일체성은 아버지와 아들의 관계의 일체성이 아니다. 여기서 오직 그리스도 안에서 우리에게 주어진 자유만이 작용한다. 왜냐하면 이전에는 선택이 세상과 세상의 권세에 의한 모든 결정에 따르는 것이었다면, 이제는 선택이 과거에는 종이었지만 현재는 아들이라 불리는 인간이 새로운 자유를 행사할 수 있는 가능성을 가진 것이 되기 때문이다. 우리의 삶에서 선택의 경우에, 우리는 사회적, 본성적, 감정적, 율법적, 국가적 성향들을 따르지 않음으로써, 혹은 반대로 의식적인 새로운 결정으로 그런 성향들을 따름으로써, 우리의 자유를 발현할 수 있다.

그러나 그와 같이 행해진 선택이라 할지라도 전혀 자유와 동일시될 수는 없는 것이다. 그 선택은 자유의 특권적인 상황이 아니며 자유의 전반적인 영역에는 한참 못 미친다. 자유는 언제나 결정과 참여와 결단을 통해 발현된다는 것은 분명하다. 문제에 대처하는 것이 반드시 두 개의 주어진 가설들에 대해 결정을 내리는 것을 뜻하는 것은 아니다. 반대로 자유에 의한 결정은 창조적이어야 한다. 그 결정은 기정사실들과 해결책들에 묶여서 선택해야 하는 상황에 기속되지 않는다. 그 결정은 다른 어떤 것, '작용인', 다른 차원의 해석, 문제 제기 등을 지향하는 것으로 나타나고, 또한 필연성으로 강요된 것들과는 다른 방도를 제시하는 사실들과 조건들을 지향하는 것으로 나타난다. 그럼에도 불구하고 선택은 계속 존속한다. 왜냐하면 우리는 모든 부분에서 전부 다 새로운 걸 만들어내고 새로운 시작을 도출할 수 없기 때문이다. 또한 우리는 모든 사람들과 연계되어 있다. 그래서 우리도 사람들과 똑같은 딜레마에 갇혀 있다.

윤리의 상황과 선택의 상황의 동일시는 어느 정도, 다양한 용어들과 함께, 선악의 선택문제로 귀결된다. 정확히 말해서 여기서 우리는 그리스도인에게 있어서 인간조건의 차이는 자유의 선택을 내릴 수 있다는 데 있지 않고, 선택이 본질적으로 다른 것이라는 점을 강조하고자 한다.

'서론'[109]에서 언급한 것을 다시 한 번 돌아보자면, 인간이 선과 악으로 정한 것은 상대적인 중요하지 않다는 말은 아니다 가치를 지닌다. 그러나 불순종 속에서 상대적인 가치라는 것은 이 영역에서 내린 선택이 최종적이고 전적인 것은 아니라는 사실을 충분히 보여준다. 이것은 또한 하나님의 뜻에 대한 이행 여부를 선택하는 문제가 아니다. 여기서 하나님의 뜻은 객관화되고 직접적인 이해와 인식이 가능하고 인간이성에 의해 규정되고 확정되는 것이다.

사실 그리스도인이 할 수 있도록 주어진 선택은 우선적으로 즉각성의 특성이 있다. 이것은 중간의 대리인이나 시간의 간격을 중개로 하는 선택이 아니다. 여기서의 선택은 '하나님의 오늘'에서 하는 것이다. 그래서 이것은 연속성을 근거로 삼거나 뛰어난 결과를 지향하는 선택이 아니다. 이 선택은, 하나님의 뜻을 바라며, 가치를 계산하는 것도 아니고 추상적으로 선이라 규정할 수 있는 것을 준거로 삼는 것도 아니다. 이 선택은 우리의 숙고가 아니라 우리의 참여활동에 의해 즉각적으로 이행된다.

그러나 계시된 진리를 준거로 한다 할지라도, 윤리적 태도와 자유의 발현으로서의 선택은 실제로는 일종의 가능성의 기술이다. 이것은 그리스도 안에서의 삶과 우리가 세상 속에서 살아가는 현실의 대립에 속하는 것이다. 윤리적인 선택은 선악 간의 선택이 아니다. 이것은 우선적으로 가능한 것과 가능하지 않은 것 사이에 선택하는 것이다. 이런 말이 아주 많은 혼란을 불러올 수 있고 특히 "어느 누구라도 불가능한 일을 할 의무

---

109) [역주] 앞에서 언급한 바와 같이 『원함과 행함』을 말한다.

는 없다"는 반기독교적인 주장을 야기할 수 있다는 사실을 나는 잘 알고 있다. 이것은 결코 우리가 그 말에 부여하는 의미가 아니다. 가능한 것들의 선택이라고 한 것은 그것이 자유에 제공되는 첫 번째 영역으로 보이기 때문이다.

우리는 이미 그리스도인에게 있어서 윤리란 본질적으로 수단들에 관한 윤리라는 점을 강조했다. 실행 수단들은 그리스도인에게 가장 중요한 것이다. 수단은 목적보다 훨씬 더 결정적인 것이다. 자유의 실제 효력은 주어진 것을 실제로 경험하는 수단들의 선택에서 나타난다. 나는 그 사실을 『하나님의 정치와 인간의 정치』에서 자세히 밝혀보고자 노력했다. 그러나 더 깊은 차원에서 보면, 이 선택은 진리를 나타내는 수단들의 선택일 뿐만 아니라, 하나님이 행한 일의 선택이기도 하다. 다시 말해서 이미 우리 안에서 우리를 위해 이미 성취된 일을 우리가 선택해야 하는 것이다.

루는 이점을 더할 나위 없이 잘 표현하고 있다.[110] "네가 누구를 믿었는지 너는 안다. 신앙을 구하라. 너는 사랑을 받았다. 사랑과 사랑에 수반되는 인내와 온유를 찾으라. 그리스도인에게 선택은 미덕과 악덕의 선택이 아니다. 그것은 타락과 구원의 선택이고, 죽음과 생명의 선택이다. 구원과 생명은 예수 그리스도이다. 그리스도에게 속하고 그리스도 안에서 사는 것은 그리스도로부터 삶의 질서와 의미를 부여받는 것이다. 그러므로 그리스도 안에서 행동의 동기와, 존재의 결정적인 가치를 구하라. 정의와 경건과 신앙과 사랑은, 예수 그리스도를 통해서 하나님과의 관계를 맺어 새로운 사람으로 살아가는 새로운 삶의 실재이기 때문에, 그리스도인이 구하는 대상이 되고 결정적인 목표가 되어야 한다. 하나님의 사람의 마음과 뜻과 지성은 이 목표를 지향한다. 이 단어들을 그

---

110) H. Roux, *Epîtres pastorales*(목회서신), p. 102.

리스도인의 덕목들의 나열로 보거나, 물질적인 가치들과 대립되는 영적인 가치들의 나열이라고 보는 것은 가당치 않다. 이것들은 그리스도인이 선한 의도에서 어떤 선택을 내린 순간부터 계속 갈고닦고 찾아야 하는 것이다."

루의 글은 우리에게 선택의 참된 의미가 무엇인지 밝혀주고 있다. 그리스도 안에서 선택은 우리의 자유로운 의지의 표명이 아니다. 이 선택은 우리에게 이미 주어진 것, 우리를 위해 우리 안에 이미 성취된 일을 택하는 것이다. 바로 이 점에서 우리는 아담의 상황을 다시 회복한 것이지만, 그 이상은 아니다. 이미 정의는 우리에게 주어졌고 우리는 정의를 택하고 정의를 구현하고 정의를 누려야 하는 것이다. 이것은 선택의 의미와 함께 그 한계를 정해준다. 그러나 더 깊은 문제가 있다. 생사 간의 선택은 선악 간의 선택에 겹쳐진다. 여기서 문제는 '선' 그 자체가 우리의 삶 안에 존재한다는 것이 아니다.

어쩌면 정의와 경건과 인내와 인자함 등에 관한 것은 선에 관한 것과 같이 단순하지 않을 것이다. 내 생각에 구약의 상황과 신약의 상황은 구분되어야 한다. 먼저 신명기의 말씀을 돌아보는 것이 좋을 것이다. "내가 생명과 사망과 복과 저주를 네 앞에 두었은즉 너와 네 자손이 살기 위하여 생명을 택하라."신30:19 이스라엘 백성은 여기서 둘 중의 하나를 선택해야 하는 이 세상의 상황에 놓인 듯하다. 전적으로 객관적이고 동떨어진 문제는 아니다. 왜냐하면 신명기는 또한 "계명은 하늘이 아니라 네 마음속에 있다"고 전하기 때문이다. 물론 전적으로 객관적인 것은 아니지만, 인간이 선택을 내리도록 제시되었다. 이 계명의 수신자는 물론 명백히 이스라엘 백성이다. 그러나 중요한 것은 그들의 마음속에 구현되고 성취되고 새겨진 계명의 위대성이 아니다. 여기서 하나님의 사랑과 하나님의 인내와 하나님의 도움을 드러내는 것은 "생명을 택하라"는 하나님의 권고이다.

이것은 이스라엘이 생명과 선을 선택하는 데는 충분한 버팀목이 된다. 왜냐하면 인간을 향한 하나님의 말씀은 인간 안에 그 사랑과 능력을 창조하기 때문이다. 그러나 이것은 분명한 선택의 문제로서 우리가 파악한 의미대로 타락한 본성 안에서 선택하는 것이다. 정반대로 예수 그리스도 이후로는 하나님의 계명은 동일한 것이 아니다. 하나님 앞에서 인간의 상황이 달라졌다. 내가 보기에 그것을 가장 잘 밝혀주는 것은 사도 바울의 말씀이다. "악에 지지 말고 선으로 악을 이기라."롬12:21 여기서 중요하게 보이는 것은 투쟁의 모습이 아니라 그것을 초월하는 것이다. 인간의 상황은 두 개의 대상들 가운데 하나를 선택하는 것이 아니라, 하나의 길을 가는 것이고 하나의 방향으로 나아가는 것이다.

이제 취사선택해야할 선이라는 대상도, 악이라는 대상도 존재하지 않는다. 이제 넘어서야 할 악에 처한 상황이 존재한다. 중요한 것은 악을 넘어서서 나아가는 것이다. 악을 넘어서는 곳에 선이 있다. 큰 능력으로 우리를 택한 세상 임금이 있고, 또 다른 큰 능력으로 우리를 택한 예수 그리스도가 있다. 선택은 더 이상 우리에게 달려 있지 않다. 생명은 우리에게 속한다. 생명은 악을 넘어서는 것이다. 악의 조건을 넘어서는 선은 하나의 선택을 통해서가 아니라, 우리 자신을 넘어서는 근본적인 변화를 통해서 발현된다. 진실한 사람이 되는 것은 거짓말쟁이가 되는 것의 반대가 아니다. 우리는 선택에 따라서 둘 중 하나가 될 수 있다. 거짓말쟁이가 되는 것은 거짓의 아비를 따르는 자의 상황이다. 우리의 노력이나 선택에 따라서 여기저기에 약간의 진실을 집어넣을 수 있는 가능성은 없다. 이 상황을 넘어서서 진리의 세계로 들어가는 것이 중요한 것이다. 거기서 거짓의 권세는 과거이자, 지나간 것이자, 패배한 것이자, 무력한 것으로 축소된다.

바로 이러한 것이 그리스도 안에서 사는 삶의 특징으로서 선택이 지속되는 것과 그 적용되는 범위를 보여준다. 왜냐하면 "옛사람과 그 행위를 벗어버리고 새 사람을 입었으니 이는 자기를 창조하신 이의 형상을 따라 지식에까지 새롭게 하심을 입은 자니라"골3:9-10라는 말씀에 모든 윤리가 귀결되어 더 이상 선택은 문제가 되지 않기 때문이다. 자유는 과거의 노예에서 현재의 자유인으로 나아가는 길이다.

자유의 기반인 소망과 연계된 이 선택의 태도는 그리스도인에게는 '미래로의 투기'111)를 뜻한다. 뒤로 돌아가는 것, 과거로 도피하는 것, 역행하는 것은 자유와는 정말 양립할 수 없다. 이것은 개인적인 차원에서도 어머니 품으로 도피하며, 어린 시절을 떠나기를 거부하는 것 공동체적인 차원에서도 이미 지난 시절의 관습과 사상과 제도에 새로운 가치를 부여하고, 과거를 윤색하고 회한에 빠지는 것 마찬가지이다.

내가 여기서 이런 말을 하는 것은 정신분석학적인 방식이나 여러 차례 비판했던 진보이데올로기를 따른 것이 아니다. 실제로 진보를 진작시키려는 희망과는 무관하다. 그러나 한편으로 과거로 되돌아가려는 무분별한 희망은 거부해야 한다. 이것이 자유를 표명하는 기독교 현실주의이다. 다른 한편으로 '마지막 때'를 앞당기고 다시 올 주님을 영접하기 위해 나아가려는 소망으로 앞으로 나아가야 한다. 이것은 과거에 비해 미래에 더 높은 가치를 부여한다는 의미가 아니다. 그리스도인으로서 우리는 기억에 따른 의미의 해석에 의거해서 "이스라엘아 기억하라" 살아간다. 우리의 삶 전체는 아브라함의 선택, 성육신, 십자가, 부활 등과 같은 과거의 사실들에 근거한다.

그런 과거는 우리가 살아가는 데 있어서 필수적인 것이다. 그러나 우

---

111) [역주] 불어로는 'projection vers le futur'로서, 이는 '기투(企投)'라고도 하며 실존주의철학에서 현재를 초월하여 미래로 자기 자신을 내던지는 실존의 존재 방식으로 정의된다.

리는 과거가 아니라 미래와 관련해서 우리의 자유를 표명할 수밖에 달리 도리가 없다.112) 우리는 미래를 역사로 일구어서 거기에 적절한 의미를 부여해야 한다. 우리의 자유는 앞으로 전진하는 자유이다. 그러나 이것은 역사적 동력들의 산물로서의 진보와는 전혀 같지 않다. 그런 식의 진보는 마르크스와 테야르 드샤르댕의 이론에서와 같이 거의 자동적으로 진행된다. 그런 진보와는 정반대로 여기서 말하는 것은 선택을 하고 나서 깊은 숙고를 거쳐 자발적으로 전진하는 것을 말한다.

우리가 선택한 것들이 이 시대의 지배적인 경향과 분명한 일치를 이루는 경우 그것들은 끊임없는 비판의 대상이 되어야 한다. 이것은 특히 기술에 관련된 데서 아주 중요하다. 우리는 기술에 관한 신학적인 기반이 없는 것을 보았다. 그렇다고 과거로 돌아가는 것은 불가능한 까닭에, 우리는 단순히 기술을 거부하는 것과는 다른 입장을 취해야 한다. 특히 란자 델 바스토113)와 같이 '자연적인' 삶을 전파하는 노력은 배제되어야 할 것이다. 이것은 정말 공감이 가는 것이지만 사회적으로 아무 의미가 없고, 인간의 충동적이고 본성적인 힘들을 해방시키려는 것도 마찬가지이다. 특히 바타이유114)의 견해를 보면, 극도로 조직화된 이 사회에서, 인간을 해방시킬 수 있는 것은 바로 에로틱한 본능의 폭발이며 이것은 결국 이 사회를 다시 의문시하게 한다. 내 생각에 거기에도 자연에 대한 희망은 존재한다. 이 희망은 기술화한 사회에서는 이미 다 끝난 일이다. 기술사회는 그런 종류의 행동들을 할 계제도 제공하지 않거나, 혹은 자체의 길을 가면서 그런 것들을 허용하거나, 혹은 그것들을 아예 통합시킬

---

112) ▲비신화화는 자유의 발현이라기보다 현대의 권세들에 대한 졸렬한 콤플렉스의 산물이다.

113) [역주] Lanza del Vasto, 1901-1981, 이탈리아 태생의 철학자. 기독교 평화주의자이고 '자연으로 돌아가자'는 운동을 펼치며, 1948년 간디의 아쉬람을 모델로 하여 라르슈 공동체(Communauté de l'Arche)를 세웠다. 이것은 1964년 장 바니에가 설립한 동명의 라르슈 공동체와는 다른 것이다.

114) [역주] Georges Bataille, 1897-1962, 프랑스의 초현실주의 작가.

것이다. 그러므로 내부에서 연속적으로 선택을 실행하면서, 가능한 모든 자유의 결정들과 모든 비판들에 참여해야 한다. 우리는 이 문제를 나중에 다시 살펴볼 것이다. 여기서는 단지 예수 그리스도에 의해 참으로 자유롭게 된 사람만이 용기를 가지고 그런 엄격한 비판적 태도를 취할 수 있다는 사실을 명시하는 것으로 그친다. 인간은 너무나 얽매여 있는 까닭에, 실제로 외부에 의해 자유롭게 되는 해방이 필요하다. 자신의 이성이나 본성보다 더 강력한 결정적 힘에 의지하는 인간이 필요하다. 그는 완전히 개인적이면서 집단적인 존재이다. 이것이 미래의 우리의 선택이 자유의 발현이 되게 하는 조건이다. 그러나 문제는 자유인 까닭에 그런 선택들이 과연 있을 것인지 또 그것들이 어떤 내용이 될지 보장할 수 있는 것은 아무 것도 없다.

반면에 과거로부터 벗어난 자유는 우리를 역사에 포함시킨다. 우리에게 미래를 약속하는 자유는 우리로 하여금 역사에 참여하고 역사의 창조자가 되게 한다. 우리가 그렇게 될 수 있는 이유는 오직 자유로운 인간들이라는 점 때문이다. 그러나 여기서 나는 쿨만이 '구원의 역사'와 역사를 구분한 것을 따라야 한다고 생각한다.115) 모든 반대 이론들에도 불구하고, 나는 일반 역사가 자유를 기반으로 삼는다고 보지 않는다. 역으로 일반 역사는 메커니즘의 산물이며 동력, 의지, 그룹, 장치 등의 조합이다. 일반 역사는 상황 전개의 역사이다. 상황들은 서로서로 얽히고설키고 연계되면서 언제나 보다 더 커다란 복합성을 자아낸다. 이와 같은 일반 역사는 철학자들의 주장에도 불구하고 의미가 없다. 그런 역사는 그 역사를 경험한 사람에게나 그 역사를 연구하는 사람에게나 다 의미가 없다. 오직 철학자만이, 그 역사에서 벗어나 있고 또 궁극적으로 그 역사를 알지 못하는 까닭에, 스스로에게 그 역사에 의미를 부여하는 걸 허용한

---

115) O. Cullmann, *Le Salut dans l'histoire*, 1966.

다. 그런 역사에 참여하기 위해서는 자유로운 존재가 될 필요가 전혀 없다. 역사는 수십억의 소외된 사람들이 서로 계승하며 협동하여서 만들어간다.

그런 반면에 구원의 역사에 참여하기 위해서는 자유로운 존재가 되어야 한다. 해방은 우리로 하여금 자유롭게 해방하는 하나님의 역사에 개입하게 하고, 장래를 맡게 한다. 장래를 맡는다는 것은 구원의 역사가 계속되는 것을 책임진다는 말이다. 그러므로 모든 지나간 과거를 버리고 장래의 일들을 향하여 서둘러 나아가는 진보가 그렇게도 중요한 것이다. 그러나 이것은 인간의 진보가 아니고 인간의 역사도 아니고, '새로운 일들'을 추구하는 것일 뿐이다. 그리스도가 부여한 자유의 의미는 바로 이런 것이다. 인간의 장래의 가능성을 사회적 진보와 혼동해서는 안 되는 만큼이나 두 종류의 역사를 혼동해서도 안 된다.

3. 하나님을 위한 자유

우리는 여기서 우리 시대의 근본적인 문제를 만난다.[116] 신학자들은 한편으로 인간은 성년에 이르렀으니 아버지로서의 하나님을 죽여야 한다는 점과, 다른 한편으로 인간이 자유를 얻는 유일한 길이 하나님 아버지의 제거라는 점에서 의견을 같이하고 있다. 이것은 프로이드적인 감상에 젖어서, 자유를 구하는 아담의 결정을 순전히 재현하는 것임을 숨기지 말아야 한다. 우리는 성서적으로, 또 경험적으로 아담이 구했던 것

---

116) 그리스도인의 삶의 수평성과 이웃 섬김의 절대성이라는 익숙한 개념들에게 압도당하고 있는 현실인 만큼, 자유는 먼저 하나님을 위한 것이라는 사실을 상기하는 것이 더더욱 중요하다. "인간의 궁극적인 소명은 타인들과 함께 살며 타인들을 섬기는 것이라고 단언하는 것이 기독교 윤리의 의무이다"(Wendland-in Eglise et 1, 78)라는 주장 앞에서 명백하게 그것이 아니라는 대답을 내놓아야 한다. 현대인이든 아니든 간에 인간의 소명은 창조주이자 구원자이자 주권자인 하나님을 섬기는 것이다. 이웃에 대한 섬김 때문에 하나님을 섬기는 것이 결코 뒤로 미루어질 수 없다.

이 무엇인지 알고 있다. 그것은 종국적으로 독립과 자율이지만 번번이 소외와 착취의 메커니즘을 불러올 뿐이다. 이것이 멈춰진다는 어떤 사회적 역사적 근거도 없다. 역으로 진리와 현실이라는 두 가지 측면에서 하나님이 아버지여야만 자유가 가능하다는 사실을 이해해야 한다. 인간이 자유롭기 위해서는 자유롭게 해방되어야 한다. 그런데 어떤 역사적 메커니즘도, 어떤 과학적인 발견도, 어떤 의지적인 행위도 인간이 자유롭게 해방되게 할 수 없다. 인간의 소외의 정도를 파악했다면, 하나님 이외에 그 누구도 인간을 자유롭게 할 수 없다는 사실을 이해하게 된다. 또한 하나님은 적극적인 의지를 가지고 인간을 자유롭게 해방시키고 인간에 대한 책임을 다 떠맡는 것을 수용하고, 모든 일을 다 행해야 한다. 다시 말해서 하나님은 인간을 향한 완전한 사랑을 가져야 한다. 이런 하나님에 대한 가장 적합한 이미지가 곧 아버지의 이미지이다. 하나님이 참으로 아버지라면, 인간은 자유를 얻을 수 있다. 그러나 하나님의 부성을 떠나서는 자유란 전혀 바랄 수 없다.

이런 특징을 가진 자유는 무엇보다 먼저 하나님을 섬기도록 우리에게 주어졌다.[117] 이것은 하나님을 위한 자유이다. 우리는 이와 같이 본질적

117) 우리는 여기서 종교적인 자유의 문제를 상세하게 분석하지 않을 것이다. 제2차 바티칸 공의회 이래로 이 주제에 관해서 상당히 많은 연구물이 나왔다. 그 중에 특히 에큐메니컬 회의의 결과로 나온 텍스트들과 Carillo de Albornoz의 논문들이 있다. 여기서 그것들을 요약하고 편집하는 것은 별 의미가 없을 것이다. 나는 뒤에 가서 부차적으로 그 문제에 관한 두 가지 측면을 살펴볼 것이다. 총체적인 연구로서는 R. Coste가 1970년에 발간한 *Théologie de la liberté religieuse*(종교적 자유의 신학)을 참조하는 것이 더 편리하다. 이 연구서는 아주 알차다. 참고문헌은 거의 완벽하고, 결과 분석은 세밀하고 신학적으로 충분한 근거가 있다. 그는 신학적인 요소들을 분석하고, 역사적 상황들을 요약한다. 그는 빈번하게 증거들을 다룬다(한 사람이 한 종교에 가입한다면, 무슨 권리로 그걸 금지할 수 있는가, 가입하기를 거부하는 경우에는 무슨 권리로 그걸 강제하는가?). 그는 그 증거들을 분석하여 심오한 통찰을 제시한다. 그는 주로 가톨릭교회의 행태를 대상으로 한다. 물론 나는 거기서 가톨릭적인 논리와 분석과 구조를 발견한다는 의견에는 전적으로 동의하는 것은 아니다. 또한 거기에 종교적 자유는 서로 일치를 이루어가는 합리적, 본성적, 사회적인 요소들과 성서적 기초에 기반을 두는 데 있다는 주

이고 결정적인 근본적 관점에 대해서 동의할 수 없는 두 가지 이유가 있다. 첫째 이유는 이것은 본질적으로 신학적인 영역이고, 이에 관한 모든 문제들을 전부 다 다시 살펴볼 수 없기 때문이다. 둘째 이유는 칼 바르트가 교의학에서 이것을 여러 차례에 걸쳐서 아주 완벽하게 다 다루었고, 나는 아무 거리낌 없이 거기에 다 동의하기 때문이다. 이런 상황에서 이미 다른 데서 더 잘 규명된 것을 왜 단순 반복하겠는가? 따라서 우리는 여기서 간단하게 이를 환기하는 것으로 만족하고자 한다. 그러나 독자들은 내가 이 주제에 대한 관심이 없어서 아주 적은 분량만 할애한 것이 아니라는 사실을 유념해야 한다. 이런 자유의 표명은 핵심적인 것이기 때문에, 거기서 자유가 발현되기 시작하는 것이고, 또 거기서부터 출발하여 삶과 사회 속에 나타나야 한다. 사실상 자유는 무엇보다 먼저 하나님을 위한 것이자, 하나님을 섬기기 위한 것이기에, 해방, 자의성, 자율성 등과 동의어가 될 수 없는 것이다. 인간에게 주어진 것은 먼저 하나님의 자유와 권위를 인정할 수 있는 능력이다. 이와 같이, 인간이 자신을 자유롭게 한 하나님을 인정할 때에만 자유가 존재할 수 있는 까닭에, 자유는

장을 펴려는 의지가 존재한다는 데 대해서도 마찬가지로 동의하지 않는다. 그는 종교적 자유에 대해서 모든 사람들이 납득할 수 있는, 보편적이고 일반적인 독트린을 세우려고 시도한 것이다. 이것은 전형적으로 가톨릭적인 것이다. 그럼에도 불구하고, 그는 유용한 모든 문제점들과 유용한 개념들을 아주 명확하게 우리에게 보여주고 있다. 그의 책은 교리를 위해 R. Coste 자신이 '전문적 윤리 규범'이라고 부르는 흥미로운 제안으로 끝을 맺는다. 이 제안은 종교적 자유 전체를 요약하는 10개의 원칙들을 제시한다. 그 원칙들은 다음과 같다.

1) 타인들에게 사상과 양심과 종교의 완전한 자유를 허용할 것, 2) 신앙이 다른 사람들의 종교적 전통과 윤리적 가치들의 의미와 양심을 존중할 것, 3) 다른 종교들과 불신자들과 대화할 것, 4) 모든 종교들과 불신자들에게서 진리에 대한 긍정적 증언을 찾을 것, 5) 혼란에 빠지지 않도록 분열보다는 일치하는 것을 강조할 것, 6) 기독교 진술에서 압력을 주고 가르치려 하는 것을 피할 것, 7) 자녀들의 종교적 교육을 선택할 부모의 권리를 존중할 것, 8) 평화를 위한 활동들을 위해서 다른 종교들과 협력할 것, 9) 정치적 공동체에 신의를 보여줄 것, 10) 어떤 구분이나 차별도 두지 않고 모든 사람들에게서 형제의 모습을 발견하는 법을 알아갈 것.

또한 1969년 출간한 Louis Fèvre의 *La liberté des chrétiens*(그리스도인의 자유)에서도 제2차 바티칸 공회의 결과와 Schema XIII의 내용과 토론들이 아주 잘 요약되어 있다.

먼저 하나님을 지향하는 것이다. 따라서 자유는 결코 하나님에게 등을 돌리는 것이 될 수 없다.

하나님을 향한 자유를 논할 때, 우리는 결정론의 문제를 피해갈 수 없다. 세상의 필연성에서 나와서 훨씬 더 엄격한 구속을 받게 되는 것은 아닐까? 우리가 그리스도 안에서 소외로부터 벗어나서는 또다시 하나님 안에서 소외에 빠지고 마는 것인가? 하나님의 뜻이 절대적인 힘을 가지고, 우리에 관한 하나님의 결정이 영원한 것이라면, 그것은 당연히 그렇다. 그러나 이것은 문제를 형이상학적인 틀에서 보는 것이고, 하나님이 우리에 관하여 우리에게 스스로를 계시한 실재 안에서 보는 것이 아니다.

칼 바르트는 우리에게 말한다. "계명에 의해 밝혀진 결정에 관한 하나님의 주권은 인간의 고유한 결정의 자유를 폐기하는 것이 아니다. 하나님이 결정하는 것은 우리가 자유롭게 동의한 결정들이다. 하나님의 계명이 요구하고 규정하는 것은 그 결정들이다. 바꾸어 말해서, 우리가 자유를 행사하는 것은 하나님이 미리 결정한 것에 구속된다. 우리의 자유 행사가 합당한지 아닌지, 우리의 소명으로서 증언에 적합한 것인지 아닌지를 결정하는 것은 하나님의 몫이다. 우리가 하나님과 바른 관계에 있는지 보여주는 것은 우리가 자유를 행사하는 방식을 통해서이다. 우리가 하나님의 계명 앞에서 직면해야 하는 하나님의 결정은 우리 자신의 자유로운 결정과 연관된 것이다." 더 나아가서 바르트는 말한다. 스스로 "자신의 '원함과 행함'의 심판자로 자처하는 인간의 교만과, 자신이 바꿀 수 있는 것이 없기에 하나님의 심판을 개의치 않는다고 주장하는 사람의 거짓 교만 사이에, 제3의 가능성이 존재한다. 그것은 하나님만이 심판자임을 아는 사람의 책임 있는 자세로서, 자신의 모든 원함과 행함 가운데 하나님이 심판자임을 명심하는 것이다."118)

윗글에서 우리는 절대자의 엄정성을 느끼지 않을 수 없다. 중요한 것은 결코 순종이 아니다. 문제는 하나님의 심판이다. 우리는 자유를 취하는 가운데 스스로 하나님의 심판의 굴레에 들어간다. 그러나 하나님의 심판에 대해서 우리는 결국 달리 어떻게 할 도리가 없다. 성서는 거기서 더 나아간다. 성서는 우리에게 하나님이 사랑 가운데 얼마나 자신의 결정과 심판과 힘을 제한하고 있는지 보여준다. 열왕기하에 대한 묵상을 통해서 내가 보여주려고 했던 것처럼 구약에서도 우리는 땅 위의 여정을 가는 인간과 동행하는 하나님을 만나게 된다. 하나님은 인간 자신이 선택한 길에서 인간 곁에 함께하는 것이다. 이 땅에서의 그리스도의 짧은 생애 가운데서만 하나님이 동행한 것이 아니다. 우리가 선택한 여정에 하나님은 언제나 참여했고 참여하고 있다. 하나님은 그 여정에 수동적인 증인이나, 침묵하는 관객이나, 종종 우리의 모습에서 비치는 그림자처럼 참여하는 것이 아니다. 하나님은 관여하고 역할을 맡고 그 체계나 우리의 마음을 수정한다. 그러나 언제나 우리 수준에 맞도록 권능에 사랑을 부가하는 겸손함으로 그렇게 한다. 하나님은 결코 억누르는 법이 없이 인간의 행위에 맞추어서 행동하고, 인간이 만드는 가장 위험하고 어처구니없는 상황들에 대처한다. 하나님은 우리와 함께 역사를 이루어 간다. 이런 관점에서 자유가 무엇보다 먼저 하나님을 위한 것이라는 말은 미리 정해져 불변하는 극성을 지닌 자침磁針과 같은 자유가 아니고, 소위 순종으로 표현되며 하나님의 심판에 따르는 실제적인 자유를 말하는 것이다. 따라서 이런 관점에서 우리가 위에서 인용한 칼 바르트의 글은 제한된 의미를 지닌다. 또한 나는 그것이 정말 참된 의미라고 생각한다.

하나님을 위한 자유는 인간이 하나님 앞에 책임이 있다는 걸 뜻한다.

---

118) K. Barth, *Dogm. IX*, pp. 125-130.

우리는 뒤에 가서 자유의 발현이라는 책임 문제를 살펴볼 것이다. 책임의 첫 번째 요소는 하나님 앞에 지는 책임이다. 창조주인 하나님은 인간이 하나님 앞에서 책임을 지닌 존재가 되길 원한다. 왜냐하면 대화와 소통을 자아내는 것이 이 책임이기 때문이다. 하나님은 인간이 하나님에게 응답해야 한다고 말한다. 인간은 하나님의 물음을 받지만 물론 하나님에 의해 자유롭게 되어야 하는 책임을 지는 것은 아니다. 이것은 신약의 서신서에서 자주 등장하는 말이다. "너희가 율법을 몰랐다면, 너희는 죄를 범하지 않았을 것이다." 율법을 아는 것은 반드시 '도덕적인 상황에 들어가는 것'을 뜻하지 않는다. '죄를 범하는 것'은 반드시 도덕에 위반하는 것을 뜻하지 않는다.

더 깊은 의미는 반대로 율법은 하나님의 말씀이고, 따라서 율법은 자유롭게 한다는 것이다. 계명은 사실 구속하는 것이 아니라 자유롭게 해방하는 것이다. 이 자유를 기점으로 해서 우리는 하나님의 말씀을 받고, 그 말씀 속에서 우리는 개인적으로 자신과 관계되는 계명을 분별한다. 그 계명을 기점으로 해서 우리 각자는 순종을 알게 된다. 우리 각자는 자유롭게 해방되어 하나님의 물음에 응답하게 되었기에, 각자의 행위에 책임을 지게 된다. 책임을 지는 것은 우리 주변 세상에서 일어나는 모든 것을 감당해야 한다는 의무감과 어렴풋한 죄의식에 짓눌리는 것이 아니다. 그것은 원죄의 결과로 불가피해진 죄에 대한 벌을 받아야 한다는 것이 아니다. 반대로 그것은 우리를 자유롭게 하는 하나님의 물음을 받고 자유롭게 그 물음에 응답할 수 있다는 것을 말한다.

그 물음은 동시에 다음과 같이 주어진다. "네가 네 형제에게 무슨 일을 했느냐?" "내가 네게 무엇을 해주기를 원하느냐?" "네가 낫고자 하느냐?" 하나의 물음이 다른 하나의 물음과 분리되지 않는다. 우리는 하나님의 이중적인 물음을 들을 때 책임을 맡게 된다. 이때 우리가 전통적으로 율법이라고 부르는 것에 변화가 일어난다. 왜냐하면 율법이 더 이상 의무적인 부담으로 작용하지 않고 승낙하는 것으로 바뀌기 때문이다. 하나님을 위한 자유는 인간이 하나님을 섬기고 순종하는 것을 승낙하는 것이다. 나는 이런 말이 역설적으로 들릴 것이라는 점을 잘 알고 있다. 왜냐하면 우리는 하나님이 참으로 아버지이고, 우리 각자를 위해 자신의 생명을 던진 예수 그리스도 안에 참으로 온전히 드러난 존재임을 믿지 않기 때문이다.

율법을 도덕, 의무, 강제, 과제 등으로 보고, 그런 시각으로만 해석하는 것은 언제나 우리의 불신에서 비롯된다. 우리가 하나님이 예수 그리스도 안에서 인간과 함께 인간을 위해 사는 모험을 받아들인 것의 진실성을 조금이라도 깨닫는다면[119], 우리는 하나님을 섬기라는 이 요청이 있을 수도 없고 상상할 수도 없는 일임을 어렴풋이 짐작할 수 있다. 사실 하나님을 섬기는 것은 우리에게 허락으로 주어진 것이지, 강요나 규제나 의무로 주어진 것이 아니다. 왜냐하면 하나님을 섬기는 데서 우리는 하나님과 함께, 또 하나님을 위해 뭔가 중요한 일을 성취하는데 반해, 하나님은 우리의 섬김을 전혀 필요로 하지 않을뿐더러 스스로 충분하기 때문이다. 하나님을 섬기는 데서 우리는 하나님이 하는 역사에 참여하는데, 하나님의 역사는 그 자체로 완전하기에 우리는 거기에 참여할 권리가 없다. 하나님을 섬기는 데서, 우리는 감추어진 은밀한 차원의 세계를 발견하여 우리의 삶에 의미를 얻고, '뚜껑'을 열게 된다. 이 일은 우리가 스스로 하도록 허용된다. 그런데 보들레르가 정확히 말했듯이 우리 스스로의 힘으로 우리는 뚜껑을 움직일 수 없다. 하나님이 우리에게 부여한 허락은 완전하고 완벽한 것이다. 하나님을 섬기는 것으로 시작하는 하나

---

119) ▲이는 또한 우리가 하나님은 근본적으로 다른 존재로서 우리가 궁극적으로 말을 건넬 수 없고, 단지 입을 손으로 가리고 침묵 가운데 무릎을 꿇을 대상이며, 그렇지 않다면 그런 모험은 있을 수 없다고 인식하고 있는 걸 전제한다.

님의 계명은 결코 우리의 인격을 축소하고 제한하는 것이 아니다.

하나님이 우리에게 자신을 섬기도록 허락한 것에는 두 가지 특별한 측면들이 있다. 우리 안에 있는 모든 것이 악에서 비롯된 것임을 알고 있는데, 하나님은 이 죄와 불순종과 죽음의 힘으로 자신을 섬기도록 부르는 것이다. 하나님이 선지자들에게 소명을 부여하자 그들이 경악한 것과 동일한 감정이 우리를 엄습한다. 하나님을 섬기도록 허락한 것은 우리에게는 가능성이다. 본성에 따른 우리의 모습 그대로, 우리는 우리 자신의 고유한 힘, 즉 우리의 무력함을 사용하여 역사 속에서 하나님의 뜻을 이루어가는 것이다. 하나님의 뜻과 우리의 조건 간의 격차는 너무나 커서 어떻게 그 둘을 접근시킬 방도는 전혀 없다.

또한 그 허락 속에서 또 다른 측면을 들여다보아야 한다는 주장을 나는 조심스럽게 제기하고자 한다. 인간 안에는 모든 우상들과 능력들과 활동들을 향하는 종교적 본성과 감성이 존재하여서, 인간으로 하여금 언제나 새로운 신적인 존재들을 찾아 나서게 한다. 인간 안에는 전적으로 다른 존재를 향한 막연한 동경이 있다. 그러나 인간은 결코 그 존재에 다다를 수 없다. 또한 인간은 그 경우 겪게 될 위험을 미리 예감하는 까닭에 그걸 원하지도 않는다. 그것이 모든 종교의 기원이다. 어쩌면 하나님을 섬기는 것을 허락하는 가운데 하나님은 우리에게 참된 하나님을 향한 참된 섬김으로 우리의 막연한 동경과 종교적 본성을 발현하게 하는 것인지도 모른다.[120] 왜냐하면 결국 우리 모습 그대로, 또 우리의 모든 본성과 함께 하나님은 우리를 섬기도록 부른 것이기 때문이다. 다시 말하자면, 하나님은 우리에게 하나님 앞에 서서 하나님의 일에 참여하도록 부름으로써 우리의 종교성을 변화시켜서 참된 섬김이 되게 한다는 것이

---

120) ▲이는 그리스도 안에서의 하나님의 계시와 종교의 분리가 생각만큼 그리 쉽지 않은 것을 뜻할 수도 있다.

다.

　하나님을 섬기도록 허락한 것은 일반적으로 모순적으로 여기는 순종과 자유의 두 가지 태도가 결합되는 것이다. 하나님이 우리에게 하나님을 섬기도록 허락한 것은 확실히 순종을 뜻하는 것이다. 그러나 이 순종은 독재자를 향한 굴종과는 완전히 다른 것이다. "참으로 하나님에 대한 순종은 자발적이고도 수용적이다. 무조건적이어야 하면서도 순종은 마음에서 나오는 것이어야 한다. 하나님의 권위는 자유 안에서만 정당한 평가를 받을 수 있는 것이다. 다시 말해서 하나님의 우월성과 정당성을 인정하면서 자유롭게 거기에 동의할 수 있는 사람이 있어야 하는 것이다. 우리가 순종에 대한 주관적인 결정이 자유라는 사실을 거부할 때, 우리는 어떤 이유로 진리를 체계적으로 정립하지 않는지 자문해보는 것이 좋을 것이다."[121]

　복종이 권력에 의한 억압에 지나지 않고, 소외에서 벗어날 수 없는 것이라면, 사실 여기서 우리는 인간을 복종시키기 위해 자유롭게 하는 하나님의 뒤바뀐 결정을 접하는 것이 된다. 이것은 이미 언급한 바와 같이 인간을 굴복시켜 복종하게 하는 세상의 모든 권력들과는 아주 커다란 차이가 있는 것이다. 이것은 인간의 모든 행위에 자유에 의한 복종의 의미를 부여한다. 그리하여 우리는 모든 것을 하나님을 섬기는 일에 비추어 보는 것이 왜 중요한지 이해하게 된다. 실제로 거기서 자아 완성이 실현된다. 왜냐하면 우리의 힘과 본성을 하나님을 섬기는 데 둘 때, 하나님은 우리가 정말 고대하고, 막연히 바라고, 또 두려워하기까지 하던 일을 실현시킨다. 거기서 우리는, 인간이 알지 못하는 차원에서, 우리에게 가능한 일을 온전히 달성하게 된다. 거기서 하나님과의 대화가 열리면서, 타인들과의 대화가 시작된다. 거기서 복종은 더 이상 억압이 아니고 자유

---

121) K. Barth, *Dogm. V*, p. 209.

가 된다. 자유는 무엇보다 먼저 하나님을 섬기는 것으로 나타난다. 왜냐하면 거기서부터 다른 모든 것이 가능해지기 때문이다.

물론 하나님을 섬기는 일이 자유의 전부는 아니다. 이 일은 인간을 섬기는 일과 분리될 수 없다. 그러나 그 둘은 같은 것이 아니다. 교회와 세상이 동일하지 않은 것과 마찬가지로, 하나님을 섬기는 일이 자유의 주요한 일이다. 하나님을 섬기는 일은 자유 그 자체여서, 그 일을 배제해버리면 어떤 자유도 존재할 수 없다. 인간을 섬기는 일은 그 뒤에 이어지는 것이다. 그 반대의 경우는 있을 수 없다. 인간을 섬기는 일은 그 자체로는 자유가 아니다. 또 인간을 섬기는 일이 반드시 하나님을 섬기는 일이 되는 것은 아니다.

이미 언급한 바와 같이 우리의 자유는 하나님이 우리에게 전하는 말씀에서 비롯된다. 이것은 그리스도 안에서의 자유를 현실화한다.

하나님의 말씀은 말씀 자체의 자유를 통해서 말씀의 증언자에게 자유를 유발하고 보장하고 촉진한다. 그래서 자유는 또 그 한계가 된다. 왜냐하면 하나님의 말씀은 그 선택한 사람에게 그 말씀을 전파하는 의무를 부여하기 때문이다. 예수는 자신의 완전한 자유 가운데 율법을 완전히 성취하면서 동시에 선포된 말씀을 단어 하나하나, 구절 하나하나에 이르기까지 다 실천한다. 그는 '자신의 때'가 임하기를 기다린다. 예언을 무거운 부담으로 보는 네헤르의 훌륭한 글을 다시 읽어볼 필요가 있다.[122] 하나님의 손은 예언자에게는 구속하는 힘이다. 일단 나서게 되면, 예언자는 아주 확고하고 유일한 길을 가야 하고, 피할 수 없는 짐을 져야 한다. 그는 '맛샤'라 불리는 의무를 이행할 책무를 진다. 이것은 자신을 그리스도의 종이라고 몇 번이나 상기시킨 사도 바울의 의무와 같은 것이

---

122) Neher, *L'Essence du prophétisme*(예언의 본질), 1955.

다.

네헤르가 명확히 규명한 바와 같이, 거짓 선지자와 참 선지자는 완전히 대립된다. 거짓 선지자는 독립적이고 자신이 상상하고 생각한 것을 선포하며 떠도는 말이나 이미지를 붙잡는다. 이 점에서 거짓 선지자는 자유에 대한 익숙한 통념에 따른다면 자유롭다고 할 수 있다. 참 선지자는 자신이 구한 것도 아니고 바라지도 않은 것으로서 외부에서 부과된 예언의 말씀의 무게와 짐을 진다. 그는 거기서 벗어날 수 없다. "예언은 자유와 필연성의 변증법을 지니고 있는 까닭에 진정성이 입증된다." 예언자는 끊임없이 자신의 독립과 자율성을 되찾으려고 하지만 결코 성공하지 못한다. 내가 말씀에 구속되어 있다는 것을 인식하는 가운데, 나는 여타의 나머지 것들로부터 벗어나서 실제로 자유롭다는 사실을 확인하게 된다. 하나님으로부터 받은 자유와 나를 구속하는 이 소명 사이에는 아무 모순도 없다. 하나님의 자유에 참여하는 것은 세상에 대해서 독립하는 가운데 나 자신의 개인적인 독립성을 상실하는 것을 뜻한다.

이것은 물론 쉽고 한가롭게 "저절로 이루어지듯이" 되는 일은 아니다. 거기에는 근본적인 선택이 존재한다. 하나님의 자녀들의 자유는 영광스러운 것이라 할지라도 매혹적인 꽃들을 찾아다니며 꿀을 모으는 나비의 비상과 같이 유쾌한 것이 아니다. 이것은 과업으로서 물론 아주 기쁜 일이지만, 동시에 철저하고 가혹하고 무조건적인 것이다. 자유를 명분으로 하나님을 거부하는 무정부주의자들은 일면 타당하지만, 하나님의 자유를 거절함으로써 그들이 불가피한 운명을 맞이하게 된다는 사실을 알아차리지 못한다. 인간의 자율성과 독립성이 무너지는 "그 상황은, 인간의 자유와 독립과 영원성의 환상에서 벗어나게 하여서, 진정 인간을 인간답게 한다." 하나님은 우리에게 이 '맛사'를 지게 하여 우리로 하여금 예기치 않은 여정과 투쟁을 하게 한다. 이것은 결국 자유의 여정이다.

'맛사'에 눌리고 얽매인 예언자들은 언제나 어느 경우에나 자유의 투사들이다. 거기에 깊은 연관관계가 성립된다. 하나님의 말씀의 자유에 철저하게 예속된 사람만이 그 짐에 의해 스스로 눌리고 깨지고 죽임을 당함으로써 세상에서는 모든 사람들에게 유일한 참된 자유를 전파하는 사람이 될 수 있다. 그는 결코 개인적인 이익을 위해 부여된 것이 아닌 이 자유를 위한 투쟁에서 눈에 띄지 않도록 숨겨진다. 하나님의 말씀 자체가 자유인 까닭에, 그 말씀이 우리로 하여금 자유를 유지하게 하고, 늘 갱신하게 하는 것은 구체적으로 그 말씀이 언제나 새롭게 우리를 비판하며, 끊임없이 우리에게 문제를 제기한다는 걸 뜻한다.

이미 언급한 바와 같이, 자유롭게 해방되었다고 해서 우리가 어떤 신분을 가지듯이 자유롭게 된다는 뜻은 아니다. 뒤에 가서 다시 살펴보겠지만, 우리는 언제나 이 자유를 상실할 수 있다. 우리가 하나님을 섬기는 것을 하나님을 위한 자유로 간주할 때, 이 점은 아주 명백해진다. 왜냐하면 매순간 먼저 우리 자신을 위해 또는 이웃을 위해서라거나 사회를 위해서라거나 하는데, 결국은 다 같다 자유롭게 되려고 노력하면서, 우리는 늘 하나님을 섬기는 것을 벗어나고 언제나 하나님을 위한 자유를 부정하기 때문이다.

우리의 자유는 하나님의 말씀을 계시하는 성서와 대립하면서 일종의 긴장관계를 유지할 때 비로소 지속된다. "그러므로 교회가 존재하고 생존하는 것은 엄밀하게는 성서가 교회에는 열려있는 책이라는 사실에 달려있다. 따라서 교회는 이 성서의 내용과 연관되는 모든 개념들에 대해 인증, 승인, 수정, 배제 등을 함으로써 통제할 수 있다. 그렇지 않으면, 교회는 간단히 말해서 살아남을 수 없다. 교회가 진정 교회가 되려면, 교회는 성서의 그 고유한 자유를 그대로 두는 수밖에 없을 것이다."[123] 마

---

123) K. Barth, *Dogm. V*, p. 239.

찬가지로 성서는 항상 열려있는 책이라는 사실을 받아들여야 비로소 우리의 자유도 발현되고 갱신될 계기를 얻게 된다. 다시 말해서 한편으로 우리는 이 자유를 이용하여 성서를 없애지 못했고, 다른 한편으로 우리의 자유 덕분에 성서가 우리에게 속한다는 이유로서 성서를 점유하지 못했다.

성서가 우리에게 늘 새롭게 물음을 던지는 상황에서 비로소 우리는 자유로운 상태를 유지한다. 물음을 통해서 성서가 살아있는 말씀으로 변화되는 사건이 일어난다. 그러나 성령의 자유로운 역사인 이 사건은 또한 우리가 그런 비판과 고발과 쟁론을 무릅쓸 때에 한해서 발생한다. 그걸 무릅쓴다는 것은 단지 예기치 않은 사건을 용납하는 것에 그치지 않고, 우리의 자유로운 행위에 대한 비판을 원하는 것이다. 이것은 자유의 정확한 대응이자 조건으로서 계속적인 통제를 허용하는 성서에 기반을 둔 것으로 우선적으로 우리 자신을 향한 것이다. 이것은 또한 우리에게 달려 있다. 왜냐하면 이것은 자유로운 존재인 우리 자신의 책임에 속하는 것이기 때문이다. 우리는 하나님을 위한 자유를 행하는 것뿐만 아니라, 하나님이 우리에게 계시를 부여하는 성서를 사용하는 것에 대해서도 책임이 있다. 그래서 우리는 하나님의 말씀에 의해 우리 자신의 자유의 행사에 대해서 비판할 수 있게 된다.

야고보서에 언급된 우리를 판단하는 자유의 법이 부분적으로는 이런 의미를 가진다. 사도 바울의 고린도전서에서도 마찬가지이다. "나도 나를 판단하지 아니하노니, 내가 자책할 아무 것도 깨닫지 못하나 이로 말미암아 의롭다 함을 얻지 못하노라. 다만 나를 심판하실 이는 주시니라."고전4:3-4 그렇다면 하나님을 섬기는 것은 우리의 자유에 의미와 힘을 새롭게 부여하는 말씀에 의한 갱신을 위해 우리의 삶이 항상 열려있는 것을 전제로 한다. 바꾸어 말해서, 바르트가 말한 바와 같이 중요한 것은 말씀에 순종하는 자유이다. 성서의 증언은 그 증언을 받는 사람들이 스스로 그 증언을 밝히고 적용할 준비가 되어야 비로소 받아들여질 수 있는 것이다. 인간으로 하여금 개인적으로 하나님의 말씀을 이해할 책임을 수용하게 하는 이 개방적인 태도가 바로 말씀에 순종하는 자유를 구성한다.[124]

물론 모든 자유는 말씀에 순종하는 것이어야 하고 또 이 개방성 가운데 표출되어야 한다. 그러나 이것은 우선적으로 하나님을 섬기는 데서 발현된다. 바르트는 이어서 자유가 어떻게 우리의 능력과 우리의 존재를 또 다른 차원으로 옮겨가는지 밝혀준다. "이 자유는 객관적으로 양심의 자유로 정의될 수 있다….그렇지만 양심은 하나님이 우리로 하여금 '하나님과 함께 알아갈' 수 있도록 우리 안에 풀어놓은 능력으로 보아야지, 보편적이고 독립적인 능력으로 보아서는 안 된다." 양심은 이와 같이 자유를 근거로 해서 자유에 의해 윤리 속에서 자기 자리를 찾는다. 그러나 우리가 '제1권'에서 비판한 바와 같이, 양심은 이제 인간이 자의적으로 선악을 구분하는 능력을 뜻하지 않는다. 양심은 자유에 근거하여 하나님을 섬길 수 있는 능력이 된다.

교회에서 하나님을 섬기는 것은, 이웃을 섬기는 것과는 구분되어, 우리의 자유의 표현방식으로서 기도와 신앙고백과 안식일과 성서낭독 등으로 나타난다고 바르트는 말한다. 그는 『교의학』 5권과 15권에서 하나님을 위한 자유의 이러한 표현방식들을 분석한다. "기도는 이론의 여지 없이 인간의 자유로운 행위이다. 우리가 마땅히 기도할 바를 모르기 때문에 성령이 말로 다할 수 없는 탄식으로 우리를 위해 중보한다는 것은 우리가 기도할 때 기도하는 존재는 우리 자신이라는 사실을 바꿀 수 없다. 기도는 특히 자유로운 행위이다. 왜냐하면 인간이 거기서 하나님의

---

124) K. Barth, *Dogm. V*, p. 244.

자유에 한걸음 양보하고 자신의 자유를 행사하면서 복종하기 때문이다. 그러면서도 인간은 자신이 그렇게 할 수 있는 것이 아니고, 하나님이 자신에게 그렇게 할 수 있는 능력을 주시기 때문이라는 걸 잘 알고 있다…. 기도할 때, 우리는 하나님을 향한다. 그리고 하나님을 우리가 붙잡을 수 없듯이 우리 스스로는 기도할 수 없다는 걸 인정하면서도, 우리는 하나님이 우리를 기도로 초대하며 우리에게 기도할 수 있는 능력을 준다는 신뢰를 가진다. 그런 의미에서 기도는 교회 안에서 인간의 모든 자유로운 행위들 중에서 제일차적인 모범적 표현방식이 된다."[125] 인간이 기도하는 것은 욕구나 두려움과 같은 내적 동기가 있기 때문이라는 인식도 분명히 있을 수 있다. 그러나 사실, 이와 같은 단순한 시각은 기도의 움직임을 고려하지 않은 것이다. 필요가 인간에게 기도하는 법을 가르친다는 말은 사실이 아니다. 특히 오늘날 인간은 모든 면에서 자기 자신이나 사회 안에 스스로 갇혀 있다.

사실 참된 기도는 인간의 자유의 발현이다. 다시 말해서 하나님이 전적으로 자유롭게 인간과 수립하는 관계가 기도의 관계이다. 하나님의 뜻은 실제로 인간이 자유로운 존재로서 하나님을 향하여 말하는 것이다. 그러므로 이것은 인간의 순종의 문제로서 자유로운 인간의 행위일 수밖에 없지만, 하나님의 허용이라는 한계와 정향 가운데 순종이 된다. 기도는 인간이 찬양과 간구 가운데 은총으로 살기를 받아들이는 행위이다. 그래서 기도는 가장 완전한 자유의 표현방식으로서 서로에게 무상으로 하는 행위이다. 더더군다나 이 무상성은 인간의 진정성의 표지이다. 여기서 우리는 기도의 진정성과 함께 기도와 자유의 연관성을 본다.

기도하는 것은 거짓 포장과 외양을 벗어버림으로써 아무런 역할극도 할 필요가 없는, 실제 있는 그대로의 진실한 인간이다. 왜냐하면 기도가

---

125) K. Barth, *Dogm. V*, p. 245.

경건한 사람의 역할극으로 변할 때, 참된 기도는 성립될 수 없기 때문이다. 기도는 하나님 앞에서 아무 것도 가리지 않은, 벌거벗은 인간의 진술일 때에 비로소 의미가 있는 것이다. 어떤 거짓 포장도 어떤 관계도 내세우지 말아야 한다. 오로지 자유로운 인간만이 가면을 쓰지 않은 모습 그대로 나설 수 있고 있는 그대로의 자신을 고백할 수 있다.

우리의 자유의 표현인 이 기도에서 가장 놀라운 것은 하나님에게 감사를 표할 수 있는 점이다. 기도는 실제로 인간본성에 아주 반하는 행위이다. 본성적으로 인간은 자신이 행하고 쟁취하고 성취한 것을 오로지 자기 자신의 것으로 돌릴 뿐이다. 인간은 자신의 위업과 성공과 자유와 지식과 행복을 자신에게 귀결시킬 뿐이다. 인간은 자기중심적으로 살 수밖에 없다. 인간이 그 모든 것을 다른 존재에게 돌리고 모든 것이 다른 존재로부터 온 것이라고 인정하고, 더 나아가서 아무런 이유나 까닭도 없이 하나님에게 감사할 수 있다는 것은, 포이어바흐와 마르크스가 말한 소외행위와는 거리가 먼 것으로서 인간 자신의 고유한 본성과 자신의 폐쇄성과 자가소비에서 자유롭게 된 행위이다. 물론 감사행위는 먼저 자유로운 해방을 전제로 한다. 이것은 감사행위의 발생을 위한 것일 뿐만 아니라, 진정한 감사의 성립을 위해 더더욱 필요한 것이다. 왜냐하면 어떤 자발적인 감사의 마음도, 교환하고 요구하는 사회관계 속에 소외된 우리의 가슴으로부터, 직접적으로 나올 수 없기 때문이다. 하나님에게 감사하기 위해서는 실제로 자유가 존재해야 한다. 감사행위는 하나님이 우리에게 부여한 자유에 대해서 우리 스스로 증언하는 첫 번째 행위가 된다.

"모든 것에 감사하라"는 구절에 대한 훌륭한 묵상을 떠올려본다.126) "진실한 감사는 하나의 희생적 행위이고, 유한성을 인정하는 행위이다.

---

126) Paul Tillich, *L'Eternel maintenant*, 1969.

진실하게 감사하는 행위를 감수하는 사람은 자신이 피조물임을 감수한다." 틸리히는 이 말은 모든 사람에게 해당된다고 한다. 그러나 하나님에게 감사하는 사람에게 이 말은 훨씬 더 결정적이다. 그는 더 나아가서, 모든 상황에서 감사행위를 통하여 우리가 피조물임을 인정해야 한다고 주장한다. 그는 "모든 것에 감사하라"는 구절을 다음과 같이 해석한다. 우리가 하나님에게 감사할 수 없는 일들이 존재한다. 그러나 감사가 불가능한 상황은 존재하지 않는다. 왜냐하면 우리가 피조물로서 존재함에 대해 하나님에게 감사를 표할 수 없는 순간이나 경우는 존재하지 않기 때문이다.

기도는 전형적으로 자유로운 인간의 행위이다. 왜냐하면 자유는 지극한 진정성을 띤 행위이기 때문이다. 자유로운 존재인 까닭에 인간은 허세나 두려움 없이 순전함으로 하나님 아버지에게 다가간다. 인간은 자신을 자유롭게 한 하나님 아버지가 아주 가까이서 경청하며 기다리는 존재이기 때문에 확신을 가지고 자신에게 주어진 가능성을 붙잡아야 한다.

교회 안에서 하나님의 자유에 관한 두 번째 표현은 신앙고백이다. 신앙을 통해서 인간이 자유의 선물을 받고, 그리스도의 사역이 자신을 자유롭게 하고, 그래서 이제 자신이 자유로운 존재임을 인정하게 된다면, 어떻게 자신을 자유롭게 하고 자신을 지금의 존재로 만들어준 하나님을 증언하는 것을 기피할 수 있을까? "창조주인 하나님의 계명이 인간이 하나님 앞에서 책임을 맡은 자유로운 존재가 되는 것을 명하고 있는 까닭에, 하나님은 또한 인간에게 자신에 대한 신앙을 고백할 수 있는 마음가짐을 요구한다."[127] 기도가 인간이 하나님을 향해서 하나님을 위한 자유의 행위로서 하는 것이라면, 신앙고백은 인간이 인간을 향해서 하나님

---

127) K. Barth, *Dogm. XV*, p. 74.

을 위한 자유의 행위로서 하는 것이다.

하나님에 의해 자유롭게 되면, 인간은 하나님에 관해서 무엇인가 사람들에게 증언하는 놀랍고도 불가해한 행위를 통해서 모든 자유는 언제나 놀랍고도 불가해한 행위로서 나타난다 자신의 자유를 드러내지 않을 수 없게 된다. 하나님만이 하나님에 관해 정확히 말할 수 있다. 맞는 말이다. 하나님에 관해서 내가 아는 바는 전혀 없다. 역시 맞는 말이다. 그러나 나는 예수 그리스도 안에서 새로운 사람, 즉 자유로운 사람이 되어서, 하나님에 관한 증언을 감행할 수 있게 된다. 왜냐하면 나는 자유 혹은 지식을 가지게 되기 때문이다. 이 자유는 나에게 경험이나 이성으로는 알 수 없었던 무엇인가를 알게 해준다. 역으로 자유로운 존재가 되지 않고서는 하나님에 대한 신앙을 고백할 수 없다. "달리 어떻게 할 수 있겠는가? 신앙고백은 하나님의 자유로운 은총에 근거한다. 이것은 자유로운 선택에 기초한 소명에 대한 순종이다. 이것은 자유로이 활동하는 성령에서 비롯된다."

자신의 신앙을 고백하게 하는 것은 늘 승리하는 유일무이의 '자유주의'이다.[128] 이 자유는 스스로 신앙고백의 형식과 시간을 선택하게 한다. 이것은 세상에 대해 아무런 집착도 두려움도 없는 사람처럼 행동하게 한다. 왜냐하면 자유의 행위가 수반될 때만 신앙고백이 일어나기 때문이다. 신앙고백을 통해서 인간은 하나님과 함께 있게 된다. 하나님이 정말 현존한다. 그는 합리적인 근거나 사회적인 지지도 없는 가운데 자신의 신앙을 천명하느라 모든 안전보장 수단들을 다 버리고, 더 이상 자기 자신에 의지하지 않으면서 그래서 언제나 두려움이나 부끄러움에 빠질 수도 있다 무한한 확신 속에 있다. 이것은 신앙적인 것으로서, 두려움에 떨지라도 무서움은 없다. "더 이상 무서울 게 없는 자유로운 사람은 대체 무엇이란 말

---

128) 위의 책, p. 87.

인가? 신앙을 고백하는 사람은 더 이상 무서움을 가지지 않는다. 그는 자신이 무서워 떨 수 있는 모든 것들을 다 버렸다. 그래서 그는 자유롭다. 그는 자유로운 사람이다. 신앙을 고백할 때마다 그는 하나님의 자유에 들어가는 행위를 수행하는 것이다. 하나님의 자유는 인간으로 하여금 자유로운 존재가 되게 한다."129)

그러므로 오늘날 수많은 기독교 지성인들이 교회를 폐쇄적이게 하는 상황을 우리가 그대로 두는 것이 나로서는 불가하고도 비극적인 것으로 보인다. 해석학에 의해서 신앙을 전달할 수 있는 안정적이고 지속적인 내용이 존재하지 않고 신앙적 계시 자료는 없다고 알려졌고, 현대사회는 언어를 극히 난해하게 만들어서 더 이상 언어로 신앙을 표현할 수 없게 되었기 때문에, 이제 신앙고백은 우리로서는 불가능한 것이 되었다. 이것은 우리는 자유로운 존재가 아니고 그리스도 안에서 자유롭게 해방되지도 않았다는 말이다. 신앙고백이 불가능하다는 것은 바로 이런 뜻이다.

언어문제에 관한 엄청난 과장은 언어가 자유에서 비롯된 것이 아니고, 구조적인 것이라는 신념에 근거한다. 모든 것이 구조들의 조합으로 귀결된다면, 실제로 말하는 사람의 자유도, 의미의 표현도 있을 수가 없다. 이것은 그리스도 안에서 자유의 선포와는 정반대가 된다. 중요한 건 실제로 말을 하는 자유로운 인간이라면, 그리스도인은 자신의 신앙을 불변하는 공적 문구를 통해서도 선포할 위험을 감수할 수 있을 것이다. 우리는 엄밀한 방법론에 따라서 의미를 찾으려 하지 말아야 한다. 왜냐하면 의미는 신앙을 고백하게 하는 자유의 행위 안에 있기 때문이다. 그리고 이 자유의 행위는 나를 자유롭게 한 존재가 누구인지 등에 관해 내가 알 수 있는 모든 것을 나타낸다.

---

129) 위의 책, pp. 87-88.

"내가 아는 모든 것은 내가 이전에는 병자였는데 이제 나았다는 사실이다"고 선언한 성서 속의 병자와 같은 말은 지금은 효력이 없다는 주장은 틀린 것이다. 사어死語는 이는 비단 오늘날의 문제는 아니다 의례적으로 반복되는 말이다. 그러나 과거의 말이 오늘날 아무 가치가 없다는 말은 단지 어떤 어휘상의 문제는 제외하고 내가 자유를 표현할 수 없으며, 자유로운 존재임을 선포하여 신앙고백을 생생하게 할 수 없다는 말이다. 그러므로 이것은 전혀 고백행위의 타당성이나 내용의 문제가 아니다. 이것은 문제가 자기 자신이라는 것이고, 자신이 결정론에 전적으로 굴복한 것을 인정하는 것이다.130) 또한 그리스도 안에서 자유의 가능성에 대한 무관심이나 불신에 굴복한 것을 인정하는 것이다. 그리스도를 자유롭게 하는 해방자로 다시 받아들이자마자, 자유가 회복되고, 신앙고백이 가능할 뿐만 아니라 의미를 지니게 된다.

하나님을 위한 자유의 세 번째 표현은 안식일, 즉 일곱째 날이며 노동이 없고 일상적인 일과가 없는 날이자 부활의 날이다. 어떻게 이 날을 자유의 날로 보내지 않을 수 있을까? 어떻게 사람들은 이 날을 의무적이고 권태로운 우울한 일요일로 만들 수 있었을까? 이것은 정말 어처구니없는 것으로 사단이 획책한 것일 수밖에 없다. 노동은 강제요 의무요 속박이 되었고 인간은 거기서 벗어날 수 없다. 노동은 더 이상 노동 자체가 아니고, 원수가 된 자연에 대해 투쟁하는 것이 되었다. 이런 가혹한 현실 가운데 단절이 일어나서, 이제 정죄가 없으며 소외가 사라지고, 인간이 실제로 구현할 수도 있었을 형상을 회복하고, 인간이 자신이 하고 싶은 것과 자신을 표현하는 방식을 선택할 수 있는 시간이 임하는 것이다.

이 날은 분명한 축제의 날이다. 노동의 소외로부터 자유롭게 해방되

---

130) ▲이것은 신앙고백이 불가능하다고 선언하는 사람들이 또한 공적으로 깊이 관여된 사람들이라는 점을 고려할 때 명백해진다. 두 가지 태도는 긴밀히 연결되어 있다.

는 것은 잔치를 벌이고 맘껏 분출하면서, 일상과 구별된 차이를 드러내고 질서를 부정하며 또 다른 시간의 달성을 발견하는 것이다. "인간이 유일한 주권자이며 전능자이자 구원자인 하나님이 동의한 일을 향해 나아갈 수 있는 것은 먼저 그런 일을 계속할 수 있도록 하나님이 허락했기 때문이라고 하나님은 말한다…. 하나님은 인간에게 이 날 주중의 평일에도 동일하게 의식하고 있도록 인간이 자기 자신과 다른 사람들과 사회에 동의하며 살아가려는 것을 금지한다. 하나님은 인간이 거기에 만족하기를 원치 않는다. 하나님은 인간에게 인간 자신의 계획이나 고유한 소원을 신뢰하거나, 인간 자신이 세운 정당성과 자유를 의지하거나, 인간 자신이 스스로의 힘으로 할 수 있다고 믿는 것을 금지한다. 바꾸어 말해서, 인간은 일을 할 것이지만, 자신의 일을 신뢰하지 않을 것이다. 인간은 자신의 과업을 성취하려고 최선을 다할 것이지만, 자신이 한 과업을 결코 신뢰하지는 않을 것이다. 인간은 그런 것에 충성하는 것을 거부할 것이다. 바로 이것이 안식일이 규정하는 아주 명확한 한계이다."[131]

그러나 동시에 안식일은 일요일이고 부활의 날이고, 절대적인 필연성과 죽음에 대한 승리의 날이다. 어떻게 이 날이 인간에게 주어진 자유의 날임을 망각할 수 있겠는가?[132] 인간을 위해 죽음을 이긴 하나님 앞에서 하나님을 위해 자유로운 존재로서 살아가는 것 이외에 어찌 달리 살아갈 수 있겠는가? 이것은 오직 하나님을 위한 것일 수밖에 없다. 왜냐하면 하나님 없이는 안식일은 아무 의미도 없고, 심지어 축제조차도 될 수 없다. 이 두 가지 점들을 근거로 해서 우리는 이중적인 방향으로 논지를 심

---

131) K. Barth, 앞의 책, p. 54.
132) 이점을 코스트(R. Coste)는 훌륭하게 기술한다. "예식에 참가한 회중은 자유의 회중이어야 한다. 다시 말해서 사람들에게 어떤 강요도 받지 않고 자유롭게 신앙을 표현하는 회중이어야 한다. 신앙의 표현 가운데 정체성이 다시 새롭게 발견되는 회중이어야 한다. 회중의 신앙의 표현은 스스로에게서 나와야 한다. 그래서 회중은 구성원들 각자의 자유의 표현이어야 한다." 사실 그와 같은 것이 자유 속에서 안식일에 할 수 있는 유일한 예배이다.

화시킬 수 있다. 먼저, 하나님의 안식을 기억하는 것은 하나님의 자유와 함께 하나님이 창조세계에 부여한 자유를 증언하는 것이다. "계명으로서 안식일의 규정은 창조주인 하나님이 피조물에게 은총을 내리는 피조물의 주권자로서 하나님이 취한 자유의 표지이다. 또한 이것은 하나님이 부여하고 또 피조물에게 요구하는 자유의 표지이다. 이 자유는 인간에게 하나님의 은총을 받아들일 수 있게 허용하는 통로이다."[133]

따로 구별한 이 날은 인간의 자유가 하나님의 자유를 알게 되는 날이다. 거기에 따른 위험과 갈등도 존재한다. 이 날은 은총의 날이지만, 순종을 요구하는 날이기도 하다. 이 안식일에 우리는 앞에서 강조했던 바와 같이 자유와 순종의 연관성을 발견한다. 이 날은 인간이 자신을 자유롭게 해방시키는 말씀을 받아들이거나 거부하는 데 모든 시간을 할애하는 날이다. 이 날은 바르트가 말하다시피 우리가 '예배'라고 부르는 것을 위한 삶의 '여백'이기도 하다. 그러나 예배는 안식일의 의미와 정보를 제공하는 것이 아니다. 예배는 하나님을 위한 자유의 이미지와 은총을 접하는 형식이면서 그걸 표현하는 것이다. 그렇지 않고 예배가 의무와 부담이 되고 권태를 초래하게 되면, 예배는 안식일의 참된 표지가 될 수 없다. 안식을 기념하는 것은 진실한 삶 가운데 하나님과 인간에게 자유의 표지를 부여하는 것이다.

주일이 안식의 날이라면, 우리는 그 주일에 하는 한가한 여가활동, 단체적 여가활동, 도피적 여가활동, 순응적 여가활동, 보상적 여가활동, 평범한 여가활동, 극단적 여가활동 등을 거부해야 한다. 여가를 우선시하는 우리 사회에는 이와 같은 일곱 가지 형태의 여가활동들이 존재한다. 이 여가활동은 모든 면에서 자유에 상반되는 것이다. 여가활동을 하는 사람은 노동하는 사람보다 훨씬 더 속박당하는 사람이다. 그런데도

---

133) K. Barth, 앞의 책, p. 53.

여가활동을 위해 주일을 이용해야 하는가? 한가로운 휴가를 즐기는 사람들을 따라야 하는가? 여가활동을 위해 예배를 다른 날로 옮겨야 하는가? 효율성의 관점에서 보면 그것은 의심의 여지가 없다.

그러나 진리의 관점에서 보면, 정반대의 대답이 맞다. 주일에 여가활동을 함으로써 우리는 노예적 예속에 자리를 양보하게 된다는 점을 유념해야 한다. 우리는 인간의 자유의 구현에서 노예적 예속상태로 다시 되돌아간다. 스키를 타거나 혹은 바닷가로 가는 것을 선호할 정도로 주일의 의미를 잘 알지 못하는 그리스도인이 있다면, 그것은 그가 교육을 잘못 받았다거나 가난한 사람이어서 휴식을 필요로 한다는 의미가 아니라, 자신의 자유를 수용하지 않는 사람이라는 뜻이 된다. 그는 그리스도에 의해 자유롭게 해방된 존재로서 살아가지 않는 사람이다. 무엇보다 그는 그리스도인의 삶의 기본을 아직 경험하지 못한 것이다. 기도와 찬양과 예배는 겨울철이나 여름철의 8시간의 스포츠보다 훨씬 더 큰 휴식을 주고, 더 효율적인 힘의 안배를 가지게 하고 더 깊은 평정을 찾게 해준다. 삶에서 도피하고 벗어나서 다른 노예적 예속상태에 빠지고 마는 활동을 기어코 해보려는 노력이 무슨 유익을 가져다주겠는가? 자신들이 주일에 어디에 있는지 성찰하면서, 그리스도인들은 자신들이 과연 자유의 삶을 얼마나 구현하고 있는지 정직하게 돌아보아야 할 필요가 있다.

하나님을 위한 자유에 관한 네 번째 표현은 성서읽기와 관련이 있다. 사실 이 자유는 성서를 떠나거나 벗어나서 그 자체로 하나의 원리가 될 수 없다. 그러나 이 관계는 두 가지 명백한 모순을 내포한다. 하나는 이 자유는 하나님이 성서에서 하나님의 말씀을 읽고 듣도록 부여한 자유라는 것이다. 다른 하나는 이 자유는 인간이 성서에서 하나님의 말씀을 듣기 위해 스스로 취한 자유라는 것이다. 이 모순성에 대한 바르트의 유명한 말이 있다. "인간의 자유는 하나님의 자유를 침해할 수 없다. 하나님의 자유는 언제나 어떤 관계에서도 인간의 자유에 선행한다. 역으로 하나님의 자유는 인간의 자유를 소멸시킬 수 없다. 오히려 반대로 하나님의 자유는 인간의 자유를 필요로 한다."[134]

한편으로 우리가 계시에 접할 수 있는 것은 하나님이 우리의 마음과 눈과 귀를 열어주며, 우리에게 완전히 닫혀있는 세계에 들어갈 수 있게 하기 때문이다. 하나님은 하나님이 선택한 성서라는 형식을 통해서 우리로 하여금 가장 이해할 수 없고 붙잡을 수 없는 세계를 바라보는 자유를 부여한다. 이런 자유가 주어지지 않았다면, 우리는 성서를 읽을 수도 없고, 하나님의 말씀을 분별할 수 없다. 하나님과 단절되어 아직 그런 능력이 없는 사람은 사실상 자유에 관해 전혀 모른다. 그는 어떤 학설과 업적을 이루었다 해도 자유에 관해 어떤 지식도 어떤 실제적 체험도 가질 수가 없다. 우리에게 주어진 자유는 우선적으로 하나님의 뜻을 인식하는 자유이다. 그래서 그 뜻을 읽고 분별하면서, 또한 그 원천을 다시 발견하는 것이다. 그것은 스스로의 결정에 따라 자신을 계시하는 해방자인 하나님과의 만남을 통해서 끊임없이 자유를 새롭게 갱신하는 것이다.

그러나 성서를 하나님의 말씀으로 읽도록 우리에게 허락한 자유는 우리로 하여금 성서에 대해 상대적인 거리를 두게도 한다. 바르트는 하나님의 말씀으로서 성서가 권위를 가진다는 사실을 강조하면서, 이 점을 잘 규명해준다. 하지만 하나님의 말씀에 관한 인간의 증언으로서 성서는 자유를 내포한다.[135] 한편에는 성서의 증인들의 자유가 존재하고, 다른 한편에는 그 증언을 읽는 신자의 자유가 존재한다. 계시를 기록으로 남긴 하나님의 증인들은 하나님의 말씀을 증언해야 했기에 권위를 부여

---

134) K. Barth, *Dogm. V*, p. 257.
135) K. Barth, *Dogm. V*, pp. 219-299.

받았다. 그러나 그들은 인간이었고, 인간으로서 그 일을 해야 했다. 그래서 그들은 자유를 가지게 되었다. 바로 그들의 자유와 동일한 자유를 가지고 우리는 그 증언을 받아들이는 것이다. 그러므로 이것은 성서의 문자주의를 배격한다. 성서를 문자적인 교황이나 율법으로 만들지 말아야 한다. 자유로운 사람으로서 성서를 읽고 이해해야 한다. 하나님에 의해 해방된 자유로운 사람으로서 책임을 맡으면서 또한 그 위험도 감수해야 한다.

그런 점에서 자유는 하나님을 섬기는 것이자 하나님을 위한 자유가 된다. 왜냐하면 성서를 강제와 의무로 읽는다면 거기에는 어떤 자유도 존재할 수 없기 때문이다. 이것이 문자에 집착하고 문자를 전파하는 일이라면 하나님을 섬기는 일은 존재할 수 없다. 이 부분에서 하나님을 위한 자유는 성서를 현실 속에서 수용하는 방식으로 읽는 것이다. 이것은 성서를 나의 감추어진 깊고도 영적인 은밀한 삶의 차원에서가 아니고, 사회적이고 정치적이고 직업적인 나의 총체적인 삶의 영위 가운데서 하나의 물음으로 듣는 것이다. 이것은 나에게 자유와 책임을 동시에 가져다준다. 나에게 이 현실성은 성서 본문에 대해서 어느 정도 자유를 가지게 하지만, 본문을 경시하게 하지는 않는다. 다시 말해서, 내가 성서를 읽고자 하는 의지를 가지고 성서를 읽는다는 말이다. 읽으면서 그것을 현재화하게 된다. 참된 자유 가운데 읽는 것이라면, 그것은 본문에서 어떤 판타지를 그리는 것도 아니고, 본문에서 독립한다거나 본문을 점유하는 것이 아니다. 반대로 본문을 현재화하고 거리를 유지한다는 것은 하나님을 위한 자유에 해당한다. 왜냐하면 이것은 나에게 있어서는, 그 본문이 나를 사로잡는 말씀임을 확인하는 행위가 되기 때문이다. 나에게 주어진 자유를 내가 취하지 않는다면, 나는 언제라도 성서를 역사박물관에 넘기게 될 것이다.

하나님을 섬기는 것으로서 자유는 성서를 다른 사람들에게 전파하는 것을 전제로 한다. 이 일은 나의 신앙고백에 포함된다. 다만 우리는 동일한 문제에 봉착한다. 지나간 역사의 사문화된 문자로 전달하지 않기 위해서, 나는 성서를 하나님의 말씀으로 증언해야 한다. 그러므로 나는 성서 본문을 그냥 그대로 단순하게 전할 수 없다. 여기서도 나는 자유의 위험을 감수하여 성서본문을 전환시켜야 한다. 즉, 나의 자유에 의해서 성서는 다시 하나님의 말씀으로 전환되어 다른 사람에게 현재 살아있는 물음으로 정말 직접적인 연관성을 갖는 것으로 전달되는 것이다. 나는 성서를 하나님의 말씀으로 바꾸는 일에 나의 전 인격을 다해 소외에서 벗어났기에 나는 이제 실제로 참여할 수 있다 참여한다. 그래서 하나님을 섬기는 일이 실제로 이루어지게 한다.

그러므로 자유에 함축된 이 두 가지 측면들은 성서읽기로부터 시작하는 것을 전제로 한다. 중요한 것은 성서본문에 대한 올바른 이해이다. 왜냐하면, 하나님의 말씀으로서 그 본문은 그 자체로 언제나 아주 명백한 까닭에 설명이 필요 없게 되는 반면에, 기록된 책으로서 그 본문은 객관적으로 주관적으로 규명되어야 하기 때문이다. 주석적인 방법들을 활용하고, 더 나아가서 해석학 분야도 봐야 한다. 이것은 하나님을 위한 자유에 속하는 것으로서 필수적인 일이다. 혼란스러운 것은 전문가들이 아니고, 부분적으로 자유롭게 된 개별적인 신자와, 총체적으로 이 일에 책임을 지고 참여하는 교회이다. 전문가들은 보조적인 사람들로서 자유를 실천하도록 자료를 제공하며 객관적으로 지원한다. 그러나 그들은 신자를 대체할 수도 없다. 전문가들이 들어오면 신자는 자유를 포기하고 말 것이다. 또한 그들은 그리스도인에게 필요한 성서의 중개자들이 될 수도 없다. 여기서 우리는 겸손한 그리스도인이 두려워 할 수 있는 절대적인 요청 앞에 서게 된다. 그러나 모든 자유의 실천에는 이 두려움이 따르

면서, 처음에 이 무력하고 무능한 느낌이 엄습한다. 우리는 제2권에서
이 전제들에 대한 결론을 이끌어낼 것이다.

2장 · 자유의 대상들

성서 각권의 저자들은 각기 자유의 한 측면을 특별히 더 강조하는 듯 싶다. 우리가 율법으로부터 자유롭게 되는 것을 규명하는 사도 바울의 논지에 익숙해 있다면, 세상에 대한 자유를 강조한 사도 요한의 논지도 기억해야 한다. 이사야나 신명기 저자는 우리에게 인간의 손으로 한 일에 대한 자유를 논하고, 야훼문서 편집자는 애굽 탈출과 함께 강대국들에 대한 자유를 선포한다. 또한 사도 바울은 육체에 대한 자유를 말한다. 그러므로 그리스도인의 자유를 너무나 배타적으로 오직 율법 교사에 대한 것으로 상정하지 말아야 할 것이다. 사람들은 자유에 대해 늘 율법을 연상하고 또 너무도 쉽게 자유를 율법에 대한 것으로 국한시키려고 한다.

1. 자기 자신에 대한 자유

자유의 여정에서 첫 걸음은 우리 자신에 대하여 두는 거리이다. 이것은 심리학적 연구 주제가 될 수 있지만, 여기서 우리가 다룰 과제는 아니다. 이것은 또한 경건한 교훈이나 신비주의 이론의 대상이 될 수도 있다. 그런 면에 대해서 우리는 성서의 교훈을 환기하는 것으로 만족할 것이다.

1) 육신의 자아

성서가 말하는 '자아'soi는 우선적으로 '육신'chair이라 불린다. 우리가 이미 알고 있는 것이지만, 여기서 다시 환기하는 것도 아주 무익하지는 않을 듯한데, '육신'이라는 단어는 다양한 의미로 쓰이는 것이 틀림없다. 우리는 먼저 미세한 해석상의 문제를 접하는데, 뒤에 가서 세상에 대해 말할 때 그 문제를 더 깊이 살펴볼 것이다. 구약의 장구한 기록과 사도 요한과 사도 바울의 서신서 속에서 '육신'이라는 단어의 다양한 의미들을 강조하는 것은 정말 타당하다. 성서 가운데 단 한 권의 책에서조차 이 단어는 문맥에 따라 여러 가지 뜻을 함축하고 있다. 그러나 문제는 예컨대 어느 특정한 구절에서는 '육신'이라는 단어가 엄밀하고 배타적인 의미에서 뼈를 덮고 있는 육체를 뜻한다고 규정하는 식으로 다양한 의미들을 엄격하게 구분시켜야 한다는 주장이 맞는 것인지, 아니면 성령의 영감에 의한 성서의 통일성을 인정하여, 다양한 의미들의 심층적인 기저에는 기본적인 통일성이 존재한다는 주장이 맞는 것인지 분간해야 하는 것이다. 후자와 같은 경우, 우리는 그 단어의 의미적인 통일성을 다시 거론하지 않을 것이다. 그건 터무니없는 것이다. 그러나 우리는 성서에 나오는 단어는 완전히 다른 의미충들로 구분될 수 없다는 점을 인정한다. 반대로 하나의 본문 속에 있는 하나의 단어는 하나의 주된 뜻이 있으면, 다른 모든 의미들과의 연관성 속에서 그 뜻으로 읽고 이해하고 받아들여야 한다. 여기서 다른 모든 의미들은 그 뜻에 특별한 조명을 비추어주고, 함축된 의미들을 상기시키고, 정확히 하나의 의미로 규정될 수 없는 단어의 사용에 하나의 연속성을 복원시켜 준다.136)

우리는 이 '육신'이라는 단어가 세 가지 주요한 의미들을 갖는다고 평

---

136) 현재의 신학계에서 전혀 받아들여지지 않는 이런 입장은 그럼에도 불구하고 현대의 가장 위대한 언어학자들 중의 한 사람인 벵베니스트(Benveniste)에 의해서 가장 과학적인 것이라는 평가를 받고 있다.

가할 수 있다. 구약에서 아주 일반적으로 육신은 잘 알다시피 육체corps는 아니다 하나님과 사람을 구분하는 것을 지칭한다. 인간은 피조물이어서 하나님과 동등한 존재가 될 수 없다. 이것은 긍정적인 의미와 동시에 부정적인 의미를 갖는다. 긍정적인 것은 육신이 실제적으로 하나님 앞에서 인간이 존재하는 방식이라는 사실에 기인한다. 아담은 피조물로서 에덴동산에서 육신이었다. 이 사실은 아담의 유한성을 이것은 악과 죄와 타락의 표지가 아니다 나타낸다. 그러나 인간이 하나님과 단절된 것을 고려할 때 이것은 부정적인 뜻을 갖는다. 육신은 유한성을 나타낼 뿐만 아니라 속죄 받을 수 없다는 의미에서 뛰어넘을 수 없는 한계이다. 이 한계는 인간을 감옥의 장벽과 같이 둘러싸고 있다. 에덴동산에서 하나님과 아담 사이에 차이가 존재했지만, 연합을 이루는 교제가 있었다. 아담이 에덴에서 쫓겨나고는 이 한계가 '불칼을 휘두르는 그룹들'에 의해 표시되었다. 육신은 이제 연약함을 나타내고 허무를 내포한다. 이 연약함은 하나님의 말씀의 능력과 영원성과 대비된다. "나의 영이 영원히 사람과 함께 하지 아니하리니 이는 그들이 사람이 됨이라."창6:3 "모든 육체는 풀이요, 그의 모든 아름다움은 들의 꽃과 같을 뿐이다."사40:6

하나님의 자비가 나타나는 것은 언제나 인간이 육신일 뿐이라는 기억이 떠오르는 순간이다.시8:39 부정적인 한계와 허무를 내포하는 까닭에 이 육신은 명백한 보상작용과 반대급부로 탐욕의 원천이 된다. 다시 말해서 인간의 의지는 남의 것을 쟁취하고 남을 제압하면서 남이 가진 소유와 그 존재를 통해서 남을 파괴하는 것이며, 무엇보다 하나님을 통제하는 것이다. "우리도….육신의 정욕대로 살고"엡2:3라는 구절은 확실히 생리적인 충동과 육체적 욕망들을 뜻하는 것은 아니지만, 훨씬 더 심층적으로 '육신의 정욕'요일2:16에 부합한다. '육신의 정욕'은 육신을 탐욕의 거처로 삼는다. 이것은 아담을 충동질하여 하나님에게 속한 것에 손대게 하고, 자신의 유한성, 즉 육신을 부인하게 한다. 이와 같이 다른 두 가지 의미들은 서로서로 조명해주고 더 나아가 서로를 함축하고 있는 듯 하다.

육신이 탐욕을 불러일으킨다는 점은 우리로 하여금 세 번째의 의미를 접하게 한다. 육신은 하나님에게 대항하는 인간 안에 있는 권세이다. 육신은 정말 인간 자신이 아니다. 인간은 육신이라고 해도, 육신은 인간이 아니다. 다시 말해서 '무력함과 탐욕'[137]에 의해 인간을 지배하고 사로잡는다는 의미에서, 육신은 인간을 장악했던 것이다. "너희는 욕심을 내어도 얻지 못하며"약4:2라는 야고보서의 구절은 이 '무능력한 탐욕'을 잘 밝혀주고 있다. 이와 같이 육신은 인간 안에서 인간을 지배하는 힘이다. 이것이 인간의 모든 행위를 야기하고, 인간의 행동거지를 정립하면서, 인간으로 하여금 죄와 연대하여 하나님의 뜻을 거스르게 한다. 내 생각에는, 이 의미를 다른 의미들과 따로 떼어놓을 수 없고, 사도 요한과 사도 바울의 말씀들을 차별화할 수 없다. 영과 대비해서 "육은 무익하니라"요6:63는 구절이나 "너희는 육체를 따라 판단하나"요8:15라는 구절은 성령의 열매와 육신의 열매를 대조한 사도 바울의 말씀과 정확히 일치한다.[138] 이 단어에 주어진 첫 번째 의미에 이미 잠재돼 있던 것으로서 이 하나님의 뜻에 대항하는 것은 죽음으로 인도될 수밖에 없다. 육신에 속한 생각은 죽음이고, 하나님을 적대하는 것이고, 육신을 따라 사는 사람은 하나님을 기쁘게 할 수 없다.롬8:5-8 더욱이 육신에 따라서 육신에 사로잡

---

137) [역주] 엘륄에 따르면, 에덴동산에서 타락 이전에는 인간의 육신은 단순히 피조물로서의 유한성을 나타낼 뿐이었으나, 그 이후로는 죄에서 구원받을 수 없는 한계를 표하는 것으로서 연약함과 허무, 즉 '무력함'을 드러내게 되었다. 그런데 이 '무력함'에 대한 보상작용으로 모든 것을 소유하고 지배하며 심지어 하나님조차도 통제하려는 '탐욕'이 인간의 의지에 등장했다. 엘륄은 이와 같은 '무력함'과 '탐욕'을 결합시켜 'impuissance-convoitise(무력함-탐욕)'로 표현한다. 이런 의미를 담아서 우리말로는 '무력함과 탐욕'으로 옮기고자 한다.

138) ▲ 육신을 따르지 않고 영을 따라 살 것을 권고하는 로마서 8장과 갈라디아서 5장의 구절들을 참조하라.

히는 것은, 제한된 인격을 가진 인간뿐만 아니라, 모든 인간의 영역을 총망라한 인간의 기록, 발명, 창조, 작품, 표현 등을 포함한다. 고린도전서 1장에 나오는 지혜로운 자들의 경우와 같이, 인간이 하는 모든 일은 육신에 사로잡히는 것을 피할 수 없다. 그런데 그리스도가 우리에게 주는 자유는 우선적으로 이 육신에서 자유롭게 해방되는 것이다.

이미 앞에서 말한 바와 같이, 육신에서 자유롭게 되는 것은 사도 바울에 따르면 옛사람과 육신의 죽음을 뜻한다. 그래서 죄에 속한 우리 안의 모든 것이 다 소멸되고 다시는 우리가 죄의 노예가 되지 않게 하는 것이다.

"우리가 알거니와 우리의 옛사람이 그리스도와 함께 십자가에 못 박힌 것은 죄의 몸이 죽어 다시는 우리가 죄의 노예가 되지 않게 하려는 것이다."롬6:6 그리스도의 참된 자유를 접하는 것은 결코 우리 안에 내재된 잠재성인 우리 본성이 성숙하여서 그런 것이 아니다. 거기에는 연속성이 없다. 이것은 일종의 자기 자신의 죽음, 즉 그리스도 안에서 존재 전체의 소멸에서 존재 전체의 중생重生으로 가는 엄청난 변화를 말한다. 이 죽음을 받아들이지 않고, 자기포기를 거부하고, 자신을 보존하고, 자신의 성향과 욕망을 고양하는 사람은 결코 자유가 무엇인지 알지 못하게 된다. 그런 사람은 독립과 자유를 혼동하는 가운데 살면서 실패만을 무한 반복하게 될 것이다.

이와 같이 육신에 사로잡히는 것은 예전에는 우리 자신 안에 있었지만 이제는 우리에게 낯설게 된 권세에 실제로 굴복하는 것이다.139) 육신

139) 이런 의미에서 우리는 *L'Evangile des Souffrances*(고통의 복음서)에서 키르케고르가 고통에 관해 설명한 것을 이해할 수 있게 된다. "영원한 하나님의 결정에 의한 치료는 정확히 자신에게 부과된 고통을 겪는 자가 자유롭게 그것을 수용하는 데서 이루어진다. 고통을 겪는 자가 친구에게 털어놓는 가운데 위안이 임하는 것을 발견하듯이, 이 고통을 겪는 자가 필연성에 짓눌린 마음을 영원한 하나님을 향해 열고, 고통을 다 감수하기로 영원히 동의할 때, 영원한 하나님의 결정에 의한 구원이 일어난다. 영원의 문이 열려있는 사람이 실제로 구속을 받는가? 영원 속에서 자유로운 사람이 속박 가운데 있는

으로 지어진 인간은 지금 '무력함과 탐욕'에 의해 사로잡힌다. 인간은 자기 자신 이외의 다른 존재가 된다. 육신은 더 이상 에덴동산에 있던 인간 존재가 아니다. 육신은 인간을 거스르는 존재가 되는 동시에 하나님에게 대항하는 존재가 된다. 육신은 인간을 구속하고, 영은 육신의 욕망을 거스르는 욕망을 가진다. 우리에게 주어진 자유는 육신적인 모든 복합적인 것을 다 겨냥한다. 그 모든 복합적인 것은 하나님에게 대항하는 능력, '무력함과 탐욕', 권력과 정복의 영 등으로 구성되며, 여기에 이전에는 단지 한계와 유한성에 그쳤던 '차이의 인식'이 더해진다. 오늘날 '유한성에 속하는 것'과 '죄에 속하는 것'을 구분하는 것이 더 이상 불가능하다. 왜냐하면 하나님과의 관계단절 속에서 그 둘은 뒤얽혀서 나눌 수 없도록 밀접하게 연결되어 있기 때문이다. 죽음은 유한성의 표지였다. 이제 죽음은 '죄의 값'이다. 부활을 통해서 그리스도는 '최후의 원수'에 승리를 거두는 동시에, 아담의 한계상황을 뛰어넘는다. 다시 말해서 우리에게 약속된 것은 아담 안에서 성취되었던 것과는 비교가 불가능할 만큼 훨씬 더 비약적인 것이다.

그러나 이 승리는 현재이고 다가올 미래이다. '이미' 지금 우리는 우리에게 주어진 영에 따라 살아갈 수 있다. 왜냐하면 우리 안에 거하는 것이 더 이상 육신이 아니고 "너희 몸은 성령의 전이다" 영이기 때문이다. 우리는 지금 육신에게 사로잡히지 않고 하나님의 은총에 사로잡혀 있다. 그러나 이 사실은 아직 제한된 열매만을 맺고 있으며 언제나 부인될 수 있고 결코 결정적이지 않다. '아직' 우리는 그리스도가 뛰어넘은 한계를 우리도 넘어섰다고 주장할 수 없다. '아직' 우리는 성령의 유일하고 배타적인 현존 가운데 우리의 존재가 일치를 이루고 있다고 주장할 수 없다. 하나

가? 한 사람이 '나는 영원한 나라의 자유로운 시민이다'라고 말할 수 있을 때, 필연성은 그를 구속할 수 없다." (*Un discours de circonstance*)

님은 '아직' 우리 안에서 전부가 아니다. 그래서 우리는 우리 자신을 거스르는 분리와 분열을 겪게 된다. 이것은 "이 사망의 몸에서 누가 나를 건져내랴"는 구절과 같이 죽음을 현실적으로 경험하는 것이다. 생명의 영이 우리 안에 거하지만, 육신도 또한 거기에 엄연히 존재하고, 탐욕이 언제나 다시 생겨날 수 있다. 동일한 또 다른 능력에 의한 단순하고 결정적인 능력의 교체는 일어나지 않는다. 왜냐하면 우리에게 임한 능력은 자유의 능력이기 때문이다.

영이 있는 곳에 자유가 있다. 우리는 육신의 노예에서 하나님의 노예로 전환된 것이 아니다. 우리는 자유로운 하나님의 자녀들로 전환된 것이다. 따라서 자유의 위태로운 상황에 놓여 있다. 가장 어려운 상황 속에 있다. 영은 지금 우리 안에 우리가 맺은 열매들을 통하여 모습을 드러낼 수 있다는 것은 확실하다. 그러나 우리의 자유는 언제나 우리로 하여금 권력과 정복의 역사를 다시 재현하고 육신으로 되돌아가려는 마음을 가지게 한다. 사도 바울은 그 점을 갈라디아에서 명확하게 지적한다. "성령으로 시작하였다가 이제 와서 육체로 마치려고 하느냐?"갈3:3 하나님은 이와 같이 우리와 화해하여 우리에게 자유를 주었는데, 우리는 우리가 가진 자유를 통해서 하나님과 화해하였는가? 하나님과 단절된 인간의 소외는 삶의 방식으로 나타날 것이다. 우리는 사도 바울이 육신의 열매들과 성령의 열매들을 대조해서 열거한 구절을 알고 있다. 우리는 여기서 그 점을 다시 논의하지는 않을 것이다.

그러나 이러한 '육신으로부터의 자유'에서 주목할 점이 한 가지 있다. 이것은 '대자적 존재'être pour soi로서의 인간의 불안한 의지이다.140) 우리

---

140) 예수 그리스도 안에서 자아로부터의 자유는 정반대이다. 현대 지성인들의 특징인 자아의 확대와 사르트르의 실존주의와 상황의 혁신이라는 측면이나 과정의 측면에서 그렇다. 명상의 끝없는 근원이면서 자유롭게 되기를 갈망하는 자아는 의식의 모든 영역을 차지한다. 사르트르가 계속해서 한편에서 자유의 길을 얘기하고 다른 한편에서 정치를 얘기할 때, 그 자아는 자신이 말하는 것보다 더 확대된 자아이다. 사르트르는 아마도

는 이 '대자적 존재'를 여러 가지 차원에서 생각해볼 수 있다. 이것은 사람들이 자아에 대해 가지는 의식일 수 있으며, 이 의식은 강박적이고 거대하고 맹목적이 된다. 다시 말해서 내가 내 존재에 관해서 그런 의식을 가지는 순간부터, 나는 나 자신에게 핵심적으로 중요하며 감동적인 유일한 존재가 된다. 오직 운명만을 중시하는 그런 존재가 나에게는 세계의 중심이다. 거기서 우리는 교만과 이기주의와 함께 염려와 불안이 나타나는 것을 본다. 왜냐하면 모든 것이 이 '대자적 존재'에 귀결될 때, 모든 것이 자아와 함께 시작되며, 또 모든 것이 자아와 함께 끝나는 것도 알게 되어, 나는 불안에 사로잡힐 수밖에 없기 때문이다.

근심에 짓눌려서 인간은 끊임없이 스스로 자신의 장래에 대해 대응할 길을 찾는다. 그는 자신의 장래를 소유하고자 하고, 불안정에 대해 안정을 확보하고자 한다. 이것은 모든 종류의 보험들이 가지는 메커니즘이며, 점쟁이와 마술사와 예언가를 찾는 것과 동일한 염려를 드러내는 모든 미래 전망에 대한 연구의 메커니즘이다. 방법들은 바뀌었지만, 인간과 인간의 존재 상황은 그대로다. 미래연구와 계획과 보험은 자신이 세계의 중심이라는 확신에서 비롯되는 염려, 두려움, 걱정 등을 표현하는 것에 불과하다. 나는 결국 나 자신만을 보게 된다. 나의 세계와 장래가 내 앞에 놓인 거대한 풍선, 즉 내가 만든 나 자신에 의해 막혀버렸다. 그 풍선은 내가 바라보는 모든 전망이자 내가 직면하는 모든 세계가 된다. 이 커다란 풍선이 나타내는 중요한 존재인 나 자신 앞에 '대자적 존재'가 내포하는 하찮은 존재인 상반된 자아가 놓여진다.[141] 나는 나 스스로 확신하는 실패를 예견하는 까닭에 두려움 가운데 살아간다. 나에게는 출구가 전혀 없다. 우리는 기이하게도 우리 사회에서 이 특유의 모순을 발

몇몇 억압요소들로부터 자유롭게 되었을 것이다. 그러나 자신을 지배하는 주인이자 제일의 적인 자기 자신으로부터는 결코 자유롭게 되지 않았다.
141) ▲여기서 우리는 육신을 특징짓는 '무능력과 탐욕'으로 짝을 이루는 개념을 발견한다.

견한다. 한편으로 장래를 보장하는 구체적 제도적 객관적 수단들이 많아졌는가 하면, 다른 한편으로 많은 현대 심리학자들이 서구인의 주요한 특징으로 보는 두려움이 많아졌다. 인간본성적인 차원으로 설명하려고 할 때, 이 모순은 이해하기가 어렵지만, '육신'의 의미를 고려할 때, 우리는 해답은 아니더라도 하나의 설명은 찾을 수 있다.

여기서 칼 바르트는 적절한 주장을 한다. "염려와 두려움은 신약에서 말하는 자유와는 정반대의 것이다…. 장래에 대한 염려는, 그 대상이 무엇이든 간에, 인간이 현재 자유롭지 않다는 걸 뜻한다…. 미래에 있을 재앙에 대한 불안감이 심한 탓에, 우선적으로 그 잠재적인 재앙에 대비하려고, 지금 삶으로 행할 수 있는 가능성을 형편이 더 좋아질 먼 훗날로 미루어버리는 사람은 자유롭지 않은 사람이다."[142] 사실 육신으로부터 자유롭게 해방되는 것은 이 '대자적 존재'로부터 자유롭게 해방되는 것을 뜻한다. 물론 이것은 자기 자신을 의식하기를 그만둔다는 걸 의미하지 않는다. 오히려 그 반대이다. 그러나 여기서 중요한 것은 하나님이 우리로 하여금 '대자적 존재'의 가혹한 압박을 면하게 하면서 우리에게 부여하는 자유이다. 이 '대자적 존재'의 압박이란 자기 자신이 자신의 존재 전체와 삶의 모든 여정을 인도하고 보증하는 유일한 주인이 되려는 것이다.

예수 그리스도 안에서 하나님은 참으로 나의 존재를 있는 그대로 받아들였다. 내가 하나님을 위하여 존재하는 순간부터 나는 나 자신을 위하여 존재하는 것이 아니다. 이것은 진정 하나의 '관면'寬免이다. 또 이것은 내 앞에 삶의 가능성을 허락하여 열어주는 것이다. 이것으로써 나는 나 자신으로부터 자유롭게 된다. 이 말은 내가 맡은 의미, 가치, 책임, 임무에서 나 자신이 벗어나게 된다는 의미가 아니며, 또 남들과 나 자신에게

---

142) K. Barth, *Dogm. IX*, pp. 91–92.

내가 무관심하게 된다는 뜻이 아니다. 이것은 내가 더 이상 나 자신에게 얽매여서 무력해지거나, 스스로 만사를 복잡하게 얽히고설킨 꽉 막힌 상황으로 내몰지 않는다는 뜻이다. 또한 나 자신이 더 이상 내 존재를 강화하거나 불안해하는 가운데 살아가지 않고, 내 시야를 가로막거나 신기루를 좇지 않는다는 뜻이다.

히브리서는 우리 안에 이루어진 그리스도의 역사를 우리에게서 죽음에 대한 두려움에 기인하는 불안을 사라지게 한 것으로 정확히 기술하고 있다. "그것은 그가 죽음의 세력을 쥐고 있는 자 곧 악마를 멸하고 일생 동안 죽음의 공포 때문에 종노릇하는 사람들을 해방시키기 위함이었다."히2:14 공포감에 이어지는 종노릇하는 상태로 기술된 죽음의 역사는 바로 불안이다. 그리스도는 자신의 죽음으로써 나로 하여금 나 자신의 죽음의 무게로부터 벗어나게 하고, 내 안에서 나를 짓누르는 것으로부터 자유롭게 하고, 불안이 없는 삶을 살아가게 한다. 정말 불안을 치료해 주는 것은 예수 그리스도의 사역을 있는 그대로 받아들이는 순전한 신앙 이외의 다른 것은 없다.

자기 자신으로부터 자유롭게 되는 것이 자유이다. 이것이 자유의 삶으로 들어가는 첫걸음이다. 여기서 우리는 전통적인 도덕의 영역을 완전히 벗어난다. 전통적인 도덕에서는 이기주의, 교만, 경멸, 시기, 질투 등은 결점이나 죄나 악한 성향으로서 처벌을 받아야 한다. 그런데 내가 나 자신에게 얽매여 사로잡혀 있는 '대자적 존재'로 남아있는 한, 어떤 도덕도, 어떤 교육도 내가 이기주의로 가는 것을 막지 못할 것이다. 그런데 우리가 이 자유를 거론하는 것은 인간이 이기적이고 허영적인 존재가 되는 것을 막기 위한 목적이 아니라는 사실을 분명히 할 필요가 있다. 또한 그 목적이 도덕이나 덕목의 수련에도 있지 않다. 여기엔 무엇을 얻기 위한 목적이 존재하지 않는다.

나는 자기 자신의 노예가 되어있는 한, 인간은 노예일 수밖에 없다는 사실을 확인한다. 인간이 다른 존재가 될 수 있는 허락을 얻게 될 때, 인간이 이와 같은 하나님의 허락에 의해 자유롭게 될 때에, 그 열매로서, 부수적인 결과로서, 당연하다기보다 가능성 있는 현상으로서 예기치 않은 일이 발생한다. 즉, 인간이 인내를 알고 타인에 대한 관심을 가지게 되고, 하나님의 사랑을 알게 되는 일이 일어나는 것이다. 그래서 우리는 수도 없이 우리의 장래를 염려하지 말라, 두려워하지 말라, 걱정하지 말라, 라는 명령을 발견한다. 네가 살아갈 일을 걱정하지 말라. 내일을 염려하지 말라. 네가 말할 것을 염려하지 말라. "두려워하지 말라." 이 말씀은 엘리야에게, 이사야에게, 스가랴에게, 마리아에게, 시몬 베드로에게, 그리고 빈 무덤 앞에 있는 여인들에게 주어진다. 밧모섬의 사도 요한에게 "두려워하지 말라"는 말씀이 임한다. 굴종과 두려움의 관계와, 자유와 신뢰의 관계에 대해 사도 바울도 강력하게 말한다. "너희는 다시 무서워하는 종의 영을 받지 아니하였다."롬8:15 사도 요한은 우리에게 동일한 내용의 말을 한다. "사랑 안에 두려움이 없고 온전한 사랑이 두려움을 내쫓는다."요일4:18

자기에게서 벗어나는 것은 자유롭게 되는 것으로 두려움과 염려가 없다. 사도 바울이 기쁨 가운데 "나는 풍요에도 처할 줄 알고 가난에도 처할 줄 안다"라고 하고 "이제 내가 사는 것은 내가 아니라 내 안의 그리스도이다"라고 말한 것은 이 사실을 뜻한다. 이러한 것이 자기 자신에 대한 자유이고, 그 효과이다.

그런데 우리가 주목할 것은 이 많은 구절들이 분명한 약속이지만 또한 명령이라는 점이다. 이것은 계명과 관계가 있다. 산상수훈에서 예수가 "염려하지 말라"고 훈계하고, "두려워하지 말라"고 제자들을 위로할 때, 우리는 이것을 단순한 충고나 훈계로 받아들이지 말아야 한다. 이것은 하나님이 아들을 통해서 우리에게 내린 명령이다. 이것은 율법에 대한 설명과 확인 속에 나오는 것이기에 하나의 계명이다. 이것이 계명이라는 사실은 이것이 율법 전체의 내용을 밝혀준다는 면에서 정말 특별한 중요성을 가진다. 왜냐하면 이 계명은 자유롭게 해방하는 것이기 때문이다. 이 계명은 우리에게 강요하는 것이 아니고 새로운 의무를 주는 것이 아니다. 예수가 "너희의 삶을 염려하지 말라"라고 훈계하며 산상수훈을 마치는 것은 이 산상수훈이 우리의 본성적인 근심에 걱정과 염려와 두려움을 더하기 위한 것이 아님을 의미한다. "염려하지 말라", "두려워하지 말라"는 명령은 새로운 염려와 새로운 두려움을 주기 위한 것이 아니다. 이 명령은 그 자체로 우리에게 자유로운 해방을 주는 것이다. 진실로 이것은 우리 자신의 염려와 함께, 우리의 삶과 우리의 장래에 대한 두려움에서 우리를 해방시키는 것이다. 하나님의 계명은 전적으로 자유를 위한 것이다. 모든 율법의 핵심이 두려움과 걱정 없이 살도록 하나님이 우리에게 부여한 자유일진대, 교회가 모든 형태의 두려움과 압박을 그렇게도 많이 활용하여 인간을 근심과 걱정으로 짓눌렀던 사실을 생각하면 정말 끔찍하다. 그렇지만 또한 이것이 계명이라는 점에서 우리는 이것을 가볍게 받아들일 수 없다. 우리는 이것을 단지 선의의 권고라고 볼 수 없다.

2) 자살의 유혹

자기 자신에 대한 이러한 자유는 자살의 유혹과 풍조에 대해 대처할 수 있는 유일한 해결책이다. 나는 윤리의 전통적인 입지를 논하지 않을 것이다. 이 문제에 관한 바르트와 본회퍼의 뛰어난 저작들이 존재한다. 자살을 하나의 문제로, 하나의 도덕적인 문제로 논하는 것은 자살을 논하는 것이 아니다. 왜냐하면 자살이 인간에게 자신의 삶에 대한 유일한 해결책이 되기 이전에는 자살의 문제는 존재하지 않기 때문이다. 윤리적이거나 신학적인 담론은 의미를 지니지 않은 학술적인 가설에 불과하다. 자살이 절박해지는 순간부터 윤리적이거나 신학적인 담론은 더 이상 인간에게 영향을 미칠 수 없다. 그런 담론은 아무런 현실적 내용이 없는 객관적인 진리에 지나지 않는다. 물론 신학적인 견지에서 자살이 하나님의 뜻에 반한다는 것을 밝히는 것은 교훈으로서 좋다. 그러나 자살은 실제로 당면한 사람에게 신학적인 논의의 대상이 아니다. 유일한 해결책은 오로지 소망이 싹트고 자기 자신으로부터 자유롭게 되는 것이다. 그래서 실제로 당사자에게 소망이 존재한다는 것을 전하는 것은 가망성이 있는 일이다. 이것은 자유가 가능하다는 증거가 될 수 있고 자기 자신을 상대화하게 할 수 있다. 하지만 어떤 담론도 그런 증거를 가져오지 못하고, 어떤 계명도 자살을 막을 수 없다. 오직 자유를 받아들이고 경험하는 것만이 절대적 결정론의 치명적인 유혹을 극복할 수 있게 한다.[143]

자살은 죄가 아니라는 것은 확실하다. 그렇다고 자유의 행위도 아니다. 자살은 자기 자신으로부터 자유롭지 않았다는 증거이다. 자살은 언제나 자신의 운명을 가장 중요하게 여기는 데서 나오는 행위이다. 자살은 대의를 위한 것일 수 있고, 커다란 고통에서 벗어나기 위한 것일 수 있고, 자신의 친구들에게 지운 짐에서 친구들을 자유롭게 하기 위한 것일 수 있고, 절망의 심연에 도달해서 더 이상 소망이 없기 때문일 수 있고, 하나님을 향한 경배에서 자신이 너무나 중요하기 때문에 악마와 세상을 피하기 위한 것일 수 있고, 본보기를 보여주기 위한 것일 수 있다. 자살의 동기는 고귀한 것이든 비극적인 것이든 이와 같이 수도 없이 다양하

---

143) 참조: K. Barth, *Dogm.XVI*, pp. 88–98. N. Tétaz, *Le Suicide*, 1970. G. Ras, *Ce soir je me suicide*, 1971.

지만, 그 모두가 다 자기 자신을 우주의 중심에 놓고 자기 자신의 뜻에 따라 행하는 것이기에 자유가 없음을 보여주는 것이다. 그러나 어떻게 자살하는 사람을 정죄할 수 있겠는가? 예수 그리스도 안에서 자유를 얻지 못한 까닭에 스스로 자신의 죽음의 결정권자임을 자처하는 사람을 어떻게 비난할 수 있겠는가? 그는 평생에 걸쳐서 자신이 삶의 주인임을 자처한 사람이 아닌가? 이 모든 말은 다 같은 것이다. 그에게는 살아야 할 죄도 없지만 죽어야 할 죄도 없다. 오히려 삶의 고통과 죽음의 고통은 기꺼이 죽음을 맞이한 십자가의 예수에 의해 모두 다 수용되었고, 그래서 하나님의 사랑 안에 들어간다.

그런데 하나님을 믿는 사람의 경우 문제는 달라진다. 인간에게 은총을 내리는 하나님 앞에서 자살은 무슨 논리로도 변명하거나 정당화할 수 없는 불순종의 반역이다. 칼 바르트는 말한다. "하나님 앞에서 자유는 스스로 자살하는 자유가 아니다." 또한 자살은 결코 그 자체가 하나의 독립적인 행위가 아니고, 분명히 인지하고 있는 예수 그리스도의 하나님과의 관계 안에서 행하는 것이다. 자살은 자신이 예수 그리스도에 의해 자유롭게 해방되지 않은 사실을 드러내는 행위이다. 왜냐하면 자유롭게 해방되는 것은 절망, 광적인 열정, 대의에 대한 집착, 명백한 증인이 되고자 하는 강력한 의지, 절대 가치에 대한 복종 등으로부터 해방되는 것이기 때문이다. 그러나 내가 자유롭지 않다는 사실을 입증하는 가장 큰 증거는 일상적인 삶에서 나타나는 나의 모든 행위들이 확인시켜주는 것이다. 물론 신앙 가운데서도 자살은 가능하다. 자살이 하나님의 영광과 이웃 사랑 속에서 행해질 수 있는 것이라면, 왜 아니겠는가? 그러나 그와 같은 일은 정말 어려울 것 같다. 왜냐하면 자기 자신에 대한 초연한 태도는, 그리스도인의 자유를 입증하는 것으로서, 나로 하여금 자신의 행위에 그렇게 큰 중요성을 둘 수 없게 하기 때문이다. 타인들에 대한 사랑과 겸손을 통해서, 하나님 앞에서 나 자신은 아무 존재도 아니지만 하나님이 타인들과 같이 바로 이 아무 존재도 아닌 존재를 사랑한다는 사실을 알아가게 된다.

자살의 진정한 문제는 자살을 한 사람이 아니라 그 사람을 알거나 주변에 있던 그리스도인들과 관련된 것이다. 내 주변에서 일어난 모든 자살은 나에게 한 사람이 완전히 절망한 가운데, 우상화한 가치나 고독이나 고통의 심연 속에서 죽었다는 사실을 알려줄 뿐이다. 나는 그 사람에게 은총과 해방과 구원과 부활의 약속을 전해줄 수 없었고, 그에게 소망을 불러일으켜서 자유의 길로 나가가게 할 수 없었다. 그런데 어떻게 내가 그를 판단할 수 있단 말인가? 이 길에는 오직 '완전한 순종, 아니면 완전한 불순종'이 있을 뿐이다. 다시 말해서 두려움과 염려가 없이 살아가는 자유는 분명히 실제 삶으로 구현되어야 하는 것이다. 자유와 굴종 사이에 중간은 존재하지 않는다.

3) 미래와 장래

육신에 대한 자유의 관점에서 미래에 대한 자유의 문제를 보고자 한다. 이미 앞에서 본 바와 같이, 이것은 그리스도에 의해 자유롭게 된 사람은 무한정 흘러가는 시간으로서의 미래에 그치지 않고 진정한 장래를 얻게 된다는 사실에 부합한다. 그러나 이 자유는 우리의 과거와도 관계가 있다. 우리는 그리스도의 중재에 의해 과거로부터 해방되었다. 물론 이것은 신학적인 진리의 측면에서 보면 아주 단순하고 또 잘 알려져 있다. 과거는 우리의 허물과 죄로 구성되어 있다. 십자가에서 나는 용서와 대속을 받았다. 하나님은 더 이상 나의 죄악들을 셈하지 않고, 나의 허물을 기억하지 않는다. 그것들이 다 지워졌기에, 나의 과거도 지워졌다. 그러나 나는 함축된 윤리적 의미들을 인지하지 않고서 신학적인 이론을 펼 수 없다고 생각한다. 이것은 우선적으로 과거의 죄에 대한 죄책감, 콤플렉스, 죄의식 등등 그 심리적인 양상들을 포함할 수 있다. 나는 명확하게 윤리적이 아닌 영역은 깊이 다루지 않고, 그냥 알리기만 하고 넘어갈 것이다. 더욱이 이 문제들은 자주 연구되었던 주제들이다. 그러나 내가 보기에 용서의 선포는 더 가까이 살펴보아야 할 것 같다. 용서의 선포는 내 삶을 용서받은 죄의 과거와 은총의 장래로 양분하지 않는다. 나는 '죄인인 동시에 의인'이다. 여하튼 더 나아가서, 용서의 선포는 과거의 삭제와 폐기를 전제로 하지 않는다. 왜냐하면 전체가 다 죄의 역사로 이루어진 과거가 완전히 삭제된다는 것은 곧 내 존재 전체가 폐기된다는 걸 뜻하기 때문이다.

결국 내 삶의 시간은 의미 없는 아무 것도 아닌 무無가 된다. 마지막 때에 내가 부활함에도 불구하고 말이다. 하나님의 사랑이 용서 가운데 나의 존재가 무로 변화하는 걸 뜻할 수는 없다. 나의 죄를 지우는 것은 나의 과거를 지우는 것을 뜻하는 것이 아니다. 내가 자유롭게 되고 나의 과거로부터 해방된 것은 모든 것이 사라졌기 때문이 아니다. 정반대로 아무 것도 사라지지 않았다. 과거의 시간은 끝나버린 시간이 아니고, 하나님이 거두어들인 시간이다. 하나님은 과거를 취하고 수용하며 맡아서 간수하여 그리스도 안에서 총괄한다.

다행스럽게도 나의 과거는 더 이상 나에게 속하지 않는다. 그러나 나의 과거는 없어지지 않고, 하나님의 손에 들어간다. 하나님의 손에서 내 삶의 전부가 조금씩 축적되어 진리를 구성한다. 이와 같이, 내 무의식의 지옥이 아니라 하나님의 거룩함 가운데, 내 과거가 존재한다. 인간의 지혜는 "우리의 행위가 우리를 따라 다닌다"고 말한다. 우리가 한 일을 우리가 결코 다시 고칠 수 없다는 것은 확실하다. 그러나 이것은 하나님은 안에서, 하나님의 계시에 따르면, 완전히 잘못된 것이다. 내 삶의 단계마다 걸음걸음마다 하나님의 손은 내 행위들을 취하여 수용하고 구원하면서 또한 불로 단련한다. 나는 죄 속에서 내 삶을 구성해 가는데 하나님은 죄를 배제하여 내 삶을 재구성한다. 그래서 내가 아무 것도 할 수 없는 나의 과거 때문에 나를 고문할 필요가 없다. 내가 어느 시점에서 했던 것을 두고두고 무한정 회개할 필요가 없다. 그렇다고 해서 그것이 그 모든 것을 가볍게 여기고, 내 이웃에게 한 악행과 내 모든 죄를 다 잊어버려도 된다는 말은 물론 아니다. 만약에 내가 그런 것을 가볍게 여기고 쉽게 생각하면서 하나님이 치러야 한 대가를 경시한다면, 그것은 나를 위해 하나님이 행한 일을 내가 전혀 이해하지 못했고, 또 믿지 않는다는 사실을 의미한다. 나는 은총과 용서를 아무 것도 아닌 것으로 만들어서, 앞에서 이미 말한 모든 것이 내게는 해당되지 않게 된다.

짓누르는 과거의 무게와 그 영적이고 심리적인 영향으로부터 내가 자유롭게 된 것은 참으로 은총에 의한 것이다. 나는 정말 자유롭게 된 것이다. 하나님은 새로운 피조물로, 다시 갱생할 수 있는 사람으로 나를 끊임없이 새롭게 재창조한다. 이것은 경건의 태도나 감사행위만을 가리키지 않는다. 이것은 또한 중요한 윤리적 결과를 함축한다. 우리가 지금까지 말한 모든 것이 "나는 뒤에 있는 것은 잊어버리고, 앞에 있는 것을 향하여 몸을 내밀면서… 달려가노라"빌4:13-14라는 구절에 잘 요약되어 있다. 이것은 과거로부터의 자유는 내게는 미래로의 투기를 의미한다는 걸 뜻한다. 내가 어제 했던 악행으로부터 해방되었고, 어제의 내가 주 하나님의 손에 거두어졌기 때문에, 나는 앞으로 달려갈 수 있다. 그리스도인은 과거의 사람일 수가 없다. 그는 앞에서 오는 주 하나님을 만나기 위해 앞으로 나아갈 수밖에 없다. 이것은 아주 구체적으로 나타난다.

출애굽기 18장에 나오는 이드로의 이야기는 아주 의미 있게 보인다. 이방인인 미디안 사람 이드로는 야훼가 유일한 하나님임을 사실로 인정했다. 그는 하나님의 역사를 인정하고 영원한 하나님을 찬양했다. 그는 모세에게 가르침을 줄 수도 있는 사람이기에 이스라엘 백성의 조직을 구성했다. 그는 이스라엘 백성과 모세를 가르쳤다. 그러나 그는 이스라엘이 나아갈 여정에 함께 하는 것을 거절했다. "이드로는 자기 땅으로 돌아갔다."출18:27 그는 자신의 고국과 조상의 신들에 집착하여 결국 자신의 과거에 매달렸다. 하나님이 행했던 일과 또 자신이 행한 일을 알았음에도 불구하고, 그는 뒤로 되돌아갔다. 그는 정착하고, 약속의 땅으로 나아가지 않았다. 그는 약속을 붙잡지 않고 과거의 사람으로 남았다. 이와 같이 우리 자신도, 국가적인 것이든 위그노 조상의 것이든, 우리의 공동의 과거에 집착해서, 하나님이 인도하는 길로 과감하게 나아가지 않고 끊임없이 뒤로 되돌아간다. 다시 말하지만, 이것은 물론 과거가 중요하지 않다는 말이 아니다. 과거는 중요하고 하나님은 과거를 수용한다. 그러나 한마디로 요약하자면 과거는 더 이상 우리의 일이 아닌 것이다.

우리는 더 이상 과거에 의해 조건 지어지고 결정되어지지 않는다. 과거에서 비롯되는 필연성은 제거된다. 우리는 자유롭게 되었다. 물론 우리는 과거를 고려해야 하고, 거기서 교훈을 얻어야 하며, 우리의 출발점으로 "이스라엘아 기억하라" 기억해야 한다. 그러나 이집트에서 해방되어 떠나기 위해서, 이스라엘은 홍해 바닷가에 머물러서 뒤를 돌아보지 않았다. 이스라엘은 끊임없이 하나님에 의해 변화된 자신의 과거를 회상하면서, 약속의 땅을 향하여 나아가야 했다.

여기서 정확히 해야 할 것이 또 하나 있다. 우리가 말하는 장래는 진보가 아니다. 이 모든 것은 결코 어제는 앞으로 올 내일보다 덜 좋았다는 뜻이 아니다. 장래의 사람이 된다는 것은 진보를 믿고, 인간사회의 혹은 개인의 삶의 역사적인 미래와 이 장래를 혼동하는 걸 의미하지 않는다. 왜냐하면 앞으로 달려간다는 사도 바울의 말은 목표를 향해서, 예수 그리스도 안에서 하나님의 소명을 이루기 위해서 간다는 뜻이기 때문이다. 이스라엘이 여정을 시작한 것은 역사를 이루기 위한 것이 아니라 약속의 땅에 들어가기 위한 것이다. 그 말은 미래에 속하여 중요성이 없는 정치적 경제적인 인간의 활동과 영적인 목표를 구분한다는 뜻이 아니다. 그런 구분은 내가 이제까지 글로 썼고 또 생각해 왔던 모든 것과 정반대가 된다.

그러나 많은 철학자들이 생각하는 것과는 반대로 역사는 단지 과거일 뿐이라는 점을 깨달아야 한다. 그리스도인인 나에게 이 역사는 나의 문화적인 맥락 속에서 하나님의 은총과 자유를 경험한 것으로 구성된 것이다. 이것은 완전히 뒤섞는 것이다. 이것은 개인적인 삶에서와 같이 은총과 신앙을 나의 심리학적이고 생물학적인 존재와 완전히 뒤섞는 것이다. 거기서 은총과 신앙이 내 일을 성취하는 데 개입된다. 나는 바로 그런 과거와 그런 역사로부터 자유롭게 해방된 것이다. 나는 더 이상 조건 지어지거나 결정되어 있지 않다. 그 목적은 내가 사는 세계에 다시 은총과 자유가 개입되고 삽입되고 주입될 수 있고, 미래를 장래로 변화시킬 수 있게 하는 것이다. 그러나 이것은 그 장래가 사회 조직이 아니라 하나님의 나라라는 점을 내가 아주 엄격하게 지킬 때만 가능한 일이 된다. 이 장래는 직업적인 좋은 성과나, 보다 나은 생활수준의 성취가 아니고, 나의 구원이 된다. 바꾸어 말해서, 역사는 과거를 위해서만 존재한다. 그리스도인으로서 우리는 은총에 의해 그 역사로부터 구원되었다. 우리는 역사를 만들기 위해서 미래로 나아가지 않는다. 우리가 미래로 나아가는 것은 과거에 기인해서 미래를 낳는 필연성을 거스르고 자유의 활동이 일어나게 하기 위한 것이다. 그래서 장래에 투기하여 앞으로 달리면서 내가 지향하는 것은 사회적, 정치적 구현이나 진보가 아니다. 내가 사회적 정치적 문화적 맥락에서 나타내야 하는 것은 바로 하나님의 나라이며 또한 나는 그 나라를 향하여 나아간다. 이것은 하나님이 언제나 새롭게 주는 소명에 개인적으로 기꺼이 응답하기 위해서, 나 자신으로부터 자유롭게 된 은총을 표명하는 것과 같은 것이다.

4) 행한 일

자기 자신으로부터의 자유에서 내가 강조하고 싶은 마지막 측면은 '자신이 스스로 행한 일'에 대한 자유이다. 물론 성서가 '인간이 스스로 행한 일'을 거론할 때, 우리는 그것을 아주 구체적인 의미에서 이해해야 한다. 모든 것을 영적으로 해석하여 도덕적이거나 영적인 일로 생각하지 말아야 한다. 성서 본문이 명시하지 않은 채로 '인간이 행한 일들'을 언급할 때, 그것은 너무나 자주 우리가 오해하듯이 도덕적인 일이 아니라, 총체적인 삶의 현실을 지칭하는 것이라고 나는 생각한다. 문제가 명백한 '율법적인 일'일 때에만 사정은 달라진다. 아무튼 인간이 행한 일은 언제나 인간의 노력과 관련된다. 성서적으로 인간이 행한 일은 하나님에게 완전히 긍정적인 의미와 가치를 지닌다는 사실을 곧 알게 될 것이다. 그러나 이것은 배타적인 것은 아니다. 왜냐하면 인간이 행한 일은 부정적이 될 수도 있으며, 전혀 보장할 수도 없기 때문이다. 죄를 저지르는 죄인인 인간이 구원받고 용서받은 인간이 되어서 그 행위가 선한 것으로 바뀌는 변화는 너무도 자주 당연시 되지만 존재하지 않는다.

사실 인간이 행한 일은 사회적인 맥락 가운데 구체적인 의미를 가질 때에만 가치를 지닌다. 그러나 이것은 또 언제나 파괴적인 것일 수 있다. 인간이 자신의 전 존재를 그 일에 헌신하고, 그 일을 자신보다 더 높게 보고, 그 일을 '꿇어 엎드려' 찬양할 때 그 일은 파괴적인 것이 된다. 구약에는 다음과 같은 표현들이 나온다. "그들은 제 손으로 만든 것과 제 손가락으로 만든 것에 꿇어 엎드린다."사2:8 여기서 우상의 정체는 아무런 의미의 변화도 주지 못한다. 우상화된 것은 인간의 행위의 산물이다. 하박국은 우리에게 정확히 밝혀준다. "그가 낚시로 모두 낚으며, 그물로 잡으며, 투망으로 끌어 모으고는, 기뻐하고 즐거워한다. 그물 덕분에 소득이 풍부하고 먹을 것이 풍성하게 되었기에, 그는 그물에 제사하고 투망 앞에 분향한다."합1:14-16 또한 신명기는 전한다. "이 재물은 내 능력과 내 손의 힘으로 모은 것이다."신8:17 "그들이 그들의 손으로 한 일로 나를 분노하게 한다"는 구절이 자주 반복되는 이유는 바로 자신의 손으로 행한 일에 대한 인간의 이러한 태도에 있다. 하나님을 진노하게 하는 것은 그 일의 물질적인 실재 혹은 그 사실에 있지 않고, 인간이 자신의 일에 대해 가지는 태도에 있다.

우리가 주목할 것은 물론 이 태도 자체가 아니라 그 의미이다. 다시 말해서 오늘날 우리는 더 이상 육체적인 의미에서 엎드리지 않는다. 우리는 비행기 앞에서 무릎을 꿇지 않고 기도를 올리지 않는다.144) 물론 우리는 텔레비전 수상기나 컴퓨터 앞에 향을 피우지는 않는다. 그러나 이런 외적인 형식들이 나타내는 기본적 태도는 바뀌지 않았다. 한편으로 그것은 우리 손이 행한 일을 가치로 전환시키는 것이다. 다른 한편으로 그것은 우리 손으로 행한 일에 구원을 위한 가치를 부여하는 것이다. 첫 번째 사항에 관한 현상은 잘 알려져 있다. 순전히 물질적이고 또 물질적인 결과를 도출하는 인간의 일145)을 인간은 확고한 가치로 전환시킨다. 즉, 그 확고한 가치는 선과 악의 기준이고, 삶에 의미를 주는 목표요, 살아가는데 대체불가능한 필수적인 요인이다.

우리 손으로 행한 일은 우리의 삶을 정당화시키는 것이고, 삶에 의미를 부여하는 것이 된다. 인간이 행한 일이 단순하게 유용하고 효과적인

---

144) ▲나는 탑승객이 실제로 비행기에게 기도를 올리지 않는다는 점에 대해서 완전히 확신하지는 않는다. 이것을 실토하기 위해서 나는 용기가 필요했다.
145) ▲이것은 무시할 수 없는 것으로 한정된 분야에 있어서 '기술적 진보'의 가치는 이론의 여지가 없다.

것으로서 조촐히 그 자리를 지키는 대신에 진리와 정의와 자유의 의미를 가지는 것이 된다. 인간이 행한 일 자체가 진리요 정의요 자유가 된다. 아주 정확히 말해서 우리는 그 일에 하나님에게 속한 가치를 부여하고, 그 일에서 얻은 물질적인 부에 대한 대가로 영적인 가치를 부여한다. 이는 또한 생활수준의 향상과 생산성을 이상화하고, 음식 문제를 최우선시하고, 정치에 의해 행복과 정의를 실현하고, 기술의 진보에 의해 인류를 구원하는 등의 신념들로 자리 잡는다. 이 모든 것들은 서로 조합해야만 구체적인 의미를 갖게 된다. 일정한 생활수준 밑으로는 어떤 도덕도 성립할 수 없다. 인간은 아직 선사시대를 살고 있었다. 그런데 기술을 발달시킨 덕분에 인간은 성년에 이르렀다. 인간은 물질적인 삶이 향상됨에 따라서 영적인 삶도 발전하는 것을 보게 될 것이다. 물론 거기에 대한 대가도 따른다. 현대에 인간의 손으로 행하는 순전히 물질적인 일을 비난하는 사람은 신성모독의 죄를 저지른 것이고 혼란을 불러일으켜 가치체계를 파괴한다. 그런 사람의 문제 제기를 용인할 수 없는 사람들의 분노는 우리의 손으로 한 일에 대한 그들의 종교적인 태도와 숭배로 나타난다.

더 나아가서 사람들은 인간이 행한 일에 구원의 가치를 부여한다. 인류는 인간의 일에 의해 스스로 구원을 받게 될 것이다. 혹은 인간이 행한 일은 마르크스주의를 통하여 인간으로 하여금 자기 자신과, 타인들과 자연과 화해하게 한다. 혹은 테야르 드샤르댕에 따르면, 인간의 행위는 인류가 '오메가 포인트'로 수렴하도록 변화하게 한다. 우리 손으로 한 일은 이와 같이 인간이 하나님이 아니라 자기 자신을 숭배하게 될 위험을 언제나 함유하고 있다. 인간이 행한 일은 우리 자신에게서 나온 것이다. 이것은 우리 자신을 대상화하고, 분리시킨다. 우리는 포이어바흐가 하나님을 분석한 것과 같이 이 일을 분석할 수 있다. 인간이 행한 일에 대한 숭배를 통하여 결국 우리는 우리 자신을 숭배하는 것이다. 우리는 경배를 우리에게 돌린다. 왜냐하면 우리는 우리 자신을 언제나 하나님으로 간주하기 때문이다. 우리는 아담의 행위를 재현한다. 우리의 사랑과 소망과 진리의 진정한 대상은 기술의 창조요 제작자이다. 이사야와 하박국의 말씀들은 이와 같이 항상 유효한 의미를 가진다. 그러나 또한 바로 그런 의미에서 그리스도 안에서의 자유는 우리를 자유롭게 하는 것이다. 왜냐하면 자유롭게 하는 그리스도의 개입이 없이는, 우리는 모두 다 언제나 우리 자신의 일을 경배하는 데 갇혀 있게 된다.

　우리는 어떤 비판으로도 어떤 철학으로도 거기서 벗어날 수 없다. 우리는 언제나 종교적인 태도로 우리가 우리 손으로 만든 것을 대하려 한다. 이것은 우리가 그리스도 안에서의 자유에서 떠나 소외의 극치에 다다른 것이다. 이 모든 것은 다시 원래대로 될 수 있다. 이것은 한마디로 사물들이다. 이것들은 아름다운 것, 유용한 것, 즐거운 것, 지적인 것 등등으로 있는 그대로 취급될 것이고, 우리의 숭배나 우리의 사랑을 받을 만한 가치는 전혀 없다. 오직 그리스도를 통해 자유롭게 해방될 때 비로소 우리는 결코 파괴적이지 않고 단지 정직하게 현실을 바라보게 된다. 이 현실적 상대주의를 통해서 우리는 부정적이지 않고 단지 조화를 존중하게 된다. 이 현실적 회의주의를 통해서, 우리는 불신과는 정반대로 그리스도를 향한 신앙에 이른다. 그리스도 안에서의 자유는 이런 결과를 낳을 수 있다. 나는 이것이 이루어졌다고는 보지 않는다. 우리 손으로 행한 일에 대한 우리의 태도는 인간이 처한 상황에 갑작스런 변화가 일어나듯이 바뀌는 것이 전혀 아니다. 그리스도 안에서의 자유는 우리를 참된 자유로 인도한다. 다시 말해서 우리가 우리 손으로 행한 일에 대한 우리의 태도를 선택하고 결정하는 것이다. 우리는 인간이 행한 일을 다시금 숭배할 수도 있다. 그러나 우리는 또한 다르게 살아갈 수도 있다. 이와 같이 그리스도를 통한 자유는 단순히 결정되어지고 단순히 결정하는 것과 달리 할 수 있는 가능성을 열어주는 것이다. 그러나 이 가능성은 반드시 자기 자신에 대한 거리두기와 또하나의 자아를 필요로 한다. 왜냐하면 이 가능성은 바리새인을 대적하면서 그리스도가 스스로 일깨운 비판적인 의식을 피해갈 수 없기 때문이다.

2. 권세들에 대한 자유[146)

그리스도 안에서의 자유는 육신에 대한 자유에 이어서 권세들에 대한 자유이다. 먼저 여기서 함께 양해해야 할 점이 있다. 성서는 어떤 의미에서 인간과 동일시되는 육신과는 구분할 수 있는, 인간을 굴종시키는 힘들을 우리에게 말한다. 그러나 권세들은 성서가 옳건 그르건 간에 신화적이거나 사실적으로 인격화한 권세들과 같이 단지 사악하고 반역적이기만 한 것은 아니다. 이 권세라는 용어는 아주 넓은 의미로 보아야 한다. 왜냐하면 율법이나 종교도 또한 권세들로 묘사되기 때문이다.

1) 율법

율법에 대한 자유는 하나의 권세에 대한 자유이다. 이미 여러 차례 본 바와 같이 인간이 하나님에 대한 반역으로 자유를 취할 때, 인간이 자유를 상실하게 되고, 하나님이 인간과 대화를 회복할 때 인간이 자유를 얻게 되는 반전이 일어난다. 하나님은 인간에게 계명을 내린다. 그러나 인

---

146) "예수 그리스도에 대한 신앙은 모든 신들에 대해 무신론자가 되게 한다."(Cardonnel) 이 훌륭한 문장은 권세들에 대한 자유 전체를 요약한다. 이것은 이제부터 우리 안에서 그리스도가 행하는 첫 번째 일이다. 우리는 이 일을 기점으로 해서 실제로 비신성화, 비신화화, 비신비화를 행하도록 요청을 받았다. 이 점에서 우리가 하나님을 우리의 이미지를 따라 만들었을 때, 그 개념을 비판하고, 내가 수립한 가짜 이미지(하나님이 아니라)를 문제 삼는 것은 마땅하고 합당한 일이다.

간이 늘 되풀이하는 결정적 행위는 이 말씀을 내린 하나님과 이 말씀을 분리시키고, 이 말씀을 독점하여 자신의 말로 만들어버린다. 이것이 아담이 행한 행위로서, 아담은 홀로 계명을 접하고 하나님을 피하여 숨은 가운데 뱀의 영향 하에 계명 자체를 검토한다. 아담은 계명에서 또 다른 효력과 또 다른 의미를 취하여, 마침내 자신의 말로 만들어버린다. 다시 말해서 아담은 스스로 선악을 판단하고자 한다. 하나님과의 관계는 단절되고, 인간은 자신의 유한성을 소외로 변질시킨다. 이 '도식'은 구약에서 개인과 또 택함 받은 민족에 의해 갱신되어 계속 나타난다. 사도 바울은 하나님의 계명이 율법으로 전환된 데서 나오는 모든 결과들을 논한다.

그러나 이것이 이스라엘 민족에게 한정된 단일 사건으로 생각해서는 안 된다. 이것은 모든 인간이 하나님과 갖는 관계와 연관되며, 특히 그리스도인들의 삶과 연관되는 것이다. 언제나 다시 반복해서 ^{서신서의 교훈들} _{과 같이} 예수가 산상수훈에서 선포한 내용에 부합하는 사실이다 우리는 계명과 계명을 내린 존재와 분리시킨다. 이것은 계명이 살아있는 말씀이기를 그친다는 뜻이다. 왜냐하면 계명은 계명을 내린 존재가 살아있는 존재이기에 살아있는 말씀이 되기 때문이다. 이제 이 말씀은 아무라도 할 수 있는 말과 같이 죽은 말이 된다. 또한 이것은 계명이 계명을 내린 하나님에게서 의미와 권능과 권위를 담아올 수 없다는 뜻이다. 하나님이 진리인 까닭에 계명은 인간에게 더 이상 진리가 아니다. 계명은 스스로 그 내용 자체에서 권위를 끌어온다. 인간은 자신의 기준과 자신의 이성에 따라 그 내용을 평가하는 주관자가 된다. 또한 이것은 계명이 하나님이 스스로 계시한 바대로 우리를 위한 존재, 즉 사랑의 하나님이라는 진리를 담아내는 것을 그친다는 뜻이다. 계명을 내린 하나님과 계명을 분리하는 순간부터 계명은 더 이상 사랑의 계명이 아니다. 계명은 필연코 말씀 그 자체,

즉 강제, 의무, 책무가 된다. 그러나 인간이 이같이 분리해서, 계명의 말씀 그 자체만으로 평가할 때, 계명은 인간 자신의 말이 된다.

이때부터 인간은 계명을 자신의 말로 취급한다. 의심의 여지없이 인간은 계명을 자신의 최상의 말로, 자신의 완전한 말로 취급하겠지만 그 말은 인간의 말에 지나지 않는 것이다. 이 점에 주의해야 한다. 왜냐하면 우리가 유대인들과 같이 계명을 하나님의 말씀으로 받아들인다고 명백하게 계속 표명할 때도 이와 같이 될 수 있기 때문이다. 우리가 지적하는 것은 철학적이거나 신학적인 태도가 아니고 본성적이고 무의식적인 것으로서 우리의 깊은 성향이다. 이것은 우리가 하나님의 말씀을 지킨다고 믿고 있을 때도, 작용하는 것이다. 우리가 계명을 입법화하려 할 때마다, 계명을 있는 그대로 그 자체로 인식할 때마다, 계명에 문자적으로 따르려고 할 때마다, 혹은 역으로, 계명을 이미 시효가 지난 것으로 평가하여 쉽게 폐기할 때마다, 계명을 수집하고 종합하여 윤리로 만들 때마다, 하나님 앞에서 우리를 정당화하거나 혹은 하나님의 자리에서 우리를 정죄하기 위해서 계명을 우리의 선악의 틀에 맞출 때마다, 계명을 하나의 실재로 확정 공표하여 고수할 때마다, 계명을 우리 기준으로 재단할 때마다, 우리가 논평이나 토론이나 파기를 목적으로 계명을 점유할 때마다, 이와 같은 일이 우리에게 일어난다.

우리가 잘 알고 또 공유하는 이 모든 태도를 통해서, 우리는 하나님의 계명을 취하여 우리의 말로 만든다. 그럴 때 하나님과의 대화는 끝나게 된다. 우리가 하나님의 말씀을 우리의 말로 만들 때, 우리는 우리 자신과 말하는 것이고, 우리는 거울 속에 반영된 우리의 이미지와 대화하는 것이다. 무의식적으로 우리는 계명과 계명을 내린 하나님을 분리시킨다. 왜냐하면 계명을 내린 하나님은 우리에게 거북하기 때문이다. 하나님은 그 말씀에 담은 의외성과 현실성과 무게를 통하여 우리를 곤란하게 한다. 우리는 그 말씀에 대하여 실행하기보다는 말씀 그 자체로 소유하기를 선호한다. 그 말씀은 이제 안정적이고 더는 변동이 없고 우리가 믿을 수 있고 우리의 가능성을 예측할 수 있는 것이 된다.

충격적인 것은 우리가 말씀을 분리하고 점유하고, 계명을 우리의 율법으로 만들고, 살아있는 말씀을 그냥 하나의 종결된 기록으로 만들 때, 우리는 이 율법에 권세를 실어서 어느 면에서는 우리의 것으로 만들어서, 율법에 권세를 부여한다는 사실이다. 우리는 하나님에게는 부인했던 우리에 대한 권세를 사랑의 권세 우리에게서 나온 것으로서 우리가 만든 것인 율법에 양도했다. 그러나 이 권세는 우리에게 부과되는 심판을 맡은 냉혹한 법적·도덕적 권세이다. 우리는 율법을 사망의 법으로 만들었다. 그런데 우리의 의도는 율법을 이렇게 만들려 했던 것이 아니었다고 한다. 이것은 훨씬 더 심각한 것이기에 우리는 꼼짝 못하게 된다. 이 율법은 하나님이 준 것이었다. 율법은 하나님이 부여한 권세를 가진다. 율법은 하찮은 물건과 같이 우리 수중에 있는 하나의 물건이 될 수 없다. 율법은 생명의 말씀이었다. 율법은 단순한 소설적인 말이 될 수 없다. 이것은 사망의 원인이 된다.롬7:7-13 율법은 우리에 대한 권세[147]가 되어, 우리를 강제하고, 구속하면서, 언제나 하나님으로부터 더 멀어지게 한다. 이것이 구약이 우리에게 모세오경에 대한 예찬과 기록된 문자의 일점일획에 대한 찬양과 열광적인 복종 등을 묘사하면서 우리에게 밝혀주고자 하는 것이다. 이것은 하나님의 아들과 대립하여 하나님의 죽음까지 불

---

147) 말레는 율법이 진정 권세라는 사실을 정말 적절하게 밝혀준다(André Malet, *Mythos et Logos*, 1962, p. 208). 그에 따르면 율법에 대한 사도 바울의 비판은 사람들이 율법을 실천할 수 없어서 인간의 무력함과 무능함을 드러내기 때문에 율법이 죄의 계기가 된다는 말이 아니다. 그게 전혀 아니라는 것이다. 사도 바울에게, 율법이 죄의 계기가 되는 것은 "율법의 완전한 실천인 바, 그 까닭은 그것이 은총을 부인하는 가장 사악한 방식으로서 가장 큰 죄가 되기 때문이다." 자유가 없이 육신을 따라 사는 것은 "우선적으로 하나님 앞에서 가치를 인정받기 위한 희망에서 율법을 열심히 실천하는 것이다." 그렇게 해서 율법은 비극을 부르는 권세가 된다. 그러나 자유를 거부함으로써 율법을 권세로 만드는 것은 바로 인간이다.

러오는 것이다. 성부 하나님과의 대화가 성립될 수 없도록 계명을 약화시키고, 또 계명을 우리의 말로 만들어서 살아있는 하나님과의 사랑의 관계를 단절시킬 때, 우리 자신만이 고갈되고 스스로의 세계 안에 갇혀 단절되는 것이 아니다. 우리는 하나님에게도 타격을 입힌다. 하나님은 오직 사랑을 원하기에, 우리가 사랑을 거부함으로써 우리는 '하나님의 죽음'을 초래하는 것이다.

율법은 말씀과 법의 형태나 도덕의 형태로 우리의 삶에 끼어든다. 율법은 억압과 고통을 주는 권세가 되어 우리로 하여금 언제나 하나님으로부터 멀어지게 한다. 율법은 우리로 하여금 악에 이끌리게 하고, 선을 허무하고 메마르게 한다. 율법은 의무가 되어 세상의 도덕과 유사하게 되지만 훨씬 더 엄격하다. 왜냐하면 율법은 그 자체가 하나의 권세인데 반해서 도덕은 그렇지 않기 때문이다. 율법은 우리의 삶을 지배한다. 인간은 안식일을 위해 지어졌다. 한편으로 율법을 이렇게 만든 것은 인간이지만, 율법이 인간보다 높은 데서 비롯된 것이기에 이런 일이 일어난 것이다. 그래서 율법은 노예적 예속을 초래하는 원인이 된다. 크레스피는 이 점을 규명한다.[148] "율법은 인간의 본성에 상응한다... 그렇기 때문에 율법이 계속 존재한다. 그러나 또한 그렇기 때문에 '율법의 불행'이 존재한다. 유대교의 계명들을 공박할 때, 예수는 인간을 노예화하는 모든 것에 관심을 기울이는 해방자로 행동한다. 율법은 인간을 위해 만들어졌다. 사람들은 인간이 율법에 복종함으로써 구원과 자유를 얻으리라는 희망으로 인간이 율법을 위해 살게 했다. 사실상 사람들은 또 하나의 새로운 노예제를 만들었다. 이것은 어떤 점에서 보면 아주 잘 포장된 것이었다. 왜냐하면, 율법 아래에 인간을 굴복시킬 때조차, 실제 사실과는 반대로 사람들은 인간으로 하여금 하나님을 기쁘게 하여 하나님의 진

---

148) G. Crespy, *Une morale pour les chrétiens*, Christ. Social, 1957, p. 833 이하 참조.

노를 피하는 방도가 주어졌다는 희망을 갖게 했기 때문이다." 그러나 여기서 이 문제의 '사람들'이 그런 힘을 가지게 된 것은 율법이, 권세를 소유한 것에 그치지 않고, 권세가 되고 권위가 되어버린 사실 덕분이다. 그점에 대해서 크레스피는 설명을 이어간다. "우리는 외적인 율법에 대해 우리 스스로 반복적으로 만족해하면서, 율법이 수립하는 편리한 질서에 따라, 나태나 거짓 위안을 통해, 우리의 자유를 상실할 위험에 늘 처해 있다. 우리는 자유를 계명에 대한 무조건적인 복종의 틀에 다시 집어넣는 유혹을 늘 받고 있다. 그렇게 되면 계명은 우리의 자유를 대체하여 우리의 도덕적인 실존을 떠맡는다."

그러나 율법이 권세인 까닭에[149], 우리에 대한 율법의 권위는 우리의 실행 능력을 훌쩍 뛰어넘는다. 우리는 절대적으로 우리 스스로 우리 자신을 자유롭게 할 수 없다. 순전히 부정적인 태도는 율법에서 조금도 벗어날 수 없게 할 뿐이다. 율법이 하나님의 말씀이라는 점을 부정하는 것은 이 율법을 노예화하는 권세로 변질시키는 것이다. 율법의 내용이 어떤 가치를 지닌다는 점을 부정하는 것은 '서론'에서 기술한 바와 같이 인간을 선악의 의무라는 틀에 가두어버리는 것이다. 결국 이 율법에서 자유롭게 되었다고 주장하던 사람들이 훨씬 더 노예적인 도덕을 _{반도덕주의도 동일하게 노예적이다} 만들면서, 율법을 그 중심 내용으로 삼았다는 것은 정말 이상야릇한 일이다.[150] 이상하고도 신기하게, 인간은 자신을 노예화하는 이 권세에서 자유롭게 벗어나지 못한다.

---

149) 나는 골로새서의 구절에서 이에 대한 확증을 발견한다. "우리를 거스르고 불리하게 하는 법조문으로 쓴 증서를 지우시고 제하여 십자가에 못 박으시고, 통치자들과 권위자들을 무력화하여 드러내어 구경거리로 삼으시고 십자가로 그들을 이기셨느니라."(골 2:14-15) 우리는 특히 이 구절을 통해서 사도 바울이 율법을 전적으로 통치자들과 권위자들과 동일시한다는 점을 발견한다.

150) ▲그들 중에 볼테르의 부르주아 계층이 있고, 이어서 소비에트의 신부르주아 계층이 있다.

본회퍼는 아주 정확하게 지적한다.[151] 율법에 대한 예수의 태도는 바리새인들의 태도와 완전히 반대이다. 그들은 전혀 다른 차원에서 율법을 말한다. 이것은 그들의 궤변에 대한 예수의 부정에서 드러나고, 또 그들이 제시한 양심의 문제에 예수는 전혀 말려들지 않는다는 사실에서 나타난다. 바리새인들은 율법으로 예수를 대립적 상황에 빠지게 하려 했다. 그러나 율법에 대한 예수의 자유는 예수로 하여금 그런 상황을 근본적으로 부정하고 벗어나게 한다. 그러나 더 나아가서, 권세로서의 율법에 대한 자유는 선 자체에 대한 자유를 유도한다. 이런 점에 대해서 본회퍼는 또다시 훌륭하게 지적하고 있다. "예수는 선을 베푸는 사람에게 자신의 선행을 의식하지 말라고 한다." 선은 이루어야 할 가치나 쟁취해야 할 결과가 아니다. 인간은 선을 행하려는 욕구를 가지지 말아야 한다. 그런 것은 선의 결정과 타락의 메커니즘에 속하는 것이다. "인간은 더 이상 선을 알려고 하지 말아야 한다." 인간이 권세로서의 율법에서, 즉 선행에 대한 의무에서 자유롭게 되려면, 선을 알려고 하지 말아야 한다. 왜냐하면 선을 알려고 하는 것은 예수가 우리를 해방시킨 대립적 상황 속으로 들어가는 것이기 때문이다.

우리가 권세로서의 율법으로부터 자유롭게 되는 것은 우리가 자유로운 존재가 될 때이다. 주의할 것은 이 말은 율법의 권세가 무너짐으로써 우리가 자유로운 존재가 된다는 뜻이 아니다. 오히려 반대이다. 해방자인 그리스도는 우리를 자유롭게 해방시켜서 자유로운 존재가 되게 한다. 그래서 우리는 권세로부터 자유롭게 된다. 그 차이는 무엇인가? 그것은 우리가 자유롭게 되는 것은 율법의 무력화에 있지 않다는 것이다. 우리가 자유롭게 되었기에, 우리는 하나님에게 응답하는 존재가 된다. 하나님과 인간의 대화가 재개되고 교제가 다시 시작된다. 내가 그리스

---

151) Bonhoeffer, *Ethique*, pp. 10-19.

도 안에서 그리스도를 통하여 살아있기 때문에 하나님은 나 자신에게 다시 살아있는 하나님으로 존재한다. 말씀은 나에게 다시 하나님의 말씀이 된다. 하나님을 위한 나의 자유가 나의 말을 참된 인간의 말의 근원인 기도가 되게 할 때, 나의 말은 다시 진실하게 된다. 대화가 재개될 때, 하나님은 예전에 주었던 율법을 회복시킨다. 하나님은 율법을 당신의 말씀으로 회복시켜서 우리에게 다시 부여한다. 하나님은 율법을 살아있는 계명으로 다시 전환시킨다. 율법이 살아있는 계명이 되는 것은 예수가 율법을 실천하고 완성한 덕분이다.

율법이 해방자인 그리스도의 생명의 법이 되었기에, 이제 이 율법은 더 이상 속박이나 강요나 당위가 되지도 않고 될 수도 없다. 계명은 해방자의 생명이 담겨있기 때문에, 해방자인 그리스도가 부활했듯이 계명은 살아있고 실재한다. 그래서 율법은 제거되거나 과거의 것으로 버려지거나 폐기되지 않았다. 반대로 율법은 하나님의 말씀이다. 율법이 우리의 자유의 법이 되는 까닭에 율법은 전환된 것이다.[152] 이 점에 대해서도 우리는 크레스피의 탁월한 설명을 발견한다. "율법이 그리스도의 법이 된다면, 그것은 율법이 더 이상 구원의 수단이 아니고 이미 얻은 구원 안에서 순종을 향한 안내자가 되기 때문이다…. 오직 자유만이 율법을 받아들이고 율법에 가치를 부여한다. 그렇기 때문에, 루터가 강조했다시피, 율법에 의해 안내되고 정해지는 그리스도의 순종은 오직 자유로부터 나올 수밖에 없는 것이다."

우리가 자유롭게 되었기에 율법은 율법의 온전한 가치를 지니게 되고, 모든 세부적인 면에서 완전한 타당성과 진리성과 진정성을 갖추게 되고, 영적이고 문화적인 사소한 구분들을 부인한다. 이 율법이 그 자체로는 아무 것도 아닌 것이라기보다 하나님에게서 나온 것인 까닭에 그렇

---

152) 우리는 뒤에 가서 다시 자유의 법에 대해 고찰할 것이다.

게 된다. 하나님이 문화적인 것을 수용한다면, 우리는 문화적인 것을 배격하지 않는다. 우리가 완전히 자유로운 존재이고, 율법에 관해서 그 이상을 희망하거나 기대하지 않으면서 율법을 넘어서는 의미를 부여하지 않는 까닭에, 잘 알려진 바와 같이 '우리를 위한 율법으로의 전환'이 일어나는 것이다. 율법은 고소도 하지 않고, 강제적인 교사 역할도 하지 않는다. 왜냐하면 이제 율법은 인간을 위한 것이기 때문이다. 율법은 자유를 위해 사용되며, 더 이상 자유의 심판자가 아니다. 율법은 더 이상 우리의 삶에 직접적인 권세를 가지지 않는다. 우리는 자유 가운데 율법에서 하나님의 말씀을 알아보고 인정하는 까닭에 율법을 정말 진지하게 대한다.

그러는 가운데 우리는 율법의 어조가 바뀐 것을 알아차린다. 우리의 자유의 율법은 더 이상 부정적이지 않고 더 이상 축소하지도 약화시키지도 가로막지도 강제하지도 않는다. 율법의 부정적인 효과는 권세의 영향 아래 있는 소외된 인간에게나 존재하는 것이다. 권세로서의 율법은 부정적인 효과와 소외를 불러일으킨다. "율법으로 말미암지 않고는 내가 죄를 알지 못하였으니 곧 율법이 탐내지 말라 하지 않았다면 내가 탐심을 알지 못하였을 것이다. 그러나 죄가 기회를 잡아서 계명으로 말미암아 내 속에서 온갖 탐심을 일으켰으니 율법이 없으면 죄는 죽을 것이다…. 생명에 이르게 할 계명이 도리어 나를 죽음으로 인도한다…. 선한 것이 내게 죽음을 가져왔다." 롬7:7-13 율법이 부정적인 효과를 미치는 것은 자유가 없는 노예적 예속상태에 있을 때다. 율법의 부정적인 효과는 죄의 행위를 드러나게 한다. 이것은 하나님이 본성적인 인간의 행위에 대해 내린 부정적 답변이다. 그 이유는 이 말씀이 노예적 예속상태에 있는 인간에 의해 점유된 까닭이다. 자유롭게 해방되는 순간부터 이 율법은 긍정적이 되어, 발명과 창조와 표현을 초래하고 자극하고 촉구하는 원천이 된다. 왜냐하면 살아있는 존재의 생명은 생명을 진작시키기 때문이다.

율법은 동일한 것으로 남아 있을 것이라고 말할 수 있을까? 다시 말해서 부정적인 수많은 계명들이 그런 상태로 계속 남아있게 될 것인가? 우리가 십계명을 읽으면서 노예이건 자유인이건 간에 "너는 살인을 하지 말라"라는 계명은 말 그대로 다 받아들인다. 이것은 부정적인 형태이다. 그러나 바르트, 쿨만 등이 강조했다시피, 여기서 율법의 또 다른 전환을 보아야 한다. 다시 말해서 이것은 두 가지 의미로 볼 수 있다. 하나는 금지의 의미이다. 죄인인 인간에게 율법은 단지 금지명령이다. 그러나 그리스도 안에서 그리스도를 통하여 자유롭게 된 사람에게 율법은 또 다른 의미를 가진다. 그것은 언제나 하나의 한계, 순종의 한계이다. 율법은 자유의 한계를 설정한다.

그러나 율법은 그 이상의 것으로 하나의 약속이기도 하다. 율법은 인간 앞에 장차 그가 어떤 존재가 될 것인가에 대한 하나님의 약속을 내어놓는다. 정확히 말해서 인간이 자유로운 존재이자 하나님과 대화를 재개하는 사람이 될 것이며, 예전에 부정적이었던 것이 개방적인 것이 될 것이다. 인간은 살인의 법과 절도의 법과 불륜의 법에서 자유롭게 해방될 것이라는 주 하나님의 선포와 약속이 인간에게 주어져 있다. 인간 앞에 열려있는 것은 살인을 하지 않을 가능성과 같은 단순한 가능성이 아니고, 훨씬 더 깊은 의미가 있는 것이다. 그것은 인간이 할 수 있는 가능성을 선택하는 것이 아니고, 인간이 실제로 자유로운 존재가 될 것이라는 하나님의 약속이다. 자유로운 존재가 되는 것은 바로 그 약속에 의한 것이다.

자유를 통해 악을 행할 수 있다는 이상하게 왜곡된 견해가 소외를 나타내는 표지 존재한다. 라이트는 『미국의 아들』153)에서 살인의 순간이 인간이 스스로 자유를 느끼는 유일한 시간이라고 선언한다. 마찬가지로 『도둑 일기』154)는 절도행위가 곧 자유라고 기술하고 있다. 불륜이나 마약에 관한 책들은 일일이 다 열거할 수 없다. 왜냐하면 그런 책들이 수를 셀 수 없을 만큼 많기 때문이다. 인간의 뿌리 깊은 성향들이나 습관들에 의해서 소외된 가운데 그런 병적인 경향을 따를 때, 비로소 현대인이 자유를 느낀다는 점은 정말 놀랄 만한 일이다. 물론 나는 사회적 안정이나 부르주아 계층의 도덕과 상반되는 현실을 전적으로 이해한다. 그러나 이것은 정말 피상적인 것이다. 왜냐하면 동성애나 알코올중독은 언제나 존재했던 것으로서 아주 도덕적인 시대의 특별한 산물이 아니기 때문이다.

여기서 우리는 '결정론적 요소들'에 굴복하는 현실을 본다. 사람들은 이것을 자유라고 부른다. 그런데 하나님의 약속은 우리가 그런 소외 현상들로부터 해방되리라는 것이다. 그 현상들이 우리로 하여금 '악행'을 저지르게 하기 때문이 아니라, 소외와 죽음을 불러오기 때문이다. 우리에게 금지되었던 것이 이제는 허용되고, 우리는 지금 바로 이 하나님의 약속 가운데 허용된 것을 행할 수 있다. 이 약속은 허용된 것이 무의미한 결과를 가져오지 않을 거라는 점을 입증하는 것이다. "하나님의 뜻 가운데 계명은 생명의 원천이 된다. 계명은 금지하지 않는다. 계명은 허용한다. 계명은 제한하지 않고 지정한다. 계명은 약화시키지 않고 힘을 북돋운다. 계명은 임무를 맡겨서 자유의 기반을 제공한다. 에덴동산의 선악과를 먹지 말라는 계명은 하나님 앞에서 인간의 실존을 허용하고 지정하고 그 기반을 제공한다. 거기에는 선악을 아는 지식이라는 아주 불안한

---

153) [역주] Richard Wright, *Native Son*(미국의 아들), 1940. 당시 미국 사회에서 일어난 흑인 살인범의 살인 행위의 정당성을 변호하는 소설.

154) [역주] Jean Genet, *Le journal du voleur*(도둑 일기), 1949. 유럽 사회의 밑바닥을 전전한 저자의 자전적인 소설.

양자택일의 상황이 나타내는 간극이 없다. 하나님은 인간이 행하도록 계명을 내린다."[155] 왜냐하면 이 율법에서 명령적인 것은 부정적인 것과 같은 특성을 갖기 때문이다. 인간의 앞날에 약속을 부여하고 닫힌 문을 열어주는 것은 인간을 자유롭게 해방하려는 하나님의 뜻과 동일한 것이다. 그러나 이것은 우리가 말씀을 관계성 안에서 읽을 때만 가능한 것이다. 그 관계성이란 말씀을 한 하나님과 우리와의 관계를 말한다. 그렇게 때문에 크레스피에 따르면, "그리스도는 우리에게 순종할 수 없는 단편적인 율법을 말씀 안에서 제시한다. 이 율법은 결코 우리를 구원할 수 없는 것으로서 우리를 구원하는 구주에게 돌아갈 수밖에 없게 만드는 것이다. 그리스도의 도덕적 요청의 절대성과 그 실행불가능의 특성은 그리스도가 구원의 주라는 사실에 주목하게 한다." 이 율법은 권세이기를 그쳤기 때문에 우리의 자유를 위한 헌장이 된다.

마지막으로 나는 피해야할 심각한 일탈을 하나 지적해야겠다. 이 오류에 의해서 우리는 사도 바울이 전한 교훈을 믿음으로 살아감으로써 율법교사로부터 자유롭게 풀려나는 것으로 해석한다. 은총을 받음으로써 우리는 완전히 율법의 구속으로부터 벗어난다. 우리는 하나의 신분에서 완전히 다른 신분으로 넘어간다. 율법은 지나간 과거의 것으로 폐기되어서 약간의 참조사항으로 사용될 뿐이다. 그런데 문제는 그리 단순하지 않다. 과연 우리는 언제나 분명한 믿음으로 살아갈 수 있고, 삶을 통해서 하나님의 은총을 드러나게 할 수 있을까? 내 생각에 우리는 하나님의 사랑에서 벗어나자마자 율법으로 다시 돌아가고 만다. 우리는 이방인이었던 애초의 상황으로 돌아가는 것이 아니라 문자 그대로 정확히 율법 아래로 다시 돌아간다. 우리에게 전해진 하나님의 말씀이 취소될 수는 없기 때문에, 우리가 이전에 그 말씀을 듣지 않았던 상태대로 지내는

---

155) *Dossier Eglise et Monde*, mai 1965, p. 9.

것은 불가능하다. 그런 까닭에 하나님의 말씀은 우리를 신앙의 자유로 인도하거나, 아니면 엄격한 율법으로 인도한다.

그렇다면 우리가 신앙의 자유 가운데 살고 있는지 어떻게 알 수 있을까? 이것은 "나는 과연 믿음이 있는가?"라고 이것은 잘못된 질문이다 끊임없이 자문하는 식의 불안한 내적 성찰이 아니라, 아주 구체적인 이유인 율법의 지양止揚에 의해 파악할 수 있다. "이전에 그런 말이 있었다… 그러나 나는 너희에게 말한다." "그러나 나는 말한다"로 시작하는 그리스도의 말씀은 더 철저한 엄격성을 띠고 율법을 강화시킨 것이 아니고, 자유를 표현한 것이다. "누구든지 화를 내면", "누구든지 여인을 쳐다보면" 등과 같은 말씀을 율법으로 해석하는 것은 불가능하고 무의미한 엄격주의에 해당하는 것이다. 사실 이 말씀은 우리가 우리 자신으로부터, 음욕과 증오로부터 자유롭게 되었음을 뜻한다. 이것은 우리의 자유를 표현한다. 그러나 유념할 것은 우리가 계속 화를 내고, 여성에게 음욕을 품는다면, 이것은 단순히 우리가 자유롭지 않다는 사실, 즉 우리가 그리스도의 자유의 삶을 살고 있지 않다는 사실을 드러내는 것이다.

우리가 은총 아래 살고 있지 않을 때 다행히도 아직 율법이 존재하는 것은 이것은 하나님의 뜻임에 틀림없다 하나님이 우리를 받아들이고 인도하기 위함이다. 네가 율법 너머의 자유의 삶을 향해 나아가지 않을 것이라면, 자유롭지 않은 가운데 율법을 통해 너에게 전해진 모든 사항을 진실하게 실천하려고 노력할 것을 너는 수락해야 한다. 이것은 신앙의 겸손에 따른 행위가 될 것이고, 자유를 향한 너의 첫걸음이 될 것이다. 자유는 네게 말한다. "가서 네가 가진 것을 다 팔아서 가난한 사람들에게 다 주어라." 네가 그렇게 할 수 없다고? 이런 경우에 긍휼의 율법이 있어서 십일조를 드리는 것도 못지않게 아주 좋은 일이라고 네게 말한다. 이것은 네편에서 하는 정말 아주 작은 자유의 행위가 되고, 또한 보다 더 잘할 수 없는 너의 무능력을 인정하고 하나님의 은총을 구하는 것이 된다.

그리스도인의 삶은 언제나 율법과 자유 사이를 오고가곤 한다. 우리는 자유로 한 걸음 더 나아가다가 율법으로 한 걸음 더 후퇴하곤 한다. 이것은 단지 우리가 아직 자유로운 존재의 절대적인 지복의 상태에 있지 않기 때문이다. 그런데 여기서 우리는 제일 엄격한 심판을 받을 것이다. 왜냐하면 우리는, 너무도 잘 숙지하고 있는 율법에 대한 자유와 은총을 내세워서, 율법을 무시하고 율법의 규범들에 아주 못 미치는 삶을 사는 구실로 삼기 때문이다. 사악한 우리 마음에 따르면, 율법으로부터 자유롭다는 것은 십일조를 할 필요가 없고 십 원짜리 동전을 넣으면 충분하다는 뜻이 된다. 그러면서 나는 십일조는 내 순수한 영성에는 가당치 않은 끔찍한 율법주의라고 규정하는 것이다. 내 탐심으로 보면, 율법으로부터 자유롭다는 것은 내가 가난한 사람을 위해서 내 땅을 휴경지로 두어 놀릴 필요가 없이 악착같이 다 경작할 수 있다는 걸 뜻한다. 내 냉혹한 마음으로 보면, 율법으로부터 자유롭다는 것은 내가 노동자들의 월급을 정확하고 합당하게 줄 필요가 없고, 죽도록 착취할 수 있다는 걸 뜻한다. 내비열한 마음으로 보면, 내가 일정한 상황에서는 내 이웃을 죽일 수도 있고, 또 이혼할 수도 있다는 걸 뜻한다. 이러한 것은 본능적인 자유의 분출이며 죄의 독립성의 발현이다.

우리 그리스도인들에게 늘 만연해 있고 아주 익숙한 이런 식의 해석은 우리의 무기력과 위선과 거짓과 어리석음과 허영심을 드러내는 표지일 뿐이다. 나는 그리스도인들이 자유와 참된 은총을 명분으로 내세워서 최소한의 율법적 규범을 넘어서는 일은 아예 하나도 하지 않고, 그저 세상의 보통 사람처럼 살아가려는 모습을 보고 싶지 않다. 그보다는 차라리 그들이 엄격하게 율법을 지키는 유대인처럼 안식일에 일백 걸음을 걸을 수 있다는 걸 계산하면서 성구상자들을 가지고 걷고 당일에 낳은 달걀 하나를 먹는 모습을 보고 싶다. 이 점에서 우리는 자기기만의 정점에까지 다다랐다. 청교도들과 문자주의자들은 우리보다 일만 배는 더 진정성이 있었다. 우리는 자유를 희극으로 만들고, 은총을 핑계로 삼고, 신앙을 감정으로 변질시키면서 우리의 삶을 사회적 순응주의의 가장 평범한 삶으로 유도한다. 우리는 자유를 구실로 해서 계명을 하루에 일백 번씩 어기면서, 하나님의 사랑을 떠나 간음을 범하는 자들이다.

2) 정치권력, 돈, 기술

그런데 율법과는 다른 권세들이 존재한다. 물론 나는 이런 권세들을 주제로 신학적인 논의를 하지는 않을 것이다.156) 여기서 권세들이란 가장 초보적이고 전통적인 의미에서 '악마들'을 말하는 것일까? 아니라면 훨씬 더 막연하지만 객관성이라 부를 수 있는 실체와 존재가 있는 권좌와 지배자들의 '권세들'을 말하는 것일까? 혹은 앞에서 인간의 손으로 행한 일에 대해서 기술한 바와 같이, 인간이 높이 세우는 바람에 권세로서 수립되어버린 하나의 단순한 인간적 성향을 말하는 것일까? "어둠과 거짓은 인간이 죄성에 의해 임의로 결정한 데서 나온 산물이다. 인간은 세계를 하나의 권세로 규정하고, 권세는 인간을 지배하고 인간은 그 노예가 된다."157) 이 권세들은 외부에서부터 인간사에 개입하는 객관적인 실재가 아니고, 인간의 결정에 의해서만 존재하는 것이다. 인간에 의해서 이 권세들은 이타성異他性과 노예화하는 초월성으로 존재한다.158) 혹은 여기서 권세들이란 극단적으로 보자면, 문화적 신념들로 형성되어 아무런

---

156) 우리는 *Ethique*(윤리)의 후편에 해당하는 *Ethique de la Sainteté*(거룩의 윤리)에서 이 문제를 더 포괄적으로 살펴볼 것이다. (역주: 저자 엘륄은 그리스도인의 윤리를 시리즈로 구상하여 이와 같은 기획을 세웠으나 완성하지는 못했다. 최근에 저자의 유고들을 모아서 *Ethique de la Sainteté*를 출간할 계획이라는 소식이 들려온다.)

157) Malet, *La Théologie de Bultmann*, p. 55.

158) 앞의 책, p. 211.

타당성이 없는 것으로서 유대계 헬레니즘 사회에서 통용되었던 이미지들의 사용과 화법에 해당하는 것일까? 나는 이런 네 가지 주제들을 여기서 다 논의할 수 없다. 나로서는 나의 개인적은 견해가 두 번째와 세 번째 주제들 사이에 있음을 밝힐 수 있을 뿐이다.

한편으로 나는 바르트와 쿨만과 같이, 신약성서에서 언급된 '권세들'이나 돈의 권세를 인격화한 '맘몬'이 영적인 실재에 부합한다는 데에 강한 확신을 가진다. 물론 그 실재는 인간의 결정이나 성향과는 무관한 것이고 그 힘은 그 실재를 구성하는 것이 인간이라는 사실에 기인하는 것이 아니다.[159] 내가 읽은 글들 가운데 이것과 상반된 견해들은 하나도 납득할 만한 것이 없었다. 내가 보기에, '그노시스'[160]의 준거나 문화적 환경의 준거는 이 부분에서 신약성서의 저자들이 강력하게 역설하는 이유를 해명해주지 않는다. 특히 이런 견해들은 늘 그렇듯이 사도 바울이 충분히 비신화화할 수 없었던 핵심적인 본문들을 배제하는 것을 전제로 한다.

다른 한편으로, 이 권세들은 '데우스엑스마키나'나 '그노시스'적인 운명과 같이 외적인 세력으로서 작용하지 않는다. 왜냐하면 이 권세들은 인간들로 구성된 구체적 세계와 연관되어 있기 때문이다. 성서에 따르면, 이 권세들은 인간사회적 현실과 인간사회구조 가운데 출현한다. 그리고 그런 의미에서 이 권세들은 인간이 행하고 결정하는 일에 실제로 개입한다.[161] 그런 의미에서 이 권세들을 성립시키는 것은 바로 인간이

---

159) 그러나 이 권세들은, 카스텔리(Castelli)가 악마적인 권세들의 존재 방식이 판타지적이고 분열적이고 비술적이고 참혹한 점을 분석하면서 밝혀준 바와 같이, 훨씬 더 추상적인 것일 수 있다.

160) [역주] 라틴어로 'gnosis'로서 신적 신비에 관한 영적 지식을 뜻한다. 교회사에서는 이 하나님의 신비를 아는 영적 지식을 가짐으로써 구원을 받는다는 영지주의(gnosticisme)가 2-3세기에 걸쳐서 발흥했다.

161) 기본적으로 성서의 기록에 따르지 않으면서, 칼 야스퍼스는 자신이 익명의 세력들이라고 부른 이 '권세들'의 실재를 발견하기에 이르렀다. 이 권세들은 흩어져 사라질 위험에 처한 인간의 존재 자체를 공격하면서, 동시에 실존의 전체 공간을 병합하려는 듯한 비

다. 그러나 인간이 그렇게 하는 것은 인격성이라고까지는 하지 않더라도 고유성이라고 할 수 있는 세력들이 존재하기 때문이다. 내가 생각하기에는, 영적이고 도덕적인 것이 아닌, 현실의 삶 속에서 그 권세들이 활동함에 따라서 신약성서의 세상이 영적이고 추상적인 실재가 아니고 사람들의 세상, 즉 사회와 동일한 것임이 밝혀진다. 이 점에 대해서는 뒤에 가서 더 깊이 설명할 기회가 있을 것이다.

여기서는 다만 이 권세들이 자연적·사회적·지적·경제적인 하나의 실재를 대항하거나 통제할 수 있는 인간의 능력을 넘어서는 하나의 세력으로 변환시키는 결과를 초래할 것 같다는 나의 의견을 피력한다. 이 세력은 인간에게서 하나님이 창조세계를 다스리도록 부여한 상황을 앗아간다. 이 세력은 제도와 구조를 활성화하여 거기에 독립성을 부여하고, 인간의 삶의 전체 환경에 영향을 끼쳐서 인간을 내적으로나 외적으로 공격한다. 궁극적으로 이 세력은 정상적으로는 인간을 지배하지 못하는 대상에게 인간이 사로잡히게 해서 인간을 소외시킨다. 이것은 사람들이 이 '권세들'에 관해 언급하는 상황들에 부합하고 동시에 성서 구절이 기술하는 바와 부합하는 듯싶다.

"우리의 씨름은 혈과 육을 상대하는 것이 아니요 통치자들과 권세들과 이 어둠의 세상 주관자들과 하늘에 있는 악의 영들을 상대함이라."엡 6:12 이 본문에서는 물질적인 것과 영적인 것 간의 대립이나, 우리 능력에

존재(non-être)를 공격한다. 그는 이 익명의 세력들의 양상은 '자유의 왜곡'이라고 하면서, 그 양상은 혼란으로, 자칭 진리라는 것의 반란으로, 또 평화와 진리를 거짓으로 추구하는 것으로 나타난다고 한다. 그리고 이 권세들은 인간이 공통의 선이라는 명분으로 모두가 인정하는 행동양식을 통해서 자기 자신에게서 도피할 때, 증오와 자유를 도출한다. 실존의 체계에서, 모든 것은 인간이 가지는 자기 자신의 의무에서 개인을 성공적으로 해방시키는 것 같다. "자기 자신이 되는 것은 자유로운 존재가 되는 것을 요청하는 것이다. 실제로는 독립이랄 수 있는 자유를 향한 인간의 노력은 자기 자신이 되는 책무를 벗어버리는 것이다. 이것이 '익명의 세력들'이 행하는 일이다. 이 세력들은 자유를 부인하면서 자유를 성취한다고 주장한다." (K. Jaspers, *Die Gestige Situation der Welt*, 1932)

맞는 우리의 육적인 존재의 성향들과 하늘에만 존재하는 육화되지 않은 권세들 간의 대립이 존재하지 않는다. 에베소서의 이 구절에 대한 전통적인 해석인 이러한 이분법은 영과 육의 관계와 권세들에 대한 사도 바울의 교리 전체에 맞지 않는 것이다. 내 생각에는 정반대로 혈과 육을 그 자체로 평가하면서 있는 그대로 본다면, 이 본문은 혈과 육은 그 자체로는 끔찍하지 않다는 뜻이다. 그러나 권세들에 의해 지배당하고 이용당하고 변질될 때 혈과 육은 무서운 것이 된다. 이것은 우리가 자연주의적 관점으로 제도, 구조, 사회세력 들과 같은 요소들을 평가할 때도 마찬가지이다. 여기서 성서는 단호하게 우리에게 '국가'와 '돈'이라는 두 가지 요소들을 지적한다. 모든 사람들이 다 언제나 동의한 것으로서, 정치 경제적 요인들과 구조들이 보여주는 하나의 특징이 있다. 이것은 그 요인들과 구조들을 정상적이고 기능적인 면에서 오로지 구체적인 사실에 따라 검토할 때, 그것들이 가지는 권세를 이해하고 활동 범위를 가늠하며 참된 실상을 파악하는 것은 불가능하다는 것이다.

아직까지 그 누구도 정치권력의 기반이 무엇이고 왜 사람들이 불가항력적으로 꼼짝없이 복종하는지 파악할 수 없었다.[162] 이것은 언제나 정말 불합리하고 터무니없게 보였다. 정치권력의 존재와 사람들의 복종 사이에 균형은 존재하지 않는다. 이 정치권력의 영역은 사회적, 경제적, 심리적, 윤리적, 정신분석학적, 법률적인 분야들을 망라한다. 이 모든 분야들을 다 분석해 봤는데도 우리는 이 정치권력의 실상을 파악하지 못했다. 나는 여기서 그냥 가볍게 지나가는 말로 말하는 것이 아니다. 이 정치권력 속에서 이 문제를 마주하며 생애의 대부분을 보낸 사람으로서 말하는 것이다. 우리는 마르크스와 같이 이 정치권력이 이데올로기적 상부구조라고 말할 수 없다. 정치권력은 항구적으로 존재해왔다. 그러

---

162) J. Ellul, "Une théologie de l'Etat", in *Les Chrétiens et l'Etat*, 1967.

나 이미 앞에서 언급한 일련의 불균형들은 나로 하여금 하나의 권세가 개입하여서 정치권력을 이용하고 장악하여 정치권력 자체에는 없는 위력과 권한 영역을 정치권력에게 제공한다는 점을 인정하게 한다.

이것은 돈의 경우도 마찬가지다.[163] 이 경우에도 정말 동일한 문제와 맞닥뜨리게 된다. 자연주의자와 같은 방식으로 돈을 연구하고 하나하나 그 기능을 분석하는 것으로는 돈의 권세를 전혀 설명할 수 없다. 더군다나 경제적인 측면을 벗어나서 심리학적이거나 윤리적인 측면에서 또 다른 방식으로 돈에 접근하는 것으로는 어떻게 해서 모든 문명들이 길이나 부피와 같은 측량 단위에는 부여하지 않은 중요성과 효력과 마력을 이 '값을 매기는 단위'에 부여하게 되었는지 더더욱 설명할 수 없다. 경제적 기능과 심리학적인 측면의 연관성을 맺기는 쉬운 일이 아니다. '탐욕'이라는 말로는 아무 것도 말할 수 없다. 왜냐하면 개인적인 차원의 금전욕에 의해서 돈으로 사회 전체를 구조화한다는 것은 말이 안 되기 때문이다. 마르크스가 이 돈이라는 문제에서 도덕적인 성격을 제거하여 민낯의 권세의 메커니즘을 밝힌 것은 백번 맞는 말이다. 마찬가지로 돈이 있건 없건 간에 돈에 의해서 인간이 소외되는 메커니즘을 밝힌 것도 백번 맞는 말이다. 그러나 마르크스는 최종적으로 이 현상의 복합적인 특성을 설명하는 데서 실패했다. 그의 역사적인 분석은 해답을 주지 않는다. 내가 보기에, 돈이 그런 정체성을 띠는 데는 단 하나의 이유가 있다. 즉, '맘몬'이 돈에 붙어 있는 까닭에 돈은 단순한 경제적 대상이 아니라, 인간을 파괴하는 권세가 생기를 불어넣은 것이 된다. 이것은 인간이 스스로 창조한 것이 아니고, 인간의 마음에서 나온 것이 아니다. 우리는 이 정치권력과 돈이라는 두 가지 예로 시작해서 다른 가능성 있는 것들을 찾

---

163) J. Ellul, *L'homme et l'argent*(인간과 돈), 1949. * 『하나님이냐 돈이냐』, 양명수 역, 대장간, 2010.

아보아야 하지 않을까?

나는 '기술' 자체가 그런 권세들 중의 하나가 아닌지 자문해 보았다. 이것은 단순한 의문일 뿐이다. 사도 바울이 갈라디아에서 말한 세상의 '초보적 교훈들'갈4:3에 상응하는 것으로서 그러한 사회의 기초 원리들이 하나의 권세의 표지를 구성한다고 보아야 하지 않을까? 나로서는 그렇게 단정할 수는 없다. 우리는 이 '초보적 교훈들'의 해석에 관한 불확실성을 알고 있다. 아무튼 주목할 것은 이 교훈들이 세상과 관계된 '구성원리들'이라는 점이다.164) 이것은 의미상으로 사회와 분리시키기가 아주 어려운 세상과 관계된 것이고, 그 '기초 원리들'에 매인 노예적 예속과 관계된 문제이다. 문맥상으로 이것은 확실히 몸과 관계된 문제는 아니다. 이 말이 유대인과 헬라인, 종과 자유인, 남자와 여자를 차별하는 문제를 다룬 갈라디아서 3장과 인간이 속량을 받아야 하는 율법의 문제를 다룬 4, 5장 사이에 놓여 있다는 사실에 주목해야 한다. 이 사실을 미루어 볼 때, 이 '초보적 교훈들'은 한편으로 3장 끝에서 말하는 사회적 구조들을 우리가 갇혀있는 말하는 것이다. 또한 다른 한편으로 우리가 앞에서 논한 바와 같이 권세로서의 율법은 골로새서 2장 20절의 병행구절에 분명히 지적되어 있고, '사람의 전통'을 거론하는 골로새서 2장 8절의 본문은 사회구조들에 대해 우리가 지적한 바와 정확히 일치한다. 그렇다면 우리의 관점에서 이 '초보적 교훈들'은 사회의 혹은 더 일반적인 의미에서 세상의 기초 원리들이 된다. 이것들은 인간보다 우위에 있는 권세의 개입에 의해서 영향력과 활동성과 마력을 지닌 것으로 바뀐다. 인간은 거기에 동조하여 힘과 권위를 부여하면서 결국 굴복하게 된다. 골로새서에서 사도 바울은 철학이 이러한 '초보적 교훈들'에 근거하고 그 위력에 가치를

---

164) ▲여기서 사도 바울이 우주의 물질적인 요소와 별과 같은 것들을 대상으로 하는 영지주의적 오류에 빠졌다는 해석에 대해서 나는 아주 회의적이다.

부여하는 것이라고 규정하고 있다.

3) 체계

그리스도인으로서 자유롭게 된 권세들 가운데 '체계'도 거론되어야
한다. 여기서 말하는 체계는 알기 위해서 체계화하고 합리적인 표현을
만들어내는 인간의 정신적 성향을 뜻하는 것이 아니다. 이것은 정상적
인 것이고 좋은 것이다. 우리가 말하는 체계는 마르크스주의와 오늘날
구조주의[165]에서 간혹 나타나는, 아주 광범위한 의미에서의 체계이다.
이것은 가장 위험한 현상들 중의 하나로서 인간을 부인하고 죽음의 승리
를 선포하는 것이다. 이것은 요컨대 전체적이고 기계적이고 배타적인
세계에 대한 총체적인 '묘사와 설명'을 확립하는 것이다. 이 체계는 대상
들의 세계와 이론을 정확히 일치시켜서, 역사와 사회에 대한 준엄하고
무조건적인 메커니즘을 제공하려고 한다. 이 체계는 순수한 형식[166]인
동시에 궁극적인 원인이다. 사람들이 지향하는 것은 체계의 총체적인
실현이다.

현대사상에서 체계는 정확히 '시계제작자로서의 하나님'이라는 개념
을 대체한다. 이것은 인간의 계획, 자유의 사상, 역사의 창조 등과 같이
살아있는 인간에 관계되는 모든 것을 배격한다. 이 체계가 치명적인 것
은 이것이 또 다른 가능성의 여지가 없는 메커니즘들의 원인이 된다는 점
에 있다. 이 체계는 경제적·사회적 발전에서 인간의 존재가 전혀 쓸모없
게 만드는 방식으로 존재한다. 이 체계에는 사물들만이 존재한다. 또한
중요한 것은 사물들이 아니다. 사물들은 중요성이 전혀 없다. 실제로 체

---

165) 구조주의에 대한 많은 문헌 중에서 분명히 주목해야 할 것은 푸코(Foucault)의 *Les Mots
et les choses*(말과 사물)이다. 가장 좋은 비판서: 르페브르(Lefebvre)의 "Claude Lévi-
Strauss et Le Nouvel Eléatisme(레비스트로스와 신엘레아 학파)", in *L'Homme et la
Société I, II*.
166) ▲이 형식에 따라서 관계가 맺어지고 행위가 질서를 갖추게 된다.

계는 유지 보존하는 관계들의 총합이자, 관련 사물들과는 무관하게 독립적으로 변화하는 관계들의 총합이다. 이와 같이 체계에는 상호적인 관계들의 총합이 존재한다. 각각의 사물은 다른 사물들과의 관계 속에서 자체의 기능을 가진다. 인간은 사물과 전혀 다르지 않다.

전체가 일종의 규범에 복종한다. 이 규범은 "자동 피아노의 컴퓨터 천공 테이프와 같이, 정체성에 관한 염색체 사슬과 같이, 예술, 사회규범, 종교 등을 통하여 전개되는 사상 이전의 사상"Domenach이다. 체계는 익명적이고 구속적이다. 과학적 연구와 같이 사회조직은 절대로 피할 수 없는 이전의 비밀 체계를 따르게 된다. 그 익명성은 인간이 주도할 수 있는 가능성을 다 배제하기 때문에 아무도 그 체계를 변경할 수 없게 한다. 체계에 대해 인간이 경험하는 것은 전혀 중요하지 않다. 인간이 그 경험에 의해서 결코 자기 자신의 존재를 명확하게 할 수도 없고, 또 현실이 발견되게 할 수도 없고, 현실을 발견할 수도 없기 때문이다. "현실에 도달하기 위해서는 먼저 경험을 배제해야 한다."Lévi-Strauss 일시적이고 우연적인 이 경험은 더 알려고 하지 않고 기만적 해명에 만족하는 피상적인 정신의 소유자에게나 중요한 것이다. 이 체계는 외적인 행동과 결정의 토대인 기본적 추상적 구조를 표출한다. 이것은 변경될 수 없다. 결국 인간 세계를 포함하는 모든 것을 구조화하는 것은 비인간적인 체계이다. 여기서 내가 철학적인 관점에서 체계 비판을 하는 것이 아니다. 나는 그런 능력도 없다. 중요한 것은 먼저 우리가 일종의 상수와 같이 항상 존재하는 인간의 영혼을 발견하는 것이다.

경험적인 것과 인간적인 것을 배제하고 보편적이고 객관적인 규범에 도달한다는 것은 대체 무슨 얘기인가. 체계를 공들여 만드는 사람들이 옳을 수도 있다. 사실이 그럴 수도 있다. 이것은 이미 언급한 '결정론적 요소들'의 체계화에 부합할 수도 있다. 체계가 인격주의의 유동성과 차

이와 변천과 다양성에 대해 더 많은 이해를 가능하게 할 수 있다. 체계의 엄격성은 우리가 살아가는 구체적인 상황에 더 적절한 것일 수 있다. 그러나 그런 걸 다 인정한다 해도, 그리스도의 사역은 바로 그런 데서 우리를 자유롭게 하는 것이다. 그리스도는 '결정론적 요소들'로 이루어진 현실들뿐만 아니라, 그 현실들의 원인인 일관적인 체계로부터 우리를 자유롭게 한다. 그 일관적인 체계는 부여받은 기능에 예속된 사상을 채택하고, 자유를 향한 기약 없는 희망의 가능성조차 배제시킴으로써 자유의 부재를 입증한다. 체계는 체계를 폐쇄시킨다.

인간은 일련의 필연성들에 예속되어 있고, 이 필연성들은 서로 연결되어 있다는 것은 주어진 사실이다. 인간은 이러한 사실을 다 흡수 통합하는 불가피한 체계로 만든다. 인간은 '결정론적 요소들'에 자신의 운명론을 첨가한다. 인간은 '결정론적 요소들'을 변화가 불가능하고 돌이킬 수 없는 것으로 몰고 간다. 그리스도 안에서의 자유가 우리를 체계로부터 자유롭게 한다는 말은 그 세력들 자체로부터 자유롭게 된다는 것과 동일한 것이 아니다. 그것은 인간이 덧붙인 것이다. 무엇으로부터 자유롭게 해방되는 것인가? 먼저 체계를 조성하고, 자신을 '결정론적 요소들' 안에 가두고, 현실에 부합하기 위해서 자신이 갇혀있는 감옥의 문을 닫아버리는 인간의 정신적 성향으로부터 자유롭게 해방되는 것이다. 이어서 우리로 하여금 그런 방향으로 나아가게 유혹하는 권세에서 자유롭게 해방되는 것이다. 왜냐하면 인간이 이 일에 헌신하는 것은 자신의 고유한 의지뿐만이 아니기 때문이다. 인간은 필연성들을 전적으로 당연한 것으로 삼으면서, 그 이유를 설명해야 하는 필연성에 사로잡힌다. 거기서 인간을 향한 유혹이 임한다. 그리스도는 이 유혹으로부터 우리를 해방시킨다. 모순성에 관해 언급할 때 이 문제는 다시 다뤄질 것이다. 그리고 체계가 인간의 지성으로 만든 이론인 한, 그리스도 안에서 우리는 자유롭게 되었기 때문에, 우리는 가부피좀의 선택을 할 수 있다. 그래서 체계에 들어가는 것은 우리의 선택에 달린 것이 된다. 우리는 사실의 정확성이 아니고 진리를 판단해야 한다. 체계가 현실 상황을 말해준다 해도, 그것이 인간에 관한 인간의 진리를 최종적으로 밝혀주는 것이 되는가?

이와 같은 질문에 대해서, 그리스도 안에서의 자유는 우리로 하여금 철저하게 부정적인 답변을 하게 한다. 그러나 체계 전체와 체계적 사고 전체에 대한 이런 입장은 우리로 하여금 기독교 체계라는 특정한 문제에 특별한 주의를 기울이게 한다. 기독교 철학이든 교의학이든 자유 안에서는 체계를 수용할 수는 없는 노릇이다. 그것이 금지된 일이라는 뜻은 아니다. 금지된 일은 하나도 없다. 그러나 그것을 실행하는 것은 주의를 필요로 한다. 바르트가 기울인 신중한 태도와 더불어서, 교의학은 오직 교회와 그리스도인들을 위한 것이어야 한다는 그의 입장에도 불구하고, 교의학은 하나의 도구이지 군림하는 지배자가 아니다. 그럼에도 불구하고 원리와 결과를 규정하고 조직학을 응용하고 검토된 문제들을 총합하며 각각의 문제에 대해 답하려는 노력을 기울일 때, 교의학도 하나의 체계가 되고 만다. 다른 모든 체계들과 같이 이 체계는 그리스도인의 자유를 구속하는 굴레가 된다. 바르트의 체계에 반대하는 오늘날의 반응은 내 생각에는 신학적인 관점에서는 잘못된 것이지만, 자유의 표현으로서는 합당한 것이다. 신학적인 체계의 거부와, 주어진 답변들에 대한 문제 제기를 출발점으로 해서, 기독교 사상과 그리스도인의 삶을 강화시키기 위한 목적으로 바르트의 훌륭한 작품을 실제로 활용하는 것이 가능하게 될 것이다. 우리는 그의 작품 내용 전부와 성과들을 보존해야 하는 동시에, 체계는 부인하고 기념비는 파괴해야 한다.

하나의 체계가 되는 것을 피하는 것은 교의학 자체의 예방조치로는 명백히 불가능하다. 이것은 오직 외부로부터 교회 안에 주어지는 비판에 의해서만 가능하다. 권세들이 교의학을 독점하여 교회를 가두는 것을 가로막아야 한다. 개인적인 영성주의와 교의학적인 교회중심주의 사이에 긴장관계를 유지하기 위해서 교회 안에 그런 논의가 항상 존재해야 한다. 그러나 그 두 가지 입장들은 각기 지닌 위험으로부터 스스로를 방어해야 한다. 여기서 우리에게 나타난 위험은 교의학적인 것이 체계가 되어버리는 위험이다.

4)종교

권세들 중에서 따로 떼어 놓아야 할 정도로 중요한 비중을 차지하는 것이 바로 종교이다.[167] 왜냐하면 종교는 인간을 소외시키는 지속적인 세력들 중의 하나이기 때문이다. 이미 말한 바와 같이 나는 포이어바흐와 마르크스의 분석을 완전히 받아들인다. 더욱이 구약에서는 그런 관점으로 거짓 신들에 대한 투쟁이 묘사되어 있는 것 같다. 성서는 이 거짓 신들을 우상들과 구분하는 것 같다. 우상들은 순전히 인간이 만든 것으로서 인간은 그 우상들에게 원래는 없던 가치와 권위를 부여했다. 불트만의 분석이 딱 들어맞는 것은 이 우상들의 경우이다. 그러나 구약성서 저자들은 착각하지 않았다. 그들은 우상들을 있는 그대로 잘 기술했다. 그러나 또한 이것은 시대에 국한되는 문제가 아니다 그들은 인간의 상상을 떠나서 어느 면에서 실재하는 존재라고 할 수 있는 신들을 언급한다.

한편으로 인간의 눈을 뜨게 하여 인간 자신이 조성한 소외 상황을 자각하게 하는 것이 중요하다면, 다른 한편으로 외적인 권세를 파괴하는 것이 중요하다. 물론 선택받은 민족은 이 투쟁에서 하나님의 도구가 된다. 왜냐하면 이집트에서 해방된 이래로 이 민족은 권세들로부터 자유

---

167) 현대세계와 현대인의 종교적인 특성에 관해서는 내가 1973년에 출간한 *Les nouveaux possédés*(새로운 악령들)를 참조하라. 나는 이 책에서 본회퍼, 불트만, 에벨링 등의 일탈을 지적했다. 그들은 현대인이 성인이 되어서 비종교적이 되었다고 주장한다.

롭게 해방되었기 때문이다. 이집트는 정치세력이었을 뿐만 아니라 실제로 이 권세들을 나타내는 상징이었다. 이 투쟁이 유일한 하나님과, 무[168]의 거짓 신들과 관계된 것이라 할 때, 이것을 참된 종교와 거짓 종교에 대한 투쟁으로 해석하지는 말아야 한다. 그 이유는, 한편으로, 인간이 만들고 고안한 어떤 종교적 형태에서도 구현되지 않은 '계시와 교제'révéla-tion-communion가 있다면, 다른 한편으로, 어원적이고 사회학적인 의미에서의 종교가 있기 때문이다. 종교는 인간이 신들과 인간을 연결시킨 것이고, 신과의 관계를 위해 만든 것이며, 생존을 위해 사회적으로 필요한 관계로 만든 것이다. 또한 종교는 인간 본성의 종교적 감정의 표현이기도 하고, 자신이 만들고 자신을 만족시키고 자신의 수준에 맞는 신을 가까이 하고자 하는 인간의 필요에 의한 것이기도 하다.

종교는 권세로서 작용하여, 종교와는 반대되는 그리스도 안에서의 하나님의 계시조차도 장악하기에 이르고 끊임없이 그 계시를 사회적 관계와 심리적인 만족에 귀착시킨다. 이런 종교는 하나님의 실재까지 파멸시킨다. 종교는 그 관계에 대한 인간의 반박과 거부와 반역을 야기한다. 인간이 종교를 부인하고자 할 때 인간은 "하나님은 죽었다"고 선포할 수 있다. 이와 같이 긍정적이건 부정적이건 간에, 종교는 속임수를 쓰고 편견을 조장하여 인간이 하나님을 만나지 못하게 하는 가장 커다란 수단이 된다. 여기서 권세를 말하는 것은 인간이 그런 결과를 의식적이고 자발적으로 구하는 것이 아니기 때문이다. 좋은 뜻에서 한 것이라는 점에는 의심의 여지가 없지만, 인간이 그리스도 안의 계시를 종교와 동일시할 때, 인간은 자신의 관습적이고 전통적인 틀에 자신이 알지 못하는 것을 집어넣지만, 하나님의 일을 파괴하지 않는다고 우긴다. 이것이 최

---

168) ▲여기서 무(無)는 단순히 존재하지 않는 것과 능력이 없는 것을 뜻하는 것이 아니고 그 반대라는 사실에 유념해야 한다.

악의 경우라는 것은 이론의 여지가 없다. 인간은 자신의 무의식적인 위선의 제물이 된 것이라고 말할 수 있다. 그러나 차라리 나는 이 경우 인간이 인간을 소유하고 결정하는 종교적 권세의 제물이 된 것이라고 본다.

이 권세들 가운데, 어떤 면에서 이 권세들의 지배를 받는 인간은 결국 거기서 스스로 빠져나올 능력은 전혀 없다. 사물의 복원 운동에 의하여 결정적인 그 사물들로부터 빠져나올 능력이 인간에게 주어진다는 헤겔의 주장은 완전히 잘못된 착각이다. 이 권세들을 특징짓는 것은 인간이 가진 능력 전부를 월등히 초월하는 이 사물들을 모아 놓는 것이다. 어떤 곳에서 권세가 작동한다는 것은 곧 인간의 모든 주도적 활동에 틈이 생기면서 새로운 노예적 예속상태의 도래가 불가피해진다는 사실을 나타낸다. 어떤 상황에서 벗어나고자 애쓰는 인간의 행동에 접근하여 조사할 때마다 우리는 이런 종류의 숙명성을 발견하게 된다.

이와 같은 일이 인간이 종교에 대항하는 투쟁을 할 때 일어난다. 19세기의 위대한 사상이자 커다란 착각은 종교의 시대는 지나갔다고 믿으면서, 콩트나 마르크스와 같이 '종교의 시대'를 따로 구분하여 역사를 기술하고, 영적인 것의 모호한 상태를 벗어나는 합리적인 인간을 상정하고, 종교를 과학으로 대체한 것이었다. 기독교를 종교와 동일시한 것은 그리스도인들이 기독교를 하나의 종교로 만드는 데 성공했다는 점에서 당연한 것이기도 하다 곧 인간을 자유롭게 하기 위해서 기독교를 청산하려는 것이었다. 그러나 종교적인 영은 더 끈질기고 치밀하다. 얼마 지나지 않아서, 새로운 종교적인 형태들이 움트는 것을 보게 되었다. 종교적인 신심과 그 신심의 대상들에 관한 예식들이 있는 곳에 종교가 존재한다는 점을 받아들이고, 이와 같이 정의된 종교적 현상이 태동기의 아주 비타협적이고 예민한 시기에 발생하며, 신자들의 신심이 상징과 표식 등으로 구체화되는 점을 인식하고, 끝으로 종교적인 영 안에서 다른 대상들을 믿는 신심체계들을 다 엄격하게 배격하는 의지를 인정한다면, 우리는 19세기말과 특히 20세기에 일련의 종교들이 생겨난 것을 발견하게 된다. 우선 과학의 종교가 나타난다.[169] 그리고 국가의 종교가 있다. 이어서 공산주의와 민족주의와 나치즘이라는 세 개의 거대한 종교적 형태들이 끊이지 않고 등장한다. 엄격한 사회학자라면 그 누구라도 이러한 운동들은 우선적으로 종교적인 운동들이라고 결론짓는다.

　이와 같은 형태들은 오늘날 보편적이다. 16세기 이래 인간이 경험해 온 바로는 '이성의 시대'란 사실상 가장 종교적인 시대이다. 우리는 다른 영역에서도 동일한 메커니즘을 발견한다. 예컨대 정치적인 소외와 관련된 부문에서 그렇다. 인간이 독재체제나 인간에 의한 인간의 착취에서 자유롭게 해방되었다고 주장할 때마다 곧 또 다른 거대한 억압체제가 새롭게 생겨난다는 것은 정말 놀라운 사실이다. 루이16세의 체제를 무너뜨리자 로베스피에르나 나폴레옹의 체제가 나온다. 이것이 가차 없이 매번 반복되는 양상이다. 러시아의 니콜라스2세의 제정에서 스탈린체제로, 쿠바의 바티스타에서 카스트로로, 이집트의 파루크1세에서 나세르로 계속 이어지는 체제들이 이전의 체제와 차이가 있고, 권력구조들이 바뀌었고, 제도들과 의도와 계획이 동일하지 않다고 하지만, 이것은 단지 현실을 감추기 위한 파벌적인 수단들이고 숲을 보지 않기 위해서 나무들을 돋보이게 하는 것이다. 이것은 일종의 기만이다. 특히 프랑코 체제와 같은 과거체제의 유지를 위한 퇴행적인 독재체제들과, 카스트로 체제와 같은 미래 지향의 진보적인 독재체제들을 구분하는 것이 그렇다. 중요한 현상은 진보가 아니라, 독재체제가 수단이 아닌 목적 자체가

---

169) ▲우리는 여기서 그리스도 안에서의 계시의 경우에서와 같이 '종교적 권세'에 의해 진행된 동일한 급반전을 발견한다. 종교적 권세는 종교를 무너뜨리기 위한 것을 종교로 변질시킨다.

된다는 사실이다. 언제나 유사한 형태들이 자동 생성되고, 야수의 퇴행적인 원시성과 천사의 치밀한 진보성이 하나로 완전히 합친 것 같아서, 그 두 개의 요소들을 따로 뗄 수가 없다. 여기서 스탈린 체제는 가장 완성된 모범을 훌륭하게 보여준다. 해방운동은 언제나 붕괴된 권력을 재생산한다. 이와 같은 것이 국가의 권세이다.

그러나 이러한 사회학적인 숙명론에 의해서, 독재체제에 저항하고 자유를 쟁취하려고 투쟁해봤자 아무 소용이 없다는 결론을 내리는 것은 결코 아니다. 그런 투쟁이 항상 가치를 지닌다는 것은 확실하다. 나는 이 문제를 뒤에 가서 다시 다룰 것이다. 그러나 그것은 우리에게 혁명과 해방운동 속에서 우리가 투쟁하는 것은 혈과 육이 아니라, 권세자들과 통치자들과 세상의 주관자들이라는 점을 구체적으로 알려주고 있다. 인간이 자신의 인간적인 방법으로 사회 정치적인 차원에서 행동하는 한, 인간은 언제나 결국 승리함으로써 패배당하고, 승리의 함정에 빠져서 자신이 제거했다고 믿는 것을 스스로 재생산하게 된다. 물론 권세들은 인간의 능력을 뛰어넘는다. 선의의 인간이 실존의 모든 영역에서 인간을 장악하고 있는 돈의 권세에서 빠져나올 수 없는 것이 사실이다. 그렇기 때문에 오직 인간 이외의 외적인 개입인 또한 당연히 내적이고 내면화된 그리스도의 객관적인 개입만이 그 권세들을 이겨낼 수 있다. 인간이 스스로의 힘으로 거기서 빠져나올 수는 없다.

그리스도의 십자가 죽음으로 그 권세들은 패배했다. 그 권세들을 이긴 것은 십자가에서도, 광야의 시험에서도 그리스도가 권세에 권세로 대항하지 않았다는 사실에 있다. 그리스도는 중세의 신학자들이 묘사한 바와 같은 투쟁을 하지 않았다. 하늘의 군대들은 브뢰겔Breughel의 화폭에서와 같이 동원되지 않았다.[170] 하나님의 아들은 절대적인 권능을 사용

---

170) 물론 요한계시록 12장 7절도 잊지 말아야 한다. 그 구절은 그 투쟁을 암시한다. 그러나

하지 않고 자신의 권세를 비움으로써 역사한 것이다. 통치자들과 주관자들은 패배했다. 왜냐하면 그들은 싸우는 대신 스스로를 비운 존재인 그리스도를 만났기 때문이다. 그들은 승리자를 만난 것이 아니라, 자신을 스스로 내어줌으로 포로가 된 존재를 만났다. 그래서 그들은 자신들이 가진 유일한 것, 즉 승리하는 능력을 상실했다. 그들은 승리할 대상이 없었기에 모든 승리의 가능성 앞에서 좌절했다. 가장 악랄한 폭군은, 자신의 적이 스스로를 내어주면서, 간청하지도 않고, 두려워하지도 않으며, 싸우지도 않고 거부하지도 않고, 다만 폭군인 자신을 사랑할 때, 어떤 승리도 얻을 수 없었던 것이다. 적을 죽일 수 있는 이 폭군은 스스로를 죽이고 만다. 왜냐하면 그는 단번에 이성과 지각을 상실하기 때문이다. "아무도 내 생명을 취하지 못한다. 내가 내 생명을 주는 것이다."라는 예수의 말씀 앞에 권세들은 패배하고 만다.

그러나 예수의 승리의 의미와 영향을 명확하게 해야 한다. 예컨대 권세들은 '무력화'골2:15되었다고 한다. 물론 그것은 사실이다. 이 낯선 세력들은 더 이상 권위도 매력도 행동 수단도 없다. 이 세력들은 여전히 권세로 잔존하지만, 창조하는 능력은 상실했다. 이 창조하는 능력은 이 권세들로 하여금 하나님과 인간의 세계와는 다른 세계를 만들게 했다. 이 세계는 유혹과 관행과 열광과 숭배의 세계로서, 거기서 사물들은, 이미 살펴본 바와 같이, 가치와 영광이 부여되고, 인간은 예속되어 본래와는 다른 모습인 그 실재들의 명분과 이해 탓에 낮추어진다. 나는 여기서 지금 영지주의의 '그노시스'를 채택하여 권세들이 거하는 '중간계'를 논하는 것이 아니다. 그런 것과는 전혀 상관이 없다. 여기서 말하는 창조하는

정확히 하자면, 그 투쟁의 결과는 사단과 사단의 천사들이 땅 위로 쫓겨서 몰려와, 땅 전체를 유혹한다는 것이다. 다시 말해서 이 권세들을 이 세상에 속한 것들 속에 위치시켜서, 우리가 기술한 상황 가운데 처하게 한 것이다.

능력의 의미는, 위에서 내가 설명한 바와 같이 국가나 돈과 같은 것들이 인간에 의해 만들어졌지만 인간의 통제를 벗어나는 놀라운 특성을 지닌다는 사실에 의해 충분히 설명된다. 그래서 권세들은 무력화되었다. 그렇기 때문에 사물들은 다시 사물들이 되었다. 따라서 우리는 비신성화된 세계에서 살게 된다.

아무튼 일은 늘 반복된다. 숲과 샘물과 동굴에는 언제나 신들이 거주했다. 이를 "단순한 시적인 유치한 상상"이라고 말하는 것은 너무 쉽다. 인간은 단지 이런 권세들을 만든 것에 그치지 않는다. 권세들은 신성한 세계에 존재했다. 권세들이 파멸되자, 숲은 나무로, 샘물은 물로 이루어진 것이 되었다. 그러나 곧바로 이 권세들은 인간의 세계에서 다른 곳으로 거처를 옮겼다. 비신성화는 단 한 번에 그친 것이 아니고, 계속 반복되는 것이다. 2, 3세기에 계시의 전파를 통해서 자연의 비신성화가 있었다. 그러나 알다시피 권세들은 생명이 질기다. 권세들은 기독교에 들어오게 되었으며, 많은 성인들은 시성된 신들이나 다름없다. 특히 권세들에 의한 신성화는 인간 환경의 다른 부문으로 옮아갔다.

종교개혁은 두 번째 비신성화 작업을 전개했다.[171] 현재 우리는 세 번째 비신성화 작업을 전개해야 한다. 그러나 확실히 모든 승리의 가능성을 상실한, 이 무력화된 권세들은, 더 이상 사실적인 실재성도 정당성도 없고 거짓과 망상이라는 비판을 받으면서도, 놀라운 생명력을 아직도 가지고 있으며 외적으로는 예전의 모습을 지니고 있다. 무력화된 그 권세들은 언제나 투쟁할 대상이다. 우리는 『자유의 윤리』 2부에서 이 투쟁에 관해 다룰 것이다. 그러나 믿는 사람에게 그 권세들은 실제로 더 이상 힘이 없다. 여기서 우리는 결정적인 것은 예수 그리스도를 믿는 사람과

---

171) 나는 1959년 *Foi et Vie*(신앙과 삶)에 실린 "Signification actuelle de la Réforme(종교개혁의 현재적 의미)"라는 논문에서 이 주제를 다루었다.

믿지 않는 사람의 차이에 있다는 점을 발견한다. 권세들 그 자체가 파괴된 것은 아니다. 이 권세들은 단지 승리의 가능성을 다 상실했을 뿐이고, 객관적인 현실에서 볼 때 우리가 기술한 바와 같은 활동 능력을 아직 보유하고 있다. 이 권세들은 신앙에 의해 그리스도의 승리에 함께하는 신자에게는 그 능력을 상실한다. 신자는 그리스도의 십자가를 지고 그리스도의 부활과 은총을 따라 살아간다. 신자는 그 권세들로부터 자유롭게 해방된 것과 함께 이 세상에서 사람들을 위해서, 물론 자기 자신을 위해서도 그 권세들과 투쟁할 수 있다. 승리는 오직 '하나님의 전신갑주'엡 6:11로만 가능하다. 그리스도에 대한 신앙과 지식이 없는 사람은 취약하고, 권세들의 유혹에 넘어간다.

그러므로 나는 오늘날 흔히 접하게 되는 것과 상반되는 입장을 취한다. 한편으로 '비신화화'의 입장에서 보면, 이 권세들은 아무런 객관적인 실재성을 가지지 않고, 단지 자의적으로 스스로 받아들이는 사람에게만 존재한다. 다른 한편, '사회화'의 사회주의의 의미가 아니다 입장에서 보면, 세상에서 이 권세들에 대한 그리스도의 승리는 객관적인 승리이고, 믿는 사람이나 믿지 않는 사람이나 구별하지 않고 모든 사람들에게 세상이 이 권세들로부터 구원받은 것이다. 나는 그 반대의 입장을 취한다. 한편으로 이 권세들은 객관적인 실재성을 가지고 인간이 제공한 힘에 덧붙여서 자체의 힘으로 활동한다. 다른 한편으로 이 권세들에 대한 예수 그리스도의 승리는 믿는 사람들만이 알 수 있고 경험할 수 있다. 그들은 다른 사람들과 그들의 해방을 위해서 투쟁하는 상황에 놓여 있다. 그러므로 권세들이 무력화된 세상에서 살아가면서, 믿는 사람은 정당화된 세상에서 자유로운 존재이다. 믿는 사람의 자유로운 행위는 하나님의 영광을 지향하는 것 이외에 다른 의미가 없다.

3. 계시로 주어진 기록인 성서에 대한 자유

우리는 여기서 핵심적인 질문에 봉착한다. 하나님의 계시 앞에서 우리가 취할 수 있는 자유는 어떤 것인가? 그런데 이 질문에는 두 가지 측면이 있다. 첫 번째 측면은 완전히 신학적인 차원의, 혹은 형이상학적인 또 다른 차원의 문제이다. 하나님이 지금 여기서 한 사람에게 계시할 때 그 사람은 자신의 자유를 가지는가? 말씀하는 하나님의 행위가 인간의 모든 자유를 배제하지 않는가? 두 번째 측면은 객관화된 계시의 객체object가 성서가그예이다 있다면, 그것에 대해서 우리가 취할 수 있는 자유는 어떤 것인가, 라는 문제이다. 우리는 여기서 첫 번째 측면의 문제를 다루지 않을 것이다. 왜냐하면 두 번째 측면만이 윤리적인 차원의 문제이기 때문이다.

주어진 계시의 객체가 하나 존재한다. 다시 말해서 어떤 순간에 하나님이 한 사람에게 유일하게 계시를 주었다. 그 사람은 다른 사람들에게 계시의 사실과 그 내용을 전달한다. 그 전달은 곧 하나의 증언이다. 그러나 그 전달은 흔적들을 남겨놓을 수 있다. 다음 세대의 증인들이 생겨나서 동일한 계시의 증언을 전할 수 있다. 그들은 처음의 계시에서 일부분의 내용을 받아 그것을 전하려 한다. 혹은 직접적인 계시의 수신자인 최초의 증인이 기록을 통해서 자신에게 전해지고 귀로 들은 것을 전달할수 있다. 두 가지 경우에 일종의 객관화가 존재한다. 계시가 전달될 수 있는 것은 이차적인 매개체의 존재를 통한 것이다. 그러므로 계시의 사실과 내용은 주어진 어떤 메시지로 파악되고 예측되고 해석될 수 있다. 그러나 이 메시지가 하나의 계시에 근거를 두고 있다는 점에서, 이것을 추상적인 관념이랄 수는 없다. 이것은 주어진 계시라고 말할 수밖에 없는 것이다. 그렇지 않으면 우리는 계시를 받은 최초의 증인을 거짓말쟁이나 미친 사람으로 취급하는 것이다. 이것은 곧 그의 메시지는 아무런 가치가 없고 고려할 필요도 없이 폐기되어야 한다는 말이다. 그러나 주어진 기록 안에 있는 내용인 계시는 직접적으로 그 자체로 수용될 수는 없다.

바꾸어 말해서, 그것은 객관화된 주어진 기록으로서 하나님의 계시를 계속해서 전개하는 것이다. 그러나 그 계시는 있는 그대로 수용되어서는 즉각적으로 인지할 수 없고 이해할 수 없다. 그렇지 않으면 우리는 단지 원래의 상황을 반복하는데 그치고 말 것이다. 하나님은 사도 바울에게 계시한 뒤에, 지금 여기서 나에게 계시한다는 식으로 말이다. 성서는 우리에게 계속 재현되는 하나님의 활동을 기술하고 있다. 하나님은 아무 것도 없는 백지 상태가 아니라 이전의 증인에게 행했던 계시를 근거로 삼아서 우리 각자에게 계시한다. 그래서 성서에 담긴 증언들은 이전에 계시로 주어진 객관화된 기록인 동시에 잠재적인 계시가 된다. 그러나 잠재된 계시가 실제로 계시가 되기 위해서는 지금 여기서의 하나님의 결정뿐만 아니라, 이 계시를 인간적인 방법으로 이해할 수 있도록 이전에 계시로 주어진 기록에 대한 관심과 이해의 노력이 요구된다. 우리가 증인들이 남긴 흔적들을 통해서 그 계시를 파악하려고 할 때, 비로소 우리는 계시가 우리를 위한 계시로 전환되는 계기를 맞이하게 된다. 그렇게 되면 하나님의 행위를 기다릴 필요 없이, 바로 우리는 하나님의 과거 행위들에 관한 증언들을 얻게 된다.

그러나 여기서 증인에 의해 객관화된 기록이 주관적인 계시의 효과와 정확히 일치하지 않는다는 점에서 따라서 계시자와 증인의 대화와 청중들을 향한 증인의 담론 사이에는 차이와 간극이 있다 우리는 계시로 주어진 기록에 대해 자유를 불가피하게 유지하게 된다. 그러나 이것은 그리스도인의 자유라는 점에 또다시 주목하자. 다시 말해서 우리가 서술한 모든 것은 구주 그리스도에 의해 갱생한 그리스도인에게 해당한다. 그리스도인에게 성서는 실제로 계시로 주어진 기록인 까닭에 그리스도인은 성서의 의미를 탐구하는 사람이다. 그 탐구가 순전히 지적으로 그 계시를 평가하면서 단순히 문학적이거나 역사적인 텍스트로 간주하는 것이 될 때, 창조주에 대한 인간의 독립성이 거론될 것이다. 이점을 유념하면서, 우리는 계시에 대한 자유에 세 가지 차원이 존재함을 보려고 한다. 해석학적인 해석의 자유가 그 첫 번째이고, 두 번째는 일탈의 자유이고, 마지막 세 번째는 연구의 자유이다.

1) 해석학적 자유

여기서 우리가 다루고자 하는 것이 해석의 수용 여부나, 더 좋은 해석학적 방법론 모색에 관한 것은 물론 아니다. 우리의 유일한 주제는 자유이다. 해석학적인 자유의 기준은 무엇이고, 그것이 의미하는 내용은 어떤 것인가? 먼저 주목할 것은 사람들이 흔히 '문화적 맥락'이라는 말로 해석학을 정당화한다는 점이다. 한마디로 해서, 우리에게 하나님의 계시를 증언하는 텍스트는 특정한 문화적 맥락 속에서 기록되었다는 것이다. 그 텍스트를 기록한 사람들은 주변의 사회적·지적·종교적 신념들을 공유하면서 어떤 정치체제 속에서 살아왔다. 그 사람들에게 언어와 그 언어 속에 담긴 개념들은 주어진 조건이었다. 그런데 그 모든 것이 변경되었다. 우리 현대인들은 더 이상 같은 방식으로 사고하지 않고 '신화적인 사고'에서 '합리적인 사고'로 변화되어 우리가 쓰는 언어는 더 이상 같은 규칙의 적용을 받지 않고 더 이상 같은 개념들을 전달하지 않는다. 우리의 신념체계들은 바뀌었고, 이제 과학의 시대가 도래했다. 그러므로 우리는 성서 텍스트를 그대로 유지할 수 없다. 그것이 어떤 의미를 갖기 위해서는 해석이 필요한 것이다.

무한 반복되는 그런 논리는 아주 단순화하는 것이며, 외적인 명증성에도 불구하고 수많은 문제를 야기한다. 나는 이미 다른 관점에서 그 문제를 규명하려고 노력한 바 있다. 여기서 그 문제를 다시 거론하지 않겠다. 나는 그 논리를 그대로 인정한다. 그러나 그 논리대로라면 우리가 전혀 해석학적으로 자유롭지 않다는 점을 헤아려야 한다. 실제로 해석의 필요성을 입증하려는 경향을 가진 그 논리는 자유가 아니라 필연성의 질서에 속한다. 우리는 문화가 바뀜에 따라서 재해석을 계속해야 한다. 그러기를 거부하면, 우리는 그 텍스트를 전혀 이해할 수 없고 텍스트를 전한 최초의 증인을 다시 만날 수 없게 될 것이다. 거기서 우리에게 자유는 없다. 문화적인 것 때문에 해석을 해야 한다는 것은 단순히 인류문명사의 필연적인 흐름에 따르는 것일 뿐이다. 거기서는 어떤 면에서도 해석의 자유를 보장하는 것은 없다. 이점이 현대의 해석학에 대해서 내가 우려하는 측면이다. 해석학은 현대의 문화 환경과 더불어서 그 안에 있는 풍조들과 광기들과 과학적 외양들과 이데올로기에 종속된 것이다. 거기서는 어떤 자유도 발현되지 않는 것으로 보인다. 그렇기에 진리에 전혀 접근할 수 없는 것 같다. 성서 텍스트에 구조주의적인 방법을 적용하는 것이 자유의 행위가 아닌 것은 명백하다. 그러므로 다른 데서 해석학의 근거를 찾아야 할 필요가 있다.

그 근거는 우리를 자유롭게 하기 위해 하나님이 행한 역사에서 찾아야 한다. 하나님이 진정 우리를 자유롭게 한 것은 자동적인 상황이나 무한 반복의 틀에 우리를 집어넣기 위한 것이 아니다. 신앙의 자유를 고정된 체계로 바꾼 것은 성서적 문자주의이다. 그 체계는 지적인 형식으로는 스콜라주의를 따를 수밖에 없고, 윤리적인 영역에서는 반복적일 수밖에 없다. 종종 언급되었듯이 자동성과 반복성은 자유와 상반되는 것이다. 하나님이 우리를 해방시킨 목적은 의심의 여지없이 우리가 하나님의 뜻을 기뻐하며 그 뜻을 이루기 위한 것이지, 처음에 한 말씀을 무한정 반복시키기 위한 것이 아니다. 하나님이 우리에게 부여한 자유에 의해서, 우리는 하나님의 말씀을 객관화한 텍스트에 대해서도 자유를 가질 수 있다. 우리는 이 텍스트에 대해서 일정한 거리를 유지해야 한다. 우리는 계시로 주어진 기록을 해석하는 주체의 입장을 취해야[172] 한다.[173] 계시의 기록을 해석하는 것은 우리의 자유이지, 문화의 변화에 따른 자동적인 결과가 아니다. 계시자인 하나님이 사랑이며 자유인 까닭에, 하나님이 우리를 자유롭게 하고 또 우리를 자유롭게 하기 위해서 스스로를 계시한 까닭에, 자유를 주는 하나님의 말씀은 고정적인 해석에 묶일 수도 없고, 말의 반복에 그칠 수도 없다.

그러나 역으로 주 하나님의 말씀인 까닭에, 계시로 주어진 기록은 아무렇게나 다루어질 수 없고, 또 우리를 자유하게 하는 말씀인 까닭에, 이것은 그냥 내버려둘 수 없는 것이다. 바꾸어 말해서, 우리의 해석학적인 자유는 이 자유 자체를 창조한 말씀에 의해서 말씀에 결속된다.[174] 우리

---

172) ▲해방된 순간부터 우리는 자유로운 존재로 살아야 한다는 뜻에서 나는 여기서 불가피한 임무와 같은 의미로서 '해야 한다'는 표현을 의도적으로 사용한다.

173) 자비에 레옹-뒤푸르는 이 주제에 관해 훌륭한 예를 보여준다. 그는 사도 바울이 부활한 그리스도와의 만남에 대한 이야기를 정말 자유롭고 다양하게 전해주고 있음을 보여준다. 참조: Xavier Léon-Dufour, *La Résurrection de Jésus*(예수의 부활), 1971.

174) 이 부분에서 완전히 관념론적인 개념을 경계해야 한다. 그 예로서 셰플러(R. Schaeffler)의 흥미로운 논문이 하나 있다("La liberté comme principe herméneutique de l'interprétation des textes religieux", in *Heméneutique de la liberté religieuse*, 1968). 이 논문에는 흥미로운 논평들이 많이 나오는데, 그 기점이 되는 말은 이렇다. "헤겔은 '인류의 역사는 자유 의식의 진보 과정'이라고 말한다. 그러므로 역사의 사건들을 이해하기 위해서는 명백하게 이 자유를 해석의 원리로 삼아야 한다." 따라서 사람들은 자유를 텍스트의 해석학적 원리로 삼는다. 그래서 모든 것이 헤겔에 의한 역사의 '해석'에 의존한다. 거기에 대해 언급하지 않으면 않을수록 그것은 불분명하게 되고 확증되지 않는다. 셰플러가 한 것처럼 "자유는 언제나 인간의 행위와 함께 세계와 나의 암묵적인 비전의 실제 원리인 까닭에" 자유는 해석의 원리가 되어야 한다"고 주장하는 것은, 자신이 헤겔의 관념론에 속하여 있다는 사실뿐만 아니라 현실에 무지한 진부한 관념론에 굴복하고 있음을 주장하는 것이다. 이것은 내가 보기에 납득할 수 없는 결론을 산출한다. 특히 문화적이면서 또 예언적인 구약의 텍스트들이 우주론적인 면에서나 도덕적인 면에서 다 자유를 필요로 하고, 또 자유의식을 전제로 한다는 것이다. 이것은 텍스트에 기술된 인간과 하나님의 관계의 복합성을 고려할 때 아주 단순화한 논리에 지나지 않는다.

는 해석의 자유를 구실로 이 말씀을 떠날 수는 없다. 우리는 이 말씀을 존재하지 않는 듯이 처리할 수도 없고, 낱말 맞추기 퍼즐게임 하듯이 말씀을 가지고 장난할 수 없다. 내가 지금 상상 속의 위험을 말하는 것이 아니다. 특히 해석학을 즐기기 위한 해석학이란 내 생각에 많은 현대의 저작들 속에서 종종 발견되는 듯하다 있을 수 없는 것이다. 마찬가지로 '궁극적인 의미'Sens를 실제로 탐구할 때만 해석학적 자유가 존재할 수 있다. 의미sens는 별로 중요시되지 않는 구조주의에서 흔히 그렇듯이 방법만을 텍스트 분석에 적용할 때나, 의미작용signification만을 탐구할 때, 해석학적 자유는 존재할 수 없다. '궁극적인 의미'와 의미작용 사이에는 커다란 차이가 존재한다는 사실을 유념해야 한다. 나중에 보겠지만 서로 상반되는 경우도 있다.

그러므로 해석학적 자유는, '의미의 발현'을 얻기 위해서 우리가 성취해야 할 임무이고 우리의 능력으로 가야할 여정이다. 의미를 드러나게 하는 것은 성령의 역사가 아니면 있을 수 없다. 그러나 성령이 나타나기까지 행복하게 기다린다는 것은 아니다. 의미가 드러나도록 우리는 끊임없이 요청해야 한다. 여기서 우리가 요청하는 가장 엄정한 양식이 바로 해석학적인 작업이다. 해석에 관한 우리의 자유는 성령의 자유가 한 순간에 나타나는 것을 확실하게 보장하는 것이다.

그런데 거기에 하나의 유일한 해석학적인 방법만이 존재하는가? 명백하게 아니다. 거기에는 다양한 해석학적 방법들이 존재한다. 우리가 하나의 배타적인 해석 방법을 고안하려고 하자마자, 우리는 해석학적인 자유를 상실하게 된다. 이것은 마치 우리가 하나의 열쇠를 발견하여 그 열쇠로 모든 자물쇠들을 열려고 하는 것과 같다. 이것은 불가피하게 일탈을 불러온다.

영지주의, 알레고리, 카발라 등의 해석학들을 예로 들어보자. '그노시스'나 '알레고리'를 완전히 다 폐기해야 할 것이라고 말할 수는 없다.

오늘날 유행하는 '알레고리'에서 '아이러니'는 아주 찾기 쉽다. 또한 소위 과학적이고 현대적이라고 하는 해석학적이고 구조주의적인 많은 논설들에서 '아이러니'를 끌어내는 것도 정말 쉬운 일이라고 볼 수 있다. 성서 자체가 우리에게 알레고리나 영지주의적인 해석의 실례를 보여준다. 오류에 빠지는 것은 이것을 하나의 폐쇄적이고 보편적이며 배타적인 체계로 만드는 데 있다. 해석 방법을 찾았다고 주장할 때 우리는 해석학적 자유를 상실한다. 즉, 우리는 오류에 빠지게 된다.

역으로 시대적인 문화와 계시적인 말씀의 관계를 살펴볼 때, 우리는 '채택과 적응'adoption-adaptation의 복합적인 작용을 확인하게 된다. 주어진 역사적, 문화적 환경에서 계시의 개입은 리스D.Lys가 기술했던 바로서 다음과 같이 나타난다. 먼저 하나님의 메시지가 그 시대와 장소의 문화 양상들에 적응하여 그 속에서 작용하는 '체화'appropriation의 방식이 있고, 계시 내용과 문화 내용의 모순을 신속하게 드러나게 하는 '모순대립'contradiction의 방식이 있다. 거기서 완전한 적응이란 있을 수 없고, 체화가 일어날수록 모순대립이 더욱더 드러나게 된다. 그래서 '수용'expropriation이 일어나고, 계시된 내용에 의해 문화의 체계나 개념이 흡수되고, 계시된 의미를 위한 문화적 의미의 수용이 일어난다. 이것은 '부활'이나 '하나님'이라는 단어들에서 쉽게 발견된다. 해석의 자유는 문화적 개념들과 우리의 정신적 환경과 함께 동일한 작용을 한다. 그러나 이것은 이미 지적한 바와 같이 성서 텍스트에 대해 거리를 두는 것과 함께, 현대 문화에 대해 거리를 두는 것도 내포하는 것이다. 우리는 우리의 세계와 체계들을 위해서, 중동 지역과 헬레니즘 세계에 대해 성서 속에서 제시되는 동일한 작업을 계속 해야 한다. 계시가 우리에게 드러나는 중심 지점은 '체화'와 모순대립이 연결되는 지점이다. 그러나 해석의 자유는 성서 텍스트뿐 아니라 문화적 맥락에 대해서도 결정적이고 근본적인 것이고 또 그 기반이기도 하다.

오늘날 모든 해석학적인 작업을 망치는 것은 과학 이데올로기이다. 이것은 현대과학이 진리라는 신념이고, 과학적인 방법이 우리에게 '궁극적인 의미'를 알게 해준다는 것이다. 또한 이것은 우리에게 신화들과 거짓 이데올로기들로 구성된 성서적인 과거역사와, 우리가 마침내 도달한 정확한 과학적 사실 가운데 하나를 선택하도록 요구하는 것이다. 이 모든 것은 순전한 이데올로기이다. 우리는 과거의 가나안 사람들이 바알 신들과 다산의 여신상들에게 한 것과 똑같은 태도로 과학을 대한다. 그러므로 왜 해석에 단 하나의 유일한 방안만이 존재해야 하는가? 왜 과학적인 신성불가침의 진리라는 하나의 틀로서 성서 텍스트를 해석해야 하는가? 계시로 주어진 기록에 대한 문제 제기는 주어진 문화에 ^{우리의 문}화는 과학이다 대한 문제 제기를 포함한다. 해석의 자유는 계시로 주어진 기록에 대한 것만이 아니라 문화에 대한 것이기도 하다. 문화에 대한 해석학적 자유를 취하지 않음으로써, 우리는 계시로 주어진 기록에 대한 해석학적 자유를 상실하게 된다. 왜냐하면 우리는 앞에서 언급한 바와 같은 '체화와 모순대립과 수용'appropriation-contradiction-expropriation의 작업을 진행할 수 없게 되기 때문이다. 다시 말해서 우리는 원래의 증인들이 했던 것을 오늘날 다시 재현할 수 없고, 그래서 그들의 증언에 담긴 계시의 '궁극적인 의미'를 이해할 수 없게 된다.

해석학적 자유는 성서 텍스트의 내재적인 암호를 해독하는 방법으로 텍스트의 궁극적 의미를 탐구하는 것이 아니고, 문화적인 것에 대한 문제 제기를 통해서 '궁극적인 의미'를 발견하는 것이다. 이것은 계시로 주어진 기록을 해석하는 데 있어서 우리의 문화를 '체화'하는 것을 내포한다. 따라서 해석학적 자유는 대략 30년 전부터 취해온 해석학적 관행을 뒤집는 것을 뜻한다. 만약 그렇게 하지 않는다면, 우리의 과학적인 연구

방법은 아주 빠르게 경직화되어 카발라와 같이 될 것이다. 반면에 여기에 제시된 방안이 새로운 것은 전혀 아니다. 이것은 끊임없이 시도되어 왔던 것이다. '체화와 모순대립과 수용'의 방법을 사용한 것은 1세대의 그리스도인들만이 아니다.

아우어바흐Auerbach의 『미메시스』의 문화 연구에서 이것이 아주 잘 나타난다. 지적 영적 세계에서 유대교와 기독교의 자유에 대해서 이보다 더 심오한 연구를 나는 찾아볼 수 없었다. 서구세계의 이해에 핵심적인 이 책은, 유대교에 이어 기독교가 문화 환경을 근본적으로 변환시키면서, 고대세계에서는 분리했던 장르들을 혼합하여 현실에 대한 모든 묘사에 발생론적인 새로운 차원을 부여했다는 아주 충격적인 사실을 밝혀준다. 모든 발생론적인 사고는 그리스도인의 자유에서 비롯된다. 그러나 그리스도인의 자유는 또한 생성되는 실재의 증언이라는 생소한 형식을 통해서도 표현된다. 이 자유는 역사상 최초로 문화적인 범주들을 넘어서고 현실의 표상을 급변시켰다. '미메시스' 이론이 양식사 방법론과는 정반대의 입장을 취한다는 점은 명백하다. 과학적으로 아우어바흐는 과학적인 비평방법들이 도달할 수 없었던 깊이를 가지고 텍스트들을 더 잘 분석한다고 나는 생각한다. 왜냐하면 아우어바흐는 구약에서 신약에 이르는 현실의 표상에 관해서 사유의 일치를 보여주고, 신약에서 문제의 문화들과의 관계 속에서 그리스도인의 사유를 밝혀주기 때문이다. 현상들과 사건의 기술에서 나타나는 현실주의, 수직성의 삽입, 인물과 행위의 작용 등은 기독교 문화계에서 어떤 것에도 비견할 수 없으며 어디서나 얻을 수 없는 새로운 것들이다. 이것은 특유의 양식을 배출한다.[175]

결국에 가서 아우어바흐는 "신적인 질서를 거스르면서까지 형성되는

---

175) ▲아우어바흐는 그 양식을 미학적 제한이 없는 혼합 양식이고 부른다. 이것은 문화적인 것에 대한 그리스도인의 자유를 나타낸다.

역사적이고 개별적인 존재의 불멸성"이라는 개인에 대한 특별한 기독교적 정의를 보여준다. 거기서 또한 자유가 표현된다. "우리는 시간을 초월한 존재 속에서 역사의 생성을 목격한다." 이것이 교회사를 통해서 해석학적 자유가 계속된다는 확증이 된다. 그러나 또다시 이것은 계시로 주어진 기록에 대한 자유와 함께 문화적인 것에 대한 자유를 내포한다. 이것은 성서 텍스트를 평가하기 위해서 소위 과학적이라 부르는 문화적인 것에 순응하는 것이 아니다. 분석 방법 자체를 심사해야 한다. 성서적 '과학'이란 존재하지 않고 어림잡은 추정들이 있을 뿐이다. 객관성은 전혀 없으며, 언제나 숨은 동기들이 존재한다. 따라서 우리는 아주 자유롭게 행동해야 한다. 그러나 이 해석학적 자유가 오류의 가능성[176]과 연구의 자유를 초래하는 것은 명백하다.

하나님은 우리를 하나의 텍스트에 묶어두지 않는다. 하나님은 그 텍스트가 사문화되는 것을 원치 않는다. 하나님은 그리스도인의 삶이 '성령의 영감과 텍스트와 성령의 조명'으로 단순화된 자동방식에 따르는 것을 원치 않는다. 인간은 자신의 역할을 가지고 있다. 인간은 이 텍스트를 연구하고 자유롭게 분석해야 한다. 텍스트가 참인 것은 오직 성령의 조명에 의해 결정되는 것이라 하더라도, 그 성령의 조명은 자유로운 존재에게만 임할 수 있는 것이다. 다시 말해서 자유로운 인간은 자유 가운데 성서를 금기의 터부나 신성한 책이나 마법적인 책으로 평가하지 않는다. 인간의 자유와 성령의 조명은 정확하게 서로 일치를 이룬다. 왜냐하면 인간에게 자유를 부여하는 것은 성령이기 때문이다. 오직 인간의 자유를 통해서 성령은 조명의 활동을 할 수 있다. 성서 텍스트에 대한 자유가 없이는 성령의 조명도 불가능하다. 왜냐하면 그런 자유가 없다는 것

---

176) ▲그래서 일탈을 범할 권리를 인정하는 것이고, 이것은 타인의 자유를 인정하는 것으로 연결된다.

은 그리스도에 의해 해방된 인간이 성령의 첫 역사인 인간의 자유를 누리지 못한다는 걸 뜻하게 되기 때문이다.

인간을 향한 성령의 두 번째 역사는 무엇일까? 성서 텍스트에 대한 자유는 성서 텍스트와 직접 부딪치는 자유이다. 이것은 하나님에 대하여 하나님과 투쟁하는 자유와 같다. 그래서 인간은 가능한 모든 인간적 수단들을 다 동원해서 텍스트에 담긴 내용을 끌어내기 위해 노력한다. 이것이 주석이고 비평이고 연구 분석이다.

그러나 여기서 자유의 두 가지 정향, 즉 하나님의 영광과 이웃 사랑을 상기해야 한다. 만약에 자유가 이 두 가지 큰 정향을 따르지 않는다면, 그 자유는 아무런 의미가 없고 당치않은 것이 된다. 비평과 주석에 있어서, 자유가 하나님의 영광을 위한 것이 아니라면 이것은 아무 권리도 입지도 가질 수 없다. 자유는 한계가 아니라 지향이다. 만약 내가 나의 과학적인 방법들을 사용해서 결국 하나님을 공격하여 하나님을 붙잡거나 죽이려고 한다면, 그 방법들은 내가 자유의 존재가 아니라 진리에서 벗어난 존재가 되어있음을 드러내는 것이 된다. 나의 주석연구와 비평과, 그리고 텍스트에 대한 나의 자유는 그 유일한 목적이 우리에게 희미하고 약하게나마 하나님의 계시를 전달하는 텍스트 속에 하나님이 담아놓은 하나님의 찬란한 영광과 역사와 의미를 더 잘 알아내는 데 있다.

비평이 무기가 되어서, 선입관에서 벗어난 엇비슷한 자유주의 정신과 함께, 아주 독립적으로 텍스트를 공격하며 그 텍스트에 하나님은 없고 인간적인 특성만이 존재한다고 말할 때, 이것은 사실상 미리 정해진 것으로 과학적인 방법과 용법은 그저 수단에 지나지 않은 것이고, 단지 독립적인 인간의 독립성을 보여주며, 또 인간이 그리스도의 자유에서 벗어난 상황을 나타낼 뿐이다. 성서 텍스트에 대한 자유는 거기에 계시된 하나님은 어떤 존재이며, 그리스도 안에 계시된 사랑의 아버지는 누구인지 더 잘 알게 하는 것이 그 유일한 목적이다. 물론 그 반대로 비평을 변증론적인 수단으로 만들어도 안 된다. 이것은 하나님에게 영광을 돌릴 수 없는 것이다. 이것은 다만 하나님에 관한 하나의 이론을 드러내는 하나의 요소에 그칠 것이며, 어떤 유익도 없고, 또 자유를 표출하지 않는다. 내가 말하고 싶은 바는, 그리스도의 자유 안에서 그 이외의 다른 동기는 전혀 없이 올바르게 이루어지는 비평은 하나님의 계시를 더 잘 밝혀준다는 것이다. 즉, 하나님의 영광을 더더욱 잘 드러내고 하나님을 더더욱 찬양하게 한다.177)

자유의 두 번째 커다란 정향은 사랑이다. 그래서 성서 텍스트에 대한 자유의 비평은 결코 이웃사랑을 깨뜨릴 수 없다. 그 비평은 마음은 있지만 성서를 읽을 능력이나 시간이 부족한 교회 사람들을 위해서 적절한 지적인 수단을 가진 사람에 의해 교화하는 목적으로 작성되고, 사람들에게 계시의 기록인 성서에서 하나님의 사랑을 더 깊이 인식하게 하여 형제들에게 더 깊은 진리를 알게 하는 것이어야 한다. 역으로 그 비평은 결코 이웃사랑을 해치는 것이 될 수 없다. 다시 말해 비평은 결코 혼란을 유발하고 불안과 의심을 야기하여 진실하고 참된 신앙을 사회적인 종교적 신심이 아니라 파괴해서는 안 된다. 성서에 대해 자유를 느끼는 사람은 "아무튼 다른 사람들은 안 됐지만 나는 내가 할 바를 하는 거야."라고 말하면서 허세를 펴서는 안 된다. 그러나 나는 독자들이 어떻게 반응할지 잘 안다. "자유란 전혀 존재하지 않기에 그건 다만 거짓 비평에 지나지 않아. 또다시 그리스도인들은 자유를 말하지만 곧바로 없애고 말 거야."

---

177) 그러나 아주 선하고 진실한 의도가 신성모독적인 신학으로 나타날 수 있다는 것도 분명한 사실이다. 카스텔리(Castelli)가 그 사실을 지적한다(*L'herméneutique de la liberté religieuse*, 1968). "분명히 신성모독적이길 원하지 않는 신성모독적 기독론이 존재한다. 이것은 그리스도의 신성에 관해 아주 참된 지식을 전한다고 한다. 물론 엄밀한 논리적 관점에서 이 지식은 완벽하게 구축되어 있어서 타당성이 있다. 그런데 신성에 대한 관점에서, 이것은 터무니없고 받아들일 수 없다. '거기서 자유는 하나님이 없는 신학, 하나님의 부재에 관한 이론을 수립할 가능성이 있다.'"

우리는 뒤에 가서 사랑과 자유의 관계를 다시 살펴볼 것이다. 여기서는 다만 그리스도 안에서의 자유를 논하고자 한다. 성서 텍스트는 이웃을 위한 하나님의 사랑을 담고 있다. 그러므로 내가 성서 텍스트를 하나님이 나를 사랑하듯이 사랑하는 이웃에 대한 무기로 이용할 수도 있고, 또 내가 모든 주석 자료들을 가지고 바로 그 성서 텍스트를 검토하여 하나님이 이웃을 사랑한다는 사실을 깨우칠 수도 있다. 어떻게 하나님의 사랑을 더 잘 이해하게 하는 비평을 사용하여 이웃을 절망과 의심에 빠지게 할 수 있을까? 만약에 나의 비평이 이웃을 절망에 빠지게 한다면, 한마디로 그 비평은 잘못된 것이다. 나의 텍스트에 관한 과학적 분석이 그리스도의 자유에 기초하지 않고 다른 동기들에서 출발했던 것이다. 결정적인 것은 바로 그 사실에 있다. 어떤 동기로 나는 성서 텍스트의 비평을 한 것인가? 만약에 내가 그리스도 안에서 자유를 누리기에 성서 텍스트에 대해 자유로워서 그렇게 한 것이라면, 그건 완벽하다. 그러나 나는 하나님의 영광과 이웃사랑이 어떤 것인지 안다. 내가 하는 성서해석은 계시에 대한 이해와 찬미 이외의 다른 것일 수 없고, 이웃을 교화하는 긍정적인 봉사이어야 한다.

그러나 나는 많은 다른 이유에서 성서 텍스트에 대해 자유를 느낄 수 있다. 나는 많은 다른 동기로 거기에 과학적인 방법을 적용할 수 있다. 나는 성서 텍스트를 보통의 역사적인 문서로 합리적으로 평가할 수 있다. 과학적인 열정이 넘쳐서 어떤 절제나 성찰 없이 아무 자료나 다 사용하기로 결정할 수 있다. 그러나 이 모든 것은 그리스도의 자유와는 아무 상관이 없다. 내가 한 성석해석은 내가 믿는 바를 따라 계시의 부재를 입증하는 것일 수도 있고, 나만큼이나 아둔한 사람들에게 혼란을 줄 수도 있다. 이와 같은 길로 정말 들어설 수도 있다. 하지만 이 길은 하나님에게 반역하는 인간의 독립을 향하는 길이다. 과학은 하나의 수단에 지나지 않는다. 과학의 신봉자들이 어떻게 생각하든 간에 과학은 결코 객관적이지 않기에 역사 과학은 다른 어떤 것보다 덜 객관적이다 사람들은 과학에 대해 수많은 다른 견해를 말할 수 있다. 죄인인 인간이 과학을 다룬다는 사실을 잊지 말자. 외적으로는 합리적이고 정확하고 의심의 여지가 없는 과학의 산물들은 사실 죄인이 자신의 죄를 집어넣어 만든 결과물이다. 하나님을 부정하고 이웃을 홀대하는 성서해석은 더 이상 과학적인 것이 아니고, 죄인이 세운 다른 가설들의 결과이다. 우리는 적용된 과학적 방법의 정확성이 아니라 인간의 마음에 끼친 영향을 통해서 성서해석의 이유와 의미를 알 수 있다.

하나님의 영광과 이웃 사랑을 기준으로 삼아서, 하나님이 손수 관여한 성서 텍스트에 대해서 과연 내가 하나님이 내게 부여한 자유를 따른 것인지 아니면 단지 내 마음의 충동과, 하나님을 향한 아주 번지르르한 과학적인 증오심과 독립의지를 따른 것인지 분별할 수 있다.

2) 일탈의 자유

19세기 말과 20세기 초에 개신교 내에 모더니즘과 자유주의의 위기와 함께 교회의 전통적인 입지에 대한 문제 제기가 진행되었다. 교회에서 다른 가치들을 언급하기 시작했다. 그 가치들은 먼저 이웃사랑, 그리고 그리스도인의 모든 교회에서 관념적으로만 다루어왔기에 실천적인 삶의 차원이 아닌 겸손과 인격적인 존중과 과학적 사실의 존중 들이다. 사람들은 계시 속에서 이것은 언제나 신학자들의 몫이다 진리의 중심을 다시 인간에게 두는 교회의 이 새로운 입장에 대한 합당한 근거들을 찾았다. 교회는 인간이 일탈을 범할 권리를 가지며, 그 일탈의 어둠 속에서 인간이 종종 진리의 몇몇 불꽃들을 발견하게 된다는 사실을 점차적으로 인정했다. 교회는 또한 다른 그리스도인들이 진리의 일단을 보유할 수 있고, 일탈을 범한 사람들의 의견도 들어봐야 한다는 점을 인정했다. 왜냐하면 계시된 진리조차도 결코 완전히 명확한 것은 아니기 때문이다.

세상에서는 인간이 일탈을 범할 권리를 인정하는 자유주의가 후퇴해 가고 있는 즈음에, 교회가 그 권리를 다시 발견한 것은 이상한 역설적인 현상이다. 교회가 자유주의적인 입장을 취한 이 시기에, 엄격한 정통주의가 다시 등장했고, 다른 것을 인정하지 않는 정교분리주의는 공격적이 되어 자신만이 유일한 진리라고 주장했고, 나치즘은 아주 공개적으로 절대적인 진리를 자처했고, 상대적으로 자유주의적이었던 공산주의는 전체주의화되어갔고, 이데올로기들은 더 이상 회의주의나 일탈을 관용하지 않았다. 더욱이 교회가 과학적인 진리의 가치를 인정하게 된 시기에 과학은 회의주의로 진입했다.

1920년 이래로 계속해서 과학 전체가 위기를 겪으면서 확실하고 명백한 지식에 이르지 못하리라는 회의를 하게 된다. 역사에 대한 가장 최근의 정의는 역사라고 부르는 것은 모두가 다 인간의 무지의 한계를 기록한 것에 불과하다는 것이다. 이런 시대에 와서 교회는 과학이 참된 중대한 사실들을 발견했다고 인정한 것이다. 모든 과학자들이 "우리는 우리가 어디로 가는지 잘 모른다"고 토로할 때, 로빈슨Robinson과 불트만은 과학적인 이성을 가진 과학적 인간이 존재한다는 명제를 자신들의 이론의 토대로 삼는다.

권위주의적이고 회의주의적인 과학계를 앞에 두고서, 교회는 이상하게 급선회하여 휴머니즘과 자유주의와 민주주의와 일탈을 범할 권리를 옹호하게 된다. 이것이 단지 전통적으로 교회가 현실과 동떨어져 있는 현상이라고 할 수 있을까? 세상이 자유주의적이었을 때 교회는 전통적이었던 것과 같이 교회는 언제나 뒤늦게 세상을 따라가기 때문에, 이제 세상이 전통적이니 교회가 자유주의를 찾는 것일까? 이유가 단지 그것일까? 문제를 더 깊이 파악하려면, 우리 그리스도인들은 문제 제기한 것을 우선적으로 다시 검토해봐야 한다.

우리는 교회의 이 새로운 입장이 정말 기독교적인 것이고 영적인 진보를 이룬다고 쉽게 용납한다. 그러나 이게 정말 확실한가? 교회가 이 새로운 입장을 취한 것이 정말 영적인 동기로 하나님에게 순종하기 위한 것인가? 오히려 역사적인 상황에 따라서 교회가 하나의 사회적 유기체로서 변화한 것이 아닌가? 교회가 자유주의적인 입장을 취하게 된 것은 교회가 더 이상 사회를 지배하지 못하기 때문이 아닌가? 콘스탄티누스 시대가 끝나 기독교국가 체제[178]가 더 이상 존재하지 않고, 국가가 더 이상 교회를 위해 봉사하지 않으며, 기독교 이데올로기가 더 이상 개인의 행위와 사회제도에 영향을 미치지 못하기 때문이 아닌가? 당시에 교회가 일탈을 범할 권리를 인정한 것은 "용기를 잃지 말고 불운을 견뎌내라"고 하는 진부한 입장을 다시 취한 것이다.

거기서 한 걸음 더 나아가 보자. 잘 알다시피 오늘날 기독교는 자체적으로 이의가 제기되고 있으며 소수의 종교가 되어서, 더 이상 세상을 품에 안고 해마다 새로운 예비신자들을 헤아리곤 했던 지배적인 종교가 아니다. 기독교는 거의 어느 곳에서나 수세에 몰려 있고, 이슬람에게도 뒤져 있다. 이런 시점에서 공산주의와 이슬람에 대항해서 일탈을 범할 권리를 옹호하는 것은 공산주의자들과 이슬람교도들에게 기독교인이 될 권리를 인정해달고는 요청하는 것과 같다. 개인의 자유를 옹호하는 것은 개종의 가능성을 유지하려는 것이다. 사실 교회의 자유주의적인 입장은 교회가 그 힘을 잃고 기독교가 실제로 문제시되는 나라들에서 명확하게 나타난다.

---

178) [역주] 313년에 로마 황제 콘스탄티누스의 기독교 공인 이후 확립된 기독교국가 체제를 말한다. 참조: 자끄 엘륄, 『뒤틀려진 기독교』, 대장간 역간, 2012.

내 생각에 거기에 문제의 핵심이 있다. 통속적으로는 '배가 가라앉을 위기에서 밑바닥 짐을 조금 덜어내기'와도 같은 이 양보적인 입장은 실제로는 기독교적이지 않은 결과들을 낳는다는 사실을 깨달아야 한다. 이 입장은 세상의 사상들과 통합하여 혼란을 불러온다. 예컨대 이것은 철학적인 자유주의나 불가지론과 기독교적인 입장을 뒤섞는다. 사람들은 하나의 유일한 진리가 존재한다는 사실을 인정하지 않게 된다. 진실한 그리스도인이라면 애매한 중립성을 나타내는 이 형이상학적 자유주의는 계시와 양립할 수 없다는 사실을 받아들여야 한다. 이 자유주의는 타인도 진리와 계시의 한 부분을 가지고 있고 내가 전부 다 가지고 있는 것은 아니라는 기독교적인 겸손이 아니다. 세상이 말하는 자유주의는 언제나 형이상학적인 자유주의이다. 그러나 그리스도인에게는 애매한 중립성이 있을 수가 없다.

마찬가지로 그리스도인으로서 말하는 관용은 난처한 혼란을 불러온다. 관용은 기독교적인 덕목이 아니다. 왜냐하면 관용은 부정적이고 소극적인 태도이기 때문이다. 관용은 그 단어가 가리키듯이 참되고 진정한 대화가 없이 타인의 존재를 관용하는 것이다. 관용은 언제나 경멸과 무지와 소원疏遠을 내포한다. 이것은 일탈이나 죄에 대해 눈을 감는 것이다. 이것은 "서로를 용인하라"는 성서의 요구와는 전혀 일치하지 않는다. 그 말씀은 서로 의지가 되어라, 상대방의 버팀목이 되어라, 라는 말이다. 너희는 일탈을 범한 사람을 붙들어주고 지원하고 도와야 한다. 너희는 그와 동일한 길을 가는 것이다. 우리가 일탈을 범할 권리를 선언하는 것이 사회적인 이유에서라면 우리는 언제나 자유주의적인 불가지론이나 관용 중의 하나를 선택하는 것이다.

이제 사회적인 관점에서 또 다른 덫이 존재한다. 이것은 사랑의 덫이다. 사람들은 기독교에서 사랑의 우위를 다시 주목한다. 이것은 이웃의 인격을 존중하게 한다. 그러나 사람들은 이웃의 죄와 잘못과 함께 그의 인격을 너무나 존중하는 나머지, 진리에 어긋난다 할지라도, 그 인격에 상처를 주는 것은 전부 다 용납할 수 없는 것으로 본다. 이웃은 우리 눈에 너무나 가치 있고 중요하기 때문에 우리는 이웃과 온전한 대화조차 가질 수 없다. 이웃은 잘못에 대해 일종의 무조건적인 권리를 갖는 것이다. 그래서 그는 절대적으로 존중을 받아야 한다. 그러므로 우리는 이웃을 힘들게 하지 않기 위해서 진리를 감출 태세가 되어 있다. 여기서 우리는 역사 속에서 시소처럼 양쪽으로 오고가는 교회의 활동 방향들을 발견한다. 그 하나는 엄격하게 진리를 표명하여 이웃보다 중요시하면서, 사람들이 진리를 받아들이도록 강요한다. 이것을 위해서는 협박과 징벌을 포함하는 모든 수단들이 다 좋다. 다른 하나는 이웃을 향한 센티멘털한 사랑에 헌신하여, 모든 걸 다 허용하고, 더 이상 진리를 표명하는 일도 감행하지 않는다.

정말 어려운 일은 사랑 가운데 진리를 표명하는 것이다. 이것이 일탈을 범할 권리의 진짜 문제다. 그리스도인으로서 우리가 일탈을 범할 권리를 말할 때 뜻을 명확히 할 필요가 있다. 일탈은 일탈이다. 일탈을 범할 권리는 진리가 준거기준이라는 사실을 내포한다. 이것은 인간이 아무 말이나 다 하는 무조건적인 권리일 수가 없다. 이것은 타인에 대해서 모든 것을 다 인정하고 긍정하고 수용하는 태도일 수가 없다. 일탈을 범할 권리를 인정하는 것은 자유주의나 관용을 뜻하는 것이 아니다. 이것은 아주 작은 일탈일지라도 일탈을 진리와 동일시하는 것을 뜻하지 않는다. 일탈을 많이 범하는 철학 사상들이 있는가 하면 일탈을 덜 범하는 철학 사상들도 존재한다. 그러나 아주 작은 일탈이라도 일탈은 일탈이다. 이 점에 대해서 우리는 정말 엄격해야 한다.

이단을 인정하고 그 중요성과 필요성을 받아들이는 것은 과거의 태도이다. 아우구스티누스는 고린도전서 11장 19절을 인용하면서 "이단들이 존재해야 한다"고 말한다. 이단들은 존재한다. 그러나 이단은 이단이다. 우리는 계시된 진리를 상대화하는 것을 관용할 수 없다.

결국 일탈을 범할 권리는 우리가 진리라고 부르는 것을 되찾아서 기독교에 통합시키려는 목적으로 종합하는 것을 결코 뜻하지 않는다. 우리는 기독교를 인간의 모든 사상들을 총괄하는 하나의 체계로 삼으려고 하지 말아야 한다. 또한 인간의 인격에 최고의 가치를 부여하여, 인간이 저지른 일탈이 진리를 변질시키는 것을 용인하지 말아야 한다.

우리가 문제 제기된 것에 대해 재검토 했고, 개방성과 자유주의와 일탈에 대한 권리를 인정하는 우리의 태도를 비판했다면, 이제 우리는 일시적인 역사적·사회적 근거들을 넘어서서, 또 지적인 사조에 대한 교회의 적응을 넘어서서, 일탈의 권리에 대한 기독교의 근거는 무엇인지 살펴보아야 한다.

거기에는 두 개의 '결정론적 요소들'이 있다. 첫 번째 요소는 계시 안에서 진리와 사랑의 불가분리성이다. 진리의 내용은 사랑이다. 진리는 사랑을 반영한다. 복음서 전체와 요한 서신서는 우리에게 아주 분명하게 그 사실을 밝혀준다. 따라서 기독교의 진리를 강요한다는 것은 있을수가 없다. 지적인 강요도 안 된다. 변증론은 지적인 테러리즘의 한 사례가 된다. 타인이 진리를 받아들이고 깨달을 수 있는 유일한 길은 사랑에 그 근원이 있다. 우리는 타인을 있는 그대로 그가 범한 일탈들조차도 받아들여야 한다. 그리고 우리는 그 일탈이 서로 안면을 익힌다고 해서, 남들이 지지한다고 해서 또는 분명한 신념이 있다고 해서, 지워지지 않는다는 걸 알아야 한다. 그것은 계시에 의해서만 지워진다. 계시의 이러한 능력은 타인이나 나나 혹은 사도 바울이 말하듯이 원하는 사람이나 달려가는 사람에게 달려 있지 않다. 그 능력은 실제로 하나님이 사랑을 드러내는 순간에 우리의 만남 가운데서 생겨난다. 그와 동시에 진리가 드러난다.

반면에 진리의 모든 내용은 곧 사랑이라고 할 때, 그 사랑은 이런저런 사랑을 뜻하는 것이 아니다. 그것은 이런저런 인간적인 감성과 같은 것이 아니다. 그것은 현재의 수많은 긍정적인 주장에도 불구하고 '에로스'가 아니다. 그것은 진리와 결합된 사랑, 즉 오직 예수 그리스도 안에서 하나님이 우리에게 계시한 사랑이다. 하나님과 형제들을 향한 인간의 사랑은 부족한 것도 감상적인 것도 아니고 통속적으로 사랑이라고 부르는 감정들에 속하는 것도 아니다. 그것은 하나님의 사랑에 대한 인간의 온전한 응답이다. 나는 여기서 루이 9세에 관한 페기의 훌륭한 글[179]을 떠올린다. 그 글에서 나오는 응답이 진리와 결합된 사랑의 응답이다. 그것은 노예의 엎드림이 아니다. 그것은 위엄과 위세와 남성다움과 자부심을 지닌 한 프랑스의 제후가 자신의 잘못들을 다 내어놓고 무릎을 꿇은 것이다.

인간을 향한 이 사랑은 요구하는 사랑이다. 진리를 요구하는 사랑이다. 성서에서 '질투하는 하나님'이라는 말은 바로 이것을 가리키는 말이다. 하나님은 너무도 완전하게 사랑하기에 사랑하는 피조물이 잘못되는 것을 받아들일 수가 없다. 하나님은 사랑이기에 인간이 일탈과 거짓과 죄 가운데 있는 것을 견딜 수 없다. 그러나 또한 우리가 맺은 타인과의 관계가 진리와 결합한 사랑이라면, 우리는 타인에 대해서 어떤 우월감도 어떤 지배욕도 내세울 수가 없다. 우리는 그에게 결코 안내자요 빛이요 손윗사람이라고 내세울 수 없다.

일탈의 자유에 관한 두 번째 성서적 근거는 성서에서 계시된 바대로

---

179) [역주] Charles Péguy(1873-1914, 프랑스 작가), "Quand Saint Louis tombe à genoux", in *Le Mystère des Saints Innocents*, 1912.

인간을 향한 하나님의 태도이다. 하나님은 인간이 범한 잘못을 언제나 수용한다. 하나님은 인간의 역사에 개입하여 인간의 행한 잘못된 일들을 활용한다. 하나님은 전능한 존재이지만 또한 인간의 독립성을 존중하고 결코 사랑이나 진리를 받아들이도록 인간을 강요하지 않는다. 아담에 대한 하나님의 태도가 이와 같다. 그러나 하나님은 아담이 선택하도록 내버려두고, 또 아담이 잘못하는 것도 그대로 두었다. 우리는 이스라엘에 왕정이 수립될 때도 하나님이 동일한 태도를 취한 것을 본다. 이스라엘 백성은 그때까지 하나님의 직접적인 인도를 받았지만 다른 국가들과 같이 왕정을 원했다. 사무엘은 그걸 막으려고 했지만 실패했다. 하나님은 사무엘에게 "버림받은 것은 네가 아니다. 그들은 나를 버린 것이다."라고 말한다. 그리고 하나님은 왕정에 따른 재앙들, 즉 군역, 세금, 징발, 억압, 투옥 등을 명시한다. 그러나 하나님은 자기 백성이 잘못하는 것을 수용한다. 첫 번째 왕은 사울이었고, 실제로 잘못되었다. 그런데 두 번째 왕은 다윗이다. 다시 말해서 하나님은 자기백성의 잘못과 불순종을 이용하여, 자신의 계획에 들어맞게 하였다. 하나님은 다윗으로 하여금 예수 그리스도의 조상이 될 뿐만 아니라 하나님의 왕권을 선포하게 했다.

또한 발을 씻긴 열두 제자들 중의 하나였던 가룟 유다의 잘못을 끝까지 수용하는 예수의 태도를 돌아보자. 우리는 거기서 어느 정도까지 하나님이 인간의 잘못과 배신을 수용하는지 알게 된다. 계시록은 우리에게 이 땅 위의 주 예수 그리스도를 어떤 모습으로 보여주는가? "나는 문밖에 서서 문을 두드린다." 그리스도는 문을 부수지 않는다. 그리스도는 우리 문 앞에서 애걸하며 우리가 문을 열어주기를 기다리면서, 또 문을 열어주지 않는 것도 수용한다. 하나님은 이스라엘 백성에게 잘못을 범할 권리를 불가해한 사랑의 계획의 한 요소로 인정했다. 사도 바울은 로마서에서 하나님이 이스라엘 백성으로 하여금 이방인들이 계시를 받아들일 수 있도록 예수에게 잘못을 가하며 하나님의 백성이기를 그치게 했다고 한다. 이스라엘 백성은 마음이 강퍅해지고 닫혀졌음에도 불구하고 선택받은 백성으로 계속 남아있어서 하나님의 나라에 첫 번째로 들어가게 된다. 왜냐하면 이스라엘은 참된 감람나무요 참된 뿌리이고, 우리 이방인들은 접붙여진 존재이기 때문이다. 우리는 두 번째인데, 두 번째로 오는 것이 반드시 더 나은 것은 아니다. 사도 바울이 말하듯이, 그들의 죽음이 우리가 회개할 계기가 되었다면, 그들이 회개하는 것은 죽은 자들 가운데서 부활하는 것이 되지 않을까? 이스라엘 백성이 첫 번째로 하나님의 나라에 들어갈 것이고 교회는 그 뒤를 따를 것이다. 그렇게도 불순종과 배신을 저지르며 잘못할 권리를 향유한 후에, 이스라엘은 그럼에도 불구하고 하나님의 마음에 제일 가까이 있는 존재가 된다.

하나님이 인간에게 잘못할 권리를 부여하고, 진리에 대한 인간의 독립성을 존중하며, 우리 각자를 용인하면서 그토록 커다란 인내를 베푸는데, 남부럽지 않은 타인들이나 비참한 처지의 타인들에게 동일한 권리를 인정하지 않을 수 있을까? 우리가 어떻게 하나님보다 더 완고할 수 있을까? 우리가 어떻게 하나님보다 더 인내하지 않을 수 있을까? 예수가 제자들에게 진짜 알곡을 뽑아버릴 위험성이 있으니 가라지를 뽑지 말라고 한 말을 상기하자.

그렇다면 잘못을 피하기 위해 애쓰지 말라는 말인가? 우리는 그냥 수동적이 되어야 하는가? 그건 물론 아니다. 하나님은 인간이 저지른 잘못들을 활용하여 하나님의 계획 내에 포함시킨다. 그러나 타인에게 잘못할 권리를 인정하고 인내하는 것은 활동을 하지 않는 것이 아니다. 왜냐하면 하나님의 계시는 숨길 수 없기 때문이다. 그러나 우리는 위에서 언급한 대로 사랑 가운데 진리를 표명하라는 말을 되돌아봐야 한다. 나는 여기서 '표명하다'의 'pro-fari'180)는, 언어의 유희가 아니라, '앞에서 말하다'는 의미와 더불어 '위해서 말하다'는 의미도 가진다고 믿는다. 진리를 표명할 때, 우리는 인간을 해치는 것이 아니고 인간을 위하는 진리를 전한다. 이 진리는 복음서에 포함된 율법적인 하나님의 요구일 경우조차도 복음이다. 율법과 복음은 하나이다. 성서에 나오는 하나님의 말씀은, 하나님이 우리에게 그 엄청난 내용을 전한 것일지라도, 복음이 없는 순전히 정죄에 그치는 경우는 결코 존재하지 않는다. 하나님이 나에게 정죄하는 말씀을 할 때조차도, 나에게 말씀하는 존재는 사랑의 하나님이다. 바꾸어 말해서, 존재하는 유일한 나쁜 소식은 하나님이 나에게 말하는 것을 멈추는 것이다. 성서 전체에서 "내가 외면하리라"는 말씀은 하나님이 인간을 외면한다는 것으로 바로 재앙이다. 그러나 하나님이 우리에게 말씀하는 한, 그 말씀이 우리를 정죄하는 것이든 훈계하는 것이든 엄명하는 것이든 간에, 그것은 복음이다.

우리는 잘못을 범했다고 여기는 사람을 해치는 것이 아니라 그 사람을 위하는 사랑의 복음을 전하는 존재가 되어야 한다. 여기서 중요한 무기는 중보 기도이다. 중보 기도는 타인에게 연구와 일탈의 완전한 자유를 허용하는 것이다. 그러나 우리에게 중보기도는 타인 안에서 진리를 찾는 원천이고, 타인을 위한 우리의 참여행위이고, 타인이 주께로 나아가는 여정에 동행하는 것이다. 이것은 타인으로 하여금 내가 가는 길을 따르게 하는 것이 아니다. 이것은 우리가 알기론 잘못된 타인의 여정에, 하나님이 우리와 함께 여정을 가듯이, 우리가 타인과 동행하는 것이다. 그렇게 함으로써 우리는 주를 향해 타인과 함께 나아가는 것이다. 왜냐하면 우리가 알다시피, 교회에 주어진 약속인 바, 교회가 누군가와 동행할 때, 주가 함께하기 때문이다. 바로 그런 이유에서 우리는 타인의 모든 잘

---

180) [역주] '표명하다'는 프랑스어로 'proférer'이며, 그 라틴어 어원은 'profari'가 된다.

못을 존중하면서, 계시된 유일한 진리를 향해 타인과 함께 나아가야하는 것이다.

3) 연구의 자유

르네 코스트René Coste가 잘 지적했듯이 연구하는 태도는 그리스도인의 삶에 근본적으로 중요한 것이다. '진리에 대한 자유로운 개인적 연구의 역동성'이 존재한다. 개인적인 차원과, 타인들과의 관계적 차원에서 그리스도인은 '나그네 인생'homo viator의 처지를 받아들여야 한다. 그리스도인은 진리는 고유한 것으로서 어떤 체계에도 속하지 않고 모든 것에 대해 언제나 문제 제기할 수 있다는 사실을 알아야 한다. 그 문제 제기는 하나님의 돌연한 출현이나 사회적 환경의 진화나 사단의 의문 제기 등에서 비롯될 수 있다. 그러나 그 근원이 무엇이든 간에, 그것은 인간이 결코 하나의 진리 안에 확고히 서있거나 하나의 원리를 소유하지 않는다는 사실을 인정하는 걸 뜻한다.

그러나 리쾨르가 말하는 '결정적인 단계'에 우리가 진입했다는 것이 확실한 사실일까? 리쾨르는 말한다. "우리는 기독교의 새로운 단계에 접어들었다. 이 단계는 말씀의 해석에 있어서 새로운 종류의 자유를 요청한다." 이것이 과연 새로운 단계일까? 아니면 일시적인 위기일까? 우리가 기독교의 근원에 아주 가까이 접근해가고 있다는 리쾨르의 말은 물론 맞는 말이다. 네 개의 복음서가 있어서 서로 대조를 이루는 것은 원래 해석의 자유가 있었다는 사실을 입증한다는 리쾨르의 주장은 합당한 것이다. 나 역시 동일한 결론에 이르렀지만 그 경로는 완전히 다르다. 그러나 우리가 그걸 해석학적으로 대응해야 하는 것인지는 나는 확신할 수가 없다. 해석학에 대한 집착은 전통적 복음 선포가 현대사회의 변화에 부조화를 일으키는 것과 같은 위기상황을 단순히 반영하는 것이 아닐까? 복음이 원래 '정상적으로' 받아들여지고 이해되었다는 것이 확실한 사실이어야 한다. 또 우리가 파악한 현대사회 변화의 표지들이 정확하다는 것이 확실한 사실이어야 한다. 이 두 가지 점들이 틀린 것이라면 내가 보기에 해석학 연구자들이 다 그런 일탈에 빠진 것 같다 모든 해석학적 연구는 그 전제부터 잘못된 것이다. 그렇기 때문에 나는 연구의 자유라는 정향에 대해 납득할 수 없다.

신학적인 연구와 과학적인 연구를 비교한다면, 이 연구의 자유는 당연할 듯싶다. 알다시피 계획과 한계 설정과 정의가 없다면, 연구란 존재할 수 없다. 다른 한편으로, 주석, 역사, 언어학 등과 같은 성서연구에 인접한 학문의 진보는, 그 성과를 활용하고자 할 때, 신학적인 면에서 자유의 중요성을 명백하게 한다. 이 자유에 대해서 회의를 가질 때, 그리스도인이 신앙에 대한 문제 제기를 거부하지 말아야 한다는 데 대해서 반대하게 된다. 이제 신학 연구 앞에 놓인 모든 장애요소들은 잘못된 동기들에 연유하게 된다. 신앙이 붕괴될까, 하는 두려움이 하나의 동기가 될 수도 있고 그러나 시련을 견디지 못하는 신앙이 신앙인가? 혹은 신앙고백과 상반되는 교조주의의 영향이 또 다른 동기가 될 수도 있다. 이 모든 주장들은 겉으로 보기에는 일리가 있고 확고한 논거가 있다. 그러나 단지 겉으로만 그렇다. 그 연구 대상의 존재와, 연구목적과 신학의 불가분리성을 감안할 때, 신학의 특수성을 이해하기는 별로 어렵지 않다. 연구의 자유를 논증하려는 주장들은 신학의 특수성을 감안하지 않고, 그 문제를 한쪽에 제쳐둔다. 반면에 훨씬 더 진지한 또 다른 일련의 주장들이 존재한다.[181] 이 연구의 자유를 복음서의 자유와 관련시켜 볼 때, 이 연구가 생명과 신앙의 활동을 보여주고 있다는 사실이 밝혀질 수 있다. "왜냐하면 신앙은 결코 닫힌 개념들에 고정될 수 없고, 문제 제기가 불가능한 기존관념에

---

181) 신학 연구 상황(1968-1971)에 대한 델테이(G. Delteil)의 보고서를 참조하라.

묶여있을 수 없기 때문이다. 신앙은 결코 하나의 지식을 보존하는 언어를 반복하는 것일 수 없다. 신앙은 언제나 사도적인 증언을 다시 살펴서 해석하도록 요구한다. 해석한다는 것은 오늘날의 사람들에게 새로운 언어를 창조하는 것이다." 이것은, 사상과 삶의 관계와 마찬가지로, 정말 중요한 것이고, 그리스도인의 삶이 자유를 구현하는 삶이라면 사상의 자유를 표명하는 것이다.

그런데 연구의 자유는 완전한 독립성과 더불어서 아무 말이나 할 수 있고 어느 방향으로나 나아갈 수 있는 가능성을 포함하는가? 여기서는 질문을 단계화하는 것이 필요할 성싶다. 첫째, 방법론이 연구를 명확히 하는 데 충분한 역할을 하는가? 둘째, 선행 연구들을 이어가는 것이 필요한가? 셋째, 목적이 있는가? 넷째, 선결적인 요건들이 존재하는가? 다섯째, 제한이 있는가? 이와 같은 질문들이 차례로 제기되어야 한다.

첫째로 방법론에서 과학을 규정하는 것은 과학적 방법이라는 말을 흔히 듣게 된다. 그렇다면 과학의 자격을 요구하는 신학의 주장이 정당화되기 위해서, 연구자가 엄격한 방법을 적용하기만 하면 충분하다. 방법의 엄격성과 정확성이 연구의 과학적인 질을 보장하기만 한다면, 연구자는 어떤 방향이든 택할 수 있고, 어떤 계획이든 세울 수 있으며, 신학의 영역이 방대하니 어떤 연구든 진행하기만 하면 된다. 그러나 이것은 내가 보기에는 완전히 잘못된 것이다. 사실상 인간과학의 방법론을 자연과학의 방법론에 견주는 것은 정말 불가능하다. 방법론적인 관점에서 역사가 과학이 아니라는 점은 정확하게 입증될 수 있었다.[182] 불확실성이 많은 이 영역에서는, 허위의 정확성을 내세우는 구조주의와 함께한다 해도, 진정한 방법론적 엄격성이란 결코 있을 수가 없다. 더욱이 이 실존적인 영역에서 연구자 개인의 인격과 관심과 의견을 배제하는 것은

---

182) 베인은 이 주제에 대해 훌륭한 글을 썼다(P. Veyne, *Comment on écrit l'Histoire*, 1971).

불가능하다.

　모든 이론적 연구는 반드시 연구자의 선입견과 전제적인 옵션들을 나타내기 마련이다. 연구의 정확성이라는 명분을 내세우며 이러한 것들을 숨긴다는 것은 위선이다. 또한 해석에 있어서도 다른 반전이 있어야 한다. 하나의 방법론 덕분에 20년 전에 얻은 방법론과 결론에 대해 비판하는 것이 정당화된다면, 그 합목적성에 따라 제시된 새로운 방법론을 비판하는 것도 똑같이 정당화되는 것이다. 이것은 단지 정확성의 문제가 아니다. 방법과 그 적용 대상의 연관관계는 확실하다. 보편적인 과학적 방법은 존재하지 않는다. 다만 사용된 방법이 과학적인지 아닌지 분간할 수 있게 하는 몇몇 기준들이 존재할 뿐이다. 이어서 연구 대상에 대한 방법의 적합성이 존재한다. 먼저 내적인 방법론을 비판하게 된다면, 이어서 연구 대상에 대한 비판을 해야 한다. 따라서 진행하고 있는 연구가 과학적인지 아닌지 분간하기 위해서는, 연구이론과 연구대상과 연구입장이 무엇인지 규정해야 한다. 더욱이 연구의 자유가 존재한다면, 뒤에 가서 우리가 다시 살펴볼 문제로서, 연구에 대한 자유도 또한 존재해야 한다. 바꾸어 말해서 연구의 정당성을 위해서, 연구에 적용된 방법의 과학성은 필요조건이지만 충분조건은 아닌 것이다. 우리가 말할 수 있는 것은 연구 이론이 과학적인 방법을 사용하지 않는다면 연구의 자유에 대한 권리를 얻지 못한다는 것이다. 그러나 연구방법의 정확성은 자유라는 명분으로 아무 것이나 할 수 있고 아무 주장이나 펼 수 있게 하지 않는다. 이것은 과학적인 조건하고는 거리가 멀다. 그러나 연구방법의 기준은 오늘날 연구의 자유라는 명분으로 행하는 수많은 이론적인 주장들을 멀리할 수 있게 한다. 그런 주장들은 이해타산이나 개인적인 카타르시스나 몽상에서 나온 것이다.

　둘째 질문은 그리 많은 말이 필요치 않다. 다른 분야들에서와 같이 이 분야에서의 연구도 선행된 연구들과 직접적인 연관을 맺게 된다는 사실을 확인하는 것으로 충분하다. 연구의 맥락이 어디에 있는지 알아야 하는 것이다. 바르트 신학의 무게를 견딜 수 없게 되면, 어느 날 갑자기 바르트 신학을 배제하고서 연구와는 아무 상관도 없는 심리적·사회적 동기들을 가지고 다른 방향으로 연구를 진행하게 된다. 특히 주석과 역사 분야에서 끝없이 덧붙이고 계속하는 선행 연구 결과들이 연구의 조건이 된다. 연구이론이라고 부르는 것의 많은 부분이 선행 단계의 연구에 의해 결정된다. 여기서 자유는 거의 거론할 수 없다. 선행 연구 성과와 이전에 유행된 사조를 배제했다는 이유로 자유를 내세울 수 있을 것이다. 그러나 사실 그것은 유행된 사조의 문제에 그친다. 바르트 식의 사조에 불트만 식의 사조가 뒤를 잇고, 또 구조주의가 따라온다. 이것은 전혀 자유라고 할 수 없다. 이것은 신학적 진리의 설명을 위한 의지와는 아무 상관이 없는 동기들에서 출발하여 길 잃고 방황하는 것이다. 그러나 거꾸로 신성불가침의 기존의 연구 결과에 의한 연구한계도 분명히 존재한다. 알다시피 주석학자들의 꾸준하고도 오랜 시간이 걸리는 연구가 있다.[183] 선행 연구의 후광에 의해서 부정적이고 긍정적으로 주어지는 다양한 한계 및 조건을 환기하는 것은 신학적인 연구에 대한 비판이 아니다. 이것은 신학적 연구의 주제나 과학성이나 연구의 자유에 대해 너무 고양되지 말라고 주의를 환기하는 것이다.

셋째 질문은 훨씬 더 많은 말을 필요로 한다. 연구할 때 미리 예정된 목적을 가져야 하는가? 연구하는 것을 사전에 미리 규정해 놓아야 하는가? 이 질문은 관념들에 관해 일반적인 측면에서 상대적으로 쉽게 답할 수 있는 이론적인 질문이 아니고 아주 실제적인 질문이다. 정밀과학에서 학

---

183) ▲현재는 다 폐기되어버린, 주석학자들의 연구와 또 다른 분야인 역사학자들의 연구를 상기해보라.

자가 목적 없이 연구하다가, 많은 경우 놀라운 결과를 얻는다는 사실을 부정하지 않는다. 하지만 이것은 과학적 연구에 대한 견해로서는 이미 폐기된 것이다. 과학적 연구가 우연에 따라 진행되는 경우는 갈수록 줄어들고, 연구 계획과 미리 정한 구성과 모델에 따라서 진행되는 경우가 점점 더 늘어난다. 연구자가 느긋하게 개인적인 상상에 따라서 신학적 연구를 진행하는 것을 어떻게 용납할 수 있을까? 사실 과학적 연구의 자유보다 더 자유롭지 않은 것은 없다. 실제로 연구자는 이미 수립된 '전개념'pré-conception을 가지고 연구를 진행할 수밖에 없다. 그러나 교회에서 행해지는 연구인 까닭에, 최소한의 정직성을 가져야 한다. 그래서 최소한 정직하게, 먼저 '작업가설'과 결국 연구목적이 될 것인 '전개념'을 밝혀야 한다. 그리고 연구에서 '언어의 위기가 신학적 담론의 가능성을 저해하고 있음'을 선언해야 하고, 따라서 이 신학적 담론이 없음을 증명하기 위한 연구해야 하고, 현대문화와 신앙고백 입증해야 할 것이지만 간의 점증하는 간격 속에서 문화에 적응하는 법을 찾아야 하고, 교회가 복음 전파에 주된 장애가 되므로 세상을 위해 교회를 없애야 한다. 이 연구에는 또 많은 다른 목적들이 존재할 수 있지만, 교회와 신자들이 이 연구의 방향을 분명하게 알 수 있도록 그 목적들을 숨기지 말아야 한다. 사실 신학적 연구의 자유라는 문제가 임의의 사회 속 임의의 계층 가운데서 제기된 것이 아니다. 이 문제는 서구 사회 속 지식인 계층 가운데서 제기된 것이다. 따라서 거기에는 특정한 동기들이 존재한다. 형이상학적 차원에서 연구자의 순수한 자유를 존중해야 하고 그것이 연구의 조건이 되어야 한다는 주장은 아무 의미도 없는 말에 지나지 않는다. 왜냐하면 자유는 결코 순수할 수 없고 연구자는 자유로운 존재가 아니기 때문이다. 이 문제는 현실적으로 정치적 사회적 이해관계들 속에서 비롯된 것이다. 연구의 자유를 요구하거나 거부하는 것은 사실상 그런 이해관계들과 동기들을 드러내는 것이다.

　심각하게 과학성을 내세우는 것은 대개의 경우 명분이고 합리화이다. 한 세기 전에 단호하고 격렬하게 반기독교적이었던 역사학자들은 역사 과학의 순수한 자유를 주장했지만 그 실제 목적은 기독교에 대항하는 것이었다. 현실 상황을 돌아보면서 우리가 확인할 수밖에 없는 사실이 있다. 한편으로 '신학적 연구'는 가장 큰 혼란상을 노정한다. 신학적 연구가 부적절한 사회학적 연구나 어설픈 정치학적 연구 등과 같이 아무것이나 다 취급하고 아무런 방법론이나 막 취하며 또 아무 의미도 없이 아무 주제나 아무 상황이나 막 취급한다. 다른 한편으로 연구의 주제들과 주된 관심들은 '과학'이라기보다는 사회에 의해 주어진다. 물론 이것은 언제나 그래왔고 신학적 연구는 언제나 지배계급에 의해 규정되었다고 사람들이 대답할 것을 잘 알고 있다. 내가 그 주장에 대해 이해하는 바로는, 현실주의적 차원에서 보아서 그것은 신학적 연구의 문제가 아니라 이데올로기적 연구이고, 과학의 자유가 문제가 아니라 교회 안에서 계급적인 적들에게 대항해서 투쟁하는 자유가 문제이기에, 또 다른 문제가 된다.

　순수한 연구를 수용하는 것은 엄밀하게 말해서 불가능한 듯싶다. 다시 말해서 연구는 현실적인 혼란상과 정치적 사회적 결정요소들에 의해 이루어진다. 신학적 연구의 자유는 그 연구목적의 결정을 내포한다. 델타이G.Delteil는 신학적 연구는 교회의 증언과 강론과 관련된다고 아주 명확하게 규정한다. "신학적 연구에서 관건은 신자들이 자신들이 맡은 영역에서 자신들의 신앙을 고백하고 살아가는 능력이다." 이 증언은 현대 문화운동과 전통적인 신앙고백 사이의 간극에 의해 문제가 제기되었다. 그러므로 이것은 "신앙고백을 위한 강론에 대해서 교회가 행하는 비판적인 검토"를 내포한다. "신학연구는 순수한 호기심에서 비롯된 지적인 활동과는 전혀 상관이 없다. 신학연구는 언제나 신앙고백에 관한 임무에 의거한다." "그러므로 신학연구는 신앙에서 신앙으로, 잘못 알고 잘못 고백하는 신앙에서 더 잘 알고 사람들에게 더 잘 전달하는 신앙으로 나아간다." 이와 같은 말은 신학연구에 대한 개념 정의를 아주 정확하게 하고 있다. 그러나 이것은 소위 과학적인 연구와는 명확한 차이가 있다. 그 결과 "연구 자체가 결코 근본적인 것이 아니고, 목적이 아니다. 세상을 향한 복음 증거에 활용되기 위한 것이기에 연구는 부차적인 것이다." 그러므로 관건은 연구의 독립성이 아니고 그리스도가 부여한 자유에서 비롯된 참된 연구의 자유이다.

그러나 신학연구는 합목적성이 아니라 우리에게 제기된 문제에 의해 방향지어진다. 대부분의 연구자들에게, 심지어 델테이에게도 문제는 세상에서 주어지는 것으로 보인다. 문제를 제기하는 것은 과학의 진보, 문화와 정신세계의 변화 등인 것이다. 그러나 그리스도에 의해 해방된 우리는 먼저 하나님이 제기하는 문제 아래에 놓여 있다는 사실을 잊지 말아야 한다. 하나님이 정치적 사건들과 같은 것들을 통해서 말한다면서 우리는 너무 쉽게 이 질문을 지나쳐버린다. 연구를 통해 대답해야 할 문제는 어떤 것인가? 그것은 창세기 3장의 "네가 어디 있느냐?", "네 형제에게 어떻게 했느냐?" 등과 같은 질문만이 아니라 "너희는 나를 누구라 하느냐?", "너희도 떠나가려느냐?" 등과 같은 질문이기도 하다. 정확히 말해서 그것은 예수 그리스도 안에서 주어진 계시에 대한 신실한 믿음을 묻는 질문이다.

어느 면에서 사회와 이 시대 사람들이 우리에게 제기하는 질문에 대해서 우리가 응답할 것을 연구해야 한다는 주장을 받아들인다면, 하나님이 우리에게 제기하는 질문에 대해서 더더욱 응답할 것을 연구해야 할 것이다. 그러나 하나님이 제기하는 질문은 성서 안에서, 성서를 통하여 전해진다. 그래서 우리는 성서를 질문으로 받아들여야 한다. 그러나 이것은 많은 현재의 연구자들의 태도에 반한다. 왜냐하면 사실 우리가 연구하는 가운데 제기하는 질문들은 일반적으로 성서에 대한 질문들이기 때문이다. 오랫동안 우리는 성서에 질문을 제기하면서 성서를 해답집으로 인식하는 태도를 비판해왔는데, 성서에 관해 질문을 제기하는 태도는 아마 더 적절하다고 할 수 없을 것이다.

우리는 성서에 관해 질문한다. 그러나 이것이 사실은 성서가 제기하는 질문을 우리가 회피하려는 것은 아닐까? 우리가 취해야 할 바른 연구 방향은 성서가 어느 정도의 실재성을 가지고 어떤 하나님의 말씀을 담고 있는 걸 알기 위한 목적으로 성서에 집중해야 하는 것일까? 아니면 성서를 세상과 사회와 현대인에 대한 연구의 출발점으로 삼아야 하는 것일까? 연구에는 언제나 어떤 공리들이 필요한데, 우리는 왜 성서를 공리로 삼지 않는단 말인가? 성서는 충분한 명증성이 없는가? 그렇다면 명증성이 있는 공리들은 무엇인가?

아무튼 성서에 대한 비판적인 연구를 진행할 때, 연구자가 자신의 고유한 자유를 파기하게 된다는 점을 우리는 인식해야 한다. 왜냐하면 연구자가 자신의 자유의 유일한 증명이 되는 것을 의심하고 문제시하기 때문이다. 성서를 '탈의미화'하기 위해서 자신의 자유라고 믿는 것을 사용하는 것은 현대의 신학연구 대부분이 이와 같은 실정이다 그 자유의 원천을 파괴하는 것이고 닫는 것이다. 우리의 유일한 연구 가능성은 성서 자료를 공리로 받아들이는 것이다. 그래서 성서에서 출발해서 우리가 세운 다른 공리들과 방법들을 비판하는 것이다. 이것이 우리가 해야 할 선택이고, "그런데 언어들과 메타언어들과 문화환경들과 인식론적 기반들이 다른데, 이 성서를 우리가 어떻게 이해하는가?"라는 아주 잘 알려진 반론을 극복하는 것이다. 이 반론 앞에서, 사람들이 믿는 만큼 중대하지도 결정적이지도 않은 데도, 사람들은 언제나 멈추어버린다. 우리는 이 문제를 뒤에 가서 다시 살펴볼 것이다.

그러나 이것은 우리로 하여금 이 신학적 연구의 요건들을 제시하게 한다.[184] 이 요건들은 세 가지가 있다. 첫째로 신학연구는 말씀에 뿌리를 내려야 한다. 델테이에 따르면, 신학연구는 계시의 문화 환경과 우리의 문화 환경의 문화적 간극을 좁히고 성서의 권위가 무엇인지 신학의 장이 아닌 현실에서 받아들이는 실재로서 분별해내려는 것이다. 둘째로 신학연구는 교회의 일치 가운데 있어야 한다. 이것은 공동체 내의 대립을 포함하지만, 서로서로를 배척하는 움직임들이나, 서로 계속 무시하는 것이나 교회를 분열시키는 것은 아니다. 그런 특성들을 띠는 연구는 잘못된 연구이다. 그러나 이것은 연구의 자유와 제도화된 교회의 관계에 대한 문제를 제기한다. 신학 연구의 셋째 요건은 신앙고백에 따라 연구내용을 정하는 것이다. "연구는 우리가 고백하는 신앙의 정화를 목표로 한다. 왜냐하면 우리는 언제나 말씀을 이미지와 우상을 통해 배반하려 하기 때문이다…. 하나님에 대한 우리의 잘못된 해석을 알리고, 우리의 강론과 신학이 전하는 모든 것을 닦아내는 것이 연구의 임무이다. 그렇기 때문에 우리는 우리 스스로에게 이런 질문을 던져야 한다. 성서 텍스트와 교회의 해석에 대한 비판적 검토와 이 새로운 방식이 실제로 교회의 신앙고백을 위해 도움이 되는가?"

우리가 신학연구의 요건들을 정하려는 순간 곧바로 우리는 연구의 제한이라는 문제를 제기하지 않을 수 없다. 이 단순한 문제가 과학적인 작업에는 어떤 제한도 없다는 주장을 신봉하는 사람들에게 즉시 분노를 일으킨다. 그들에게는 과학적인 연구에서 미리 한계를 설정한다거나 연구

---

184) 여기서 우리는 또다시 델테이(Delteil)의 견해를 취한다.

에서 어떤 대상은 문제 삼지 않기로 정한다는 것은 수용할 수 없는 일이다. 또한 비판을 배제하는 기본적인 사실을 미리 확정한다는 것도 가당치 않은 일이다. 이 모든 주장은 잘 알려져 있다. 아주 신중하고 명철한 딜테이와 같은 사람조차도 신학 연구에는 제한이 없다고 결론을 내릴 수밖에 없다.[185]

그런데 사실은 이와 같이 단순하지 않다. 첫째로 앞에서 이미 살펴본 바와 같이 신학적인 연구는 과학적인 연구와 동일시될 수 없다. 과학적인 연구는 한계가 없다고 할 때[186] 신학적인 연구는 그럴 수가 없다. 둘째로 연구의 이론과 실제 사이에는 일정한 간극이 존재한다는 사실을 유념해야 한다. 나는 자유의 발현으로서 신학적인 연구의 효용성과 중요성과 필요성에 전적으로 동의하지만, 실제 연구의 진행에 있어서는 자유가 결핍되어 영적이고 지적인 관점에서 뼈아픈 결과를 산출한다는 점을 지적할 수밖에 없다. 이것은 언제나 동일한 문제로서, 자유를 가진 사람이 모든 사람들을 사랑 가운데 선도하도록 자유를 활용할 능력이 없는 것이다. 물론 이러한 경고 자체가 권위적인 지침이 된다거나 신성불가침의 교리로 수립될 수는 없다. 다만 이 경고를 통해서 연구자에게 끊임없이 계시에 대한 자유만큼 세상에 대해서도 자유를 가져야 한다는 점을 상기시켜야 한다.

특별히 신학적 연구는, 과학과 기술에서 잘 알려진 인과적 생성 메커니즘에 따라서, 이전에 달성한 과학적인 성과에 의존한다. 즉, 신성불가침의 것은 이제 더 이상 교리가 아니고 과학에 의해 결정적으로 확립된 것으로 보이는 이론이다. 오늘날 누가 감히 모세오경의 '세 가지 문서 자료설'에 의문을 제기할 수 있는가? 이것은 연구자들의 뇌리에 하나님

---

185) ▲신학 연구의 자유의 토대는 복음의 자유이다.
186) ▲이 주장도 말같이 그렇게 확실한 것은 아니다. 오늘날 많은 과학자들은 여기에 문제를 제기하기 시작했다. 그러나 이것은 또 다른 얘기다)

의 존재보다 훨씬 더 확고하게 각인되어 있다. 또한 신성불가침에 변화가 생겼다. 예컨대 역사 비평의 주석으로 얻어진 결과물에 손을 댔다가는 연민과 동정과 경멸이 뒤섞인 분노를 일으켜 난리가 날 것이다. 그 난리는 16세기에 삼위일체교리에 의문을 제기했을 때 초래된 난리와 비슷할 것이다. 신학 연구에는 한계가 있다. 내 주장은 이 한계가 다른 것들과 마찬가지로 부당하다는 것이다.

그러나 신학 연구의 요건들을 정했을 때 한계가 존재한다는 것을 어떻게 인정하지 않을 수 있겠는가? 그 요건들에 맞추지 못하는 신학 연구를 계속 신학 연구라 할 수 있을까? 신학 연구가 하나님의 말씀에 따르지 않고, 하나님이 진짜 그 말씀을 했는지에 대한 의심을 좇아간다면, 신학 연구가 교회의 일치를 이루지 않고 교회 분열의 도구가 된다면, 신학 연구의 목적이 신앙고백을 위한 것이 아니고 교만한 지적 욕구를 충족시키기 위한 것이라면, 어떻게 연구의 자유를 말할 수 있겠는가?

그렇다면 이것은 신학연구의 한계의 존재를 확정하는 것인가? 물론 이 한계는 미리 정해진 것이 아니지만, 자유의 작용에 따라서 이 연구의 자유를 실행하는 가운데 나타나는 것이다. 그런데 내가 보기에 현재의 대부분의 신학 연구가 이 기준에 맞추지 못하는 것 같다. 특히 '방법'을 기술하는 주석가들과 역사가들이 채택한 방식은 텍스트의 구성에 있다. 다시 말해서 선지자들이나 사도들이 경험한 계시를 설명하고 규명하는 것이다. 그들은 텍스트양식과 문체를 분류하면서 편집 과정과 관련 계층과 수집 부분을 파악한다. 각각의 성서 기자를 아주 세세하게 밝히고 동일한 한 성서 기자의 기록들조차도 그 문자적 형태들과 기원들을 분석한다. 이 모든 것은 지적인 흥미를 크게 고양시키고 성서의 숲에 밝은 조명을 비추는 느낌을 준다. 그러나 이것은 단순한 지적인 만족에 불과한 것으로 텍스트의 '내용'을 이해하는 데는 전혀 도움을 주지 않는다. 우리가 텍스트의 방법이나 기원을 파악한다고 해서 텍스트의 의미를 찾을 수 있는 것이 아니다. 나는 오히려 정반대라고 말하고 싶다. 우리는 성서에 대한 관점을 선택해야 한다. 이것은 그냥 지나칠 문제가 아니다. 성서 텍스트를 복원하려는 태도와 성서 텍스트를 지적으로 분석하려는 태도 사이에서 우리는 선택해야 한다.

이런 비판을 하면서 물론 나는 콘제르만Conzermann, 캄펜하우젠Campenhausen, 폰라드von Rad 등의 아주 중요하고 유용한 저작들도 고려하고 있다.[187] 그와 같은 흥미로운 저작들은 성서를 이해하는데 전혀 도움을 주지 않는다고 나는 확언한다. 그런 저작들은, 무지한 오역들을 피하고 자연스럽게 떠오르는 의미의 집착을 벗어난다고 해도, 훨씬 더 잘못된 해석을 낳는다. 가장 흔한 경우로 텍스트의 의미를 먼지 부스러기 같이 아주 하찮은 것들로 축소시키거나 아예 없애버린다. 의미를 하나님의 말씀에 두지 않고 전승 양식들의 구성에 두는 것이다.[188] 따라서 나는 연구의 한계는 존재하지 않는다고 천명하되 거기에 단서를 붙여야 한다고 말하고 싶다. 그 단서란 신학 연구가 앞의 세 가지 요건들을 따라야 한다는 것이다. 물론 이 요건들을 존중하지 않는 연구도 당연히 가능하다. 인간은 독립적인 존재이기에 인간의 독립성을 표현하는 모든 것이 다 가능하다. 그러나 그와 같은 연구는 신학적 연구가 아니고 신앙의 발현이 아닌 것이며, 그 연구의 열매와 성과를 연구 자체가 요구하는 자유의 비평에 맡겨야 한다.[189]

---

187) [역주] 이 구절은 원래는 각주에 있던 것으로 역자가 문맥에 맞게 본문으로 이동시켰다.
188) 나는 대가들을 추종하는 사람들이 이 방법들을 채택하여 적용한 연구사례들을 말하는 것이 아니다. 그런 연구 성과들은 내가 앞에서 언급한 대가들의 작품에서 정말 흥미롭게 나타나지만, 그 아류들의 작품에서는 아주 끔찍하다.
189) 사람들은 종교재판관처럼 보일까봐 두려워하면서, 이미 사멸한 메마른 정통성의 견지에서 에니오 플로리스(Ennio Floris)의 훌륭한 저작들에 대한 비판을 감행한다. 그러나 내가 보기에 그의 저작들은 생생한 상상력과 최고의 감수성과 왕성한 좌파 이념 성향에서 나온 열매라 여겨진다. 그렇지만, 그것들은 결코 신학 연구의 진정한 자유에서 나온 것은 아니다.

신학 연구는 결코 구경거리로 전도되면 안 된다는 충고로 결론을 내릴까 한다. 진정한 연구는 기본적으로 신중하고 은밀히 진행되는 것이다. 기독교 지식인은 한편으로 자신의 분야에서 과학적 발전을 파악하고, 다른 한편으로 자신이 가진 지식과 신앙 간의 대립을 직면하며 나아가야 한다. 그는 언어와 함께 그 내용이나 방법론 측면에서도 모든 문제 제기들을 수용해야 하고, 자신이 참된 학자인 동시에 참된 그리스도인이라면 모든 것을 걸고 과학과 소통하는 위험을 전적으로 수용해야 한다. 그는 자신의 신앙과 관련된 모든 것을 아주 엄정한 비판의 잣대에 맡겨야 한다. 그럼으로써 그는 계시에 대한 참된 연구를 진행하게 된다. 그렇게 하지 않으면, 그는 하나님 앞에서 진실하지 못하게 된다. 그러나 여기서 그의 자유는 과학적인 방식을 취하는 데 있지 않고, 그 연구와 문제 제기가 공공연한 구경거리가 되지 않도록 전체적으로 충분한 통제력을 유지하는 데 있다. 그의 자유는 그가 하는 학문의 아주 상대적인 성격을 인지하고서 의문과 불확실성으로 때로 완만하고 고통스럽기도 한 길을 스스로 지키는 것이다. 있지도 않은 성과들을 주장하는 것이 무슨 소용이고, 평범한 그리스도인들을 경고하고 동요시키고 당혹스럽게 하는 것이 무슨 소용인가. 그들은 단지 지식인이 아닌 까닭에 진행되는 일을 이해할 수도 없고, 또 그 길을 따라갈 수도 없는 사람들이다. 그들은 아주 섬세한 일에 관해 대충의 윤곽만을 전해 듣기에 당연히 왜곡된 인식을 가지게 된다. 교회 내의 문제인 까닭에, 여기서 자유는 침묵하면서, 몇몇 다른 지식인들하고만 진행된 일을 나누는 것이다. 다른 모든 방식은 허영심이나 집착이나 혹은 다른 우상들을 섬기는 마음을 나타내는 것이다.

여기서 우리는 특별히 의심이라는 문제를 접한다. 의심은 신학적인 연구에서 타당한 근거가 될 수 없다. 왜냐하면 의심은 과학적인 평가가 아니라 본능적인 불안에서 나오는 것이기 때문이다. 나는 그리스도인이 의심한다는 사실을 아주 잘 인지하고 있다. "주여 나의 믿음 없음을 도와 주소서"라는 말이 신앙에서 나오는 최고의 말이고, 의심이 없이는 신앙이 있을 수가 없고, 그런 위기의 시간들이 없으면 그리스도인의 삶도 있을 수 없다. 그러나 이것은 신학 연구와는 다른 차원의 문제이다. 신학적인 연구가 실존적인 의심을 정당화하는 이론이 되어서는 안 된다. 불신을 합리화하기 위한 과학적인 코미디가 있어서는 안 된다. 의심을 겪은 사람이 자신의 상황을 지적인 방식으로 객관적이고 규범적으로 규정해서는 안 된다. 그의 의심은 하나님과 그 자신 사이에 작용하는 자신의 삶의 문제이다. 교회를 증인으로 삼고서, 스스로의 의심에서 나온 신학적인 확신을 공포하고, 지적인 면에서 다른 사람들을 공격하면서 그들을 자신의 의심 속으로 끌어들이려고 해서는 안 된다. 합리적인 의심은 알아보기 쉽고 과학적인 작업에 적용하는데 유용하다고 한다면, 계시의 문제에 관한 의심은 아주 혼란스러운 상황을 낳는다. 왜냐하면 그런 의심은 단순히 지적인 것이 아니기 때문이다. 일반적으로 그것은 정반대이다. 그런 까닭에 우선적으로 예외 없이, 의심은 결코 신학적인 연구에서 좋은 출발점이 될 수 없다는 말을 할 수 있다.

그러나 더 나아가서, 주장하는 바대로 과학적인 연구가 되려면, 신학적인 연구는 일반적인 과학적 연구의 기준들을 따라야 한다. 다시 말해서 신학적 연구는 독립성을 주장할 권리가 없다는 것이다.

4) 연구의 비판

연구 자체를 자유의 비판에 맡기는 것이 필요함으로 당연히 연구의 비판이 존재해야 한다.[190] 이것은 교조주의와 상대주의부터 벗어나는 것

---

190) 우리는 정말 진리 안에서 무엇을 하는 것일까, 라는 질문을 우리는 끊임없이 자문해야 한다. 카스텔리(Castelli)는 그의 놀라운 지성을 동원해서 이 연구의 자유에 대한 관점에 전적인 변화를 가져왔다(*Herméneutique de la liberté religieuse*, 1968). 그는 그 진정한 의

으로부터 시작해야 한다. 교조주의에 대해서는 활발하고 적절한 비판이 행해졌다. 그러나 몇 가지 통념들에 순응하는 지식인들의 상대주의가 연구를 지배하고 있다. 우리가 언어와 문화 등에 예속되고 부분적으로 결정지어지는 것은 사실이다. 그러나 이것이 결정적인 것이라고 단정할 수는 없다. 왜냐하면 극단적인 경우 의사소통이 완전히 불가능하다는 결론을 내려야 하는데, 그런 결론은 사실과 다르기 때문이다. 우리는 동일한 언어권과 문화권에서 말하는 화자가 전하는 내용을 거의 알아듣는다. 전해진 내용이 덜 경험적이고 더 추상적이 되어감에 따라서 확실히 알아들을 수 있는 가능성이 더 줄어든다는 것은 명백하다. 그런데 우리가 상기할 것은 성서에 기록된 것은 추상적이지도 않고 이론적이지도 않다는 사실이다. 그것은 구체적이고 체험적인 것으로, 증언 방식으로 전해진 것이다. 신학연구의 첫 번째 일탈은 바로 증언자가 전한 구체적인 진술을 이론적인 텍스트로 취급하는 데 있다. 구체적인 것을 말하면 사람들은 자연스럽게 서로 이해한다. 가벼운 유머를 섞어서 말하자면 "아들이 빵을 달라할 때 아버지라면 돌을 주지 않을 것이다"라는 말의 의미도 이와 같은 것이 아닐까 싶다. 그런 구체적인 의미로 성서에 기록된 모든 내용을 이해할 때, 해석학적인 논란에 대한 우려가 덜해지지 않을까 한다.

곧바로 이에 대한 반론이 나올 것이다. 즉, 이것은 동일한 언어와 문화 내에서 가능한 일에 지나지 않으며, 20세기의 서구사회와 오랜 옛날의 셈족의 세계 사이에는 넘지 못할 간극이 존재한다는 것이다. 이 반론

미를 비신화화의 자유에 대한 서술에서 보여주었다. "그것은 인간의 율법으로 전락한 기독교의 덕목들의 거룩성을 회복하는 것이다... 사랑을 비신화화한다는 것은 그것이 기술적으로 인간적인 덕목으로 변화되는 것을 가로막는 것이다. 그래서 사랑의 초인간적인 측면을 회복시키는 것이다." 물론 이러한 신학적인 연구와 비신화화의 의도는 충분히 의미가 있다. 거기에는 진정성과 사실성이 있다. 그것은 자유의 발현이지 일탈이 아니다. 그것은 기독교에서 시대마다 새롭게 실행되고 갱신되어야 한다. 그렇지만 그와 같이 정의된 비신화화는 불트만이 주장한 것과는 정반대의 것이 되고 만다.

은 부분적으로는 맞기는 하지만 아주 작은 일부분에 그친다. 우리가 원했든 원하지 않았든 간에 우리는 헤브라이즘과 헬레니즘의 문화에 연원을 가진다. 우리 문화의 토대는 거기에 아주 밀접하게 연결되어 있다. 거기서 우리 현대인이 오만한 마음으로 믿으려는 바와 같이 2000년 동안 잘못된 일탈만 있었던 것이 아니었다. 거기에는 공통의 하나의 파생된 언어가 존재한다. 거기에는 문화의 연속성 가운데 안정적인 일련의 요소들이 존재한다. 과학이 모든 것을 변화시켰고, 데카르트가 서구 세계 전체의 사유를 변화시켰다고 믿는 것은 착각이다.

나는 '기술 세계'가 완전히 새로운 세계이며 모든 이전의 것과 공통분모가 없다는 주장을 자주 해왔다. 그와 마찬가지로 여기서 나는 문화적인 차원에서 하나의 연속성이 존재한다는 것도 아무 거리낌 없이 주장할 수 있다. 게다가 나는 사람들이 모택동 사상이나 선불교의 영성에서 구약의 예레미아서나 전도서의 사상과 연관되는 점이 있다고 거침없이 주장하는 것에 경탄한다. 사실 다른 문화와 언어에 속한 하나의 사상을 이해하는 것이 불가능하다거나 일상생활의 큰 변화를 필요로 한다는 주장은 틀린 말이다. 물론 전해진 사상을 더 잘 이해하기 위해서 문화적 환경을 인지하는 작업이 있다. 그러나 그런 작업을 하지 않아도, 현대의 신학적 연구 환경에서보다 어설픈 곡해를 훨씬 덜 하면서도 전달할 수 있는 텍스트의 진리와 의미가 존재한다. 더 잘 규명해야 하는 건 물론이지만, 문화들 간의 전이 불가능성이라는 이론으로 혼돈을 초래하지 말아야 한다. 특히, 소통이 불가능하고 언어와 문화의 틀에 갇히는 완전한 상대성 이론이 하나의 이론에 그치며 이 시대와 환경의 문화적인 산물임을 분명하게 유념해야 한다. 완전한 상대성 이론은 언어들의 차이를 넘어서서 정확한 이해가 가능하여 단 하나의 유일한 바른 번역이 반드시 존재하고 각기 다른 문화들이 하나의 보편성을 가진다는 중세의 사상만큼이나 잘못된 것이다. 중세 사상에 반대되는 현대의 상대성 이론도 또한 하나의 편견이고 우리 스스로 만들어낸 안정적 이론이지만 그렇다고 더 확실한 것은 아니다. 자연스럽게 떠오르는 의미를 거부하는 것은 복음전파의 현실적인 실패와 결부되는 것이다. 문화들의 상대성은 기술사회의 충격과 닫힌 사회적 상황과 결부되는 것이다. 언어의 틀에 갇혀있는 것은 유명론의 명분이 되는 실재에 대한 두려움을 표현하는 것이다. 이러한 것들은 신성불가침의 과학적 확실성을 지니고 있지 않다. 이것들이 현재의 신학적 연구에서 세 가지 주요한 이데올로기적인 근거들이다.

더욱이 과학적 연구의 우월성에 대해서도 의문을 던져봐야 한다. 실제로 우리는 교회에서나 연구센터들에서 가끔 과학적 연구의 자유가 선언되는 것을 듣는다. 중요한 것은 과학적인 연구이고 과학은 자유로우며 또 자유로워야 하고 자유로울 수밖에 없다는 것이다. 이것은 물론 앞에서 언급한 한계들 일체를 인정하는 것을 전제로 한다. 그런데 여기서 우리는 몇 가지 질문을 던지지 않을 수 없다. 우리가 그런 원칙을 세우는 것은 우리 시대에 공통적인 과학 이데올로기를 추종하는 데 지나지 않는 것이 아닐까? 과학 이데올로기는 과학에 전적인 우선권을 부여하는 것이다. 그리스나 인도와 같은 다른 출중한 문명세계들에서는 마치 자연법의 일환인 것처럼 "과학적 연구는 자유로워야 한다"는 원칙을 수립하려는 비전이 존재하지 않았다. 물론 나는 과학의 가치와 유효성을 의심하지 않는다. 그러나 나는 과학의 가치가 궁극적인 가치로서 과학에 대한 판단도 멈춰야 하며, 과학적 연구의 권리는 다른 모든 권리들에 대해서 절대적으로 우월한 것이라는 사고방식에는 의문을 제기한다. 실제로 여기서 문제가 되는 것은 현대 서구사회의 신념들로 구성된 하나의 강력한 사조를 사회적으로 추종하는 신념들이다. 잘 알려진 '광적인 탐구욕'은 해체되고 소멸되어 가면서 스스로의 확신을 잃어가고 모든 것을 의심하게 되는 서구사회를 표현하는 것이다. 서구사회는 마지막까지 명백한 확신으로 남아있는 과학에 매달리려고 한다. 그리하여 모든 것이 대체된다. 도덕이 더 이상 존재하지 않고, 과학이 도덕의 자리를 맡는다. 신앙이 더 이상 존재하지 않고 과학이 신앙의 대상이자, 계시의 관리 도구가 된다. 그러면서 신학 분야에서의 연구 태도는 전통적인 신학의 한계와 약점들에서 벗어난 강력한 정신을 지니기는커녕 반대로 사회적 맥락에 굴종하는 연약한 정신으로 전락한다. 내가 말하는 바는 신학과 주석 등의 분야에서 연구할 필요가 없다는 뜻이 아니다. 오히려 정반대이다. 다만 이 모든 것이 결정적인 것이 아니므로 사상이나 한계에 의존할 수 있고, 절대적인 권리를 갖추지 못하고 추종적일 수밖에 없다는 것이다. 이러한 연구의 타당성은 그 연구의 용도와 주어진 스스로 부여하는 것이 아닌 신뢰도에 달려있다.

이러한 점을 받아들이지 않는다면, 우리는 '연구의 교만'에 빠지게 된다. 이것은 인간적인 면에서는 전적으로 이해할 수도 있는 것이지만, 그리스도인으로서의 정체성을 나타내는 것과는 전혀 부합하지 않는다. 여기서 우리는 동일한 문제를 발견한다. 즉, 비기독교인은 이 분야에서 아무런 행동이나 말을 다할 수 있지만, 예컨대 기뉴베르191)의 경우와 같이 나중에 검토해보니 전혀 과학적이지 않다는 점이 드러난 사실을 고려할 때, 자신이 비기독교인이라는 사실을 먼저 밝혀야 한다.

그리스도인은 자신이 진행하는 연구와 채택한 방법이 계시된 진리에 적합한 것인지 끊임없이 물어야 한다. 특히 서로 다른 차원에 속하는 두 개의 현실이라고 주장하면서 물러서서는 안 된다. 너무 단순화한 그런

---

191) [역주] 샤를 기뉴베르(Charles Guignebert, 1867–1939), 기독교인이 아니면서 기독교를 역사적으로 연구한 역사학자. 1933년에 출간한 『예수』라는 저서에서 역사적인 인물로서 나사렛 예수를 묘사했다.

해결방안은 아무런 가치가 없다. 앞에서 이미 말한 바와 같이, 모든 과학자는 자신의 방법론이 연구대상에 적합해야 한다는 사실을 알고 있다. 그러나 그리스도인이라면 자신이 진행하는 연구대상이 계시된 진리라는 사실을 믿는다. 그는 자신이 원하는 바대로 연구를 진행하기 위해서, 자신의 신앙을 유보하여 고려하지 않거나 계시된 진리를 망각할 수가 없다. 이것은 마치 한 외과의사가 자신이 수술하는 환자가 살아있는 사람이라는 사실을 무시하면서, 병을 치료하기 위한 수술 대신에 시체해부나 부검을 하려는 것과 같다. 이것은 그리스도인 연구자들이 결과를 고려하지 않고 모든 위험을 다 무릅쓴 채로 과학적인 방법의 적용을 표명하는 것과 같다.192)

계시된 진리에 부합하는 과학적인 방법들만을 용납하는 것이 타당할 듯하다. 그런데 또다시 계시의 문제는 내려놓고 단지 일반적인 역사기록으로 취급할 수 있는 기록과 신화와 같이 인간이 눈으로 확인할 수 있고 지각할 수 있고 파악할 수 있는 것만을 다룬다고 주장하면서 계시의 사실을 회피하려는 것은 헛된 일이다. 그와 같은 형식과 내용의 분리는 정말 빈약한 대응책으로 아주 비과학적인 것이다. 사실 그 의미와 내용과 메시지를 고려하지 않고 신화나 역사기록의 형식을 다룬다는 것은 불가능하다. 이런 경우 우리가 그것을 계시된 것으로 받아들이는 것인지 아닌지에 대한 의문을 피해갈 수 없다. 문화의 베일을 벗겨서 참된 메시지를 끌어낸다고 주장하는 경우에도 이런 의문을 피해갈 수 없다.

과학적인 작업을 수행하는 경우 계시의 가설을 고려할 수 없다는 고전적인 논리를 취한다면, 모든 영역에서 언제나 이분법을 적용하는 그리스도인들을 비판해야 할 이유가 없다. 과학적인 연구를 위해 계시를 부

---

192) ▲이는 신학자는, 천재로 인정받는 것 이외에는, 스스로는 아무런 위험도 감당하지 않고, 남들이 위험을 감당하는 것을 받아들인다는 것을 뜻한다.

정하는 것은 영적인 세계와 세속적인 세계, 기독교와 정치, 기독교와 속세 등으로 구분하는 방식에 지나지 않는다. 이것은 바꾸어 말해서 일요일만 교인이고 평일에는 교인이 아니라는 것과 같은 태도이다. 과학적인 연구라고 해서 더 고귀해지는 것이 아니다. 그러나 그리스도인이기 때문에 내가 계시로 주어진 것인, 유일하고 절대적인 주의 계시를 담고 있는 전대미문의 기록을 연구한다는 사실을 인정한다면, 나는 그리스도인이 아닌 경우와는 다른 태도를 취하면서 모든 부분들을 일관적으로 고찰할 것이다. 내가 말하려는 것은 과학적으로 보이는 방법들을 다 동원해서 자신들이 원하는 대로 성서를 다룰 수 있는 권리를 그리스도인이 아닌 사람들에게 부정한다는 의미가 아니다. 단지 그리스도인이라면 동일한 방법을 취하지 않을 것이고 똑같은 결론에 다다르지 않을 것이라는 뜻이다. 왜냐하면 그리스도인이라면 감추어져 있는 근본적인 유일한 계시를 참작하는 것이 당연하기 때문이다.

이제 신학 연구의 또 다른 측면을 검토해야 할 필요가 있다. 이것은 악마적인 것이다. 물론 이 단어를 본 이 시대의 독자는 신학 연구의 자유를 지금까지 나는 신학 연구가 생각보다 그리 자유로운 것이 아니라는 점을 밝히려고 했다 공격하려는 의도나 '중세의 몽매주의'라고 치부할 것이다. 그런데 그리스도인의 사고방식에 의하면 카스텔리Castelli가 기술한 의미의 악마적인 것에 관한 질문을 제기할 수밖에 없다. 성서와 증인들의 증언을 부정하고 무조건 의심하는 것이 단지 예수 그리스도의 하나님과 계시를 더욱더 사랑하기 위한 우리 마음이 발현된 것이라고 확신하는가? 거기에 또한 순전히 지성적인 행위를 하려는 의도나 지적으로 이해하려는 의도는 없을까? "경계를 정할 수 있는 한 모든 것은 이해가능한 것이다." 이 구절은 현대의 연구방법을 가리키는 것이라고 생각할 수도 있다. 그런데, "악마적인 분열이 거기에 작용한다. 모든 것이 이해가능하다면 아무 것도 파악할 수 없다. 왜냐하면 파악할 수 있다는 것은 이해할 수 있는 것 너머의 세부적인 것까지도 파악하는 것이기 때문이다. 파악할 수 있다는 것은 더 많이 포용한다는 것이다. 왜냐하면 그것은 개개인이 나타난 어떤 것을 이해하면서 그 너머의 것이 존재한다는 결론에까지 이를 수 있게 하기 때문이다. 그 너머의 것이 존재하지 않는다면 파악할 수 없는 것이다."

실제로 모든 현대의 신학 연구는 미리 그 너머의 것을 부정하고 파악할 수 있는 것을 금지하여서, 주어진 계시를 분해함으로써 이해할 수 있는 것으로 만들려고 하는 것같이 보인다. 그 너머의 것이란 말은 비난받을 만한 말이라는 점은 확실하다. 왜냐하면 그것은 한정할 수 없는 것을 한정하는 것으로 표현하기 때문이다. 이것은 정말 인간중심적인 것이 아닐 수 없다. 만약에 분해 방식을 취하는 연구가 악마적인 것의 영역에 속하는 것이었다면, 신학 연구의 자유는 어떤 의미를 가지는가? 더 나아가서 카스텔리가 정확하게 규명하듯이 비밀과 비밀의 폭로도 또한 악마적인 것의 영역에 속한다. "악의 세력들은 지식의 욕구가 조장하는 기만을 활용한다. 알지 못하게 하기 위해서 알게 해주는 것은 사단의 방식이다[193]." "모든 것은 발견될 필요가 있는 비밀의 세계의 존재를 믿게 하기 위한 것이고, 그 세계를 발견하기 위한 탐구 여정의 필요성을 믿게 하기 위한 것이다. 동시에 모든 것은 기만이고, 나중에 가서야 알게 되는 무無로 인도하는 것이다."

"미지의 것은 바로 미지의 것이기 때문에 욕망을 일으키지 않는다. 그런데 욕망을 일으키는 미지의 것이 하나 존재한다. 그것은 사람들이 그 세계와 존재를 알고 있는 것이다. 하나의 미지의 것이 존재한다는 사실을 뱀이 가르쳐주었다. 뱀의 약속은 미지의 것에 대한 약속이다. 그러고

---

193) ▲수많은 현대의 연구물들이 그렇지 않은가!

나서는 무슨 일이 일어나는가? 이유는 무엇인가? 또다시 언제나 묻는 질문인 바, 이유가 무엇인가? 이유를 모르는 미지의 것… 어둠의 세력은 빛을 비춘다. 그러나 그 빛은 반사가 없다. 뱀의 유혹에 의해 주 하나님이 실제로 감춘 것이 존재한다는 의혹이 생긴 뒤로, 미지의 것이 유일하게 욕망을 일으키는 것이기에 그것을 끊임없이 간구하는 유혹이 일어난다. 두 가지 의문이 생긴다. 하나는 미지의 것의 존재 이유에 관한 것이고, 다른 하나는 존재 이유를 모르는 미지의 것의 존재 이유에 관한 것이다. 존재 이유를 모르는 미지의 것은 알기 위해 질문하는 욕망의 신비이고, 이해할 수 있는 것에 대한 탐욕의 신비이다."

악마적인 징표가 우리에게 주어진 이유는 "드러내가 위한 것이 아니라 숨기기 위한 것이다. 숨기는 것은 무無의 확실한 특성이다. 존재하는 자에게 존재를 숨기는 것은 일종의 저주이다." 우리는 거기서 이런 신학 연구가 계시와는 반대되는 것임을 알게 된다. 문제 제기의 완전한 자유를 주장하는 신학적 연구에 대해서 우리는 먼저 그런 질문을 던지지 않을 수 없다. 여기에 몽매주의가 있다거나 이해하기를 거부한다거나 신앙적으로 과학적 명증성에 반대하는 구실로 삼는다거나 하지 말아야 한다… 그런 반론들과 그런 류의 모든 주장들에 대해서, 사람들은 기독교 입장에 대해 너무나 자주 해왔던 비난을 쉽게 던질 수 있다. 그런 반론들은 단지 과학 이데올로기를 문제시할 때 과학자가 가질 수 있는 두려움을 나타낸다. 이것은 과학을 위한 명분을 찾는 태도이고, 과학이라는 보물을 안전하게 지키려는 태도이다. 그 이유는 신앙과 신학을 비판할 때 확실하게 인정한 것이 과학의 신념과 과학을 비판할 경우에도 역시 타당한 것이기 때문이지 않을까 싶다. 그런 문제들은 신학적 연구에 있어서 그리스도 안의 자유에 대한 문제들이다. 결론 삼아서 카스텔리의 훌륭한 주장을 인용한다. "비밀의 과학에 의해 드러나고 파악된다고 하는 유혹에 맞서는 거룩함만이, 기만적인 징표에 대항하는 상징적 표상으로서 자연을 왜곡시킨 기만에 대해서 자연이 아주 강력한 무기가 된다는 직관적 인식을 우리에게 불러 일으킨다"[194] 거룩함이 없는 신학적인 연구는 있을 수 없다. 그것이 신학적 연구의 척도이다.

---

194) 이 단원에서 나오는 모든 인용문들은 1958년에 출간된 카스텔리(Castelli)의 *Le démoniaque dans l'Art*(예술에서의 악마적인 것)에서 발췌한 것이다.

3장 · 완전한 자유

항상 제기되는 자유의 문제가 있다. 자유의 한계는 무엇인가? 이것은 "자유는 방종이 아니다"라는 단순한 말에서부터 자유를 주창하는 철학자들이나 민주주의 사상가들의 아주 심오한 이론에 이르기까지 공통된 문제이다. 자유는 타인에게 잘못을 범하지 않는 한 정당하다. 자유는 타인의 자유에 한해서 제한이 있다. 자유는 스스로 제한을 둘 줄 알아야지, 그렇지 않으면 자유일 수가 없다. 자유는 오로지 덕을 따르는 가운데 존재한다. 혹은 정치적인 면에서 자유는 법의 틀 안에서만 존재한다. 또한 자유는 자유롭게 동의한 복종을 통해서도 나타난다. 이와 같은 모든 주장들은 부적절하고 터무니없는 것으로서, 인간이 원래 자유로운 존재이며 자유는 하나의 정치적인 실재이자 인간에게 당연한 상황이라고 상정할 경우에, 우리가 얽혀 들어가는 미로로서 난해하고 일관성 없으며 비현실적이다.

인간의 본성상, 자유의 오용을 미리 예견할 필요가 있다는 점은 아주 분명하다. 그러므로 자유의 한계들을 미리 마련해둘 필요가 있다. 자유를 관리해야 한다. 인간이 잘 순응하여 혼란이나 스캔들을 일으키지 않을 것이 확실하고 잘 적응할 때에 비로소 인간에게 자유를 부여하는 것이다. 아무튼 이와 같은 일은 우리가 우리 자녀들에게 행하는 일이다. 우리는 아이들이 점차 이상적이 되어 감에 따라, 즉 모든 사람들처럼 처신해 감에 따라서 점차적으로 더 자유롭게 풀어준다. 그러나 이 모든 것이 일련의 가증스러운 위선이라는 사실을 어떻게 모를 수 있을까? 자유로운 동물은 우리에 가둔 동물이 아니다. 더더욱 조련된 동물은 아니다. 가장 단순하고 가장 기초적인 관점에서부터 시작해야 한다. 우리는 인간에게 이러한 자유는 용납될 수 없다는 점을 잘 알고 있다. 이런 자유는 정말 불가능하다. 유토피아를 동경하는 무정부주의자들이 잠깐 동안 이런 자유의 가능성을 받아들였다. 경찰이 존재하기 때문에 도둑들이 존재한다는 것이다. 그런데 그들의 주장에도 일리가 있긴 하다. 즉, 경찰의 법규나, 도덕과 교육의 규범이나, 위계질서에 종속된 자유는 결코 자유일 수 없는 것이다.

위에서 상기한 자유의 모든 표현들은 자유를 인간에게 허가하는 사안으로 만들고, 좀 엄격한 제한들을 우회할 수 있는 능력으로 만든다. 내적인 자유에 대해서는 빠져나가는 구실이 되고, 자유가 생활수준의 향상과 함께 확대된다는 이론에서는 무서운 올가미가 된다. 이와 같은 식의 위선에 대해서 한마디 해야 한다. 인간이 기술에 의해서 더 많은 물건들을 소비할 수 있고 더 많은 재화들을 선택할 수 있다는 것은 정확한 사실이다.[195] 인간은 교통수단을 통해 공간의 자유를 얻을 수 있다. 또한 여가시간을 통해서 원칙적으로 일로부터의 자유를 얻을 수 있다. 그러나 기술에 의해 인간은 순응하게 되고 철저하게 조종을 받는다는 말도 또한 정확한 사실이다. 인간은 언제나 확대되는 제약을 받아야 하고, 더 많은 일을 해야 한다. 여가시간은 부랑자의 한가한 무위안일과는 전혀 관계가 없고, 다른 시간과 같이 계획되어야 하는 것으로 자유와는 아무런 관계가 없다.

현대 철학자들이 자유와 소비의 연관성을 계속 고집한다는 것은 인간은 자유로운 존재이고 물질의 변화와 영적인 실재를 일치시켜야 한다

---

195) '기술'에 관한 나의 저서들을 참조하라.

는 전제를 포기할 수 없기 때문이다. 다만 거기서부터 우리는 영원한 문제인 자유를 다시 발견하게 된다. 그러나 자유는 점점 더 엄격하고 규범화되어 간다. 이 모든 것은 본질에 대한 왜곡된 인식에서 비롯된다. 자유는 하나의 상황, 주어진 것, 존재론적으로 규정할 수 있는 품성, 다시 말해서 언제나 하나의 전제인 동시에 하나의 정태적인 현상이라는 것이다. 자유가 어떤 실재에 해당하는 것이라면 자유는 전제가 될 수 없는 것이다. 왜냐하면 자유는 모든 사고나 행위의 총량을 채우면서 활성화되기 때문이다. 그렇지 않으면 자유는 하나의 정리théorème에 그친다. 더더군다나 자유는 정태적일 수 없다. 왜냐하면 자유는 새로운 것의 창조행위를 통해서 존재하는 것이기 때문이다. 그렇지 않으면 자유는 필연적인 부동의 고정상태 속에서 고갈될 것이다. 아무튼 오늘날 자유가 자유의 원리에 귀착되는 것으로 이해하는 사람은 아무도 없다. "모든 인간은 날 때부터 자유로운 존재이다"라고 모든 인권 선언들은 선포한다. 그래서 경찰을 조직해야 한다는 것이다. 왜냐하면 그런 개념들을 기반으로 하는 경우 달리 어쩔 수가 없기 때문이다. 이런 다른 관점들과 이런 관점들이 초래하는 구조들 속에는 기독교적인 것은 존재하지 않는다는 사실을 간과하지 말아야 한다. 그저 간혹 하나의 어휘로, 더 나아가서는 하나의 추억으로 등장하는데 지나지 않는다.

1. 자유의 범위

그리스도 안에서 얻은 자유는 살아있는 것이다. 거기에는 한계가 없고 경계선이 없고 의무가 없다. 그 자유는 우리를 모든 속박과 굴종에서 벗어나게 한다. 이것은 진정한 자유이다. 나는 자유롭게 스스로 선택하고 결정하고, 가고 싶은 곳에 가고, 나를 지배하는 존재와 단절하고 금기를 행하고 신성시된 것을 범하고, 순응할 만한 것에 순응하거나 순응하지 않고, 참여하거나 참여하지 않고, 주거나 다시 취한다. 네 번에 걸쳐서 사도 바울은 "모든 것이 가하다"고 반복해서 말한다.고전6:12, 10:23 그는 어떤 한계나 제한도 두지 않는다. 이 자유를 훌륭하게 표현한 전도서 본문이 있다. "모든 일에는 다 때가 있다. 세상에서 일어나는 일마다 알맞은 때가 있다. 태어날 때가 있고, 죽을 때가 있다. 심을 때가 있고, 뽑을 때가 있다. 죽일 때가 있고, 살릴 때가 있다. 울 때가 있고, 웃을 때가 있다. 통곡할 때가 있고, 기뻐 춤출 때가 있다. 돌을 흩어버릴 때가 있고, 모아들일 때가 있다. 껴안을 때가 있고, 껴안는 것을 삼갈 때가 있다. 찾아 나설 때가 있고, 포기할 때가 있다. 간직할 때가 있고, 버릴 때가 있다. 찢을 때가 있고, 꿰맬 때가 있다. 말하지 않을 때가 있고, 말할 때가 있다. 사랑할 때가 있고, 미워할 때가 있다. 전쟁을 치를 때가 있고, 평화를 누릴 때가 있다."전3:1-8

물론, 이와 같은 말을, 거역할 수 없는 무적의 시간 앞에서 인간은 아무 것도 할 수 없고 모든 것이 인간을 떠나서 진행되고 만다는 인간의 숙명을 나타내는 것으로 해석하지 말아야 한다. 또한 이 말을, 아무 의미가 없기에 아무래도 괜찮다는 식의 초연한 무관심으로도 해석하지 말아야 한다. 그런 해석은 "하나님은 모든 것이 제 때에 알맞게 일어나도록 만드셨다"전3:11는 결론과는 완전히 상반된다. 그 모든 것이 동일한 가치를 지니는 것은 차이가 없거나 무의미해서가 아니라 그 모든 것을 하나님이 제 때에 알맞게 만들었기 때문이다. 그 모든 것 안에는 인간의 행위와 결정들이 포함된다. 그 행위와 결정들은 모순적이지만 제 때에 알맞은 것으로 하나님이 받아들이고 인정한 것이다. 다시 말해서 그 모순성 가운데서 우리는 주어진 시간에 자신의 행동을 선택하는 인간의 자유를 본다. 나는 그리스도에 의해 주어진 자유는 정말 "모든 것이 가한" 자유라는 사

실을 강조하고 싶다.[196]

　기독교적 행위양식은 어떤 행위를 강요하고 어떤 것의 선택을 가로막고 어떤 태도를 금지하는 것이 아니다. 행동, 물건, 직업, 참여, 관습, 체계, 사상, 철학 등에 있어서 기독교적인 것과 비기독교적인 것의 차별화는 없다. 그리스도의 자유에서 비롯되는 것이고, 지금 여기서 그리스도의 자유를 구현하는 것이고, 자유를 준 하나님과 자신을 굴종시키려는 세상의 모든 압박 사이에서 자유로운 인간이 겪는 긴장 가운데서 취한 것이라면, 그 모든 태도와 그 모든 주장과 그 모든 선택은 다 타당한 것이다. 그래서 그리스도인들이 상반되는 태도를 취하는 것도 타당한 것이다. 사도 바울은 우리가 우상에게 바쳐진 고기를 먹을 수도 있고 먹지 않을 수도 있으며 결혼할 수도 있고 결혼하지 않을 수도 있다고 한다. 자유의 조건들에서 그리스도인들의 태도와 의견의 통일성이 있다면 이상할 것이다. 그것은 이상하고도 우려스러울 것이다. 왜냐하면 그 통일성은 미리 정한 규정만을 따르는 것으로 선전propagande의 산물이기 때문이다.

　그리스도의 자유에서 비롯된 것인 한, 군주정을 주장하는 그리스도인은 공산주의를 주장하는 그리스도인과 똑같이 정당하다. 동일한 전제 하에서, 군인도 양심적인 병역거부자와 똑같이 정당하다. 성서를 비신화화하는 자도 성서의 문자주의자도 똑같이 정당하다. 하나님을 높이기 위해서 일요일에 정장을 차려입는 것은 좋은 일로서 타당하고 정상적이

---

196) 어떤 의미에서 윤리적 관점으로 보아서 우리는 틸리히(Tillich)의 주장과 같이 말할 수 있다. 계시(틸리히에게는 믿음)는 명시적이고 구체적인 윤리적 내용이 없다. 자유는 반대로 우리로 하여금 모든 법, 문화현상을 새로운 마음으로 받아들이게 한다. 그래서 우리로 하여금 타인들과의 관계를 맺게 하는 동시에 이 도덕법을 영적으로 뛰어넘을 수 있게 한다. 그렇지만 개별적인 특수성의 문제가 남는다. 왜냐하면 계시는 하나의 영적인 문제가 아니고 인격 전체와 관계되는 것이어서, 어떤 유형으로 규정할 수 없는 것이기 때문이다. 또한 모든 성서의 교훈은 우리에게 분리되지 않은 인간을 보여준다. 다시 말해서 사회에서 비롯된 어떤 행위를 선택할 줄 아는 사회적 인간이 따로 있고, 그런 관습과 풍습을 영적으로 만드는 소명을 가진 그리스도 안의 인간이 따로 있는 것이 아니다.

다. 혼인잔치의 비유에서 예수는 잔치에 맞는 의복을 입지 않은 사람을 문밖으로 던지라고 하지 않았는가 말이다. 그러나 여기서 주의할 것이 있다. 그것이 하나님의 영광을 위한 자유 행위로서, 남들 앞에 호화롭게 보이기 위한 부르주아의 순응적인 행위가 아니어야 한다. 그렇다면 예배에 가기 위해서 옷을 잘 차려입지 않고, 예배가 일상의 일부분임을 나타내기 위해서 평상복을 입고 가는 것도 역시 좋은 일이고 타당하고 정상적이다. 우리는 하나님 아버지 앞에서 겉모습이 아니라 우리의 진정한 삶을 가져가는 것이다. 그러나 주의해야 한다. 거기서 중요한 것은 예배에 참석하기 위해서 장갑을 착용하는 천박한 부르주아들을 비난하고 공격하는 데 있지 않고, 하나님 앞에 진정한 자기 자신으로 나아가는 자유라는 데에 있다.

　마찬가지로 가톨릭과 개신교의 문제에 있어서, 하나님에게 더 아름다운 것을 드리려 하고 하나님의 영광을 위해서 가장 아름다운 성당들을 건설하고, 하나님에게 자신의 금을 드리기 위해서 스스로 절제하고, 교회의 제단을 금술로 장식하기 위해서 아주 귀한 선물을 아무런 사적인 뜻이 없이 희사하는 것은 선하고 정당한 일이었다. 단, 그것이 교회의 강요에 의한 것이 아니라 신앙의 자유로운 표현이고, 교회의 재산 축적을 위한 것이 아니어야 한다는 것을 전제로 한다. 역으로 세상의 재물을 포기하고 부의 축적을 부인하며 영과 진리로 예배를 드리기 위해서 아주 단순 소박하고 아무 장식이나 치장이 없는 예배 장소들을 마련하는 것은 선하고 정당한 일이다. 단, 그것이 하나님을 위해서는 최소한의 지출만을 하여 경제적인 절약을 하려는 부르주아의 마음에서 나온 것이 아니고, 하나님을 향한 자유에서 비롯된 검소한 삶의 표현이어야 한다는 것을 전제로 한다.

　어떤 행위이든지 자유에서 비롯된 것일 수 있다. 아주 과감하고 무모

한 행위라 할지라도, 그 모든 것이 가하다. 하나님과 언쟁을 벌이는 것도 가하다. 하나님과 논쟁하는 걸 넘어서서 수준은 낮지만 감동적인 거래를 하는 아브라함의 기도는 그 훌륭한 사례가 된다. 또한 욥과 같이 때로는 난폭하기까지 한 질문들을 하나님에게 퍼붓는 사례뿐만 아니라, 훨씬 더한 것으로 순종하기를 완전히 거부하는 사례도 있다. 거기에는 니느웨로 가기를 거부한 요나가 있고, 바로에게 가기를 거절한 모세가 있고, 백성을 향한 소명을 거부하는 이사야와 예레미야가 있다. 거기에 더해서, 하나님에게 지지 않거나 하나님을 꺾어서 뜻을 바꾸게 하기 위해서 몸으로 씨름하며 투쟁하는 사례도 있다. 요나는 하나님의 처사가 못마땅하여 화를 내기도 했다. 야곱은 하나님과 씨름도 했다. 전도서의 전도자는 하나님에게 과감하게 맞서기도 했다. 거기서 더 나아가서 하나님을 고소하는 사례도 있다. 욥은 하나님이 불의의 박해하는 독재자이며 사악하다고 고소한다. 엘리야는 하나님이 자신을 버렸다며 절망 가운데 죽음을 요구한다. 이 모든 것은 우리에게는 언제나 경악할 만한 것이라 할지라도 하나님이 믿는 사람에게 허용한 자유의 표현이다. 인간의 자유가 하나님을 고소하기까지 하는 것을 볼 때 "모든 것이 가하다"는 구절의 의미가 말 그대로 모든 것을 다 포함하는 것임을 알 수 있다.

그러나 자유의 표현이라 볼 수 있는 행위가 또한 순응적인 태도에서 나온 것일 수 있다는 사실을 인정해야 한다. 자유 안에는 언제나 이런 양면성이 존재한다. 처음에는 자유에서 비롯된 행위가 반복적이고 습관적인 것으로 퇴보를 계속하는 가운데 저속하고 진부한 것으로 축소될 수 있다. 그래서 늘 활력과 새로움을 불러오는 자유와는 아무 상관이 없는 것이 된다. 행위가 자유의 표현이 되는 것은 오직 어떤 환경과 특성과 문화 속에서 새로움을 야기할 때 가능하다. 모든 것이 가하다. 그러므로 모든 것을 과감히 행하라. 그러나 과감하다는 것은 모방이나 반복을 뜻하지

않는다. 과감하게 용기를 가지고 삶을 자신의 뜻대로 영위하라. 그리스
도 안에서의 자유는 그렇게 할 수 있는 능력을 말한다.

"네가 원하는 대로 행하라"는 구절은 아우구스티누스의 명언의 두 번
째 구절이다.[197] 그리스도의 죽음은 죄의 필연적인 결과와 세력으로부
터 우리를 풀어주었고, 단 하나의 행위도 단 하나의 생각도 하나님과의
만남을 견뎌낼 수 없게 하는, 악한 영에 마음이 사로잡힌 상태로부터 벗
어나게 했다. "이제 내가 사는 것은 내가 아니요 내 속에 있는 그리스도"
이기에 성령이 우리 안에 거하면서, 우리 존재의 뿌리가 바뀌고 우리가
자유롭게 되는 놀라운 변화가 일어났다. 이제 우리가 행동할 때 우리는
'사악한 영'이 아니라 '성령'을 발현한다. 그래서 우리는 우리 스스로 우
리 자신의 행동을 선택하고 해야 할 일을 결정할 수 있다. 존재의 뿌리가
바뀌는 순간부터 나오는 열매들도 또한 바뀌게 된다. 나무가 나쁘면 열
매도 나쁘다. 이제 하나님의 선한 뜻 때문에 열매는 선하게 된다. 이 자
유에는 제한이 없다는 사실을 잘 알고 있어야 한다. 이것은 율법을 부정
하고 하나님의 명령에 반역해서 그런 것이 아니다. 반대로 이것은 율법
이 우리 가슴에 새겨져 있기 때문이다. 예언은 율법에서 나오며 하나님
의 명령을 회복하는 것이다. 율법은 이제 더 이상 우리 바깥에 있지 않
고, 우리의 행위는 하나님의 명령에 어긋나는 법이 없이 부합하여 일치
를 이룬다.

모든 신학적인 설명에도 불구하고, 우리는 "모든 것이 가하다"는 이
말씀을 아주 어렵게 받아들인다. 우리는 언제나 이 자유에 다시 한계를
설정하려는 유혹을 받는다. 한계가 없는 자유는 율법이 계속되고 우리

---

197))[역주] 아우구스티누스는 요한서신의 강론에서 다음과 같은 말을 한다. "[하나님을]
사랑하라. 그리고 네가 원하는 대로 행하라.(Dilige et quod vis fac)". 여기서 두 번째
구절이 곧 "네가 원하는 대로 행하라"이다. 참조: Augustinus, *In Epistolam Ioannis ad
Parthos, Tractatus VII*, 8.

는 죄인이라는 사실과는 양립할 수 없는 것 같다. 그러나 사도 바울은 더할 수 없이 명백하게 선언한다. "여러분은 그리스도와 함께 죽어서 세상의 유치한 규례에서 떠났는데, 어찌하여 아직도 이 세상에 속하여 사는 것과 같이 율법에 얽매여 있는가? 곧 붙잡지도 말고 맛보지도 말고 만지지도 말라 하는 것이니, 이런 것들은 다 한때에 쓰다가 없어지는 것으로서, 사람의 규정과 교훈을 따른 것이다."골2:20-22 이와 같이 인간이 이 자유에 대한 한계로 설정한 모든 부정과 금지와 규정은 다 폐기된 것이다. 인간이 만든 이런 한계들은 부정적이고, 율법처럼 언역으로 허용된 것이 될 수 없다.

이 무한한 자유의 또 다른 측면은 "모든 것이 여러분에게 달려 있다"라는 점이다. 우리가 모든 것을 결정하고 시도하고 감행할 수 있을 뿐만 아니라 모든 것을 다 사용할 수 있다. 커다란 교훈이 먼저 베드로의 환상 가운데 상징적인 형태로 나타난다. 그 환상 속에서 율법에서는 먹는 것이 금지되었던 모든 동물이 허용되고 허락된다. "하나님께서 깨끗하게 하신 것들을 속되다고 하지 말라"행10:15 그런데 그것들은 하나님이 준 율법에 의해 불결하다고 선포되었다. 우리는 지금 율법의 의미가 그리스도 안에서 변화되는 것을 본다. 여기서 가장 주목할 것은 베드로의 환상 가운데 불결한 음식의 등장은 곧 불결한 존재인 이방인의 출현을 알리는 것이었다는 점이다. 그래서 이 환상이 의미하는 바는 사물들 사이의 벽을 제거하는 것뿐만 아니라, 인간들 사이의 벽을 제거하는 것이다. 우리는 그 벽을 무너뜨리라는 명을 받은 것이다. 여기서 우리는 자유의 근본적인 표지들 중의 하나인 이 벽을 무너뜨리는 자유가 시작되는 것을 본다. 우리는 이 주제를 제3부에서 다룰 것이다.

여기서 우리는 "모든 것이 여러분에게 달려 있다"는 구절에 집중할 것

이다. 이제 실재하는 사물들 사이에 그 자체로 선악의 가치의 차별화는
더 이상 없다. 그런 차별화의 상황은 은총을 받지 않고 믿음이 없는 인간
이 처한 상황이다. 그런 인간은 살기 위해서 하나의 질서가 수립된 세계
가 있어야 한다. 그는 인간이 수립한 선악의 질서 속에서 사물들이 일정
한 가치를 지니는 세계에서 살아야 한다. 그 사물들은 가치 판단의 위계
질서 속에서 각각의 위치를 가져야 한다. 인간은 이런 사물들을 객관화
하여 각각의 윤리적인 성격을 부여하는 일을 하지 않을 수 없다. 인간은
사물들을 그 자체로서 선한 것과 악한 것으로 나눈다. 이와 반대로 하는
것은 아주 위험하다. 왜냐하면 인간이 선하고 악한 것에 대해 책임을 지
는 유일한 존재로 스스로를 인정해야 되기 때문이다. 인간은 불확실하
고 언제나 책임을 져야 하는 세계에서 살게 될 것이고 이것은 정말 용납
할 수 없는 것이다. 그래서 인간은 그것을 피하려고 하고, 아담 이래로
객관화하여 선과 악을 규정하고자 하는 의지를 따른다.

그러나 믿음 안에서 받은 은총은 그런 질서의 세계와 가치등급들과
구분들을 해체시킨다. 선한 것이 따로 있고 악한 것이 따로 없다. 예수
는 우리에게 말한다. "입으로 들어가는 것이 사람을 더럽히는 것이 아니
라 입에서 나오는 것이 사람을 더럽힌다."마15:11 "입에서 나오는 것들은
마음에서 나오는데, 이것들이 사람을 더럽힌다"마15:18는 것이다. 그러
므로 사물 자체가 악한 것이어서 더럽히는 것이 아니다. 더러운 것은 사
람 안에 있다. 주변에 악한 것을 불러일으키는 것은 사람이다. 은총은 사
물들에 대해 자유롭게 한다. 모든 것을 제한 없이 이용하는 것이 가능하
다. 우리는 어떤 물건이나 어떤 행위나 어떤 직업을 마치 그 자체가 하나
의 존재로서 하나님이 좋아하거나 싫어하는 특성을 가진 것처럼 고유하
고 특별한 존재로 여길 필요가 없다.198) 하나님이 과일보다 양고기를 선

---

198) 그러나 이 말은 정결한 것과 불결한 것에 관한 구약의 모든 분류와 모순되는 듯하다.

호하기 때문에 가인의 제사 대신에 아벨의 제사를 기쁘게 받은 것이 아니다.

우리는 이 사실을 우리 주변의 모든 것, 특히 기술 제품들이나 예술 작품들에 확대 적용해야 한다. 다른 사람들이 어떤 식으로 받아들였든지 간에, 나는 어디서도 기술과 기술 제품들은 악한 것이고 사람이 이것들을 버려야 한다고 주장한 적이 결코 없다. 그렇다고 이것들이 선한 것이라고 주장한 적도 물론 없다. "내가 주 예수 안에서 알고 확신하노니, 무엇이든지 그 자체로 부정한 것은 없고, 다만 부정하다고 여기는 그 사람에게는 부정한 것이다."롬14:14 "모든 사물은 사람이 사용하는 용도에 따라 결정된다"고 주장하는 사람들은 이런 입장을 쉽게 받아들일 것을 나는 잘 알고 있다. 그 주장은 사물은 중립적인 것이어서 인간이 뜻에 따라 사용할 수 있다는 말이다. 그런데 나는 그것을 가장 큰 착각이라고 본다. 아무리 봐도 그것은 외적인 명백한 증거에도 불구하고 사물들과 세계에 대한 자유에서 나온 것이 아닌 것 같다. 이 점을 성서 구절들에서 다시 확인해 보자. 한편으로 사도 바울은 우리에게 말한다. "하나님께서 지으신 모든 것이 선하매 감사함으로 받으면 버릴 것이 없다. 모든 것은 하나님의 말씀과 기도로 거룩해진다."딤전4:4,5

그러므로 모든 것이 선하다는 것은 확실하다. 그런데 사도 바울은 거기에 이상한 말을 덧붙인다. "모든 것은 하나님의 말씀과 기도로 거룩해

거기서는 물질이나 행위 자체를 구분하는 것 같아 보인다. 하지만 나는 구약과 신약을 대립시키고 싶지 않다. 나는 독자들에게 한편으로는 폰 라트(von Rad)의 *Théologie de l'Ancien Testament*(구약신학)과 다른 한편으로 폴 리쾨르(P. Rocoeur)의 *Finitude et Culpabilité*(유한성과 죄의식)에서 이 주제에 관해 제시된 주장들을 참조할 것을 권한다. 이 두 저자들은 그 문제에 관해서 서로 다르면서 서로 보완하는 견해들을 내놓는다. 거기서 우리는 그런 구약의 분류가 가지는 진정한 뜻을 파악할 수 있다. 나는 그것이 일종의 거룩함의 율법이라는 사실을 상기하는 것으로 만족하고자 한다. 다시 말해서 사물들이 그 자체로 평가되는 것이 아니라 그것들을 부르는 거룩한 존재와의 관계에 따르기 때문에 그 자체로는 상대적인 차이와 구분을 가지게 되는 것이다. 그런 전제 하에서 구약의 분류는 그리스도 안에서의 자유와 모순되지 않는다.

진다." 그러므로 모든 것은 이미 거룩해져 있고 이미 거룩하여, 선한 것으로 당장 사용할 수 있다는 말이 아니다. 하나님이 창조한 것이 선하다면 더 필요한 것은 아무 것도 없다. 사도 바울은, 아담의 타락을 아무 것도 아닌 것으로 보는 사람들과는 상반되게, 하나님이 창조한 세계와 우리의 세계 간에 차이가 있다고 본다. 우리의 세계는 하나님 앞에서 존재 가치를 가지기 위해서는 거룩해져야 하지만, 하나님이 창조한 세계는 완전하기 때문에 그럴 필요가 없었다. 그래서 하나님의 말씀과 기도에 의해 거룩해진 것만이 정결하고 선한 것이다.

우리는 기도와 은총 가운데서 모든 것들을 사용하고 활용할 수 있다. 우리는 그런 것들을 하나님이 우리에게 부여한 은총의 세계에 들어가게 한다. 그것들을 은총의 세계에 들어가게 하는 것은 바로 우리 자신이다. 그것들은 그 이전에는 먼저 그 세계에 들어갈 수 없다. 아직 그 세계에 들어가 있지 않은 것들을 사용하는 것은 옳지 않다. 그것들에 대해 할 일은 훨씬 더 심오한 것이다. 그 일은 그것들을 거룩하게 하는 일로서, 하나님이 은총으로 우리에게 덧입혀준 거룩함을 우리가 먹고 사용하고 소유하는 것들에 덧입히는 것이다. 좀 과하게 말하자면, 구약이 불결한 사물들에 의해 불결함이 전염되는 것을 묘사하는 바와 같이 거꾸로 은총으로 우리에게 덧입혀진 예수 그리스도의 거룩함이 우리 주위의 사물들에 전염되고 우리의 세계에 파급된다고 말할 수 있다. 물론 이런 말을 문자적으로 받아들이자는 것은 아니다. 구약에서 말하는 것은 비이성적인 종교심에 기인한 메커니즘이고, 신약에서 말하는 것은 자동적인 기계적 메커니즘이 아니다. 내가 이와 같이 비교하는 것은 단지 의미에 근접하기 위한 것이다. 그러나 이것 또한 잘못된 의미이다. 왜냐하면 정결함과 거룩함은 우리의 본성에 속하거나 내재되어 있지 않기 때문이다. 정결함과 거룩함은 우리를 변화시키지만 우리는 그것들을 삶으로 살아야 한다.

　우리가 자유로이 사용할 수 있는 것들에 관해서 말하자면, 그것들이 우리 손에 닿자마자 자동적으로 정결하게 되는 것이 아니다. 정결하게 되는 것은 의지적이고 자발적이고 결정적인 행위로서 기도와 축복에 의한 것이다. 그러나 이것이 가능하게 되는 것은 오직 우리 자신이 은총을 받는 때이다. 우리는 여기서 결정적인 말씀에 접한다. "정결한 자들에게는 모든 것이 정결하나 더럽고 믿지 아니하는 자들에게는 아무 것도 깨끗한 것이 없고 오직 그들의 마음과 양심이 더러운 것이다."딛1:15 여기서 우리가 다시 발견하는 점은 예수 그리스도의 주권에 의해서 세계 자체가 다 변화되는 것이 아니고 선하게 되는 것이 아니라는 사실이다. 그리스도 안에서 얻는 자유가 모든 사람들에게 해당되는 것이 아닌 것과 마찬가지로 모든 사람들에게 모든 것을 사용할 수 있도록 허용되는 것이 아니다. 사도 바울이 "모든 것이 여러분에게 달려 있다"라고 할 때, 그 '여러분' 안에 인류 전체가 다 포함되는 것이 아니다. 그 '여러분'은 한정된 사람들을 가리키는 것으로 용서와 죄 사함을 받은 사람들이다. 그들은 믿음으로 은총을 얻은 사람들로서 예수가 그리스도라는 사실을 알았다. 모든 것이 선하게 되는 것은 바로 이와 같이 정결하게 된 사람들의 경우에 한한 것이다.

　예수는 제자들에게 "너희는 깨끗하나 모두가 다 깨끗한 것은 아니다"라고 말했다. 그러나 예수는 유다의 발도 씻겨 주었다. 모든 사람이 다 그런 것은 아니다. 사도 바울은 그 사실을 명확하게 한다. 불신하는 사람들에게는 모든 것이 깨끗하지 않다. 선한 것과 악한 것 간의 선택이나 정결한 것과 불결한 것 간의 선택이란 있을 수 없다. 한편으로 모든 것이 가능하다. 다른 한편으로 모든 것이 불가하다. 한편으로 모든 것이 우리에게 주어져 있다. 다른 한편으로 우리는 아무 것도 소유하지 못한다. 그러므로 인간은 본질적으로 어떻게 됐든 간에 언제나 하나님 앞에서 세상을 맡은 청지기이고, 세상을 다스리라는, 아담에게 주어진 명령은 인간에게 언제나 유효하다고 주장하는 사람들은 커다란 일탈을 범하고 있는 것이다. 한편으로 우리는 모든 것을 다 사용할 수 있다. 그러나 다른 한편으로 의로운 것은 결국 하나도 없고, 모든 것이 타락과 범죄 가운데 있다.

여기서 중요한 것은 우리가 접하는 세상과 사물의 형편이 아니고, 인간의 하나님과의 관계이다. 인간이 문제가 되므로, 우리는 "누가 깨끗한 사람인가?"라고 스스로 자문해야 한다. 그 질문은 존재 자체에 대한 것이지 믿음이나 행위에 대한 것이 아니다. 존재의 문제는 곧 그리스도와의 관계에 관한 것이다. 이것은 인격적인 평가나 도덕에 관한 문제가 아니다. 사람들은 마치 당연하고 명백한 것인 양 그것을 너무나 빨리 인격이나 도덕 문제로 받아들인다. 그러나 실제로 모든 것을 사용할 수 있는 자유는 그리스도가 살아계신 하나님의 아들임을 믿는 사람인 동시에 그리스도가 발을 씻겨준 사람에게만 허용되는 것이다. 다시 말해서 이것은 그리스도와 연합하는 사람, 즉 내적인 연합만이 아니라 성찬에 참여하는 것으로 의지적으로 표명되고 삶으로 실현하는 사람에게만 허용되는 것이다. 이와 같이 되어야만 우리에게 주어진 가능성이 열리는 것이다. 우리는 우리가 정결한지 알기 위해 우리 행위를 겉모습을 보고 판단하는 잘못에 빠지는 것이다 돌아보거나, 우리 영혼의 상태를 이것은 하나님만이 안다 성찰할 필요가 없다. 우리는 하나님의 죄 사함을 받았음을 믿고 언약의 말씀에 따라 사는 사람과 같이 그 부분에서 앞으로 나아가야 할 필요가 있다. 이제 모든 것이 정결하고 선한 것으로 우리가 사용할 수 있게 되는 것은 우리의 생각이나 평가에 달린 것이 아니고 우리 존재의 정체성에 달린 것이다.[199] 인간의 눈에 나무의 열매보다 더 확실하게 볼 수 있는 것은 없다.

창세기는 우리에게 전한다. "여자가 그 나무의 열매를 보니 먹음직도 하고 보암직도 하고, 지혜롭게 할 만큼 탐스럽기도 한지라."창3:6 무엇을 더 바랄 것인가. 이 열매는 인간이 바랄 수 있는 모든 것을 가지고 있다. 먹기 좋고 보기에 아름답고 또 유용하다. 먹는 것과 미학적인 즐거움을 누리는 것과 지적인 발달을 가져오는 것이다. 경제와 문화가 다 있으니 더할 나위 없다. 그러나 우리는 이후에 어떤 일이 일어났는지 알고 있다. 이브가 뱀의 말을 듣고 그 말에 따르기로 동의하는 순간부터 모든 것이 이미 어긋나버렸다. 이브는 그때부터 지성과 양심이 부정해졌다. 그녀는 이제 아무 것도 더 이상 올바르게 판단할 수 없게 되었다. 이제 아무 것도 그녀에게 속하지 않게 되었다. 그녀는 이제 정결한 것은 아무 것도 가질 수 없게 되었다. 이와 같이 부정한 자에게 모든 것은 부정하게 된다.

이 문제를 해결할 길이 없으므로 인간은 세계를 구분하여, 악한 것과 선한 것, 고귀한 직업과 천한 직업, 정당한 행위와 금지된 행위 등을 규정한다. 여기서 인간은 우리가 선악의 지식이라고 정의한 것을 따른다. 이제 인간은 분리된 세계 속에서 살아간다. "사물은 중립적이고 모든 것

---

199) "무엇이든지 그 자체로 부정한 것은 없고 부정하다고 여기는 그 사람에게 부정한 것이다"(롬14:14)라는 구절은 모든 것이 우리의 생각에 달린 것 같은 느낌을 준다. 그러나 그 구절의 뜻을 내가 정결하다고 생각하는 사물은 정결하다는 식으로 모든 것이 각자가 내린 판단에 따라 결정된다는 것으로 이해하는 것은 잘못된 것이다. 이 구절이 말하는 것은 단지 정결하게 된 신자의 판단이다. 정결한 사람에게 모든 것은 정결하다. 그러나 이 그리스도의 사람이 어떤 사물을 악하고 부정하고 위험한 것이라는 평가를 내리면, 실제로 그 사물은 그 사람에게는 정말 그렇게 된다. 어떻게 그렇게 될 수 있을까? 그 본문은 그 점을 명백하게 보여준다. 거기서 말하는 것은 모든 자유를 소유하지 못하고 아직 자유를 온전히 누리지 못하여서 도덕적인 문제들과 충돌하는 믿음이 연약한 형제들에 관한 것이다. 물론 그들의 판단은 옳지 않다. 그러나 그들을 존중해야 한다. 그들이 악하다고 보는 사물은 그들에게는 하나님으로부터 멀어지게 하는 유혹이요 덫이요 계기가 된다. 그래서 그 사물은 실효적으로 악한 것이 된다. 그러나 이것은 그리스도를 믿지 않는 사람들에게는 일반적으로 적용되지 않는 말이다. 이에 대한 사도 바울의 본문은 명확하다.

은 사람이 사용하는 용도에 따라 정해진다."는 주장은 완전히 동일한 결과를 빚는다. 왜냐하면 거기서는 용도에 의해 분리가 되는 것이기에 바뀌는 것은 아무 것도 없게 되기 때문이다. 인간은 자유롭지 않고 세계는 더더군다나 하나로 통합될 수 없다. 왜냐하면 그리스도 안에서 "모든 것이 가하다"는 구절은 "모든 것이 여러분에게 달려 있다"는 구절과 함께 우리는 모든 것을 아무 구분 없이 원하는 대로 다 자유롭게 사용할 수 있다는 걸 뜻하기 때문이다. 행위와 용도의 차별화를 불러오는 사물의 무차별적인 중립성이란 결코 인정할 수 없는 주장이다.

유일한 문제는 사람의 문제이다. 사람이 그리스도와의 관계를 맺고 있는지, 아니면 선악을 따라 사물을 구분하여 판단하는지에 따라서 정적인 세계와 변동하는 세계의 대립이 나타난다. 사물이나 행위를 구분하여 정결하거나 허용된 것의 목록을 수립하는 것은 고정되고 멈추어진 정적인 세계에 속한 것이다. 그 세계에서는 자유는 허술한 외적인 겉모습에 지나지 않는다. 왜냐하면 자유가 실재라면 질서와 체계를 의문시하게 되기 때문이다. 반대로 그리스도 안에서 완전한 자유를 표명하며 모든 것이 허용되고 모든 것이 우리에게 주어져 있다는 것을 긍정하는 것은 이루어가야 할 세계, 동적이고 변화하는 세계, 인간의 자주적 행동이 가능한 세계, 하나님의 나라로 나아가는 세계를 인정하는 것이다. 이것은 그리스도 안에서만 가능한 일이고 정결한 사람을 위한 것이다. 왜냐하면 스스로 분리된 불신의 인간은 자신이 사는 세계에 질서와 안정을 수립하고 세계를 고정하고 구분하는 것 이외에 달리 어쩔 도리가 없기 때문이다. 그렇지 않으면 그는 거기서 살 수 없고, 자신의 행위를 보증할 아무런 고정적인 기준을 가지지 못하여 참을 수 없는 상황에 빠지게 될 것이다.

내 말이 좀 황당무계하게 들릴 수도 있다. 왜냐하면 우리가 분명히 눈으로 확인하는 것은 정반대이기 때문이다. 한편으로 세상과 사회를 가로막고 고정시키고 마비하며 양분하고 화석화하는 것은 교회요 기독교인이요 기독교윤리라는 점은 분명한 사실이다. 다른 한편으로 앞으로 나아가게 하고 변화시키고 세상을 개방하는 것은 분명히 비기독교인들과 과학과 기술과 정치와 노동조합이다. 기독교가 반동적이고 퇴보적인 세력인 반면에 비기독교는 진보 세력이라는 것은 명백하다. 이 모든 것은 분명한 사실이지만, 내 말을 하나도 바꾸게 하지 못한다.

기독교와 교회가 퇴보적이고 정체적인 세력이 된 것은 그리스도인의 삶의 근본적인 가치인 자유를 상실했기 때문이다. 사람들은 계시를 종교로 바꾸었다. 종교는 실제로 보수와 정체와 구속의 세력이다. 계시가 종교로 변화하면서 사람들은 그리스도 안에서의 연합을 상실했다. 그러므로 모든 것을 정결하게 하는 정결함을 상실했다. 그런 까닭에 그리스도인들에게 결정적이고 긴박한 유일한 것은 그리스도 안에서의 연합에 기초하여 오늘날 자유의 온전한 의미를 다시 찾는 일이다.

이와 다른, 또 하나의 측면이 있는데, 나는 그것이 환상에 지나지 않는다고 본다. 현대인이 성인으로 성숙하고 이성적인 존재가 되었다고 믿는 것이 환상인 것과 같이 우리가 진정 변화하는 세계에 살고 있다고 믿는 것도 환상에 불과하다. 한편으로 세계의 질적이고 영적인 변화와, 개인의 자유의 확대와, 씨앗에서 잎으로, 잎에서 꽃으로, 꽃에서 열매로 진화하듯이 자유로운 영역이 확장되는 현상이 있다면, 다른 한편으로 엄격하고 체계적인 정보처리, 정교한 조직구성 등과 같은 복합적인 방식들에 의한 조종이 일어나며, 변화의 메커니즘이 더욱 엄밀하게 진행되어간다. 사람들은 이 둘을 혼동한다. 많은 것이 변화하는 것은 확실한 사실이다. 모든 것이 변화한다고 할 수도 있다. 그러나 그 많은 예언자들의 예언에도 불구하고 결정적인 변화는 없다. 질적인 변형은 결코 일어나지 않았다. 일분에 삼천 번을 회전하는 차바퀴가 그 차축에 대해서는 완전히 고정된 정태적 상태라고 볼 수 있다는 면에서, 또 사회의 정태적 상태는 일어나는 사건들이 아니라 구조와 선택범위에 달려 있다고 볼 수 있는 면에서, 우리가 살고 있는 세계는 가장 정태적인 세계이다. 우리는 지금까지 없었던 가장 엄격한 구조와 가장 협소한 선택범위를 가진 사회에서 살고 있다.

나는 독자들이 잠시 동안 내가 내린 판단에 대한 성찰의 시간을 보내면 좋겠다는 겸손한 바람이 있다. 이 판단은 겉으로 보기에 비상식적이지만, 기술적 진보의 문제를 집중적으로 파고들었고 또 그 진보를 부정하거나 거부하지 않는 한 사람의 역사가가 내린 판단이다. 내 판단은 세계를 앞으로 나아가게 할 수 있는 것은 그리스도인의 자유의 발현뿐이라는 것이다. 이 자유를 떠나서는 원자에 관한 것이든 우주에 관한 것이든 간에 희망을 가질 것이 전혀 없다. 인간이 바랄 수 있는 것은 단지 가장 확실한 안전과 가장 엄밀한 이분법의 질서와 가장 명료한 절차와 가장 명확한 허가와 금지 규정 등이다. 사회가 복잡해지면 복잡해질수록, 변하면 변할수록, 활동이 일어나면 일어날수록, 더욱더 행위 규범들과 고정적 상태를 독재 국가의 고정적인 계획화 정책이 한 예이다 필요로 한다. 이것은 그리스도가 우리를 초대하는 자유와는 정반대이다.

기술 문제를 다시 살펴보자. 우리는 한편으로 문제가 사용의 잘잘못에 있지 않고 사용자의 정체성에 있다고 말했다. 사용자는 정결한 사람인가? 이 문제는 모든 기술의 자유롭고 정당한 사용에 상당한 제한을 둔다. 이에 더해서, 기술 자체의 특정한 측면들을 검토해보아야 한다. 기술은 부분들이 서로 긴밀하게 연결되어서 분리할 수 없는 하나의 전체를 이루고 있다.[200] 각각의 기술적인 제품을 분리시켜서 다른 의미를 함축

---

200) J. Ellul, *La Technique ou l'enjeu du siècle*.

하지 않는 하나의 고유한 가치를 부여할 수 없다.

사실상 각각의 기술 제품은, 세포 하나하나가 살아있는 육체에 아주 긴밀하게 결합되어 있는 것처럼, 기술 체계의 한 부분에 지나지 않는다. 그러므로 다음과 같은 말은 있을 수가 없다. "나는 개인적으로 내 차와 내 텔레비전을 내 방식으로 사용하며, 그것으로 충분하다." 사실 사람들은 하나의 총체적인 현상에 참여하고 있는 것이다. 이것은 부르주아에 속하는 한 사람이 개인적으로 아주 도덕적이고 덕이 많으며 정의로울 수 있지만, 그럼에도 그가 부르주아 계급에 속한 것은 변할 수 없는 사실인 것과 마찬가지이다. 또한 이것은 한 사람의 경찰이 개인적으로 아주 친절하고 폭력을 쓰지 않으며 고문도 하지 않지만, 그럼에도 그가 경찰 전체가 하는 일과 유대관계를 가질 수밖에 없는 것과 같다.

한편으로 각각의 기술 제품을 개인적으로 이용하는 것이 다른 한편으로 하나의 전체 체계에 참여하는 것이 된다. 그 전체 체계는 고유한 특성과 의미가 있으며, 사람들이 영향을 미칠 수 없다. 그 체계가 없다면 구별할 수 있는 방법이 없다. 사람들은 체계의 흐름에 압도된다.

앞에서 비유로 언급한 부르주아 계급의 연대성과 경찰의 유대성은 기술이 낳은 유대성과 비교하면 그 총체성의 정도가 훨씬 덜하다. 추상적인 통합체를 만드는 것은 우리 사회의 특성이다. 돈을 예로 들어보자. 중세에 돈의 사용은 개인적인 행위에 그쳤다. 개인적인 행위로서 유대관계에서 벗어날 수 있었다. 오늘날 사정은 더 이상 그렇지 않다. 내가 '맘몬'을 숭배하기를 거절한다고 해도 나는 자본주의 사회의 일원이며, 기술 제품들의 체계는 훨씬 더 통합되어 있다. 그렇다면 "정결한 사람들에게는 모든 것이 정결하다"는 말은 완전히 개인주의적인 관점에서 비롯된 말이 된다. 이것은 하나의 전체적인 체계에 통합되지 않은 음식과 같은 사물들에 대한 개별적인 행위와 관계되는 것이다. 또는 사도 바울이 밝혀주는 바와 같이, 그것들은 전체적인 체계에 속하는 일부분이지만 어떤 개별적인 행위가 그 연계성을 깨뜨려버린 것이다. 예컨대 사도 바울이 우상에게 바쳐진 제물들의 고기를 말할 때, 그 고기들은 희생제사와 우상숭배와 이교도 풍습이라는 하나의 체계에 속하는 것이다. 그러나 그 고기들을 단순한 음식으로 먹는 기독교인의 태도는 그 고기들이 속한 사회의 이데올로기적인 체계를 무너뜨리면서 그 종교적인 성격을 벗어나 세상의 음식이 되게 한다. 그리스도 안에서 정화된 인간의 자유에서 나온 개인적인 행위는 그 고기들에게 있는 자연스럽고 개별화된 다른 특성을 회복하게 한다.

이와 반대로, 기술 제품은 두 체계로 구성된 하나의 체계를 가진다. 하나는 신념들과 이데올로기로 이루어진 체계이다. 이 체계는 인간의 자유로운 개인적인 행위로 무너뜨릴 수 있다. 다른 하나는 물질적인 통합과 일치의 체계이다. 이 체계는 개인적인 행위에 의해 무너뜨릴 수 없다. 기술의 특징이 생산과 소비와 조직에 있어서 대량으로 총체적인 조합을 이루며 작용하는 것이기 때문이다. 이것은 "정결한 사람들에게는 모든 것이 정결하다"는 구절을 약간 다른 시각으로 보게 한다. 왜냐하면 기술 제품이 개별적으로는 부정한 것일 수 없기에 그 제품을 사용함으로써 우리는 그 체계와 완전한 유대를 가질 수밖에 없기 때문이다. 그렇다면 "정결한 사람들에게는 모든 것이 정결하다"는 말씀은 아무 것도 해결해 주지 않는다. 실제로 우리는 체계를 정결하게 정화하지 못했다. 왜냐하면 그 체계를 이용하는 대다수의 사람들이 믿지 않는 사람들이어서 하나님에게 자신들이 받은 혜택들에 대해 감사하지 않기 때문이다. 그들은 기도나 하나님의 말씀으로 자신들이 받은 것들을 정결하게 하지 않는다. 바꾸어 말해서, 기술의 총체적인 현상에 있어서 한 사람의 그리스도인이 기술을 사용한다고 해서 다수의 불신자들이 기술을 사용하는 현실이 바뀌지 않는다. 그래서 그 전체가 정결하지 않는 상태로 계속 머물러 있게 된다.

전체 체계를 변화시키는 개인적인 행위가 없는 까닭에 우리는 그 문제에서 완전히 벗어날 수 없다. 먼저 우리는 하나님의 사랑과 은총을 드러내는 개인적인 행위를 찾아내야 할 텐데 말이다. 그러므로 우리는 어려운 난관에 처해 있는 것이고, "정결한 사람들에게는 모든 것이 정결하다"는 말씀은 충분한 해답이 되지 못한다. 문제를 피할 분명한 방법은 존재한다. 그것을 비켜나가도록 하나의 신학적인 이론을 수립하면 된다. 여기에 기술을 신의 계획을 구현하는 요소로 아주 쉽게 규정하여 유명세를 탄 테야르 드샤르댕의 이론이 있다. 또한 우리가 간혹 언급했던 것으로, 현재의 세계에서 예수 그리스도의 주권이 현실적으로 구현되고 있다는 이론이 있다. 그런 기만적인 이론들을 수용하지 않을 경우, 우리는 미궁에 빠진 채로 해결할 수 없는 난제에 직면하게 된다. "정결한 사람들에게는 모든 것이 정결하다"는 말씀이 기술 제품에 적용된다는 것은 의심의 여지가 없는 명백한 사실이다. 그러나 그것을 실제로 적용할 때, 우리는 모든 것이 부정한 사람들의 부정함에 불가피하게 물든다. 그리하여 그 구분이 아주 흐려지는 바람에, 우리는 거룩하고 의로운 세계에서와 같이 편안한 양심으로 그 기술 제품들을 사용할 수 없게 된다.

이것은 두 가지 문제를 제기한다. 하나의 문제는 다음과 같다. "모든 것이 우리에게 달려 있다"며 "정결한 사람들에게는 모든 것이 정결하다"는 구절이 우리의 양심을 일깨울 만큼 아주 확실한 것인가? 이 말의 의미가 "아무 걱정도 하지 말라. 우리는 뭐든 다 할 수 있다. 우리가 정결할 때 우리가 하는 모든 일은 선한 것이다."라는 것인가? 그렇다면 우리는 평온한 가운데 양심을 계속 일깨우면서 앞으로 나아갈 수 있을 것이다. 이와 같은 유형의 그리스도인들에게는 "문제란 결코 존재하지 않는다." 마음을 악하게 가지는 것이 신앙에 적합하지 않고 자유의 결핍을 보여주는 것이라면, 좀 우직한 불변의 양심이라는 것도 기독교적인 것이 아니고 책임의 결핍을 보여주는 것이다. 책임을 지는 가운데 자유가 존재하고, 자유를 구현하는 가운데 책임이 존재한다는 사실을 우리는 강조했다. 나는 자유가 스스로의 정의와 자긍심과 양심에서 비롯되는 행위방식이라고 생각하지 않는다. 한편으로 아무 것도 아닌 것에 대해 스스로 자책하는 것이 부정적인 것이라면 사도 바울은 양심을 위해 고기가 우상에게 바쳐진 것인지 아닌지 알려고 하지 말라고 했다 다른 한편으로 일체의 초연한 태도들도 우리에게 좋은 것이 아니다. 왜냐하면 "감사하고 하나님의 말씀을 상고하라"는 말씀이 우리 각자에게 주어졌기 때문이다. 기술 제품들을 사용하는 것은 좋다. 그러나 긍정적이고 창조적인 동시에 부정적이고 파괴적인 기술 문명에 참여하는 것이 낳는 의미를 늘 지켜봐야 한다. 이것은 우리 스스로 하나님의 계획을 추정하고는 그 계획을 구현한다는 논리를 내세워서 기술 문명에 어떤 거룩함을 덧붙이는 것을 가로막는다.

다른 하나의 문제는 그 결과의 문제이다. 기술 제품을 사용하는 것은 나에게 결과적으로 어떤 영향을 미친다. 이것은 "정결한 사람들에게는 모든 것이 정결하다"는 말씀으로 해결된다. 그러나 거기서 사회적이고 총체적인 영향과 타인들에게 미치는 반향들, 즉 사회적이고 심리적인 파장들이 따라올 수 있다. 이 문제는 특히 기술과 연관된다. 기술은 아주 심오하고 불가피한 사회적인 영향들을 초래하고 그 영향들은 긍정적인 면과 부정적인 면이 아주 밀접하게 연결되어 있다. 하나의 기술 제품을 사용할 때 우리는 그런 결과적인 영향들을 맞으면서 어떤 의미에서 그것들을 강화시키고 있다는 점을 인지하고 있어야 한다. 구체적으로 자유와 관계된 글들은 우리 행위가 미치는 영향들에 관한 문제를 떠오르게 한다. 우리는 결정의 효과를 예측할 수 있도록 노력해야 한다. 그래서 우리는 검토해 보아야 한다. 그러면서도 언제나 "모든 것이 가하다"는 말씀을 결코 약화시키지 말고 제일 우선적인 것으로 삼아야 한다. 우리는 그 말씀을 따라 모든 도덕론과 금욕과 고행을 폐기하고서 충만한 삶을 살도록 부름을 받은 것이다. 여기서는 허용과 금지 사항으로 구분하는 궤변 같은 것이 없고, 선택에 앞서 미리 대답할 필요가 없다. 자유는 하나님이 우리 앞에 펼쳐놓은 넓은 들판으로 자유롭게 나아가는 것이다.

"모든 것이 가하다"는 말씀이 있는 까닭에, 루시앙 페브르가 시도한 방식으로 자유를 분류하는 것은 무의미하다. 그는 증여의 자유에 거절의 자유를 대비시켰다.[201] 거절의 자유는 독립의 갈망, 자아 수립의 의지, 참여의 거부, 원상태를 고수하려는 욕망, 반대하는 항의 등으로 특징지어지는 것으로서 분명히 나쁜 것이다. 증여의 자유는 사람들은 여기에 학자들과 사회운동가들을 포함시키면서, 왜 군인들을 포함시키지 않는지 나는 잘 모르겠다 좋은 것이다. 사실상 이런 분류는 아무 의미가 없다. 왜냐하면 그리스도 안에서 자유롭게 된 인간은 때에 따라 거부하는 사람도 될 수 있고 증여하는 사람도 될 수 있기 때문이다. 그러나 그리스도를 떠나서는, 거부의 자유는 이기심과 불안에서 비롯되고, 증여의 자유는 선한 의도의 무의미한 행동주의로 나타난다.

2. 자유의 목표

"모든 것이 가하다"라는 말씀을 순전히 받아들인다면 우리는 성서에 충실한 것일까? 사도 바울은 자기 자신에 대해 "나는 내 몸을 쳐서 복종시킨다"고전9:27고 말한다. 원하는 선을 행하지 않고, 원하지 않는 악을 행하는 자기 자신을 발견하고 사도 바울이 외치는 절망의 커다란 부르짖

---

201) Lucien Fèvre, *La liberté des chrétiens*(그리스도인의 자유), 1969.

음이 있다. 우리는 율법을 어떻게 피해갈 것인지에 관해서 앞에서 몇 차례 언급했었다. 예수가 젊은 부자 관원에게 건넨 말씀 때문에 그 관원이 곤경에 빠지게 된 것과 같은 상황을, 어떻게 하면 우리는 우리 자신의 삶 속에서 재현하지 않고 자탄하지 않으며 피해갈 수 있을까? "정결한 사람들에게는 모든 것이 정결하다"는 구절을 우리 자신의 즐거움과 쾌락을 위해 이기적으로 돈을 사용할 수 있다는 뜻으로 해석할 수 있을까? "모든 것이 가하다"는 구절의 의미가 불륜과 성적 쾌락과 가난한 사람들의 착취와 살인 등이 하나님 앞에서 우리에게 가능한 것이고 아무래도 좋은 상관없는 일인가? 그렇다면 서신서 전체에서 말하는 도덕적 권면들과 덕목들은 무엇을 의미하는가? 이 모든 것을 참작해야 한다고 하면, 독자들의 반응이 어떨지 나는 잘 알고 있다. 왜냐하면 나도 그렇게 반응하기 때문이다. "기독교인들은 항상 그렇다니까. 개중에는 하나님도 그렇다고 하는 이들도 있지. 그들은 하나의 일반적인 원리를 전하고 나서는 곧바로 그 원리를 부인해버린단 말이야."

사도 요한 le Théologien은 하나님은 알 수 없다고 선언한다. 장송Jeanson이 주목한 바와 같이 이 선언 뒤에 사도 요한은 하나님에 관한 글을 쓰면서 자신이 아주 잘 알고 있는 듯이 하나님을 분석했다. 이런 점을 하나님 탓으로 돌리려는 시도도 있다. 하나님은 주고 나서 곧바로 다시 거두어들인다는 것이다. 하나님은 불쌍한 아브라함에게 언약을 주었지만 아브라함은 아무 것도 소유하지 못하게 된다. 하나님은 구원을 주지만, 그 구원은 순전히 가상현실에 지나지 않는다. 하나님은 자유를 주지만 곧바로 의무의 굴레를 씌운다. 그렇다면 자유의 '한계'라는 전통적인 문제를 벗어났다는 주장은 틀린 말이 된다. 우리가 접하는 모든 것이 다 일체의 한계들이 되어서 모든 사람들이 갇혀있는 틀로 다시 돌아가게 되지 않는가?

이 물음에 대한 나의 대답은 부정적이다. 여기에 아주 커다란 차이가 있다. 한편으로 자유는 주어진 것으로 인식되어 자신의 지위와 한계를 포함하는 상황을 자아내는 것이다. 다른 한편으로 자유는 하나의 활동으로서, 모든 활동이 어떤 결과를 가져오는 것처럼 놀랍고 예기치 않은 것을 늘 새롭게 창조하는 것이다. 이 '그러나'라는 말은 한계나 굴레나 부정을 말하는 것이 아니다. 이 말은 이 활동의 방향과 활동 목표를 겨냥하는 것이다. 그리스도 안에서 우리가 얻은 자유는, 아무 의미도 없는 탓에 이것을 하나 저것을 하나, 우로 가나 좌로 가나 다 똑같게 되는, 아무래도 상관없는 '뷔리당의 당나귀'202)의 자유가 아니다.

"정결한 사람들에게는 모든 것이 정결하다"라는 말씀은 모든 것이 중립적인 것이어서 아무 가치도 영향도 없다는 말이 아니라는 것을 우리는 알아보았다. 자유는 "모든 것이 아무런 차이 없이 다 똑같이 가능하다"는 의미일 수가 없다. 도스토예프스키의 말을 뒤집어서 우리는 "모든 것이 가능해지면, 하나님은 더 이상 존재하지 않는다"고 말할 수 있다. 이것은 또한 어떤 신학자들이 현실의 역사에서 추론한 결론으로 내린 것과 같은 바, 기술과 과학을 통해서 모든 것이 인간에게 가능하게 되었기에 하나님은 죽는 것 말고는 별 도리가 없다는 것이다. 그러나 하나님이 죽음을 당하는 순간부터 모든 것이 가능해진다는 믿음이 허황된 것처럼, 인간이 자신의 수단으로 모든 가능성을 끌어낼 수 있다는 믿음도 허황된 것이다. 거기서 실제로 가능해지는 것은 인간이 서로 죽이고, 스스로 전락하여, 완전히 허황된 착각 속에서 살다가 동물과 같이 될 것이라는 사

---

202) [역주] '뷔리당의 당나귀의 역설'(Le paradoxe de l'âne de Buridan)로 알려져 있다. 여기서 뷔리당은 장 뷔리당(Jean Buridan, 1292-1363)이라는 중세의 프랑스 철학자의 이름에서 따온 것이다. 그는 심한 배고픔과 목마름에 시달리던 한 당나귀가 귀리를 담은 통과 물을 담은 통 사이에서 선택을 하지 못하여 결국 배고픔과 목마름 속에서 죽고 말았다는 얘기를 통해서 자유의 역설을 설명했다고 전해져 내려온다. 그러나 사실 뷔리당은 그가 쓴 책에서 당나귀가 아닌 개를 등장시켜 얘기를 전개했다.

실이다. 하나님이 자유를 주는 해방자라면 우리에게 모든 것이 가능하다. 그러나 우리는 "모든 것이 가능하다"는 말이 우리 자신의 것이라고 말할 수 없다. 누군가 우리에게 열어주기에 하나의 가능성이 열리는 것이다. 그러므로 하나의 가능성은 하나의 관계에서 정의되는 것이지 허공 속에서 자신을 관조하는 가운데 나오는 것이 아니다.

"모든 것이 가능하다"는 말은 남북南北이 같다는 뜻이 아니다. 그와 반대로 그리스도는 세상 가운데 강림하여 우리를 의미와 가치와 중요성을 갖춘 세계로 인도한다. 우리는 허망한 세계 가운데로 들어가는 것이 아니다. 우리에게 주어진 자유는 중요한 것이 따로 없이 아무 것이나 할 수 있는 가능성이 아니다. 자유는 막연한 자의적인 의지의 발현이 아니다. '서론'인 '제1권'에서 나는 하나님의 자유로운 결정은 선한 것으로 결코 판타지나 무의미한 것이나 터무니없는 것이 아니라는 사실을 규명하고자 했다.[203]

사도 바울의 '그러나'라는 말은 주어진 것을 다시 회수하는 것이 아니다. "모든 것이 너희 것이다. 그러나 너희는 그리스도의 것이다."라는 사도 바울의 말은, 틸리히가 잘 파악한 바와 같이, 세상에서는 어리석고 연약한 것으로 보이는 십자가를 진 그리스도에 관해 말한 것이다. 이것은

---

203) 카스텔리는 그리스도 안에서의 자유와 인간이 칭하는 자유의 대립에 관해 훌륭한 분석을 했다(Enrico Castelli, *Le Démoniaque dans l'art*, 1958). 인간의 독립에 관한 근거는 취약한 이론과 그 터무니없는 구현이다. 그는 앙리 수소의 글을 다시 인용한다(Henri Suso, *Petit Livre de la Vérité*). 그것은 제자와 세미한 영적인 환영 간의 대화에 관한 것이다. "어디서 왔는가? 나는 아무데서도 오지 않았다. 네가 누군지 말해다오. 나는 존재하지 않는다. 네가 원하는 것은 무엇인가? 나는 원하지 않는다. 참 놀랍군. 네 이름을 말해다오. 나는 이름이 없는 구원자이다. 너의 지혜의 끝은 어디냐? 그것은 완전한 자유이다. 그런데 너는 완전한 자유를 무엇이라 부르느냐? 거기서 인간은 구분을 두지 않고(인간과 하나님 사이의), 이전과 이후에 있을 일을 고려하지 않은 채로, 자신의 모든 욕망들을 다 성취하게 된다." 우리는 여기서 의미 없는 자유에 관한 훌륭한 고찰을 보게 된다. 그 자유는 존재하지 않고 아무데도 속하지 않으며 하나의 장소로 인식되기를 원하지 않는 것에서 파생되고, 즉각적으로 생겨나는 중립적인 익명의 존재에 의해 생산되어서, 터무니없는 것을 산출하는 것이다. 그것이 자연인인 인간이 자유에 대해 만들어내는 이미지이다.

전능한 그리스도를 말하는 것이 아니고 십자가의 희생으로서 우리에 대한 모든 주권적 권리와 모든 능력을 나타내는 그리스도를 말하는 것이다. "십자가의 어리석음과 연약함이 함께 궁극적인 지혜를 이룬다. 이것은 그리스도를 세상의 지혜와 능력의 대표자가 아니라 하나님의 대표자가 되게 하는 지혜이다. 이것은 우리로 하여금 우리에게 속한 모든 것과 세상의 지혜와 철학까지도 사용할 수 있는 지혜를 얻게 하는 어리석음이다. 깨어지지 않을 때 이것은 우리를 지배하고, 깨어질 때 이것은 우리의 것이 된다. 여기서 깨어진다는 것은 축소된다거나 빈약해진다거나 억압된다는 뜻이 아니고, 우상숭배의 성향이 제거된다는 뜻이다."[204] 이와 같이 틸리히의 글은 '그러나'의 의미를 잘 보여주고 있다. 이것은 우리의 자유를 축소하는 것이 아니고 반대로 가능성을 열어가는 길이다.

하나님의 자유로부터 오는 인간의 자유는 동일한 차원에 있다. 이 자유는 터무니없는 것이 아니고, 방향이나 의미가 없는 자유가 아니다. 이것이 우리를 위한 의미와 함께 우리에게 주어졌고 또 우리 주변의 사람들에게 의미를 부여한다. 한편으로 이것은 완전히 무상으로 주어지는 것으로 우리는 정말 자유롭고 모든 것이 가하다. 우리는 우리 스스로 선택을 한다. 그러나 다른 한편으로, 우리의 결정은 다른 사람들에게 영향을 미치고 공동의 삶에 방향을 정한다. 그리스도 안에서 홀로 살아가는 사람은 아무도 없다. 실존주의의 편리한 말과 같이 인간은 언제나 혼자라는 말은 틀린 말이다. 우리의 자유는 다른 걸 나타내며, 그 자체로 끝나지 않는다. 우리는 자유롭기 위해서 자유로운 것이 아니다. 자유는 다른 것에 이르게 하고, 또 다른 자유를 가리킨다. 각각의 자유의 행위는 의미가 아니면 무의미, 강함이 아니면 약함을 가지면서, 타인들을 위한 자유를 창조하거나 타인들의 속박을 불러일으킨다. 그러나 이 모든 점에서,

---

204) Paul Tillich, *L'être nouveau*, 1969.

자유는 하나의 운동이고 방향성이며 미래에의 투기投企이고, 어떤 목표와 비전을 지향하는 것이다. 자유는 우리로 하여금 우리가 선택한 행동에 참여하게 할 때 진정한 자유가 된다. 여기서 우리는 단지 어떤 목적과 기준을 지니고 있을 뿐이다. 그 목적과 기준은 때로는 사람들이 잘 알고 있고 또 아주 명백한 찬란한 등대들이기도 하지만, 때로는 겨우 희미하게 보이는 정도의 표지들로서 파도에 가려지기도 하지만 눈 있는 사람이라면 볼 수 있는 것이다. 왜냐하면 하나님은 인간으로 하여금 표지가 없는 채로 자유의 항해를 하게 내버려두지 않기 때문이다.

사도 바울은 "모든 것이 가하다"는 말에 세부적으로 두 가지 내용을 덧붙였다. 하나는 "모든 것이 유익한 것은 아니요"라는 구절이고 다른 하나는 "모든 것이 덕을 세우는 것은 아니다"라는 구절이다. 고전10:23 우리는 여기서 '유익한 것'의 의미와 '덕을 세우는 것'의 의미를 이해해야 할 것이다. '유익한 것'은 구체적이고 물질적인 의미를 띠지 않는다. 또한 기독교의 발전이나 교회의 영향력에 유익한 것이라는 교회적인 의미도 없다. '덕을 세우는 것'은 영적인 의미나 도덕적인 덕을 세우는 담화와 행위와 같이 평범한 순응주의적 의미에서 덕이 있는 의미를 담지 않는다. 첫 번째 경우의 '유익한 것'은 진실성과 중요성이라는 의미에서의 유익성이다. 두 번째 경우의 '덕을 세우는 것'은 사람을 세운다는 강한 의미이다. 계속 이어지는 다음 구절들은 아주 명확하게 두 단어의 의미를 밝혀준다. 그 단어들은 우상에게 제물로 바쳐진 고기를 거론하면서 나온 말이다. "모든 것이 가하다"고 밝힌 후에 사도 바울은 그럼에도 불구하고 충격을 받을 수 있는 형제들이 있으니 조심해야 한다고 강조한다. 그는 두 가지로 결론을 내린다. 한편으로 모든 것은 하나님의 영광을 위해서 해야 한다는 것이다. 다른 한편으로 다른 사람들을 넘어뜨리는 걸림돌이 되는 것을 피해야 한다는 것이다.

여기서 우리는 자유가 향하는 두 방향을 발견한다. 형제들에게 다툼과 상처와 충격을 준다면, 내가 우상들에게 제물로 바쳐진 고기를 먹는 것은 유익한 것이 아니다. 내 입장에서 보면 나는 자유롭기에 그 고기를 그냥 먹을 수 있다. 그러나 나는 타인을 배려해야 한다. 타인과 쓸데없이 부딪치지 말아야 한다. 그와 반대로 타인의 덕을 세워주어야 한다. 다시 말해서 타인을 도와서 타인이 스스로 덕을 세울 수 있게 해야 한다. 걸림돌에 의해서 타인의 덕이 세워지는 것은 진정 아닐 것이다. 반대로 하나님의 영광을 위해서 일을 행하는 것은 누군가의 덕을 세우는 것에 도움을 줄 수 있다. 이것은 의미 있는 것으로, 유익한 것인 동시에 덕을 세우는 것이다. 우리의 행동은 자유 가운데 하나님의 영광과 이웃사랑에 유익하도록 선택되어야 한다. 우리의 행위는 자유 가운데 형제들과 교회에 덕을 세우도록 선택되어야 한다. 사도 바울은 이와 같이 자유에 관한 세부적인 내용을 두 가지로 우리에게 전한다.

1) 사랑

우리는 앞에서 아우구스티누스의 명언의 일부분을 인용했다. 그 말은 두 가지 행위들의 연관성을 수립한다. "[하나님을] 사랑하라. 그리고 네가 원하는 대로 행하라." 자유는 사랑 안에서 그 가능성과 함께 그 지향점을 발견한다. 하나님을 위한 자유를 언급했을 때 우리는 이미 동일한 말을 한 바 있다. 하나님을 향한 사랑은 자유에 능력을 주고 의미를 부여한다. 그러므로 우리가 말하는 자유는 막연하지 않고 일관성과 확실성을 가진다. 그러나 거기서 무엇보다 이웃사랑에 역점을 두어야 한다.[205] 왜냐하면 자유가 지향하는 사랑은 두 계명들에 대한 응답인 것이

---

205) 보봉(앞의 책)은 복음서에서 '자유로운'이라는 형용사가 나오는 유일한 얘기가 성전세

확실하기 때문이다. 자유에 관한 고린도전서의 구절에서도, 사도 바울은 이 사랑의 다른 측면들을 강조한다. "모든 것이 가하다. 그러나 모든 것이 유익한 것은 아니다... 누구든지 자기의 유익을 구하지 말고 남의 유익을 구하라."고전10:23-24

이웃사랑은 먼저 남의 유익을 구하는 것이 사실이다. 남에게 유익한 것을 고려하는 것은 곧 남의 유익을 구하는 것이다. 이것은 흔치 않은 자유와 기꺼이 쓸 수 있는 여가를 전제로 한다. 이 자유는 먼저 자기 자신을 비우고 실제로 불가능한 일을 하는 것이다. 그것은 스스로를 완전히 지우는 것이다. 그것은 차라리 철저하게 남의 입장에 서는 것이라 할 수 있다. 그래서 남의 상황 속에서 남이 되었기에 남에게 좋은 것을 알고 또 남의 진정한 이익이 무엇인지 아는 것이다. 이것은 분명히 비정상적인 것이다. 현대의 실존주의는 그것이 불가능하다고 단언한다. 우리의 고독과 소통불가능성, 즉 사랑의 부재를 천명하는 것이 자유에 관한 철학이라는 사실은 주목할 만한 것이다. 성서는 사랑이 없는 곳에는 자유가 존재하지 않는다고 명시한다. 사랑과 자유라는 두 가지 실재는 아주 밀접하게 연결되어서 한쪽을 파괴하면 필연적으로 다른 쪽도 파괴하게 된다. 그 현상은 이미 에덴동산에서 나타났다. 그것은 또한 사랑하기를 멈춤으로서 자유를 상실하게 된 이스라엘 백성의 계속된 역사이다.

자유는 사랑 안에서 그 가능성을 발견한다. 사랑을 떠나서 자유는 무의미하기 때문이다. 그러나 사랑은 자유를 전제로 한다. 남을 배려하는 것은 남을 위해 자신을 기꺼이 내어주는 것이기 때문이다. 누가 5리를 가자고 강요하면 두 배로 10리를 가주고, 누가 겉옷을 달라고 하거든 속옷

지불에 관한 얘기(마17:26)라며 아주 흥미로운 지적을 했다. "아들들은 자유로운 존재들이다." 그러므로 아들들은 성전세를 낼 필요가 없지만, 다른 사람들에게 걸림돌이 되지 않기 위해서 자유로운 마음에서 그 성전세를 지불하기로 선택했다. 바꾸어 말해서, 사도 바울이 고린도전서에서 전한 것과 똑같은 방식으로, '자유로운'이라는 형용사가 등장하는 유일한 이 공관복음서의 구절은 사랑과 자유의 연관성을 보여준다.

까지 주라는 예수의 말은 우리에게 사랑 안에서의 자유가 무엇인지 구체적으로 밝혀준다. 인간관계의 첫걸음은 언제나 강압이다. 사회 속에서 인간은 누구나 다 자신의 권리를 내세우며 남들에게 무언가를 요구하고 부과한다. 그러나 우리가 우리를 속박하는 원수를 사랑하는 것은 권력 관계를 뛰어넘어 사랑 안에서 관계를 맺는 것이다. 동시에 우리는 그 관계에서 의무적인 것을 배제하며 자유 안에서 행동한다. 누가 강요하면 더 많이 해주고, 누가 달라면 더 많이 주는 것이다. 이와 같이 여기서 중요한 것은 덕목이나 연약함의 문제가 아니고 관계의 완전한 변화이다. 사랑의 행위를 통해서 우리는 남과 우리 자신을 자유 안에 들어가게 한다. 왜냐하면 사랑은 오직 자유 안에서 구현될 수 있기 때문이다.[206]

　사랑하기 위해서 인간은 자유로운 존재가 되어야 한다. 왜냐하면 사랑은 타인을 새롭게 발견하게 하는 동시에 도울 수 있게 하기 때문이다. 사랑은 타인의 필요와 고통과 열악함을 도울 수 있는 방도를 만들어내게 한다. 그러나 그렇게 하려면, 자유는 우리로 하여금 한편으로 타인의 입장에 서게 할 수 있어야 하고, 다른 한편으로 그 상황에 적합한 것을 새롭게 도입하고 고안해낼 수 있게 해야 한다. 그런데 자유가 없으면, 자유롭게 모든 것을 사용할 수 없으면, 그것은 불가능하다. 사랑은 법과 강제와 의무의 틀 안에서는 발현될 수 없다. 사랑은 하나의 프로그램을 세밀하게 구현해가는 것이 아니다. 사랑은 아무리 완벽한 법이라 할지라도 그 법을 집행하고 의무를 성취해가는 것이 결코 아니다. 법적이고 도덕적인 것이 개입되는 곳에 사랑은 더 이상 존재하지 않는다. 계획화하는 모

---

206) 본회퍼(Bonhoeffer)에 대한 뒤마(A. Dumas)의 글은 사랑과 자유의 관계에 관해서 많은 점을 시사해준다(A. Dumas, *Une théologie de la liberté*, 1968). "영적인 것은 제한을 가하면서 사람을 일으켜 세우는데 반해, 심리적인 것(psychique)은 제한을 가하지 않지만 사람을 무너뜨린다. 에로스는 이웃의 현실을 교묘히 외면하며 피해간다. 아가페는 타인에게서 비현실적인 것을 구하지 않고 타인의 현실을 돕는다." 이것이 에로스의 독립성에 대한 아가페의 자유이다.

든 것은 사랑을 배제시킨다. 정확히 말하자면 사회에서 법적인 것과 도덕적인 것은 서로 사랑하지 않지만 함께 살아가야 하는 사람들 사이에서 작동하는 사회체제를 유지하기 위한 것이다. 그러나 사랑이 존재하는 곳에서는 이 모든 것을 능가하고 초월하여서 더 고려할 필요가 없게 된다.

사랑은 현재 이 순간 자유의 충만함을 불러온다. 한 인간의 존재 전체가 그 충만한 힘과 함께 우리에게 완전한 현존으로 다가온다. 왜냐하면 그는 자유로운 존재로서 여타의 모든 것으로부터 벗어나 있기 때문이다. 그는 자신을 분열시키고 여유를 가질 수 없게 하며 다급하게 하는 숨은 의도, 강압, 속박 등으로부터 떠나있다. 사랑이 이웃에게 가장 적합하고 유익하며 좋은 것을 만들어내고 선택하게 하는 자유 안에서 발현된다면, 두말할 필요 없이 이웃을 마음 아프게 하는 일은 결코 하지 않게 된다.

사도 바울은 또한 자유와 사랑이 외적으로 대립할 경우를 지적한다. "음식 문제로 형제의 마음을 상하게 하면, 그것은 이미 사랑을 따라 살지 않는 것이다. 음식 문제로 그리스도께서 대신 죽으신 형제를 망하게 하지 말라."롬14:15 이 구절은 고린도전서와 동일한 교훈을 주고 있다. 즉, 어떤 음식도 부정한 것이 아니다. 우리는 어떤 음식도 다 먹을 수 있다. 우리는 우상에 대해서 자유롭다. 그러므로 우리는 우상에게 바치는 고기인지 아닌지 걱정할 것이 없다. 그것은 중요하지 않다. 우상이 더 이상 우리에게 영향을 미칠 수 없기에 고기는 그냥 고기에 지나지 않는다. 그러므로 우리는 그걸 먹을 수 있다.

그러나 우리가 자유롭게 행할 때, 우리는 남들에 대해서 우리의 자유로운 행위가 미칠 영향을 늘 고려해야 한다. '기술'에 관해 쓴 책에서 내가 말하고자 했던 것도 바로 그것이다. 우리가 남들을 사랑한다면, 우리의 자유로운 행위가 남들에게 해를 끼치는 것은 아닌지 알아보아야 한다. 여기서 사도 바울은 우리가 대하는 사람들이 우상의 영향으로부터 아직 자유롭지 않은 사람들일 수 있다는 점을 말하고 있다. 우상이 실재한다고 믿으며 우상을 두려워하는 사람은 "이 고기는 우상에게 바쳐졌던 것이니 삼가라"고 경고한다. 그 사람은 그 고기가 우상의 힘과 마력을 담고 있다고 믿는다. 그렇다면 그 고기를 먹는 것을 삼가야 한다. 그 까닭은 그 고기 자체가 부정한 것이 아니라, 다른 그리스도인이나 유대인이 그 문제에 걸려 넘어지거나 기독교에 대해서 잘못 판단할 수 있게 되기 때문이다. 예컨대 그는 우리가 아직 우상을 믿고 이교도 풍습을 채택하고 있기 때문에 그 고기를 먹는다고 생각할 수 있다. 이것은 그리스도인의 자유에 대한 잘못된 의견을 가지게 할 수 있을 것이다. 그래서 우리는 그 고기를 먹는 것을 삼가야 한다. 왜냐하면 자유는 먹을 자유와 함께 먹지 않을 자유도 포함하기 때문이다. 모든 것은 우리와 함께 있는 사람들이 누구냐에 달려 있다. 우리는 그들을 사랑해야 하고 그들 가운데서 우리의 자유를 구현해야 한다.[207]

사도 바울은 이 사실을 고린도전서 9장에서 재확인한다. "내가 모든 사람에게서 자유로우나, 많은 사람을 얻으려고 스스로 모든 사람의 종이 되었다 우리는 자유와 섬김의 관계를 앞에서 이미 살펴보았다… 믿음이 약한 사람들을 얻으려고 약한 사람 같이 행했다 그러나 그는 강한 사람들에게는 강한 사람 같이 행했다고는 말하지 않는다…. 복음을 위하여 모든 것을 행하고 있다."고

---

[207] 고린도전서 8장에 관한 훌륭한 연구논문으로서 콜랑주(J. F. Collange)의 글이 있다(*Foi et Vie*, 1965). 콜랑주(Collange)는 거기서 '그노시스'에 대한 반론과 함께 '아가페'와 '그노시스'의 대립을 잘 밝혀주고 있다. 자유에 있어서, 지식은 아무 소용이 없다. 존재의 비밀을 알게 하는 것은 사변적인 지식이 아니라 사랑이다. 그는 10절을 약간 다르게 해석한다. 그러나 그는 타인과의 관계에서 자유는 그리스도가 누구를 위해 죽은 것인지를 늘 기억하는 것을 포함해야 한다고 강력하게 주장한다. 그래서 믿음이 연약한 형제를 전적으로 배려하며 중요하게 여겨야 한다는 것이다. 우리가 자유를 통해서 연약한 형제를 소홀히 한다면, 우리는 마치 그리스도가 죽음을 당하지 않은 것처럼, 마치 그리스도의 죽음이 현재와 아무 상관이 없는 것처럼 행동하는 것이다.

전9:19-23 자유는 모든 것을 행할 수 있게 한다. 다시 말해서 율법과 전통적인 도덕을 따를 수도 있고 따르지 않을 수도 있다. 가난한 사람이 될 수도 있고 부자가 될 수도 있다. 즐겁게 열심히 일할 수도 있고 양심에 거리낌이 없이 한가로이 지낼 수도 있다. 돈을 낭비할 수도 있고 절약할 수도 있다. 그러나 거기서 우리가 모든 것을 행한다는 것은 우리가 원해서가 아니라 타인들이 거기 있기 때문이다. 우리에게 어떤 행위를 요구하는 타인에게 맞추어서 행하고 타인의 입장과 처지를 그대로 용납해야 한다. 부정한 물질이 있을 수 없는데 하물며 부정한 사람이란 더더욱 존재할 수 없다. 그러므로 우리는 그리스도인으로서 직업과 사회적 위치와 인종에 상관없이 모든 사람과 함께할 수 있다. 우리는 그들의 투쟁과 격정과 의심과 규범과 도덕과 태도와 관습에 있어서, 그 모든 것에 결정적인 중요성을 부여하지 않은 채로, 그들과 동행할 수 있다.

이것이 위선으로 받아들여질 수 있다는 사실을 나는 잘 알고 있다. 실제로 그리스도 안에서의 자유는 그 바깥에 있는 사람들에 의해서 언제나 위선적인 것으로 평가된다. 왜냐하면 그리스도 안에서의 자유에는 어떤 특정한 인간적인 상황에 대한 전적이고 결정적인 참여가 존재하지 않기 때문이다. 타인과 동행한다는 것은 사랑을 표현하기 위한 것이지 상처를 주기 위한 것이 아니다. 그러나 우리가 함께 하는 타인의 정치적 철학적인 신념이 궁극적이고 결정적으로 중요해서가 아니라, 단지 타인의 신념이라는 이유에서 그것을 존중하는 것이다. 여기서 정말 주목할 것은 성서에서 말하는 사랑은 인간을 향한 것이지, 사상과 이론과 사회적 상황과 정치적 행위를 향한 것이 아니라는 점이다. 중요한 것은 인간이지, 혁명이나 원칙이나 사상이 아니다. 흔히 생각하는 바와 달리 원칙은 개인보다 중요성이 덜한 것이다.

그리스도 안에서 자유와 사랑은 우리로 하여금 "정의혹은 진리, 국가, 교회가 사라지느니 인류가 사라지는 것이 더 낫다"는 주장이나 "혁명이 완성되기 위해서는 한두 세대가 희생되어야 한다"는 주장에 동조하는 것을 엄격하게 금지한다. 한 인간 존재는 정의에 관한 모든 이론들보다 더 소중하다. 이와 같이 인간 존재를 더 귀하게 여기며 이데올로기와 일과 사회참여활동을 낮추어보는 것은, 원칙과 이론이 더 중요하다고 생각한 사람들이 그리스도인의 자유를 위선이라고 규정하는 빌미가 된다. 이것은 또한 인간의 전 존재가 인간의 행위나 습관이나 문화나 의견에 귀결되는 것이 아니라는 또 다른 관점을 내포한다. 인간 안에 사랑해야 할 별개의 것이 존재한다. 그러나 이 별개의 것은 눈으로 볼 수 없고 지각할 수 없고 가까이 접할 수 없는 것이다. 이것은 오직 사랑으로만 알 수 있는 것이다. 과학적이고 객관적인 관찰은 우리로 하여금 객관화할 수 있는 것만을 알 수 있게 하는 것이다. 다시 말해서 우리가 태도와 선택에 있어서 완전히 자유로울 수 있는 것만을 알게 한다.

　그러나 우리는 사랑이 그 별개의 것 안에서 분간해내는 것에 대해 자유로울 수 없다. 그 별개의 것은 사랑을 위한 것이다. 거기에는 용납될 수 없는 이분법이 존재한다는 말은 하지 말아야 한다. 우리는 한쪽은 인간, 다른 한쪽은 인간의 사상, 일, 참여활동, 직업 등으로 구성된 인간 조건으로 양분할 권리가 없다. 편협한 사회학 만능주의에서 나온 이 반론은 타당하지 않고, 단지 자유와 사랑의 관계에 대한 몰이해를 보여줄 뿐이다. 왜냐하면 내가 5리를 가도록 강요하는 사람과 5리를 더 동행해주며, 좌파의 사람과는 함께 좌파가 되고, 테야르 드샤르댕의 이론을 믿는 사람과 함께 할 때는 그 이론에 동조해주는 것은 내가 그 사람을 정말 귀하게 여겨서 그의 마음이 상하지 않도록 그의 일과 참여활동과 직업에 의문을 달지 않는 것이기 때문이다. 그러나 그런 것들은 객관화할 수 있는 대상들208)이라는 점에서 나는 그 자체가 결정적인 중요성을 가지는 것으로 평가할 수 없다. 그런 점에서 나는 그것들에 대해서 자유롭기 때문에, 어쩌면 본능적으로 내가 거부할 수도 있는 사상이나 기능과 같은 것을 넘어서서, 나는 내가 사랑하는 그 사람에게 전적으로 가까이 다가갈 수 있다. 이와 같이 나는 계속해서, 어떤 이론, 정향, 직업 등의 가치에 맞추지 않고, 사랑하는 내 이웃이 된 그 타인에게 맞추어서 나의 태도와 행동과 참여활동을 선택하고 결정할 것이다. 그렇다고 이것이 결코 그 사람과 의견이 갈리거나 충돌이 없다는 걸 의미하는 것은 아니다. 사랑은 마주 대하는 것으로 성립하는 것이다. 거기서부터 선택과 망설임이 계속된다. 때로는 그냥 상대방의 태도와 의견을 받아들여야 한다. 그런 부차적인 것들로 충돌하지 말고, 그리스도의 계시라고 믿는 것에 대해 반박하는 것까지도 동행해주고, 그의 죄 가운데도 동행해주어야 한다. 이에 따라 때때로 교회가 세상의 구조들을 그대로 채택할 수도 있다.

『세상 속 그리스도인의 왜곡된 삶 *Fausse Présence au Monde Moderne*』에서 내가 사회의 사조들에 대한 교회의 순응적 태도를 강조했을 때, 내가 교회에 대해 부당한 제소를 했다는 논평이 가끔 나왔다. 그러나 내가 쓴 내용을 자세하게 읽어보면 그것은 하나의 소송을 제기한 것이 아니라 하나의 질문을 던진 것이었음을 알게 된다. 자유는 필연적으로 우리에게 다음과 같은 의문을 던진다. 단순히 세상의 기초원리에 대한 맹목적인 사회적 복종이 문제인가? 아니면 사람들을 따르고 우리가 사는 사회를 좇기로 자유롭게 내린 결정이 문제인가? 이 문제는 아주 엄밀하고 신중한 검토를 필요로 한다.209) 이 문제의 딜레마는 아무도 피할 수 없다. 나는 중

---

208) ▲그것들은 하나의 기능에 지나지 않기에 인간으로부터 분리할 수 있는 것이다. 나는 근본적으로 인간과 인간의 기능을 동일시하는 것을 거부한다.

209) 물론 이 검토는 현실에 대한 것일 수밖에 없다. 과거의 교회의 순응적 태도를 비난하는 것은 아무 소용없는 일이다. 왜냐하면 연구를 잘 진행하려는 의지가 있으면 우리는 언제나 교회의 선택과 결정을 야기하고 유발시킨 세상의 구조를 발견하게 되기 때문이

력의 법칙이 작용하는 것과 같이 세상의 흐름을 좇은 것인가? 혹은 내가 이 문제를 결정적인 것으로 여기지 않고 신중하게 생각하지 않은 까닭에, 사람들과 가까이 하여 그들 가운데 섞이고 그들과 같은 땅을 밟고 싶어서 일시적으로 그렇게 한 것인가? 반대로 나는 내 주변의 사람들과 대립하여 그들의 생각을 부정하고 그들의 사회참여활동을 거부하며 그들의 직업을 비판할 수 있다. 나는 세상에 순응하지 않는 결연한 태도를 채택할 수 있다. 우리는 이 주제를 뒤에 가서 살펴볼 것이다.

　그러나 지금은 원래의 질문으로 다시 돌아가는 것이 중요하다. 그렇게 함으로써 결국 나는 이웃 사랑의 길을 선택한 것인가? 혹은 나 자신의 생각에 더 큰 중요성을 부여하면서 남들의 생각보다 더 낫다고 판단하여, 단지 나 자신의 생각을 따른데 그친 것인가? 이런 경우 나는 내 생각으로부터 자유롭지 않다. 혹은 나 자신의 사회적 정치적 참여활동을 남들의 것보다 더 가치 있는 것이라고 여기면서 나 자신의 참여를 천명하는데 그친 것이 아닌가? 이런 경우 나는 그 사회에 대해서 자유롭지 않다. 혹은 나 자신의 투쟁적이고 모순적인 기질을 따른 것에 지나지 않은가? 이런 경우 나는 나 자신에 대해 자유롭지 않다. 혹은 나의 환경이나 시대에 그냥 순응하고 있는 것은 아닌가?

　이런 질문은 그리스도인으로서 교리와 신학에 대한 논쟁을 벌이거

다. 교회의 자유로운 혁신이라고 평가된 역사적인 사례들조차도 우리가 다시 세밀하게 분석해보면 거기에 선행조건들이 있었음을 인지하게 된다. 나는 종교개혁에서 취한 사례들을 그 예로 들고 싶다. 우리는 흔히 노회제도를 종교개혁에 의해 특별히 창안된 제도로 본다. 그 제도를 개혁교회가 만들었다는 것이다. 그것은 교회에 관한 우리의 개념을 특징짓는다. 그런데 울리악(Ourliac) 교수의 연구와 같은 최근의 연구물들은 이 제도의 모든 요소들이 바젤 공의회(1431-1449)에서 표명되었다는 사실을 밝히고 있다. 이 노회제도는 로마교황청에서 채택하지 않은 바젤 공의회의 교회법령들에서 비롯되었다는 것은 거의 사실에 가깝다. 마찬가지로 아카데미제도들이 프랑스 개신교에 의해 창설되었다는 설에 대한 최근의 연구결과들은 교수법과 과목들과 대학조직이 1525년부터 인문주의자들에 의해 고안되어 구성되고 부분적으로 실현되었다는 사실을 밝혀주었다.

나, 변증과 전도에 나설 경우에 핵심적인 질문이 된다. 왜냐하면 이것은 사랑의 결여와 동시에 자유의 결여가 걸린 문제이기 때문이다. 이것은 흔히 그리스도인으로 하여금 계시를 종교로 바꾸게 한다. 또한 이것은 교회로 하여금 권력체로서 행동하게 한다. 그렇다면 내가 자유 가운데 이웃 사랑에 따라서 거부와 반대 의사를 피력한다면 그것은 무슨 의미를 가지게 될까? 나의 비순응적 태도가 이웃으로 하여금 의문을 품고 자기 자신의 삶을 돌아보게 하거나, 혹은 나에게 와서 내 행동의 의미에 관한 질문을 던지게 하여 예수 그리스도에 대한 나의 증언을 불러일으킬 수도 있다.

하지만 나의 비순응적인 태도가 그냥 하나의 걸림돌이 될 수도 있다. 이 말은 좀 신중히 할 필요가 있다. 사실 걸림돌이 되는 것은 심각한 문제이다. 그리스도인의 자유에서 나온 지극히 비순응적인 태도가 걸림돌이 되는 것을 자초한다. 걸림돌이 되는 것을 정죄하는 그리스도의 말씀이 존재한다. 그러나 그리스도 자신이 누구에게 걸림돌이 되었는지 돌아보자. 그리스도는 제사장들과 바리새인들, 서기관들과 성전의 장사치들에게 걸림돌이 되었다. 그는 세리들과 함께 다녀서 유대민족주의자들에게 걸림돌이 되고, 부자들과 함께 다니며 그들의 집에서 잔칫상을 받음으로써 좌파 사람들에게 걸림돌이 되었다. 당시에 세리들은 바리새인들보다 훨씬 더 부자들이었다.

사실 걸림돌이 되는 것에 대한 그리스도의 정죄는 아주 분명하다. "너희가 이 작은 자들 중 하나를 실족하게 한다면,"이라는 구절과 우상에게 바쳐진 고기 문제에 대해 사도 바울이 한 말은 동일한 의미이다. 중요한 것은 믿음이 연약한 자들이니 그들에게 충격을 주어서는 안 된다는 것이다. 연약한 자들은 그 음식에 대한 의심이 많아 심적인 고통을 겪는 사람들이거나, 믿음이 적어서 그리스도가 준 자유를 아직 온전히 다 누리지

못하는 사람들이다. 그런데 우리는 앞에서 사도 바울이 "연약한 자들과
는 연약한 자처럼"이라고 했지만 "강한 자들과는 강한 자처럼"이라는 말
은 하지 않았다는 점에 주목했다. 중요한 것은 바로 이점에 있다. "내가
온 것은 건강한 사람들을 위한 것이 아니라 병자들을 위한 것이다"라는
예수의 말씀은, 사랑 가운데 우리가 소중히 하도록 요청받은 사람들이
육체적으로나 정신적으로나 지적으로나 사회적으로나 도덕적으로나
영적으로나 연약한 사람들이라는 사실과 같은 의미를 지닌다. 연약한
사람들은 병자와 흉한 사람, 고독한 사람과 멸시당하는 사람, 가난한 사
람과 어리석은 사람, 착취당하는 사람, 식민 지배를 받는 사람, 예민한
사람과 콤플렉스가 있는 사람 들이다.[210]

그러나 복음서는 무엇을 소유하든지 간에 부자들에 대해 가혹하다.
부자들이 가진 부는 강한 권세이다. 그들에게 그리스도인의 자유는 정
당한 걸림돌이 될 수 있다. 우리의 자유가 강한 자들[211]에게 충격을 주고
넘어지게 하는 걸림돌이 된다면, 우리는 기뻐할 수밖에 없다. 그들에게
걸림돌은 유익한 것이다. 우리가 자유에 의해 인간적으로 확고한 것들
을 무너뜨릴 때, 우리는 타인들에게 유익이 되는 행동을 하는 것이다. 인
간이 스스로 세운 정의에 기초해서 안정과 평안을 누리는 곳에 의심을 불
러일으키며 문제를 제기하고, 사회적·지적·영적 순응주의자들을 뒤흔
들어버리고, 관습과 통념에 통렬한 충격을 안기고, 안전이 확보된 곳에
불안을 야기하는 것은 "가서 너의 재산을 다 팔아 가난한 사람들에게 나
누어주고, 다시 와서 나를 따르라"는 말씀의 연장선상에 있지 않은가?

---

210) 이것은 결코 분명하게 구분되는 것은 아니다. 과거에 식민 지배를 받던 사람이 교만과
　　 증오가 가득한 민족주의자가 되었다면 그는 강한 자가 된다. 미국인이 모든 사람들로
　　 부터 미움을 받고 멸시를 당한다면, 그는 가난한 자가 된다.
211) ▲부르주아든 공산주의자든 간에 확고하고 강력한 하나의 도덕률을 가진 사람들, 공산
　　 당이나 지배계급이나 절대 권력체제에 속하는 사람들, 비타협적인 규범들을 가지는 사
　　 람들, 신념이나 권위가 확고한 사람들.

오직 그리스도인의 자유만이 모든 순응주의에서 벗어나 완전한 독립성을 가지기에 이런 마음가짐과 부와 권력에 문제를 제기할 수 있다. 오직 그리스도인의 자유만이 그렇게 할 수 있다. 다른 모든 것은 인간으로 하여금 다른 종류의 순응주의나 권력이나 정당화를 찾게 한다는 사실을 깨달아야 한다. 그런 까닭에 자유를 수용하지 않는다면, 그리스도인은 아주 중대한 문제에 처하게 되는 것이다.

자유와 사랑의 관계는 불트만에 의해 특히 강조되었다. 그는 이웃 사랑이 행동 내용이나 해야 할 일을 전해주거나, 어떤 특정한 행위를 요구하지 않고, 행동 방식과 내가 선택할 행동 방법을 규정한다고 한다.[212] 여기서 또다시 우리는 20년 전부터 계속 주장해온 대로 수단의 선택이 근본적으로 중요하다는 사실을 알게 된다. 이것은 우리 사회가 기술 사회인 까닭에 정말 중요한 문제이다. 불트만의 말은 사도 바울이 지적한 것을 현대의 언어로 전해준 것에 지나지 않는다. "내가 내 모든 소유를 나누어줄지라도 또 내 몸을 불사르게 내줄지라도 사랑이 없으면 내게 아무 유익이 없느니라."고전13:3 행동 자체가 아무래도 상관없는 것은 물론 아니지만, 사랑이 행동을 가치 있게 한다. 불트만은 수많은 사람들에 이어서 재차 사랑은 덕목의 분류를 불가능하게 한다고 말한다.

그런데 바로 이것이 자유의 상황이다. 그리스도 안에서 자유롭게 된 인간은 자유 안에서 사랑을 따라 자신의 행동을 결정하고, 사랑의 방법을 따라 실행한다. 사랑은 자유 안에서 완전한 부정이나 완전한 포기를 하지 못하게 한다. 사랑은 행동의 내용을 제시하지 않고 행동을 요구한다. 사랑은 남을 회피할 수 없게 한다. 불트만은 그 이유를 아주 잘 규명한다. "사랑은 이웃의 개념을 나에게 밝혀주지 않지만, 만남 가운데 이

---

212) Rudolf Bultmann, *Glauben und Verstehen I*, p. 235.

웃을 발견할 수 있게 해준다. 나는 그럴 때마다 내가 해야 할 일이 무엇인지 배우게 된다." 그러므로 언제나 새로운 상황이 생겨난다. 그러나 그 새로운 상황은 오직 자유로운 사람에게만 존재한다. 그는 자신의 길에서 마주쳐서 언뜻 보기에 자신의 자유를 가로막는 장애물로 보일 수도 있던 사람을 이웃으로 새롭게 발견한 놀라운 충격 가운데 구체적으로 사랑하는 행위를 통해서 자신의 자유를 표현한다.

발레트는 이것을 훌륭하게 요약해서 말한다. "우리의 자유는 그리스도와 이웃을 만나는 것이다. 그리스도는 자유로운 존재이고 또 이웃도 자유로운 존재여야 하는 까닭에, 나는 이 두 자유로운 존재들이 만나는 교차로에 선다. 거기서 나는 매번 예측할 수 없는 상황 가운데 하나의 법에 복종하는 길이 아니고 사랑을 향해 열린 길을 찾아가야 한다."213) 그는 예수는 늘 예기치 않게 행동하는 존재라고 말한다. "예수는 늘 놀라움을 부른다. 어떤 사람에게 한 말이나 행동을 통해서 다른 사람에게 예수가 어떻게 할지 알 도리가 없다. 대조적이고 모순적인 예수의 자유는 언제나 예측할 수 없는 것이었다. 사람들은 그 이유를 잘 알고 있다. 사람들은 인간을 바라보지 않고 모두에게 적용된다고 판단되는 도덕적인 규범을 바라보는 반면에, 예수는 규범이 아니라 인간을 바라본다. 예수는 사랑하는 가운데 세상에서 단 하나의 고유한 존재이며 또한 단 하나의 고유한 상황 속에 처해있는 한 인간에게만 해당되는 말씀을 내어놓는다. 예수는 추상적인 규범들로 이루어진 도덕 대신에 그 인간을 구원하는 자유의 말씀을 전한다. 그 말씀은 그로 하여금 예수와 관계를 맺게 하며, 그를 생명에 이르게 한다. 법은 스스로 법 자체에 구속되어 있기에 인간을 구속한다. 사랑은 마주치는 눈길에 따라 대응이 자유롭기에 인간을 자유롭게 한다."

---

213) Jean Valette, *Au milieu de vous, il y a quelqu'un*, 1964.

우리는 지금까지 텍스트들을 분석함으로써 사랑은 결코 자유를 제한하지 않고, 자유에 의미를 부여하고 방향을 정한다는 점을 알게 되었다. 인간의 행동 차원에서 말하자면, 우리는 그리스도인의 삶 전체가 자유와 사랑의 변증법으로 요약된다고 할 수 있다. 모든 것은 자유가 사랑 안에 구현되고 사랑이 자유를 불러오는 이 운동으로 귀결된다. 윤리의 모든 전개는 자유에서 사랑으로, 사랑에서 자유로 계속 새롭게 움직이는 이 변증법적 운동으로 진행된다. 한쪽에 의해 새로운 상황이 생겨날 때마다 다른 쪽에 의해 문제가 제기되면서, 새롭게 경험된 현실을 토대로 그 현실을 뛰어넘는 움직임이 새로운 자유와 새로운 사랑 안에서 번갈아 가며 전개된다. 여기서 우리가 당연한 것으로 생각하며 또 세상에서, 인간관계에서 실제로 일어나고 있는 것과는 완전히 상반된 상황을 보게 된다. 왜냐하면 세상에서 사랑은 어차피 소외를 부르기 때문이다. "너의 사랑이 있는 곳에 너의 마음도 있다." 즉, 너의 삶 전체가 있다. 아주 숭고한 사랑이든, 또 사랑의 대상이 인간 존재, 돈, 가난한 사람, 인류, 거룩한 것, 조국 등등 그 어떤 것이든, 중요한 문제는 자기 자신의 상실과^긍 정적으로 해석해서 자기 자신의 증여라고 할 수 있다 예속에 있다.

타인이나 어떤 대상과 이렇게 배타적인 관계를 맺고, 여타의 나머지 것들과 분리될 정도로 집착하고, 어떤 장소나 인물에 매달리는 것은 자유를 배척한다. 정착은 가정을 이루는 것만이 아니다. 사랑도 있다. 원할 때마다 파트너를 바꿀 수 있기를 요구하는 '자유로운 사랑'에 대해서는 잘 알려져 있다. 그런데 그것이 과연 사랑인지 묻지 않을 수 없다. 왜냐하면 그런 요구 속에는 타인인 상대방에 대한 배려가 전혀 없다. 나는 상대방을 그만 사랑하므로 떠나서 다른 사람에게로 간다는 것이다. 바꿀 수 있다는 것은 곧 사랑이 끝나는 것임을 이미 내포하고 있다. 또한 그것은 상대방의 고통과 기대와 희망과 욕구를 하나도 배려하지 않는 것이다. 나는 나의 자유를 택하여 상대방을 사랑하지 않으므로 버린다. 그와 같은 것이 18세기나 19세기의 자유로 알려졌다. 그것은 각자의 길을 가는 것이다. 강자가 약자를 짓밟는 경제적 자유주의도 그렇고, 자신의 본능적 욕구와 지성을 만족시키고 타인을 자신의 목적을 이루는 수단과 대상으로 삼아 자신의 뜻을 성취하는 방탕한 삶도 그렇다.

일반적으로 인간이 쟁취한 자유는 모두 다 인간 자신의 책임을 배제한다. 혁명가들이 자유의 이름으로 종교적 서원법과 파혼 금지법을 폐기시킨 것은 정당했다. 일반적으로 자유는 하나님의 사랑이나 인간의 사랑이 그런 속박을 낳는 것을 용인할 수 없다. 그와 같은 경우 사랑은, 상호성을 전제로 하여 사랑하는 사람이 상대방이 변덕을 부려서 자기를 부인하지 않을 것을 서약하는, 하나의 제약으로서 자유를 배제하는 것으로 경험될 것이다. 자연계와 인간 세상에서 사랑과 자유는 서로 상반되는 삶의 방식들이다. 그렇지만 인간 본성을 거스르는 기독교에서, 사랑과 자유의 확고한 결합은 하나도 이상할 것이 없다. 이것은 불안한 타협과 같은 것이 아니다. 이것은 엇나가도록 매어있는 두 마리의 말들을 그냥 그대로 두는 것이 아니라, 서로가 서로에게 필수적인 존재가 되도록 연결시키는 것이다.

우리는 사랑에 대한 신약과 구약의 계명을 엄밀하게 신학적으로 입증하는 요한일서의 경이로운 구절을 묵상할 필요가 있다. "형제를 미워하는 자는 어둠에 있고, 또 어둠에 행하며 갈 곳을 알지 못하나니 이는 어둠이 그의 눈을 멀게 하였음이라."요일2:11 자유의 윤리에서 사랑이 없는 자유는 안내자가 없는 맹인의 자유와 근본적으로 똑같다. 앞 못 보는 맹인을 황량하고 넓은 장소에 홀로 두면, 맹인은 완전히 자유롭다. 하나님의 계명에 대해서 독립한 사람이 바로 그 맹인과 같은 사람이다. 그런데 같은 처지에 있으면서도, 사랑의 의지가 없는 채로 그리스도 안에서의 자유를 누린다고 주장하는 그리스도인은 더 심각하다. 빛을 주는 것은 오직 사랑이다. 이 사랑은 아무 사랑이나 다 포함하는 것이 아니고 오직 하나님의 사랑을 뜻한다.요일2:5 다시 말해서 이 사랑은 개개인에게 나타나는 하나님의 사랑으로서 개인적으로 먼저 각자를 향하고 나서 형제들을 향하여 발현된다. 실제로 사도 요한은 먼저 하나님의 사랑을 말하고 이어서 형제들의 사랑을 말한다. 그러나 자유와 연관되는 점에서 자유를 유도하는 사랑은 이웃 사랑이다. 이웃 사랑이 없다면 우리의 자유는 맹인을 인도하는 맹인의 자유와 완전히 동일한 것이다. 여기서 맹인이란 사랑이 없어서 타인을 보지 못하는 사람이다.

우리가 자유롭게 해방된 것은 그리스도가 우리를 사랑하기 때문이다. 시험을 받을 때 예수가 자유로운 것은 예수가 하나님 아버지를 사랑하기 때문이다. 우리에게 주어진 자유를 누리려면, 우리는 우리를 자유롭게 해방시킨 존재를 사랑해야 한다. 우리가 형제를 사랑할 때 우리는 우리를 소외시키는 모든 것들로부터 완전히 자유롭게 된다. 우리가 그리스도에 의해 주어진 자유에 의해 자유롭게 되면, 우리는 이제 타인도 역시 똑같이 자유를 얻어야 하는 이웃임을 알게 된다. 이것은 오직 사랑 안에서 사랑에 의해 성취될 것이다. 그리스도 안에서 사랑이 없는 자유는 존재하지 않는다. 사랑이 없다면 자유는 정향이 없거나 자폐적인 행태에 지나지 않는다. 자기 자신의 육체, 생각, 욕구, 정열 등에 예속되어서 가장 직접적으로 소외를 불러오는 자기중심주의는 자유라고 할 수 없다. 여기서 우리는 자유와 독립성을 엄격하게 분리시켜야 한다. 인간이 자유의 이름으로 요구하는 것은 오직 독립이라고 한다. 이것은 우리가 지난 2세기 동안 계속해온 잔혹한 기만에 불과하다. 우리는 이 주제를 제3부에서 다시 살펴볼 것이다.

그리스도 안에서 자유가 없는 사랑이란 존재하지 않는다. 그러나 이 사랑은 사랑하는 존재에 대한 독립이 아니다. 이것은 관계를 끊을 수 있고 또 다시 회복할 수 있는 것과 같은 것이 아니다. 창세기의 아담의 이야기는 그 사실을 잘 밝혀준다. 자유가 사랑의 관계를 단절하고 다시 회복하는 것이라고 한다면, 성서가 우리에게 전해주는 놀라운 교훈은 인간이 자신이 보기에 스스로 독립했다는 것이 실제로는 자신의 자유를 상실하여 잃어버리고 소외된 것이라는 점이다. 자유가 사랑을 부정하는데 사용될 때 자유는 사라진다. 이 자유는 지속적인 사랑의 발현이다. 사랑은 자유 안에서, 자유에 의해, 자유를 위해서만 지속될 수 있는 것이다. 이것이 진정한 자유로서, 우리의 사회적인 상황에 대한 자유이기도 하고, 욕구와 열정과 일시적 격정 등의 자기 자신에 대한 자유이기도 하다.

자유는 사랑 안에서 경험되는 것이지 사랑을 단절하기 위한 것이 아니다. 다시 말해서 자유는 타인과의 이 근본적인 관계인 사랑을 전제로 한다. 나는 이 관계 안에서 온전히 나 자신으로 존재할 수 있다. 왜냐하면 이 관계에서만 나는 있는 그대로의 나 자신을 타인에게 보일 수 있다. 나는 사랑을 통해서 타인이 나를 소유하지 않고 소외시키지 않는다는 전적인 신뢰를 가지게 된다. 타인은 사랑을 통해서 나를 알고 수용하고 용인하면서 내어주고 헌신한다. 그래서 내가 사랑하고 사랑받을 때, 나는 온전히 나 자신으로 존재하고, 또 온전히 자유롭게 된다. 그러나 이 진리는 우리를 위해 먼저 그리스도에 의해 성취되어서, 우리는 오직 그리스도 안에 있는 사랑과 자유를 통해서 구현할 수 있는 것이다. 왜냐하면 우리가 말하는 타인은 우리 자신의 사랑하는 아내일 뿐만 아니라 우리의 이웃이고 우리의 원수이기 때문이다. 이 점에서 성서의 말씀은 인간이 할 수 있는 모든 주장과 근본적으로 구별된다.

우리는 여기서 부버Martin Buber가 탁월하게 제시한 하나의 주제를 접하게 된다. 왜냐하면 부버의 '너와 나'의 만남에 대한 성찰은 그리스도인의 사랑에 관한 서술과 정확히 일치하기 때문이다. 한편으로 이것은 관계의 강도와 직접성을 말한다. 서로에 대한 진정성이 존재하기 위해서는 둘 사이에 어떤 수단과 목적으로 이용하려는 의도가 개입되지 말아야 한다. "나와 너 사이에는 어떤 목적도 욕심도 예측도 존재하지 않는다. 모든 수단들이 폐기될 때에 비로소 만남이 일어난다." 서로를 이용할 수 없고, 구체적이든 영적이든 간에 어떤 지배나 매개도 둘 사이에 존재할 수 없다. 다른 한편으로 이것은 상호성과 호혜성의 관계이다. 서로가 서로에게 말을 건네는 상대방이 된다. 서로가 상대방에게 '너'가 될 수 있고, 그렇게 해서 상대방을 '나'가 되게 할 수 있다. 어떤 의미에서 서로서로 상대방의 존재를 창조하는 것이다. 이것이 바로 우리를 부른 그리스도 안의 사랑의 진리이다. 이웃은 가까이 다가오는 존재로서 '너'가 되어 상대방으로 하여금 '나'가 되게 한다. 이렇게 되기 위해서, 또한 이렇게 될 때 비로소 자유가 임한다.

부버는 이 사실을 다음과 같이 놀라운 말로 요약하고 있다. "'너'의 하늘이 '나' 위에 펼쳐져 있는 한, 인과관계의 바람은 내 발꿈치 아래 웅크리게 되고 운명의 회오리는 꼼짝 못한다. 자유 안에 유입된 사랑은 운명을 무너뜨린다. 사랑은 인과관계의 법칙에 굴복하지 않는다. 사랑은 자유이다. 나를 깨우고 존재하게 하는 '너'와의 만남이 없이는 자유^{인과관계} ^{와 운명을 깨뜨리는}가 존재할 수 없다."

한편으로 인간은 세상과 '그것'으로 관계한다는 사실을 부버는 알고 있었다. 다시 말해서 인간은 세상을 일련의 대상들, 도구들, 메커니즘들로 대하여, 주변 사람들과 세상을 차갑게 냉각시킨다. 그 반대급부로 인간은 스스로를 사물화한다. 이것이 자유가 없는 관계이다. 인간이 이 대화를 받아들일 때에야 비로소 인간은 스스로 인간 존재로서 자기 자신의 정체성을 묻게 된다. 그러나 먼저 하나님이 말을 걸어 2인칭의 '너'로서 하나님과 얼굴과 얼굴을 대면하는 관계를 맺고 나서, 그 관계 안에서 인간은 자유롭게 다른 관계들을 맺어가기 시작한다.

자유가 결여된 이웃 사랑은 다 타버린 재에 불과하다. 그것은 내가 행한 것과 이웃이 내게 갚아야 할 것에 대한 명세서에 지나지 않는다. 그것은 결산이 따라야 하는 것으로 결국은 예속된 관계로 귀결된다. 그런데 이웃 사랑은 우리를 이 결산의 악순환에서 벗어나게 할 때에만 그 의미를 가진다. 사랑의 불길을 계속 지피는 것은 자유의 행위이다. 왜냐하면 모든 것을 상대화시키는 것은 자유와 사랑의 결합이기 때문이다. 자유와 사랑이 결합되는 순간부터, 의무와 주장과 도덕규범과 심리적 동인과 사회적 조건은 아주 상대적인 것이 된다. 이 모든 것은 물론 계속 존재하지만, 사람들이 거기에 맞추어갈 수 있고, 또 의식적으로 조절해갈 수 있다. 정치, 철학, 사회활동, 예술 등등의 모든 것은 언제나 열려있는 가능성이지만, 언제나 다시 문제 삼을 수 있는 것이다. 사랑은 사물의 중요성을 알맞게 다시 설정한다. 사물은 이웃의 주변에 위치한 것들이다. 오직 이웃이 유일한 중요성을 가진다. 자유는 행위와 활동에 다시 일시적인 성격을 부여한다. 자유에는 오직 사랑만이 영속성을 가진다. 사랑에는 오직 자유만이 중요성을 가진다. 그러나 이러한 상대화는 결코 주어진 것을 거부하는 것을 의미하는 것이 아니다. 정확히 말하자면, 자유롭기 때문에 사회에서나 개인적인 영역에서 모든 행위의 가능성이 열리는 것이다. 또한 이웃을 사랑하기 때문에 이웃에게 소용되는 일을 재개하려는 의욕이 나에게 계속 일어나는 것이다.

그리스도에 의해 자유롭게 된 사람은 사랑하는 자신의 이웃이자 원수에 대해서, 자신의 상황과 조건에 따라서 자신의 행위를 선택하도록 요청받는다. 그는 자신의 이웃이 누구든지 간에 때로는 그 이웃을 지지하고, 때로는 그 이웃을 비판하게 되어있다. 이에 대한 반론이 나오지 않을 수 없다. 그러한 행위는 모순적인 태도들을 취하는 것이고, 상황과 사람에 따라 아주 다양한 입장들을 가지는 것이 아닌가? 이것은 아주 충격적이거나 아니면 단순한 상황 적응 논리가 아닌가? 분명히 거기에 모순성이 있을 수 있다. 실제로 우리는 하나의 상황에서 백白을 말하고, 또 다른 상황에서 흑黑을 말하며, 이 경우에 우右를 취하고 저 경우에 좌左를 취할 수 있다. 우리는 사도 바울의 삶에서도 그러한 면을 발견하게 된다. 그는 때로는 죽음의 위험 앞에서 도망가고 때로는 의도적으로 죽음 앞에 선다. 때로는 먹고 결혼하는 것이 좋은 것일 수 있고, 때로는 먹지 않고 금욕적인 규칙을 지키며 결혼하지 않는 것이 옳은 것일 수 있다. 이 모순성은 특히 모순이 담긴 선지자들의 예언서들에서 잘 나타난다. 그런데 우리가 잘 알고 있는 바와 같이 반세기 전에는 다음과 같은 해석의 원칙이 있었다. "하나의 예언서에 나와 있는 어떤 구절들이 그 예언서를 기록한 선지자의 전체적인 메시지와 모순될 때, 그 구절들은 그 예언서에 원래 속해 있던 것이 아니다."

이와 같은 식의 원칙은 선지자와 성령의 자유를 부인하는 것이라고 볼 수 있다. 정반대로 선지자가 자신이 살아가는 동안 자유와 사랑에 의거하여 예언할 때 참되면서도 모순적인 진리들을 전할 수 있음은 아주 당연한 것이다. 모든 것은 상황에 달린 것이고, 눈앞에 있는 사람에 달린 것이며 그의 현실과 필요와 궁핍 혹은 자긍에 달린 것이다. 그리스도 안에 계시된 진리가 유일하고 총체적이고 영원하고 완전하고 확실한 것이라면, 그 계시는 우리로 하여금 아주 다양한 행동을 취하게 한다. 바꾸어 말해서, 자유 안에서 사랑하는 것을 제외하고 우리에게 하나의 행동 유형을 확정해주는 하나의 기독교 도덕이란 존재하지 않는다. 정부 형태나 경제 모델이나 교회 구조나 과학과의 관계 등에 대해서 하나의 고정된 기독교 교리는 존재할 수 없고, 다수의 교리들은 가능할 것이다. 이와 같은 현실 앞의 현존과 왜냐하면 세상 속에 현존하는 것이 이와 같기 때문이다! 그 유연성을 부정적으로 보지 말아야 한다.

우리가 금해야 할 것은 과거에 기독교적인 것이라고 칭하는 어떤 입장을 취하면서 멈춰있는 것이거나, 미래에 실현할 이데올로기를 위해서 정치적이거나 경제적인 모든 현실을 부정하면서 멈춰있는 것이다. 어떤 그리스도인의 삶도 선이라는 하나의 개념에 고정시킬 수 없다. 그리스도인의 삶은 기다리고, 철야하고, 기도하고, 도움을 주고, 때에 따라 해야 할 일을 판단하고, 가장 가난하고 결핍된 사람을 정하고, 그 사람의 궁핍한 형편이 조금 나아져서 또다시 다른 사람을 찾아갈 수 있기까지 최선을 다 하는 것이다. 그러나 이 모든 행위의 중심이 되어야 하는 것은 우리의 기분이나 욕구나 사회변화에 대해 적응하려는 태도가 아니고, 다만 가난한 사람이자 이방인이자 원수인 우리 이웃에 대한 사랑을 가장 적절하게 표현할 수 있도록 잘 판단하는 것이다.

그러나 이것은 우리로 하여금 또 다른 행위양식을 취하게 할 수 있으며, 역시 논쟁과 충격을 야기하는 것이다. 물론 동일한 범주의 그리스도인들에게 그런 것은 아니다. 자유가 타인에 대한 사랑에 따라 행위를 선택하게 한다는 사실은 결과적으로 이것이 단순한 개인적인 윤리라는 점을 내포한다. 그런 자유는 오직 개인적인 경우에 대한 개인적인 행동으로만 나타날 수 있을 뿐이다. 그런 자유는 원래 문자 그대로 전통적인 의미에서 보면 어떤 사회적이거나 정치적인 차원을 나타내지 않는다.214)

우리는 뒤에 가서 그리스도인의 자유와 이른바 정치적인 자유의 관계

---

214) 다시 말해서 정당과 노동조합과 같은 집단 활동의 참여라는 의미에서 보면 그렇다는 것이다. 왜냐하면 자유의 개인적인 행위는 개인적인 차원에서, 그것이 진정한 자유의 발로라면, 반드시 총체적인 의미를 가지는 것으로 사적인 행위가 아니기 때문이다. 그런데 나는 개인적인 것과 사적인 것은 구별해야 한다고 생각한다. 단 한 명의 개인의 행위에 불과한 것일지라도, 개인적인 것은 많은 영향력을 가진다. 나는 그리스도인의 삶이 결코 사적인 삶, 즉 주거지와 선택된 집단에 갇혀있는 삶이 될 수 없다고 생각한다.

를 살펴보겠지만, 여기서 벌써 자유와 사랑의 견고한 관계의 많은 간극을 보게 된다. 왜냐하면 우리의 자유를 유도하는 사랑은 일반적이고 추상적인 것이 아니기 때문이다. 이 사랑은 인류 전체나 하나의 계급, 하나의 민족이 아니라, 특정한 한 사람과 관계되는 것이다. 내가 이렇게 말할 수 있는 근거는 무엇인가? 이 근거는 사랑에 관한 일반적인 성찰이 정당화를 위한 아니고 신약성서의 본문들이다. 우리가 타인의 이해와 개인적인 필요를 돌아보고, 입장을 바꾸어 생각하고 타인에게 유익한 것을 찾아야 하는 경우에 일반화는 불가능하다. 왜냐하면 개개인이 다 개별적인 필요와 자신만의 이해를 가지고 있기 때문이다. 나는 그 문제는 아주 심각하고도 아주 단순한 문제라고 생각한다. 우리는 오늘날 모든 것을 다 집단적으로 사고하게 되어 있다.

이것은 정치경제학과 같은 인간과학과 사회주의의 영향에서 비롯된 우리의 정신적 상태이다. 우리는 노동계급이나 저개발국 국민들의 가난에 대해서 아주 쉽게 말한다. 이것은 정치학과 사회학 분야에서는 분명 정당한 것이다. 그런데 이것은 사랑과는 무관한 것이다. 조금만 더 자세하게 분석해도 그건 분간해낼 수 있다. 사실 노동계급의 아주 일반적인 특성들이 존재하긴 하더라도, 각각의 노동자는 개별적으로 다 다르다는 사실이 점차적으로 인지되었다. 사랑은 이 유일한 특성과 관계된다. 우리가 사랑하도록 부름 받은 사람은 독특하고 고유한 사람으로서 자신만의 최고의 가치를 지닌 존재이다. 사람을 이와 같이 바라볼 때 우리는 계급이나 국가의 한 구성원이 아닌 그 사람 자신에게 부족한 것을 공급할 수 있는 것이다. 사랑은 평균적인 필요나 집단적인 이익이 아니라 현실 속 한 인간의 이 고유한 이익과 요구를 배려하는 것이다. 그에게 적합한 것이 무엇인지 알기 위해서는 그를 잘 이해하고 있어야 한다. 이것은 결코 평균이나 일반화의 문제가 아니다.

이와 같은 사랑을 시작할 때, 우리는 사람들이 필요로 하는 것이 집단적인 이익의 실현이 아니라는 사실을 깨닫게 된다. 집단적인 이익의 실현이 아무 소용이 없다는 것은 물론 아니다. 그러나 그것을 사랑이나 자유와 결부시키지는 말아야 한다. 우선적으로 사람들 각자의 개인적인 고유성을 고려하고 나서, 비로소 우리는 개인별로 상처를 주는 것과 피해야 할 것을 알 수 있게 된다. 우리는 개인별로 돕고 세울 수 있는 유익한 것을 찾아가게 된다. 나는 이 부분에서 자유 안에서 사랑하는 것의 의미를 우리에게 구체적으로 밝혀주는 사도 바울의 말씀들이 우발적이고 부수적인 것이 아니고, 아주 깊은 교훈을 담고 있다고 믿는다.

'장기적인 관계' 안에서 발현될 수 있는 사랑의 이론을 향한 열의에도 불구하고, 또한 그런 이론을 부정했기에 나를 향해 쏟아졌던 비판에도 불구하고, 나는 다시금 반복할 수밖에 없다. 타인의 존재와 관계의 지속성을 브륄러 Bruüller는 백분의 일초만의 사랑을 말한다 떠나서, 사랑이 익명의 집단들에서 단순한 커뮤니케이션 네트워크를 통해서 존속될 수 있다는 점을 납득시키는 어떤 학설도 어떤 철학적·인류학적 이론도 아직까지 나는 발견할 수 없었다.215) 오직 하나님만이 존재 전체를 사랑할 수 있다. 이 사실을 제외하고, 그런 이론은 성서와 맞지 않는 하나의 관념론이나 감상주의를 보여주는 것이거나, 존재의 공유화를 통하여 사랑의 실재를 수정하려고 시도하는 것에 지나지 않는다. 그런데 내가 보기에 이것이 순응주의를 통해서 진리를 오염시키는 만큼, 지속적이고 완전한 인격 대 인격의 관계로서의 사랑의 관념이 한 시대의 문화적 결과물이라는 것을 부정하지 않을 수 없다. 왜냐하면 우리는 사랑에 관해 특별히 '부르주

---

215) 여기서 또다시 철학적 관념론과 구체적인 엄밀한 현실상황의 대립을 확인한다. 사회학적인 관점에서 '장기적인 관계'를 다루는 수백 권의 책들 중에서 학문적으로 가장 진지하고 전체적인 면에서 아주 명확히 설명해주는 것으로서 나는 단 한 권의 책을 여기 제시한다. J. Lohisse, *La communication anonyme*, 1970.

아적 개인주의'의 관점이 없었던 로마와 중세시대, 그리고 신구약성서 속에서도 그와 같은 사랑의 관념을 발견하게 되기 때문이다. 정확히 말하자면 사랑은 극도로 집단적인 사회에서 개별화의 핵심적인 현상이었다. 거기서는 오직 단기적인 관계를 통해서만 사랑을 가질 수 있는 것이다.

사랑을 지향하는 자유의 마지막 측면은 우리의 다양한 태도들과 관련이 있다. 우리가 각기 개인별로 이웃에 관해 아는 바에 따라 이웃에게 그리스도 안의 사랑의 진리를 전해주기 위해 할 일을 결정해야 한다는 점을 인정한다면, 우리는 서로서로에 대한 모든 판단을 금해야 한다. 자유로운 행위에 관계된 것이기에, 우리는 타인의 자유를 판단하지 말아야 하는 것이다. 사랑의 고유한 관계를 나타내는 행위라면, 그 관계에 속하지 않고 정확한 동기를 알지 못하는 내가 어떻게 그런 행위와 결정을 판단할 수 있겠는가? 이것은 또한 자유 안에서 사랑을 표현하는 행위들의 개인적인 특성에 관한 것과 연관된다. 어떤 그리스도인이 어떤 공산주의자의 정치적 노정에 함께해야 한다고 간주한다면, 그것을 내가 어떻게 반박할 수 있겠는가? 또 다른 그리스도인이 이웃을 바로 세우기 위해서 금주와 금연을 한다면, 어떻게 그것을 '도덕주의'라고 비난하겠는가? 또 다른 그리스도인이 믿음이 연약한 형제들을 지키려고 그들에게 충격을 주지 않기 위해서 '문자주의'적인 뜻을 따르기로 한다면, 혹은 반대로 비판적인 지식인을 위해서 성서의 '비신화화'를 따르기로 한다면, 어떻게 그와 논쟁을 벌이겠는가? 단, 이 두 가지 행위들이 다 자유 안에서 사랑을 전하는 경우로서 모든 상황에서 모든 사람에게 다 적용되는 교조주의적인 것이 아니라는 사실을 전제로 한다. '비신화화'를 택한 그리스도인이 양떼의 아주 연약한 양들에게 충격을 주어서 넘어뜨릴 정도로 '비신화화'를 이행한다면, 그는 사랑이 아니라 지식의 교만함과 육적인 허영심을 따르는 것이다.

우리는 여기서 아주 특별한 '의심'의 문제에 직면한다. 흔히 말하기를 마르크스와 니체와 프로이드 이래로 우리는 '의심'의 시대에 들어섰다고 한다. 눈앞의 사람이 내게 말하거나 행하는 것 이면에 정말 무엇이 있을까? 왜곡된 의식, 소속 계급, 잠재의식의 충동, 은밀히 쌓인 억압적 기억들, 인지 불가능한 콤플렉스 등으로 내면이 가득한 인간은 외적으로 보이는 것이나, 스스로 자처하는 것이나, 스스로 원하는 것과 같은 존재가 전혀 아니다. 이제 인간을 바라보는 우리의 시선은 회의적인 시선이다. 나는 인간을 있는 그대로 인정할 수 없고, 믿을 수 없고, 인간이 표현하는 말이나 선의를 받아들일 수 없다. 인간의 모든 의도에는 이중 삼중의 숨은 뜻들이 있다. 나는 인간의 배후에서, 또 인간의 외부에서 그 자신도 모르는 것을 찾는다.

이것이 오늘날 흔히 사람들을 대하는 태도이다. 이것은 내 생각에 본질적으로 자유를 파괴하는 것이다. 물론 인간이 자유롭지 않다는 걸 잘 알고 있다. 어떤 주장을 내놓든지 간에 인간은 자유롭지 않다. 그런데 나의 회의적인 시선과 유보적 태도는 인간의 내면에 존재하는 아주 작은 자유의 씨앗들도 다 고갈시킨다. 그에게 자유롭게 될 하나의 기회가 주어져 있다 할지라도, 나의 의심은 그 기회를 말살시키면서 그를 사회적 정치적 결정에 예속된 상태에 가둬버린다. 두 사람 사이에서 의심은 자유를 가로막는다. 의심은 상대방의 자유의 가능성과 가망성과 희망과 공고성을 무너뜨릴 뿐만 아니라 나 자신조차도 자유의 완전한 부재상태에 가둬버린다. 헌신적으로 타인에게 나아가는 자유의 분명한 증거를 가로막는다는 점에서, 의심은 나 자신의 자유의 뿌리를 갉아먹는다.

자유는 의심을 배제한다. 여기서 우리는 선택의 순간을 마주한다. 이 선택은 타협이 불가능하고 어중간한 것도 없다. 내가 그리스도 안에서 자유로우려면, 나는 남들에 대한 의심을 벗어나야 한다. 프로이드와 마르크스와 니체가 나에게 가르쳐주는 것을 더 이상 채택하지 말아야 한다. 오직 사랑의 상호성 안에 자유가 존재하는 까닭에 나머지 다른 것은 아무리 발전된 것이라 할지라도 무시하고 넘어갈 만한 하찮은 것이 된다. 타인을 위해서 나는 무기도 방어수단인 갑옷도 지니지 않는다. 이와 같은 것이 자유의 행위이다.

　이것은 분명히 선택이 걸린 문제이다. 나는 갑옷을 다 갖춰 입고 나아가는 선택을 할 수도 있다. 나는 타인에 대한 사회학적 심리학적 분석을 진행할 수도 있다. 나는 한 마리 나비와 같이 타인을 고정시켜 해부하려고 꿰찔러놓을 수 있다. 그러나 그렇게 함으로써 나 자신의 자유를 상실하게 된다는 사실을 알아야 한다. 나는 타인에 관한 '결정론적 요소들'의 굴레에 나 자신을 스스로 가두고, 그 안에서 원인과 동기들이 드러나게 할 것이다. 내가 자유롭게 나아갈 수도 있고 또 나를 내 수단에 못 박을 수도 있기에 중요한 것은 선택이다. 이 선택은 지적인 것이지만, 더 나아가서 죽고 사는 문제가 걸린 근본적인 것이다.

　사도 바울은 "사랑은… 나쁜 쪽으로 의심하지 아니하며… 모든 것을 믿으며 모든 것을 바라며 모든 것을 견딘다"고전13:5-7고 말한다. 사랑이 이와 같지 아니하면 자유는 잡담이자, 헛된 수사이자 자기기만에 지나지 않는다. 사랑은 나약한 순진함에서 비롯된 것이 아니라는 사실을 유념해야 한다. 나는 선택을 말했다. 이 선택은 자유로운 인간의 의도적인 행위로서 알면서도 의심을 부인하고 거부하고 배제하는 것이다. 프로이드와 마르크스를 알고, 사회적이고 무의식적인 결정요소들의 비중을 알고, 타인이 위선과 거짓을 행하고 욕망과 계급의 노예라는 사실을 알면서도, 자유로운 인간은 의심을 거두며 신뢰를 주면서 순수성을 되찾으며 타인을 진실하게 대한다. 그럼으로써 그는 자유를 선택하는 것이다.

이 자유는 의심, 수치감, 판단, 운명예측 등의 노예가 되지 않는 것이다.

그러나 이것은 돈키호테와 같이 현실을 알지 못하는 무지와 어리석음에서 비롯된 것이 아니다. 사랑이 모든 것을 믿는 것은 무지하고 어리석고 바보스러워서가 아니라 그러기를 원하고 또 그걸 넘어서려고 하기 때문이다. 사랑이 모든 것을 견디는 것은 연약하고 능력이 모자라서가 아니라 그걸 뛰어넘을 만큼 강하기 때문이다. 사랑이 의심하지 않는 것은 현대의 학설들을 몰라서가 아니라 의식적이고도 의지적으로 의심에 문을 닫아걸기 때문이다. 마음의 순수성은 지식의 한계 안에서 어리석은 선의로부터 연유하는 것이 아니라, 그걸 뛰어넘어 인간이 묶여있는 어떤 수준을 넘어설 때 나오는 것이다. 악한 것에 대해 단순히 반대하는 평범한 수준이 아니라 악의 고리를 무너뜨리는 강력한 능력이 될 때에 사랑은 자유와 결합하게 된다. 이와 같이 오늘날의 자유는 마르크스와 프로이드와 니체의 해석원칙들을 무너뜨리는 걸 뜻한다. 이것은 인간을 계급과 인종과 이해관계와 터부에 속하는 것으로 규정짓는 것을 하지만 그 진단은 무지의 어둠 속에서 사전이 아니라 사후에 내려졌다 아무런 의심의 여지없이 근본적으로 명확하고 간결하게 거부하는 것이다. 나는 보고 알고 깨닫는다. 나는 그 모든 것을 다 삭제한다. 왜냐하면 자유는 타인과 나와의 관계에서 성립하고, 정확히는 타인 안에 있는 죄악인 그 모든 것을 다 삭제하는 데서 성립하기 때문이다. 어쩌면 나는 의심 없이 타인을 받아들이는 자유를 행함으로써 타인을 자유롭게 할 수 있을 것이다.

2) 하나님의 영광

우리는 자유에 주어진 첫 번째 의미를 짚어보았다. 사도 바울은 우리에게 자유에 주어진 두 번째 의미를 말한다. 그것은 하나님의 영광이다. 사도 바울은 고린도전서에서 자유에 관한 핵심적인 두 개의 본문들을 동일한 것으로 끝마친다. 6장 12-20절에서 "모든 것이 가하다"는 구절로 시작하고 나서 이것이 음행과 같이 육신을 아무렇게나 사용할 수 있다는 의미가 아니라는 점을 밝히고, "그런즉 너희 몸으로 하나님께 영광을 돌리라"고 끝맺는다. 10장 23-33절에서는 "모든 것이 가하다"로 시작해서 이것이 사랑을 지향한다는 걸 전하고, "너희가 먹든지 마시든지 무엇을 하든지 다 하나님의 영광을 위하여 하라"고 끝맺는다.

우리는 로마서에서 자유와 하나님의 영광 간의 동일한 관계를 다시 발견한다. 로마서 8장 21절에서 사도 바울은 유명한 구절인 "하나님의 자녀들의 영광의 자유"를 언급한다. 그런데 이 구절에서 우리는 자유 그 자체는 영광스러운 것이 아니고 하나의 이미지에 지나지 않는다는 점을 유념해야 한다. 영광은 유일한 것으로 하나님의 영광만 존재하기에 여기서 거론하는 것은 하나님의 자녀들의 영광이 될 수 없다. 그렇지만 이 구절이 자유의 개념과 영광의 개념을 밀접하게 연관시키는 것은 맞다. 우리는 이 하나님의 영광이 애매한 비유나 말이 아니라는 사실을 명심해야 한다. 이 단어를 우리에게 군사적 정치적 승리의 이미지들을 떠올리는 것으로 받아들일 때, 그 뜻은 불확실해진다. 사실상 이 단어의 통상적인 의미는 원래의 뜻을 이해하는데 전혀 도움을 주지 않는다. 명성, 영예로운 타이틀, 찬탄, 화려한 수식, 명예 등의 모든 것은 하나님에게 적합하지 않고, 인간적인 현실에 해당한다. 거기서 우리는 한 인간이 권력과 명성의 휘장을 걸치고 여론에 의해 떠받들어져서 인간 조건도 뛰어넘는 차원의 위대한 인물이 되는 것을 보게 된다. 인간이 초월적인 존재로 만들어지는 것이다.

볼테르는 아주 적절하게 말한다. "이것은 지고의 존재가 영광을 지닌다는 말이 아니다. 인간이 지고의 존재에게 적합한 표현을 찾지 못하여 자신이 가장 만족스러워하는 말을 사용한 것이다." 영광은 인간이 내린 평가라는 점에서 이 말은 정말 타당하다. 실제로 하나님의 영광을 말할 때, 사람들의 말은 일반적으로 모호하고도 불확실하다. "하나님을 영광스럽게 하는 것은 하나님에게 경의를 표하는 것이다." 그러나 이 말이 현대인에게 무슨 의미가 있는가?

리트레Littré는 우리에게 주목할 만한 설명을 제시한다. "하나님의 가장 큰 영광이라는 말은 사람들이 하나님에게 어떤 사물이나 어떤 일의 영광을 돌리는 것을 설명하기 위해 사용하는 경건한 말이다." 그런데 구약 주석학자들의 말은 영광을 하나님 주위에 있는 광채와 동일시한다. 이것은 아무런 뜻도 없다고 해도 과언이 아니다. 왜냐하면 이렇게 애매하고 불확실한 개념들이 우리의 선택과 행위를 안내하고 유도하는 데 조금이라도 효용가치가 있을 수 있는지 전혀 알 수 없기 때문이다. 그러나 우리가 성서의 본문들을 조금 더 주의를 기울여서 살펴보면, 우리는 영광이라는 말이 아주 엄밀하고 정확한 하나의 의미를 가지고 있다는 점을 알아차리게 된다. 그 의미는 구약성서와 요한복음과 바울서신에서 동일한 것으로 나타난다.

하나님의 영광은 하나의 품성이나 외양이나 광채가 아니다. 요약하자면 이것은 하나님이 하나님보다 더 나은 존재가 되도록 덧붙인 또 하나의 보완물이 아니다. 하나님은 모든 발현과 모든 계시 안에 있는 영광이다. 하나님이 계시될 때, 언어의 한계에 부딪친 인간은 영광 이외의 다른 말을 찾아낼 수가 없다. 그러나 거기서 중요한 것은 "하나님이 계시될 때"이다. 바꾸어 말해서 하나님의 영광은 일반적이거나 특별한 하나님의 계시이다. 그 계시는 인간의 눈에 하나님의 존재를 있는 그대로, 아니 하나님이 인간으로 하여금 알 수 있도록 허용한 바대로 나타낸 것이다.

영광은 인간이 파악할 수 있는 감춰진 하나님의 실재이다. 우리는 무지한 까닭에 이것이 하나님 자신이라거나 하나님의 내재적인 품성이라고 할 수 없다. 그러나 하나님 아버지에 의해 예수의 정체가 계시될 때, 예수는 흔히 쓰는 말로 찬란한 빛과 같은 영광으로밖에 표현할 수 없도록 모습이 변형된다. 또한 우리는 성서적으로 하나님은 인간을 영광스럽게 하지 않고 인간은 예수 그리스도를 통하지 않고는 스스로 영광스럽게 될 수 없다는 사실을 알고 있다. 왜냐하면 인간의 현존은 그 자체로는 영광스러운 것이 아니기 때문이다. 인간의 현존이 영광스럽게 되는 것은 인간이 영광스러운 존재, 곧 영광의 하나님 안에 있을 때이다. 그러나 우리는 오직 그리스도를 통해서만 하나님 안에 있을 수 있다. 영광의 상호성은 그리스도를 통한 하나님의 영광과 하나님을 통한 그리스도의 영광이다. 다시 말해서 하나님은 오직 그리스도를 통해서만 온전히 계시된다. 그리스도는 하나님으로부터 받은 만큼 하나님의 정체를 계시할 때 하나님 아버지를 영광스럽게 한다. 하나님은 하나님의 참된 정체성을 그리스도를 통해 우리에게 계시할 때 하나님의 아들을 영광스럽게 한다. 그렇다면 영광은 계시와 밀접한 연관성을 가지게 된다.

성서 본문들이 우리에게 하나님을 영광스럽게 하고 하나님에게 영광을 돌리라고 할 때, 그 의미는 하나님을 증언하라는 것이다. 이것은 찬사를 올리거나 찬양을 하라는 것이 아니고, 하나님이 알도록 허용한 만큼 사실대로 진실하게 하나님을 전하고, 주위 사람들에게 증언하라는 것이다. 그렇게 하는 것이 곧 하나님이 우리를 위해 한 일을 인정하고, 회개하고 하나님이 원하는 삶을 회복하는 것이다. 이것은 어떤 상황 가운데 하나님이 행한 일을 알아차리고 공개적으로 선포하는 것이다. 그러나 이것은 말보다는 존재하는 방식을 통해서 행하는 것이다. 하나님을 영광스럽게 하는 것은 특히 우리의 삶을 통해서 하나님이 인간에게 나타나는 방식대로 하나님을 증언하는 것이다. 이것이 곧 복음을 전하고 복음대로 살아가는 것이다. 사도 바울이 우리에게 "모든 것을 복음을 위하여" 한다고 할 때, 그는 하나님을 영광스럽게 하는 것이다.

　여기서 우리는 자유의 표현을 변질시킬 수 있는 난관에 봉착한다. 우리는 이미 고린도전서 9장 19절의 말씀을 살펴보았다. "내가 모든 사람에게서 자유로우나 스스로 모든 사람에게 종이 된 것은 더 많은 사람을 얻고자 함이라." 한편으로 이것은, 이미 앞에서 언급한 바와 같이, 자유가 그 자체로 가치 있다는 뜻이 아니다. 그렇다고 기술한 바와 같이 우파 사람들과는 우파로, 좌파 사람들과는 좌파로 화하여 활동하는 행위가 전도를 위한 하나의 방식이 된다는 뜻은 더더욱 아니다. 사도 바울이 "사람을 얻고자 함이라"고 한 뜻을 그렇게 받아들이지 말아야 한다. 그 뜻은 단지 복음을 전하여 사람들 가운데서 하나님에게 영광을 돌린다는 데 있다.

　복음의 증언은 참으로 하나님을 영광스럽게 하는 것이다. 사람들을 섬기는 것이 하나님의 영광과 분리되는 것은 아니라 해도, 그 자체로 가치가 있다고 볼 수 없고, 하나님을 영광스럽게 하는 것이 사람들을 섬기는 것으로 표현되지 않는 인간의 내적인 실재라고 볼 수도 없다. 인간은 자신에게 하나님을 알도록 허용된 만큼 다른 사람에게 하나님을 알게 할 때 하나님을 영광스럽게 한다. 사랑 안에서 의미를 얻는 자유는 또한 하나님의 영광 안에서 의미를 가진다. 왜냐하면 사랑과 하나님의 영광은 불가분리의 것이기 때문이다. 그러므로 모든 것이 자유 안에서 물론 타인의 자유도 포함한다 이루어지는 것이라 해도, 전도를 위한 계획적인 의도는 거기에 전혀 없다. 우리가 조금이라도 마키아벨리적인 의도로 어떤 일을 행한다면 결코 하나님에게 영광을 돌릴 수 없다. 왜냐하면 마키아벨리적인 태도는 인간에게 하나님이 어떤 존재인지를 전혀 깨닫지 못하게 하기 때문이다. 그러므로 중요한 것은 하나님이 맺은 언약인 화평을 하나님을 위한다고 인간에게서 빼앗는 것이 아니라 전파하는 것이다. 이런 행위는 말로 선언하는 것이라기보다는 현존의 삶에 훨씬 더 가까운 것이다.

어쨌든 간에 모든 것은 이와 같이 하나님의 영광을 지향할 수 있고 또 지향해야 한다. "그런즉 너희는 먹든지 마시든지 무엇을 하든지 다 하나님의 영광을 위하여 하라."고전10:31 우리는 여기서 먼저 아무래도 상관없는 행위란 있을 수 없다는 걸 다시 확인하게 된다. 이어서 우리는 우리의 삶의 모든 행위들이 하나님의 영광에 속할 수 있고 하나님을 증언하는 데 쓰일 수 있다는 걸 깨닫게 된다. 예배와 찬양과 같은 특별한 행위들만이 하나님의 영광에 속한 것이고 다른 행위들은 미천하고 하찮은 것이라는 것은 있을 수 없다. 하나님의 영광이 인간에게 가장 구체적으로 나타날 수 있는 것은 바로 일상적인 평범한 삶의 행위들 가운데에서다. 모든 것이 믿음을 통해서 하나님의 영광을 위한 것으로 변화할 수 있다. 이것은 바로 우리의 자유의 영역을 포함한다. 왜냐하면 우리가 이미 살펴보았듯이 이 자유는 영적인 것뿐만 아니라 우리 삶의 모든 구체적인 영역에 다 적용되기 때문이다. 이 본문이 자유에 관한 구절로 끝마치는 것은 그냥 그런 것이 아니다. 그러므로 자유는 하나님에게 영광을 돌리기 위한 목적을 지닌다. 이제 자유는 하나님을 영광스럽게 하도록 우리가 내릴 수 있는 선택이다. 우리는 사람들이 하나님의 모습을 발견하고 하나님을 사랑하는 것을 배울 수 있도록 우리의 행위들을 선택해야 한다. 우리는 이 자유가 아무 것이나 다 허용되는 비이성적이고 막연한 자유와는 얼마나 다른 것인지 알게 된다.

영광을 통해 자유에 주어진 의미 속에서 우리는 더 깊은 의미를 보게 된다. 예수 그리스도에 의해 얻은 자유는 무엇보다 피조물을 향한 하나님의 자유라는 것이다. 그 자유가 하나님의 자유라는 것은 우리가 하나님의 자녀들이라는 조건에서다. 다시 말해서 우리는 하나님과 교제 가운데 일치를 이루는 것이다. 그래서 이 자유는 하나님의 뜻을 발현하는 것이다. 그렇게 될 때 이 자유가 어떻게 하나님의 영광에 속할 수 있는지 알게 된다. 실제로 이 자유를 진정으로 향유하면서 우리가 얻은 자유 안에서 독립적이고 개방적인 삶을 사는 것은 사람들의 눈앞에서 하나님의 역사가 무엇인지 밝혀준다. 우리의 자유는 하나님의 자유를 가리키고, 다른 사람들에게 하나님이 자유로운 존재이고 우리를 위한 일에 개방적인 존재임을 증언한다. 이와 같이 자유는 우리의 행위가 아니라 우리의 삶에 관한 것이고 계시를 반영하는 것이다. 그러나 물론 이것은 조금은 무거운 책임을 지운다. 왜냐하면 우리의 자유가 하나님의 영광과 연관될 때, 우리의 자유로운 행위들은 하나님의 영광과 결부되기 때문이다. 자유롭게 된 우리의 삶 때문에 우리가 하나님에게 영광을 돌리는 것이라면, 이것이 어떤 예외적인 특별한 행위로 인한 것이 아니라는 사실을 알아야 한다. 이것은 우리가 훌륭한 설교를 했던 날이나, 우리가 자선을 베풀었던 날이나, 우리가 정치적으로 행동을 취했던 날이 아니라, 매일의 모든 행위들 가운데 있다. 그래서 우리가 하나님이라면 행하지 않을 것을 행한다면, 우리는 사람들에게 하나님의 영광을 거스르는 왜곡된 모습을 전하는 것이다.

그런 까닭에 사도 바울은 '모든 것이 가하다'라는 구절이 나오는 또 다른 본문인 고린도전서 6장 12-20절에서 창녀와 관계된 특별한 문제를 거론한다. 내가 창녀와 함께 살 수 있겠는가? 이 문제는 도덕적인 것이 아니라 단지 나는 은총에 의해 그리스도의 지체가 되었다는 데 있다. 나의 자유는 그 사실에 기인한다. "내가 그리스도의 지체를 가지고 창녀의 지체를 만들겠느냐?"고전6:15 우리가 그리스도와 연합되어 있기에 우리는 우리의 여정과 선택과 죄에 그리스도를 결부시키는 것이다. "너희 몸이 성령의 전인 줄 알지 못하느냐?"고전6:19 이 말씀은 우리가 언제나 선하게 행동하고 언제나 하나님의 뜻대로 살고 우리의 자유를 선하게 사용한다는 걸 보장한다는 뜻은 아니다. 반대로 우리의 자유가 진정한 자유이기에 우리는 하나님을 우리의 잘못된 길에 끌어들일 수 있다는 것이다. 하나님은 이렇게 되도록 선택하셨다. 그러므로 문제가 되는 것은 창녀를 향한 멸시나 행위의 비도덕성이 아니다. 성서적으로 창녀가 뜻하는 것은 창녀와 남자의 관계는 하나님이 인간을 위해 남성과 여성의 관계를 설정한 것에 반하는 것이고 참된 사랑의 관계에 어긋나는 것이라는 사실이다. 이 문제가 제기하는 단 하나의 중요한 점은 창녀를 사는 행위는 하나님의 영광에 속한 행위가 될 수 없다는 사실이다. 본문을 마치는 마지막 절에서 사도 바울이 의도하는 바가 바로 그것이다. 우리의 모든 자유는 하나님의 영광을 지향하는 것이다.

우리의 자유는 오직 하나님의 영광을 위해서만 존재할 수 있다는 사실은 우리에게 또 다른 문제를 불러온다. 하나님의 영광은 피조물에서 하나님을 볼 수 있는 사람에게 드러난다. 하늘은 하나님의 영광을 얘기한다. 시편과 욥기는 특히 그 사실을 증언한다. 이 땅의 광대함과 아름다움은 하나님이 우리에게 보여주는 어떤 이미지이다. 우리의 자유가 피조물을 괴롭히고 변형시키고 파괴하여 소멸시키면서 피조물에 안에 있는 하나님의 영광을 지워버리는 것일 수는 없다. 우리의 자유가 하나님의 영광에 속한 것이라면, 이것은 하나님이 하나님의 영광을 나타내기 위하여 선택한 것들을 완전히 총체적으로 존중하는 것을 뜻한다. 바꾸어 말해서 우리는 우리가 원하는 것을 하기 위해서 피조물을 지배할 수 없는 것이다.

오늘날 아무도 거론하지 않는 아주 진부하게 된 신학적인 일탈이 하나 있다. 그것은 하나님이 창조세계의 관리를 인간에게 위임했다는 창세기 구절을 근거로 해서, 기술에 의한 땅의 지배를 통해서 인간이 자신의 소명을 성취한 것이라는 주장이다. 내가 다른 데서 언급한 바와 같이, 이 구절은 타락 이전의 상황에서 나온 것으로 우리와 관계된 것이 아니라는 점을 고려할 때, 기껏해야 인간이 하나님의 청지기라는 점을 말해주는 것이다. 인간은 결코 이 창조세계의 소유자가 될 수 없고 자신이 원하는 대로 창조세계를 이용할 수 없다. 그런데 이 신학적인 오류에는 구체적 사실들에 대한 무지가 덧붙여진다. 과학과 기술을 정당화하기 위해 이와 같은 일탈을 말하면서, 사람들은 아주 피상적이고 광범위한 하나의 관점에 종속된다. 과학은 창조세계의 경이로운 비밀들을 밝혀내고, 이것은 하나님을 찬양하는 또 하나의 계기를 제공하고, 이 우주의 감춰져 있는 것들을 펼쳐서 활용할 수 있게 한다는 것이다.

이 모든 것은 실재하는 현실과는 아무런 관계가 없는 담론이다. 실재하는 현실은 누군가가 규정한 바와 같이 '약탈에 시달리는 지구'[216]이다. 그것은 석유와 석탄과 같은 자연의 풍요한 자원들을 광적으로 채굴하여 고갈시키는 것이다. 자연의 신비한 구성요소들을 간파하려는 의지는 찬양하고 영광을 돌리기 위한 것이 아니라 착취하기 위한 것이다. 진정으로 우리에게 하나님 앞에서 자연의 물질을 해체하고 생명의 기원을 찾아내어 복제할 권리가 있는가? 하나님은 인간이 간파할 수 있는 신비의 요소를 하나도 남겨두지 않은 것일까? 그렇다면 치러야 하는 비용은 무엇일까? 여기서 문제가 되는 것은 형이상학적인 것이 아니라 하나님이 허락하여 인간이 독립적으로 자연을 정복하여 초래한 실제적인 결과들이다. 결과적으로 나타난 현실은 생물의 멸종과 공기와 물의 오염으로 죽

---

216) [역주] 1948년에 출간된 미국의 자연주의 지질학자 오스본(Fairfield Osborn)의 *Our Plundered Planet*는 이듬해 프랑스에서 *La Planète au pillage*(약탈에 시달리는 지구)로 번역되어 출판되었다. 이 책은 당시에 지구 환경과 생태계, 식량문제를 본격적으로 제시하며 커다란 반향을 일으켰다.

음을 초래하는 것이다. 결과적으로 나타난 현실은 무분별한 낭비를 위해서 모든 것을 확보하는 것이고, 기이한 경작 방법들을 동원하여 토양을 파괴하는 것이고, 모든 순수 물질들로 구성된 창조세계를 아주 정교하게 만든 물질들로 구성된 우주로 변질시키는 것이다.

모든 것의 열쇠는 창조적인 의지의 준행이 아니고, 탐욕적인 소유와 무한한 소비와 권력의 광적인 의지의 발현이다. 우리는 이러한 현상들을 우연적인 것으로 기술 진보에 따른 부차적인 것으로 볼 수 없다. 이와 같은 권력과 소유의 의지가 없이는 기술 진보는 존재하지 않게 될 것이다. 과학자의 정신은 그렇지 않다고 해도, 내가 지적하려고 하고 또 중요하게 여기는 것은, 과학자의 발견으로 혜택을 입는 수많은 사람들의 정신이다. 이런 소비자들이 존재하지 않는다면 과학적 연구를 위한 어떤 투자나 특혜도 없을 것이고, 과학적 연구는 아예 존재하지 않게 될 것이다.

과학자의 탐구와 엄청난 성과만을 평가해야 한다고 해도, 나는 그것이 정녕 하나님의 영광에 속한 것인가 의문을 던지게 된다. 의식적으로 하나님에게 영광을 돌리고자 하는 마음이 조금이라도 과학자에게 있을까? 무의식적이고 불가지론적인 면에서 과학자의 연구가 조금이라도 하나님의 영광을 위해 사용될까? 사이클로트론cyclotron이나 컴퓨터를 숙고하는 것이 어떤 면에서 하나님의 영광을 보게 하는 것인지 나는 모르겠다. 과학자의 연구 내용에 있어서도, 대다수의 사람들과 같이 내가 그것을 전혀 이해하지 못한다면 그것이 어떻게 하나님에게 영광이 되겠는가? 이해할 수 없는 것은, 백만 명 중의 한 사람은 안다 쳐도, 결코 하나님의 영광의 원천이 될 수 없다. 성서적으로 사람이 이해할 수 없는 현상을 마주할 경우, 하나님이 그 사람에게 그 현상을 설명할 때부터 비로소 하나님의 영광이 나타나는 것이다.

내가 보기에 오늘날 그리스도인들이 과학과 기술을 정당화하는 것보다 더 심각한 신학적 기만은 없다. 내 말은 과학적 기술적 활동 자체가 금지되거나 정죄되어야 한다는 뜻이 아니다. 내 말은 단지 그런 활동에 대한 커다란 의문이 던져져야 한다는 것이다. 그것은 결코 하나님이 부여한 인간의 소명을 실현하는 것이 아니다. 그것은 결코 하나님의 영광을 나타내지 않고 오히려 창조세계에서 그 영광을 지워버린다. 기술 활동을 통하여 인간은 더 이상 관리를 맡은 청지기가 아니고 소유자로 스스로 자처한다. 모든 것이 인간의 소유인 것이다.

여기서 나는 논쟁을 불러올 수 있는 두 개의 본문들을 응용하고자 한다. 첫 번째 본문은 먼저 포도원 일꾼들의 비유에 관한 것이다. 물론 나는 이 본문이 자연스럽게는 이스라엘 백성과 연관된 것이라는 점을 알고 있다. 포도원은 하나님의 작품이다. 이스라엘은 이 작품을 잘 간수하도록 선택받은 민족이었다. 그것은 분명한 사실이다. 그러나 하나님의 작품은 또한 창조세계라고 할 수도 있으므로 포도원 일꾼들은 하나님이 창조세계를 잘 개발하도록 부른 사람들이었다고 보는 것은 정말 부적절한 것일까? 사실 그런 유비|analogie를 하는 것이 그 본문에서 벗어나는 것이 아니라는 점을 인식해야 한다. 왜냐하면 우리가 그걸 부정하는 것은 또한 교회에 그 본문을 적용하는 것을 부정하는 것이 되어서, 결국 이 비유는 우리와 전혀 상관없는 것이 되기 때문이다.

원래 포도원 비유의 본문이 특별한 상황을 지목하는 국지적이고 일시적인 말씀이었다면, 우리를 위한 의미나 교훈은 없는 것이다. 그런데 더 깊게 보면 이 비유의 핵심은 하나님을 향한 인간의 어떤 태도를 기술하는 것이지 않을까? 그 진정한 의미는 하나님은 창조세계를 인간에게 주어서 인간이 하나님의 영광을 위하여 그 세계를 이용하게 하는 데 있는 것이 아닐까? 인간은 창조세계에 대한 하나님의 주권을 인정하기를 거부하고 하나님의 아들을 죽여서까지 그 세계를 탈취하여 자신의 소유로 만든 것이다. 문제의 핵심은 바로 그런 관계에 있는 것이 아닐까? 유대민족의 경우는 '지금 여기'라는 하나의 상황에 대해 적용한 하나의 사례에 그치는 것이지 않을까? 그렇다면, 이 본문은 창조세계인 자연에 대한 인간의 태도에 적용된다. 나는 이것이 하나님의 구속사역을 맡은 유대민족과 창조된 세계의 관리를 맡은 로마인들에 의해 예수의 죽음이 단행되었다는 사실에 의해 확증된다고 생각한다. 그들의 연합은 이 비유가 두 가지 측면을 지니고 있음을 보여준다.

두 번째 본문은 빌립보서의 본문이다. "예수는 근본 하나님의 본체시나 하나님과 동등한 지위를 취하지 않는다."빌2:6 왜 이 구절에 오로지 영적인 의미만 부여하려 할까? 잘 알다시피 실제로 성서에서 영적인 것과 육적인 것의 대립은 존재하지 않는다. 이 구절은 인간의 총체적인 태도와 관련된 것이다. 예수의 태도는 아담의 태도와는 전체적으로 완전히 정반대다. 아담은 하나님과 동등한 지위를 취하고자 했다. 아담은 자신이 하나님의 형상이 된 것과, 하나님이 자신을 모든 피조물들의 우두머리로 세워 청지기로 삼은 것과, 자신이 하나님과 대면하여 얘기를 나누는 것에 만족하지 않았다. 아담은 절대적인 주인이 되기를 원했고, 하나님의 손에서 창조세계 전체를 탈취하고자 했다. 이것이 일반적인 인간 역사의 여정이다.

이 빌립보서 본문에서 현재 익숙한 교훈만을 끌어내는 것으로는 충분하지 않다. "너희는 남들을 섬기는 사람이 되어라." 이 말씀은 더 넓게는 하나님을 향한 태도와 관련된다. 중요한 문제는 하나님의 손에서 하나님에게 속한 것을 탈취하지 않는 것이다. 그런데 우리는 지구의 가능한 자원들을 광적으로 착취하고 있다. 우리가 분명히 알아야 할 것은 우리의 자유가 하나님의 영광을 위한 것이라면, 우리의 자유는 결코 하나님의 영광인 창조세계를 파멸시키는 것을 허용하지 않을 것이다. 우리의 자유는 하나님이 우리에게 맡긴 것들을 아무렇게나 사용하는 것을 허용하지 않을 것이다. 우리의 자유는 우리가 주인이 되기 위해서 하나님의 아들을 죽이는 것을 허용하지 않을 것이다. 창조세계에 하나님의 영광이 나타나는 까닭에, 우리의 자유는 과학과 기술의 개발을 허용하지 않을 것이다. 왜냐하면 그것은 하나님의 영광을 위한 것이 아니기 때문이다. 그것은 정확히 인간의 영광과 권력과 주권을 분명하게 드러낼 뿐이다. 자유는 하나님에 의해 우리가 자유롭게 된 피조물에 대한 존중을 전제로 한다. 그런데 기술은 기술이 적용되는 피조물을 완전히 무시한다. 그러므로 하나님의 영광은 자유에 의미를 부여한다는 점에서 우리로 하여금 인간의 과학과 기술에 대한 문제 제기와 판단을 하게끔 허용한다고 나는 믿는다.

자유의 두 가지 소임으로서 사랑과 하나님의 영광은 우리로 하여금 윤리의 문제에 직면하게 한다. 모든 것은 가하다. 그러나 타인들의 존재 앞에서 우리의 자유는 그때그때 선택하는 것이다. 그 선택은 언제나 새로운 결단이고 끊임없는 탐구에서 나오는 것으로 타인들에게 유익하고도 유용하고, 그리스도 안에서 그들을 교화하여 세우는 것이다. 여기서 중요한 것은 우리의 행동, 욕구, 성향, 말 등에 대해서 우리 스스로 진정한 자유의 표지는 무엇일까 자문하는 것이다. 이제 그것은 대책 없는 기발함과 유머가 가득한 행위일지언정 더 이상 어리석고 터무니없는 것이 될 수 없다. 왜냐하면 우리가 말하는 자유는 의무의 중압감과 부담감을 내포하지 않기 때문이다. 그런 것을 내포한다면 그것은 자유가 될 수 없다. 물론 대책 없는 기발함과 유머와 여유와 시간낭비는 아주 유익한 참된 자유의 표지가 될 수 있고 그리스도 안에서 이웃을 교화할 수 있는 것이다. 이것은 도덕적인 연설보다는 훨씬 더 나은 것이다. 아무튼 중요한 것은 이 모든 것은 이웃에 대한 배려에서 나온다는 점이다. 사도 바울이 열거하는 덕목은, 대부분이 자유에 관한 교훈에 기인한 것으로, 우리에게 엄격한 규범들이 아니라 자유를 활용하는 모범적인 예들을 제시하고 있다. 왜냐하면 사도 바울은 그 덕목을 언제나 당시의 사회에서 흔히 일반적으로 발생하는 일들에 대한 자유와 연관시켜서 제시하기 때문이다. 이 덕목은 또다시 하나의 율법이 될 수 없다. 이것은 강압적이지 않고 우리의 의식을 깨우고 우리의 나태와 무능력을 보완한다.

　마찬가지로 윤리적 문제의 또 다른 측면이 하나님의 영광에 관련되어서 나타난다. 우리는 사람들이 하나님의 모습을 발견하고 하나님을 사랑하는 법을 배울 수 있도록 우리의 행위들을 선택한다. 자유는 이 일을 성취할 수 있도록 돕는다. 자유가 없이 이것은 절대 불가능한 일이다. 이것은 무분별한 자유와는 거리가 먼 것이다. 모든 것이 가하다는 것은 사실이다. 그러나 우리가 시도하는 모든 일을 우리는 그럴 자격이 없고, 용서를 구해야 할 것이지만 또한 용서받게 될 것을 잘 알고 있다 앞에 두고서 우리는 스스로 질문을 던져야 한다. "이것이 하나님의 영광에 속한 것일까? 지금 하고 있는 행위가 하나님을 영광스럽게 하는 것이라고 정직하게 인정할 수 있는가? 이 일이 하나님이 스스로를 계시하듯이 사람들의 눈에 하나님을 드러내는 일일까?" 이러한 것이 실제로 우리에게 주어진 자유의 의미이다.

제3부

자유의 수용

그리스도 안에서 자유롭게 되어서 하나님의 자유를 누리는 사람들은 그 사실을 삶으로 보여야 한다. 이 말을 통해서 우리는 자연스럽게 머리에 떠오르는 가장 고전적인 의미로서 우리에게 주어진 자유는 잠재적인 자유라는 말을 하려는 것은 아니다. 우리는 지금 자유로운 능력이 있다. 우리는 그 능력을 활용하여 실제로 자유롭게 될 수 있다. 그러나 우리가 그 능력을 활용하지 않는다면 아무 일도 일어나지 않을 것이다. 모든 것은 원상태로 되돌아가고 만다. 우리는 우리 앞에 하나의 가능성을 두고 있다. 우리에게 주어진 것은 하나의 잠재성이다. 나는 결코 이와 같은 것이 우리가 살펴본 본문들의 의미라고 생각하지 않는다. 그것은 이미 획득한 자유, 실재하는 자유를 말하는 것이다. 그 자유가 실제적인 효력을 나타내거나 아니거나 하는 것은 인간의 행위가 아니다. 잠재적인 자유를 실제적인 자유로 변화시키는 것은 인간의 행위가 아니다. 왜냐하면 그렇게 되면 또다시 이 문제에서 인간의 선택이 중요한 요인이 되고 하나님의 역사는 단지 준비과정에 그친다는 의미가 되기 때문이다.

그러나 우리는 더더욱 그 말을 외적으로는 성서적 의미에 더 적합한 듯이 여겨지지만 사실 논쟁의 여지가 있는 다음과 같은 의미로 해석해서는 안 된다. "너희는 존재 자체가 하늘나라에서 자유로운 존재이다. 그러므로 자유의 가능성을 지니고 있으니, 너희는 이제 자유로운 존재로 살아가라." 이것이 앞의 경우와 다른 것은 앞에서는 그리스도 안의 자유가 잠재적인 것이나 여기서는 실재하는 것이라는 점이다. 앞의 경우에 자유 자체는 궁극적으로 가능한 것에 지나지 않는데 반해서, 여기서는 가능한 자유를 실제로 구현하는 것이다.[217]

---

217) 본회퍼(Bonheoffer)는 행동의 중요성을 적절하게 강조한다(Bonhoeffer, *Ethique*, p. 24 및

그러나 내가 이런 해석에 반대하는 근본적인 요인은 두 개의 시점들의 단절이다. 한 시점에서 우리를 내적으로 영적으로 자유롭게 하는 하나님의 역사가 일어난다. 이어지는 다른 한 시점에서 인간의 행위와 그 결과가 따른다. 나는 이것이 신앙과 공로, 칭의와 성화 등과 같은 많은 신학적인 개념들과 일치하는 것같이 여겨진다는 사실을 잘 알고 있다. 그러나 그러한 구분들은 교육의 목적으로 복잡한 것을 설명하는 데는 확실히 편리하지만, 정말 정확한 것 같지는 않다. 내가 보기에 성서에서는 그와 같이 분류하는 개념들이 존재하지 않는다.

나는 아주 명확한 예로 사도 바울이 전한 말을 다시 제시하고자 한다. "두렵고 떨리는 마음으로 너희 구원을 이루어가라. 너희 안에서 하나님은 너희의 원함과 행함을 일궈 내신다."빌2:12-13 즉, 인간의 행위는 우리 안에서 행하시는 하나님의 역사와 분리될 수 없다는 것이다. 하나님의 역사는 하나님과 교제하는 가운데 이루어진 인간의 행위 안에서만 존재한다고 나는 감히 말하고자 한다. 미리 아는 지식과 미리 예정된 것이 있고, 하나님 편에서 세심한 배려와 사랑이 먼저 주어진다고 할지라도, 인간이 없이, 인간을 제외하고는 어떤 성취도 있을 수 없다. 인간은 잠재적인 구원을 받은 것이 아니라 이미 구원을 획득하였다. 이것은 은총으로 주어지고 이루어진 것이다. 그러나 동시에 우리는 이 구원을 이루어가야 한다. 이것은 그리스도의 공로가 조금이라도 부족하다는 것이 아니다. 우리는 우리 행위를 통해서 그리스도가 "모든 것을 이루었다"는 것에 아무 것도 보탤 수 없다. 그러나 또한 그리스도 안에 헌신된 우리의 삶이 없다면 아무 것도 성취되지 않는다. 첨가할 것이나 보충할 것이 따로

그 이하.) "행동을 통해서 인간은 너그러운 심판관에게 겸손하게 자신을 맡긴다. 성서가 행동을 그렇게 강조하는 것은 인간이 선악의 본질적인 지식에 근거하여 하나님 앞에서 자기합리화를 할 가능성을 다 제거하기 위한 것이다. 성서는 인간의 행위가 하나님의 역사와 나란히 같이 취급되는 것을 인정하지 않는다. 그러나 인간의 행위는 인간을 완전히 하나님의 역사에 결합시킨다." 인간은 이 행동을 하도록 자유롭게 된 것이다.

있다는 것이 아니다. 단지 하나님의 사랑은 인간이 없이 존재하고 역사하는 것을 견딜 수 없게 한다는 것이다. 인간은 예수 그리스도 안에서 영원히 자신의 구원을 위해 일하고 거룩하게 살도록 선택받은 것이다.[218]

마찬가지로 역사의 전개를 통해서 하나님이 만든 완전한 창조세계에 조금이라도 무언가를 인간이 더 보탠다는 말은 정말 터무니없는 것이다. 이 창조세계를 인간에게 개발하도록 맡겨진 잠재적인 세계로 묘사하는 것은 무의미하다. 여기서도 또한 두 개의 시점들이 단절되어 있다. 그러나 하나님은 인간의 행위에 따른 모든 것을 다 고려해 두었다. 창조세계는 인간을 위하여 만들어졌다. 인간은 물론 거기에 아무것도 보탤수 없다. 왜냐하면 인간이 만든 것을, 설령 광기나 무지에서 나온 것일지라도, 하나님이 다시 회복시키기 때문이다. 이와 같이 우리는 그리스도 안에서 주어진 자유라는 시점이 있고, 또 그 자유를 구현하는 시점이 따로 있다고 말할 수 없다.

그리스도인이 자유의 삶을 살지 않는다면, 사실상 자유는 아예 존재하지 않는 것이다. 그리스도인의 삶은 자유로운 인간의 삶 이외의 다른 삶이 될 수 없다. 그러므로 우리는 이 자유를 수용하고 누리며 우리가 내리는 모든 결정 안에서 구현해야 한다. 우리는 자유를 담당하고 누려야 한다. 자유로운 삶을 살 수 있는 사람은 그리스도인 이외에는 없고, 그리스도인이 실패하면 이 땅 위에 어떤 자유도 존재할 수 없다는 사실을 우리는 숙지하고 있어야 한다. 우리는 우리에게 주어진 삶으로 자유를 담당해야 한다. "너희는 자유로우니 자유로운 존재가 되어라." 근본적이고 본질적인 너희의 존재 그대로 존재하라.

하나님의 해방의 역사는 추상적인 것이 아니다. 이스라엘 민족이 자

---

218) 이 모든 점에서 대해서는 바하니안(Vahanian)의 훌륭한 저서인 *La condition de Dieu*(하나님의 조건)을 참조하라.

유로운 삶을 살지 않는다면, 이집트로부터의 해방도 없는 것이다. 이것은 십자가에 의해 해방된 인간의 본질에 해당한다. 또한 이것은 인간이 삶을 살며 구현해가야 하는 자유의 본질에 해당하는 것이다. 물건처럼 꿈쩍도 않을 사람을 위해서 하나님은 역사하지 않는다. 인간은 하나님이 부여한 수단을 가지고 행동을 취할 것이다. 우리는 하나님의 은총에 의해서 잘 짜여있는 일종의 직물을 목도한다. 그 직물의 날실은 인간에 의해 이루어진 하나님의 일이고, 씨실은 오직 하나님만이 성취시킬 수 있는 인간의 일이다. 거기서 하나님은 하나님의 날실과 인간의 씨실을 구별하기를 거절한다.

　이 모든 것은 단지 인간의 삶 가운데 예수 그리스도의 성육신이 발현되는 것을 나타낼 뿐이다. 그렇다면 확실히 우리는 하나님의 역사를 무력화시킬 수 있는 엄청난 힘을 가지는 것이다. 그 이유는 하나님의 역사가 잠재적이기 때문이 아니라 그것이 인간 안에 구현될 때에 비로소 실현되기 때문이다. 바로 이것이 이 하나님의 역사가 계시된 사람이 짊어져야 할 책임이다. 여기서 주의할 것이 있다. 하나님의 역사를 무력화하는 것은 칠판에 분필로 적힌 것을 원래 상태로 돌리려고 지우개로 지우는 것에 불과한 것이 아니다. 왜냐하면 하나님의 역사는 실재하기 때문이다. 예수 그리스도는 하나님의 아들이다. 예수는 죽음을 당하고 부활했다. 이 사실은 우리에게 달린 것이 아니며 우리의 믿음 때문도 아니다. 이것은 이 세상에 자리 잡은 하나의 객관적인 실체이다.

　하나님의 역사를 헛되게 한다고 해도, 그것이 단순히 제로상태로 되돌아가서 다시 시작하는 것을 뜻하는 것은 아니다. 그것은 무無로 돌아가는 것이다. 왜냐하면 하나님의 역사를 폐기하는 것은 곧 무를 초래하는 것이기 때문이다. 앞에서 언급한 칠판의 비유를 다시 들어 말하자면, 그것은 차라리 아주 짙은 색깔들을 써서 새롭게 그린 칠판과 같다. 인간은 그 칠판 위에 이리저리 지우개질을 하고 끔찍하게 뒤섞어 알아볼 수 없는 색칠을 하며 칙칙하도록 마구 덧칠을 한다. 그것은 아무 의미도 없고 연관성도 없고 순수성도 없는 것이다. 이것이 바로 하나님의 역사를 무력화하는 것이다. 이것이 긍정적이지 않은 것으로서 부정적으로 나타난다. 구원을 무력화하는 것은 단순한 인간의 상황에 그치는 것이 아니다. 이것은 지옥이다. 하나님의 사랑을 벗어나는 것은 인간의 독립이 아니라 무질서이다. 이것은 그런 결정을 내린 한 개인만이 아니라 모든 사람들에게 적용되는 것이다. 거룩함을 상실한 모든 그리스도인은 세상의 모든 혼란에 책임이 있다.

우리는 자유와 관해서도 동일한 말을 해야 한다. 만약 자유가 잠재적인 것에 불과하다면, 우리는 다음과 같이 간단하게 말할 수 있을 것이다. "우리가 자유를 상실했으니, 우리는 갇혀있는 죄수로 머물러있어야 해. 그게 전부야." 그런데 불행히도 그게 전부가 아니다. 왜냐하면 예수 그리스도가 이미 자유의 삶을 이 땅 위에서 살았기 때문이다. 자유는 이 땅에 심겨졌다. 자유는 이 땅의 역사의 일부분이 된 것이다. 우리가 자유를 놓쳐버리고, 그리스도인이 자유로운 것이 무엇인지 모르게 될 때, 뒤죽박죽의 대혼란과 엄청난 퇴폐와 무질서가 발생할 것이다. 이집트에서 해방되고 나서 이스라엘 민족이 겪었던 일이 인류 전체에게 일어날 것이다. 하나님에 의해 자유롭게 된 이스라엘 민족은 그 자유를 삶으로 누리지 못했다. 왜냐하면 그들은 끊임없이 물과 음식이 없다고 불평하고 '만나'가 맛이 없다고 원망하였기 때문이다. 하나님이 준 자유의 삶을 살지 않았기에, 그들은 40년 동안 광야에서 방황하였다. 자유는 그렇게 앞이 보이지 않는 여정으로 화하고 어처구니없는 상황으로 전락하면서, 이스라엘 백성은 너무나 쉽게 모든 덫에 다 걸려 넘어지고, 책임지고 참여하는 것을 두려워하며, 광야로 이어지는 운명에 떨어졌다.

자유는 긍정적으로 수용되지 않을 때 부정적인 힘으로 변한다. 간단히 말해서 자유는 끊이지 않고 실재한다. 이제 그리스도가 자유를 이 세상에 가져왔기 때문에, 또한 우리가 자유의 삶을 누리기 때문에, 우리는 하나님의 역사로서 자유를 담당하는 것이다. 그렇지 않다면 우리는 잘 대처하지 못한 것이다. 우리는 자유를 일종의 분노의 여신Euménides으로 변화시킨다. 이것은 모든 것을 왜곡시키고 질서를 무너뜨려 부조리와 이데올로기를 불러일으키며 영적인 것과 육적인 것의 단절을 초래한다. 우리가 십자가를 무의미한 상징으로 만들어버릴 때, 그것은 십자가가 세상을 저주하는 것으로 세워지게 된 것을 뜻한다. 그러므로 우리에게 주어진 자유를 우리가 수용하는 것은 근본적이고 결정적인 일이다. 이와 같이 할 때, 우리는 뭔가 훌륭하고 아주 중요하고 높이 평가받을 일을 한다는 어리석은 믿음을 가지지 말아야 한다. 우리가 그리스도의 자유의 삶을 살아갈 때, 우리는 보상을 받을 만하다든지 하나님의 역사에 뭔가 보탬을 준다는 식으로 생각하지 말아야 한다.

하나님의 역사에 따른 삶을 산다는 것은 그 자체로 이미 모든 보상을 다 받은 것이다. 사도 바울은 자유와 관련되는 구절에서 우리에게 이 점을 아주 강하게 역설한다. "내가 복음을 전한다 해도 내게는 자랑할 것이 없으니, 내가 당연히 해야 할 일이기 때문이다. 내가 만일 복음을 전하지 않는다면 내게 화가 있을 것이다. 내가 자발적으로 이 일을 하면 나는 상을 받을 것이나, 비자발적으로 이 일을 한다고 해도 그것은 내가 할 임무이기에 별 도리 없다. 그러므로 나의 상은 무엇인가? 그것은 내가 복음을 전할 때 값없이 전하고, 복음을 전하는 데 따르는 나의 권리를 사용하지 않는 것이다. 내가 모든 사람들로부터 자유로우면서도 스스로 종이 된 것은 더 많은 사람들을 얻으려는 것이 목적이기 때문이다."고전9:16-19 이와 같이 사도 바울이 값없이 복음을 전하는 행위에 이미 상이 주어져 있다. 그 상은 복음을 전하는 것 그 자체이다. 그 상은 복음의 증인이 되는 것으로 사도 바울에게 주어진 자유이며, 모든 사람들에게 무엇이든지 다해주는 자유이며, 자신의 권리를 사용하지 않는 자유이다. 그 상은 기쁘고 자원하는 마음으로 이 하나님의 일을 하는 것이다. 이 일은 궁극적으로 또 다행히도 우리 모두를 위해 이루어질 수밖에 없다. 그러므로 자유로운 삶을 살면서 하나님 앞에 공로를 쌓는다는 생각은 하지 말아야 한다. 은총에 무엇인가가 더 있다 할지라도, 하나님의 뜻에 순종하는 사람은 자유로운 사람이 되는 데서 이미 그 상을 다 받고 있는 것이다. 그 사람은 그 사실을 알고, 거기서 어떤 영예나 우월감을 가지지 않는다. 이와 같이 자유는 우리에게 커다란 책임을 지우면서 어떤 보상도 누리지 않게 한다. 왜냐하면 하나님의 자유에 참여하는 것보다 더 나은 보상은 존재하지 않기 때문이다.

1장 · 자유의 자각

　　인간의 자유를 위한 하나님의 역사가 그리스도 안에서 성취되고 나서, 이 새로운 삶을 향한 인간의 첫걸음은 자유를 자각하는 것이다. 이 것은 교리학습에서 얻는 추상적이고 이론적인 단순한 지식과 관계가 없다. 그런 지식의 차원에서는 이루어지는 것은 아무것도 없고 또 아무 의미도 얻을 수 없다. 왜냐하면 사랑과 같이 자유는 삶으로 경험되는 것이지 정의되는 것이 아니기 때문이다. 설사 자유의 정의를 내린다 해도 아무런 실익이 없다. 이 자유의 행위는 단순한 앎으로 귀결될 수 없다. 왜냐하면 이 자유 행위는 이것을 알고 있는 사람과 분리되거나 나뉠 수 없기 때문이다. 이 자유의 전개에 있어서, 의지이든 행동이든 의식이든 간에 분리되어 진행되는 과정은 하나도 없다. 자유는 인격 전체가 포함되는 것이다. 그렇지 않다면 아무 것도 아닌 것이 된다.

　　뒤에 가서 살펴보겠지만 자각이 지적인 측면들을 포함한다는 점은 분명하다. 자각은 개념적이고 분석적인 방식을 전제로 한다. 그러나 자각은 의식의 대상에 대해서 의식하는 사람을 객체에 대한 주체로 설정할 수 없다. 인식하는 사람과 그 사람이 인식하는 대상 사이에는 차이가 없다. 왜냐하면 그 사람이 인식하는 것은 궁극적으로 자기 자신이기 때문이다. 그러나 그는 자기 자신 밖으로 투기投企할 수 없는 또 하나의 자기 자신을 객관화할 수 없다. 거기에는 두 가지 이유가 있다.

　　첫 번째 이유는 인간이 내적 성찰로도, 혹은 심층 분석이나 외적 심리

집중의 방법들로도 또 하나의 자기 자신을 포착할 수 없다는 데 있다. 자신의 자유의 고유성과 함께 인간이 포착하는 것은 동일한 자기 자신이다. 그런데 심리적 지각의 모든 객관화 방법들은 정체성이나 유사성과 같은 결정요인들에 대해서만 운용될 수 있다. 그런데 인간의 자유는 거기서 벗어나는 것이다. 우리가 곧 알게 되는 바와 같이, 인간이 자각을 통해서 얻는 것은 바로 이것이다. 또다시 정확히 말하자면, 이것은 인간의 사물화가 아니고 인간의 자각을 통해 얻는 것이다. 인간이 스스로를 파악하는 것은 자신의 유일성과 특수성 안에서이다. 그러나 이것은 하나의 경험된 실재인 까닭에, 인간을 침식하고 축소하고 부정할 수밖에 없는 것들로 사방이 둘러싸여 있다. 이와 같이 자아에 대한 고찰은 아주 중요한 것으로서 그 차이와 취약성을 통해서 자기 자신을 잘 인식하게 한다.

두 번째 이유는 세계와 환경 가운데 있는 인간의 총체적인 상황과 관련되어 있다. 파편화된 자각이란 존재할 수 없다. 연속적인 지각들은 존재하지만 자각은 그렇지 않다. 어떤 특정한 부분에 대한 자각은 있을 수 없다. 자각은 자각하는 사람의 총체적 상황을 파악하는 것이다.

그러므로 자각에는 이중적인 움직임이 있다. 하나는 외부에서 내부로 향하는 움직임으로서, 아주 심오한 질서에 따른 존재에 관한 지식을 상정한다. 다른 하나는 내부에서 외부로 향하는 움직임으로서 외부의 공격과 이에 대한 개입을 상정한다. 여기서 내부와 외부로 구분한 것은 순전히 설명과 이해를 돕기 위한 것이다. 이 구분은 마치 피부가 외부와 내부로 질적인 단절을 형성하듯이 하나의 장벽을 상정하는 것이 아니다. 여기서 중요한 용어는 움직임이라는 용어다. 이 움직임은 양방향이다. 분명히 차별화된 이 외부와 내부는 그러한 조건에서도 분리될 수 없고 각기 따로 인식될 수 없다. 독창적이랄 수 없는 이런 일반적인 사항들을 돌아보고 나서, 우리는 자각이 무엇인지 의문을 던진다.

그리스도인의 자각에 관해서 보면 그리스도인의 행위는 두 개의 방향성을 가질 것이다. 그리스도인은 자신 안에서 자신을 위한 그리스도의 사역과 그리스도의 자유가 자신의 것이 되는 해방을 자각하게 된다. 이 것으로 충분한 것같이 보인다. 왜냐하면 이 사실을 알고 난 후에 사실상 달리 더 바랄 것이 없고 더 구할 것이 없기 때문이다. 그리스도인은 그리스도가 성취한 사역이 자기 자신을 위한 사역이 되는 것으로 충분히 만족하게 된다. 그러나 내 생각에는 바로 이 그리스도인의 확신이 믿음의 구체적 실현을 약화시키고, 윤리적 방안들을 창안하지 못하게 한다. 이 확신은 하나님과의 관계에서 본질적이고 결정적인 것이다. 이 확신이 특권적이고 배타적인 것으로 변질되면서 궁극적으로 그리스도인의 삶을 고갈시키는 것이다.

여기서 우리는 그리스도인들에게 가장 심각한 문제들 중 하나에 직면한다. 성령의 역사가 결정적으로 우리를 모든 진리 가운데로 인도하고 그리스도의 사역에 동참하게 하며 구원과 은총이 우리 각자의 것이 되게 한다는 것은 명백한 사실이다. 그러나 그 이후는 어떤가? 그 문제에 대해서 우리는 일반적으로 세 가지 태도들을 보게 된다.

첫 번째는 전통적인 윤리적 태도이다. 그 전형적인 예를 우리는 널리 알려져 있는 사도 바울의 로마서 12장 1절의 "그러므로"라는 말에서 발견할 수 있다. 이 단어는 그리스도의 사역에서 우리의 삶에 관련된 중대한 결론들을 끌어내는 걸 나타낸다. 이것은 하나님의 영원한 영적인 역사와 우리의 행위들 사이에, 즉 성육신과 성도의 삶 사이에 연속성이 존재한다는 걸 뜻한다. 이것은 당연히 질서와 필연성에 속하는 하나의 닫힌 윤리로 연결된다. 그러나 우리가 윤리를 자유의 윤리라고 상정할 때, 그 윤리는 결코 이와 같은 유형의 것이 될 수 없다. 이것은 우리에게 그리스도의 사역과 우리의 행위 사이에 단절이 없는 연속성은 존재하지 않음을 보여준다.

두 번째 태도는 자유를 확실하게 유보하면서 우리의 삶의 인도자로 성령에게 철저한 신뢰를 두는 것이다. 극단적인 경우, 이 태도는 일종의 개인주의로 흘러서 하나님의 말씀과 유일한 연결고리인 성서적인 하나님의 계시의 정확성에서 이탈하는 동시에, 인간의 일상적인 삶의 구체적인 현실에서도 벗어나버리게 된다. 성령의 영감에 의한 행위는 아주 초연한 개인적인 거룩함에 다다를 수 있지만, 흔히 인간의 실제적인 상황과는 무관한 것이 되고 만다.

세 번째 태도는 결연히 세상을 향하여 나아가 참여하는 것이다. 예수 그리스도 안에서 성취된 사역이 개개인의 삶과 함께 세상의 역사와 관련되는 것으로 보면서, 거기서 어떤 일체성을 발견하여, 사회적 방도와 정치적 참여활동과 우리 공동체의 윤리적 선택에서 우리는 기독교 신앙을 있는 그대로 실천할 수 있다는 것이다. 바꾸어 말한다면 우리는 여기서 다시 일체성의 유혹을 접하게 된다. 그러나 이 경우에는 성서에 근거하여 신학적으로 연역된 좁은 윤리로 가는 일체성이 아니라, 하나님의 사랑으로 새롭게 갱신된 세상에 근거하여 행위를 통해서 신앙의 구현이 가능하게 되는 일체성이다. 기독교 사상과 더 나아가 윤리적 연구에서 일체성에 집착함으로써 빚어낸 일탈은 끝없이 많다. '그노시스'를 규정했던 것은 바로 이 일체성에 대한 집착이었다. 우리는 이것을 테야르 드 샤르댕에게서 다시 발견한다. 우리는 당연히 우리 스스로 분리의 문제를 해결할 수 없다. 우리는 그리스도인으로서 예수 그리스도 안에서 하나님과 화목하고 이웃과 화해하게 되었음에도 불구하고 아직 분리되어 있음을 인정할 수밖에 없다. 우리는 "누가 이 사망의 몸에서 나를 건져내랴!"고 부르짖을 수밖에 없는 인간의 상황에 처해 있으며 그 상황을 뛰어넘을 수 없는 존재인 것이다.

이와 반대로 우리의 윤리적 성찰이라는 관점으로 한정해서 보면, 윤리는 그리스도인인 동시에 비非그리스도인이며, 자유인인 동시에 노예이며, 화목한 동시에 불순종하며, 구원을 받은 동시에 심판을 받는 한 인간을 위한 것임을 의미한다. 이것은 '죄인인 동시에 의인'임을 수도 없이 반복해서 말하는 사람들에게는 하나의 명백한 증거가 된다. 그러나 이것은 두 가지 중 하나가 다른 하나를 덮어버리거나 없애버린다는 의미가 아니라 두 가지가 병존한다는 의미로서 인간의 분열을 뜻하는 것이다. "죄가 풍성한 곳에 은총이 더욱 넘쳐난다"는 말은 은총이 죄를 제거한다는 의미가 아니다. 만약에 그랬다면 더 이상 그걸 언급할 필요도 없을 것이다.

우리는 오로지 은총이 존재하는 상황을 접하고 있는 것이 아니다. 우리는 실제로 많은 죄가 있는데, 은총이 죄를 능가하긴 하지만 완전히 없애지는 못하는 상황에 처해 있다. 우리는 언약에 의해 이 풍성한 은총을 받을 수 있으며 또 사실 받고 있다. 그렇다고 이 은총이 우리로 하여금 하나님의 나라에 실제로 들어가게 하는 것은 아니다. 나는 그 반대라고 본다. 다시 말해서 지금 우리는 실제로 정말 많은 죄가 있음을 알면서, 그런 상황 속에서 살 수밖에 없다. 이것이 세상의 상황이자 우리 자신의 상황이다. 따라서 그리스도인의 삶 전체는 이 단절과 대립을 전제로 한다. 그것은 이중적인 여정으로 하나는 받은 은총에서 주어진 삶으로 나아가는 여정이고, 다른 하나는 실제의 삶에서 믿음의 언약으로 나아가는 여정이다. 두 개의 여정들은 방향이 서로 반대이지만, 그리스도인의 삶이 존재하기 위해서는 둘 다 필수적이다. 그 둘이 교차하고 만나는 곳에서 성육신이 일어난다.

이 모든 것은 자각이 내가 살고 있는 세상 가운데 나의 구체적 삶의 상황을 알아차리는 것임을 말한다. 이 자각은 나의 구체적 삶의 상황만큼이나 중요한 것이다. 자각은 자유를 가능하게 하는 조건이다. 또다시 문제는 그리스도 안에서의 해방으로부터 논리적인 결론으로 자유를 추론해내는 것이 아니다. 정확히 말하자면, 자유가 존재하기 때문에 그것은 불가능한 것이다. 그렇다면 우리의 자유의 행위는 각자의 인간적인 상황에 대한 자각의 차원이라는 면에서 순전히 인간적인 것이다.

자각의 첫 번째 행위에 관해서 나는 말할 것이 거의 없다. 우리는 하나의 동인으로 예수 그리스도 안에서 하나님의 역사를 포착·구현·이해·경험하며, 개별화하고 보편화하는 신앙 행위를 목격한다. 우리가 정의하고자 노력해온 자유에 대한 자각은 구원에 대한 자각과 다르지 않다. 그것은 자기 자신에 대한 이해와 내려놓음, 신뢰와 대화, 정확성과 신비, 인간의 마음에 결코 떠오른 적이 없는 것을 향한 집착과 내 삶에 관한 투명성 등과 같은 동일한 조합이다. 자각은 내가 실제로 자유로운 존재가 되었고, 모든 가능성이 내게 열려 있고, 모든 것이 나에게 가능하다는 사실을 알아차리고, 또 인간이 일반적으로 아는 것과 완전히 다른 유인들과 결정적 요소들을 따르는 놀라운 정향 속에 내가 들어가 있다는 사실을 깨닫는 것이다. 이 자각은 나로 하여금 또 하나의 새로운 세계로 진입하게 한다.

여기서 나에게 중요한 것은 과거의 관계들을 단절시켜버린 이 불안한 뜻밖의 은총을 따라 살아가는 것이고, 외적인 명백한 증거에도 불구하고 내가 내디디기만 하면 모든 길이 가능하다는 걸 믿게 되는 또 다른 차원으로 나아가는 것이다. 동시에 그것은 성서가 자유에 관해 이제 나는 그 자유가 나의 자유라는 걸 깨닫는다 나에게 전하는 말씀을 인식하고 이해하고 고찰하는 것이다. 여기서 나에게 중요한 것은 그리스도의 사역은 정반대의 현저한 증거들이 있다 할지라도 나를 위해, 우선적으로 나만을 위해 행해졌다는 걸 믿는 것이고, 동시에 그 진정성을 시험하기 위해서 그 믿음의 확실성에 의문을 던지는 것이다. 여기서 나에게 중요한 것은 그리스도의 사역은 보편적이며, 세상은 그리스도의 자유의 주권 아래에 굴복한다는 사실을 믿는 것이고, 동시에 인간의 연약한 신앙이 그걸 받아들이고 수용하여 표명하지 않는다면 그것이 하나도 의미가 없게 된다는 사실을 믿는 것이다.

아기 예수는 구세주이자 이미 세상의 왕으로서 천사들과 동방박사들에게서 경배를 받았다. 그러나 아기 예수는 젖을 먹고 배내옷을 입고 인간의 손에 안겨야 했다. 그렇지 않으면 생존하지 못했을 것이다. 그런 까닭에 나는 신앙보다 자각을 더 강조하고 싶은 것이다. 자각은 신앙을 포함한다. 그리고 자각은 내 모든 활동, 참여, 선택, 개성, 정체성 등을 다 포함해서, 모든 차원에서 나의 전존재가 참여하는 것을 전제로 한다. 결국 문제는 그리스도 안의 자유인 것으로 이제까지 우리가 묘사한 것을 우리 자신이 우리의 삶에서 온전하게 받아들이고 있는지, 혹은 그것이 교리적인 것에 그치는지, 혹은 우리가 이 새로운 삶으로 나아가고 있는지 인식하는 것이다. 이러한 것이 바로 자각이다. 자각은 그리스도가 나를 위해 열어놓은 세계 안에서 내 존재를 활짝 펼치는 것이다.

내 생각에 더 설명할 필요가 있는 것은 자각의 두 번째 행위와 방식이다. 간단히 말해서 하나님이 성취한 자유를 인간이 구체적으로 수용하는 첫 증거로서 자유의 첫걸음은 자신에게서 자유의 부재와 소외를 자각하는 데 있다. 이것은 이전의 자각에 반한다. 이전의 자각은 그리스도 안에서 실제로 우리가 자유롭게 된 사실을 자각하는 것인 반면에, 이 두 번째 자각은 실제로 우리가 소외되어 있다는 사실을 자각하는 것이다. 여기서 아주 정확히 해야 할 것은 이것이 하나의 반대급부나 전제가 아니라는 점이다. 이것은 내가 소외되어 있다는 걸 알지만 어떤 면에서 부정적인 인식으로서 본인이 소외를 원하는 경우 보완적인 것이 된다 그리스도 안에서 자유롭게 된다는 긍정적인 인식으로서 상반되는 것이다 말이 전혀 아니다. 소외의 자각은 하나의 결과나 귀결로서 사후적인 것일 수밖에 없다. 모든 사전적인 자각에는 왜곡과 착각과 편견이 따른다. 참된 자유를 발견한 뒤에야 우리는 비로소 우리가 얼마나 현실적으로 소외되어 있는지 알 수 있다. 그리스도의 자유를 기준이나 척도로 삼을 수 있을 때에야 비로소 우리는 인간의 노예적 예속상태의 심도를 측정할 수 있게 된다. 더 나아가서 이 사실의 발견은 부정적인 것이 아니다. 이 자각은 인간의 소외상태와 자유의 부재에 대한 단순한 사실 확인에 그치는 것이 아니다. 이것은 그리스도 안에서 얻은 새로운 자유의 첫 번째 행위이다. 내가 이 자각에 이르지 않는다면, 자유의 삶을 살고자 하는 모든 노력과 함께 자유를 구현하고자 하는 모든 시도는 헛되고 무의미하게 된다.

여기서 우리가 다시 정확히 해야 할 것은 이 자각은 철학적이고 이론적인 행위가 아니라는 점이다. 이것은 하나의 추론이나 인간에 대한 일반적인 고찰에서 비롯되는 것이 아니다. 자각은 개인적인 행위로서, 결정론에 대한 형이상학적인 논의의 주제인 내 존재의 본질이 아니라, 외적으로 나를 에워싸고 짓누르고 결정짓고 옥죄이는 모든 것들을 대상으로 하는 것이다. 내 마음의 중심을 살펴보는 것으로는 나는 결코 나의 노예적 예속상태를 인식할 수 없다. 실존에 대해 논리적으로 고찰하는 것도 마찬가지이다.

자각은 개별적인 상황을 구체적으로 파악하는 것을 전제로 한다. 나는 갈수록 더 정확하고 엄밀하게 구속하는 세상 속에 있다. 나의 모든 행위를 좌우하는 행정기관들에 의해 사방에서 제지되고, 경찰과 고용주의 통제를 받고, 불가피하지만 나와 전혀 상관이 없는 집단적인 사건들에 연루되어서, 나는 나 자신과 나의 선택과 결정이 아니라 기술법칙들과 내 주위의 권력자들의 예기치 않은 결정들을 따르고 만다. 엄청난 의무가 나에게 부과되어 나의 취향과 의지와 개인적인 경험과는 완전히 다른 것이 내 삶의 모든 여건이 되어버린다. 결국은 선전에 의해 조작된 정보가 나의 가장 은밀한 양심의 판단에까지 침투한다. 나는 이러한 것들로부터 과연 언제나 벗어날 수 있을지 알 수 없다.

나의 삶에서 목격하는 현실의 소외에 대해서, 나는 그것이 언제나 계속되는 인간 조건인지, 18세기나 19세기의 인간이 겪은 것보다 더 심화된 것인지, 아니면 약화된 것인지 자문하지 않을 것이다. 그런 의문은 지적인 탐구로서 나에게 지식을 쌓게 할 것이지만, 자각과는 무관한 것이며 나의 자유에 전혀 적합하지 않은 것이다. 내가 이해하고 경험하는 동시에 맞붙어 싸워야 하는 것은 현실의 소외이다.

소외에는 매우 불안한 두 가지 양상이 있다. 첫 번째는 내적인 양상이다. 나에게 작용하는 것은 외적인 강제만이 아니다. 나의 자유를 위협하는 것은 경찰도 고문도 아니다. 그것은 서서히 세밀하게 내면의 양상을 형성해가는 완만한 작업이다. 그 작업은 어린이놀이터에서 시작되어 학교에 들어가서 아동 신문과 광고의 도움을 받으며 전개되고, 정보와 선전과 인간관계와 재교육을 통해서 계속된다.

두 번째 양상은 사회가 나에게 제공하는 자유의 양상이다. 사회의 속박이 면밀해질수록, 인간은 자신이 이미 결정되어진 것을 느끼며 두려움을 갖는다. 그러나 인간은 그 사실을 자각하고 상황을 직면하는 대신에, 보거나 알려고 하지 않고 이미 결정된 것을 인정하지 않으면서 어찌됐든지 스스로 자유롭다고 생각하려고 한다. 이데올로기와 도피와 환상으로 자유를 도출하려는 것이다. 그런데 그와 같은 자유의 수단들을 제공하는 것은 바로 사회이다. 그 수단들은 모두가 다 보상의 수단들로서 한편에는 오락과 휴가와 스포츠와 텔레비전, 다른 편에는 신비화한 정치 경제적 장치들, 민족의 위대성을 위한 국가 주도적 목표들, 민족의 독립, 개인의 행복, 식민지 해방, 제국주의 투쟁, 폭력 등이 있다. 또한 민주주의, 생활수준의 향상, 여행의 편의성, 지식과 문화의 보편성 등이 존재하는 덕분에, 내가 자유로운 인간이라는 데 대한 논리적이고 직접적인 증거가 나에게 주어진다. 이와 같이, 내가 소외된 상태에 있다는 사실을 인식하는 고통을 피하게 하는 사회의 조치는 세 가지 방향으로 주어진다.

구성원들의 고통을 바라지 않는 자연 사회는 치유책을 제공한다. 자신의 진짜 상황을 알고 싶어 하지 않으며 또 그런 자각에 이르지 않으려고 하는 개개인은 기쁨으로 그런 수단들과 증거를 받아들인다. 바로 거기서 인간은 현실을 대체한 환상과 자신의 실제 삶이라고 믿는 시뮬라크르simulacre를 통해서 소외의 마지막 단계를 끝마친다. 영원한 인간이 아니라 실존하는 인간의 현실의 실제 조건에 대한 자각을 거부하는 것은 명백히 파괴적이고 잔혹한 결과를 낳는다. 현대사회의 이론가, 심리학자, 사회정치학자, 정치가, 철학자, 예술가, 소설가, 영화 및 티브이 영상기술자 등과 함께, 기독교주의자, 공산주의자, 테야르 드샤르댕 등과 같은 지구의 신비주의자들이 우리에게 제공하는 일체의 회피와 가식과 보상은 파괴적인 결과를 불러온다. 현실에 대한 자각을 가로막기 위해 연합된 이 모든 기만은 우리의 실제 상황을 바로 인식하기 위해서는 다 일소되어야 한다.

간단히 요약하자면 이것은 관념적인 이데올로기, 민주주의, 기독교, 사회주의 등에 대하여 마르크스가 취한 것과 동일한 방향으로 나아가는 첫걸음이다. 그러나 현재 상황은 훨씬 더 광범위한 혼란을 맞고 있다. 비판은 더 힘들어지고 있음에도 더더욱 깊어져야 할 필요가 있다. 위안적인 것을 무력화하는 자각은 분명히 고통스러운 것이다. 왜냐하면 죄인인 것을 인식하는 것과 마찬가지로 소외된 것을 인식하는 것은 끔찍하기 때문이다. 그러나 그 둘을 혼동하지 않고 각각 구분하여 인식하는 것은, 자신의 실존 상황에서 출발하지 않으면 늘 놓치게 되는 우리 자신의 실상을 파악하게 한다.

죄와 소외의 구분은 이 자각 안에 하나의 결정적 선택과 하나의 독립적이고 새로운 구별된 행위가 존재한다는 것을 보여준다. 나의 '결정론적 요소들'에 대한 자각은 그리스도 안에서 주어진 자유에 대한 자각에 따라 좌우되지 않는다. 오직 그리스도의 자유만이 소외에 대한 결정적인 완전한 자각을 가능하게 한다고 할지라도, 그 자각이 당연히 그리스도 안의 자유에 대한 자각에 뒤이어 수반되는 것이 아니다. 그 자각은 또 다른 방식으로 전개되고, 또 다른 출발점에서 시작된다. 그 자각은 비非기독교인에게 생겨날 수 있다. 이 길에 들어선 그리스도인의 경우에 그 노력은 그로 하여금 자신의 소외를 통하여 그 사람들과 같은 입장에 서게 한다. 또한 그는 자유의 투쟁으로 고통을 겪는 데서 그 사람들과 같은 입장에 서게 된다. 모든 인간은 이 길에 나설 수 있다. 그리스도인에게 있어서도, 그리스도 안에서의 자유에 대한 첫 번째 자각을 했다고 해서 이 소외에 대한 두 번째 자각의 필요성이 면제되지 않는다. 그리스도인이 만약 이것을 회피하려고 하면, 그는 소외를 불러일으키는 모든 착각과 환상의 먹이가 되고 만다.

물론 사회 안에서 노예적 예속상태에 있는 현실을 자각하는 것이 자유를 만들어내는 것은 아니다. 소외에 대한 단순한 자각에 의해서 내가 소외로부터 구원되어 자유로운 존재가 되는 마법적인 효과는 존재하지 않는다. 그 자각은 자동적인 치유법도 처방도 아니다. 그것은 하나의 구실이 될 수는 있다. 자각을 하고 나서 세상 조건들로부터 벗어났다고 확신하며, 자각했기 때문에 스스로 자유롭다고 선언하는 사람은 그렇게 함으로써 오히려 자유의 삶에서 멀어질 수 있다. 왜냐하면 그게 전부라고 선언하며 그 너머의 것을 보지 않을 때, 그는 스스로에게 자유의 가장 큰 모험을 회피할 이유를 제공하는 것이기 때문이다. 그럴 때 자각은 단지 왜곡된 자의식의 구실이 될 수 있다. 그런 경우 이 명료한 자각의 의식은 자유를 창출하지 못하고, 반대로 공동의 운명을 피했다는 생각과 함께 새로운 소외를 낳는다. 그는 사람들이 빠지는 함정들을 알아차렸기에 남들보다 더 현명하다고 스스로를 평가하면서, 상황을 통제한다는 만족감에 젖는다. 그런데 이것은 단지 겉모양에 불과한 것이다. 왜냐하면 이것은 하나의 도피에 불과하기 때문이다. 그는 그 자각 속에서 행동을 취하지 못하도록 마비시키는 이 명료한 의식 가운데 스스로 소외된다. 왜냐하면 그는 행동을 언제나 헛되고 소외를 야기하는 것이라고 간주하기 때문이다. 그는 결코 진정한 자기 자신이 될 수 없다. 왜냐하면 그의 시선은 '결정론적 요소들'을 뛰어넘어 그 너머의 것을 보지 못하기 때문이다. 그의 자유는 개인주의와 이상주의로 귀착되고 마는 것으로서, 어느 활동가나 지지자나 이상주의자나 종교인이 주장하는 자유만큼이나 잘못된 것이다. 더욱이 진정한 자각이라면 그 상태에 계속 머무르며 만족할 수 없는 것이다. 우리는 자각이 괴롭고 고통스러운 것일 수밖에 없다고 이미 앞에서 말한 바 있다. 그렇게 될 수밖에 없는 까닭은 자각이 반복·갱신·심화되기 때문이 아니다. 자각은 우리로 하여금 용납할 수 없는 상황에 들어가게 하여 거기서 벗어날 수밖에 없게 한다. 그러나 도피와 거부와 위안으로 거기서 벗어날 수는 없다. 우리는 행동이 따르는 성육신에 다가가는 길을 감으로써 거기서 벗어날 수 있다.

그런데 여기서 우리는 딜레마에 빠진다. 진정한 자각은 우리로 하여금 해야 할 일은 엄청나게 많고 '결정론적 요소들'은 정말 복잡하고 사회의 변화는 불가능하고 우리가 가진 수단들은 무용하다는 사실을 깨닫게 한다. 이 자각은 뭐든 시도할 의욕을 꺾어버린다. 현실에 대한 명료한 자각은 행동의 의미를 제거해버린다. 우리 사회에서 행동하는 사람들을 살펴보자. 먼저 우리는 세상의 현실과 자신들의 상황에 대해 아무 생각이 없는 사람들을 보게 된다. 거의 모든 정치가들과 경제학자들이 이 경우에 해당한다. 이어서 우리는 기계적으로 적용되는 해석에 근거해서 행동을 위해서 명료한 의식을 일부러 포기하는 사람들을 본다. 공산주의자들과 나치주의자들이 이런 경우이다. 그리고 우리는 명료하게 현실을 바라보던 25년 전 과거의 관점, 어쩌면 자각이라고 할 수도 있는 것을 신뢰하고, 이전에 처음 했던 활동을 자부하며 끝까지 그 관점대로 살아가는 사람들을 본다. 그들은 이제 20년이 지나 상황은 변화했는데, 새로운 사회에서 아직도 과거의 의식을 따라서 살아가고 행동하는 사람들이다. 사회참여가 활발한 지식인들이 대부분 여기에 해당한다. 무니에와 사르트르와 루지몽이 이 경우에 포함된다. 우리는 이와 같이 어려운 상황에 처해 있다. 행동을 주도하지 않는 자각은 자유를 불러올 수 없는 것이다. 그러나 현재의 사회에서 명료한 자각은 행동을 금지하는 것 같다. 이와 같은 자각은 스스로 자유를 창출하지 못한다.

자각은, 자유를 창출하는 것은 아니라 할지라도, 모든 자유의 조건으로서 자유의 첫 번째 행위가 된다. 그리스도 안에서의 자유는 마법과 같은 것이 아니며, 다른 것이 아닌 이 자각을 통해서 인간이 자신의 자유를 향한 길을 가지 않는다면, 그리스도 안에서 자유로운 인간이란 전적으로 아무 의미도, 아무 가치도 없다. 나는 이 사실을 깨닫는 것이 결정적으로 중요하다고 생각한다. 그러나 스스로 자유의 부재와 소외와 '결정론적 요소들'을 자각하면서도 그리스도를 향한 믿음 안에서 선물로서 그리스도 안의 해방을 받아들이지 않은 사람은 온전한 자유를 얻을 기회를 놓쳐버리고 말 것이다. 자각은 나를 소외시키는 것을 대상으로 간주하여 객관화하면서 나에게서 축출하는 자유의 행위이다. 나를 제약하고 억압하는 세력들을 내가 제어하면서, 냉정하게 외적으로 평가하는 객관화의 시각으로 관찰하는 순간부터, 또한 모든 문화적응과정과 심리적인 개입방식을 통해서 나에게 가장 친밀해진 것이 사실은 생명력이 없는 하찮은 대상에 불과하다는 것을 인식하는 순간부터, 나는 나를 덮쳐 죽일 수 있지만 내가 그 정체와 위험성을 알고 있는 눈사태 앞에서 가지는 자유와 동일한 자유를 누리게 된다.

자유를 창출하는 것은 헤겔과 마르크스의 방식과는 정반대로 내 존재 밖으로 투기하는 것이다. 왜냐하면 나를 소외시키는 것은 내 존재 밖에서 나를 통합시키고 압도하여 결국 나 자신보다 더 나와 같이 되려고 하는 것이기 때문이다. 이 자각은 몇 가지 결과를 가져온다. 나의 소외에 관한 자각은 인간이 본성적으로나 후천적으로 자유로운 존재라고 하는 모든 이데올로기와 철학에서 벗어나게 한다.

이러한 자유는 무위성이나 불명확성이나 이상적인 초연성과 늘 혼동된다. 경제적, 정치적 자유주의에서도 마찬가지이다. 예컨대 국가는 개인이 채워야 할 비어있는 지역들을 지정한다. 그러나 자유가 행사되는 것은 비어있는 상황에서가 아니다. 아무 것도 없다면 아무 활동도 있을 수 없는 까닭에 자유는 존재하지 않는다. 앞에서 언급한 것과 같은 이데올로기와 철학은 단지 인간으로 하여금 자신의 현실 상황을 바로 보지 못하게 할 뿐이며, 인간에게 자유의 부재를 초래하는 가장 강력한 동인이 된다. 왜냐하면 모든 것이 인간을 결정짓는데 인간이 자유롭다고 주장하는 것은 상상 속의 파라다이스에 도피하여 패배를 자초하는 어린애같이 유치한 것이기 때문이다. 이미 결정된 것을 자각하여 이러한 철학에서 벗어나는 것은 현실 여건 속에서, 실제적 저항을 통해 자유가 실행된다는 사실을 인정하는 것이다.

아무런 저항이 없다면 자유는 환상에 지나지 않는다. 자유는 이미 결정된 것에 대해서 실행되는 것이다. 범선의 조타수는 바람과 물결이 결정적인 것을 알고 있다. 조타수의 자유는 그러한 결정적 요소들을 활용하는 것이다. 거기서부터 그는 실제로 모든 것을 할 수 있다. 그러나 바람이 없다면, 즉 결정적 요소가 없다면, 그가 할 수 있는 일은 하나도 없다. 바람이 잔잔한 상태보다 더 나쁜 상황은 없다. 왜냐하면 범선의 선원은 아무런 일도 할 수 없기 때문이다. 그는 자유롭지 않다. 그와 마찬가지로 이미 언급한 바와 같이 자유는 우리에게 주어진 동등하고 무차별적인 생명력이 없는 대상들 중에서 단순히 하나를 선택하는 것이 아니다. 그런 상황은 존재하지 않는다. 촘촘히 짜인 직물과 같이, 우리를 둘러싸고 있는 삶의 틀과 제도들과 사람들을 구성하는 요소들과 우리가 속해있는 환경들은, 천 조각을 구성하고 있는 하나의 실이나 체계를 이루고 있는 하나의 요소와 같이 인식될 수밖에 없다. 텅 비어 있는 세계에서 자유의 요인을 상상하는 것은 부질없는 일이다.

이와 같은 자각에서 비롯되는 자유는 반드시 주관적이고 상대적인 것이지만, 사람의 인격 전체에 영향을 미친다. 이 자유는 구체적인 상황에서 자각을 통하여 결정하고 태도를 정하는 인간의 자기표명 행위이다. 왜냐하면 그는 이제 자신의 삶의 진리를 알게 되었기 때문이다. 그 진리는 반드시 객관적이고 총체적인 것은 아니다. 그러나 자유는 오직 자기표명을 통해서만 발현되는 것이다.

자유는 선택이다. 인간은 자기표명을 따라 선택을 한다. 그는 자신이 알고 파악하고 있던 결정론적 요소들에 따라 선택을 하지 않는다. 물론

이 선택은 필연성의 영향에서 완전히 벗어날 수는 없다. 자각을 통해서 그것이 사라지는 것은 아니다. 그러나 인간은 자각을 통해서 언제나 자기 자신의 결정을 내리는 시도를 할 수 있게 된다. 자각이 명확하고 깊은 것일수록 그 결정은 더더욱 자기 자신의 것이 될 것이다. 왜냐하면 자각은 첫 삽을 뜨는 것과 같은 선도적 행위가 아니기 때문이다. 즉, 자각은 한 번 하고 나서 그만 멈추고 포기할 수 있는 것이 아니다. 우리의 소외에 대한 자각은 언제나 다시 재개하는 것이고 재현하는 것이고 심화하는 것이다.

그런 까닭에 자유는 반드시 사회참여를 부른다. 왜냐하면 거기서 벗어나려는 것은 유치한 것이기 때문이다. 우리는 참여하는 것이 아니다. 지식인이 참여해야 한다는 행동지침은 터무니없는 것이다. 그 지침은 스스로는 벗어나 있는 자유인이라는 신화적인 환상에 기대고 있다. 우리는 원하든 원하지 않든지 간에 개입되어 있다. 그러나 자유의 사회참여는 인간이 사방에서 위협을 받으며 문제시되고 공격당하며 자기 자신을 포기하는 상황 속에서 자신에 대한 그러한 위협이 너무도 총체적이기에 전면적으로 싸울 수밖에 없다는 사실을 알고 나서 하는 행위이다. 이와 같이 우리가 직면하는 것은 절대적인 자유가 아니다. 우리가 직면하는 자유는 대립하는 대상들과 적들과 자유에 관한 투쟁에 의해 규정된다.

이러한 투쟁의 양상이자 자유의 행위는 우리와 사회의 관계와 연관되는 것이다. 여기서 우리는 개인과 사회라는 자유에 관한 해묵은 논쟁을 재개하거나 원시적인 자유에 관한 루소의 환상을 다시 꺼내는 것이 아니다. 그렇지만 그 정확한 기원을 찾으려면 적어도 테느Taine의 사상까지 거슬러 올라갈 만큼 많은 사상들의 축적이 되어 있어서 우리의 공동자산을 이루고 있다는 사실은 인정해야 한다. 알다시피, 테느는 역사는 동물적이고 야만적인 인간이 오직 사회 조직과 제도들과 국가에 의해서, 다시 말해 자유를 상실하면서, 이성과 정의를 획득하게 된다는 사실을 보여 준다고 한다. 인간이 문명화되면서 자기 자신이 되어 사회에 유용한 존재가 되는 것은 바로 인간의 소외에 의한 것이다. 이 이론은 어느 정도 현재 상황을 반영하며 분명한 우리의 확신을 나타내면서 공산주의와 같은 모든 평등사상의 기초가 된다.

실제로 우리는 여기서 하나의 결정적 선택 앞에 놓인다. 왜냐하면 인간으로 하여금 자기 자신이 되게 한다는 것이 바로 인간을 소외시키는 세력들이기 때문이다. 내 말은 사회가 곧 소외를 초래한다는 것이 아니다. 내 말은 현대국가는 각종의 소외현상들이 집중되는 곳이고 사회적 효용성은 모든 소외현상들의 동기가 된다는 것이다. 자신의 소외를 자각하고 자유롭게 된 인간은 국가가 설정한 사회적 효용성과 타협할 수 없다. 특히 현재 기술사회가 인간의 완전한 동의를 강요하는 상황에서 더욱 그렇다. 우리는 이 책의 끝부분에서 이 문제를 다시 살펴볼 것이다. 자유는 우리 서구 사회에서는 아웃사이더가 되고 행복을 향한 노정에서 제외되어 모든 사회적 인정과 성공에서 배제되는 위험을 감수해야 하는 것이다. 자유롭게 된 인간은 효용성이 없다는 부정적 평가를 받게 된다. 왜냐하면 '결정론적 요소들'에 대한 그의 자각이 소외를 야기하는 아주 강력한 메커니즘들의 작위적이고 자의적이고 인습적인 특성을 명백히 드러나게 하기 때문이다.

그러므로 자각은 멀리서 어떤 불가능한 자유에 경의를 표하는 어린애 장난과 같은 것이 아니다. 자각은 신앙으로 받아들여 그리스도 안에서 주어진 성육신을 시작하게 할 수 있는 행위이다. 그 행위는 우리가 살아가는 구체적인 세계를 겨냥하는 것이고 또 그 세계를 문제시하는 것이다. 반면에 그 세계는 인간을 문제시하고 거기서 살아가게 하는 동시에 파멸시킨다. 나는 나를 소외시키는 세계, 사회, 국가, 제도, 경제, 문화, 이데올로기, 종교 등이 나로 하여금 살아가게 하고 또 현재의 나 자신이 되게 한다는 사실을 알고 있다. 그런 까닭에 나는 결코 사회와 나를 분리시켜서 "나 자신은 이렇고 사회는 저렇다"라는 식으로 말할 수 없다. 그러나 또한 나는 나 자신을 사회에 속한 존재로 보아 그 너머의 차원을 상정하지 않고 아무 이의도 없이 "사회 안에서 사회의 일부분인 나"라는 식으로 말할 수도 없다. 이것은 결국 "내 안의 사회는 나를 배제하는 동시에 포용한다"는 말이다. 바로 여기서, 나에게 이런 상황에서 살아가게 하는 그리스도 안에서 얻은 자유는, 나로 하여금 이 상황이 어떤 것인지 인식하게 하는 자각과 만난다. 바로 여기서, 이런 이중적인 상황 속에 자유를 유입시키는 인간의 가장 고귀한 소명이 이루어지는 것이다.

2장 · 자유의 보전

그리스도 안에서의 자유는 빼앗길 수 없는 선물도, 변형되지 않는 존재형태도, 획득 형질도, 소유물도 아니다. 이 자유는 우리 몸에 자연스럽게 배는 품성과 같은 것이 아니다. 이 자유는 우리 존재와 하나로 합쳐지지 않는다. 만약 그렇다면 우리 존재는 더 이상 변화가 불가능할 정도로 다 변화될 것이다. 이 자유는 상실할 수 있는 것이다. 우리는 다시 노예가 될 수 있다. 우리는 자유의 삶을 살지 않음으로써 자유를 소멸시킬 수 있다. 이것은 정확히 해방된 포로가 자신의 몸값을 치러준 사람의 노예로 다시 전락할 수 있는 경우와 같다. 즉, 사도 바울이 살았던 사회에 비유해서 볼 때, 자신의 옛날 주인에게 아주 배은망덕한 태도를 취했거나, 혹은 자유인에게 어울리지 않게 수치스러운 방식으로 행동한 탓에, 해방된 노예는 다시 노예로 전락할 수 있는 것이다. 그러나 그런 경우 그 노예는 예전의 주인에게 동일한 노예 신분으로 다시 돌아가는 것이 아니다. 그는 노예 신분보다 더 못한 치욕스런 새로운 신분을 가지게 된다. 바로 그와 같이 될 가능성이 우리 앞에 놓여 있다.

사도 바울은 두 차례에 걸쳐 우리에게 권고한다. "모든 것이 내게 가하나 다 유익한 것이 아니요 모든 것이 내게 가하나 내가 무엇에든지 얽매이지 않을 것이다."고전6:12 "너희는 사람의 종이 되지 말라."고전7:23 이런 말씀들이 의미를 가질 수 있는 것은 바로 우리가 자유로운 존재가 되었기 때문이다. 이제 내가 다시 노예로 전락하게 된다면 그 책임은 나 자신이 스스로 져야 한다.[219) 앞의 성서 구절들에 따르면, 다시 노예로 전락하는 데는 두 가지 요인을 들 수 있다. 하나는 외부에서 오는 공격으로서, 나를 노예로 만들려는 세력들이 나에게 와서 나를 억압하는 것이다. 다른 하나는 나 자신에 대한 태도로서, 사람의 노예가 되는 선택을 하거나 그렇게 되도록 스스로를 방치하면서, 나 자신이 스스로 자유를 포기하는 것이다.

그러나 내가 자유를 포기하고 다시 노예로 전락할 수 있다는 것은 바로 자유가 존재하기 때문이다. 자유가 존재하기 때문에 세상은 나에게서 자유를 빼앗아가려고 한다. 앞에서 언급한 바와 같은 태도가 일반적이라는 사실을 나는 잘 알고 있다. 그렇다면 왜 이 자유에 집착하는가? 나는 엄밀한 필연성의 체계 속에서 자신이 자유로운 존재라고 믿는 것이 아주 허황되게 여겨진다는 점을 잘 알고 있다. 나는 이 허황된 말을 치워버리고 스스로 노예가 되는 것을 수용해야 할 것이다. 또는 "자유를 확보하고 유지하는 것 말고도 많은 다른 걱정거리와 중요한 할일이 있다"고 하며, 거짓 겸손으로 "자유에 관해 그토록 마음을 쓸 만큼, 나라는 개인이 중요한 게 아니다"고 할 수도 있다. 특히 "세상에는 정치적 정의를 위해 해야 할 일이 그렇게도 많은데, 왜 자유에 관한 그 많은 논쟁들을 한단 말인가?"라고 할 수도 있다. 그런데 의식적이든 무의식적이든 간에 당시의 그리스도인들이 펼친 주장들도 동일한 내용을 담고 있었기에 사도 바울이 그와 같이 지적했다는 것은 의심의 여지가 없는 사실이다. 그런데 여기서 사도 바울은 자유의 의미를 달리한다. 나의 자유가 중요한 것은

---

219) 자유를 상실하는 것은 믿기 힘들 정도로 쉬운 일이다. 보봉의 탁월한 글은 무엇보다 유대민족이 선택의 신학을 통해서 어떻게 자유 의지의 가장 오랜 전통(하나님에 의한 해방과 자유의 선포)을 변질시켰는지 밝혀주고 있다(F. Bovon, *Vivre dans la liberté selon le Noveau Testament*, Centre Protestant d'Etudes de Genève, 1971). "자유는, 순종을 통해서 하나님으로부터 오는 것이 아니라, 복종에서 얻는 인간의 업적이 된다." 우리는 이와 같이 자유를 상실하는 방식의 예로서 중세 신학의 대부분을 들 수 있다.

나 자신이 중요하기 때문이 아니다. 내가 자유를 상실하지 않도록 경계해야 하는 것은 나 때문도 아니고 내 이익 때문도 아니며, 내가 해낼 수 있는 걸출한 업적들과 관련된 것도 아니다. 나는 나의 자유에 관해서 평가하고 판단할 자유가 없다. 왜냐하면 자유를 얻어내고 쟁취하고 창출한 것은 내가 아니기 때문이다.

자유는 나에게 속한 것이 아니다. 나는 자유를 내 맘대로 처분할 수 없다. 나는 자유를 버리는 결정을 내릴 수 없다. 자유의 궁극적 목적은 내가 아니고, 하나님의 영광과 사랑이다. 그러므로 나는 한마디로 요약해서 이 자유에 대한 선택권이 없다. 자유가 심대한 중요성을 가지며, 나에게는 자유를 포기하고 무시할 권리가 없는 것은 자유는 내가 좌우하는 것이 아니라 그리스도에게 달린 것이기 때문이다. "너희는 하나님이 많은 값을 치르고 사신 존재들이니 사람의 종이 되지 말라."고전7:23 예수가 가진 자유는 예수로 하여금 우리 각자를 자유롭게 하려고 죽음을 맞이하게 했다. 그렇게 해서 이 자유가 우리에게 주어진 것이다.

이 자유의 값은 하나님이 스스로를 비운 것이다. 이것은 성부와 성자의 분리이고, 십자가의 성자를 포기하는 성부의 고통이며, 인간의 모든 고통을 아는 성자의 고통이다. 이 값은 측량할 수 없고 헤아릴 수 없는 것으로 하나님과 동등한 것이다. 이 값의 크기를 조금이라도 알아차리고, 이 값을 치르려면 우리를 향한 사랑이 얼마나 커야하는지 적게라도 깨닫고, 이 선물이 나타내는 엄청난 은총을 약간이라도 맛보았다면, 우리는 더 이상 이 자유를 상실하는 것을 용납할 수 없을 것이다.

우리는 더 이상 우리의 자유를 주어진 많은 가능성 중의 하나로 가볍게 받아들일 수 없다. 우리는 이러저러한 걸 선호한다든가, 또는 우리의 독립성을 구실로 내세우면서 이 자유가 주어진 후에 인간의 존엄성에 따라 내가 그것을 내 힘으로 획득하기를 원했다며, 이와 같은 간섭을 원하지 않는다든가 하는 식으로 더 이상 까다롭게 굴지 말아야 한다. 이 모든 것은 자유의 커다란 모험을 하지 않으려는 구실에 지나지 않는다. 이것은 자신에 대한 자부심을 가지고 있지만 위험부담과 책임과 투쟁을 감수해야 하기 때문에 실제로는 자유로운 존재로 살아가는 삶을 감당할 수 없는 사람이 뒤로 후퇴하는 것이다.

우리가 어떻게 자유로운 삶을 살았던지 간에 죽음의 숙명이 우리를 임종의 침상에 눕힐 것이기 때문에 결국 실패하고 말 것을 우리는 안다. 그러나 우리가 어떤 사랑의 값이 치러졌는지 알고, 또 이 자유의 뜻과 내용과 의미를 안다면, 우리는 더 이상 자유를 거부할 수도 없고 자유로운 존재로서 사는 것을 회피할 수 없다. 우리는 다시 종이 되는 것을 받아들일 수 없다. 그것은 근본적으로 하나님의 역사를 무시하는 것이다. 그리스도인으로서 우리가 믿음으로 살고 덕을 쌓고 봉사하고 정의를 구현한다 하더라도, 먼저 자유가 전제되지 않는다면, 우리의 선의가 어찌됐든 간에 우리는 예수 그리스도의 희생을 무시하게 된다는 사실을 유념해야 한다. 다음에 이어지는 몇몇 단락들에서 우리는 자유를 소멸하기 위해 언제나 재현되는 이런 다양한 시도 중에서 몇 가지 예들을 살펴볼 것이다.

1. 도덕성과 부도덕성

이미 언급했다시피, 우리는 도덕이 기독교에 속하지 않는다는 데 대한 논의를 길게 펼치지 않을 것이다. 도덕은 계명이 아니라고 이미 기술한 바 있다. 여기서는 단지 도덕은 자유를 얻은 이후에 새로운 노예적 예속의 한 형태가 된다는 점을 환기시키고자 한다. 도덕은 끊임없는 유혹으로 다가온다. 도덕의 매력은 여러 방식으로 나타날 수 있다. 맨 먼저 자유는 힘을 소진시키는 것임을 숨기지 말자. 매번 결정할 때마다, 활동할 때마다 계속해서 "이것이 하나님의 영광에 속하는 것일까?", "이것이 교회와 이웃에게 유익하고 건설적인 일일까?"라는 질문을 던지는 것은 진력이 나는 것이고, 에너지와 지성을 소모하는 것이며, 행동을 지연시키는 것이다.

그와 반대로 우리는 에너지와 시간을 절약하는, 더 단순한 방식을 취하기 원한다. 지식인이 아닌 사람들은, 이 문제들을 지적인 것으로 착각하고서, 자신들이 이 모든 문제들을 판단하고 대답할 능력이 없다는 핑계를 댄다. 행동하는 사람들은 머리에 쥐가 날 정도로 토론하는 것보다 일하는 것이 더 낫다고 하면서, 자신들의 자유는 행동 속에서, 행동을 통해서 스스로 발현된다고 선언한다. 도덕적인 사람들은 의무라는 것은 분명하고 명확한 내용을 가진다면서 거기에 대해 계속 문제를 제기하는 것은 유익하지 않다고 선언한다. 지식인들은 이 문제들이 그리 중요한 의미를 가지지 않고, 자유는 다행히도 또 다른 근거와 내용을 가지고 있다고 하면서, 정치적인 담론이나 형이상학적 이론에 힘을 쓴다.

물론 모든 사람들은 하나님에 의해 제기된 자유에 관한 질문이 잘못된 것이라고 평가할 것이다. 사람들은 실제로 자신들의 삶과 사고와 행동을 위해서 명확하고 단순한 정해진 지침을 찾으려고 할 것이다. 자유를 가장 강력하게 주장하는 사람들이 사실은 가장 많은 규칙과 규범과 명령과 경계를 규정할 사람들이다.

도덕은 자유와 상반되는 것이고, 율법의 노예적 예속상태를 다시 초래하는 것이다. "너희는 세상의 초보적 규례에 대해 그리스도와 함께 죽었는데, 어찌하여 세상에 속하여 사는 것처럼 '붙잡지도 마라, 만지지도 마라, 맛보지도 마라'고 하는 의식규정에 복종하느냐?"골2:20-21 이 구절을 통해서 사도 바울은 한편으로 구원에 필요한 조건으로 어떤 유대인들이 유대교 율법을 다시 내세우는 점을 명백하게 겨냥하고 있다. 그러나 내가 보기에 이 구절은 율법을 넘어서서 모든 도덕을 겨냥하는 것이다. 왜냐하면 그가 덧붙여서 "이 모든 것은 한때 사용되다가 없어질 것으로서, 사람들의 계명과 교훈에 따른 것이다. 이런 규정들은 자의적 경건과 거짓 겸손과 몸을 괴롭게 하는 데에는 지혜가 있는 듯이 보이지만, 육체의 욕망을 제어하는 데에는 무익하다."골2:22-23고 전하고 있기 때문이다. 이것은 또한 스토아주의적인 도덕에도 적용될 수 있다. 아무튼 사도 바울은 적어도 구약에 존재하는 율법을 거론하면서 결코 그 율법이 인간이 정한 규정이라고 선언하지 않았다.

사도 바울이 율법을 공격할 때조차도, 그 율법은 계시된 하나님의 율법인 것이다. 여기서 우리가 말하는 것은 이 율법과는 전혀 다른 것이다. 그것은 율법에 기초해서 랍비들이 만든 도덕이다. 이 도덕은 인간이 만든 모든 도덕과 똑같은 유형이다. 그러므로 사도 바울은 모든 도덕은 사람을 속박하고 자유를 거스르는 것이라고 말하고 있다. 여기서 주목할 것은 사도 바울이 이 도덕의 객관적인 가치를 인정하고 있다는 점이다. 겸손과 절제와 같은 것들은 그리스도인들이 비그리스도인들과 오늘날은 아니지만 적어도 어떤 특정한 시대에는 쉽게 동의할 수 있는 것들이다. 사도 바울이 배척하는 것은 바로 우리에게 적합할 수도 있는 이 도덕으로서, 그 이유는 그 내용이 아니라 그것이 내포하는 자유에 대한 부정 때문이다.

이 본문에서 "너희는 세상의 초보적 규례에 대해 그리스도와 함께 죽었는데"라는 구절은 우리에게 어떤 점에서 우리가 도덕에 이끌리는지 밝혀준다. 이것이 어렵고도 감당할 수 없는 부분이다. 그리스도와 함께 죽는 것은 더 이상 호사, 쾌락, 방종, 독립, 열광, 세상권력 등에 참여하지 않는 것으로 이 모든 것에 대해 죽는 것이라고 한다면 그 뒤에는 어떻게 될 것인가? 그것이 생리학적인 죽음이라면 더 이상 아무것도 하지 않기 때문에, 우리에게 문제되는 일이 없을 것이다. 그것이 영적인 죽음이라면, 혼돈 가운데 있기 때문에, 역시 문제되는 일은 없을 것이다. 그러나 이 세상의 기초와 규례와 원리에 대해서 그리스도와 함께 죽는 것이라면, 우리는 이 세상에 참여하고 공존하며 다르면서도 비슷하게 살아가는 것이다. 불가능한 길은 이 죽음을 삶으로 살아가는 것이다. 너무도 불가능하기에 아주 일찍이 그리스도인들은 하나의 해결책을 찾았는데 그것이 수도원 생활이었다. 이 죽음을 삶으로 살아가는 것을 피하기 위해서 인간은 그리스도와 함께 교제하며 성령의 영감과 원칙을 따라서 살아갈 수 있도록 하나의 도덕을 만든다. 그러나 그것은 삶을 사는 것이지 죽음을 관통하는 것이 아니다.

도덕은 그리스도인이 그리스도 안에서의 죽음을 회피하면서 살아가는 길을 만들어가는 수단이다. 그러나 이와 같은 면에서 이것은 최악의 착각이다. 왜냐하면 이것은 우리로 하여금 선한 그리스도인으로 살아가게 한다는 명분을 내세우며, 우리의 자유에 대해 부정적이기 때문이다. 다시 말해서 이것은 삶 자체에 대해 부정적이다. 도덕은 칸트의 학설에도 불구하고 자유에 상반된다. 왜냐하면 이 도덕의 원칙과 의도와 구조가 무엇이든지 간에 이것은 기존 상황에 관련되는 것이기 때문이다. 도덕은 언제나 주어진 자연이나 검증된 과학이나 선험적인 판단들에 좌우된다. 도덕은 결코 새로운 것, 참신한 것, 창의적인 것 등에 부합할 수 없다. 도덕은 언제나 하나의 원칙, 하나의 명령, 하나의 가치체계 등을 적용하는 하나의 메커니즘에 불과하다. 베르그송의 학설에도 불구하고 도덕은 결코 생명력의 발견과 혁신과 자발성을 불러올 수 없다. 사르트르나 시몬 드 보부아르의 주장에도 불구하고, 도덕은 우리의 실존에 앞서서 존재하고, 우리가 부인할 수 없는 기성의 존재이다. 왜냐하면 우리가 반대한다 해도, 우리는 이미 도덕에 의해 결정지어져 있기 때문이다.

기독교에 속하든 그렇지 않든 간에 모든 도덕은 자유를 파괴하는 것이다. 그러나 앞에서 우리는 우리 시대의 도덕을 진지하게 받아들여야 한다고 말한 바 있다. 그렇지만 그렇게 하면서, 우리가 자유를 소외시키고 있다는 사실을 알고 있어야 한다. 또한 이것은 우리가 살고 있는 사회를 유지시키기 위해서 우리에게 요청되는 것일 수 있다. 그럼에도 불구하고, 이와 같은 소외는 우리가 수락하는 가장 중대한 일이기 때문에 아주 깊은 통찰이 필요하다. 이것을 경솔하게 해서는 안 된다. 힘없는 한 집단이 살아갈 수 있도록 돕기 위한 자선활동과 말씀 증거에 의해서 도덕을 따르는 것이 반드시 필요하지 않을 경우에, 우리는 거리를 두고 반론을 제기할 뿐만 아니라 더 나아가 기존의 도덕의 틀을 벗어나서 행동해야 할 것이다. 그럼에도 기존의 도덕이 지배계급이나 전통에 속한 도덕에 그치는 것만이 아니라는 사실을 유념해야 한다. 그것은 새롭게 부상하는 계급이나 우리가 속한 제한된 사회집단의 반도덕적인 도덕이 될 수도 있다. 예를 들자면 프랑스의 소위 사회주의적 기성도덕이 있는가 하면 좌파나 중도나 파리 인텔리겐치아의 투쟁의 도덕이 있다.

이것은 우리를 곧장 같은 길이지만 표지는 반대인 길로 인도한다. 이 길은 자유를 쉽게 무력화시킨다. 그것은 자유를 구실로 삼는 것이다. "이 자유로 육체적 욕망을 만족시키는 구실로 삼지 말라."갈5:13 왜냐하면 이것은 가장 저속하고 가장 명백한 덫이지만 가장 피해갈 수 없는 것이기 때문이다. 이 때문에 교회는 아주 일찍이 방벽을 세워 기독교 도덕과 교회제도와 교회법의 거대한 요새를 만들어야만 했던 것이다. 모든 것이 가하다면, 나는 나의 모든 본능과 열망과 환상을 좇아갈 수 있다. 더 나아가서 모든 행위가 유일하고 독특한 것으로 그리스도 안에서 고유한 운명을 부여받은 사람에 의해, 또 심판 받지 않는 사람에 의해 행해지는 것이라면 나는 아무 일이라도 다 할 수 있게 된다. 더욱이 성령이 내 안에 거하고 나에게 영감을 주며 나의 행위들은 내 존재의 뿌리의 변화에서 비롯된 열매들이라고 확신한다면, 나는 아주 쉽게 도둑질이나 불륜을 저지를 수 있게 된다. 남들에게는 악행이자 죄이자 천벌 받을 짓이지만 나에게는 내가 얻은 자유를 표현하는 것에 지나지 않는다. 나는 예외적인 운명을 가지고 있고, 부르주아적인 도덕의 평범한 규범들은 나를 위해 만들어진 것이 아니라는 확신에 쉽게 도달할 수 있다. 그와 반대로 내가 도덕규범들을 어기는 것은 나의 자유를 발현하는 것이 된다.

자유는 이렇게 구실이 되고 기만이 된다. 자유는 육신의 정욕을 분출하는 출구가 된다. 이 문제에 대해서 우리가 새롭게 제시할 것은 하나도 없다. 사도 바울이나 사도 요한이 육신의 정욕으로 기술한 것들은 하나도 변하지 않았다. 인간은 문화에 따라 달라질 수 있고, 인류학자들은 우리에게 살인의지가 없는 족속들이 존재하는가 하면 콤플렉스가 없는 족속들이 있고 불륜의 문제가 없는 족속들이 존재한다는 사실을 밝혀준다. 사도 바울이 기술한 인간의 정욕들 전부를 다 갖춘 개인이나 집단은 결코 존재하지 않는 것으로 알려져 있다. 그러나 인류학자들은 '선한 미개인'이라는 신화도 믿지 않는다. 성적인 금기가 존재하지 않는 부족들에게는 알코올이 맹위를 떨쳤다. 살인을 모르는 부족들에게는 탐욕이 기승을 부렸다. "육체의 행실은 명백하니, 곧 음행과 더러움과 방종과 우상숭배와 주술과 원수 맺는 것과 다툼과 시기와 분노와 분쟁과 분열과 파당과 질투와 술 취함과 방탕과 같은 것들이다"갈5:19-21라고 사도 바울은 전한다. 그런데 우리가 너무도 잘 알고 있다시피, 이와 같은 육체의 행실을 좇는 것이 평범한 원칙들에서 정신분석학에 의해 평가 절하되며 진실에 부합되지 않는 해방된 삶과 자유로운 영혼의 증거로서 제시되고 있다. 이런 면에서 나는 많은 파리의 지식인들을 떠올리게 된다. 사실 사도 바울의 판단은 언제나 정말 확고하다. 엄밀히 말해서, 이와 같이 주장되는 자신의 행위를 책임지려는 현대인이 대부분이라는 주장과 함께 자유는 사람들이 가장 손쉬운 욕망을 좇기 위해 내세우는 하나의 구실에 불과하다.

우리는 인격적 관계의 계속성은 우리의 자유에 대한 하나의 한계라고 보는 경향이 있다. 자유는 우리의 독립성을 위한 구실이 된다. 우리는 자유라는 명분으로, 끊임없이 선택을 반복하고 갱신하기 위해서 지속적인 관계에 필요한 모든 것을 인간에게서 제거하려는 거대한 운동을 사르트르의 실존주의에서 비롯된 목도한다. 충실함에 기초한 지속적인 관계로서의 결혼은 오늘날 자유에 하나의 한계로 비쳐진다. 여기서 자유는 매순간 부부 각자가 새로운 관계를 맺는 것을 전제로 한다. 충실과 약속과 참여와 확약과 같은 것들은 견딜 수 없는 한계처럼 보인다. 이것은 사회적 결정 요소들에 얽매인 인간이 거기에는 항의하지 않고 사소한 도덕적 제약에는 극단적으로 민감하게 반응하는 이상한 사회적 상황이다. 어쩌면 이것은 진짜 자신을 얽매고 있는 것으로부터 벗어날 수 없는 무력한 인간이 덕과 가치에 관한 자유를 쟁취함으로써 스스로 복수하고 보상하는 것을 설명해준다고 볼 수 있다. 덕과 가치는 방어수단이 없기에 소멸될 수밖에 없다.

그러나 이렇게 획득된 자유는 인격적인 불균형에 지나지 않는다. 자유는 인격의 형성과 인격적 계속성의 확보를 결코 저해하지 않는다. 반대로 자유는 인격의 계속성을 포함하고 전제하며 요구한다. 사랑의 충실성은 사이비과학적인 비난에도 불구하고 부부의 사랑의 충실성도 포함해서 사랑의 구성요소이다. 왜냐하면 이것은 타자를 진실하게 존중하는 것을 요구하기 때문이다. 타자에 대한 충실성은 우리의 인격을 구성하는 요소이며, 인격의 분산이나 변질이나 모순을 피할 수 있게 한다.

물론 유동적이고 잘 변하며 여리고 모순적인 인격을 선호할 수도 있다. 남들과 함께하는 공존의 삶과 계속적인 충실한 관계보다는 책임지지 않는 방랑의 삶을 선호할 수도 있다. 그와 같은 것을 선호할 수는 있지만, 그것을 자유라고 부르지는 말아야 한다. 그런 사람은 모든 영향과 권유를 다 따른다. 사람들의 생각과는 달리, 그런 사람은 무능한 범속한 인간으로서 사랑하는 상대와 단절하고 상대를 바꾸거나, 마약과 찰나의 쾌락으로 도피하는 삶을 살면서 비루해지고 만다.

믿지 않는 사람들에 대해서는 충분히 이해하고 납득할 수 있지만, 그리스도인들이 그와 같이 주장하고 또 그런 무분별한 삶을 사는 경우에는 기만과 위선이 되고, 주님을 배반하는 것이 된다. 그리스도 안에서 우리를 향한 하나님의 변함없는 영속성은 결코 문화적인 창작물이 아니며, 우리에게는 그리스도인으로서 맞이하는 장래의 삶을 보장하는 언약의 유효성과 충실성과 항구성의 표지가 된다. 주님의 영속성은 바로 주님의 자유의 표지이다. 이것은 우리에게도 마찬가지이다. 우리는 자유가 인간의 연속성과 계속성, 타인들을 향한 충실성 속에 구현된다는 사실을 늘 기억해야 한다. 왜냐하면 자유는 그때그때의 상황과 충동에 굴복하지 않는 것이기 때문이다. 이와 반대로 생각하게 되면, 우리는 우리 안의 보잘것없는 진부한 욕망에 끌려 다니면서 아무렇게나 살아가기 위해 그리스도인의 자유를 구실로 삼게 된다.

그것은 제일 강한 성향을 따르는 것으로서 평범하면서도 아주 안락한 느낌을 준다. 왜냐하면 그것은 장 콕토Jean Cocteau 스타일의 아주 편안하고 즉각적인 것이기 때문이다. 우리 시대의 반도덕적인 인물들 가운데 그래도 극에 다른 악행으로 타의 추종을 불허하는 질 드레[220]와 같은 사람은 없다. 그들은 엄청난 악행들을 말하고 꿈꾸는 것으로 만족하면서 그래서 허풍쟁이 사드가 그들의 영웅이다 아주 부르주아적인 비도덕성을 띠는 삶을

---

220) [역주] 질 드레(Gilles de Rais, 1405?-1440), 잔 다르크와 동시대에 프랑스 군대를 지휘한 장군으로서 나중에 이단, 동성애, 소아성애, 연쇄살인 등의 죄목으로 처형됨.

산다. 사도 바울의 말대로, 사람들은 가장 안락한 삶을 좇으려고 한다. 그것은 자유와는 무관한 것이다. 그러나 사람들은 자유를 구실로 삼는다. 왜냐하면 그들은 당대의 사회적 도덕규범들을 거부하기 때문이다. 그 자유는 자연적인 자유로서 카니발에서 사람들이 얼굴에 쓰는 가면과 같은 것에 불과하다. 그런 외적인 자유를 으스대며 자랑하는 사람에게 악감정을 품을 수는 없는 노릇이다.

그리스도의 자유와 관련되면 훨씬 더 심각한 문제가 초래된다. 바꾸어 말해서, 자유를 구실로 삼는 것은 믿지 않는 사람에게는 어리석은 짓일 뿐이지만, 그리스도인에게는 그리스도에게 테러를 가하는 것이다. 책임은 오직 그 자신에게 있다. 왜냐하면 그리스도인이 구실로 삼은 자유는 진정한 자유이기 때문이다. 그는 이 주어진 자유를 그리스도의 뜻에 반하는 삶을 사는데 이용한다. 그렇게 하면서, 그는 다시 노예가 되지만, 은총이 그에게서 떠나지 않는 한, 그는 자유를 유지한다. 그러나 그는 자유를 우롱하고 조롱하면서, 욕망의 충족과 촉진에만 사용하는 탓에 자유가 얼마나 헛된 것인지 보여줄 뿐이다. 그는 그 본래 의미에서 벗어나, 오직 자신을 위해서 자유를 사용한다. 그가 자유로운 것은 사실이다. 그런데 그는 자신의 자유를 이용하여 실제로는 마약에 취하거나 자신을 죽이는 것이다. 그러나 정말 끔찍한 것은 그리스도의 희생을 치른 이 자유가 예수를 십자가에 못 박는 것에 쓰일 수 있다는 사실이다. 이것은 그렇게 쉽게 끝낼 수 없는 일이다.

그러나 같은 본문에서 사도 바울은 자유를 구실로 삼는 것에 관해서 또 다른 점에 주목하게 한다. "그러나 너희는 오직 사랑으로 서로 섬기는 종이 되라."갈5:13 여기서 '그러나'는 우리에게 '육체의 욕망을 만족시키는 구실로 삼지 말라'는 것보다 더 정확한 의미를 말해준다. 갈라디아서의 같은 본문에 나온 구절들을 다시 고찰하며 위에서 우리가 말한 것은 일반적인 것만을 뜻하는 것이 아니다. 여기서 '그러나'가 '사랑으로 섬기는 종이 되라'는 구절을 통해 표현된다는 점에서, 이 본문에서 말하는 육체의 욕망은 지배, 권력의식, 이웃의 억압, 우월한 태도 등과 연관되는 것이다. 이것은 이웃을 부리고 낮추고 지배하고 길들이는 태도이다. 우리는, 성서에서 많이 언급된 대로 권력의식이 육체의 지배적인 욕망들 가운데 하나라는 사실[221]뿐만 아니라, 곧바로 자유가 구실로 쓰이는 영역이 특히 어딘지 알아보게 된다. 사람들은 자기 자신에 대하여 자유를 구실로 삼는다. 다시 말해서 남들을 고려하지 않고 의식하지 않고 자기 자신을 분명하게 주장하는 것이다. 이것은 나의 권력과 힘을 펼치는 자유로서 부정적인 면과 긍정적인 면이 있다. 이것은 내가 나아갈 수 있는 만큼 나아가는 자유이며, 다른 사람들과 자연의 힘들을 나에게 굴복시키는 자유이다. 이 자유는 그리스도 안에서의 자유와 비슷한 점이 한 가지 있다. 즉, 이 자유는 나로 하여금 자기실현을 위해 내가 가진 힘을 다 발휘하게 한다. 이 자유는 자기를 확장시키는 자유로서 인간이 본능적으로 가지는 성향이며, 모든 생명체가 다 그러듯이 생존을 위해서 모든 주변의 것을 빨아들이는 것이다. '우골리노'[222]는 우리 각자 안에 다 있다.

그러나 이것은 비단 개인적인 차원에 그치지 않는다. '자유의 명분'[223]은 거의 모든 인간 사회의 기반이다. 경제적 자유주의를 불러일으킨 것은 기독교 문명에서 비롯된 이 '자유의 명분'이다. 이와 같은 지적

---

221) 이것은 권력의식을 인간의 죄로 보지 않고 나태와 체념으로 보는 하비 콕스(Harvey Cox)의 유치한 주장과는 상반되는 것이다.

222) [역주] 중세 이탈리아의 도시국가들 사이의 전쟁에서 나온 '우골리노Ugolin'의 비극적인 이야기가 단테의 신곡에 나온다. 반역죄로 잡힌 '우골리노'는 함께 감옥에 갇힌 그의 손자들과 아들들이 아사하자, 그 시신들을 먹으며 지내다가 결국 죽고 만다. 그 벌로 그는 지옥에 간다. 그것을 소재로 로댕은 '우골리노와 그의 아이들'이라는 조각작품을 남겼다.

223) [역주] 프랑스어로는 'la liberté-prétexte'로서 '명분(구실)으로서의 자유'라고 할 수도 있다.

은 아주 천천히 이루어졌지만 명백한 사실이다. 이것은 가장 미약한 자를 억압하는 가장 강한 자의 자유이다. 이것은 적대세력들 간에 규범도 제약도 없이 경쟁하는 것이다. 사람들은 가당찮게 이런 것을 자유라고 부르는 것이다. 이것을 유일하게 정당화하는 논리는 체제의 효율성이다. 가장 강한 자가, 즉 가장 많이 가장 우수하게 생산하고 가장 좋은 시장을 제공하는 자가 승리하는 것이다. 그러나 효율성은 18세기와 19세기에는 만족스러운 윤리적 기준이 아니었다. 사람들은 기독교의 산물인 자유를 택하여 그 명분으로 이용했던 것이다.

정치적 자유주의도 마찬가지로 자유를 명분으로 삼는다. 여기서 중요한 것은 계급 지배를 정당화하고, 압제에 제도적인 형태를 부여하는 것이다. 거기서도 또한 자유는 사회에 대하여 아주 전면적이고 엄격하고 치밀하며 권위적인 국가를 구성하기 위한 명분이었을 뿐이다. 그 사회에서 자유의 명제는 권력에 대하여 인간을 방어하는 모든 체계들을 무너뜨리는 데 성공하였다. 자유라는 구실로서 사람들은 인간이 국가에 대해 도움을 받을 수 있는 단체들을 무력화시켰고, 사회를 개인들의 집합으로 축소시켜서 나폴레옹이 말한 것처럼 '모래'와 같은 사회로 만들었다. 사람들은 인간의 자유를 국가의 절대적인 권력에 의해 축소시키고 국가를 자유의 배분자로 만들었다. 국가는 자유를 측정하고 부여하고 다시 회수하며 제한한다. 국가는 자유에 대한 유일한 재판관이 된 것이다.

'자유의 명분'에 대해서 말하자면, 우리는 그런 자유가 오늘날 철학자들과 이론가들이 기술에 대해 설명하는 이론들 가운데 활짝 개화된 것을 본다. 사실 그리스도의 자유는 자연을 비신성화하고, 인간에게 자연환경에 자유롭게 개입할 가능성을 열어주었다. 그리스도의 자유는 "동산을 가꾸고 지키라"는 하나님의 명령을 아담에게 다시 회복하는 것일 수 있었다. 그러나 불행하게도 엄청난 공포를 초래하는 무서운 신들과 요정들에 의해서 자연의 비신성화는 더 이상 지켜지지 못하고, 인간은 자유 안에서 섬김과 존중과 절제를 구현하지 못하고, 이 자유를 자신의 지배욕을 분출시키는 구실로 삼았다. 인간은 자연을 아무런 한계와 제약도 없이 착취했고, '약탈에 시달리는 지구'를 만들었다. 인간은 자신의 권력수단들을 확대할 것만 생각했고, 하나님이 자신에게 부여한 은밀한 비밀들을 침해하며, 아담처럼 두려움 없이 거기에 손을 댔다. 인간은 자원들을 고갈시키고 무제한적인 기술적 야만성을 통해서 모든 종류의 생명체들을 파멸시키고 있다. 현대의 기술의 특징은 사도 바울이 삼가라고 권고한 이 지배욕이다. 그런데 우리의 철학자들이나 이론가들은 한가하게 말한다. "인간이 하나님과 동역하는 것은 인간의 자유이다. 인간은 창조세계를 개발하라는 명령을 실천한다." 그들은 그런 주장을 통하여 자유를 기술의 확장을 정당화하기 위한 구실로 전환시키면서 육신의 욕망을 충족시키고 있다는 사실을 알아차리지 못한다.

여기서 자유를 구실로 삼지 말라는 명령은 익히 도덕이라고 알려진 문제들과 단순한 개인적인 품행을 훌쩍 넘어선다는 사실을 알게 된다. 결국 자유에 관한 모든 것은 개인적이고 집단적이며 또 도덕적이고 영적이고 실천적인 모든 영역들을 다 포함한다.

'자유의 명분'은 정욕들의 노예가 되어 자유를 구실로 삼는 것이다. 그런 점에서 그것은 자유를 부정하는 것이다. 그러나 우리는 그것과 아주 가까운 정당화의 문제를 상고해 보아야 한다. 자기 자신에 의한 자신의 정당화는 또한 우리가 우리의 자유를 부정하는 작업이기도 하다. 자기 자신의 정당화는 지배욕과 함께, 아니 지배욕이 발현된 뒤에 따라오는 인간의 가장 큰 과업이다. 왜냐하면 지배욕에 따라 행동하거나 살아가는 인간은 자신이 가진 힘을 현실에 구현하는 것에 만족하지 않으며 자신과 자신이 발휘하는 힘이 정당하다는 것을 나타내야 하기 때문이다. 그는 이에 반하는 것을 감수할 수 없다. 그러나 정당화는 항구적인 태도이다. 인간은 자신의 행위를 정당화하듯이 자신의 조건이나 상황을 정당화하는 데 시간을 보낸다. 인간은 자유 안에서, 계속적으로 문제를 제기하며 삶을 늘 새롭게 다시 시작하며 살아가는 걸 받아들일 수 없다.

정당화는 이미 습득한 것으로 확고하게 정해진 것이다. 이것은 이전의 궤도가 안전한 것이기에 이후의 궤도도 안전함이 보증되어 있는 철로와 같은 것이다. 그러나 인간은 오직 진리와 공동체를 통해서 정당화될 수 있다. 먼저 인간은 자기 자신이 진리를 가지고 소유하는 것이 확실할 때만 스스로를 용납할 수 있다. 그런데 우리가 이미 살펴본 바와 같이 자유로운 인간의 태도는 진리를 따라 나아가는 것이고, 하나님의 역사를 통한 진리의 계시를 받아들이는 것이다. 거기서부터 인간은 앞으로 나아간다. 우리는 또한 인간이 결코 진리의 소유자가 아니라는 사실을 알고 있다. '우르'를 떠나 선택받은 민족의 아버지가 되라는 부름을 받은 아브라함은 전형적으로 자유로운 인간이었다. 그러나 아브라함은 결코 진리를 소유할 수 없었고, 항상 진리를 추구했지만 결코 붙잡을 수는 없었다. 아브라함이 소유할 수 있었던 것은 동굴 무덤과 하나님이 문제 삼은 그의 아들이었다.

인간은 아브라함이 아니다. 인간은 끊임없이 추구하며 정착하지 않는 아브라함의 삶을 견딜 수 없다. 인간이 살아가는 데는 살아갈 이유가 있어야 한다. 인간은 아무리 하찮을지라도 스스로 부여하는 삶의 이유를 진리라고 부른다. 거기서부터 인간에게 부정적인 것으로 간주된 모든 것들이 인간에 의해 긍정적인 것으로, 가치가 있는 것으로 변환될 것이다. 인간이 물질적인 행복을 얻을 때, 그것은 진리와 혼동이 된다. 인간이 더 이상 영적인 근심을 가지지 않으면서 안락함 속에서 영적으로 잠들어 있을 때, 그것은 평화라고 불린다. 한 걸음 더 나아갈 용기가 없어서 멈출 때, 인간은 자신의 목표에 도달했다고 선언한다. 평범한 중간계층에 속하게 될 때, 인간은 꿈의 실현에 매혹된 긍정적인 마음을 가진다. 정치적인 헛된 말에 몰두하게 될 때, 인간은 자신이 억압된 자들을 위해 투쟁한다고 선언한다. 하나의 진리를 소유한다고 스스로를 정당화하는 순간부터, 인간의 삶의 모든 세부적인 사항이 하나의 진리가 되거나 또는 진리로서 재수립되고 재설정된다. 인간은 스스로에게 자신의 삶을 정당화된 삶이라고 말한다. 왜냐하면 이렇게 정당화된 삶은 계속되는 삶이고, 처음부터 끝까지 동일한 의미를 지니며, 다시는 문제 삼을 수 없는 가치를 내포한 것이 되기 때문이다.

이런 정당화는 따라서 자유를 부정하는 것이다. 왜냐하면 이것은 삶의 모순대립을 부인하는 것이고, 정당화 이전에 우리를 지적하는 성령과의 만남을 거부하는 것이고, 새롭게 시작하는 모든 것을 부인하는 것이기 때문이다. 그런데 이런 정당화는 헤아릴 수 없이 많을 수 있다. 대부분 그것은 어떤 정통성에서 비롯된다. 우리는 우리 스스로 우리를 정당화하는 체계를 만들 수 없다. 만약 그렇다면 우리가 자유로웠던 때에 우리는 이 진리를 붙잡기 위해 투쟁했다는 걸 의미하게 될 것이다. 그것은 아주 드문 일이다. 거의 모든 인간들에게 있어서 정당화는 그들에게 제시될 수 있도록 미리 준비된 체계에 의해 제공된다. 그것은 역사를 설명하는 체계이고, 주어진 신화의 정치적 원리이고, 공산주의이고, 히틀러주의로서, 철학적인 종합이자 과학의 절대적인 진리이다. 이 종합이 그 범위를 넓히고, 데이터를 총괄하며 해답을 제시할수록, 그것은 더욱더 정당화한다.

우리 시대의 거대한 정당화 이론체계들은, 즉 자유를 부정하는 이론체계들은 공산주의[224]이며, 테야르 드샤르댕의 사상이고, 그리고 물론 기독교이다. 그러나 거기에 접근하기 위해서는 참여활동이나 일정한 지적 능력을 필요로 한다. 이것은 질적으로 더 낮아지게 할 수 있다. 그래서 보잘것없는 수준의 정당화 이론체계들이 잡지『리더스 다이제스트』의 적당한 도덕주의와, 잡지『플라네트』의 과학적 종교적 신비주의에 의해서 제공된다. 잡지『셀렉시옹』과『플라네트』의 근본적인 정체성은 둘 다 '동시대의 사람'에게 진리의 편안함을 가져다주는 데 있다. 이 사람은 더 이상 다른 걸 찾아다닐 필요가 없다. 『플라네트』는 삶 전체가 영적인 탐구에 바쳐져야 하고, 『셀렉시옹』은 도덕적인 탐구에 헌신되어야 한다고 확실히 권해주기 때문이다. 당연히 독자들은 아무 것도 탐구하지 않고, 잡지 편집자들이 흘려보내는 것을 받아먹는 것으로 만족한다. 그런데 이것은 정확히 현재의 정당화의 중요한 일면이다. 인간은 자신이 아주 편안하고 아주 질서 정연한 세계에서 살고 자신의 삶은 준엄한 엄정성을 띠고 있기에, 자신의 삶의 정당화는 모험과 자유에 의해서만 성립된다고 느낀다.

현대인이 어느 분야에서 모험을 경험하는지 확실하게 말해주는 것은 앞에서 언급했던 모든 이론체계들의 공통적인 특성이다. 테야르 드샤르댕의 사상이 진화의 메커니즘들은 자유를 지향한다고 밝힌 바와 같이 공산주의는 역사의 메커니즘은 자유라고 주장한다. 『셀렉시옹』과『플라네트』는 인간의 '모험'을 항상 주장한다. 모두 다 이와 같이 주장을 하는 것은 그런 이론체계들이 그 역할을 다하고 있기 때문이다. 이 이론체계들은 인간에게 정확히 인간이 필요로 하는 것을 가져다준다. 레오 페레[225]

---

224) 정당화하는 체계의 역할을 수행하기 위해서, 공산주의는 주기적으로 분명하게 선명성을 제공해야 했다. 모택동주의와 극좌적 사상들과 게바라주의는 이 정당화 메커니즘의 현대적 변형들이다.
225) [역주] 레오 페레(Léo Ferré, 1916~1993), 모나코 태생의 프랑스 음악가, 시인. 클래식 음악을 전공하면서, 프랑스 샹송의 작곡과 편곡 활동도 함. 무정부주의자.

가 매일 아침 일하러 가기 위해서 인간은 '모험이라는 버스'를 탄다고 노래한 데는 일리가 있다. 이것은 정확히 『셀렉시옹』과 『플라네트』가 제공하는 정당화에 대한 설명이다. 인간은 이와 같이 자신이 살고 있는 사회의 정당화 체계를 받아들인다. 이런 차원의 정당화에서는 그런 정당화 이론들의 제공은 지식인들이 맡는다.

두 번째 차원의 정당화는 사회적 동의에 있다. 우리가 우리 자신을 영적으로 정당화하는 진리를 소유하지 않으면 살아갈 수 없는 것과 같이, 우리는 우리가 속해있는 집단의 동의가 없으면 살아갈 수 없다. 우리는 주위사람들과 친지들과 가족226)과 정치적 직업적 동료들과 이웃의 눈에 정당하게 보여야 한다. 남들이 우리를 정당하다고 보는 것은 우리 자신의 눈에도 우리가 정당하게 보이게 한다. 그래서 우리는 그걸 위해서 모든 걸 희생할 채비가 되어 있다. 나는 내가 쓴 『선전』에서 그런 필요성이 심리작용의 인위적 메커니즘들에 의해 어떻게 활용되고 또 강화되는지에 대해 연구했다. 사람들이 우리에게 요구하는 중요한 희생은 적응이다. 집단에 완전히 적응해서, 비슷하게 되어 동일한 행동양식과 반응을 보이며 동일한 어휘를 써야 한다. 그런 까닭에 부르주아의 삶을 부정하며 가족과 도덕을 아주 경멸하며 살아가는 '예예족'227)이 거리의 장사꾼이나 통합사회당 활동가와 정확히 일치하는 것이다. 그러나 이와 같이 집단 유형에 적응하고 통합하는 것은 단적으로 자유를 거부하고 개인적인 모험을 상실하는 것이며, 자신의 개성을 부인하고, 자기 자신의 고유한 삶을 살아가는 인간이 되라는 요청에 귀를 막는 것이다.

영적·지적인 정당화나, 집단의 통합에 의한 정당화나, 그 필요성은

---

226) ▲서로를 너무 잘 알고 있어서, 상대방의 눈에 오랫동안 정당하게 보일 수 없다. 바로 이 점은 가족의 단절을 불러오는 원인이 된다.

227) [역주] '예예족(yé-yé)'은 프랑스를 필두로 1960년대에 광적으로 팝뮤직을 즐기고 로큰롤의 춤을 추며 유행을 따르던 유럽의 청년들을 일컫는 말이다.

어떤 문화나 문명에서도 동일하다. 그 필요성은 어느 시대를 막론하고 인간에게 동일하게 있다. 그러나 각각의 시대는 각기 고유한 정당화 체계 형태를 가진다. 각각의 사회는 각기 다른 수단들을 통해서 구성원들의 필요에 응답한다. 내가 보기에 우리 사회에는 두 가지 커다란 특징이 있는 것 같다. 하나는 적응에 의한 정당화에 있어서 자발적이고 체계적인 통합의 방법을 사용하는 것이다. 다른 하나는 영적·지적인 정당화에 있어서 그 필요성을 하나의 덕목이나 자유로 제시하거나, 현실을 진리로 제시하거나, 물질을 그 자체로서 가치가 있는 것으로 제시하거나, 진리를 현실의 전개에 따르게 하는 방식이다. 경제 성장의 가치들과 기술 성장의 정신은 기술의 세기를 정당화하는 것이다. 이 기술의 세기에는 "역사와 정신이 뒤섞임으로써 인간이 기술자가 되고, 인류가 무제한의 노동을 하게 되고, 자유의 이름으로 독재체제를 수립하는 것이 완전히 정당화된다." 집단수용소는 간단히 기술한 이 정당화의 메커니즘의 가장 논리적인 물질적인 구현이다.

정당화의 과정은 그 자체가 처음부터 집단이나 이데올로기 가운데서 생기는 소외의 결과를 고려조차 하지 않고 자유의 포기를 전제로 하는 작업이라고 할 수 있다. 심지어 무의식적으로도 스스로를 정당화하려고 시도하는 인간은 자유의 두 가지 조건들을 제거한다. 첫째 조건은 비판에 귀를 열고, 문제를 제기하고, 모든 사람의 존재를 위한 투쟁에 들어가는 것이다. 둘째 조건은 고정성을 거부하는 것이다. 스스로를 정당화하는 사람은 지나가버린 과거의 폐기된 입장을 고수하며, 그 입장을 포기할 수 없는 사람이다. 그는 자신이 정당화하고 싶은 과거와 관련 있는 선택을 한다. 그는 기존의 상황에서 벗어나는 것을 스스로 금지하여, 자유를 발견할 가능성을 스스로 가로막아버린다.

또한 그리스도인들에게 공동의 위험은 독특한 형태를 띤다. 그것은 기독교를 하나의 자기 정당화 체계로 만드는 것이다. 그것은 어떻게든지 자기 자신이 스스로의 힘으로 할 수 있는 정당화를 소유할 수 있도록 하나님이 부여하고 인간에게 주어진 예수 그리스도 안에서 획득한 정당화를 독점하려는 일이다. 이것은 인간의 공로에 의한 정당화를 통해서 성립될 수 있다. 그러나 이것은 선한 양심을 가지는 수단이 되는 죄의식에 의한 정당화에서도, 상황 순응주의로 변질될 수 있는 영적인 순응주의에 의한 정당화에서도 가능하다. 거기서 비롯되는 소위 '신신학'의 거대한 신학적 반론들은 이와 같은 정당화의 가장 단적인 형태들이다. 왜냐하면 그리스도인의 커다란 유혹이자 깊은 영적인 유혹은, 믿음에 의해 야기된 생명의 약동을 주어진 상황에 통합시킴으로써, 사회적·정치적·경제적 상황이든 혹은 심리적·지적·도덕적·가족적 상황이든 간에, 주어진 상황에 대해 진정성의 표지와 인증과 보장을 제공하는 것이기 때문이다. 불트만과 폴 틸리히를 따르는 신학자들이 시도하는 것이 바로 이와 같은 일이다.

  우리는 이와 같은 것을 피할 수 없다. 우리는 그리스도인으로서 진리와 정당화칭의를 계속해서 독점하기에, 이것이 우리 이외의 다른 데서 오는 것을 용납할 수 없다. 따라서 우리는 우리의 자유를 한정하게 된다. 왜냐하면 우리가 우리를 정당화하는 순간부터 우리는 우리를 정당화하는 체계의 노예가 되기 때문이다. 우리는 우리에게 계시되었던 진리를 그 안에 포함시킴으로써 우리가 인증한 정당, 기술, 경제, 철학 등에 볼모로 붙잡혀 있는 꼴이다. 우리는 우리의 신앙을 표현하려고 노력했던 도덕, 신학, 활동 등에 의해 개개인의 인격으로서는 소멸되는 것이다. 그래서 우리는 우리의 존재 안에서 우리를 확증하거나 우리가 하는 일 안에서 우리를 정당화할 수 있는 모든 것에 대하여 극도로 경계해야 한다. 어떤 진리이던 간에, 내가 발견한 그 진리가 나의 존재나 내가 하는 일에 문제를 제기하지 않는다면, 그것이 천사라도 집게를 사용해야 비로소 잡을 수 있는 불타는 숯불과 같은 것이 아니라면, 그것은 사실상 소외를 유발하는 것이고, 나의 행복과 선한 양심과 평안을 위한 것을 부정하고 나의 자유를 부정하는 것이라는 사실을 알아야 한다.

그러나 하나님에게 감사할 것은, 아무리 그리스도인들이 계시된 진리를 배반하고 이용한다 하더라도, 그리스도인의 정당화의 고유한 특성은 그 안에서 그것을 무너뜨릴 수 있는 힘을 가지고 있다는 점이다. 자신을 정당화하는 체계를 말씀의 구절구절을 통해서 수립한 그리스도인은 언젠가 반드시 그 체계를 무너뜨리는 말씀을 접하게 될 것이다. 그는 이 말씀을 듣지 않을 수 없다. "너는 나를 누구라 하느냐?" 그 순간에 모든 정당화의 체계는 무너지고, 그에게 자유가 주어질 것이다.

2. 역명제

사도 바울이 우리에게 자유를 잃지 말라고 권한 두 개의 본문을 다시 살펴보면, 우리는 우리가 얻었던 자유의 의미에 관한 두 개의 근본 주제들을 신기하게도 다시 발견하게 된다. 첫 번째 본문은 창녀와 관련된 것이다. "모든 것이 내게 가하나 내가 무엇에든지 얽매이지 않을 것이다… 너희는 너희 몸이 그리스도의 지체라는 것을 알지 못하느냐? 그런데 내가 그리스도의 지체를 가지고 창녀의 지체로 만들 수 있겠느냐? 결코 그럴 수 없다. 창녀와 합하는 자는 그 여자와 한 몸이 된다는 것을 알지 못하느냐? 둘은 한 몸이 될 것이라는 말씀이 있다… 음행을 피하라. 사람이 짓는 죄마다 자기 몸 밖에 있지만, 음행하는 자는 자기 몸에 죄를 짓는 것이다."고전6:12-18

이 본문에는 여러 가지 주제들이 담겨 있다. 그 중에 성적인 죄의 특별한 심각성이 있다. 오늘날 사람들은 사도 바울이 자기가 살던 시대의 사상에 묶여 있다고 하면서 프로이트를 모르기 때문에 이와 같은 말을 했다고 할 수도 있다. 다행히도 우리는 이와 같은 편견에서 벗어나 있다. 이것은 논쟁의 여지가 있는 것이지만 여기서는 다루지 않을 것이다. 두 번째 주제는 종교적인 매춘이다. 창녀와 몸을 합하는 것은 우상에 바쳐진 여자를 그리스도와 한 몸이 되게 하는 것이다.

1) 사랑이 없는 자유

그런데 여기서 세 번째 주제가 등장하는데, 나는 이것을 살펴보고자 한다. 성서에는 매춘에 관한 일반적인 문제가 있다. 왜 매춘은 계속 정죄되었을까? 일부일처제 때문이 아닌 것은 확실하다. 왜냐하면 족장들은 일부다처였기 때문이다. 종교적인 매춘 때문만도 아니다. 그런데 매춘에는 커다란 중요성을 가지는 측면이 하나 있다. 대부분의 경우 정죄 당하는 것은 창녀와 함께 했던 남자이다.[228] 일반적으로 정죄 당하는 것은 창녀가 아니다. 창녀에게 가는 것이 금지된 것은 성적인 금기나 오점 때문이 아니고, 더 깊은 이유가 있다. 창녀와의 관계는 사랑이 없는 관계이다. 이 관계는 사랑의 모사simulacre이며, 사랑의 항목들 중의 하나로 육체적인 항목이 존재하지만, 온전한 사랑과는 거리가 멀다. 매춘의 관계에는 인간적으로 온전한 의미의 사랑은 없다. 하나님의 유일하고 완전한 피조물로 인식하며 창녀를 대하는 것은 불가능하다. 왜냐하면 창녀에게 가는 것은 사랑의 대체물을 찾으려는 것이고, 아무 책임감도 진실한 마음도 없이 사랑의 몸짓을 취하려는 것이기 때문이다. 그것이 곧 사람들이 창녀를 찾는 목적이다. 그렇게 해서 사람들은 사랑을 산산이 깨뜨려

---

228) ▲선지자들이 유일한 하나님을 배반한 이스라엘 백성을 창녀에 비유할 때는 예외가 되지만, 그 때 문제가 되는 것은 간음이다.

버린다. 더욱이 이스라엘 내에서, 또 그 이외의 지역에서, 세계의 모든 나라들에서 창녀는 경멸의 대상이다.

복음서는 우리에게 그 사실을 상기시킨다. 문제는 사람들이 경멸하는 존재인 창녀와 사랑을 모사하러 와서는 그녀를 하나의 물건으로 대하면서 비천한 존재가 되게 하는 것이다. 여기서 착각하지 말아야 한다. 그녀를 비천하게 하는 것은 성적인 결합이라는 육체적 사실이 아니고, 돈을 지불하는 것은 더더욱 아니다. 그녀를 비천하게 하는 것은 그녀에 대한 우리의 내적인 경멸이다. 성서적으로 그녀의 비천함은 부도덕성이 아니라 그녀에게 가는 남자들의 경멸적인 태도에서 비롯된다. 정죄는 여자가 연속적으로 남자들에게 몸을 맡긴다는 결코 권고할 일이 못 되는 사실에 있다기보다는 남자가 여자를 대하면서 하나님의 피조물로서 존중하지 않고, 사랑하지 않는다는 사실에 있다고 할 수 있다. 정말 나쁜 것은 사랑의 몸짓은 하면서 그녀를 사랑하지 않는 것이다.

이제 "모든 것이 내게 가하나 내가 무엇에든지 얽매이지 않을 것이다"고전6:12라는 구절 뒤에 사도 바울이 이런 예를 든 것이 이해될 수 있을 것이다. 왜냐하면 사도 바울이 말하려는 것은 사랑이 없는 자유에 관한 것이기 때문이다. 모든 것이 가하다면, 나는 창녀와 합할 수도 있다. 그러나 그것은 사랑이 없는 자유에 속한 행위이다. 이 자유는 인간의 욕망과 지배욕에 중심을 둔 것이고, 하나님의 피조물을 경멸하는 가운데 이행된 것이고, 사랑의 모사와 멸시로 표현된 것이다. 그런 자유는 더도 덜도 아니고 하나의 새로운 노예적 예속이다.229) 심지어 창녀를 찾아갈 수

229) 사드(Sade)의 개념은 자유와는 정반대되는 것이라는 점을 나는 다시 반복해서 지적하지 않을 수 없다. 사드가 자신이 원하는 자유를, 타인을 물질적 대상으로 축소시키면서 자신의 쾌락 이외에 다른 어떤 것도 고려하지 않고, 모든 진정한 관계를 배제하는 것으로 표명할 수밖에 없다는 점에서, 그는 소통의 철저한 부재 상태에 스스로 갇혀 있다. 그것은 결국 자기 자신을 부정하는 것이기도 하다. 그는 아무도 만나지 않는다. 그는 자신의 수중에 떨어진 존재를 욕망의 만족을 위해 사용하는가 하면, 진부한 철학적 정치적인 주제로 아무도 듣는 사람 없이 한가로운 담화를 하곤 한다. 사드를 자유의 선구

도 있는 놀라운 자유를 누린다고 생각했는데, 사실을 알고 보니 사랑에 의하지 않고 그런 식으로 자유를 행사하는 것은 자유의 부재 사실을 너무도 명백하게 증언하는 것일 뿐이다. 왜냐하면 오로지 하나님의 사랑에 의해서 우리가 자유롭게 되었기 때문이다. 우리가 사랑에서 벗어나 있다면, 우리는 자유에서 벗어나 있는 것이다.

모든 존재들 사이에 하나님이 수립한 새로운 관계에 의해서만 자유가 존재하는 것이다. 왜냐하면 세상 풍속에 따라 힘과 폭력과 강제로 맺어진 예전의 관계에서는 어떤 자유도 존재할 수 없기 때문이다. 우리는 정말 이것이 사실임을 확인한다. 이 새로운 관계에서, 우리의 행위와 의미를 선택하는 자유가 수립된다. 하지만 이 관계는 사랑의 관계로서 우리로 하여금 타인들의 이익을 구하는 법을 배우게 한다.

여기서 우리는 창녀들에 대한 예수의 진정한 자유를 깨닫게 된다. 예수는 그녀들과 함께 얘기를 나누고 그녀들의 집에서 유숙했다. 통상적인 성적 관계를 맺으며 창녀로 대하고 이용하는 대신에, 예수는 하나님의 온전한 사랑과 존중을 그녀들에게 부어주며, 용서를 통해서 인간의 존엄성을 회복시켰다. 예수는 사회에 대해서 완전한 자유를 누렸다. 그는 창녀들과 함께 했다. 그것은 공개적으로는 언제나 창녀와 매춘을 하는 사람들에 의해서도 비난받는 일이었다. 그런 여자들에 대한 사회적 규정이 예수의 자유를 제약하지 못했다. 그것은 진정한 사랑을 지향한다는 점에서 참다운 자유였다. 예수는 그 여자들에게서 경멸을 거두었다. 그는 도덕적 심판을 거두고 창녀를 인간이 접하고 싶지 않은 세계에 가두고 둘러싸는 장벽을 제거했다. 예수는 창녀를 다시 하나님과 인간의 온전한 사랑

자로 소개하는 것은 가장 끔찍한 착오가 아닐 수 없다. 사드는 모든 독재체제와 인간에 의한 인간의 모든 착취의 아버지가 될 수밖에 없다. 사드에게서 찾아볼 수 있는 것이라곤 정확히 그런 점밖에 없다.

을 받을 만한 존재로 만들었다.[230] 실제로 예수는 자유 안에서 하나님이 은총으로 수립한 새로운 관계를 밝혀주었다.

2) 사람의 노예

사도 바울은 다른 한편으로 "사람의 노예가 되지 말라"고전7:23고 우리에게 말한다. 여기서 그는 사회적 의미의 노예적 예속을 말하고 있다. 노예라 하더라도, 해방될 수 있다면, 자유를 구할 것이라고 분명히 지적하면서 노예에 관하여 언명한 사도 바울의 권고들을 다시 살펴볼 필요가 있다. 그러나 우리는 다만 그와 반대되는 측면을 살피는데 그친다. 너희가 사회적으로 자유인이라면 너희의 자유를 지킬 수 있도록 노력하여 사람의 노예가 되지 말라. 이 말은 그 전체적인 온전한 뜻대로 이해해야 한다. 다시 말해서 일반적으로는 더 이상 시행되지 않는 노예제도를 넘어서서 그것이 함축하는 의미를 받아들여야 한다. 그리스도 안에서의 자유는 순수한 영적인 자유가 아니고, 총체적인 자유로서 물질적인 측면도 포함하는 것이다. 그러므로 인간이 물질적으로, 사회적으로, 정치적으로 자유롭지 않다면 자유도 또한 제약되고 침해되는 것이다.

따라서 그리스도 안에서의 자유의 중요성은 그 이론적인 정향과 의도와 근거가 무엇이든 간에 독재나 권위주의 정치 체제에 우리가 굴복하지 말아야 한다는 걸 뜻한다. 독재자가 좌파이든 우파이든, 그 목적이 자본주의를 지키는 것이든 프롤레타리아를 구하는 것이든, 식민주의를 방어하는 것이든 제국주의를 무너뜨리는 것이든, 그것은 다 동일한 결과를 가져온다. 너희는 사람의 노예가 되지 말라. 독재는 언제나 독재이므로, 너희는 그리스도에 의해 주어진 자유를 크게 상실하는 것이다. 독재

---

230) ▲그것은 헨리 밀러(Henry Miller)와 같이 창녀와의 섹스를 찬미하는 현대 작가들의 방식과는 아주 다른 것이었다.

를 추진하는 것이 그리스도인들이라면, 우리는 그들이 그리스도 안에서의 자유를 이용하여 자기 자신과 다른 사람들을 노예로 만들어서 자유를 무너뜨린다고 말할 것이다. 그러나 그것은 또한 인간을 노예화하는 사회 정치적 구조 전체에 다 적용될 수 있다. 그런 의미에서 내 생각에는 외적으로 좋게 보이는 현실이 다른 것보다 더 끔찍하다. 왜냐하면 폭력과 투옥과 고문에 의한 인간의 노예화가 심각한 영향을 주는 것은 확실하지만, 또한 그것은 저항을 불러일으키기 때문이다. 오히려 반대로 온건하고 선한 의도로 만든 제도들에 의한 노예화는 훨씬 더 위험하다.

내가 생각하기에는 노동, 직업, 전문성, 가족, 조국, 정의, 문화, 진보, 지성, 과학 등이 그런 노예화의 원인들을 제공한다. 이 모든 것의 개별적인 가치는 인간에게는 불가피한 것이자 필수적인 것이면서, 또한 굴종을 부르는 계기를 부르기도 하다. 그 두 가지 측면은 분리해서 볼 수 없다. 행복한 한 가족이 하늘의 선물인 것만은 아니다. 그 가족은 또한 아무리 그 구성원들이 선하고 서로 마음이 맞는다 하더라도 노예적 예속 상태를 야기하기 마련이다. 더군다나 그런 가족은 노예적 예속의 사실을 더 잘 감추어서 덜 느끼게 한다. 그러므로 좋은 직업과 나쁜 직업, 좋은 과학과 나쁜 과학 등으로 구분할 수 없다. 우리의 현실적인 삶을 구성하는 요소들은 우리 삶의 성취와 함께 노예적 예속도 불러오는 것이다.

사도 바울이 우리에게 사람의 노예가 되지 말라고 권한 말은 그런 것들을 다 무너뜨리라는 뜻이 아니고 그런 것들이 없다면 인간의 삶은 불가능하다 거기에 그리스도 안에서의 자유를 도입하여서 노예적 예속이 아닌 자유의 계기를 만들라는 것이다. 우리는 이 주제를 이 자유의 윤리 끝부분에서 고찰할 것이다. 이와 같은 노예적 예속을 초래하는 제도들 가운데 종교적이고 기독교적인 것도 포함되는 것은 당연하다. 교회 제도, 예배, 경건, 자선 등도 인간을 소외시키는 세력들이 될 수 있다.

끝으로 내가 오랫동안 연구해 왔던 주제인 사회적인 성격의 노예적 예속에 관해 언급해야겠다. 이것은 사회의 일반적 사조에 대한 순응주의이다. 인간이 잘 이해하지도 않고 자신이 속한 집단의 관습과 이미지와 편견과 관행을 따르면서, 그 집단의 구성원들과 같이 말하고 판단하고 행동하는 것은 하나의 노예적 예속이다. 문화적응acculturation이라는 말이 있다. 물론 그런 문화가 없다면, 또 그 문화에 대한 적응이 없다면 인간의 삶은 불가능하다. 이것은 모든 시대, 모든 집단에서 다 마찬가지였다. 그러나 그 적응이 총체적인 것이라면, 적응에 의한 통합이 완성될 때 외적이고도 내적인 모든 자유가 다 사라지게 된다. 여기서 우리는 가장 어려운 난관에 봉착한다. 자각이 필요한 것은 바로 이 사실에 대한 것이다.

우리 시대에 그 위험성은 훨씬 더 크다. 왜냐하면 이 문화적응이 교육, 인간관계, 정보, 선전 등의 다양한 기술들과 정확하고 엄격과 방법들에 따라 이루어지기 때문이다. 이 모든 것은 인간을 노예로 만드는 사회 수단들이다. 자유에 대한 근본적인 공격이 거기 있는 까닭에 그리스도의 자유는 지켜져야 한다. 그러나 문제는 이전과 조금 다르다. 이전에는 이 제도들을 그리스도 안에서의 자유의 계기로 만드는 것이 문제였다면, 이제는 결코 자유를 위한 활용이 불가능한 노예화 세력들이 문제이다. 우리는 이 세력들에 대해 반기를 들어야 한다. 내가 말하는 투쟁의 목적은 이 세력들의 제거가 아니다. 그것은 환상에 지나지 않는다. 여기서 이 세력들에 대해 반기를 드는 것은 교육과 정보 등과 같이 봉사와 존중이라는 좋은 외적 모습 속에 담긴 소외의 참된 본성을 드러나게 하는 것이다.

그러나 여기서 또다시 우리는 왜 우리가 이와 같은 입장을 취해야하는지 자문해보아야 한다. 사람들을 노예화하는 데 대해서는 모든 차원에서 다 투쟁해야 하고, 자유가 결정적인 중요성을 가져야 하는 것은 인간 자신이 최고의 중요성을 가지기 때문이 아니다. 그 이유는 사람들을 노예화하는 것은 인간과 신념과 제도에 궁극적인 권위와 의미와 가치를 부여하고 있다는 사실을 나타내는 것이기 때문이다. 모든 노예화는 독재체제에서 민족이나 국가에 영광을 돌린다든가, 자본주의에서 돈에 영광을 돌린다든가, 인간성을 말살하는 기술사회에서 기술에 영광을 돌린다든가, 예술이나 도덕이나 정당에 영광을 돌린다든가 하는 것들이다. 사람들은 인간이 성취한 일의 영광을 예찬하지만, 그 영광은 언제나 인간성의 희생을 필요로 한다. 결국 여기서 문제가 되는 것은 언제나 인간에게 부여하는 영광이다.

정말 역설적인 것은 인간성의 파괴와 인간의 노예화는 인간이 스스로 중요하고 가치 있는 존재로 자부하는 영광의 또 다른 이면이라는 사실이다. 사회가 인간의 위대성을 예찬하면 할수록, 더욱더 많은 사람들이 소외되고 노예화되고 투옥되고 고문당하게 될 것이다. 휴머니즘은 반인간적인 경향을 낳는 온상이 된다. 이것은 이론적인 역설이 아니다. 역사가 말해주는 것이다. 인간에게 최고의 가치를 두고 인간의 위대성을 예찬하면서 인간을 만물의 척도로 삼았던 사회에서 인간은 가장 많이 억압당했다.[231] 그 이유는 자유가 그 본래의 의미에서 벗어났기 때문이었다. 이미 앞에서 언급한 바와 같이 자유의 본래 의미는 하나님의 영광이다.

3) 죄의식의 존재

자유의 부재의 또 다른 사실은 죄의식이다. 다시 말해서 본질적으로

---

231) 구소련에서 일어났던 일에 비하면 중세의 탄압과 학살은 어린애 장난과 같은 것이었다는 사실을 상기해야 한다. 인간의 노예화는 두 시대에 가장 비극적이었다. 하나는 1세기의 로마에서, 다시 말해 인간에게 최고의 가치를 둔 시대이고, 다른 하나는 17세기 이후의 서구사회에서 휴머니즘과 이상주의적인 군주정들이 생겨났던 시대이다.

는 복음이 제시하는 길에 나아가는 것이지만, 왜곡된 의식과 두려움과 불안을 가진다는 것이다. 오늘날 죄의식은 그리스도인들에게는 하나의 중대한 시험이다.

개신교에는 둘째가라면 서러워할 죄의식의 문화가 존재한다. 키르케고르 이래로, 사람들은 죄의식이 없이는 그리스도인이 될 수 없다고 알고 있다. 여기서는 물론 이와 같은 의식 가운데 존재하는 의롭고 건강하고 정말 기독교적인 것을 다 부정하는 것이 아니다. 그리스도인의 양심에 반하는 죄의식은 하나님의 위대성을 반박하는 것이다. 우리는 양심에 대한 부르주아적인 사회적 공포를 알고 있다. 부르주아는 사회와 선을 자신의 행위양식에 동화한다. 부르주아는 정의와 선을 돈의 축적과 자신의 지배적 영향력을 확보하는 것과 절충한다. 부르주아는 충분한 권력을 휘두르는 것은 아니지만, 자신의 권리를 행사함에 있어서 정당성을 가지며 합당하다는 인정을 받기 원한다. 법적인 양심이란 정확히 의무와 역할을 다하는 것이고, 자신이 법을 준수하고 있으며 다른 수단을 강구할 필요가 없다는 걸 말한다. 현실주의의 양심이란 큰 자가 작은 자를 잡아먹고 달걀을 깨뜨리지 않고는 오믈렛을 만들 수 없다는 걸 인정하는 걸 말한다. 그것은 전쟁과 경제적 갈등에서 빠져나오는 손쉬운 방법이다. 그러나 여기서 오믈렛은 모든 사람들을 위한 선이다.

기독교적인 신앙이 함께하는 양심은 하나님을 향한 신앙을 고백하는 선택받은 백성이라는 좋은 편에 속하고 영적이고 경제적인 보장을 확보하는 것을 뜻한다. "누가 내게 흠을 잡을 수 있는가? 나는 내 의무를 다했다." "누가 나를 비난할 수 있겠는가? 나는 하나님에게 구원받았다." 믿음으로 받은 구원은, 양심을 구성하는 아주 커다란 요소로서 늘 무상으로 제공되는 것을 취하려는 자세를 갖게 한다. 우리는 이 모든 것을 아주 잘 인식하고 있고, 1973년인 오늘날에 1860년의 부르주아가 가진 양심의 공포를 분명히 잘 알고 있다. 그러나 적어도 이 양심이 사회적 안녕과 경제적 성장과 정치적 안정의 시대의 열매라는 사실을 유념하자. 그런 시대에 죄의식이 복음의 거의 필연적인 산물이라는 선언은 혁명적일 수밖에 없었다. 거기에는 타당한 진리의 일면이 있다. 그 죄의식은 죄인으로서 절대적으로 공의롭고 거룩한 하나님 앞에서 스스로 낮출 수밖에 없는 존재인 인간에게서 나왔다. 그 죄의식은 인간이 단지 인간으로서 자신이 누구인지 인식하는 것이었다. 하나님이 인간을 사랑하는 것처럼 인간은 사랑할 수 없다. 인간은 하나님이 자신에게 베푸는 사랑과 자기 자신이 세상에 가지는 사랑 사이에서 끊임없이 갈등을 겪으며, "네가 가진 모든 재산을 다 팔아 나누어주고, 너는 나를 따르라"는 그리스도의 요청을 떠올리고, 자신이 세상에 나오기도 전에 하나님이 정말 십자가에서 자신을 위해 죽은 사실을 알고 경악한다. 그렇다면 죄의식은 "나는 스스로 존재한다"고 말할 수 있는 유일한 존재인 하나님에 의해서 인간 개개인의 정체성에 대해 의문이 제기되는 것일 수밖에 없다. 죄의식은 복음의 엄청난 계시를 생생하고도 활력적으로 진실하게 받아들이는 것일 수밖에 없다.

이 모든 것은 사실이었다. 우리는 이 사실을 두 가지 의미로 알았다. 한편으로 우리는 복음이 사실이었음을 알았다. 그러나 또한 우리는 죄의식을 가져야 한다는 것도 알았다. 그것이 일반적인 사실이 되었던 때는 1930년과 1940년 사이였다. 다시 말해서 그 때는 1914년의 전쟁으로 무너진 구세계가 다시 재건될 수 없다는 사실을 알았을 때였다. 그 때에 1929년의 대공황이 자본주의의 허점들을 드러내었고, 파시즘체제들이 우리의 변변찮은 양심의 면전에서 승리의 깃발을 날렸다. 위험에 처해 있던 세상에서 우리는 죄의식을 가지는 것이 정상적임을 알았다. 부르주아가 1860년의 세계에 대한 순응적인 영적 태도를 지녔던 것과 같이,

1936년의 청년들은 1936년의 세계에 대한 순응적 태도를 지녔다. 근심과 번민과 죄의식은 영적인 덕목이 되었다. 세상이 그 이후로 벌어진 비극 가운데 더 악화될 수밖에 없었던 것과 같이, 우리는 우리의 죄의식 가운데 정착하였다. 그리고 우리는 죄의식을 개조하기 시작했다. 왜냐하면 우리가 영적인 차원에 계속 머물러 있을 수는 물론 없었기 때문이다.

이 시대의 세상은 급격히 변화된 만큼이나 사회적이다. 그러므로 기독교적 죄의식은 사회적인 것이 되었다. 그리스도인들은 개인적 영적 차원에서 아직 남아있는 죄의식이 완전히 무익하며 그저 안일을 위한 것일 수밖에 없다는 사실을 인지하게 되었다. 바리새인과 세리가 등장하는 구절눅18:10~14을 뒤집어서 보면서, 사람들은 죄의식을 가진 세리도 역시 위선자일 수 있다는 세리는 자신이 선한 양심을 가지고 있고 그 사악한 세리와 같지 않다는 사실에 감사를 올린다 점을 밝혔던 것이다. 이와 같이 영적으로 진보된 내용을 사실들에 적용해야 했다. 그래서 20년 전부터 죄의식이 많이 출현하게 되었다. 죄의식의 바이러스는 분열된 서구세계라는 아주 좋은 토양을 만나 크게 확산되었다. 물론 이 죄의식은 의지적인 것도 아니고 눈에 잘 띄는 것도 아니었다. 그렇지만 그것은 1946년과 1973년 사이의 15세에서 40세까지의 개신교인들의 행위양식을 이해하는 데는 근본적으로 중요한 것이다. 거기에는 부르주아라는 죄의식이 작용하였다. 그들은 부르주아계급과는 아무런 연관성도 가지고 싶어 하지 않았다. 이제 사람들은 이 계급이 비열하고 불의하며, 또한 자본주의와 식민주의와 기타 혐오스런 체제들과 같은 압제적인 제도들의 근원임을 알게 되었다. 여기에 더해서 역사가 이 계급을 정죄하였다. 당연히 그래야 하듯이 영적인 차원과 정의라는 이유에서 다른 것은 감춰져 있는 채로 그 계급에서 분리되는 것이 아주 중요한 일이었다. 부르주아사회에 대한 증오와 경멸을 가장 격렬하게 표명하는 쪽은 일반적으로 개신교인들 내에서 삶의 방식과 사상 면에서 가장 부르주아적인 사람들이었다. 그들은 민중으로의 이행을 그리스도인의 덕목을 발현하는 것으로 삼았다. 이와 같이 뒤섞여버린 혼돈 가운데, 오늘날 사회 전체가 부정하는 한 가계, 한 전통, 한 계급에 속한다는 데 대한 수치심은 어떤 영향을 미치는지 안타까울 뿐이다.

또 거기에는 지식인이라는 데 대한 죄의식이 존재했다. 왜냐하면 지식인은 이 시대에 기술전문가와 사회참여 활동가 사이에서 별로 인정받지 못했기 때문이다. 지식인은 변변찮은 존재였다. 손대는 것마다 다 정당화하는 강력한 기술 과학계 사람들도 지식인을 옹호하지 않고, 우리 시대 사람들의 열정이 모이는 강력한 정치적 사회적 행동을 지향하는 축에서도 지식인을 지원하지 않는다. 지식인은 비생산적이고 말만 많고 무익하다. 지식인이 인정받으려면 정치와 엮여야 한다. 강령에 서명하고 모임에 참석하는 것이 지적인 활동을 대체한다. 지식인은 더 이상 상징적인 인물 이외의 존재가 될 필요가 없다. 그 역할을 떠나서는, 지식인은 자신의 자리에 조용히 머물러 있어서 다른 모든 사람들을 안심하게 한다. 왜냐하면 사람들은 지식인이 해야 할 일을 잘 모르기 때문이다. 그렇지만, 물론 가장 좋은 것은 자신이 지식인이 아니라고 천명하는 것이다. 우리가 매일 수많은 신문기사들에서 발견하는 사실이 이것이다. 그와 같이 하는 개신교인들은 아주 많다.

앞에서 본 죄의식의 두 가지 측면은 목회자로서의 죄의식으로 이어진다. 물론 그 직분을 부인하는 것은 아니다. 그러나 많은 목회자들은 그 직분이 자신들과 사람들 사이에 하나의 장애이자 장벽이 되어 언제나 그런 것은 아니다 거리를 두게 한다고 말한다. 많은 목회자들은 직업을 가지고 힘든 사회적 경험을 겪는 세상 사람들 앞에서 주춤한다. 하나님과 사람들 앞에서 자격이 없다고 느끼는 목회자들이 많다. 또 그들은 이교도들의 단호한 입장 앞에서 감히 스스로를 내세우지 못한다. 그들은 다른 사람들이 되어 그들처럼 직업을 가지고 정치에 참여하기를 갈망하기도 한다. 하나님의 종이 무력하게 된 이상한 상황이다. 왜냐하면 세상이 그에게 "정의와 진리와 구원은 우리에게 있다"고 선포하기 때문이다. 이런 말에 귀를 닫지 않는 목회자는 자신이 하지 않은 일에 대한 비난을 기꺼이 받으며, 모든 죄를 자신의 교회에 씌우면서 세상의 말을 받아들이고 인정한다. 정의와 진리와 구원은 교회를 제외하고는 세상 어디에나 있다는 것이다. 이것은 하나님 앞이 아니라, 단지 부르주아, 공산주의자, 기술전문가, 정치인 등을 포함하는 세상 사람들의 만용과 교만과 거짓 앞에서 죄의식이 만들어내는 기적이다.

목회자의 이런 죄의식은 당연히 교회의 아주 많은 구성원들에게 영향을 미친다. 나는 이것이 두 가지 방식으로 나타난다고 본다. 첫 번째는 남들과 같이 되려는 강한 의지이다. 특히 어떤 면에서도 우리는 유별나게 안 된다는 것이다. 그리스도인의 삶은 우리 자신의 깊은 내면을 위해서는 좋은 것이다. 그러나 외적으로는 남들과 같이 해야 한다. 세상의 지배적인 경향을 따르고 모든 사람들의 관심과 태도와 활동을 공유해야 한다. 독일에 흥미를 가진다면 독일에 열광하고, 독일에 대한 관심을 잃는다면 독일은 잊어버리고, 보통사람들과 같이 알제리로 관심을 돌린다. 보통사람들이 공산주의자가 된다면, 우리도 물론 공산주의자가 된다. 특히 다른 것들과 구별되는 기독교적 도덕이라든가 그리스도인들의 특별한 태도와 같은 말은 하지 말라. 그런 말은 우리를 남들과 구별되게 할 위험성이 있다. 마지막에는 내적인 그리스도인의 삶도 없앤다. 그리스도인으로서 남들과 함께 남들처럼 되는 것이면 충분하다. 이것이 신기독교néo-christianisme이다.

나는 기독교의 특성을 부인하는 것이 이 세대의 가장 큰 기만이라고 주장한다. 우리는 예전의 부르주아들이 그리스도인의 내적인 삶과 현실의 직업적 삶을 분리시켰던 것과 같은 위선을 다시 범하고 있다. 부르주아들은 선한 양심에 의해서 그렇게 했는데, 우리는 죄의식에 의해서 그리스도인만이 할 수 있는 사고방식과 삶의 태도와 행위를 통한 신앙의 구현을 동일하게 거부하고 있다.

죄의식의 또 다른 측면은 사람들을 전도하는 것을 포기하는 것이다. 예전에는 개신교의 열정적 전도가 많이 회자되었다. 우리의 선조들은 전도자들이었다. 그것이 정말 큰 결함이었다는 것이다. 우리는 그걸 잘 처분해버렸다. 우리는 더 이상 그런 나쁜 생각을 하지 않는다. 우리는 모든 사람들 속으로 들어가고 싶고, 인간의 모든 활동들에 참여하고 싶고, 장사꾼이 되고 싶고, 왕당파에게는 왕당파, 지식인들에게는 지식인, 조합원들에게는 조합원이 되고 싶다. 그게 전부다. 전도는 말하지 말자. 그러면 사람들이 충격을 받는다. 그러면 우리는 의심을 받아서 접촉점을 가지기 어렵고 특히 남들과 같이 되기가 힘들게 된다. 그들의 신뢰를, 완전한 신뢰를 받아야 한다. 그들을 전도한다는 것은 그들을 배반하는 것이 된다.

여기서도 우리의 죄의식은 우리로 하여금 위선에 이르게 한다. 전도를 위한 것이 아니라면 그리스도인으로서 세상 속에서 살아간다는 것이 무슨 의미가 있겠는가 말이다. 한 사람이 예수 그리스도가 자신의 구원자요 주님임을 인정하는 것 이외의 다른 목적이 그리스도인의 활동에 존재할 수 있는가? 우리가 정당, 조합, 연합회, 모임 등에 참여하는 것은 무슨 의미가 있는가? 그런 활동들 자체가 정당하기에 우리가 참여하는 것인가? 그렇다면 우리가 그리스도인으로 행동한다는 걸 삼가 말하지 말라. 만약에 예수 그리스도를 알리기 위한 목적이라면, 그건 무슨 의미인가? 그것은 애매하고 일반적인 어떤 지식과 불확실한 존재를 전하려는 것이 아니고, 사람들이 마음으로 믿어 입술로 예수 그리스도를 주로 고백하게 하려는 것이다. 나머지 다른 것은 다 거짓이다. 왜냐하면 예수 그리스도가 온 목적은 사회정의를 세우고 국가권력이나 돈이나 예술을 지배하려는 것이 아니고, 사람들을 구원하려는 것이기 때문이다. 유일하게 중요한 것은 바로 사람들이 그 사실을 아는 것이다.

우리는 그 사실을 감추기 위한 이유들을 찾는 데에 아주 능숙하여 신학적이거나 정치적이거나 실제적으로 합당한 이유들을 내세운다. 그러나 그 진정한 이유는 우리 스스로 세상 세력들의 영향을 받아들여 지배를 받으려는 데 있다. 우리는 스스로 언론과 여론과 정치 활동에서 영향을 받고, 우리의 성향과 취약성에 따라서 정의, 자유, 평화, 제3세계의 가난, 서구 기독교 문명 등을 위한 호소와 요청에 넘어간다. 오늘날의 개신교인들은 전체적으로 사도 바울과 같이 모두에게 무엇이든지 다해줄 마음을 갖추고 있다. 그러나 안타깝게도 사도 바울은 그들을 전도하기 위한 것인데, 우리는 모든 사람들과 같이 되기 위해서 그렇게 한다.

이 죄의식은 자유를 부정한다. 왜냐하면 죄의식은 우리로 하여금 남들과 동화하게 할 뿐만 아니라 더더욱 우리 자신을 있는 그대로 받아들이며 살지 못하게 가로막기 때문이다. 그런데 그리스도인의 자유는, 적대적인 세상과 압력을 주는 집단들과 낯선 사람들 가운데서 용기를 가지고, 자유로운 까닭에 자신이 다르다는 것을 침착하게 표명하며 죄의식이 없이 사람들의 판단과 배척을 받아들일 수 있어야 한다는 것을 전제로 한다. 인간은 자유를 용인할 수 없다. 그러나 사람들의 판단을 고려하여서, 계시를 변경하고 완화하며 그리스도인이라는 이름은 부인하지 않은 채로 남들의 행동방식을 채택하고 혼합주의를 시도하고 현대인을 만족시키는 주석을 찾고, 이성적인 현대인이 죄의식을 지닌 우리의 말에 조금이나마 귀를 기울이도록 뭐든지 다하는 것은, 그리스도에 의해 주어진 자유를 멀리하는 것이다. 예를 들자면, 내 생각에는 불트만의 대담한 주석이 이 죄의식의 산물이 아닌가 싶다. 불트만의 주석은 흔히들 고전적 교리들에 대한 자유의 표현이라고 말하지만, 그리스도인의 자유와는 동떨어진 것이다.

4) 자유에 대한 비판

그러나 자유의 이름으로 죄의식을 부정하는 것은 그 역도 성립시킴으로, 자유에 대한 비판이 없다면 자유는 존재하지 않는다고 말할 수 있다. 본성적인 자유나 자연적인 자유는 선택이 있긴 하지만 임의로 아무 방향으로나 한 걸음 내딛는 것을 말한다. 그리스도 안에서의 자유는, 그리스도로부터 나오고 하나님의 사랑과 영광이라는 의미의 축들을 가지고 있어서, 반성과 자기성찰과 자기비판을 수반할 수밖에 없다. 이 비판은 자유의 가장 확실한 표지들 중의 하나이다. 진전되어감에 따라, 그리스도 안에서의 자유는 인간이 자기 자신을 성찰하고 또한 자유의 관점에서 자신이 한 일에 대해 논의할 것을 요구한다.

이와 같이 결정론적 요소는 행위 이전에 작용하지 않는다. 의례적인 태도와는 반대로, 영적이거나 마법적인 모든 수단들을 다 동원해서 '지금, 여기서' 하나님의 뜻을 알고 행하기 위해서 행위 이전에 먼저 스스로를 고문하는 일은 없다. 우리가 이미 말했듯이, 이것은 거짓 순종이자 자유를 부정하는 것이다. 그러나 우리가 하나님에 대한 순종을 바라며 선택한 행위에 대한 사후a posteriori의 비판은 존재한다. 행위와 그 결과들을 볼 때 우리는 그 타당성 여부를 결정할 수 있다. 그 행위가 자유의 발현이었는가? 결국 그 행위의 결과들만이 우리에게 그 해답을 알려줄 수 있다. 그렇다면 이것은 잘 알려진 수행법인 '양심성찰'로 연결되는가? 대답은 부정과 긍정이 반반이다. 왜냐하면 키르케고르가 가리킨 의미에서는 필수불가결한 이 '양심성찰'이 고전적인 측면에서는 여기서 보는 것과 아주 다르기 때문이다.

사람들은 '선과 악', '순종과 불순종', '죄'에 대한 의문을 던진다. 그목적은 하나님 앞에 나아가서 은총과 용서를 받기 위한 것이다. 일반적으로 자기 자신을 성찰하는 것은 개인적인 일이다. 그런데 자유에 대한비판은 우리가 행한 것이 그리스도 안에서 우리에게 주어진 자유의 발현이었는지, 아니면 결정론적 요인에서 비롯된 것인지 검토하는 것이다. 이것은 객관적인 행위들과 그 결과들에 대한 것이고, 다양한 차원을 포함한다. 그러므로 이것은 부분적으로는 그럴지라도, 또 자기 자신에 대한 비판을 포함한다 할지라도, 정확히 '양심성찰'이라고 할 수 없다. 그러나 이 비판적인 성찰이 없다면 자유의 구현은 있을 수가 없다는 점을정확히 이해해야 한다. 자유의 상실만이 있게 될 것이다. 실제로 그리스도 안에서의 자유가 보여주는 가장 강력한 표지들 중의 하나는 이 주어진자유를 사용하여 우리가 어떤 시점에서 우리의 자유를 발현했다고 믿는모든 것을 검토하여 그것을 냉정하게 밝혀서 또다시 자유를 상실하게 된사실을 인식할 수 있다는 점이다. 그때 자유는 그 사실을 밝혀내는 짧은시간에 자유로운 인간으로 행동한다고 믿으면서 내가 아직도 소외된 인간으로 행동하고 있었다는 점을 파악하는 것이다.

자유에 대한 비판의 부재는 우리가 전혀 자유롭지 않다는 점을 증명한다는 사실에 유의해야 한다. 이것을 이해하는 것이 어렵다는 점을 나는안다. 그러나 만약에 자유가 소외를 드러내어 밝히고 도려내어 객관화하고 제거하는 이 비판적 성찰을 포함하지 않는다면, 자유가 급속하고명백하게 확산되는 것 자체가 오히려 소외를 확산시킬 것이다. 또다시정확히 말해서 우리의 행위들에 있어서 마법적인 효과는 결코 존재하지 않는다. 다시 말해서 자유에 대한 비판은 그 자체가 자동적으로 우리의 자유를 보장하는 것은 아니다. 단지 이 비판이 하나님을 향한 우리의 마음을 표현한다는 점에서 이것이 의미가 있고 효력이 있다는 것이다.

이 비판은 하나님 앞에서, 하나님을 향한 우리의 겸손의 표시로서, 하나님이 부여한 사랑과 영광이라는 자유의 기준들에 근거해서 행해져야 한다. 바꾸어 말해서 이 자유에 대한 비판이 우리의 비판의 자유의 발현이 되게 하는 것은 바로 하나님의 현존이다. 현존은 반드시 개입을 의미한다는 사실을 상기하자. 하나님은 행동하는 존재이며, 나의 행동의 자유와 나의 비판의 자유의 중재자가 되기 때문에, 나의 비판의 자유는 실제로 자유가 되어, 행동의 자유에서 비롯된 행위에 자유를 부여한다. 그러나 당연히 이 비판의 자유는 자유 자체를 비판하는 의미를 가질 수 없다. 이것은 우리가 판가름할 수 있는 '자유로운 행위'나 '자유롭지 않은 행위'의 문제와 같은 것이 아니다. 그 문제는 내면 성찰로 죄를 입증하는 것만큼이나 해결할 수 없는 어려운 것이다.

행동의 자유에 대한 비판을 전개하기 위해서는 또 다른 관점에서 혹은 또 다른 의미에서 출발해야 한다. 우리가 알다시피, 그것은 하나님의 사랑과 영광이라는 두 개의 의미의 축들에 의해서만 의미를 가진다. 그러므로 우리는 거기에 근거해서 우리의 행동의 자유가 참된 것인지 아닌지 알 수 있다. 따라서 비판의 자유는 우리가 자유에서 비롯되었다고 믿는 행위가 실제로 이웃사랑과 하나님의 영광을 나타내는지 검토하는 데 있다. 우리가 그런 의도를 가지고 있다고 해서 충분한 것은 아니다. 왜냐하면 그것은 사전이 아닌 사후에 지각될 수 있는 것이기 때문이다. 우리는 그 결과들을 통해서 그 의미에 맞게 발현된 자유가 존재하는지 평가할 수 있다.

그러므로 비판의 자유는, 행위가 결국 다른 목적으로 행해졌다는 사실을 확인하게 되면, 그 자유의 구현을 거부하고 부정하며 지탄하는 것이다. 정말 중요한 것은 나의 자유의 행위가 이웃을 위한 사랑에서 나온 것인지, 아니면 모든 인간적인 동기들에 의해서 어떤 사람이나 정치적 동료나 이해관계의 공고성을 위한 것인지, 혹은 정당, 계급, 민족, 국가 등을 위한 것인지 스스로 자문하는 것이다. 행위가 아주 조금이라도 하나님의 현존을 드러낸 것인지, 아니면 국가, 강령, 사회, 특정 세력 등의 영광을 위한 것인지 물어야 한다. 결국 돈이나 조직이나 노동이나 과학의 위력을 나타낸 것이 아닌지 물어야 한다. 이 모든 것들을 통해서 하나님의 영광이 드러난다고 자위하지 말아야 한다. 아주 엄정한 선택이 그 안에 존재한다. 하나님의 영광은 돈이나 정치활동이나 과학을 통해서 드러나지 않는다. 그것들이 나의 행위에 의해 패배하고 힘을 빼앗겨 아무 것도 성취할 수 없게 된 세력들이 되기 전까지는 말이다.

그러나 내가 자유로운 행위의 진정한 동기들을 드러낼 때, 나는 하나님이 나에게 자유를 부여한다는 사실을 드러내는 것이다. 나는 그 자유를 그 시점에서 그런 방식으로 영위하고 있는 것이다. 그러나 내가 나의 자유를 비판의 자유로 사용하지 않고, 나 자신의 자유를 당연한 것으로 여기고 이것은 곧바로 나는 스스로의 힘으로 자유로운 존재라는 걸 뜻하게 된다 자유의 뒤편을 돌아보지 않고 피드백조차 취하지 않으면서 자유로운 인간으로 살아가려고 하면, 내가 자유로운 삶이라고 믿는 것은 엄밀하게 말해서 사실은 하나의 노예적 예속이자 또 다른 소외상태에 지나지 않는 것이 된다. 독자들은 어떻게 그렇게 될 수 있을까 의아해 할 것이다. 우리가 말했다시피 실제로 자유롭게 해방된 것이라면, 비판의 자유의 부재라는 단순한 사실 하나가 어떻게 소외상태를 다시 불러올 것인가 하고 말이다. 사실 자유보다 더 착각하기 쉬운 것은 없다. 인간은 본능적으로 언제나 자신이 자유롭게 행동한다고 확신한다.

우리는 그와 같은 본능적인 확신을 가장 복잡한 형이상학적 차원이나 가장 단순한 반사적인 반응의 예를 들자면 자신에게 부가된 '결정론적 요소들'을 알게 된 사람의 분개한 혹은 절망적인 태도 차원과 같은 모든 차원에서 발견한다. 결정론적 요인의 비중을 알고 있는 사람들조차도 계속해서 인간의 자유에 대해 확신하는 본능적인 태도를 견지한다. '역사의 필연성'을 기술하는 사람들도 계속적으로 인간이 역사를 창조한다고 말한다. 수많은 사회학 저서들은 암묵적인 근거로서 비판도 하지 않고 더더욱 입증도 하지 않은 채로 인간의 자유에 대한 비이성적인 확신을 담고 있다. 거기서 인간의 자유는 타고날 때부터 주어진 것이 된다.

본성적으로 억제할 수 없는 이 뿌리 깊은 성향은 우리로 하여금 인간이 경험하는 모든 것 가운데서 가장 신뢰할 수 없는 것으로서 가장 많은 착각을 유발하는 것이다. 더군다나 우리는 인간이 실제로는 자유로운 삶을 꺼려하는 것을 보았다. 그러나 인간이 자유를 두려워한다 하더라도, 그가 원하는 것은 자신이 자유롭다고 말하고 선포할 수 있는 것이다. 실제 그렇게 살지는 않으면서 그런 시늉을 하는 것이다.

그리스도 안에서의 자유도 예외가 아니다. 인간이 끊임없이 자기 자신에 대해 그런 착각을 하기 때문에, 인간으로서 그리스도인은 당연히 사회적으로 가장 구차한 순응주의적 행위를 그리스도인의 자유로 해석하게 된다. 그는 인간의 본성을 따르면서, 그것을 자유로 착각하는 것이다. 그는 전혀 그리스도의 자유를 삶으로 살고 있지 않지만, 그 사실을 인식할 수 없다. 그리스도인은 다른 누구보다도 더 쉽게 그런 착각에 빠져들기 쉽다. 왜냐하면 그는 자유를 주는 하나님의 사랑이 존재한다는 사실을 알고 있기 때문이다. 기독교인이 아닌 사람이 자유롭다는 착각에 빠지는 경우에, 그는 어떤 견고한 이론을 따르는 것이 아니며, 처음부터 자신의 주장에 관한 어떤 근거도 없다. 그래서 그의 입장은 취약하고 자유에 대한 그의 신념은 아주 사소한 것에 의해서도 흔들릴 수 있다.

"주의 영이 있는 곳에 자유가 있다"라는 확신을 가지는 그리스도인은 원래의 인간본성의 작용에 의해 이 강력한 준거의 말씀을 곧바로 정말 공허한 말로 변환시켜버린다. 동시에 그는 그만큼 더 크게 좌절한다. 다른 모든 사람들과 같이 그런 착각 속에서 자신의 자유를 행사하게 되면, 그리스도인은 해방의 자유를 알기 전보다 훨씬 더 소외된다. 왜냐하면 이 소외상태는 그리스도 안에서의 자유에 대한 확신에 기초한 것이기 때문이다. 그것은 자유를 왜곡한 것이다. 테야르 드샤르댕의 사상의 특징은 이 엄청난 본말의 전도顚倒에 있다. 이 때 그리스도인은 두 배나 더 소외된다. 왜냐하면 그는 모든 사람들의 공통적인 '결정론적 요소들'에 다시 빠져들면서도 자신이 그리스도 안에서 자유로운 존재라고 믿기 때문이다. 그리스도인이 하나님의 해방에 의해 얻은 자유와 사람들이 타고난 본성으로 생각하는 자유를 혼동하고, 은총의 역사를 자연적인 것으로 변질시키면서부터, 그는 자유라는 착각 속에서 노예적 예속상태에 빠진다.

그리스도인의 자유가 이와 같이 소외의 원인이 되고 만다. 이 현상은 그리스도에 의해 자유롭게 되었다는 믿음으로 행동하면서, 자신들이 무엇을 하든 간에 결국 그리스도의 자유를 발현하는 것이라고 믿고, 모든 결정이 그들이 하나의 지위처럼 누리는 자유의 행사라고 믿는 사람들에게 더 유별나게 나타난다. 물론 이미 말한 바와 같이, 그리스도인이 주어진 사회에 속한 한 인간으로 살아가는 한, 그는 모든 사람들과 완전히 다른 별종의 존재가 될 수 없다. 그의 자유는 저절로 획득되는 것이 아니며, 그는 끊임없이 자유로운 삶에 대한 다른 사람들의 두려움에 다시 빠져들고, 자유에 대한 사람들의 착각과 주장을 공유하고, 그 책임을 수용하는 것을 거부하고 결정론을 다시 따르게 된다. 그렇게 될 때, 자유에 대한 무비판적인 전제를 받아들이자마자, 누구보다도 그리스도인이 자유라는 환상 속에 소외된 삶을 살아갈 위험성이 있다.

　물론 이와 같이 개개인의 차원에서 한 내 말은 전체적으로 교회에 대해서도 동일하게 적용될 수 있다. 예를 들어 우리가 오늘날 그리스도인의 자유는 조합에 가입해야 하거나 정치활동을 하는 데 있다고 본다면, 우리는 곧 우리와 같은 사회에서 발생하는 사회적 결정요인들을 자세히 검토해야 한다.[232]

　좀 더 명확히 하자면, 내가 말하고자 하는 것은, 우리가 진지한 비판을 통해서 실제로 우리가 인간적이고 사회적인 동기들에 따른 것을 정직하게 인정하게 되면 그 결과로 모든 활동과 참여를 포기해야 한다는 말이 아니다. 그건 결코 아니다. 우리는 계획한 바대로 행동을 취할 수 있다. 그러나 다만 그것이 그리스도 안에서 우리의 자유를 발현하는 것이 아니라는 사실은 분명히 해야 한다는 것이다. 따라서 그것은 이웃 사랑을 전하는 것이 아니고 주 하나님의 영광을 위하는 것이 아니라는 점을 명시해야 한다. 우리의 행동은 보통 사람들과 같은 것으로 금지된 것도 정죄되는 것도 아니다. 그렇게 행동할 때 그리스도인으로서 행동한다고 주장하는 것은 아주 위험하다. 그러면 우리는 바리새인들처럼 정죄 당하게 된다. 왜냐하면 종속된 노예로 행동하면서 자유롭다고 주장함으로써, 우리는 자유를 오도하기 때문이다.

　이와 같이 자유의 착각은 소외의 원인이 될 뿐만 아니라 더 나아가 정죄의 원인이 된다. 행동의 자유를 검토하는 비판의 자유는 자유의 '결정론적 요소'가 된다. 왜냐하면 비판의 자유는 사회적으로 아주 결정적인

---

232) 이것에 대한 비판의 예로서, 1963년에 출간한 나의 저서 *Fausse Présence au Monde Moderne*(세상 속 그리스도인의 왜곡된 삶)의 한 부분인 "Examen de conscience sociologique(사회적 의식의 검토)"라는 장을 들 수 있다.

시기에 궁극적으로 우리가 담당할 수 있는 최후의 진정한 자유가 될 수 있기 때문이다. 그렇지만 비판의 자유는 언제나 실제로 수용할 수 있는 것이다. 비판의 자유는 언제나 자유이며, 거기에 대한 의문은 없다. 이것은 하나님이 인간 안에 하나님의 자유를 심어놓은 시점과 인간 존재 사이에 설정한 간극이라고 볼 수 있다. 바꾸어 말해서 비판의 자유는 우리가 가질 수 있는 자유의 확실성에 대한 유일한 내적 근거가 된다.

3. 행복과 쟁취

우리는 이제 자유의 상실에 대한 세 번째 측면을 살펴볼 것이다. 내가 알기로는 성서적으로 행복의 추구와 하나님의 뜻에 대한 순종은 언제나 서로 상반된다. 여기서 일단 행복은 그리스도인에게 금지된 것이 아니고 예수의 말씀대로 덤으로 주어진 것이라는 점을 밝혀두자. 행복은 주어진 것이므로 쟁취할 대상이나 열정적으로 추구할 대상이 아니다. 덤이란 필수적이거나 결정적인 것이 아닌 부수적인 것이다. 이 말이 겨냥하는 것은 행복한 삶 그 자체가 아니라 행복의 추구와 요구와 열정과 행복에 부여한 가치이다.

행복을 위해 모든 것을 희생하고 행복에 의해 모든 것을 정당화하는 것은 삶의 모든 의미를 희석시키는 것이다. 여기서 우리는 행복에 대한 성찰을 하거나 그 모든 양상들을 검토하거나 행복의 철학을 논하려는 것이 아니고, 성서적인 자유와 성서적인 행복의 관계에 대한 성서적인 고찰을 시도해보려는 것이다. 우리는 철학적이거나 심리학적인 정당화나 혹은 일반화를 내세우지 않고 단지 하나님이 결정한 것을 보고자 한다. 그런데 한편으로 성서 기자들에게 있어서 행복이 하나님의 선물이라는 것은 하나의 문화 현상일 수 있다. 다른 종교들은 신도들에게 행복을 제공하는 역할을 그들의 신들에게 부여했다. 그러나 여기서 문화 현상에서 벗어나는 두 가지 사실들을 볼 수 있다.

첫 번째는 영원한 하나님이 준 행복은 대가가 없는 무상이라는 사실이다. 아브라함의 하나님은 희생과 헌물에 대한 보상으로 행복을 제공하는 존재가 아니다. 더 나아가 행복과 선은 일치하지 않는다. 악하고 부정직한 사람들이 행복하게 산다. 의로운 사람보다 더 행복한 사람들도 있다. 욥기는 그것을 서사적으로 기록한 것이다. 욥의 치욕은 '길가메시'에서와 같이 자신이 불행하다는 것만이 아니라, 악하고 패역한 사람들이 행복하다는 데에 있다. 이것은 욥기만의 메시지가 아니다. 시편 73편 8절과 같은 많은 시편구절들이 우리에게 같은 말을 하고 있다. 구약에서는 언제나 하나님이 행복을 주는 존재로 알려져 있음에도 불구하고 이와 같이 실재하는 상반된 사실은 하나의 문화 현상이라고 할 수 없다. 두 번째는 행복이 삶의 목적이 아니라는 사실에 있다. 이스라엘 민족에게 행복은 부차적인 것이다. 우선적으로 하나님에 대한 충성과 하나님의 언약과 지혜와 사랑이 있고 나서, 부수적이고 부차적으로 따르는 결과로서 행복이 있다.

행복은, 무시할 수 없는 것이라는 점은 확실하지만, 하나님을 향한 행위의 동기도 하나님의 사랑은 전적으로 모든 이해관계에 대해 초연해야 한다 불가피한 논리적 결과도, 최고의 관심사항도 될 수 없다. 행복은 자주 물질주의적이라고 할 수도 있는, 산전수전 다 겪은 달관의 지혜를 수반하기도 한다. 거기서 행복은 물질적인 요인들과 연계되어 단단한 입지를 가진다. "아내를 얻은 자는 행복을 얻은 자이다."잠18:22 이 구절의 뒷부분은 그것이 하나님으로부터 받는 은총이라고 한다. 그러므로 남자와 여자의 진정한 결합으로서의 결혼은 은총이다. "인간에게 행복은 먹고 마시며 일을 하는 가운데 즐거움을 느끼는 것이다."전2:24 이것은 현대사회에서 살아가는 사람의 철학을 요약한 것이라고 해도 좋을 것이다. 그러나 여기서도 "이것도 역시 알고 보니 하나님의 손에서 나오는 것이다."라는 구절이 이어진다. "인간에게 사는 동안에 기뻐하고 선을 행하는 것보다 더 나은 행복이 없는 것을 내가 알았다."전3:12 "두 손에 가득하고 고생하는 것보다 한 손에 가득하고 편안한 것이 더 큰 행복이다."전4:6

행복은 좋은 아내를 얻고 재산을 모으고 잘 먹고 마시고 편안하고 안락한 삶을 사는 것이라고 한다. 전도서와 현대사회의 사고방식이 이렇게 일치하는 것은 내게는 참 인상적이다. 이것은 보상적인 성격과 영적인 가치와 의미를 거둬버림으로써 행복을 제자리에 다시 되돌려놓는 것이다. 그런데 이 모든 것은 이집트와 셈족의 사상과는 아주 거리가 멀어 보인다. 그리스 사상이 전도서에 영향을 끼쳤다고 많이들 주장한다는 사실을 잘 알고 있지만, 그 주장은 별로 신빙성이 없다. 사실 나는 행복에 대한 원래의 평가를 믿는 쪽이다. 그러나 여기서는 행복이 삶의 목적이나 최고의 가치가 아니고 부차적인 것이라고 밝히고 있다는 점을 중시해야 한다.

반면에 시험과 역경과 빈곤과 고난에 영적인 중요성을 부여하는 것은 무익한 일이다. 이것은 행복에 가치를 두는 것을 부인하는 데 대한 반대 급부이다. '팔복'의 '복 있는 사람'은 이것과 반대가 된다. '복 있는 사람'은 인간적인 기준들에 의한 행복을 소유하고 이 세상의 부를 축적하며 만사에 득을 보는 사람이 아니고, 반대로 인간적인 행복의 모든 원천들이 차단되어버린 사람이다. 이 '팔복'의 메시지는 구약, 특히 시편에 실제로 계속 내포되어 있는 내용이다. 그러므로 한편에는 인간적인 수단들을 가진 인간의 행복이 존재한다면 인간이 이 행복에 부여하는 중요성과 함께 다른 한편에는 행복과 부를 구하지 않고 땅을 독점하지 않는, 현실의 이익에 반하는 사람이 행복한 사람이라는 하나님의 선언이 있다. 그러나 그런 사람이 행복한 영원한 팔복의 지복적인 행복은 아니다 사람이라는 하나님의 선언은 땅 위의 행복과 하늘의 행복을 대립시키는 것이 아니다. 그것은 다른 차원의 실재를 뜻하는 것이고, 감성이나 필요성과 욕망의 실현에 의존하지 않고 하나님의 선언, 하나님의 말씀의 진리에 의지하는 것이다. 바꾸어 말해서 이 사람은 직접 경험하고 지각하지 않았다 할지라도 행복한 것이다. 이 선언은 세 가지 결과를 가져온다.

첫 번째로 이것은 금욕주의를 불러일으키지 않고, 가치 있는 것을 의지적으로 박탈하는 것이 아니다. 이것은 단지 인간이 행복의 원인이자 원천으로 여기는 모든 것들에 대한 독립을 뜻한다. 두 번째 결과는 우리로 하여금 전도서의 현실주의를 참조하게 한다. 인간이 말하는 행복은 땅을 소유하고 남들 위에 군림하고 박해당하지 않고 곤란을 겪지 않으며 굶주리지 않고 목마르지 않고 지적으로나 영적으로나 모든 면에서 부유하게 되는 것이다.

마지막 세 번째 결과는 행복의 유효성은 필요와 열정을 충족시키고 세상에 속한 것들을 이용하는 데서 얻을 수 있는 행복도 포함하여 오직 하나님으로부터 주어진 것으로 하나님으로부터 온 것임을 인정하는 데 달려 있다는 것이다. 인간이 하나님의 역사를 인정하지 않고 하나님과 결부시키지 않는 모든 행복은 결국 정죄되고 폐기될 것이다. 구약에 계속 등장하는 것이 바로 행복의 이 부차적이고 의존적이고 부수적인 특성이다. 이것은 자유의 문제와 직접적으로 연관된다. 행복이 하나님에게 귀결되지 않고 그 자체에 속하는 것으로 치부되는 경우에 대해 계시한 예수의 말씀이 있다. 많은 부를 축적한 부자는 말한다. "내 영혼아, 여려 해 동안 쓸 물건을 많이 쌓아 놓았으니, 너는 평안히 쉬고, 먹고 마시며 즐거워하라."눅12:19 이에 대해 하나님은 대답한다. "어리석은 자여, 오늘 밤에 네 영혼을 도로 찾겠다."눅12:20 행복을 부의 축적과 생산성에 두는 세상의 지혜는 하나님 앞에서는 그저 어리석음에 지나지 않는다.

1) 행복과 자유의 관계

행복과 자유의 관계는 이와 같은 성서적인 행복관에서 나온다. 여기서 행복은 그리스도 안에서의 자유를 소멸시키는 힘으로 등장한다.[233] 사실 우리는 두 가지 모순적인 삶의 유형들을 접한다. 문제는 단지 하나님이 없이 행복하기를 원하는 것은 악하고 불가능하다거나, 혹은 선을 우리의 행복을 위해 이용하는 것은 악하다고 지적하는 것에 있지 않다. 그것은 무의미한 도덕적인 말에 지나지 않는다. 훨씬 더 근본적인 것으로서 우리는 두 가지 삶의 유형들을 눈앞에 두고 있다. 왜냐하면 행복은 그 자체가 하나의 삶의 유형이기 때문이다. 이 말은 행복이 조건을 만들고 유발한다는 것이 아니라, 삶의 총체적인 개념으로서 하나의 완전한 삶의 유형이라는 의미이다. 왜냐하면 성서에 기록되어 있는 행복은 인간이 찾는 주요한 대상이며 우선적으로 구하는 것이어서, 인간은 모든 것을 희생할 채비가 되어 있고 모든 관심을 행복에 집중하기 때문이다. 행복은 삶에 하나의 의미를 부여하는 가치가 된다. 행복은 단지 욕구를 실현하는 것만이 아니다. 그런 차원에서는 배를 채움으로써 누리는 만족감은 전혀 정죄되지 않는다.

그러나 인간은 그것으로 만족할 수 없다. 사실상 성서적인 현실주의 속에서 행복은 그런 기초적인 것의 충족에 불과하다. 그런데 인간은 종교적이고 영적인 욕구가 있기에 그 물질적인 실현에다가 그런 영적인 욕구를 만족시키는 하나의 가치를 부여하려 한다. 인간은 물질적인 것과

---

233) 이 주제에 관해서 키르케고르만큼 정확한 설명을 한 사람이 없다. "세상에서 사람들이 추구하는 제일의 선이 독립이면서 거의 아무도 그 독립에 이르는 유일한 길을 밟지 않는 것은 이상한 일이다. 그 길은 고난의 길이다… 고난을 거부하는 행복은 자유뿐만 아니라 인간이 추구하는 독립도 제거해버린다. 왜냐하면 독립을 향한 길은 고난의 길이기 때문이다."(Kierkegaard, *L'Evangile des souffrances*)

영적인 것을 동시에 구한다. 그러나 하나님 앞에서 용납될 수 없는 것은 바로 이 물질적인 만족에 기댄 영적인 만족이다. 왜냐하면 인간의 삶의 의미를 찾는 것이 그런 일상적인 욕구의 만족에 있게 되기 때문이다. 인간이 배고플 때 먹지 못하고 소유물을 축적하지 못한다면, 인간에게 삶은 살만한 가치가 없는 것이 된다. 나는 이 말을 현대를 대상으로 하는 것이 아니다. 성서는 이 점에서 분명하다. 또한 나는 이 말을 자본주의와 같은 하나의 경제 체제나 부유층과 같은 하나의 계층을 대상으로 하는 것도 아니다. 인간은 오랜 옛날부터 언제나 이와 같은 행복을 이와 같은 방식으로 추구해왔다. 그렇지만, 인간이 이와 같이 행복의 쟁취를 자신의 삶의 의미로 삼는 한, 인간은 행복을 타인의 존재 덕분으로 돌리거나 하나님의 은혜로 보지 않게 된다. 그 이유는 인간이 스스로 그 가치대로 삶을 살았고 성취를 위해 모든 노력을 기울였기에 그것을 달성한 것이기 때문이다. 그런 인간이 어떻게 "그것은 하나님으로부터 온 것이고 하나님의 선물이야"라고 말할 수 있겠는가? 그는 행복을 이루기 위해 자신이 한 노력과 고생을 잘 알고 있다. 그는 그것이 남들에게는 무자비하게 하면서 자신이 달성한 목적에 모든 삶을 경주한 결과라는 것을 잘 알고 있다.

행복이 인간의 중심적인 관심사인 한, 인간은 행복을 향한 발걸음과 집착에서 벗어날 수 없다. 인간은 자유로운 존재로 살 수 없다. 왜냐하면 끊임없이 다시 생겨나는 욕구들을 충족시키는 데 얽매인 인간에게 어떤 간극도 유예도 이탈도 불가능하기 때문이다. 행복이 독점을 추구하는 한, 행복은 자유의 발현일 수 없다. 독점 이외의 다른 것이 될 수 없다. 실제로 감각적이고 영적인 욕구의 충족이 가장 우선적인 것이 되는 행복은 세상을 지배하는 것과 반드시 자본주의적인 방식인 것은 아닌 바, 예를 들어 뒤하멜의 『세상의 소유」234)에 나오는 것은 아주 전형적이다 하나님을 지배하는 것을 종교적 욕구를 충족시키기 위해서 계시를 종교로 전환하는 것 포함한다. 행복이 안전을 지향하는 것이 될 때, 행복은 자유가 될 수 없다. 행복은 또 다른 만족을 가져오는 안전보장 이외의 것이 될 수 없다. 안전을 보장하는 부유한 재산과 도시와 국가235)가 있으니, 이제 그만하고 편안히 쉴 수 있다는 것이다. 행위의 동기부터 시작해서 삶의 의미부여에 이르기까지, 결정론적 요소로서의 행복은 완전한 삶의 양식이 된다.

우리가 앞에서 충분히 언급한 바와 같이, 자유는 하나의 삶의 양식으로서 특히 그리스도인의 삶의 양식이다. 성서는 우리에게 그리스도인의 삶의 양식은 이전의 삶의 양식과 완전히 상반된다는 점을 말한다. 먼저 행복과 자유에 대한 판단이 서로 어긋난다. 그리스도 안에서의 자유에 기초한 행복의 판단은 행복에 기초한 자유의 판단과 상반된다. 자유에 기초한 행복의 판단의 예는 팔복선언으로 우리에게 전해진다. 이에 대해서는, '반反현실'적인 팔복의 천명은 오직 예수 자신의 자유에 의한 것이라는 사실을 강조하는 것으로 그칠 것이다. 예수는 전적으로 자유롭기에 자신의 자유에 의거하여 인간이 행복에 대해 가질 수 있는 모든 것을 철저하게 반전시킬 수 있었다. 예수가 행복이 어디 있는지 말할 수 있는 것은 바로 그 자유에 의해서다. 그런데 그 행복은 사람들이 행복이 아니라고 하는 것 가운데 다 있다는 것이다. 인간이 삶의 양식으로서 행복이라고 부르는 것에 대한 하나님의 판단에 의해서, 하나님이 말하는 '복 있는 사람'에게서 인간이 말하는 행복이 분리되는 것이다. 그러나 그 반대의 경우도 또한 맞다. 삶의 양식으로서의 행복에 기초하여 인간은 자

---

234) [역주] 1919년에 출간된 조지 뒤하멜(Georges Duhamel, 1884~1966)의 *La Possession du Monde*(세상의 소유).

235) ▲이스라엘 백성은 하나님이 인도하는 예측불가능하고 변화무쌍한 길에서 안전하지 않은 상태로 더 이상 살아갈 없으니, 왕을 달라고 요구한다.

유를 판단하며, 결국 자유를 원하지 않게 된다. 인간도 또한 자신의 관점에서 두 가지 삶의 양식들이 상반되는 것을 확인한다.

성서에서 예언서의 여러 예들을 들 수 있지만 여기서는 하나의 예를 드는 것으로 그친다. 그것은 광야의 이스라엘 민족의 경우이다. 이스라엘 사람들은 선택받고 해방되어 자유의 기적들과, 자신들의 요구에 응답하는 마라의 물과 같이 하나님의 임재까지 경험하지만, 먹을 것이 충분히 없어서 겪는 자유의 고통을 경험한다. "우리가 이집트 땅에서 고기 가마 곁에 앉아 배불리 음식을 먹던 그 때 하나님의 손에 죽었더라면 좋았을 텐데 당신들이 우리를 이 광야로 데리고 나와 이 온 회중을 굶어 죽게 한다."출16:3 이와 같은 요구는 늘 있어왔고 모든 시대에 걸쳐 반복되어왔다. 사실 그 말은 "배를 채워주거나 아니면 죽음을 달라"는 것이다. 이것은 "당신이 어찌하여 우리를 이집트에서 데리고 나와 우리와 우리 자녀와 우리 가축이 목말라 죽게 하느냐?"출17:3라는 말과 같다. 우리는 몇 년이 지난 뒤에 이집트에서 경험한 모든 행복을 기억하는 탓에 이스라엘 사람들의 이와 같은 원망이 더 커진 것을 발견하게 된다. "누가 우리에게 고기를 먹여 줄까? 이집트에서 생선을 값없이 먹던 것이 기억이 생생하고, 거기에다 생선과 오이와 멜론과 부추와 파와 마늘이 눈에 선한데, 지금 우리의 기력이 약해졌으나 우리 앞에 만나 외에는 아무것도 없다."민11:4-6 아무것도 없다는 것이다. 왜냐하면 행복을 찾는 눈에 자유는 아무것도 아니기 때문이다. 또한 하나님의 은총도 아무것도 아니다.

광야에서 40년을 보내고 난 뒤에 이스라엘 백성이 자유의 의미를 이해했다거나 이집트에서의 행복한 기억으로 떠올리던 것을 눈앞에 두고 자유를 선택하게 되었다고는 믿지 말아야 한다. 이스라엘 사람들이 가나안에 가까이 다가갔을 무렵에 그들은 그 땅의 거주민들이 아주 강하다는 사실을 알게 되었다. 그러자 이제 그들은 이집트의 음식이 아니라 안전을 아쉬워하기 시작했다. "백성이 밤새도록 통곡했다… '우리가 차라리 이집트 땅에서 죽었더라면 더 나았을 것이다. 아니라면 차라리 광야에서 죽었던 편이 더 좋았을 것이다. 그런데 왜 하나님은 우리를 이 땅에 오게 했을까? 차라리 이집트로 돌아가는 편이 더 낫지 않을까?… '지도자를 세워서 이집트로 돌아가자.'"민14:1-4

자유의 모험을 눈앞에 두고서 노예적 예속상태의 안전을 행복으로 간주하여 선택한 것은 너무도 심각한 일이었기에, 그 일은 자주 언급되었고, 또 수세기 후에 레위지파는 그들의 조상들이 "노예로 살았던 이집트로 다시 돌아가려고 지도자들 세웠던"느9:17 일 때문에 느헤미야의 명령에 의해 굴욕을 당하기도 했다. 또한 이 구절들을 통해서 우리에게 전해지는 아주 단순한 정보들 가운데서 드러나는 현실주의적 심리에 주목할 필요가 있다. 이스라엘 백성은 모험보다는 죽음을 선호하고, 자신들의 욕구를 충족시키지 못하면 차라리 죽기를 원한다. 다시 말해서 행복을 가지지 못한다면, 차라리 정말 어처구니없는 선택을 한다는 것이다. 자유와 행복은 이와 같이 상반되고, 양자가 각기 서로에 입각한 판단을 받으면서, 둘 사이에는 선택도 불가능해질 정도가 된다. 인간은 자유와 행복 사이에 제3의 죽음을 개입시킨 선택을 상정한다. 인간은 행복이 아니라면 삶은 살만한 가치가 없다고 주장한다. 결국 하나님은 이 주장을 받아들이고, 제3의 죽음으로서 예수 그리스도의 죽음을 개입시킨다. 이것은 "예수 그리스도의 죽음에 의한 인간의 자유"를 불러온다.

확실히 자유는 인간이 자연적이고 필수적인 것으로 여기는 욕구와 열정을 충족시키지 못하고 불안전한 상황과 모험을 겪는 것을 내포한다. 인간은 그런 측면들을 언제나 자신의 행복과 상충되는 것으로 여긴다. 여기서 우리는 이스라엘의 모든 역사를 다시 떠올려볼 수 있다. 하나님의 자유를 증언하고 인간으로 하여금 그 자유의 길로 나아갈 수 있도록 하나님이 부여한 모험으로서, 여리고를 눈앞에 두고 요단강을 건너는 역사를 생각해보자. 하나님은 제사장들에게 어깨에 언약궤를 메고 요단 강으로 들어가 멈추지 말고 나아갈 것을 명령한다. 그 명령에는 아무런 보장도 없다. 다만 하나님에게 순종하며 앞으로 나아가라는 것뿐이다. 왜냐하면 하나님은 자유를 주는 해방자이기 때문이다. 제사장들이 요단 강에 들어서서 강물에 빠질 모험을 감수할 때, 그들 앞에서 요단강의 강 물이 점차로 뒤로 물러가기 시작하여, 그들이 강 한가운데 도달할 때까 지 강물이 계속 뒤로 물러갔다. 제사장들은 거기서 모든 백성이 발에 물 이 젖지 않은 채로 건너가기까지 멈추어 섰다. 이것은 물질에 대해서도 확인된 자유의 훌륭한 표본이 되며, 피조물에 대한 하나님의 자유에 기 인하는 것이다.

　그러나 이 자유는 모험을 감수하는 것을 전제로 한다. 다시 말해서 인 간이 행복이라고 여기지 않는 상황을 감수해야 한다. 그것은 우리가 열 왕기 시대 이스라엘 역사 속에서 발견하는 것과는 정반대되는 것이다. 그 시대에 이스라엘이 추구하던 가장 중요한 것은 안전보장이었다. 이 스라엘은 먼저 다른 민족들처럼 왕을 원했다. 이점에서 우리는 또다시 인간이 행복이라고 부르는 것의 한 가지 양상을 발견한다. 다시 말해서 이 행복은 남들과 비슷하고 똑같이 되는 것, 남들과 같이 조직되고 통치 되는 것, 남들과 구별되지 않는 것이다. 이스라엘은 왕을 요구하면서 권 력보다는 안정과 동일성을 구하며 눈에 띄지 않는 것을 원했다. 행복하 게 살려면 모든 사람처럼 살아야 한다는 것이다. 이것은 행복에 관계되 는 성서구절들을 통해 위에서 이미 본 바와 같은 어리석음으로 분명하게 나타난다. 이스라엘 사람들은 자신들에게 동일성과 안정과 예측 불가능 한 상황에 대한 보장을 확보해준다면 왕이 독재 권력을 휘두르는 것도 용 납한다. 이 안전보장의 추구는 이스라엘 통일왕국이 분열된 이후에 북 이스라엘왕국과 남유다왕국의 왕들의 정치를 지배했다. 열왕기하는 동일한 메커니즘을 계속 반복한다. 왕들은 세상 모든 나라와 마찬가지로 동일한 정치를 했다. 다시 말해서 동맹과 기구들과 국력 강화와 영리한 균형책 등을 통해서 백성의 안정과 안전을 확보하려고 했다. 이집트와 시리아, 심지어 갈대아 국가들과도 동맹을 체결한다. 동맹의 체결은 모두가 다 방어와 안전보장, 즉 행복과 행복의 보장을 추구하기 위한 목적이었다. 동맹이 대재앙으로 바뀌고, 믿었던 나라가 배반하고, 동맹국들이 전쟁을 일으켜 패하고, 동맹국이 정복자가 되어 이스라엘을 굴종시키는 역사가 계속 재현되었다.

이스라엘은 하나님의 백성으로 오직 하나님에게 속하기에 자유로운 백성으로서 살아가고 행동해야 한다. 다시 말해서 하나님 안에서의 자유에 따른 불안전한 상황을 수용해야 한다. 이스라엘은 안전보장을 위한 인간적인 수단들을 추구하지 말아야 한다. 안전보장은 인간이 구하는 행복으로서 자유를 부정하는 것이다. 이것은 이사야, 예레미야, 에스겔이 예언 속에서 계속 환기시키는 내용이다. 그들은 '자유와 불안전'과 '안전보장과 노예적 예속'의 정확한 메커니즘을 규명해준다. 그래서 그들은 사람들이 '광야의 신화 혹은 이데올로기'라고 불렀던 것을 다시 떠올리게 한다. "광야의 시기에 사람들은 충성을 지켰고 자유로웠고 오직 하나님에게만 순종했으며 안전보장을 추구하지도 않았고 정치를 하지도 않았다."

물론 우리는 광야에서 이스라엘 백성이 행복을 위해서 자유를 포기하려고 했던 사실을 살펴보았다. 그러나 그래도 선지자들은 일리가 있다. 왜냐하면 광야는 자유에 상응하는 불안전한 상황이었기 때문이다. 이스라엘 백성이 안정을 원했다 할지라도 그걸 가질 수는 없었다. 이스라엘이 처한 상황은 방랑이었고, 그것은 자유의 물리적인 표지들 중의 하나였다. 선지자들이 비난한 것은 행복의 근거로 삼는 정착과 소유였다. 정처 없는 상황과 정착한 상황으로 구별되는, 서로 상반되는 두 가지 삶의 양식들을 피해갈 수 없었다. 팔레스타인에서 이스라엘은 정착한 백성이 되어 행복 이외에는 다른 근심거리가 없었다. 이스라엘 백성은 자유의 의미를 완전히 잃어버렸다. 하나님은 이스라엘이 달리 어떻게 할 수 없다는 걸 알았다.

그러므로 하나님은 그 백성 한가운데에 레위지파라는 자유의 현실적인 '가시'를 남겨두었다. 레위인은 신분상으로 약속의 땅에서 아무 땅도 소유하지 못한다. 레위지파 사람들은 아무 데도 정착할 수 없고 다른 지파들 가운데 떠도는 신세이다.236) 그들은 거주할 곳도 재산도 없다. 그들은 개인적인 수입이 없고, 사람들이 주는 것으로 살아가야 한다. 그들이 받은 유일한 몫은 하나님이다. 그들은 자유로운 존재로서 무상으로 받은 삶을 살아가야 하고 그걸 증언해야 한다. 레위인은 "어디든지 하나님이 그가 봉사할 지역으로 택한 곳을 향하여 간절히 바라는 마음으로"신 18:6 나아가야 한다. 이 특별한 레위인들은 이스라엘 가운데 자유를 책임 맡았기 때문에, 전도서에 나오는 모든 인간들이 가지는 것과 같은 인간

---

236) 또다시 여기서 하나님을 위해 자유롭게 된 정처 없는 사람이라는 레위지파 모델은 현대의 '자동차광 인간(Hommauto)'과는 전혀 상관이 없다는 점을 분명히 하는 것이 좋을 듯하다. '자동차광 인간'은 자동차 탓에 정처 없이 방랑하는 존재로서 결코 자유롭지 않은 채로 다만 방황을 할 뿐이고 결코 의식하지 않은 채로 다만 순응할 뿐이고, 의미를 찾아서가 아니라 권태롭기 때문에 장소를 바꾼다. 현대의 정처 없는 인간은 결코 그리스도에 의해 주어진 자유를 감당할 수 없다. 왜냐하면 그 자유를 위해서는 특정한 때와 장소에 속하여 뿌리를 내리고 정착한 인간이 말씀에 의해 뿌리가 뽑혀 정처 없이 되어 하나님의 역사의 소용돌이 속에 내던져지는 것이 필요하기 때문이다. '자동차광 인간'에게 있어서는 자유를 위한 첫 번째 행위는 자동차에 대한 자신의 열정을 버리고 실제로 사람들을 만나는 장소에 뿌리를 내리고 '함께 살아가는 사람'이 되기 위해서 방탕한 사람이기를 멈추는 것이다. 그러면 그리스도 안에서의 자유가 그 안에서 역사하기 시작하게 될 것이다.[역주:『자동차광 인간 L'Hommauto』은 자끄 엘륄의 벗인 베르나르 샤르보노 Bernard Charbonneau가 1967년에 출간한 책의 제목으로 인간과 자동차를 결합한 조어이다. 그는 파리를 붕괴시키는 것은 이제 히틀러가 아니고 시트로엥 자동차라면서 현대의 자동차 일색의 교통수단에 대한 인간의 집착이 인간성을 황폐하게 한다고 지적한다.]

적인 행복과 이스라엘의 행복에는 전혀 관여하지 않는다고 확실하게 말할 수 있다.

끝으로 이와 같이 두 가지 삶의 양식들이 상반되는 가운데 성서는 실현된 행복이 자유를 소멸시킨다고 강조한다. 모세는 우리에게 이 행복의 배반적인 특성을 강력하게 상기시킨다. "이스라엘이 살이 찌더니 반역자가 되었다. 이스라엘은 살이 찌고 비대하고 윤택해졌다."신32:15 살을 찌우는 행복 탓에 한편으로 이스라엘은 자신을 자유롭게 해방시킨 하나님을 버렸고, 다른 한편으로 하나님이 아닌 이방인의 우상들을 섬겼다. 이와 같이 행복은, 해방되어 자유롭게 되어서 하나님의 자유를 증언해야 하는 백성에게, 자유를 상실하는 계기가 되어 버렸다. 왜냐하면 언제나 문제는 본성적인 인간의 행복 추구가 아니라 하나님에 의해 자유롭게 된 인간의 행복 추구에 있기 때문이다. 여기서 행복은 인간이 행복이라고 여기는 것을 실제로 가지고 있는 왕과 우상과 같은 세상 세력들의 지배를 받는 가운데 자유를 상실하게 되는 것이다.

우리는 행복에 의해 자유가 소멸되는 사실에 관한 고찰을 시작하면서, 그 결정론적인 요소들은 의심의 여지없이 행복의 무조건적인 추구 의지와 행복의 권리 주장과 행복의 쟁취라고 말해왔다. 그러나 거기에 그 자체로서 고려해야 할 한 가지 사실이 있는 것 같다. 그것은 소유하려고 하는 것, 쟁취하려고 하는 것 자체가 자유를 소멸시킨다는 사실이다. 하나님이 용납하는 유일한 관계는 자신이 피조물임을 자유롭게 인정하고 자신에게 좋은 것을 하나님에게 요청하고 기대하는 인간과 맺는 관계이다. 인간의 자유를 보전하는 것은 인간이 하나님을 향해 내미는 손이고, 인간의 자유의 표지는 인간의 기도이다.

기도는 자유의 이중적인 표지이다. 한편으로 하나님은 하나님에게 말하고 간청하는 자유를 우리에게 허용한다. 이것은 깊이 성찰해볼 때 상상도 할 수 없는 특혜이다. 더 나아가 하나님은 우리에게 하나님을 '아버지'라 부르며, 친구에게 하듯이 얼굴과 얼굴을 맞대고 얘기하는 자유를 허용한다. 왜냐하면 예수 그리스도 안에서 하나님을 향한 접근불가가 해제되었기 때문이다. 이제 우리는 우리의 말소리만이 들리는 하나의 커다란 허공을 향하는 것이 아니다. 다른 한편으로 기도를 통해서 우리는 자유의 기원과 의미를 인식하게 된다. 우리는 자유를 하나님에게 의탁한다. 그것이 우리에게 이 자유를 보장하는 것이다. 우리는 자유는 오로지 하나님이 우리에게 주는 선물로서 지속된다는 점을 깨닫는다.

그러므로 이와 같은 사랑의 관계 안에서 우리의 자유는 지속되는 것이다. 우리 스스로 행동하면서 하나님에게 요청하지 않고 하나님의 주권을 인정하지 않게 되면, 우리 스스로 자유를 쟁취하고 소유하려고 하게 되면, 곧바로 우리는 자유를 잃게 된다. 그것이 곧 아담이 행한 일이었음을 잊지 말아야 한다. 아담은 하나님과 상관없이 스스로 자신의 삶을 영위하려 했다. 독립을 쟁취하고 금단의 열매를 따려고 한 아담의 태도는 그로 하여금 결정론의 세계에 빠져들게 하고 필연성의 질서에 들어가게 했다. 우리의 자유는 하나님의 자유의 발현으로 하나님의 자유에 연결되어서 그 자유를 반영하는 것이고, 우리의 쟁취하고자 하는 의지 때문에 하나님과의 관계가 단절되자마자 곧바로 우리의 자유는 소멸되어 버린다는 사실을 다시 거론하는 것은 별 의미가 없다. 그렇지만 그것이 어떻게 우리가 앞에서 언급했던 모든 것과 연관되는지는 밝혀야 할 것이다.

인간이 쟁취하려는 의지를 가지게 되면, 반드시 사랑에서 멀어지게 된다. 왜냐하면 모든 쟁취는 누군가를 대적해서 이루어지는 것이기 때문이다. 그 쟁취의 대상이, 군사적이든 경제적이든 과학적이든, 토지이든 사회적 성공이든, 돈이든 우주공간이든, 농토이든 명예이든, 국가이든 자유이든, 하나도 중요하지 않다. 그 쟁취의 목적도, 민족을 위해서든 안락을 위해서든, 인류를 위해서든 프롤레타리아를 위해서든, 중요하지 않다. 거기서 가장 중요한 것은 그 사실 자체로서, 쟁취하고 정복하고 장악하려는 의지요 태도이다. 그것은 오직 타인을 경멸하고 괴롭히는 데서 실현된다. 왜냐하면 타인은 반드시 우리의 쟁취에 장애가 되기 때문이다. 모든 쟁취는 가족이나 부족이나 민족이나 계급이나 정당이나 교회의 구성원들과 함께 행해진다. 또한 그 모든 쟁취는 반드시 다른 가족이나 다른 부족이나 다른 민족이나 다른 계급이나 다른 정당이나 다른 교회의 구성원들을 대적하여 행해진다. 전자의 경우에 있어서 함께 하는 쟁취란 사랑이 아닌 사회적 이해관계의 연대성을 발현하는 것이고, 후자의 경우에 있어서 대적하여 행해지는 것은 단절이고 대립이다. 모든 쟁취는 사랑을 근본적으로 다 배제하는 결과를 낳는다.

그런데 타인의 자유를 소멸시키는 것은 곧 나 자신의 자유를 소멸시키는 것이다. 부버Buber의 말을 빌려서 말한다면 내가 타인을 2인칭의 '너'가 아닌 하나의 대상으로 축소시키는 한, 나는 '나' 자신이 되지 못한다. 타인을 파멸시키는 모든 행위는 나로 하여금 필연적인 숙명론의 세계에 들어서게 하는 반면에, 나는 승리감과 우월감으로 자부심과 자기성취의 느낌을 갖는다. 나의 자유는 선악과를 취하는 아담의 자유와 같이 이웃을 파멸시키는 자유였다. 그런데 내가 이웃을 파멸시키는 순간부터 나는 아담과 같이 내가 가진 적이 없다고 여기는 자유를 다시 얻으려고 동일한 행위를 끝없이 반복하게 된다. 이제 나에게는 단 하나의 길만이 열려 있다. 그것은 더 많이 쟁취하는 것으로서, 더 많이 파괴하여 다른 장애물들을 제거하는 것이다. 그리하여 나는 아담과 같이 언제나 더 치밀해지는 결정론적인 길에 들어서게 된다.

쟁취하려는 의지를 자유의 근거로 삼고, 기도와 간구와 소망을 비참한 노예적인 태도로 여기게 되는 순간부터, 자유는 아담이 선악을 판단하는 것과 같은 기만적인 것이 되고 만다. 우리는 '서론'에서 하나님과 분리된 아담이 선을 판단하는 것은 악이라고 말한 바 있다. 인간의 쟁취로 시작한 자유의 실현은 그 자체가 노예적인 예속이다. 여기서 말하는 것은 편의상의 말도 말장난도 철학 강론도 아니다. 또 계시의 표명도 아니고 다만 역사적 사실의 확인이다. 인간의 역사에서 타인의 파멸과 피와 노예화를 통해서 자유를 쟁취한 경우는 결코 없었다. 그 결과는 자유를 획득했다고 믿었던 사람들에게 언제나 곧바로 더 강력한 노예적인 예속을 불러왔다. 이 사실은 또다시 현대의 기술의 역사가 우리에게 보여주는 것으로서 정치와 기술에 대한 정확한 판단이 된다.

그러나 이 노예적 예속은 우리의 쟁취에 장애가 되는 타인에 대한 경멸에서 나오는 것만이 아니고, 또한 그 대상에 의해 결정되는 데서 나온다. 우리는 어떤 대상에게 정말 결정적으로 커다란 중요성을 부여한다. 그래서 우리에게 쟁취 욕구가 생겨날 때, 우리가 쟁취하기 원하는 것은 오직 그 하나의 대상일 수밖에 없게 된다. 그 대상이 실재하는 사람이라면, 그 존재는 우리 손에 넣고자 하는 대상이 될 수 없을 것이다. 그런데 1900년에 여자에 대해서 말할 때, 사람들은 '쟁취'라는 말을 쓰곤 했다. 다시 말해서 여자는 소유해야 하는 하나의 대상이다. 그 관계에 인간적인 진실의 그림자가 드리워질 수 없다는 것이다. 그러나 이 태도가 우리의 양심과 우리의 존재 안에 그 대상에 대해 우선적인 중요성을 두게 될 경우, 그것은 나의 쟁취 동기가 되어 쟁취욕을 촉발시키면서, 내 삶의 의미, 내 지성의 촉매제, 내 에너지의 핵심, 내 행위의 중심이 된다. 다시 말해서 나는 다른 삶의 가능성을 버린다. 쟁취욕은 나를 확고히 고정된

축에 자리 잡게 하여 이동할 수 없게 한다. 그것은 나로 하여금 그 대상을 목표로 삼게 하고, 나를 열중하게 하고, 집요하게 압도한다. 나폴레옹은 완전히 자신의 쟁취욕에 의해 운명이 결정지어졌다. 그는 무엇을 향한 것이든 자신의 쟁취욕을 멈출 수가 없었다. 나폴레옹보다 더 부자유한 사람은 아무도 없었다. 우리는 다른 위대한 정복자들에 대해서도 동일한 말을 할 수 있다. 레닌이나 히틀러는 철저하게 운명이 결정지어진 인물들이다. 그것은 쟁취욕에 의한 것이다. 대상의 요건으로 대상을 확정하고 난 뒤에 우리 자신이 대상이 되어버린다. 우리의 자유를 행사한다고 믿으면서, 우리는 우리가 쟁취하기 원했던 대상에 의해 운명이 결정지어진 대상이 된 것이다.

2) 쟁취의 수단들

그러나 쟁취욕의 또 하나의 양상을 검토해보아야 한다. 쟁취욕은 언제나 몇몇 수단들에 의해 실현된다. 쟁취욕의 본질이 수단들을 증대시키는 것이라고 단언할 수도 있다. 그런데 성서에서는 수단들의 증가가 자유를 소멸시킨다고 한다.[237] 그 이유는 관계가 점점 더 매개되어서 그런 것만은 아니다. 우리는 사랑은 매개될 수 없다고 이미 천명한 바 있

---

237) 물론 나는 현대의 많은 신학자들이 반대로 인간의 능력을 증대시키는 것은 인간의 자유 행위라고 평가한다는 사실을 잘 알고 있다. 우리는 그리스도인으로서 과학에서 비롯된 기술 수단의 증가를 부정할(혹은 경계할) 권리가 없다. 이 시대에 사람들은 더 이상 인간 능력의 증대가 하나님의 주권을 침해한다고 믿지 않는다. 반대로 하나님은 과학 때문에 여기저기서 완전히 다 배제당하고 있다. 이와 같이 상황은 아주 잘 진행되고 있다. 이 시대의 통념에 늘 순응하는 루이 페브르는 이에 대해 괜찮은 분석을 내놓았다 (Louis Fèvre, *La liberté des chrétiens*). 아쉽게도 그는 진보에 적대적인 프로메테우스의 신화와 진보에 우호적인 기독교사상을 대립시키는 것으로 시작한다. 그러나 그렇게 하여서 그는 신학자들의 전통을 따라 텍스트를 왜곡하는 일탈을 범하고 있다. 그는 프로메테우스가 인간의 능력을 증대시킨 까닭에 정죄되었을 것이며, 그렇게 그는 인간에게 선을 베풀었기에 신들에 의해 추방되었다고 한다. 안타깝게도 그 의미는 전혀 그게 아니다. 프로메테우스는 신적인 영역에 들어가서 신의 능력을 훔쳤기에 벌을 받았다. 이와 같은 그리스 신화의 왜곡은 학자들이 흔히들 그런 사고의 맥락으로 성서적 신화들을 왜곡시키는 경우에 비견할 만하다.

다. 의심의 여지없이 착각 속에서 끝없이 스스로를 정당화하는 인간은 수단들을 통해서 타인들과 관계를 맺으며 사는 것이 사랑이라고 주장한다.

이와 반대로 성서는 명확히 우리에게 사랑의 관계의 직접성을 상기시킨다. 아주 직접적인 개인적인 관계를 떠나서 사랑은 불가능하다. 사람이나 사물을 중간에 개입시켜서 사랑한다는 것은 위선이다. 많은 좋은 일을 하고 환자들을 잘 돌보는 병원의 이사회를 주재하는 것이 사랑의 삶을 사는 것이라고 할 수는 없다. 어린이들의 문제를 해결하는 사회적 개선 활동을 하는 것이 사랑의 삶을 사는 것이라고 할 수 없다. 우리가 수단을 더 많이 가질수록, 점점 더 '나와 너'의 관계의 단순성은 약화된다. 사랑이 완화될수록, 점점 더 사랑이 내가 가진 유일한 힘이자 필수적인 것으로 경험하는 일이 잦아든다. 돈, 기술, 정치 등과 같은 수단들은 나에게 많은 다른 힘을 준다. 나는 이웃에게 수표를 줌으로써, 또는 내가 소속한 정당이나 내가 다니는 교회에 이웃을 가입시킴으로써, 또는 전화 한통으로 자리를 하나 알아봐 줌으로써, 이웃의 문제를 빨리 해결해 줄 수 있다. 이 모든 것은 나로 하여금 사랑으로 개입하지 않아도 되게 한다. 즉 한 사람의 자유인에게 한 사람의 자유인으로서 다가가지 않아도 된다. 사도 베드로는 다리를 쓰지 못하는 장애자에게 말한다. "은과 금은 내게 없으나 내가 가진 것을 그대에게 주니, 나사렛 예수 그리스도의 이름으로 일어나 걸으라."행3:6 이것이 직접적인 사랑이다.

사도 베드로가 전적으로 개입한 것은 아무 수단도 없이 단 하나의 실재, 바로 예수 그리스도의 사랑에 의한 것이다. 사도 베드로가 행한 것은 진정 자유를 주는 해방의 행위이다. 그는 환자를 그 병으로부터 구원한다. 그는 다리가 마비된 자로 하여금 원하는 곳으로 갈 수 있게 한다. 물론 오늘날 외과 의사나 인공보철 제조자도 같은 일을 할 수 있을 것이라고 사람들은 말한다. 그러나 이제 수단들이 있기에, 인격에 대한 인격으로서의 개입은 더 이상 없다. 그래서 독립적인 인간을 만들어낼 수는 있지만 자유로운 인간을 만들어낼 수는 없다.

그러나 내가 주목하고 싶은 것은 이미 살펴보았던 그런 측면이 아니다. 인간의 마음을 표현하기 위해 사용된 수단들의 확대는 하나님의 자유를 부정한다는 점에서 인간의 자유를 부정하는 것이다. 우리는 구약과 신약에서 하나님의 존재를 표명하라는 하나님의 명령을 따르는 사람은 수단들이 박탈되었다는 사실을 계속 유념해야 한다. 기드온의 경우 하나님은 그에게서 병사들을 빼냈다. 소년 다윗은 무기와 갑옷을 내려놓았다. 예수는 제자들에게 돈이나 두 벌의 옷과 같은 것들을 지니지 말라고 했다. 어디서나 하나님의 역사는 인간이 수단들이 없는 상황을 받아들이는 데서 나타났다. 바로 거기서 하나님의 영광이 분명하게 나타났다. 이것은 오직 하나님의 뜻에 의해 수단이 없는 인간을 통하여 실현되었다.

거기서 하나님의 자유가 분명히 드러난다. 하나님은 하나님의 일을 수행하는 도구로서 가장 연약하고 가장 가난하고 가장 미천한 사람을 선택한다. 여기서 인간의 자유도 명백하게 나타난다. 왜냐하면 수단이 없는 인간이 돌연히 하나님의 언약을 엄청난 역사를 통해 성취할 수 있게 되기 때문이다. 예수가 제자들을 선택한 것도 그와 같다. 제자들은 지적·정치적·사회적·금전적 수단들이 없는 사람들이었다. 이 선택은 이스라엘의 선택에 연결된다. 하나님이 이스라엘을 선택한 것은 이스라엘이 여러 민족들 중에서 가장 작고 연약하기 때문이었다. 사도 바울이 고린도전서 본문에서 말한 것은 바로 이 역사적인 경험이었다. "형제들아, 너희를 부르신 것을 생각해 보라. 너희 중에는 육신적인 기준으로 보면, 지혜 있는 사람도 많지 않고, 능력 있는 사람도 많지 않고, 문벌 좋은 사

람도 많지 않다···.하나님은 세상의 약한 자들을 택하여 강한 자들을 부
끄럽게 했다···.이는 아무도 하나님 앞에서 자랑하지 못하게 하려는 것
이다."고전1:6-9

바로 그것이 문제이다. 우리 눈으로 보는 바와 같이, 축적된 수단들과
엄청난 기술들은 하나님 앞에서 인간을 예찬하는 것 이외에 달리 할 것이
없다. 반드시 그러리라는 법은 없으며 달리 할 수도 있다는 말은 당치 않
다. 그것은 절대적으로 완전히 필연적이고 불가피한 것이다. 내 말은 경
험이나 철학이 아니라 하나님의 말씀 전체에 근거한 것이다. 인간을 예
찬하는 모든 일은 다 하나님을 배척하는 것이다. 다시 말해서, 수단들을
축적함으로써 하나님의 자유는 부정된다. 그러나 이 부정은 인간 자신
의 자유를 소멸시키는 결과를 낳는다. 이 이상한 영적인 논리는 우리가
경험하는 놀라운 모험을 설명해주는 인간적인 논리를 무너뜨린다.

인간의 세계는 쟁취의 영이 이끈다. 이 세계 안에는 이 쟁취의 영만이
존재한다. 그러므로 이 세계는 수단들을 축적한다. 그것이 기술이다. 세
상을 보는 단순한 시각은, 인간이 지식과 능력과 지배와 많은 소비를 획
득하면 할수록, 점점 더 인간은 자유로워진다고 믿게 한다. 더 많이 소유
하게 될수록, 인간은 더 자유롭게 될 것이다. 더 많은 행동수단들을 확보
할수록, 인간은 더 자유롭게 될 것이다. 그런데 우리 사회가 현재 경험하
고 있는 것은 정반대이다. 행동수단들이 더 많아질수록, 외적·내적 자유
는 점점 더 줄어든다. 기술들은 점점 더 빈틈없이 치밀해지고, 자유는 수
단들이 축적되는 가운데 방기된다.

하나님의 말씀을 검증해주는 이 경험적 사실은 정치투쟁을 하는 많
은 기독교 지식인들의 태도가 헛되고 어리석은 것임을 보여준다. 그들
은 가난한 사람들을 해방시키는 정치투쟁을 하면서 단 하나의 길만을
찾는다. 그 길은 가난한 사람들에게 제일 큰 권력을 가진 조직들을 만들

어주고 가장 효율적인 수단들을 찾아주는 것이다. 그들은 부지부식 간에 전형적인 부르주아적인 태도를 취한다. "우리는 하나님에 대한 확신assurance이 있다. 우리의 확신을 구현하기 위해서 우리는 보험회사compagnie d'assurances를 설립한다." 이런 태도는 제3세계나 프롤레타리아를 위해 활동하는 그리스도인들에 의해 정확하게 재현되고 있다. 그런데 그렇게 함으로써, 그들은 곧바로 참된 자유와 행동의 모든 가능성을 다 제거해버린다. 그것은 이해할 수 없는 현대 역사를 해결할 열쇠를 제공하는 성서가 밝히는 준엄한 영적인 법칙이다. 그것은 일반적인 인간의 역사와 관계된 것이라면 당연한 것이다. 그러나 그리스도에 의해 자유롭게 해방된 사람들과 관계된 것으로서, 그들이 자유를 얻으면서 그들 자신도 수단을 축적하는 길에 참여하게 되면, 거기서 새로운 소외가 생겨난다. 그들은 또다시 사람과 권력의 노예가 되어버리는 것이다. 인간의 자유가 인간이 가진 수단과 함께 증대된다는 세상의 논리와는 서로 상반되고, 기술에 대한 사회학적 분석이 발견한 실재의 경험적 사실과는 일치하는 바, 성서는 수단의 증가가 우발적이라기보다 필연적으로 언제나 자유를 소멸시킨다는 사실을 보여준다.

3장 · 그리스도인의 역사적 책임[238]

그리스도가 우리에게 전해준 자유를 수용해야 하는 필요성에 관해서 이제까지 우리가 기술한 것은 모두가 다 개인적인 측면을 부각시킨 듯하다. 우리가 언급한 '자각'과 '정당화'가 오로지 개인적인 현상들이라는 것은 명백한 사실이다. 사실 자유는 개인적인 행위이자 독자적인 삶의 양식이다. 집단적인 자유란 존재하지 않으며, 그리스도는 인류나 인간성을 해방한 것이 아니다. 그렇다고 자유를 개인만의 문제로서 개인에게만 관계되는 일로 치부하는 것은 커다란 일탈을 범하는 것이다. 타인들에 대해 독립적인 존재로서 자유의 수용여부의 결정에 있어서 우리가 자유롭고 그 결과를 우리 자신만이 감수한다고 생각하는 것도 커다란 일탈을 범하는 것이다.

여기서 내가 밝히고자 하는 것은 자유를 수용하는 그리스도인의 행위는 반드시 집단적인 결과를 불러오는 것은 아니지만, 거꾸로 자유를 수용하지 않거나 방임하는 그리스도인의 결정은 집단적인 결과를 가져오며, 역사적으로 그 결과는 커다란 비극적인 양상을 띠었다는 사실이다. 자유를 수용하는 것은 개별적인 행위이다. 그것은 아무도 이웃을 대신해서 할 수 없는 일이다. 그렇지만 그리스도의 부름을 받은 사람은 사랑하라는 요청을 받는다. 사랑한다는 것은 스스로를 더 이상 개별적인 존

---

238) 이 장에서 다루는 명제들은 아직 출간되지 않은 샤르보노(Bernard Charbonneau)의 *Le mensonge de la liberté* (거짓 자유)에서 많이 영감을 받은 것들이다.

재로 볼 수 없고 타인과의 관계에서 보아야 한다는 것을 뜻한다.

　모든 그리스도인은 사랑하도록 부름을 받은 까닭에, 그들 사이에는 상호적으로 세상의 다른 어떤 관계와도 비교할 수 없는 독특한 관계, 즉 사랑의 관계가 존재하고 또 존재해야 한다. 그들이 서로 이와 같은 관계를 맺고 있고 예수 그리스도의 모범을 따라 무한한 사랑이 서로 간에 존재하는 까닭에, 그 결과로서 실재하는 하나의 공동체, 바로 교회가 존재한다. 그런데 이 실재하는 공동체는 집단적인 규모를 가진다. 그러므로 이 공동체는 하나의 인간적인 집단이 된다. 이 교회라는 인간 공동체는 그리스도인이 내린 모든 결정이 교회 전체를 개입시키고 또한 사회 전체에 영향을 미치게 한다. 왜냐하면 교회는 모든 사회의 한 구성요소이기 때문이다. 이와 같은 일은 좋은 것이다. 이것은 교회가 세상과 분리된 존재가 아니고, 독특한 표지를 가지는 하나의 사회적 단체가 되게 한다. 이와 같이 그리스도인의 모든 결정은 그 기원과 실행과정에 있어서 필연적으로 개인적인 것이지만, 그 관계와 결과라는 면에서는 필연적으로 집단적인 것이다. 거기서 벗어날 수는 없다. 그리스도인으로서 내 삶의 결과는 나의 구원으로 끝나는 것이 아니다. 그 결과는 내가 함께 살아가는 모든 집단들이 가는 길로 연결되고, 궁극적으로 내가 살아가고 있는 사회가 나아가는 방향과 관계되며, 어떤 의미에서는 이 세상의 앞날에 영향을 미친다.

1. 적극적 책임

　이 주제는 주로 이 '자유의 윤리' 4부에서 개진할 내용이기에 여기서는 아주 간략하게 다룰 것이다. 우리는 단지 몇 가지 전제들을 명확히 하고자 한다. 먼저 우리의 자유로운 삶의 방식에 대해 세상과 세상 사람이 무관심하지 않다는 사실을 상기하자. 자신의 행위에 대해 사람들은 관심이 없다는 말은 언제나 그리스도인의 거짓 겸손이나 위선에서 나온다. 예들 들자면, 실제로 사도 바울은 사람들이 그리스도인들을 계속 지켜보고 있다고 말한다. 심지어 비기독교적인 사회에서도 그리스도인의 모든 행동은 관찰과 판단과 분석의 대상이라는 점은 확실한 사실이다. 오래된 기독교 문명사회에서도 선포된 말씀이 너무도 강력하고 그 증언이 너무도 감동적인 까닭에, 또한 믿지 않는 세속화된 사회에서도, 인간은 전적인 타자인 하나님의 존재와 삶의 의미와 용서에 관한 말을 간절히 고대하는 까닭에, 말씀을 전파하고 또 말씀대로 살아가려는 그리스도인들에게 당연히 사람들은 시선을 모은다. 착각은 금물이다. 모든 시선이 고정된다는 것은 사실이다. 비기독교인들은 혹시라도 "그들의 삶과 행동도 우리와 비슷해. 말하는 것과 전혀 맞지 않네."라고 말할 수 있을까 하여 시선을 고정하고 지켜보는 것이다. 실제로 우리가 살아가는 방식이 우리의 증언을 반박하는 것이 될 수 있다. 물론 이 길로 들어서지 않기 위한 구실로 그런다고 말할 수도 있다. 정말 그러면 좋겠다. 그러나 우리는 실제 있는 그대로의 사실을 보여주는 것이다.

자유는 본질적으로 그리스도인의 삶의 양식이라는 점을 우리가 잘 이해하고 있다면, 우리의 시선은 우선적으로 그리스도인의 자유에 집중되었을 것이다. 사도 바울은 우리가 예수 그리스도 안에서 누리는 자유를 엿보는 사람들에 대해 언급한다.^{갈2:4} 나는 실제로 그들이 우리를 엿보는 것과 같은 대립과 긴장이 존재한다고 믿는다. 의심의 여지없이 여기서 사도 바울은 그것이 우리를 굴종시키기 위한 것이라고 말한다. 다시 말해서 자유를 누리는 그리스도인들을 고소하여 다시 율법의 노예로 만들기 위한 것이다. 그러나 엿보는 목적이 또한 우리가 정말 자유로운지 알아보기 위한 것이라는 점도 사실이다. 그 문제는 엄청난 중요성을 가지기 때문이다. 자신의 이론과 삶의 조건에 상관없이, 하나님에 대한 자신의 무지와 불순종과 소외와 부재에 상관없이, 자유를 두려워하고 부정하는 인간은 자유의 문제를 그냥 넘어갈 수 없다. 자유에 대한 욕구는 엄청난 것이다. 존재 전체가 원하고 소망하는 것이다. 우리가 이미 언급했던 바와 같이, 가장 절실하고 절박한 처지에서도, 인간은 주인의 지배를 받는 종이 되는 것을 참을 수 없고, 노예적 예속이나 감방에 갇혀있는 것을 견딜 수 없다. 독립을 위해서 인간은 사슬을 풀고 숲속으로 도망을 가든지 해야 한다.

언어적인 측면에서 자유라는 단어는 수많은 반향을 일으키며 사람의 관심을 끈다. 자유의 내용을 구체적으로 말하지는 못한다 할지라도, 사람들은 감동을 받곤 한다. 감동을 받는다는 것은 행동을 추진하게 한다는 것이다. 자유의 명분은 언제나 인간을 봉기하게 할 수 있다. 인간은 자신이 자유로운 존재일 수밖에 없다고 주장한다. 그러나 동시에, 이미 언급한 바와 같이, 인간은 자유를 감당하지 못하고 증오한다. 이것은 모순이 아니다. 왜냐하면 인간은 필연성의 자각이나 지속적인 문제제기와 같은 자유의 조건이나, 위험이나 고생과 같은 결과들은 원하지 않기 때문이다. 자유의 조짐이 보이자마자, 인간은 도망가고 숨어버린다. 왜냐하면 인간은 하나님과 단절되고 소외되어 노예가 되었기 때문이다. 아담은 선악에 대한 자신의 지식에 얽매인 노예가 되어 하나님의 자유가 가까이 다가오는 소리를 듣고는, 바로 숨어버렸다. 아담의 소외상태를 보여주는 중대한 표지는 아담 자신의 분열된 내면이다. 아담은 자유에 대해 거역할 수 없는 매력을 느끼는가 하면, 또한 자유로운 삶에 대해 엄청난 두려움을 가진다. 인간은 그 모순성에 대해 대체물을 설정함으로써 해결한다. 인간은 자유를 정치적 독립이나 부도덕성이나 타인들에 대한 경멸이나 경제적 자유주의나 자유로운 사상 등으로 바꾸어 부른다.

왜냐하면 인간에게 중요한 것은 자유를 지니고 유지하고 소유하는 것이지, 자유에 붙잡혀서 책임을 지는 것이 아니기 때문이다. 인간에게 중요한 것은 지속적인 자유 속에 안주하는 것인데, 자유는 스스로 항구적으로 지속될 수 없다. 인간에게 중요한 것은 하나의 상황이나 자연환경을 찾는 것인데, 자유는 어느 것도 아니며 또 거기에 속하지도 않는다. 자유는 환경으로 주어진 것이 아니다. 인간은 참된 자유를 용인할 수 없고 오직 그 불가능성을 경험할 뿐이다.

그러나 그런 까닭에 더더욱 인간은 자유를 말하는 사람을 주시하고 엿본다. 그리스도를 통해서 세상에 자유가 유입되었기 때문에, 그리스도를 내세우고 그리스도의 자유를 살아가는 사람들은 세상 가운데 자유의 담지자들이 되어야 한다. 그들은 다른 사람들에게 본을 보일 뿐만 아니라, 동시에 인간이 요구하는 자유가 존재하고 가능하다는 사실을 증언해야 한다. 또한 그들은 자유의 담지자로서 세상의 구조와 체제 안에 있는 거짓 자유를 확연히 드러나게 해야 한다. 겸손하고도 아주 신중하게, 이미 언급한 바와 같이, 우리는 그리스도인이 자유의 유일한 담지자라는 점을 알려야 한다. 또다시 말해서, 그것은 특권도 우월성도 아니다. 인격이 문제가 아니다. 여기서의 자유는 예수 그리스도의 자유이다. 개인으로서의 그리스도인은 전혀 상관이 없다. 그러나 그리스도인이 선택받은 것은 이 자유가 내적이고 영적인 것이 아니며, 모든 사람들에게 해당하는 보편적인 것으로서 자유롭게 된 개인들의 행동으로 사회를 변혁시키게 될 것을 표명하기 위한 것이다. 그리스도인이 자유의 유일한 담지자라는 말은 인간이 자유라고 부르는 여타의 모든 것은 대체하고 왜곡된 대체물에 지나지 않는다는 뜻이다.

여기서 결정을 내려야 하는 중요한 일이 있다. 세상과 하나님의 나라 사이에 연속성이 있는가, 아니면 단절성이 있는가? 그리스도의 신성과 성육신한 예수의 인성 사이에 연속성이 있는가, 아니면 단절성이 있는가? 아담이 창조되었던 에덴과 우리가 사는 세상 사이에 연속성이 있는가, 아니면 단절성이 있는가? 전자의 경우, 인간이 행한 모든 일들은 있는 그대로 부지부식 간에 하나님의 나라를 예비한 것이 된다. 그 모든 일들은 있는 그대로 하나님의 뜻을 예언적으로 나타낸 것들이다. 그렇다면 '에로스'는 '아가페'의 표지나 예표가 된다. 인간이 정의와 선과 자유라고 한 것은 하나님이 하나님의 정의와 선과 자유로 계시한 것에 대한 표지나 예언이 된다. 인간이 만든 종교는 그리스도 안에서의 계시에 대한 표지이자 예언이 된다.

나는 이미 내 입장을 말했는데, 여기서 다시 반복한다. 거기에는 단절성이 있다. 인간이 자신의 영역에서 만든 모든 것은 거짓이자 정당화이고, 하나님의 명령과 은총을 피하고자 하는 수단이다. 내 생각에는, 인간이 자유라고 부르는 모든 것은 그리스도의 진정한 자유를 향해 나아가는 길이 아니다. 그것은 진정한 자유의 시작도, 준비도, 선언도, 반영도 아니다. 그것은 정반대이다. 그러나 그런 말이 한편에는 선이 존재하고 다른 편에는 악이 존재한다는 걸 뜻하는 것은 아니다. 왜냐하면 그와 같은 구분은 실제로 그리스도인들이 자유를 수용하고 세상 사람이 눈에 보이는 자유를 거부했다는 뜻이 되기 때문이다. 앞에서 언급한 말은 인간이 이루어가는 자유의 길에 들어서는 걸 거부한다는 뜻이 아니다. 왜냐하면 그리스도와 마찬가지로 그리스도인은 세상 사람이 선택하는 모든 길에서 세상 사람과 동행해야 하기 때문이다. 이 말은 인간이 자유라고 부르는 것의 기만적인 시도를 아무 의미도 없는 것으로 본다는 뜻이 아니다. 인간이 무의미한 존재가 될 수 없는 것은, 인간이 거짓말을 하고 악의 세력에 속하기 때문이 아니다. 하나님의 은총 하에 있기 때문에 인간은 무의미한 존재가 될 수 없는 것이다. 결국 하나님은 심판을 통해서 세상을 무너뜨린 뒤에, 인간이 자유를 위한 노력으로 행했던 모든 것을 받아들여 인간의 소원을 들어주고 변화시키고 개조할 것이다. 썩어질 몸이 썩지 않을 몸으로 덧입을 것이다. 땅 위에서 오직 그리스도인만이 진정한 자유를 살아가고 증언할 수 있다. 만약 그리스도인이 그렇게 하지 않으면, 다른 사람들이 아무 것이나 자유라고 부르는 것이 정당화된다. 땅 위에 자유는 존재하지 않는다. 그러나 그리스도인이 자유의 길로 나아갈 때, 기적을 기대할 필요가 없다. 그리스도인이 자유를 수용한 까닭에 자유는 땅 위에서 명백하고 확실하고 반론의 여지가 없게 되는 것이다.

여기서 우리는 아주 분명하게 기독교 윤리의 한 특징을 접하게 된다. 그리스도인이 그리스도가 일러준 대로 살아가지 않을 때, 그것은 그 개인의 불순종에 그치지 않고, 모든 사람들에게 적용되는 결여이자 결핍이고 부재가 된다. 안타깝게도, 그리스도인이 그리스도인으로서 살아간다고 해도, 그것이 커다란 영향을 미치는 것도 아니고, 삶을 변화시키는 것도 아니다. 이것은 명백하게 드러나서 볼 수 있는 것이 아니다. 그리스도인이 표명할 수 있는 것은 언제나 사람들에게 하찮게 보인다. 그리스도인이 자유를 수용한다고 해도 그의 행위가 천 개의 태양보다 더 밝게 나타날 리는 없다. 반대로 신중에 신중을 기하거나 혹은 용기에 용기를 내서 한다 하더라도, 그것은 언제나 혼란과 모호성을 수반한 상황을 초래할 것이다. 모든 사람들에게 명백하고 두말할 필요 없이 뚜렷한 성과는 없을 것이다. 왜냐하면 이와 같이 구현된 자유는 필연성과 소외의 세계에서는 언제나 그렇기 때문이다. 이렇게 구현된 자유는 인간에게 직접적으로 의미를 전달하지 못한다. 왜냐하면 인간은 자유가 무엇인지 정말 모르고, 앞에서 말한 바와 같이 자유에 대해 두려움을 가지기 때문이다. 이 끔찍한 두려움은 자유에 관한 증언을 받아들이지 못하게 한다.

그래서 인간은 모호성으로 도피하는 것이다. 한 인간의 행위에 대해서 언제나 다양한 의미와 동기를 부여할 수 있다. 사람들은 인간이 자유의 문제를 볼 수 없도록 열심히 그의 행위를 설명할 것이다. 자유에 관한 증언을 받아들이지 못하게 하는 정당화의 체계인 이 메커니즘은 다양한 양상을 띤다. 누군가는 자유를 누리는 그리스도인을 약간 정신이 나간 경우로 보고, 또 어떤 지식인은 정신분석학과 행동동기이론을 응용할 것이다.

여기서 우리는 키르케고르의 삶과 작품에 대한 엄청난 비평을 떠올려 볼 수 있다.239) 거기서 그의 모든 행위들은 어린 시절의 트라우마에 의해 설명된다. 그의 작품은 그 자신이 『설명적 관점Point de vue explicatif』에서 전한 아주 정확한 설명과는 반대로, 예수 그리스도에 대한 언급을 삭제하여 버린 채로 제시된다. 이와 같이 그리스도인의 자유의 삶은 일반적인 사람에게는 그렇게 받아들여지지 않는다. 그러므로 더더욱 여기서 집단적으로 미치는 영향을 약간이라도 기대하지는 말아야 한다. 거기서 또다시 주목해야 할 것은, 이미 언급한 바와 같이 그리스도인의 자유의 부재는 집단적·사회적·정치적 결과들을 불러오지만, 그 자유의 현존은 외적으로는 사회에 아무런 변화도 일으키지 않는다는 점이다. 사회적으로는 인식하지 못하는 가운데 사회의 역사의 수면 밑에서는 커다란 노력이 행해지지만, "이것이 그리스도인의 자유다"라고 외칠 수 있을 만큼 드러나는 것은 아니다. 이와 같이 우리는 땅 위에서의 만족이나 보상이 없는 금욕적인 일을 목도하고 있다. 자유를 위한 모든 일은 몰이해와 거절과 비판의 장벽에 부딪칠 수밖에 없다.

---

239) ▲나는 그가 그리스도의 자유를 삶으로 살아간 그리스도인이었다고 판단하고자 하는 것은 아니다. 어떤 그리스도인이라도 다른 사람의 자유를 판단할 수는 없는 것이다.

2. 소극적 책임[240]

이제 우리는 두려움으로 떨지 않고는 접근할 수 없는 영역에 진입할 것이다. 이 영역은 역사의 암묵적인 철학을 포함한다. 더욱이 이것은 죄에 대한 모든 개인적인 고백들이나 전쟁과 같은 것들에 대한 모든 집단적 책임 선언들보다 훨씬 더 철저하게 그리스도인들을 문제 삼는다. 우리가 받아들여야 하는 첫 번째 사실은 초대교회 사람들은 잘 인지하고 있었지만 지금은 별로 인지되지 않은 것으로서 그리스도의 성육신과 지상의 삶은 실제로 역사를 변화시켰다는 점이다. 그것은 단지 영적인 사건에 그치지 않았다. 성육신이 실제로 역사를 변화시켰다는 말은 그리스도가 새로운 이데올로기를 도입했다거나, 새로운 종교를 창설했다거나, 역사적으로 결정된 종교적인 공동체인 교회의 출현을 야기했다거나, 서구 사회에 공동체라는 개념을 수용하게 했다는 의미가 아니다. 그 모든 것은 명백하지만, 아주 피상적이다. 내 말의 의미는 예수 그리스도는 복수의 사람들과 개인이 맺는 새로운 관계, 사회와 개인의 새로운 관계, 자연과 인간의 새로운 관계를 수립하여, 세상에 뿌리내리게 하였고, 자신이 하나님의 아들인 까닭에 소멸될 수 없게 했다는 것이다.[241]

바꾸어 말해서, 그 역사의 변화를 만들어내고 점차적으로 자리 잡게

---

240) 샤르보노(Bernard Charbonneau) 이외에 케제만(Käsemann)이 유일하게 자유는 예수 그리스도에게서 나왔고, 뒤를 이은 세대들이 그 자유를 수용하지 않았다는 사실을 제시할 수 있었다.

241) 자유는 그리스도와 함께 세상에 들어왔다. 그러나 이스라엘에서는 이미 자유의 기초들이 구축되어 있었다. 이것은 이스라엘의 하나님이 자유를 주는 해방자였기 때문만이 아니라, 폰 라드(von Rad)가 명백하게 밝힌 것처럼, 처음으로 개인이 중심적인 자리를 취했기 때문이다. 그것은 "이스라엘이나 당시 중근동 지역에서나 예언이 있기까지는 없었던 일"이었다. "하나님과의 직접적인 대면을 통해서, 하나님의 역사에 대한 계획들을 나누면서, 평균적인 의식이 일상적인 삶에서 그때까지 없었던 강도로 아주 강력하게 높아지지 않았을까?" 개인의 발견은 자유의 조건이다. 인간은 하나님과의 일대일의 대면을 통해서 개인을 발견한다. 그리스도 안에서 이 일대일의 대면은 개개인 모두에게 가능하게 된다. 그것은 계속적으로 주어지고 갱신되며 영구히 확정된 것이다.

한 것은 그리스도인들이 아니다. 그것은 하나의 사상운동이 아니다. 그것은 "이 땅에 임한 하나님"이라는 엄청난 사건으로 그 자체가 특별히 돌연변이를 일으킨 것이다. 그리스도가 그리스도이게 한 것은 제자가 아니었다. 역사적 변동을 일으킨 것은 제자들의 믿음이 아니었다. 그것은 하나님과 인간 사이의 장벽이 무너지고, 말이 좀 부적절해 보이지만, 절대적이고 영원한 세계와 상대적이고 일시적인 세계 사이를 연결하는 다리가 놓이고, '신성'이 제한된 육신에 깃드는 역사적 사건이다. 문제 설정이 잘못되었다는 '신신학'의 모든 주장들에도 불구하고 이것은 정말 경이적인 것이다. 그것은 있는 그대로의 사실이지, 신념에 의해 만들어진 사실이 아니다. 그것은 스스로 역사와 단절하고 인간으로 하여금 대책 없는 모험의 여정에 들어서게 하고, 전적으로 불안정한 상황에 빠지게 한다.[242] 이 성육신은 인간이 하나님과의 단절을 보상하기 위해 수립했던 인위적인 일체성을 산산이 부서뜨렸다. '타락'은 인간으로 하여금 필연성의 세계에 들어가게 했고, 인간은 거기서 필연적인 동시에 일체적인 체계를 세웠다. 그 상징인 도시는 거주자들이 필연적으로 집단화되고 자동적으로 유대관계를 가지는, 장벽들로 둘러싸인 인간의 세계이다.

자연과 인간의 일체성이 존재한다. 인간은 자연 안에 있다. 인간은 자연에 속해 있다. 인간은 동물계에 포함된다. 이것은 마치 인간이 사회에 포함된 것과 같다. 인간은 사회와 구별되지 않는다. 인간은 사회집단이다. 인간을 다른 사람들과 연결시키는 것은 서로 구별된 존재들의 우발

---

242) 아우어바흐(Auerbach)는 그리스도인의 자유가 비극적인 것을 어떻게 배제했는지 보여준다. 모든 비극적인 것은 그리스도의 비극에 내포되었다는 것이다. 그것을 제외하고, 인간은 더 이상 비극적인 것을 가질 수 없고, 그리스도의 비극을 통하여 인간의 삶은 자유 가운데 들어설 수 있게 된다. "모든 인간적인 비극은 인간이 필연적으로 만나게 되는 단 하나의 복합적인 사건의 논리적 귀결이나 반영에 지나지 않는다." 그것이 인간에게 가장 커다란 자유를 주는 것이었다.

적인 관계라기보다는 오히려 동일한 집단에의 통합이다. 사랑이나 자유의 문제는 생겨날 수 없다. 내가 말하려는 뜻은 물론 남녀가 서로 사랑하지 않는다는 말이 아니다. 또한 자유를 향한 충동이나 개별적인 추구가 존재하지 않았다는 말도 아니다. 그리스 사람들에게도, 가장 중요한 것은 개개인이 자신의 자리를 가지는 만족스럽고 안정적인 제도들로 구성된 체제와 관계되는 도시의 근본 혜택에 있었다. 개인과 소속집단은 근본적인 일치를 이루었다. 하나가 다른 하나를 부인하는 것은 생각할 수도 없었다. 왜냐하면 그 하나는 다른 하나에 의해서만 의미를 가지기 때문이었다. 이런 안정된 질서 가운데 의문의 여지없이 사회가 활짝 개화되었다. 자연과 사회와 인간 사이에 연속성이 존재했다. 그런데 구약에서 선포된 것은 인간을 둘러싸고 있는 세계는 하나님이 인간을 부른 곳이 아닌 까닭에 무너지게 된다는 것이다. 마찬가지로 이방인들의 결백을 거론할 때도 그것은 의심의 여지없이 맞는 말이다. 이방인은 죄를 의식하지 않고, 악을 악한 초월적 세력 탓으로 돌리며, 자신의 삶을 긍정한다. 구약이 선포하는 것은 인간의 내면의 단절과, 양심과 평형의 상실과, 인간 세계의 악의 유입이다. 그러므로 그것은 결코 행복이 아니다. 이방인이 훨씬 더 행복한 성향이 있다는 말은 아마도 맞을 것이다. 그러나 구약이 선포하는 것은 그러한 평형과 연속성과 일체성과 행복은 인간의 근본적인 노예적 예속상태를 나타내는 것이고 빠져나올 수 없는 깊은 소외상태를 드러내는 것이다.

구약이 선포한 이 모든 것은 그리스도에 의해 단번에 성취되었고 실현되었고 구체화되었다. 그래서 그리스도는 모든 관계의 단절을 유발하는 대립의 상징이 되었다. 사회에서 인간에 의해 만들어진 일체성은 무너졌다. 왜냐하면 하나님과의 일체성이 회복되었기 때문이다. 자연과 인간 사이의 연속성은 끊어졌다. 왜냐하면 인간이 자신에게 대상으로 주어진 이 창조세계를 관리하는 유일한 피조물로서의 자신의 위치를 다시 찾았기 때문이다. 고통과 죽음은 더 이상 부정되거나 신화화되지 않고, 있는 그대로 인식되고, 하나님이 받아들여서 은총과 언약으로 수용된다. 그리스도는 사람들이 사는 세상 속에서, 사람들을 위하여, 인간 예수로서 극한에 이르기까지 진리의 근본적인 초월성을 분명하게 나타내고, 그리스도로서 극한에 이르기까지 죄와 빈곤과 고통의 인간 현실에 대한 숨김이나 왜곡이 없는 구체적 사실을 명확히 드러낸다. 그렇게 함으로써 그리스도는 완전히 자유를 구현한다.

이제 하나님은 인간의 비참한 상황에 관여한다. 그래서 일어난 변화는 인간이 상상할 수 있는 모든 것과는 정반대로 나타났다. 그리스도의 부활과 함께 우리는 생명이 죽음에서 나온다는 사실을 알았다. 이것은 모든 면에서 다 사실이다. 믿음은 의심에서 나오고, 지식은 감춰진 신비에서 나오고, 영원은 시간에서 나오고, 자유는 섬김에서 나온다. 그것은 기계적으로 나오는 것이 아니고 은총과 사랑의 자유로운 주권적인 개입에 의해 나오는 것이다. 왜냐하면 인간의 실존이 무의미하지 않다는 사실을 나타내기 위해서 하나님이 악과 죽음을 책임지기 때문이다.

그러나 사랑이 하나로 만드는 것은 사랑이 구별하기 때문이라는 사실을 잘 유념해야 한다. 삼위일체에 관한 모든 논의들에도 불구하고, 근본적인 진리는 하나님이 사랑인 것은 하나님이 스스로를 구별하기 때문이라는 사실이다. 사람들은 서로 다른 것, 또 구별된 것을 사랑한다. 사랑의 법이 그리스도에 의해 전적으로 확립되었다면, 그 이유는 그리스도의 현존이 모든 단절을 불러일으켰기 때문이다. 아주 간단한 예로 성서의 구절들을 보자. "자신의 부모를 떠나지 못하는 사람은 나를 따를 자격이 없다." 이것은 단절의 움직임이다. "나 때문에 자신의 부모를 떠나는 사람은 백배로 부모를 얻게 될 것이다." 이것은 사랑의 움직임이다. 세상이 사악해서 인간적으로 좀 더 살 만한 곳으로 만들기 위해서 세상에 뭔가 좀 좋은 것을 보태는 것이 사랑이 아니라는 점에 잘 주목해야 한다. 그리스도는 땅 위에 발을 디디면 산들이 무너져 내리고 강들이 고갈되며 언덕들이 내려앉고 땅이 갈라져 버리는 무서운 하나님의 현존이다. 그 이미지들은 실재의 것이다. 사람들 가운데 그리스도의 현존은 말 그대로 인간관계와 제도와 국가와 인간집단을 산산조각으로 분열시켜 버린다. 인간이 하나님과의 단절 속에서 문명화하고 규격화하고 균일화한 모든 것이 문제가 된다. 질서라고 한 것은 노예적 예속이 되고, 평화라고 한 것은 강압이 되며, 합법이라고 한 것은 불의가 된다. 종교라고 한 것이 기만이 되고, 꾸밈없는 진실이라는 것이 가식이 되며, 신들이라고 한 것이 지어낸 망상이 된다.

이와 같이 그리스도의 현존 앞에서 인간의 삶은 완전히 견딜 수 없는 것이 되고, 문명은 근본적으로 사악한 것이 되고, 사회는 정말 유지할 수 없는 것이 된다. 단 하나만 남는다. 그것은 사랑이다. 왜냐하면 사랑의 관계는 다른 모든 것들을 대체하고, 혈과 육을 대체하기 때문이다. 사랑의 관계는 인간이 살아가고 서로 소통하는 다른 모든 가능성들을 대체한다. 우리가 상황을 좌우하지 않다는 사실을 잘 알고 있는 것이 중요하다. 예를 들어 복음서를 보면서 모든 것이 인간이 내리는 결정에 달리고, 개인적인 일이라는 생각이 들 수 있다. 이것은 마치 아무도 손대지 않은, 아주 안정되고 확정된 하나의 질서가 존재하는데, 인간은 그 질서를 벗어나서 다른 가치들을 기준으로 삼고 다른 질서를 따라 살아갈 수 있는 가능성을 가진다는 것과 같다.

몇 개의 비유에 나오는 이미지는 이와 같은 사실을 뒷받침해준다. '밭에 감춰진 보물'과 '땅 속의 겨자씨'에서, 세상을 나타내는 밭과 땅은 그대로인데, 그 속에 잘 감춰진 은밀한 무엇인가가 발견된다. 세상은 있는 그대로, 즉 하나님과 단절된 상태로 반역과 불순종 가운데 있다. 인간은 하나님과 관계가 단절된 피조물로서 계속 살아가고 있다. 그 인간이 하나님의 사랑과 구원을 인정하는 것은 실제로 개인적인 일이다. 그러나 그럼에도 불구하고 무엇인가 변화가 일어났다. 하나님과 단절된 상태에서 인간이 수립했던 집단적인 안전보장 체계 전체가 변화되었다. 권력, 문화, 종교, 마법, 생산, 도시, 무역 등과 같이 하나님과 함께하지 않는 모든 것은 인간이 중화제국과 아스텍제국과 그리스 도시국가와 구석기 중기 무스테리안기의 부락들에서 아주 다양한 형태로 쌓아올린 하나의 질서였다. 그것은 인간이 살아갈 수 있는 질서를 제공했다. 그런 질서 속에서 인간은 편안을 누렸고, 자신이 만든 것이기에 안정감을 느꼈다. 그런데 성육신이 객관적으로 그 질서를 무너뜨린 것이다.

이제 인간은 그러한 형태의 질서 속에서 전혀 편안을 누리지 못하게 된다. 왜냐하면 하나님이 거기에 등장하기 때문이다. 인간이 세운 도시들의 장벽들이 모두가 다 바벨탑과 같이 개방되어버린다. 인간은 더 이상 거기서 안전하지 않게 된다. 인간의 법은 명백하게 불의한 것이 된다. 왜냐하면 그것이 절대적인 정의와 충돌하기 때문이다. 모든 현실이 문제시된다. 왜냐하면 그리스도 안에서 현실세계는 더 이상 현실과 진실이 그냥 그대로 있을 수 없도록 진리와 접촉하게 되기 때문이다. 인간은 더 이상 자신에게 만족스러운 질서를 다시 수립할 수 없게 된다. 거기에 언제나 결함이 생기고 언제나 불만이 일어날 것이다. 이집트문명, 크레타문명, 그리스문명, 인도문명 등에서와 같은 절묘한 균형은 더 이상 성립될 수 없을 것이다. 이제 더 이상 완전한 통합의 인간적인 질서는 존재하지 않을 것이다. 이제 인간은 결코 자신의 능력과 의지와 지식에 의지하여 자신이 관리할 수 있는 사회를 찾을 수 없을 것이다.

원초적이고 복합적이고 통합적인 사회는 해체되었다. 합의와 균형은 더 이상 존재할 수 없다. 마찬가지로 인간관계 가운데도 일종의 불편한 상황이 유입되었다. 왜냐하면 성육신 이래로 인간은 더 이상 단순한 인간일 수 없게 되고, 두 사람이 있으면 그 가운데 제3의 존재가 개입하여, 언제나 괴리감과 오해가 일어나게 되기 때문이다. 바벨탑 사건 이래로, 인간이 꾸준한 인내로서 다시 만들어 구성한 의사소통 체계들이 더 이상 기표signifiant 역할을 하지 못하게 되었다. 왜냐하면 그 체계들이 어떤 의사소통 체계에도 속할 수 없는 제3의 기호signe와 새로운 기의signifié 에 의해 의미를 상실하게 되었기 때문이다. 원시시대와 고대제국들243) 이래로 이 모든 것이 변화한 것은 시간의 자연발생적인 흐름에 따른 것이 아니다. 그것은 역사와 기술의 진보 때문이 아니고, 훨씬 더 심오하고 직접적인 단절의 사건, 즉 성육신에 의한 것이다. 그런데 여기서 진지하게 생각해볼 문제가 있다. 하나님이 이 땅에 임한 것이 사실이라면, 왜 모든 것이 변화되지 않았을까?

사람들은 하나님의 은밀한 잠행을 잘 언급하지 않는다. 은밀한 잠행이 없이 이 땅 위에 하나님의 강림이 일어났다면 세상의 종말이 왔을 것이다. 그러나 은밀한 잠행 속에서 하나님의 강림 사건은 모든 옛 '가죽부대들'을 터뜨릴 만큼 강력했다. 그 가죽부대들은 성전의 휘장이 실제로 갈라진 것처럼 터져버렸다. 그렇게 해서 성과 속을 엄격하게 구분하는 옛 문명의 한 중요한 기초가 무너져버린 사건이 일어났다. 이와 같이 성육신 사건에 의해서 사회라는 인간의 세계가 혼란스럽게 되어서 혼돈상태에 빠지게 되었다. 그러나 그리스도는 이 예전의 인간관계들과 원리들과 행동방식들을 사랑과 자유의 새로운 인간관계와 원리와 행동방식

---

243) 또다시 말하지만 여기서 내가 과거를 이상화하는 것이 아니다. 나는 과거의 기근과 대학살과 전반적인 비참한 상황을 아주 잘 알고 있다. 그러나 거기서는 의심할 여지없이 개인과 집단 간의 합의와 인간적인 질서가 존재했다. 이 점에 대해서는 모든 인류학자들이 동의한다.

으로 대체한다. 인간이 온전한 자유인으로서 자유를 수용하고, 타인들을 오직 사랑으로 대한다면, 이 혼란스러운 사회에서 모든 것이 견딜 만하고 가능하게 된다. 새로운 질서는 '팔복'의 질서로서 사회를 온전히 살 만한 곳으로 만든다. 또한 예수 그리스도의 사상에는 이상주의적인 것은 하나도 없기에, 반드시 모든 인간이 예외 없이 사랑과 자유에 따라 살아야 할 필요성은 없다. 그러나 자유는 실재하는 가운데 구현되어야 하고, 사랑은 모든 사람들의 관계를 이어주는 것으로서 실천되어야 한다.

그렇게 되면 모든 것이 다시 가능하게 된다. 예전의 질서가 아니라 새로운 양식의 사회가 정말 가능하게 되는 것이다. 사랑이 예전의 질서와 정의와 의사소통을 대체한다. 그러나 자유가 없는 사랑은 존재하지 않는다. 자유는 사회가 살아갈 만한 곳이 되게 하는 유일한 가능성이다. 왜냐하면 오직 자유로운 인간만이 성과 속의 구분이 없는 세계에서 계속 살아갈 수 있기 때문이다. 이 말이 성속의 구분이 없는 세계에서 계속 생존하기 위해서는 인간이 자유를 수용해야 한다는 뜻이 아니라는 건 물론이다.

마찬가지로, 오직 자유로운 인간만이, 윤리와 가치들이 근본적으로 의문시되어서 거의 적용시킬 수 없게 되거나, 혹은 상대화되어서 인간의 삶을 구성하는 기초가 될 수 없게 된 세계에서 계속 살아갈 수 있다. 또한 이 말은 그리스도 안에서 도덕의 소멸이 인간을 자유롭게 한다는 뜻이 아니다. 이 말은 도덕의 소멸이 일어나게 되면, 오직 자유를 수용하는 인간만이 살아갈 수 있다는 뜻이다. 마찬가지로, 오직 자유로운 인간만이 언제나 무질서와 혼돈상태로 돌아갈 위험이 있는 사회에서 생존할 수 있다. 이것은 사회의 악화에 따른 사회의 재구축과 선택의 가능성과 유연성, 그리고 질서의 재개와 수립 능력을 뜻한다. 다시 말해서 인간은 더이상 이미 주어지고 만들어진 사회에서 살지 않고 늘 새롭게 시작하고 만들어가는 사회에서 살게 된다는 것이다.

마찬가지로, 계속할 수도 있지만 마지막으로, 오직 자유를 수용하는 인간만이 인간의 통합이 무너진 사회에서 살아갈 수 있다. 또한 그런 인간만이 문제의 사회가 지속되게 할 수 있다. 왜냐하면 사회가 더 이상 통합되지 않고, 인간과 집단의 관계에 더 이상 그런 양식이 작용하지 않을 때, 당연히 인간관계는 자유로운 인간들 사이에 항상 새롭게 조성되어, 서로서로 자유로운 존재로서 행동하는 관계가 된다. 바꾸어 말해서, 인간이 생존을 위해 만든 예전의 사회체계가 하나님이 그리스도 안에서 시작한 새로운 체계로 대체되어야 하는 것이다. 새로운 체계의 모든 구조들과 요소들은 인간이 실천하는 사랑과 자유에 기반을 둔다. 여기서 절충이란 없다. 적당한 타협이나 혼합은 존재하지 않는다.

예전의 체계는 무너졌고 가치를 상실했다. 뒤로 다시 돌아가는 것은 에덴으로 뒤돌아가는 것만큼이나 불가능한 일이다. 왜냐하면 그것은 성육신 사건을 뛰어넘으려고 하는 것으로서 마치 그 사건이 일어나지 않았던 것처럼 행동하려는 것이기 때문이다. 성육신 사건에 의한 단절은 잘 알려진 18세기 기술혁명이나 산업혁명의 단절보다 천 배나 더 철저한 것이었다. 일반적인 통념에 따라서 18세기의 인간의 삶은 기원전 10세기의 인간과 같았고, 거기에 획기적인 단절이 일어난 것은 산업혁명에 기인한 것이었다는 말은 물질적인 면에서 정확히 맞는 말이다. 그러나 성육신은 인간의 삶을 훨씬 더 근본적으로 변화시켰다. 이후로는 더 이상 예전의 틀 안에서 살아갈 방법이 없게 되었다.

오직 그리스도에 의해서 열린 새로운 길만이 사회가 살 만한 곳이 되고 또 인간이 거기서 살아갈 수 있는 유일한 가능성을 준다. 만약 그것이 불가능했다면? 그렇다면, 사회에는 두 가지 가능성이 있다. 예수 그리스도 이래로 세상은 이 두 가지 가능성들 사이에서 요동친다. 그 하나는 사회가 불합리하고 무질서한 개인주의로 향하는 것으로, 거기서 개인과 집단은 치명적인 경쟁을 벌이고, 약자를 제거하며 무질서를 자유로 착각한다. 다른 하나의 가능성은 사회가 전체주의로 향하는 것으로, 거기서 계산적이고 논리적인 외적 강제가 개인에게 부과되고, 폭력이나 조종을 통해서 개인을 끌어들이고, 그렇게 개인을 집단에 인위적으로 통합시키는 일이 일어난다. 인간이 사회와 개인에게 허용된 사랑과 자유의 열린 길을 거부할 경우에, 이와 같은 두 개의 가능한 방안들이 성육신 이후 모든 인간사회에 대안으로 주어진 길이다.

그러므로 인간은 어떤 의미에서 자유롭게 살도록 촉구된다. 그러나 인간은 스스로 깊은 딜레마에 빠져 있다. 인간이 자유를 상관없는 것으로 여기고 그냥 지나칠 수 없다는 것은 확실하다. 인간은 자유를 거부할 수 없다. 인간을 인간으로 정립시켜주는 것은 바로 자유이다. 인간은 자신의 존재를 표명할 수 있는 자유로운 존재가 되기 원한다. 인간은, 자신의 요구가 무엇인지 정확히 모른다 할지라도, 어김없이 자유로운 존재가 되고 싶어 한다. 과학이 인간은 자유로운 존재가 아니라고 밝히면, 인간은 충격을 받는다. 경찰이 자신의 자유를 방해하면 인간은 반항한다. 그러나 또한 인간은 자기의 능력을 넘어서고 자신을 압도하는 자유를 받아들일 수 없다. 왜냐하면 인간은 항구적인 모험과 책임의 삶을 감당할 수 없기 때문이다. 인간은 자유로운 존재가 되기 원하므로 자신을 제한하는 결정론적인 요소들을 더 강하게 의식하게 되는 것을 감당할 수 없다. 인간은 늘 더 높고 순수하고 절실한 명령과 늘 더 절박하고 명백하며 현실적인 의무 사이에 존재하는, 자유의 본질 자체라 할 수 있는 상반된 모순성을 감당할 수 없다. 진정한 유일한 자유라 할 수 있는 이 자유는 자유의 부재만큼이나 감당할 수 없는 것이다. 이와 같이 인간은 모든 실존주의 철학들이 말하는 것보다 훨씬 더 어려운 딜레마에 처해 있다. 자유의 모험을 선택할 수 없기에, 인간은 자신이 살아가고 있는 사회를 불합리하고 무의미한 역사 속으로 끌어들인다. 왜냐하면 마르크스와 여타 몇몇 학자들의 주장에도 불구하고, 역사는 헤겔 이래로 철학자들에 의해 만들어진, 이론적 추상적 역사가 아니라 역사가들이 아는 실제의 역사 의미가 없는 것이기 때문이다.

이와 같이 길게 우회한 끝에, 우리는 그리스도인의 특별하고 결정적인 책임을 발견하게 된다. 앞에서 우리는 사회가 살 만하게 되고 진정한 역사를 이루어가기 위해서 반드시 모든 사람들이 다 하나도 예외 없이 사랑의 삶을 살고 자유를 수용할 필요는 없다고 말했다. 그러나 그렇게 되어야만 한다. 믿음에 있어서 겨자씨 하나만한 믿음만 있다 하더라도 큰 일을 할 수 있는 것과 같이, 사회 안에 사랑과 자유가 밀알 한 톨만큼만 있다 하더라도, 모든 것이 다 변화되었을 것이다. 자유에 대해서 상상이나 꿈이 아니라 그 실재를 발견하고 구체적으로 알게 된 경우에, 그리스도를 만난 적이 없는 사람이 그냥 지나칠 수 없는 자유 앞에서, 겁을 먹고 도망가는 상황은 잘 이해가 간다. 그러나 그리스도인의 경우라면 어떨까?

그리스도인은 자유롭게 해방되었다. 그리스도인은 자유를 그냥 건너뛸 수 없다. 그리스도인은 자신의 힘으로 스스로를 해방하여 자유를 창조하지 않았다. 우리가 이미 살펴본 바와 같이 그것은 불가능한 일이다. 더욱이 그리스도인이 살아야 하는 자유는 단순한 불확실한 무위의 삶이 아니다. 하나의 빈 공간에 내던져진 것이 아니라는 점에서, 그리스도인으로서 자유롭게 살아가는 어려움은 많이 줄어든다. 그리스도인이 걸어가는 자유의 길에는 예수 그리스도가 동행한다. 그리스도인은 자유롭게 살아갈 수 있는 가능성이 존재한다는 사실을 알고 있다. 그 가능성이 그에게 주어진 것뿐만 아니라 예수 그리스도에 의해 제시된 것이다. 그는 이 길에서 성령의 도움과 영감을 받는다. 요약하자면, 이 여정을 계속할 수 있도록 모든 편의가 그리스도인들에게는 주어진 것이다. 그리스도인이 아닌 사람들은 이런 편의를 누리지 못한다. 결국 이것은 가능할 뿐만 아니라 반드시 필요한 것이다.

그리스도인은 하나님 앞에서뿐만 아니라 사람 앞에서 책임을 져야 할 입장에 처해 있다. 왜냐하면 하나님의 성육신인 예수 그리스도는, 앞에서 언급한 바와 같이, 세상을 파멸의 상황으로 밀어 넣어서, 인간으로 하여금 사랑과 자유의 삶을 통해서 사회를 존속시키고 새로운 문명을 창출할 수 있는 길과, 인간이 살아갈 수 있는 사회나 문화가 불가능하게 되는 길 중에서 양자택일할 수밖에 없는 절박한 상황에 처하게 했기 때문이다. 사람들을 이런 딜레마에 빠트린 것은 예수 그리스도이다. 그렇다면, 예수 그리스도의 이름을 표방하고, 그리스도의 몸의 지체가 되는 그리스도인은 사람들 앞에서 이 절박한 상황에 대해 책임을 져야 한다. 그리스도인은 모든 사람을 위해서 모든 사람과 함께 사회가 다시 살 만한 곳이 되고 문명이 가능하게 되도록 이 자유를 구현해야 한다.

그리스도인은 자신의 신앙고백에 수반되는 결과들을 받아들여야 한다. 그리스도인은 "나는 믿음으로 구원받았고, 그리스도인의 덕목을 실천하는 삶을 살아야 한다."고 말하는 것에 만족해서는 안 된다. 사실 그리스도인이 맡을 책임이 있다. "나는 믿음으로 사람들 가운데서 성령의 임재에 대한 책임을 맡고 있고, 예수 그리스도를 따라서 다른 방도가 아닌 오직 자유와 사랑으로 구현하는 인간사회를 가능하게 하는 책임을 지고 있다." 그러므로 이 길에서, 그리스도인의 작은 소금 알갱이 하나를 내세우면서, 하나의 '기독교 조직'을 구하거나 반대로 다른 사람들을 세우는 일을 함께 도모하는 것은 말이 되지 않는다. 사람들이 하나님 앞에서 아주 선한 자신들의 세계를 세우고 그리스도인들은 거기에 사랑과 자유를 첨가하게 될 것이라고 믿는 것은 착각에 지나지 않는다. 실제로 그것은 헛일에 불과하다. 사람들은 다른 실패 사례와 같이 실패로 끝날 새로운 문명을 세우려고 시도한다.

더 깊이 들어가야 할 필요가 있다. 사도 바울은 말한다. "계시를 아는 지식은 구원받은 사람들과 멸망하는 사람들에게 그리스도의 향기이다. 멸망하는 사람들에게는 죽음에 이르는 죽음의 향기요, 구원받은 사람들에게는 생명에 이르는 생명의 향기이다."고후2:14-16 이 본문은 우리가 그리 좋아할 수 없는 본문으로서, 우리에게 중립적인 것은 없다는 사실을 상기시킨다. 다시 말해서 복음의 긍정적인 힘이 거부될 때 복음은 부정적인 힘이 된다. 복음을 거부하는 것은 복음을 사문화하는 것만이 아니다. 거부한 사람도 무사히 넘어갈 수 없다. 계시는 망가뜨려도 되는 물건과 같이 사람이 그냥 피해갈 수 있는 것이 아니다. 계시는 실제적인 힘이다. 받아들여지지 않고 구현되지 않으면, 계시는 파괴의 힘으로 작용한다. 우리는 복음의 내용 전체와 특히 자유에 대한 내용을 진리로 받아들여야 한다. 여기서 우리는 우리가 맡은 책임의 핵심을 본다. 그리스도인들이 그리스도에 의해 이 땅에 전파된 자유를 수용하면, 자유는 모든 사람들에게 긍정적인 힘으로 작용한다. 그러나 구현되고 실천되고 수용되지 않을 때, 자유는 파괴의 무서운 힘으로 작용한다. 거기서 우리는 "그리스도인들이 자유의 삶을 살지 않는다면 딱한 일이지만 어쩔 수 없지. 자유는 존재하지 않아. 그게 전부야."라고 단순하고 평온하게 말할 수 없다. 안타깝게도 자유는 존재한다. 예수 그리스도가 이 땅 위에서 성취한 역사는 성취되었다. 예수 그리스도의 십자가는 이 땅에 뿌리를 내렸다. 아무도 믿는 사람이 없다 해도, 이 사실을 바꿀 수는 없다. 자유는 존재한다. 그러나 사람들이 받아들이지 않고 구현하지 않는다면, 자유는 파괴적인 힘으로 변화된다.

우리는 이 사실을 구체적으로 역사 속에서 확인할 수 있다. 그리스도가 이 땅 위에 가져온 자유가 인간이 진보라고 부르는 모든 것을 가능하게 했다. 그리스도는 자연을 비신성화했고, 인간에게 맡겨진 창조세계를 어떻게 인간이 활용할 수 있는지 보여주었다. 그리스도는 인간을 인간에게 맡겨진 세계에 다시 세웠다.[244] 그리스도 자신이 자연을 지배하고 만물을 복종시켰던 아담을 계승한 새로운 아담이었다. 자연의 비신성화는 인간이 자연을 다스리고 그 비밀을 파헤쳐서 자신의 필요와 이익에 맞게 활용하는 용기를 가지게 했다. 거기서부터 과학과 기술이 나왔다. 물론 그것이 단번에 그렇게 된 것은 아니다. 그리스도에 의해 펼쳐진 이 가능성을 인간이 확보할 수 있기 위해서는 특히 종교개혁의 거대한 비신성화 작업을 거쳐야 했다. 그러나 그리스도가 신성화의 거짓 세력들을 파멸시킨 것은 성부의 창조세계를 인간이 아무렇게나 이용할 수 있는 무차별적인 대상으로 만들려는 목적이 아니었다. 이것은 인간의 응당한 적절한 변화를 전제로 했다.

그리스도의 뜻에 따른 새로운 관계는 자연을 상대로 하는 권력과 착취의 관계일 수는 없었다. 그 관계는 자유의 관계일 수밖에 없었다. 다시 말하자면, 자연은 더 이상 인간에게 적대적이고 폐쇄적이고 야만적이기를 그쳤다. 기술한 바와 같이, 사랑과 하나님의 영광을 지향하고 자연을 존중하여 피조물로서의 자유를 겸손히 인정하는 가운데, 자유를 수용하고 자유의 삶을 살아가는 사람에게는, 자연은 더 이상 정령과 요정의 거처가 아니었고, 금단의 지역이 아니었다. 그러나 이것은 인간이 자유를

---

244) 내가 앞에서 언급한 바와 같이, 그리스도의 역사는 자연 속에 있는 인간의 상황을 변화시키지 않았다는 말과 그리스도의 역사는 믿는 사람에게만 적용된다는 말 사이에 어떤 모순도 존재하지 않는다는 점을 독자들은 확신해도 좋다. 이어서 나오는 본문이 외적으로는 이렇게 모순으로 보이는 것을 잘 설명해 줄 것이다.

수용하는 것을 전제로 한 것이었다. 그런데 인간은 자유를 수용하지 않았다. 그 순간부터 자연은 존중과 사랑이 필요 없는 하나의 대상에 지나지 않게 되었다. 그 순간부터 과학과 기술의 '거대한 모험의 여정'이 가능하게 되었다. 자연을 상대로 해서, 하나님의 사랑의 세계를 붕괴시켰고, 강간과도 같은 전대미문의 폭력적인 수단들을 동원해서 경이로운 비밀들을 파헤쳤고, 돈이나 권력을 위해 무제한적으로 개발했고, 인간의 야욕과 탐욕을 충족시키고자 끝도 없이 착취했고, 자원의 고갈과 생물의 멸종에 이르기까지 정기적인 벌목을 감행했다.

자유는 이와 같이 맹위를 떨쳤다. 그러나 부정적인 면에서 그랬다. 자유는 죽음의 향기가 되었다. 왜냐하면 그리스도인들이 자유를 감히 알려고도 수용하려고도 하지 않았기 때문이다. 그리스도인들은 자신들과 무관한 자유에서 비롯된 모든 기술적 현상들이 발생하는 데 대해 방관했다. 심지어 그것을 완전히 반대로 해석하기도 했다. 그래서 과학은 자유에서 비롯되는 것이다. 과학은 자유를 구가하며 독립을 선포한다. 오직 그 기원에 있어서만 그리스도에 대한 순종을 언급한다. 그러나 과학이 발견하는 것은 결정론들이고 법칙들이다. 결정론에 예속된 세계와 인간을 목도하고 모든 존재가 거기에 구속되어 있다는 걸 발견하는 것은 비극적인 일이다. 오직 과학적 연구만이 그렇지 않다고 한다.

인간이 그리스도의 자유를 삶으로 구현했다면, 앞에서 언급되었던 바와 같이, 인간은 과학이 발견한 그런 결정론으로부터 자유롭게 되었을 것이다. 그러나 그러기 위해서는 인간이 자유를 수용해야 한다. 이 자유를 수용하고 삶으로 구현하면, 인간은 결정론과 인과관계와 필연성과 마주해서 더 이상 두려움을 가지지 않게 된다. 그것은 필연성의 세계에서 살아가는 자유로운 인간이 누리는 평정심이다. 그러나 그리스도의 자유를 수용하지 않고 삶으로 구현하지 않는다면, 인간은 거기서 결정론적 숙명을 볼 뿐이다. 그런데 이것은 인간이 용납할 수도 없고 견딜 수도 없다. 왜냐하면 앞에서 본 바와 같이 인간은 자기 자신을 오로지 자유로운 존재로서 인식하기 때문이다.

인간은 자유로운 걸 원한다. 그래서 인간은 자신이 구현하지 못한 자유를 과학에 투사한다. 인간은 자신을 정당화하는 위선적인 방법으로 과학이 자신을 자유롭게 하고 사실은 그와 정반대이다 또 과학이 자신에게 현실과 함께 진리를 발견하게 한다고 선포한다. 이것은 과학과 영혼을 혼동하고, 과학적 행위와 자유로운 행위를 혼동하는 끔찍한 일이다. 이와 같이 회피하는 가운데, 인간이 의도적으로 그리스도의 자유에 등을 돌리고, 과학에 의해 드러난 사실에도 눈을 감는 까닭에, 인간은 자신이 갇힌 지하 감옥의 문을 스스로 닫아걸고 만다. 인간은 결정론적 숙명을 자유라고 부르는 까닭에 스스로를 노예적 예속의 미로에 가두어버린다.

우리는 국가에 대해서도 마찬가지로 기술할 수 있다. 이점에서 그리스도의 사역은 자연을 비신성화하는 것이 아니라 인간사회와 권력을 비신성화하는 것이었다. 그리스도는 세금으로 낸 '드라크마' 이야기를 통해서 권력기관에 대한 그의 주권적인 독립성을 나타낸다. 물론 세금은 내야 한다. 그것은 아무 중요성도 흥미도 없는 것이다. 세금을 내기 위해서 그리스도는 물고기의 입에서 발견한 이 동전을 취한다. 이 이야기는 권력 기관의 중요성에 대해 가차 없는 유머를 던진다. 그리스도의 자유는 권력기관들을 있는 그대로 본다. 즉 권력기관들은 땅 위의 일들을 맡은 합법적인 관리기관들이라는 것 이외의 다른 의미를 가지지 않는다. 그리스도는 사회의 중요성과 권력의 가치를 철저하게 축소시킨다. 중요한 존재는 국가이자 제국이며, 거기에 의미와 근거와 종교적 가치가 부여될 수밖에 없고, 왕은 곧 신이기에 도시의 문들은 신성화되어있던 세계에서 살면서, 예수는 그 세계와 단절을 감행했다. 사회는 그에게 신성한 것이 아니고 종교적인 것이 아니다.

의심할 바 없이 그것은 성전과 유대교의 비신성화를 불러와서 유대인들과 대립하는 또 하나의 요인이 되었다. 권력은 그 자체로는 아무 것도 아니다. 예수는 빌라도가 가진 모든 권력을 부정한다. 여기서 사람들은 일반적으로 커다란 착각을 한다. 예수가 빌라도에게 "위에서 주지 않았더라면 너는 아무 권력도 가지지 못했을 것이다."라고 한 것은 빌라도가 그 권력을 가졌다는 뜻이 아니다. 그에게 권력이 주어진 것이다. 다시 말해서 권력은 타자에게 속하는 것으로 타자에게서 오는 것이다. 권력은 빌라도라는 존재 안에 내포되어 있는 것이 아니다. 그는 권력의 소유자가 아니며 권력을 마음대로 처분할 수 없다. 예수는 하나님의 엄정한 '초월성'을 천명하면서 정치와 종교의 일체성을 무너뜨렸다. "모든 권력은 하나님으로부터 나온다"는 말은 권력기관들이 종교적인 성격을 띤다거나 혹은 권력에는 신적인 근거와 특성이 존재한다는 걸 의미하지 않는다. 오히려 정반대이다. 그 권력기관들은 하나님이 아니고 하나님은 그 권력기관들 안에 없다.

'모든 권력은 하나님으로부터 나온다'는 말은 간극과 차이를 내포한다. 이 말은 권력 그 자체는 세속적인 것으로 단순히 인간적인 것이며, 상대적이고 부차적인 것이라는 뜻이다. 이것은 "내 나라는 이 세상에 속하지 않는다"는 예수의 선언과 쌍을 이루는 역명제가 된다. 이것은 결정적으로 그리스도 이전의 인간사회가 모색했던 모든 것을 완전히 부정하는 것이고, 정치에 대한 자유를 표명한 것이다. 인간은 정치로부터 자유로울 수 있다. 왜냐하면 정치는 신적인 것이 아니기 때문이다. 인간은 정치에 복종하고 정치를 수용하면서도 정치를 필수적인 것으로 여기지 않을 수 있다. 왜냐하면 정치권력은 하나님으로부터 나오는 것이기 때문이다.

이것은 사회의 비신성화를 수반한다. 예수에게는, 사회구조 안에 신성한 것은 존재하지 않는다. 거기에는 원시사회의 터부와 신성화된 구조에 비견할 수 있는 신성한 질서가 없다. 사회의 위계질서는 신성한 것이 아니다. 창녀들을 금기시하는 것이나 사제들을 존경하는 것에 신성한 것은 없다. 이 관점에서 보면 인간은 자신이 개편하고 이용하고 변화시킬 수 있는 사회 안에 존재한다. 인간은 인간적인 데 지나지 않는 권력을 눈앞에 두고 있다. 인간은 가변적인 불확실한 권력을 비판하고 변화시킬 수 있지만, 또한 그 권력에 복종해야 한다. 그러나 그 복종의 의무는 하나님으로부터 나오는 것이며 또 권력을 위해 기도해야 할 의무도 존재한다. 그 이유는 권력이 신적인 것이라서 그런 게 아니고, 권력은 정말 인간적인 데 지나지 않아서 권력을 위해 기도해야 할 필요가 있기 때문이다. 왕과 관리는 신이 아니고 신적인 존재도 아니다. 그들은 하나님의 대리인들도 아니다. 그들은 모든 사람들이 그렇듯이 하나님을 섬기는 자들이다.

여기서 우리는 또한 국가의 세속화를 목도한다. 그러나 국가는 인간이 그리스도의 자유를 수용할 때 살 만한 곳이 될 가능성이 있다. 세 가지 의미에서 그렇다. 인간이 이 자유를 수용할 때, 비로소 인간은 권력을 부차적이고 유용한 것에 불과한 것으로 볼 수 있다. 왜냐하면 인간이 권력의 행사와 방향을 정하기 위해서 신적인 안내를 받을 필요가 없게 되기 때문이다. 그리스도 안에서의 자유는 사회공동체에서 인간이 해야 할 일을 가르쳐준다. 역으로 이 자유는 국가를 한정하는 경계가 된다. 비신성화를 주도하는 것은 이 자유이다. 자유는 끊임없이 권력이 종교성을 가지지 않게 한다. 결국 국가를 세우는 것은 이 자유이다. 왜냐하면 이미 살펴본 바대로, 모든 상하관계에서와 같이 하나님에게도, 모든 것은 하급자의 복종에 달려있지, 상급자의 권위에 달린 것이 아니기 때문이다. 이와 같이 하나님 편에서 보아도, 인간이 국가에 복종하게 하는 유일한 동기는 이 자유이다. 예수의 경우에서와 같이 인간의 자유는 복종에 상응한다. 그러나 이 지고한 자유의 복종이 국가가 성립하는 근거가 된다.

그런데 그리스도인들이 자유를 수용하지 않는다면 무슨 일이 일어나는가? 우리가 살펴본 것과 같은 일이 일어난다. 비신성화되고 비종교적이 된 국가는 자율적이고 합리적이고 전체주의적이다. 다시 말해서 이전에 자신이 결부되었던 신적인 명령에 더 이상 복종하지 않게 된 국가는 자신이 만든 법과 자신의 고유한 의도에 따르고, 국가가 원하는 것이 국가의 원리와 의미가 된다. 더 이상 비밀이 없으므로, 국가는 권력, 발전, 외적 질서, 규모 등의 논리를 따른다. 더 이상 자신을 인도하고 평가하고 명령하고 제한하는 신적인 존재에 매어있지 않으므로, 국가는 전체주의적이 된다.

독자들은 곧바로 모든 고대국가들은 파라오의 이집트, 앗시리아 제국, 잉카 제국 등과 같이 더 심한 전체주의체제였다고 반박하리라는 사실을 나는 잘 알고 있다. 물론 그렇지만, 그 당시의 전체주의체제는 신적인 질서의 세계였다. 그것은 신적인 세계에 정치적인 세계가 통합된 것에 기인했다. 그런데 신적인 세계는 실제로는 존재하지 않았기 때문에, 전체주의체제는 없었다. 비신성화할 것이 없었기에 권력의 세속화도 없었다. 종교적인 세계가 전체주의적이었기에, 정치권력은 전체주의가 되지 말아야 했다. 정교분리가 일어난 순간부터 자유로운 인간이 없다면, 권력은 추상적이고 권위적이고 절대적인 국가가 된다. 국가는 종교적인 것을 흡수하여 자신의 것으로 만들면서 그것을 이용하고 굴복시킨다. 그러면 인간은 과학의 경우에 반전된 것과 같이 국가를 자신의 자유라고 부르게 된다. 그리스도인은 그리스도 이후로 더 이상 자유를 그냥 넘어갈 수 없고 자유가 삶의 이유와 이상이 되지만, 그리스도인으로서 자유를 수용하지 않기 때문에, 그는 자신을 노예로 만드는 것에게 자신에게 필요한 것의 이름을 붙인다. 이 독립적이고 절대적인 정치권력이 인간의 자유의 보증인이자 조직가가 되고, 대리인을 세워 정복자가 되는 것이다. 티토Tito는 이 사실을 훌륭하게 대변한다. "자유의 유일한 보호자는 사회주의국가이다. 그러므로 이 국가가 더 강력해지고 더 권위적이 될수록, 더 많은 자유가 존재하게 된다." 그러나 인간이 이와 같이 과학과 국가를 자유와 동일시하는 덕분에, 과학과 국가는 아주 확실하게 자유를 파멸시키는 것이다.

우리는 이제 세 번째 예로서 인간의 인격에 대한 존중을 들 수 있다. 여기서도 또한 인간에게 자유를 주면서 이 땅 위에 인간에 대한 존중을 확립한 것은 그리스도이다. 그 두 개의 요소들이 연관되는 점이 무엇인지 살펴보아야 한다. 인간은 자유를 누리기 때문에 다른 사람들을 존중해야 한다. 자유가 인간으로 하여금 사회적 장벽들과 인종대립이나 이념대립과 같은 모든 차이들을 뛰어넘을 수 있게 허용하기 때문이다. 그리스도 안에서의 자유는 하나님 앞에서, 진리 안에서 타인을 알게 한다. 이미 언급한 바와 같이, 자유는 타인의 유익을 위해서 주어진 것이다. 자유는 사랑을 지향하고 사랑으로 나아간다. 자유는 사랑을 통해서만 경험될 수 있다. 그리스도 안에서의 자유는 결코 다른 사람들을 짓누를 수 없다. 자유는 겉치레나 변명이나 거짓이 아닌 진실을 서로 나누는 가운데 다른 사람들이 마음껏 행복해지게 한다.

나는 타인에게 있는 이 자유를 존중해야 한다. 나는 더 이상 그것을 억압하거나 무시할 수 없다. 이 자유 덕분에 나 자신이 자유로우므로, 나는 타인과 함께 자유의 삶을 살아가야 한다. 나는 이제 타인을 위한 존재로

나 자신을 인식하고, 타인이 가까이 하며 도와주러 오는 이웃이 되는 것을 받아들인다. 그렇게 해서 나는 타인을 존중하게 된다. 그리스도 이후로, 인간 안에서 존중해야 하는 것은 인간이 하나님의 피조물이라는 사실도, 인간 안에 내재된 인간의 존엄성도 아니다. 그리스도인들은 흔히 이웃 안에 있는 그리스도를 말한다. 그것은 의심의 여지없는 진리이다. 그것은 정말 완전한 진리이다. 그러나 우리는 언제나 동일한 의문에 마주치게 된다.

이 진리를 구체적으로 어떻게 받아들일 것인가? 이 진리에 대한 이해와 실천과 윤리는 자유에 대한 이해와 실천과 윤리와 같다. 그것은 타인을 섬기는 것이다. 그런데, 이미 살펴보았던 바와 같이, 섬기는 것은 섬기는 사람의 자유를 포함한다. 그렇지 않으면 그것은 노예적 예속이 된다. 그것은 타인에게, 타인을 위해, 타인 안에 있는 자유를 인정하고 타인에게 자유의 장을 부여하는 것이다. 바로 이것이 타인 안에 있는 그리스도를 존중하는 것이다.

그러나 그리스도인이 자유를 수용하지 않는다면 어떻게 되는가? 그러면, 이제 자유는 하나의 억제할 수 없는 욕구로서 인간의 마음에 늘 심겨져 있기에, 인간은 스스로 자신의 자유를 확보하고자 하고, 그리스도인이 그렇게 하지 않으므로 더 이상 하나님으로부터 자유를 얻어서 그리스도 안에서 자유의 삶을 살지 않으려고 할 것이다. 인간은 자유를 독점하고 장악하며 쟁취하려고 할 것이다.

쟁취를 위한 첫 번째 행위는 혁명이다. 사람들은 세대에서 세대에 걸쳐 서로 권력을 차지하려고 싸울 것이다. 혁명에서의 자유는 2000년 동안 계속해서 언제나 자유를 가로막는 장애가 되고 악의 화신 같이 보이는 사람들을 죽이고, 자신의 권력을 수립하여 밑에 있는 사람들을 억압하는 것이다. 필연적인 계급투쟁의 메커니즘이나 생산력과 생산관계의 대립 메커니즘은 존재하지 않는다. 타인을 억압하는 압제자가 되는 것으로서 자신의 자유를 인식하는 인간이 끔찍한 압제를 자행하는 사실만이 존재한다. 물론 인간은 모든 사람의 존중과 자유를 확보하기 위해서 절충적인 방도를 구했다.245) 여기서 나는 민주주의의 위선, 자유주의와 자유의 차이, 경제자유주의의 인간 존중의 결여, 민주주의의 참된 자유의 결여 등에 대해서 여러 번 설명한 내용을 다시 반복하지 않겠다.

그러나 사람들이 대부분 소홀히 여기는 한 가지 사실을 주목해야 한다. 그것은 민주주의를 시작으로 전쟁이 총력전이 되었다는 사실이다. 국민 전체가 정치적이 되고 총체적으로 자유를 구현하고 민족이 민주주의의 가치가 되었던 까닭에, 국가의 방위를 다른 누군가에게 맡길 수 없게 된 것이다. 모든 사람들이 자유와 민주주의를 수호하기 위해 일어서야 했다. 총력전을 낳은 것은 거짓 자유였다. 이제 이 막을 수 없는 전쟁에서 그 중요한 쟁점은 인간의 자유와 존엄성과 존중이라고 일반적으로 흔히들 알고 있다. 식민지 전쟁들의 경우 두 가지 의미에서 그것은 맞았다. 식민지 전쟁의 이데올로기적 명분은 노예적으로 예속된 불쌍한 황

---

245) 현대의 신학자들이 에큐메니칼 회의(*Eglise et Société I*, 77)가 높이 평가하는 '책임 있는 사회'의 개념에 따라 제도화된 자유를 주장하는 것을 볼 때 아연실색하지 않을 수 없다. 예를 들자면, 웬드랜드(Wendland)가 작성한 텍스트는 정치적 사회적 현실 전체에 대해 무지하고 19세기의 이상들을 의연하게 표명하는 아주 이상주의적인 일탈을 우리에게 다시 전한다. "개인이 자유롭게 행동하고 책임을 가지며 살아갈 수 있는 제도들을 수립해야 한다." "사회의 모든 제도들은 자유를 기반으로 삼아야 한다." "제도들 가운데 모든 절대주의적인 것은 폐기되어야 한다." 이것은 마치 롸이에-콜라르(Royer-Collard)의 주장과 같다. 웬드랜드가 뒤에 가서 책임 있는 사회의 민주주의적인 제도들에 대해 쓴 내용도 그렇다. 그 누구라도 분명히 그런 희망을 가질 수 있다. 그러나 우리는 자유에 관한 최악의 기만과 거짓을 대하고 있는 것이다. 예전에는 위계적인 세계에서 사회 구조들을 생각했기 때문에, 이것이 새로운 시대에 문제 제기를 가능하게 한다고 그가 선언한 점에 대해서, 나는 유감을 표하지 않을 수 없다. 오늘날 위계적인 구조들은 어디서나 19세기에서 보다 훨씬 더 엄격하다. 특히 관료제와 정당제에서 그렇다. 웬드랜드는 같은 부류의 사람과의 관계에 의한 개인의 규정, 새로운 사회 통합 수단들, 사회적 자유의 역사적 공리 등을 내세우는 데서 1950년대의 미국 사회학의 통념들을 채택하고 있다. 『신약의 윤리 *L'Ethique du Nouveau Testament*』와 같이 훌륭한 저서를 낸 웬드랜드와 같은 사람이 어떻게 이런 순응주의에 빠질 수 있었을까?

인종과 흑인종에게 자유를 가져다주고, 민주주의를 확산시키며, 베한진Behanzin, 아보메Abomey, 중국황제 등의 전제정치들을 무너뜨리고, 인간을 존중하는 문명을 알리는 것이었음을 사람들이 너무 쉽게 망각한다. 오늘날 우리는 그게 실제로 어떤 것이었는지 안다. 그러나 그 당시의 사람들은 그걸 믿었다. 나는 인간의 존엄성, 성년 도달, 역사의 참여, 민족자결, 민주적 사회주의 등에 가치를 두는 식민지 해방에 관한 모든 담론들 속에서 비슷비슷한 이데올로기적 장광설을 보지 않을 수 없다. 그 담론들은 동일한 착취와 굴종과 치욕을 비호하는 것으로서, 단지 다른 국가들의 이익을 위한 것일 뿐이다. 어쨌든 간에, 인간이 자유라고 부르는 것이 바로 이것이다. 그리스도인으로부터 자유에 대한 참된 증언을 듣지 못한 까닭에, 사람들은 자유라는 악마의 볼모가 되어버린 것이다. 자유라는 악마는 인간의 인격을 존중한다는 명분으로 단순한 정복자들과 무도한 독재자들보다 훨씬 더 많은 사람들을 희생한다.

이제 자유는 인간 가운데 이식되었지만 자유로운 삶을 구현해야 할 사람들이 회피해버린 탓에, 인간을 삼켜버리는 힘이 되어 인간 활동을 지나치게 분출시키고, 본래의 의미와는 정반대되는 것을 산출한다. 인간은 이것을 자유라고 부른다. 그런데 우리는 예술이나 돈에 관해서도 이것과 동일한 메커니즘을 볼 수 있다.[246] 그러나 2000년 역사의 특징이 되는 이와 같은 변동을 명확하게 밝히는 것은 우리가 앞에서 세 가지 예를 통해 언급한 내용으로 충분하다. 그렇다면 이 역사의 끔찍한 상황들과

---

246) 아우어바흐(Auerbach)의 『미메시스』는 이 사실을 훌륭하게 밝혀준 작품이다. 그는 문학적 양식 분석을 통해서, 구체적인 다양성 속에서, 인간에게 주어진 자유 덕분에, 기독교가 어떻게 현실에 대한 주권을 확보했는지 보여준다. 그러나 그는 이 현실을 상징적인 일체성으로 통합시켰다. 르네상스 시대에 휴머니즘을 위한 기독교의 단절은 전혀 자유의 승리가 아니었다. 그것은 현실의 통합된 질서를 상실하게 했다. 이것은 의미의 상실을 야기하고 현실주의를 "문제제기가 없는 중재적 양식의 수준"으로 격하시켰다.

문제들에 대해 책임을 져야 하는 사람들은 결국 그리스도인들이라는 사실을 인정해야 한다. 그러나 주의할 것이 있다. 여기서 말하는 책임은, 그리스도인들이 그리스도 때문에 모든 것에 대해 책임을 느낀다는 식의, 자발적인 선의의 책임이 아니다. 그것은 아주 명확한 책임으로 역사적으로 계산할 수 있는 것이다.

그리스도인들은 그리스도가 자신들에게 부여한 자유의 삶을 수용하지 않은 것에 대한 책임이 있다. 그래서 식민주의와 강제수용소와 독재자들과 국가주의와 기술의 분출 등과 함께 프롤레타리아의 비참한 상황을 초래했다. 앞에서 우리는 그리스도인들이 자신들이 수용하는 자유의 삶을 통해서 권력과 순응주의와 안전에 대한 문제 제기를 하지 않는다면, 다른 어느 누구도 그런 문제 제기를 할 수 없다고 밝힌 바 있다. 왜냐하면 다른 사람들은 모두 다 또다시 새로운 권력과 순응주의에 빠져들 것이기 때문이다. 바꾸어 말해서, 그리스도인들이 자신들의 역할을 수행하지 않으면, 실제로 권력들이 분출하는 것을 가능하게 한다. 이것은 정말 비극적 사건이다. 이 모든 것의 배후에는 그리스도를 대적하고 사람들을 노예화하려는 세력들이 눈을 부릅뜨고 있다. 거기에 1000년이 지난 뒤 사단이 풀려나는 것에 대한 계시록의 수수께끼 같은 구절들이 암시하는 깊은 비밀이 있다. 이것은 "사단이 번개처럼 하늘에서 떨어지는 것을 내가 봤다"는 그리스도의 말씀과 연결된다.

어둠의 세력들이 무너져 제압되고 내쫓겼다. 그러나 그렇게 됨으로서 그 세력들은 고삐가 풀리고, 인간이 이 땅에 수립했던 질서에서 벗어나게 된다. 그들은 이 땅 위에서 아주 효과적인 능력을 가지고 있고 자신들이 월등하며 종말을 앞두고 있다는 사실을 안다. 그래서 그들은 더 이상 규범이나 규정을 존중하지 않고 모든 혼란을 일으키며 최후의 반역에 매진한다. 이 세력들과 인간 사이에 마술적으로 수립된 합의와 균형에 의해, 인간은 이 세력들이 세운 왕국에 속하게 되었고 또 그 반대급부로 이 세력들은 인간의 질서를 존중하게 되었는데, 바로 여기에 단절이 일어난 것이다. 인간은 그 세력들이 지배하는 곳에서 쫓겨났고, 그 세력들은 더 이상 규범들을 지키지 않았다. 아무래도 좋다는 것이다. 이 세력들은 사실 그리스도의 자유에 의해 이미 패배를 당하였다.

이후로 그 세력들을 계속 패배시켜 승리하는 데는 유일한 방법이 존재한다. 그것은 경건성도, 주의 이름을 부르는 것도, 오늘날 너무도 흔하게 언급하는 섬김도 아니다. 그것은 자유이다. 왜냐하면 섬김은 본질적으로 중요한 것이지만, 오직 자유에 의해 자유 안에서 그렇게 되기 때문이다. 노예가 섬기는 것은 아무 소용도 없고, 실제로 언제나 인간의 섬김을 받아왔던 그 세력들에 대항하여 투쟁할 수 있는 힘이 없다. 자발적인 의지를 가지고 섬기는 자유로운 인간의 섬김이 가치와 효력을 지닌다. 그러나 그리스도인이 자유를 수용하지 않는다면, 그리스도의 승리는 계속되지 않고, 그 세력들이 세상에서 승리자로 등극할 수 있다.

광기와 함께 점점 더 복합적이고 끔찍해지는 문제들로 가득한 서구사회가 그리스도인들이 그리스도의 사역을 따르고 수용하지 않은 데서 나온 산물이라는 점은 확실하다고 말할 수 있다. 그런 맥락에서 어떤 형태이든 자유가 없이는 더 이상 살 수 없는 인간은 자유를 절망적으로 구하면서, 자유와 유사해 보이는 것을 발견한다. 인간은 실재가 아닌 말로 선언된 관념에 불과한 핑계와 겉치레의 자유 이외에는 달리 자유를 경험할 수 없다. 그것은 사르트르를 포함한 대부분의 철학자들이 지적인 작업으로 만들어낸 것일 뿐이다. 인간은 경제적이고 정치적인 자유주의와 함께 제도화되고 규격화된 자유를 경험하고, 반역과 부정과 허무주의와 절망의 자유를 체득한다. 그러나 이 모든 것은 자유가 아니다. 정말 의미심장하고 명백한 것은 자유를 왜곡한 이 모든 것들이 언제나 기독교와 기독교인들을 공격한다는 사실이다.

그것은 당연한 일이다. 거기에는 자유를 지키고 자유의 여정을 책임져야 하는 사람이 그리스도인이라는 사실을 그들이 무의식적으로 인정한다는 뜻이 내포되어 있다. 거기에는 책임을 다하지 않은 그리스도인들과 교회에 대한 비난이 담겨 있다. 교회의 가르침과 태도를 그리스도의 가르침과 마음자세와 상반된 것으로 주장하는 그들의 말이 아주 서투른 것이라 할지라도, 본질적인 관점에서는 정확하다. 자유를 지향하는 무정부주의와 철학과 그 밖의 다른 운동들이 반기독교적이라는 것은 확인된 사실이다. 그 사실은 그리스도인들이 자유를 수용했더라면 그와 같은 것들이 존재하지 않았을 것을 뜻하고, 또 그리스도인의 역할을 인정한다는 것을 말해준다. 상황이 그렇다는 것을 우리 자신이 인지해야 한다. 세속화된 세계는 성숙한 세계가 아니라, 거꾸로 가장 유치한 세계가 되었다. 그러나 그렇게 된 것은 그리스도인들이 자유로운 인간으로 살면서 자유가 무엇인지 사람들에게 보여줄 수 있는 성숙함에 이르지 못했던 탓이다. 그러지 못했기에, 그리스도인들은 사람들에게 버림받게 되었고, 사람들로 하여금 끝없이 '거짓 자유'[247]나 추구하게 만든 것이다.

우리는 최종적으로 그리스도인들이 그리스도의 자유를 수용하지 않았다는 사실을 직시해야 한다. 물론 역사적으로 개인적인 차원에서 자유로운 삶을 살아간 그리스도인들이 존재했을 수 있지만, 교회의 차원에서는 전혀 그렇지 않다. 교회사 속에서 교회는 자유의 문제를 조심스럽게 회피하고 유보하며 감추고 부인해왔다. 그 목적을 이루기 위해 취한 방식들은 다양했다. 물론 교회는 도덕을 명분 삼았다. 우리는 '제1권'

---

247) 샤르보노(B. Charbonneau)의 *Le mensonge de la liberté* (거짓 자유)를 참조하라.

에서 자유의 제거에 치명적인 역할을 한 이 날조된 도덕에 관해 고찰했다. 교회의 조직도 마찬가지 문제를 가지고 있다. 그런데 교회의 모든 활동이 그렇듯이 교회가 참여하고 시도한 일들은 언제나 진리가 초석이 된다. 하나님이 질서의 하나님인 것은 진리이다. 교회가 개인들을 그냥저냥 모아놓은 집단이나 막연한 조직이 아니고, 정비된 제도들을 가져야 한다는 것도 맞는 말이다. 그러나 실천에 옮기는 가운데 그 진리가 자유를 제거하는 도구로 이용된다.

예컨대 중세시대에 교회가 정의와 선한 질서와 균형과 거룩성을 높게 평가하여 제도들을 확충하고 계속 잘 정비했다는 사실은 경이롭다. 교회는 그와 같이 20세기를 사는 우리들이 감히 따라갈 수 없을 정도로 진지하고 광범위하게 모든 것을 검토하고 예측했다. 11세기에서 14세기에 걸쳐서 신학자들과 교회법·교회령·교황령 전문가들이 엄청난 노력을 기울여서 오늘날 교회를 뒤흔드는 모든 경제적·정치적·사회적 문제들을 연구하고 검토했다고 말할 수 있다. 그들은 항상 법규를 더 제정하고 연구에 더 정확을 기하여 모든 문제들에 대한 더 좋은 해결책을 찾음으로써 진보를 도모했다. 그리고 모든 제도에 있어서 정의와 자비가 적용되도록 진정으로 노력했다. 그러나 이것은 조금씩 자유가 배제되며 믿음의 삶의 모험적인 여정이 부인되었다는 걸 의미했다. 교회의 그런 고려와 관심은 단지 교회와 교회 조직에만 국한되지 않고 세상에 대해서도 적용되었다. 오늘날 콘스탄티누스 체제와 기독교세계의 성립에 기독교세계의 성립은 오늘날 참여 신학자들의 근본적인 관심사항이다 매진했던 그리스도인들의 어리석음에 대해 웃으면서 말하는 것은 아주 쉬운 일이다. 특히 참된 기독교적인 진지한 관심은 인정되어야 하며 아주 훌륭한 효과를 얻었던 점도 평가되어야 한다. 그러나 세상을 향한 관심248)을 통해서 교회는 세상

---

248) ▲교황과 교권을 가진 자들이 권력의지와 교만함으로 지상의 세계를 자신들의 이익을

을 위한 정의와 지혜의 열쇠를 가지고 있다는 확신으로, 세상에 정의롭고 선한 사람들과 제도들을 제공하려고 했다. 그 사람들은 그 제도들 가운데 그리스도인으로서, 또한 보통의 인간으로서 살아가게 될 것이었다. 중세시대의 교회는 그랬다. 이 교회는 실제로 단 한 가지 사실을 빼고는 아주 긍정적인 일을 수행했다. 그 단 한 가지 사실은 이 모든 것은 자유의 배제를 전제로 요구했다는 점이다. 가장 고귀한 정의와 진리를 위해서, 모든 것을 포함하고 예측하며 고려했다. 다만 자유의 실현 가능성은 도외시되었다. 이것은 처음부터 교회의 활동에서 제외된 유일한 것이었다. 이 자유의 실현은 결정적인 것으로서 이것을 제외하면 그리스도인의 삶은 세상에서 의미가 없는 것이었다. 자유가 없었기에, 교회의 모든 활동은 법적인 것이 되었다. 교회의 배신은 바로 그 점에 있었다.

자유를 불신하여 수용하지 않은 가운데 교회와 그리스도인들은 그 문제를 회피하거나 없애버릴 다른 수단들을 찾았다. 거기에는 언제나 먼저 신비주의와 영성주의가 있다. 이것은 기독교를 여러 가지 다양한 형태로 초인간적이거나 내면적인 세계로 축소하는 것이다. 이것은 초월성을 위해서 성육신을 단절하고, 성서는 상징들과 신화들로 구성된 하나의 체계라고 언명하고, 개별적 신앙, 경건, 신앙절대주의 등을 내포하는 개인주의적 신앙생활에 몰두하는 것이다. 관건은 언제나 이런 변칙적 방식들을 통해서 신앙이 집단의 행위양식을 변화시키는 자유로 해석되는 것을 회피하는 것이다. 실제로 여기서 자유는 법적으로 차단되지 않는다. 다만 한쪽으로 치워질 뿐이다. 그래서 모든 구체적인 순응주의적 방식들을 함유하는 영적인 차원으로 도피하는 것이다. 물론 그 다양한 이론들 가운데 자유의 문제도 종종 등장한다. 그러나 그 자유는 언제나 영적인, 형이상학적인, 내면적인 자유이다. 비천하고 물질적이고 외

장악하려 했다고 해석하는 것은 사실과는 아주 다르다.

적인 모든 것은 커다란 경멸의 대상이다. 이것은 어떤 기독교인이 나에게 "나는 강제수용소 안에서도 수용소 바깥에서만큼이나 자유로움을 느낄 것이다."라고 한 말과 같은 것이다. 물론 늘 그렇듯이 거기에는 진리의 일면이 있다. 그리스도가 주는 자유는 그 모든 상황에 좌우되지 않는다. 그러나 또 늘 그렇듯이 그것이 자유의 구현을 거절하는 방식이라는 사실을 인정해야 한다. 우리는 이 방식을 되받아서 다음과 같이 말할 수 있다. 개인적으로 그리스도인들은 자유로운 사람들일 수 있었지만, 결코 교회로 하여금 자유의 증인이 되게 할 수 없었으며, 그리스도의 지체로서 자유를 수용하지 않았다.

끝으로 현재의 교회 상황에서 자유를 수용하지 않는 방식은 과거의 경우와는 정반대의 방식이라는 점을 상기하자. 이 방식도 또한 성육신의 단절을 불러오는 것이긴 하지만, 육적이고 인간적인 차원에 대해 강조한다. 세상을 예찬하는 것은 물론 하나님이 그렇게도 사랑한 까닭에 오늘날의 기독교 현실주의이다. 과학 때문에 계시의 요소들을 다시 문제 삼는 것은 '현대화'[249]로 쇄신된 교회이다. 이 교회는 세상이 행한 일을 주의 일로 삼고, 세상이 지향하는 것을 정당화하고, 교회를 지지하지 않는 순수한 사회 운동의 선구자가 되려고 한다. 이것은 노예적 예속으로 가는 또 다른 길이다. 앞서 언급한 신비주의의 경우에는 '영'esprit은 너무 순수해서 현실에 구현되지 않는다. 사람들은 현실에 대해 무지하거나 무지한 척한다. 이러한 극도의 순수성은 인간에게 아무 소용도 없는 구

---

249) Aggiornamento(현대화). 유행어가 된 이 단어는 내가 한 번도 접해보지 못한 놀라운 언어의 유희를 허용한다. 왜냐하면 이 단어는 또한 '업데이트, 즉 현실에 맞는 재조정'의 의미와 함께 '뒤로 늦추는 연기'의 뜻도 있기 때문이다. 이 운동을 통해 이루어지는 것은 정말 '뒤로 늦추는 연기'이다. 즉, 교회를 세상의 현실에 맞춤으로서 참된 교회가 되는 것을 뒤로 늦추어 연기하는 것이다. [역주: '현대화' 쇄신 운동으로 제2차 바티칸 공의회에서 교황 요한 23세가 내세운 영성 생활의 쇄신, 전례의 개혁 등을 말한다. 이것은 기존의 신앙을 수호하면서 인권과 자유와 사회복지를 요청하는 현대의 요구에 교회가 응답해야 한다는 것이다.]

름 속의 자유로 인도한다. 그 뒤에 언급한 기독교 현실주의의 경우에는 구현할 '영'은 존재하지 않고 자유도 없는 반면에, 있는 그대로의 사물을 정당화하는 담론이 있다. 이것은 현실 속에서 아무 의미 없는 행위이다. 더욱이 사람들은 이 현실에 대해 무지하다. 왜냐하면 이러한 상황 속에서 그리스도인은 자신이 그렇게도 강력하게 예찬하는 그 현실을 직시할 능력이 전혀 없기 때문이다. 그리스도인이 오늘날 자유의 수용을 암묵적으로 부인하고 거부한 것에 대해서는 나의 저서 『세상 속 그리스도인의 왜곡된 삶』에서 이미 충분히 언급한 바 있다.

사실 그리스도인들은 다른 누구보다도 더 순응적이다. 그리스도 안에서 주어진 자유는 그리스도인들을 역습했다. 그리스도인들이 자유의 삶을 살지 않게 되자, 그들은 결정론과 순응주의와 이데올로기에 그 누구보다도 더 얽매이게 되었다. 과거에도 그렇지 못했듯이 현재에도 자유의 모범이 되지 못한 그리스도인들은 과거에도 그랬듯이 현재에도 가장 비천하고 굴종적인 노예적 예속상태에 얽매여 있다. 수많은 기독교 지식인들이 오늘날 성서에 대해서 문화와 환경의 결정적인 영향을 언명하는 것은 먼저 그들 자신이 그 문화와 환경의 별로 가공되지 않은 산물이기 때문이다. 그럼에도 불구하고 기독교 지식인들은 아주 놀라운 방식으로 이 결정론을 설명한다. 그들은 과학 및 역사 이데올로기, 실존주의, 프로이트사상, 마르크스주의, 모택동사상, 좌파주의, 기술, 구조주의, 언어학, 무도덕주의, 반식민주의, 반인종주의 등등 세상에서 생겨나는 모든 것을 추종한다. 그렇지만 그리스도인들이 자유를 열망하며 "주의 영이 계신 곳에는 자유가 있다"고후3:17는 말씀을 잘 알고 있듯이, 기독교 지식인들은 자유로움을 증언하고 삶으로 구현하면서 그 두 가지를 능숙하게 조합한다. 이것은 사회적 사조를 극단적으로 끌고 가는 것이다. 그들은 좌파 비기독교인들보다 더 좌파적이 된다. 이것은 마치 1933년 독일에서 독일 기독교인들이 비기독교 나치주의자들보다 훨씬 더 열렬한 나치주의자가 되었던 것과 같다. 모든 사회적 운동들 속에서 우리는 그리스도인들이 선두에 서서 극단적으로 과도하게 사회적 사조를 끌고 가는 것을 발견하게 된다. 그들의 목적은 그렇게 하여 다른 사람들이 그래도 자신들이 그리스도인임을 받아들이게 하거나, 혹은 그 사실을 잊어버리게 하여 용서를 받거나, 혹은 역사의 흐름에 뒤처지지 않는 것이다. 이 극단적인 순응주의는 예언가적 태도라고 일컬어진다.[250]

그리스도인들은 자신들이 참여하는 운동에 끌려가면서도, 자신들이 그 운동을 선도한다고 믿는다. 그들의 자유는 모든 세상 사람의 결정론을 더 광범위하게 펼쳐가면서, 기독교 이데올로기의 짜릿한 맛을 가미하여 자유를 값싸게 팔아넘긴다. 그와 같이 그리스도인들은 한창 지배적인 위치를 점하고 있던 때의 부르주아 도덕주의자들보다 더 도덕주의자가 되고, 일반적인 사조가 무도덕주의로 흐를 때 가장 앞선 무도덕주의자보다 더한 무도덕주의자가 된다. 가톨릭교회의 반체제운동과 개신교 신학자들의 엄청난 파문을 몰고 오는 주장들[251]은 문화적인 결정론 가운데 이와 같이 자유를 값싸게 팔아넘기는 것의 지표가 된다. 이런 그리

---

250) 수사(M. R. Alves Sousa)는 '현대화(aggiornamento)'에 대한 훌륭한 비판을 전하고 있다 (Le Monde d'Octobre 1965). 그는 믿지 않는 불신자의 입장에서 비(非)기독교인에게는 아무 의미가 없고 그리스도인들의 자기만족에나 쓰일 뿐인 이러한 적응과 회유의 활동이 무의미하다는 사실을 밝혀주었다. 그는 자유로운 대화를 요구하면서 어떤 교회도 용납하지 않을 조건을 제시한다. 그것은 진리의 표명을 포기하는 것이다. 여기에 한계가 있다. 그리스도인이 예수 그리스도가 유일한 진리라고 언명하는 것을 포기한다는 전제하에서만 비기독교인이 의도하는 대화는 이루어질 수 있다. 다른 모든 방책들은 아무 의미가 없다. '신신학'은 그 조건을 받아들일 준비가 어느 정도 되어 있다. 그러나 그리스도인이 이와 같이 겸손으로 포장한 그리스도의 부정에 이르게 될 때, 그는 그리스도 안에서의 자유를 받아들이는 것을 멈추게 된다. 이제 그는 사회적인 결정론이라는 동일한 틀에서 다른 사람들과 대화하는 한 사람의 불신자가 되는 것이다.

251) ▲ 혹은 일반학자의 주장으로 특히 1970년 1월에 결혼에 대해 마가렛 미드(Margaret Mead)가 발표한 아주 흥미로운 이론을 떠올리게 된다. 그녀는 아주 유명한 사회학 만능주의의 주자가 되었다.

스도인들은 자신들이 하는 일이 무엇인지 잘 모르고 있다. 사회적인 조건과 예언적인 영의 조합은 경이로울 정도로 이성적인 능력들을 거의 다 호도해버린다. 그러나 그리스도인들이 실제로 하고 있는 것은, 그리스도의 자유의 담지자이면서 이 자유를 부인하여 소명을 수용하지 않고 세상에 굴종해버린 이중적 행위에 의해서, 세상이 가장 크게 왜곡한 것을 추종하는 것이다. 이러한 것들은 교회가 교회사를 통하여 그리스도의 자유를 구현하지 않기 위해 취했던 샛길들이다. 이런 일이 정기적으로 진자 운동과 같이 반복적으로 일어났다. 교회가 '제도'에서 '영'으로 중심을 이동하는가 하면, 이어서 다시 '영'에서 '세상'으로 중심을 이동하는 식이다. 그러면서 성육신은 결코 구현되지 않았다. 그러므로 우리는 모든 시대에 걸쳐서, 특히 그 어느 때보다도 오늘날 교회가 이 땅에서 자신의 소명을 배반했다고 말할 수 있다. 이 사실은 그리스도인들을 포함한 인류의 구원과는 하나도 상관이 없다. 왜냐하면 구원은 참으로 은총에 의한 것이고 용서에 의해 모든 허물은 덮어지기 때문이다. 그러나 이 사실은 인간의 역사에 훨씬 더 커다란 영향을 끼치며 인간사회의 참담한 상황을 야기한다. 왜냐하면 그리스도가 이 땅에 와서 붙인 자유의 불이, 교회가 자신의 소명을 포기함으로써, 성령의 불 대신에 지옥의 불로 변질되었기 때문이다.

엘륄의 저서연대기순 및 연구서

· *Étude sur l'évolution et la nature juridique du Mancipium*. Bordeaux: Delmas, 1936.
· *Le fondement théologique du droit*. Neuchâtel: Delachaux & Niestlé, 1946.
  →『자연법의 신학적 의미』, 강만원 옮김(대장간, 2013)
· *Présence au monde moderne: Problèmes de la civilisation post-chrétienne*. Geneva: Roulet, 1948.
  →『세상 속의 그리스도인』, 박동열 옮김(대장간, 1992, 2010(불어완역))
· *Le Livre de Jonas*. Paris: Cahiers Bibliques de Foi et Vie, 1952.
  →『요나의 심판과 구원』, 신기호 옮김(대장간, 2010)
· *L'homme et l'argent* (Nova et vetera). Neuchâtel: Delachaux & Niestlé, 1954.
  →『하나님이냐 돈이냐』, 양명수 옮김(대장간. 1991, 2011)
· *La technique ou l'enjeu du siècle*. Paris: Armand Colin, 1954. Paris: Économica, 1990.
· (E)*The Technological Society*. New York: Knopf, 1964.
  →『기술 또는 세기의 쟁점』(대장간 출간 예정)
· *Histoire des institutions*. Paris: Presses Universitaires de France, plusieurs éditions (dates données pour les premières éditions);. Tomes 1−2, L'Antiquité (1955); Tome 3, Le Moyen Age (1956); Tome 4, Les XVIe−XVIIIe siècle (1956); Tome 5, Le XIXe siècle (1789−1914) (1956).
  →『제도의 역사』, (대장간, 출간 예정)
· *Propagandes*. Paris: A. Colin, 1962. Paris: Économica, 1990
  →『선전』하태환 옮김(대장간, 2012)
· *Fausse présence au monde moderne*. Paris: Les Bergers et Les Mages, 1963.
  → (대장간 출간 예정)
· *Le vouloir et le faire: Recherches éthiques pour les chrétiens*: Introduction (première partie). Geneva: Labor et Fides, 1964.
  →『원함과 행함』(대장간 출간 예정)
· *L'illusion politique*. Paris: Robert Laffont, 1965. Rev. ed.: Paris: Librairie Générale Française, 1977.
  →『정치적 착각』, 하태환 옮김(대장간, 2011)
· *Exégèse des nouveaux lieux communs*. Paris: Calmann−Lévy, 1966. Paris: La Table Ronde, 1994.
  → (대장간, 출간 예정)
· *Politique de Dieu, politiques de l'homme*. Paris: Éditions Universitaires, 1966.

→『하나님의 정치와 인간의 정치』, 김은경 옮김(대장간, 2012)
· *Histoire de la propagande*. Paris: Presses Universitaires de France, 1967, 1976.
　　→『선전의 역사』(대장간, 출간 예정)
· *Métamorphose du bourgeois*. Paris: Calmann-Lévy, 1967. Paris: La Table Ronde, 1998.
　　→『부르주아와 변신』(대장간, 출간 예정)
· *Autopsie de la révolution*. Paris: Calmann-Lévy, 1969.
　　→『혁명의 해부』, 황종대 옮김(대장간, 2013)
· *Contre les violents*. Paris: Centurion, 1972.
　　→『폭력에 맞서』, 이창헌 옮김(대장간, 2012)
· *Sans feu ni lieu: Signification biblique de la Grande Ville*. Paris: Gallimard, 1975.
　　→『머리 둘 곳 없던 예수-대도시의 성서적 의미』, 황종대 옮김(대장간, 2013).
· *L'impossible prière*. Paris: Centurion, 1971, 1977.
　　→『우리의 기도』, 김치수 옮김(대장간, 2015)
· *Jeunesse délinquante: Une expérience en province*. Avec Yves Charrier. Paris: Mercure de France, 1971.
· *De la révolution aux révoltes*. Paris: Calmann-Lévy, 1972.
　　→『혁명에서 반란으로』, (대장간, 출간예정)
· *L'espérance oubliée, Paris*: Gallimard, 1972.
　　→『잊혀진 소망』, 이상민 옮김(대장간, 2009)
· *Éthique de la liberté*, . 2 vols. Geneva: Labor et Fides, I:1973, II:1974.
　　→『자유의 윤리』, (대장간, 2018)
· *Les nouveaux possédés*, Paris: Arthème Fayard, 1973.
· (E)*The New Demons*. New York: Seabury, 1975. London: Mowbrays, 1975.
　　→『우리시대의 새로운 악령들』(대장간, 출간 예정)
· *L'Apocalypse: Architecture en mouvement*, Paris. Desclée 1975.
· (E)*Apocalypse: The Book of Revelation*. New York: Seabury, 1977.
　　→『요한계시록』(대장간, 출간 예정)
· *Trahison de l'Occident*. Paris: Calmann-Lévy, 1975.
· (E)*The Betrayal of the West*. New York: Seabury, 1978.
　　→『서구의 배반』, (대장간, 출간 예정)
· *Le système technicien*. Paris: Calmann-Lévy, 1977.
　　→『기술 체계』, 이상민 옮김(대장간, 2013)
· *L'idéologie marxiste chrétienne*. Paris: Centurion, 1979.
　　→『기독교와 마르크스주의』, 곽노경 옮김(대장간, 2011)

- *L'empire du non-sens: L'art et la société technicienne*. Paris: Press Universitaires de France, 1980.
    → 『무의미의 제국』, 하태환 옮김(대장간, 2013년 출간)
- *La foi au prix du doute: "Encore quarante jours.."*. Paris: Hachette, 1980.
    → 『의심을 거친 믿음』, 임형권 옮김 (대장간, 2013)
- *La Parole humiliée*. Paris: Seuil, 1981.
    → 『굴욕당한 말』, 박동열 이상민 공역(대장간, 2014년)
- *Changer de révolution: L'inéluctable prolétariat*. Paris: Seuil, 1982.
    → 『인간을 위한 혁명』, 하태환 옮김(대장간, 2012)
- *Les combats de la liberté*. (Tome 3, L' Ethique de la Liberté) Geneva: Labor et Fides, 1984. Paris: Centurion, 1984.
    → 『자유의 투쟁』(솔로몬, 2009)
- *La subversion du christianisme*. Paris: Seuil, 1984, 1994. [réédition en 2001, La Table Ronde]
    → 『뒤틀려진 기독교』, 박동열 이상민 옮김(대장간, 1990 초판, 2012년 불어 완역판 출간)
- *Conférence sur l'Apocalypse de Jean*. Nantes: AREFPPI, 1985.
- *Un chrétien pour Israël*. Monaco: Éditions du Rocher, 1986.
    → 『이스라엘을 위한 그리스도인』(대장간, 출간 예정)
- *Ce que je crois*. Paris: Grasset and Fasquelle, 1987.
    → 『개인과 역사와 하나님』, 김치수 옮김(대장간. 2015)
- *La raison d'être: Méditation sur l'Ecclésiaste*. Paris: Seuil, 1987
    → 『존재의 이유』(대장간. 2016)
- *Anarchie et christianisme*. Lyon: Atelier de Création Libertaire, 1988. Paris: La Table Ronde, 1998
    → 『무정부주의와 기독교』, 이창헌 옮김(대장간, 2011)
- *Le bluff technologique*. Paris: Hachette, 1988.
- (E)*The Technological Bluff*. Grand Rapids: Eerdmans, 1990.
    → 『기술담론의 허세』(대장간, 출간 예정)
- *Ce Dieu injuste..?: Théologie chrétienne pour le peuple d'Israël*. Paris: Arléa, 1991, 1999.
    → 『하나님은 불의한가?』, 이상민 옮김(대장간, 2010)
- *Si tu es le Fils de Dieu: Souffrances et tentations de Jésus*. Paris: Centurion, 1991.
    → 『네가 하나님의 아들이라면』, 김은경 옮김(대장간, 2010)
- *Déviances et déviants dans notre société intolérante*. Toulouse: Érés, 1992.
- *Silences: Poèmes*. Bordeaux: Opales, 1995. → (대장간, 출간 예정)
- *Oratorio: Les quatre cavaliers de l'Apocalypse*. Bordeaux: Opales, 1997.

- (E)*Sources and Trajectories: Eight Early Articles by Jacques Ellul that Set the Stage*. Grand Rapids: Eerdmans, 1997.
- *Islam et judéo-christianisme*. Paris: Presses universitaires de France, 2004.
  → 『이슬람과 기독교』, 이상민 옮김(대장간, 2009)
- *La pensée marxiste*: Cours professé à l' Institut d' études politiques de Bordeaux de 1947 à 1979 Edited by Michel Hourcade, Jean-Pierre Jézéuel and Gérard Paul. Paris: La Table Ronde, 2003.
  → 『마르크스 사상』, 안성헌 옮김(대장간, 2013)
- *Les successeurs de Marx*: Cours professé à l' Institut d' études politiques de Bordeaux Edited by Michel Hourcade, Jean-Pierre Jézéquel and Gérard Paul. Paris: La Table Ronde, 2007.
  → 『마르크스의 후계자』 안성헌 옮김(대장간,2014)

기타 연구서

- 『세계적으로 사고하고 지역적으로 행동하라』(*Perspectives on Our Age*: *Jacques Ellul Speaks on His Life and Work*), 빌렘 반더버그, 김재현, 신광은 옮김(대장간, 1995, 2010)
- 『자끄 엘륄 –대화의 사상』(Jacques Ellul, *une pensée en dialogue*. Genève), 프레데릭 호농(Frédéric Rognon)저, 임형권 옮김(대장간, 2011)
- 『자끄 엘륄입문』신광은 저(대장간, 2010)
- *A temps et à contretemps: Entretiens avec Madeleine Garrigou-Lagrange*. Paris: Centurion, 1981.
- *In Season, Out of Season: An Introduction to the Thought of Jacques Ellul:* Interviews by Madeleine Garrigou-Lagrange. Trans. Lani K. Niles. San Francisco: Harper and Row, 1982.
- *L'homme à lui-même: Correspondance*. Avec Didier Nordon. Paris: Félin, 1992.
- *Entretiens avec Jacques Ellul*. Patrick Chastenet. Paris: Table Ronde, 1994

대장간 **자끄 엘륄 총서**는 중역(영어번역)으로 인한 오류를 가능한 줄이려고, 프랑스어에서 직접 번역을 하거나, 영역을 하더라도 원서 대조 감수를 원칙으로 하고 있습니다.
이 일은 한국자끄엘륄협회(회장 박동열)의 협력으로 이루어지고 있으며, 총서를 통해서 엘륄의 사상이 굴절되거나 왜곡되지 않고 그의 삶처럼 철저하고 급진적으로 전해지길 바라는 마음 가득합니다.